# O CRISTÃO
# NA TEOLOGIA
# DE PAULO

LUCIEN CERFAUX

# O CRISTÃO
# NA TEOLOGIA
# DE PAULO

Santo André - SP
2020

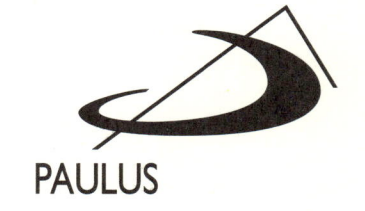

ACADEMIA
CRISTÃ

PAULUS

© Copyright 2012 by Editora Academia Cristã
© Les Éditions du Cerf, Paris, 1962

Título original: *Le Chrétien dans la Théologie Paulinienne*
Traduzido: José Raimundo Vidigal, CSsR

*Rediagramação:*
Cicero J. Silva - (11) 97463-6460
E-mail: cdalet@gmail.com

*Capa:* James Cabral Valdana (11) 9626-6047
www.jamestudio.com.br

**Dados Internacionais de Catalogação na Publicação (CIP)**
**(Câmara Brasileira do Livro, SP, Brasil)**

Cerfaux, Lucien, 1883-1968.
 O Cristão na teologia de Paulo / Lucien Cerfaux ; [tradução José Raimundo Vidigal]. – Santo André (SP): Academia Cristã; São Paulo: Paulus, 2012.

 Título original: Le chrétien dans la théologie Paulinienne.

 Formato: 16x23; 616 páginas

 Bibliografia.

 ISBN 978-85-98481-56-2

 1. Bíblia. N. T. Paulo – Crítica e interpretação 2. Cristãos 3. Jesus Cristo – Pessoa e missão 4. Paulo, Apóstolo, Santo – Teologia I. Título.

03-3191                                                                                                          CDD-227.06

**Índices par catálogo sistemático:**

1. Cristãos : Teologia das Epístolas paulinas    227.06
2. Epístolas de Paulo : Teologia                 227.06
3. Paulo : Teologia das Epístolas                227.06
4. Teologia paulina                              227.06

Proibida a reprodução total ou parcial desta obra, por qualquer forma ou meio eletrônico e mecânico, inclusive através de processos xerográficos, sem permissão expressa da editora (Lei n° 9.610 de 19.2.1998).

Todos os direitos reservados à

MISTO
Papel produzido a partir de fontes responsáveis
FSC
www.fsc.org    FSC® C108975

**Editora Academia Cristã**
Rua Mario Augusto do Carmo, 37 - Jardim Avelino
CEP 03227-070 - São Paulo, SP - Brasil
Tel.: (11) 3297-5730
E-mail: silvarico33@gmail.com
Site: www.editoraacademiacrista.com.br

**Paulus Editora**
Rua Francisco Cruz, 229
04117-091 - São Paulo - SP
Tels.: (11) 5087-3700
E-mail: editorial@paulus.com.br
Site: www.paulus.com.br

# ÍNDICE

**PREFÁCIO** .................................................................................17

### Prolegômenos
**A RESPEITO DE UM MÉTODO** ......................................17

I - PROGRESSO DOUTRINAL .......................................19
    1º Estádio das Epístolas aos tessalonicenses ..............20
    2º Estádio das grandes Epístolas.................................21
    3º Estádio das Epístolas do cativeiro .........................22

II - POSTULADOS DA TEOLOGIA DE PAULO ...........22
    1. Influência de Jesus e da Igreja primitiva................23
    2. Sob o signo do judaísmo e do helenismo................28

III - NOSSO PROGRAMA ................................................32

IV - A AUTENTICIDADE DAS EPÍSTOLAS PAULINAS ...........33

### Primeira Parte
### A ECONOMIA CRISTÃ

**Capítulo I - A INTERVENÇÃO DE CRISTO** ................................41

I - A HISTÓRIA RELIGIOSA DA HUMANIDADE ANTES DE CRISTO..........................................................................42
    1. A humanidade na ordem da criação e o reino do pecado........42
    2. O paganismo .............................................................46
    3. A eleição de um povo ..............................................50

II - A OBRA SALVÍFICA DE CRISTO............................54
    1. A ressurreição ...........................................................54

    a) Função teológica da ressurreição de Cristo ..................... 54
    b) A eficácia da ressurreição............................................... 58
  2. A morte de Cristo ............................................................... 59
    a) Seu lugar na mensagem cristã ....................................... 59
    b) Sua eficácia .................................................................... 61
  3. Eficácia conjunta da morte e da ressurreição ..................... 61
  4. A carreira terrestre de Cristo .............................................. 62
  5. Conclusão ............................................................................ 66

III - A ORDEM CRISTÃ ................................................................ 67
  1. O cosmos .............................................................................. 67
    a) O mundo material .......................................................... 67
    b) O mundo dos seres invisíveis......................................... 68
  2. Período de transição ........................................................... 72
  3. Nova et Vetera .................................................................... 76
  4. A hora dos gentios .............................................................. 77
  5. O Israel de Deus .................................................................. 80

Capítulo II - **A VOCAÇÃO DE PAULO** ..................................... 85

I - O ACONTECIMENTO DE DAMASCO .................................. 85
  1. Vocação ou conversão? ....................................................... 85
  2. Interpretação de Paulo e dos Atos ..................................... 88

II - A VOCAÇÃO PROFÉTICA ..................................................... 94
  1. O "Servo de Deus" .............................................................. 94
  2. Missionário escatológico .................................................... 98
  3. Profeta apocalíptico ......................................................... 104

III - APÓSTOLO DOS GENTIOS ................................................ 106
  1. A vocação de Paulo e o chamado dos pagãos ................. 106
  2. Evolução na consciência de Paulo ................................... 111

Capítulo III - **A MISSÃO APOSTÓLICA** ................................ 117

I - A SEMÂNTICA DO TERMO ἀπόστολος ........................... 117
  1. Os grandes "Apóstolos" .................................................... 119

2. Os apóstolos missionários ..................................................... 120
3. Conclusão ............................................................................ 124

II - O COLÉGIO APOSTÓLICO ............................................................ 124
1. O grupo dos doze e o grupo dos "apóstolos" ..................... 125
2. O colégio apostólico ........................................................... 127

III - PAULO NO SEIO DO GRUPO APOSTÓLICO ................................ 130

IV - AUTORIDADE E FUNÇÃO APOSTÓLICA ..................................... 133

Capítulo IV - A MENSAGEM DE DEUS E A FÉ ......................... 139

I - MISSÃO E MENSAGEM .................................................................. 139
1. Vocabulário ......................................................................... 139
2. A propaganda cristã ........................................................... 143

II - MENSAGEM, PERSEGUIÇÕES E ESPÍRITO
SANTO .......................................................................................... 144
1. Mensagem e perseguições ................................................. 144
2. Mensagem e Espírito Santo ............................................... 146

III - A EVOLUÇÃO DA MENSAGEM .................................................... 149
1. Suas formas sucessivas ..................................................... 149
2. A "tradição" da mensagem ................................................ 152

IV - RESPOSTA À MENSAGEM: A FÉ ................................................. 152
1. A entrada na existência cristã ........................................... 153
2. A fé ao longo da vida cristã ............................................... 156
3. A fé, pedra angular do cristianismo .................................. 157
4. Fé na mensagem e sacramentos ....................................... 158

Capítulo V - CONCLUSÃO DA PRIMEIRA PARTE ................. 161

## Segunda Parte
## A ESPERANÇA CRISTÃ

CAPÍTULO I - A PARUSIA .................................................. 167

I - O FATO DA PARUSIA .................................................. 168
   1. A descrição da parusia .......................................... 169
   2. O combate escatológico .......................................... 173
   3. A grande tribulação e a perseguição ............................. 176

II - A PROXIMIDADE DA PARUSIA ........................................... 178

III - AS EXORTAÇÕES FUNDADAS SOBRE A PARUSIA ........................... 181
   1. Exortação arcaica ............................................... 181
   2. Sobre o tema: o "dia" do Senhor ................................. 182
   3. A exortação "aproveitar o tempo presente" ....................... 183

CAPÍTULO II - A RESSURREIÇÃO DOS CRISTÃOS ............................. 185

I - NOÇÃO DE RESSURREIÇÃO .............................................. 186
   1. Pressupostos .................................................... 186
   2. A ressurreição corporal (1 Tessalonicenses) ..................... 187
   3. Ressurreição espiritual (1 Co 15) ............................... 188

II - NAS PEGADAS DO CRISTO RESSUSCITADO ................................ 194
   1. Eficácia sobre a ressurreição corporal .......................... 195
   2. Eficácia sobre a vida cristã atual .............................. 196
   3. Prelúdios da ressurreição ....................................... 197
      a) As arras ou primícias do Espírito .......................... 197
      b) A união ao corpo do Senhor ................................. 198
      c) O homem interior e a glória celeste ........................ 198

CAPÍTULO III - O DESTINO ETERNO DO CRISTÃO ............................ 199

I - OS CRISTÃOS ENTRE A MORTE E A PARUSIA .............................. 199
   1. Exegeses ........................................................ 201
      A. 2 Co 4.7-5.10 .............................................. 201

    a) Confidências (2 Co 4.7-1.5) .......................................... 201
    b) O homem interior (2 Co 4.16) ....................................... 202
    c) Corpo, habitação terrestre da alma, e a
        habitação celeste (2 Co 4.17-5.1). .............................. 203
    d) Os gemidos na espera da transformação de
        nossos corpos (2 Co 5.2-5). ....................................... 204
    e) A permanência junto do Senhor (2 Co 5.6-10) ........ 206
  B. Fp 1.19-26 ................................................................... 208
2. Síntese da doutrina ......................................................... 209
3. Corolário antropológico ................................................... 211

## II - A MIRAGEM DE UM REINO TEMPORAL DE CRISTO APÓS A PARUSIA .......................................................... 212

## III - O FIM DOS TEMPOS .................................................... 215
1. A ressurreição dos mortos ............................................... 215
    a) Considerações gerais .................................................. 215
    b) A exegese de 1 Co 15.20-28 ....................................... 216
    c) Conclusão .................................................................. 220
2. O juízo final ..................................................................... 220
    a) A "salvação" no momento da parusia ....................... 221
    b) O julgamento segundo as obras ................................ 222
    c) Síntese das duas perspectivas ................................... 224
    d) A condenação ............................................................. 226
3. A transmissão do reino ao Pai ......................................... 228

## IV - A ETERNIDADE .......................................................... 229
1. Fórmulas tradicionais ..................................................... 230
    a) A salvação .................................................................. 230
    b) Século futuro ............................................................. 231
    c) A vida eterna ............................................................. 232
    d) O paraíso e o terceiro céu ......................................... 234
    e) A herança de Deus .................................................... 234
    f) O reino de Deus ......................................................... 237
    g) A glória ....................................................................... 237
    h) Filho de Deus ............................................................. 239
2. Duas fórmulas mais gregas ............................................. 240

**Capítulo IV - CONCLUSÃO DA SEGUNDA PARTE** ............... 243

## Terceira Parte
## A CONDIÇÃO ATUAL DO CRISTÃO

CAPÍTULO I - O DOM DO ESPÍRITO .................................................. 249

I - OS CARISMAS ............................................................................ 252
   1. Origem dos carismas ............................................................. 253
   2. Diversidade dos carismas ...................................................... 256
   3. A teologia dos carismas ......................................................... 260
   4. A crítica paulina dos carismáticos de Corinto ..................... 266

II - A TRANSPOSIÇÃO ESPIRITUAL DOS PRIVILÉGIOS
     DO JUDAÍSMO ........................................................................ 272
   1. O princípio da transposição "espiritual" .............................. 272
   2. Os privilégios cristãos ............................................................ 273
      A. A filiação ............................................................................ 274
      B. A glória .............................................................................. 274
      C. A inteligência "espiritual" dos "oráculos" de
         Deus ..................................................................................... 277
      D. O cumprimento das promessas ....................................... 284
         a) Promessa e testamento ................................................ 285
         b) Primícias, penhor, selo ................................................ 286
         c) O Espírito dos filhos .................................................... 287
      E. O culto espiritual .............................................................. 289
         a) O templo espiritual ...................................................... 289
         b) O sacerdócio e os sacrifícios ....................................... 291
         c) A santidade .................................................................... 292
         d) 2 Co 6.14-7.1 e a santidade ......................................... 294

III - OS CRISTÃOS "ESPIRITUAIS" PERANTE O MUNDO
      GREGO ..................................................................................... 299
   1. A religião do "verdadeiro Deus" .......................................... 300
   2. A sabedoria cristã .................................................................. 301
   3. O intelectualismo cristão ....................................................... 303

IV - O ESPÍRITO, PRINCÍPIO INTERIOR DA VIDA
      CRISTÃ ..................................................................................... 306
   1. A presença do Espírito Santo ................................................ 306

2. O dom do Espírito ................................................................ 308
      A. Objeto do dom ............................................................. 308
         a) Os carismas ............................................................. 309
         b) A praxe cristã .......................................................... 309
         c) O conhecimento dos bens prometidos ....................... 310
      B. As qualidades do dom .................................................. 311
   3. A imanência do Espírito ................................................... 313
      A. A parte superior do homem segundo o Apóstolo ........ 314
      B. Ensaio teórico sobre a imanência do Espírito .............. 319

Capítulo II - A COMUNHÃO COM CRISTO ............................ 323

I - O SERVIÇO DO SENHOR ...................................................... 324
   1. A imitação ......................................................................... 324
   2. Os cristãos face ao Senhor ............................................... 326

II - A PARTICIPAÇÃO NA QUALIDADE DE FILHOS DE
     DEUS ....................................................................................... 333
   1. "Filiação" escatológica ..................................................... 334
   2. "Filiação" atual ................................................................. 336
   3. O plano do Pai .................................................................. 337

III - A PARTICIPAÇÃO NA MORTE E NA VIDA DO
      CRISTO RESSUSCITADO ................................................... 340
   1. A comunhão pelo batismo ............................................... 341
   2. A comunhão na Ceia ........................................................ 345
   3. Comunhão na Paixão de Cristo ...................................... 347
   4. A comunhão na "vida" de Cristo .................................... 353

IV - A EFICÁCIA DO ESPÍRITO SANTO E DO CRISTO
     SOBRE A "VIDA" DOS CRISTÃOS .................................... 358
   1. Temas próprios ao Espírito e temas do Cristo .............. 359
   2. Temas relacionados .......................................................... 359
   3. Expressões comuns .......................................................... 360
   4. Convergência de efeitos ................................................... 360

V - A MÍSTICA PAULINA ........................................................... 363

1. A "mística do Cristo" .................................................................. 364
   A. A teoria da história das religiões ................................... 364
   B. As retificações ............................................................. 365
      a) A mística escatológica ........................................... 365
      b) A mística ontológica .............................................. 366
   C. Crítica do fundamento filológico da teoria .................. 367
      a) As imagens ............................................................ 368
      b) As regências gramaticais (preposições e
         genitivos) ............................................................... 369
      c) Abreviações metonímicas ..................................... 371
      d) Os verbos de significação indeterminada ............. 373
2. A mística "experimental" ............................................................ 374
   a) A experiência mística do "ser cristão" ................... 374
   b) A experiência da vocação (visão de Damasco) ............. 377
   c) Visões e revelações ............................................... 380
   d) Mística do conhecimento .................................... 381
   e) Conclusão ............................................................. 381

VI - CONCLUSÃO ...................................................................... 382

## Capítulo III - O DOM DA JUSTIÇA ...................................... 385

I - INFLUÊNCIA DECISIVA DAS POLÊMICAS SOBRE
    O NASCIMENTO DO VOCABULÁRIO ................................. 389
    1. As grandes controvérsias e sua influência ....................... 389
       a) A emboscada de Jerusalém (Gl 2.1-10) ....................... 389
       b) A questão de Antioquia (Gl 2.10-21) ......................... 390
       c) A crise da Galácia ................................................. 393
    2. As antíteses com a Lei .................................................... 394
       a) Justiça de Deus – justiça humana (legal) ................... 394
       b) Justiça que vem da Lei – justiça que vem da fé ......... 394
       c) Justiça que vem da Lei – justiça em Cristo ............... 395
    3. Conclusão ....................................................................... 395

II - O VOCABULÁRIO E OS TEMAS TEOLÓGICOS ................. 396
     1. Prospecção semântica .................................................... 396
        a) O uso de δικαιοσύνη ............................................. 397
        b) O uso de δικαιόω ................................................. 403
        c) Os outros termos .................................................. 412

2. A síntese teológica de Rm 1-8 ................................................ 414
   a) A revelação da "justiça de Deus" ................................ 415
   b) A nova vida religiosa dos homens justificados ............. 420

III - A JUSTIÇA DE DEUS E A JUSTIFICAÇÃO ......................... 422
1. A humanidade pecadora ............................................. 423
   a) A história do pecado ................................................ 424
   b) Uma definição do pecado ........................................ 428
2. A justiça de Deus ......................................................... 429
3. A justificação ................................................................ 433
4. O "realismo" da justificação ....................................... 436
5. O papel da fé ................................................................ 439
6. Conclusão ..................................................................... 442

IV - A AB-ROGAÇÃO DA LEI ANTIGA .................................... 443
1. O caráter transitório da Lei ........................................ 443
2. O cumprimento da Lei por Cristo ............................. 444
3. As imperfeições da Lei ................................................ 445
4. A doutrina de Rm 7.5-23 ............................................ 447
5. Impotência do homem debaixo da Lei ..................... 451
6. Condição do homem, depois de ab-rogada a Lei .... 453

V - A LEI DO ESPÍRITO DA VIDA ............................................ 455
1. A vontade do homem .................................................. 455
2. A carne e o Espírito ..................................................... 457
   A. A vitória do Espírito ................................................ 457
   B. A antítese carne-espírito ......................................... 460
      a) O povo carnal e o povo espiritual ..................... 461
      b) O Cristo segundo a carne e o Cristo segundo
         o Espírito ................................................................ 463
3. A condição cristã de liberdade .................................. 464
   a) O vocabulário ............................................................ 465
   b) Servidão da Lei e liberdade cristã ......................... 466
   c) Servidão da carne e do pecado; servidão da
      justiça ou liberdade ................................................. 468
   d) Liberdade da consciência cristã ............................ 470
4. A "colheita" do Espírito ............................................... 472

Capítulo IV - CONCLUSÃO DA TERCEIRA PARTE ............... 479

## Quarta Parte
## O CRISTÃO DIANTE DO MISTÉRIO DE DEUS

### Capítulo I - O CONHECIMENTO DO MISTÉRIO DE DEUS 485

I - AS ORIGENS DO MISTÉRIO DAS EPÍSTOLAS DO
    CATIVEIRO .................................................................. 485
    1. Mistério e apocalíptica ............................................ 485
    2. Relação com o "mistério" dos Evangelhos ........... 489
    3. O mistério paulino e os "mistérios" gregos .......... 490
        a) O sincretismo da Ásia e os mistérios .............. 490
        b) A resposta de Paulo ......................................... 494

II - A REVELAÇÃO DO MISTÉRIO ................................... 497
    1. O privilégio dos apóstolos .................................... 498
    2. O acesso dos pagãos ao mistério .......................... 502
        a) O privilégio de Paulo ....................................... 503
        b) A iniciação dos pagãos .................................... 504
    3. O conhecimento do mistério ................................. 507
        A. Vocabulário e estilo .......................................... 507
            a) Vocabulário ................................................. 507
            b) Fórmulas literárias ..................................... 511
        B. Definição do conhecimento cristão ................ 516
    1. "Conhecimento" progressivo ................................ 516
    2. "Conhecimento" e fé ............................................. 520
    3. Epignose e ágape .................................................... 521
    4. "Epignose" e mística .............................................. 523
    5. Conclusão ............................................................... 524

### Capítulo II - ÚLTIMA ETAPA NA TEOLOGIA DO CRISTÃO ...527

I - A AUTENTICIDADE DAS EPÍSTOLAS DO CATIVEIRO .....528
    1. O argumento da homogeneidade doutrina com as
        grandes Epístolas ................................................... 529
        A. O centro doutrinal ............................................ 529
            a) As grandes Epístolas anunciam os temas de
                mistério de Efésios ..................................... 530

       b) Efésios conserva os temas das Epístolas
anteriores .................................................................531
   B. Temas secundários .................................................532
      a) A Igreja ............................................................532
      b) A ressurreição .................................................533
      c) O corpo e a construção .................................533
      d) Os apóstolos ...................................................534
  2. A unidade de autor ....................................................535

II - O ÚLTIMO MANIFESTO TEOLÓGICO DE PAULO ...........537
  1. As sínteses anteriores................................................538
  2. As circunstâncias da última síntese .......................541
  3. A síntese.....................................................................545
      a) O hino (Ef 1.3-14)...........................................545
      b) Ação de graças e oração (Ef 1.15-3.19)........546
      c) Doxologia (Ef 3.20-21).....................................549

Capítulo III - **CONCLUSÃO DA QUARTA PARTE** ..............551

**CONCLUSÃO GERAL** ........................................................555

I - O MOVIMENTO DA TEOLOGIA..................................555

II - COMPONENTES DA TEOLOGIA E PARALELOS;
SINCRETISMO LITERÁRIO .......................................559

III - ALGUNS TRAÇOS CARACTERÍSTICOS DO CRISTÃO .....564

ÍNDICE DOS AUTORES MODERNOS .............................567

ÍNDICE ANALÍTICO ............................................................573

ÍNDICE DE REFERÊNCIAS BÍBLICAS .............................589

ÍNDICE DAS PALAVRAS GREGAS....................................613

# Prolegômenos

# A RESPEITO DE UM MÉTODO

## I - PROGRESSO DOUTRINAL[1]

Estudos já feitos sobre a eclesiologia e a cristologia de Paulo permitiram-nos constatar um progresso no seu pensamento. Isso se manifesta nos três estádios sucessivos, que correspondem, *grosso modo*, à divisão costumeira de suas Epístolas: Epístolas aos tessalonicenses (com o capítulo 15 da primeira aos coríntios), grandes Epístolas, Epístolas do cativeiro[2].

Num período primitivo, no qual, fiel à tradição dos apóstolos de Jerusalém, a mensagem de Paulo é essencialmente escatológica, sucede um outro, no qual o cristianismo se implanta no mundo helênico. Não só a experiência da vida de suas igrejas, mas também algumas circunstâncias particulares obrigam Paulo a fazer adaptações na sua doutrina: ele constata as reações do espírito grego diante do Evangelho e seu ardor apostólico encontra obstáculo no antagonismo dos judeu-cristãos. Mais uma guinada se verifica nas Epístolas do cativeiro, quando ele explana o grande tema da revelação do mistério de Cristo.

---

[1] Sobre isto pode-se consultar: A. SABATIER, *L'apôtre Paul. Esquisse d'une histoire de sa pensée*, 4ª ed., Paris, 1912; J. G. MACHEN, *The Origin of Paul's Religion*, Londres 1921; W. MUNDLE, *Das religiöse Leben des Apostels Paulus*, Leipzig, 1923; C. H. DODD, "The Mind of Paul: (1) Psychological Approach; (2) Change and Development", em *Bull. of the John Ryl. Libr.*, 17 (1933), pp. 91-105; 18 (1934), pp. 69-110; E. FASCHER, "Paulus", em *Pauly-Wissowa Suppl.*, 8, 1956, pp. 431-466; A. P. DAVIES, *The First Christian, A Study of St. Paul and Christian Origins*, New York, 1957; A. BRUNOT, *Saint Paul et son message*, Paris, 1958; H.-J. SCHOEPS, *Paulus. Die Theologie des Apostels im Lichte der Jüdischen Religionsgeschichte*, Tübingen, 1959; F. AMIOT, *Les idées maîtresses de saint Paul* (*Lectio Divina*, 24), Paris, 1959.

[2] Cf. *abaixo*, pp. 32s.

Enquanto que geralmente todos concordam em apontar um certo movimento na teologia paulina, alguns insistem, no entanto, em afirmar uma imutabilidade radical. Paulo estaria expondo sucessivamente os temas que ele sempre havia trazido consigo desde o momento de sua iluminação no caminho de Damasco. Por questão de método, recusamo-nos a pronunciar qualquer veredicto *a priori*. Pode bem ser que o episódio de Damasco não tenha sido a única revelação recebida pelo Apóstolo; e quem pode pretender exaurir o conteúdo manifesto ou exprimível de sua mensagem apostólica? É fácil constatar, à medida que se vai lendo o *corpus* paulino, a aparição de teorias aparentemente novas. Se não temos o direito de afirmar que elas eram desconhecidas anteriormente, por que haveriam de pertencer a uma síntese elaborada muito tempo antes em toda a sua complexidade? Só um rigoroso estudo exegético permitirá construir uma opinião razoável. É mais prudente, no começo, deixar abertas todas as hipóteses.

Basta um rápido exame para concluir que o tríplice estádio da teologia paulina aplica-se à descrição da vida cristã. Estas primeiras constatações ajudar-nos-ão a elaborar o plano do nosso estudo.

### 1º Estádio das Epístolas aos tessalonicenses

1. O cristão que recebeu a mensagem aguarda com confiança a salvação futura, que o colocará ao abrigo da cólera de Deus. A salvação realizar-se-á numa parusia de Cristo.

2. O cristão se santifica para ser digno de Deus que o chama ao seu reino e à sua glória.

3. Paulo prescreve regras de conduta provenientes do ensino de Cristo. Notem-se os motivos que legitimam sua necessidade: as recomendações do Senhor, a vontade de Deus, as ameaças de castigo.

4. A presença do Espírito Santo exige dos cristãos a santidade: pedra fundamental do belo edifício que será construído a nossos olhos nas Epístolas posteriores.

5. A parusia é a grande festa cristã esperada com impaciência; a ressurreição dos mortos é necessária para que os mortos dela possam participar.

6. A vida atual é uma vida de espera do Senhor, e já desponta a aurora do seu dia.

Estas fórmulas conservam um caráter arcaico. A fé permanece centrada na parusia: as crenças (como esta da ressurreição) e a moral existem em função da esperança escatológica. Para fundamentar os costumes cristãos, vemos com surpresa aparecerem razões que quase não serão retomadas nas Epístolas seguintes, ao passo que o tema dos "frutos" do Espírito, que Paulo vai explanar mais tarde com todo entusiasmo, está apenas esboçado.

## 2º Estádio das grandes Epístolas

**A.** Corinto representa a grande experiência da implantação do cristianismo em espíritos helênicos de tendências intelectualistas, platônicas e místicas[3]; embora se oponha com bastante firmeza ao que não podia combinar com a mensagem cristã, Paulo sabe adaptar-se ao novo ambiente.

1. Ele formula uma tese que se opõe frontalmente ao espírito grego. A filosofia, longe de conduzir ao conhecimento de Deus, gerou a idolatria e o pecado. É por isso que Deus decidiu salvar os homens pela loucura da mensagem da cruz. Do ponto de vista humano, ela não é senão deficiência e paradoxo; mas aos olhos de Deus, é sabedoria e poder[4]. Contudo, continua o Apóstolo – e esta é uma das suas adaptações – existe uma "sabedoria" cristã.

2. O intelectualismo grego, mesclado de misticismo, inclinava-se a negar a ressurreição. Paulo, conservando rigorosamente o tema da ressurreição corporal, procura sublinhar, no entanto, seu aspecto "espiritual". Surge aqui uma fórmula importante: o Cristo ressuscitado transformará à sua imagem todos os cristãos (1 Co 15.49).

**B.** As Epístolas aos romanos e aos gálatas testemunham a impressão produzida pela ofensiva judeu-cristã.

1. Um dos temas abordados é a eficácia sacramental da morte e ressurreição de Cristo.

---

[3] Antioquia, onde Paulo exerceu o ministério, era uma cidade mais oriental. O mesmo se diga de Tarso.
[4] Cf. 1 Co 1.23ss.

2. No mesmo nível aparecem as teorias sobre a libertação da Lei e o dom da "filiação" que nos é concedida pelo Espírito do Filho. Alguns temas novos integram o conjunto: nós somos filhos, herdeiros de Deus, chamados à liberdade.

3. Aparecem igualmente os temas referentes à atividade de Cristo em nós (Gl 5.6), aos frutos do Espírito etc.

### 3º Estádio das Epístolas do cativeiro

1. Paulo continua a pensar dentro das categorias do segundo estádio: a eficácia da morte de Cristo (Cl 1.13s.); nossa qualidade de filhos (Ef 1.5-14; 3.6); as teorias da redenção e da reconciliação; a eficácia, graças ao batismo, da morte e da ressurreição (Cl 2.12).

2. Temas novos: a ressurreição atual do cristão transporta a Igreja ao mundo celeste e revela às potestades o mistério que até então lhes era oculto; a vida cristã atinge seu apogeu no "conhecimento" do mistério de Cristo.

## II - POSTULADOS DA TEOLOGIA DE PAULO

O pensamento de Paulo formou-se em primeiro lugar no judaísmo de tendência farisaica, à margem do helenismo. Sua antropologia, sua angelologia, sua cosmologia não eram mais puramente judaicas. Mas tudo o que sabemos de preciso não é mais que dedução da análise das Epístolas; por isso será melhor abstermo-nos por ora de longos comentários. No decurso da obra, daremos certas indicações mais importantes.

O judaísmo foi o solo, o terreno, mas ele não explica o crescimento da teologia paulina[5]. Duas influências foram preponderantes, e são elas que reterão nossa atenção neste momento: o próprio cristianismo primitivo forneceu ao Apóstolo os fundamentos de sua fé e muitos temas para explanações teológicas; as necessidades de sua

---

[5] Nosso ponto de vista é o de um pesquisador da história da teologia paulina e não o de um historiador das religiões. Para um estudo sucinto, mas bem orientado, das teorias que têm surgido a respeito da formação do pensamento paulino, cf. H.-J. SCHOEPS, *Paulus*, Tübingen, 1959, pp. 1-42.

missão obrigaram-no a levar em conta as exigências espirituais e intelectuais do mundo grego.

## 1. Influência de Jesus e da Igreja primitiva

1. A Igreja primitiva firma-se no ensinamento e na obra de Jesus de Nazaré, bem como na mensagem de sua morte e ressurreição. Se esta mensagem parece monopolizar a atenção de Paulo, ele sabe, contudo, referir-se a determinados pontos da doutrina evangélica[6], como, aliás, é de praxe em todas as suas igrejas. Além disso, sua consonância profunda com o pensamento do Mestre galileu seria inexplicável, se ele próprio não tivesse sofrido, mais do que ele parece reconhecer, a influência das tradições apostólicas.

Esta harmonia verifica-se, antes de tudo, em certos pontos que interessam particularmente o apostolado dos gentios. Jesus é bastante reticente perante o batismo de João: não fez dele o alicerce de sua mensagem. Manda seus discípulos "seguí-lo", o que implica sobretudo a fé na sua pessoa e no seu ensinamento. Esta fé é o elemento essencial que comanda a entrada na comunidade. Por sua vez, nas suas Cartas, Paulo não menciona jamais o nome de João Batista. Dá mais importância à mensagem que ao batismo: "Cristo não me enviou para batizar, mas para evangelizar" (1 Co 1.17). Um dos doze, ao tempo da missão na Galiléia, poderia ter falado exatamente do mesmo modo. E poderíamos reforçar a analogia: Jesus muniu os seus missionários com o dom dos milagres; e Paulo apóia-se em seus próprios milagres e carismas. E para Paulo,

---

[6] Cf. P. FEINE, *Jesus Christus und Paulus*, Leipzig, 1902; M. BRÜCKNER, "Zum Thema Jesus und Paulus", em *Zeitschr. Neut. Wiss.*, 7 (1906), pp. 112-119; O. MOE, *Paulus und die evangelische Geschichte. Zugleich ein Beitrag zur Vorgeschichte der Evangelien*, Leipzig, 1912; W. HEITMÜLLER, "Jesus und Paulus", em *Zeitschr. Theol. Kirch*, 25 (1913), pp. 156-179; B. W. BACON, *Jesus and Paul*, Londres, 1921; R. BULTMANN, "Die Bedeutung des geschichtlichen Jesus für die Theologie des Paulus", em *Theol. Blätter*, 8 (1929), c. 137-151; M. GOGUEL, "De Jésus à l'Apôtre Paul", em *Rev. Hist. Phil. Rel.*, 28-29 (1948-1949), pp. 1-29; B. GERHARDSSON, *Memory and Manuscritpt. Oral Tradition and Written Transmission in Rabbinic Judaism and Early Christianity*, Upsala, 1961, pp. 262-323.

como para Jesus, é a fé na mensagem que faz pertencer ao cristianismo.

Notável é a analogia entre a atitude de Cristo e a do Apóstolo diante da Lei judaica. Jesus coloca-se acima da Lei, filia-se à linhagem dos profetas, fala em nome de Deus: "Foi dito aos antigos, porém, eu vos digo". Como Cristo, mas por outros motivos, Paulo proclama sua superioridade acima de Moisés. Cristo afirma que a Lei está parcialmente ultrapassada, por exemplo, quanto ao repouso do sábado; Paulo fará a mesma coisa. Ambos consideram-na como uma economia inferior.

A crítica da Lei desencadeia a oposição do farisaísmo. A animosidade deste partido da estrita observância contra Cristo, domina os nossos Evangelhos e só encontra semelhança no ódio demonstrado contra Paulo pelos judeu-cristãos de índole farisaica. A parábola do fariseu e do publicano no Evangelho de Lucas, permite-nos levar mais adiante a analogia. Apesar dos "méritos" de suas obras, o fariseu não é justificado (Lc 18.14), ao passo que o publicano voltou para casa "justificado", graças à sua humildade. Cristo fala como Paulo[7]. Cristo e Paulo concordam globalmente ao diminuírem a importância dos sacrifícios do Templo. Sua piedade sobrepujou esses ritos grosseiros[8].

O Evangelho combate o particularismo judaico. Jesus acolhe os mais desprezados pelo povo, aqueles que são colocados em pé de igualdade com os incircuncisos, os publicanos, os "pecadores", as mulheres de má vida, os samaritanos. Elogia a fé do centurião romano e a da cananéia. As parábolas anunciam a vocação dos gentios. Mas não se nota que Paulo tenha baseado sua doutrina na de Cristo; poderia tê-lo feito, mas a consciência de sua missão lhe bastava. No entanto, não se poderia suspeitar que a razão de sua audácia e da grande confiança que possui na força de sua posição no seio da Igreja primitiva, está na convicção que tem, de que nenhum chefe autorizado do cristianismo primitivo haveria de se opor a uma

---

[7] Pode ser que a redação de Lucas tenha sublinhado o paralelismo.
[8] Uma vez que o movimento de espiritualização não é exclusivo do cristianismo, não se poderia, baseado em apenas esta comparação, julgar da dependência de Paulo com respeito ao ensinamento de Jesus.

missão anunciada e ratificada pelo próprio Cristo? O apostolado primitivo teria acaso concedido um lugar a Paulo, se o próprio Cristo não se houvesse mostrado acolhedor para com os pagãos?

Jesus revelou-se como Filho de Deus. A experiência misteriosa de um relacionamento único com Deus ilumina toda a sua doutrina e é ela que fundamenta o cristianismo. Paulo, no caminho de Damasco, viu "o Filho de Deus" na sua glória. Daí em diante, ele falará de Deus como do "Pai de nosso Senhor Jesus Cristo"; a consciência filial de Cristo lhe é comunicada pelo Espírito e comanda doravante toda sua vida religiosa. Quando Paulo ora a este Deus, Pai de nosso Senhor Jesus, ele o chama "Abba", Pai, retomando este grito aramaico que se ouvia dos lábios de Jesus. Revolver a perspectiva histórica e pretender que os cristãos tenham imaginado a consciência de Cristo antedatando sua experiência de serem filhos de Deus, e que Paulo estaria na origem desta experiência, é uma hipótese gratuita que não se consegue demonstrar.

É de se admirar que o Apóstolo, quando fundamenta sua pregação no exemplo de Cristo, não escolha os detalhes na história de sua vida, mas recorra à humilhação da "kenose", uma renúncia momentânea à glória anterior à encarnação. Recordemo-nos, no entanto, de que a vida mortal do Cristo Jesus foi a realização de sua humilhação e que ela revelava, em seus detalhes, a humildade de uma pessoa transcendente e o amor de Deus por nós. O Filho de Deus, imagem do Pai em sua divindade, fez-se nosso modelo na sua humanidade; o modelo reproduz no nível humano a imagem de Deus. Ao falar da humildade da encarnação, Paulo não perde de vista os exemplos concretos, nem mesmo o ensinamento do Filho de Deus que foi Jesus de Nazaré. Sobre este ponto ele tem a mesma idéia que toda a comunidade cristã, mas ele dá a seu pensamento uma expressão mais teológica. João traduzirá esta doutrina a seu modo, dizendo-nos que o Filho de Deus, morando no meio de nós, nos "contou" o que ele viu no seio do Pai (Jo 1.18).

A narração da Paixão, que na liturgia servia de moldura à celebração da última ceia, dá a entender que Jesus desejou e aceitou voluntariamente sua morte redentora (1 Co 11.23-26). Toda a Igreja primitiva tinha esta convicção. Paulo recebeu-a da tradição apostólica e, neste ponto que é o fundamento de sua mensagem, não faz outra coisa senão traduzir o que a comunidade cristã julgava ser a consciência de Cristo.

2. Paulo uniu-se à comunidade primitiva desde as origens, numa hora em que os acontecimentos da fundação da Igreja eram ainda contemporâneos e a comunidade se voltava para um mundo novo a ser conquistado. Paulo viveu de perto toda esta história, e é sua testemunha insubstituível.

A ressurreição de Cristo ficará para sempre a base da nova religião. Não é um paradoxo dizer que Paulo é nossa melhor garantia do fato: "Se Cristo não ressuscitou, afirmava ele, nossa mensagem é vazia de sua substância, vazia é também vossa fé" (1 Co 15.14). Todo este capítulo 15 da primeira Epístola aos coríntios é um compêndio da doutrina cristã da ressurreição: teologia, história, apologética. A mensagem apostólica anunciava antes de tudo a ressurreição de Cristo e sua morte prevista pelas Escrituras. Sepultado (conforme a narração tradicional dos Evangelhos), ele ressuscitou ao terceiro dia; e citavam-se as testemunhas oficiais de suas aparições.

Antes de morrer, para sobreviver a si próprio na sua comunidade, Jesus havia instituído a celebração da Ceia, o memorial de sua morte, já aureolado do triunfo da parusia. Paulo nos conserva esta narração primitiva transmitida pelos apóstolos: "Na noite em que ele foi entregue..." (1 Co 11.23).

Inseparável da ressurreição de Cristo é a efusão do Espírito Santo. Paulo nos fornece a melhor documentação que temos sobre os fenômenos que marcaram profundamente a vida das primeiras comunidades. Lucas, ao descrever o primeiro Pentecostes de Jerusalém, inspira-se parcialmente no que viu nas igrejas paulinas, sabendo bem que estas imitaram "as igrejas dos santos". Quanto ao Apóstolo, sendo ele tão fiel às tradições de Jerusalém a ponto de rejeitar toda inovação, mesmo num detalhe tão insignificante como o uso do véu nas reuniões, acaso poderia ele, sem o exemplo apostólico, permitir aos coríntios que os confundissem, em suas assembléias carismáticas, com os iniciados de Dionísio? Pretender que ele houvesse aprendido no mundo grego seus êxtases e toda a teoria do Espírito, seria forjar uma vã objeção ao cristianismo. Certos indícios, que, por serem fortuitos são tanto mais significativos, reforçam a convicção do historiador. Os carismas paulinos conservam um caráter muito primitivo, voltados como são para a vinda de Cristo que eles anunciam, e relacionados com a celebração da ceia. É então que ecoava a aclamação extática *Maranatha*[9], que era um patente apelo à parusia e, ao mesmo tempo, um ato de fé na presença misteriosa de Cristo. Através do testemunho de Paulo, atingimos a liturgia arcaica de Jerusalém.

3. O papel de Cefas em Antioquia e em Jerusalém, seu testemunho sobre a ressurreição, sua dignidade à frente do colégio apostólico, a importância de Tiago e João em Jerusalém, todas estas recordações conservadas por Paulo permitem-nos controlar em detalhe o quadro da Igreja primitiva esboçado por Lucas nos Atos. Certa idealização de Lucas recobre uma situação histórica. A comunidade primitiva, depois de se haver retraído sobre si mesma por certo tempo, voltou-se para os povos "longínquos". Seguiu-se uma crise, que punha em jogo a obrigação da Lei para os convertidos do paganismo. Nestas circunstâncias, Paulo foi o homem providencial.

As Epístolas contam-nos que aquele que se chamava Saulo de Tarso tinha anteriormente perseguido os cristãos. Temos toda razão em aceitar a perspectiva dos Atos: esta perseguição prendia-se à reação provocada nas sinagogas dos judeus helenistas (e Paulo era um deles) pela pregação de Estevão e dos diáconos helenistas. A vocação de Paulo, neste momento da evolução do cristianismo, não se desassocia da vocação dos gentios. Pode-se mesmo imaginar que a atitude antilegalista dos cristãos helenistas tenha-o impressionado vivamente. Ele a combateu, talvez com tanto maior ardor, quanto mais ela desfazia um problema que preocupava os fariseus helenistas[10].

É impossível desassociar Paulo do cristianismo primitivo. A história de sua vida faz um só todo junto com a da Igreja de Jerusalém

---

[9] Os fenômenos "espirituais" da comunidade são intimamente ligados à celebração da Ceia e às aparições de Cristo ressuscitado. Combinamos os dados da *Didaqué* e Ap 22.17 com 1 Co 16.22. A primeira parte da frase paulina evoca 1 Co 12.3 que trata dos carismas. *Maranatha* corresponde de certo modo a "Anathema Iese" *(ibid.)*.

[10] Cf. W. G. KÜMMEL, "Jesus und Paulus", em *Theol. Blätter*, 19 (1940), cc. 209-231; G. SCHNEIDER, *Kern-probleme des Christentums Eine Studie zu Paulus, Evangelium und Paulinismus*, Stuttgart, 1959.

e de sua expansão no mundo greco-romano. Sua doutrina está incrustada da mensagem dos apóstolos, predecessores seus. Seus atritos com os judeu-cristãos provam até à evidência que ele era a personagem mais marcante do mundo cristão; dele fazia parte a mesmo título que Pedro e Tiago. Igualmente, nota-se que a comunidade cristã primitiva formava um todo orgânico, uma seita fortemente individualizada no mundo religioso da época.

Uma seita sem fundador, isso seria uma realidade deste mundo? A originalidade da seita cristã era grande; tão grande que o caráter tão pessoal do Apóstolo não pôde fazê-la desviar da linha geral que ela seguia. Não temos aí um sinal de que é preciso colocar, no início do Cristianismo, uma personalidade mais forte, mais original que a de Paulo? Supor que Paulo tivesse feito por sua conta, independentemente, a mesma experiência que Jesus, seria não só um atentado contra o que há de mais verossímil, mas também um desmentido às afirmações da história cristã. A tradição da comunidade, que conservou os ensinamentos de Cristo, e as iluminações do Apóstolo, juntaram-se na unidade da obra divina.

## 2. Sob o signo do judaísmo e do helenismo

Judeu ou grego, eis o dilema que atravessa toda a história do trabalho científico dedicado a Paulo[11]. Desprezado pelos judeu-cristãos como demasiado helenista, Paulo foi muitas vezes mal compreendido pelas suas próprias igrejas. Marcião fez dele uma caricatura. "É uma figura complexa, um 'problema' extremamente difícil, e contudo é por isso mesmo um homem que se impõe e marca a história universal"[12]. A escola de Tübingen[13] opunha insistentemente Paulo aos outros apóstolos, tidos como "judaizantes" e os estu-

---

[11] Cf. A. SCHWEITZER, *Geschichte der paulinischen Forschung*, Tübingen, 1931, resumido em *Die Mystik des apostels Paulus*, Tübingen, 1930. W. D. STACEY, *The Pauline View of Man*, Londres, 1956, pp. 3-55; H.-J. SCHOEPS, *Paulus. Die Theologie des Apostels im Lichte der Jüdischen Religionsgeschichte*, Tübingen, 1959, pp. 1-42.
[12] Cf. H. WINDISCH, *Paulus und das Judentum*, Stuttgart, 1935, p. 7.
[13] Epígonos da escola: H. LÜDEMANN, O. PFLEIDERER, K. HOLSTEN, H.-J. HOLTZMANN; cf. W. D. STACEY, *op. cit.*, pp. 40-43.

diosos da "história das religiões" secundaram-nos com toda sua riqueza de informações sobre a parte preponderante do helenismo no pensamento paulino (A. Deissmann, R. Reitzenstein, W. Bousset etc.)[14]. Por outro lado, após H. St. J. Thackeray[15], W. Wrede[16], M. Brückner[17] e sobretudo A. Schweitzer explicavam o paulinismo (inclusive a mística e o sacramentalismo) em dependência estreita do judaísmo e do cristianismo primitivo. Não era outro o pensamento de E. Lohmeyer[18]. É esta também a posição de H. W. Robinson[19], H. A. Kennedy[20], E. De Witt Burton[21]. C. A. Anderson Scott[22]. Os teólogos de hoje acham-se divididos; a Bultmann, fiel a Bousset, opõem-se O. Cullmann, W. D. Davies[23], J. Munck etc. No dizer deste último, as semelhanças de Paulo com o helenismo não atingem nunca o fundo do seu pensamento; não temos o direito de falar de dois cristianismos, um judaico, outro helenístico; e a atividade missionária de Paulo não se desvia da do cristianismo comum[24].

---

[14] Mais recentemente: W. L. KNOX, *St. Paul and the Church of Jerusalem*, Cambridge, 1935; *St. Paul and the Church of the Gentiles*, Cambridge, 1939; *Some Hellenistic Elements on Primitive Christianity*, Londres, 1944; G. H. C. MacGREGOR-A. C. PURDY, *Jew and Greek: Tutors unto Christ. The Jewish and Hellenistic Background of the N. T.*, Londres, 1937; M. POHLENZ, "Paulus und die Stoa", em *Zeitschr. Neut. Wiss.*, 42 (1949), pp. 69-98.

[15] H. ST. J. THACKERAY, *The Relation of St. Paul to Contemporary Jewish Thought*, Londres, 1900. Thackeray descreveu a palinódia de O. Pfleiderer, convertido pelo sistema da "altsynagogalen palästinischen Theologie" de Weber à idéia de que a chave da teologia paulina se encontra no judaísmo.

[16] W. WREDE, *Paulus (Religionsgeschichtliche Volksbücher)*, Tübingen, 1904.

[17] M. BRÜCKNER, *Die Entstehung der paulinischen Theologie,* Strasburg, 1903; "Zum Thema Jesus und Paulus", em *Zeitschr. Neut. Wiss.*, 7 (1906), pp. 112-119.

[18] *Grundlagen paulinischer Theologie (Beiträge zur historischen Theologie,* I), Tübingen, 1929.

[19] *Hebrew Psychology in Relation to Pauline Anthropology,* New York, 1909. *The Christian Doctrine of Man,* New York, 1911.

[20] *St. Paul and the Mystery-Religions,* Londres, 1913; *St. Paul's Conception of the Last Things,* Londres, 1904.

[21] *Spirit, Soul and Flesh: the Usage of* πνεῦμα, ψυχή *and* σάρξ *in Greek Writings...,* Chicago, 1918.

[22] *Christianity according to St. Paul,* Cambridge, 1927.

[23] Cf. W. D. DAVIES, *Paul and Rabbinic Judaism. Some Rabbinic Elements in Pauline Theology,* Londres, 1948, p. 321.

[24] *Christus und Israel. Eine Auslegung von* Röm. 9-11. (*Acta Jutlandica* XXVIII, 3), Kopenhagen, 1956, pp. 11s.

Os movimentos que dominam o pensamento teológico moderno, o retorno ao Antigo Testamento, a vontade manifesta de fazer pesquisas de laboratório e de constituir à margem da história uma verdadeira teologia da revelação – tudo isso torna sempre mais aceito o caráter "judaico" de Paulo. Os últimos estudos sobre a antropologia paulina identificam Paulo com o "homem hebreu". Numa síntese muito clara dos trabalhos recentes, W. D. Stacey[25] tem a preocupação constante de mostrar a concordância profunda de Paulo e do Antigo Testamento com o judaísmo. De ambas as partes, o dualismo antropológico é desconhecido; toda atividade corporal ou psíquica procede de um substrato único. Nada mais revelador, dizem, que as formas inconscientes do pensamento de um homem; a antropologia de Paulo pode provar que ele não foi um helenista, exposto à influência do pensamento grego, mas um judeu cem por cento.

Estas pesquisas são geralmente tributárias da fenomenologia e da filosofia existencialistas. Tomamos a liberdade de hesitar em definir com tanta firmeza a alma dos semitas, e sobretudo a de Paulo. É na qualidade de filólogo que tencionamos abordar o estudo do paulinismo: operamos com formas conscientes do pensamento, aquelas que se exprimem nas palavras e têm possibilidade de refletir algo das profundezas da alma humana.

Historicamente, Paulo pertence ao judaísmo helenizado. A imagem que Lucas dele traça é a de um homem que sabe viver em sociedade, possuidor do tato e fineza gregos. Seus escritos produzem a mesma impressão. Sem dúvida, ele não é escritor de profissão. Comparado com Filon de Alexandria, filósofo e retor, ele faria figura de simples operário, homem que age mais do que escreve[26]. Mas ele sabe falar, agir e até mesmo escrever como um homem culto. Sua melhor definição é: um judeu muito helenizado.

Mesmo se ele passou em Jerusalém uma parte de sua juventude, e talvez também de sua infância[27], ele é, por nascimento cidadão

---

[25] *The Pauline View of Man*, Londres, 1956.
[26] A. DEISSMANN, *Paulus. Eine kultur-und religionsgeschichtliche Skizze*, 2ª ed., Tübingen, 1925, pp. 87.89.
[27] W. C. VAN UNNIK, "Tarsus of Jerusalem, de stad van Paulus' jeugd", em *Mededelingen Kon. Akad.*, N. R., 15. 5, Amsterdam, 1951 (cf. *Studia Paulina. In hono-rem J. de Zwaan*, Haarlem, 1953, p. 233) deduz de At 22.3, que Paulo

de Tarso e cidadão romano. É melhor não supor que ele tenha freqüentado as aulas dos ilustres filósofos de Tarso, mas seria um outro excesso fazer dele um puro rabino[28] e enquadrá-lo nos limites do judaísmo. Seu fraseado vigoroso e muitas vezes entusiasmado não é o de alguém que pensasse em aramaico e traduzisse sua frase para o grego. O grego é para ele uma língua materna, se não a língua materna simplesmente; do modo como ele manejava o aramaico ou o hebraico jamais saberemos coisa alguma[29]. Sua Bíblia é a Bíblia dos Setenta, mesmo quando emprega certos recursos da exegese rabínica[30]. Seu estilo se inflama por vezes a ponto de poder ser comparado a Demóstenes, mas não se mantém por muito tempo. O esforço seria artificial. Recorre com freqüência aos processos da retórica grega, coisa que se explica naturalmente por um contato com a sofística asiática. Mas nunca fica prisioneiro dos artifícios. O perfeito filólogo que foi E. Norden, numa página inesquecível, imagina que impressão deviam ter os gregos, habituados à falsa eloqüência dos sofistas, quando reencontravam, na palavra vibrante de Paulo (Rm 8.31ss; 1 Co 13) o entusiasmo inspirado dos epoptas e os arroubos que a humanidade nunca mais ouvira desde o Fedro de Platão[31].

---

recebeu sua primeira educação em Jerusalém, e que o aramaico é a sua língua materna, e o rabinismo sua pátria espiritual.

[28] Sobre Paulo e a exegese rabínica, cf. G. KITTEL, *Rabbinica* (*Arbeiten zur Religionsgeschichte des Urchristentums*, Bd I, H. 3) Leipzig, 1920; J. BONSIRVEN, *Exégèse rabbinique et exégèse paulinienne*, Paris, 1928; A. F. PUUKKO, "Paulus una das Judentum", em *Studia Orientalia*, 2, 1928, pp. 1-87; L. M. EPSTEIN, *Sex-Laws and Customs in Judaism*, New York, 1948; H.-J. SCHOEPS, *Paulus*, Tübingen, 1959, pp. 28-31.

[29] Evidentemente ele era bilingüe e falava o aramaico da época, cf. At 21.40.

[30] Isto prova que sua língua costumeira era o grego (cf. P. WENDLAND, *Die hellenistisch-romische Kultur*, Tübingen, 1912, p. 354; T. R. GLOVER, *Paul of Tarsus*, Londres, 1925, p. 143; A. DEISSMANN, *Paulus*, 2ª ed., Tübingen, 1925, pp. 99-101; J. BONSIRVEN, *Exégèse rabbinique et exégèse paulinienne*, Paris, 1928, p. 37). – São conhecidos todos os detalhes que deveriam matizar esta nossa afirmação; cf. O. MICHEA, *Paulus und seine Bibel*, Gütersloh, 1929, E. G. ELLIS, *Paul's Use of the Old Testament*, Edinburgh, 1957; cf. W. D. STACEY, *The Pauline View of Man*, Londres, 1956, p. 32.

[31] *Die antik Kunstprosa*, II, Tübingen, 1918, pp. 509s.

Que importância tem, aliás, o estilo! Os numerosos retoques na doutrina demonstram a dívida de Paulo para com o helenismo. Por meio dele, todo o cristianismo contraiu para sempre esta dívida.

A tradição conservou para Paulo o título que ele reivindicava: "Apóstolo dos gentios". Voltou-se resolutamente para os gregos e tornou-se um deles para os ganhar; o fato de ele tê-lo conseguido é a melhor prova de que falava a língua deles. Judeu com os judeus, ele foi grego com os gregos. Judeu ou grego, continuava sendo escravo de Cristo, livre de toda sujeição humana nesta escravidão divina (1 Co 9.20-23). Não somente falava a língua dos gregos, utilizando seus termos e seus conceitos[32], mas tornou sua a alma deles, a fim de que, por sua vez, eles fizessem sua a linguagem de Cristo.

Os dados do problema aparecerão no desenrolar deste estudo da teologia paulina.

## III - NOSSO PROGRAMA

"O cristão nasce do plano de salvação de Deus. É ele o termo deste plano, situado na intersecção do mundo atual que está passando, e do mundo futuro que já penetra com seus valores no tempo presente. A primeira parte descreve a economia da salvação, desde a morte e a ressurreição de Cristo, acontecimentos decisivos que fazem o mundo entrar na era da salvação, até a aceitação pelos homens da mensagem que lhes traz esta Boa-nova.

Depois desta introdução suceder-se-ão três outras partes, programados para corresponderem aos níveis sucessivos da teologia

---

[32] Convém distinguir o emprego dos termos técnicos e a assimilação profunda das noções jurídicas ou filosóficas. Quanto aos termos e noções técnicas, cf. O. EGER, *Rechtsgeschichtliches zum Neuen Testament* (*Rektoratsprogram der Univ. Basel*, 1918), Basiléia, 1919; W. STRAUB, *Die Bildersprache des Apostels Paulus*, Tübingen, 1937. Quanto à filosofia: R. BULTMANN, *Der Stil der paulinischen Predigt und die Kynisch-stoische Diatribe* (*Forsch. z. ReI. u. Lit. d. A. u. N. T.*, 13), Göttingen, 1910; M. POHLENZ, "Paulus und die Stoa", em *Zeitschr. Neut. Wiss.*, 42 (1949), pp. 69-104; A. FESTUGIÈRE, *L'idéal religieux des Grecs et l'Évangile*, Paris, 1932, pp. 264s.; H. ALMQUIST, *Plutarch und das N. T.*, Upsala, 1946. Paulo não é nem jurista em direito helenista, nem filósofo de profissão; mas tampouco é ele um simples papagaio, seja qual for o sentido que os atenienses atribuíram à sua alcunha de σπερλόγος (At 17.18).

paulina. A primeira das três é dedicado à esperança cristã; aliando-se ao pensamento do cristianismo primitivo, Paulo orientou-se primeiro para a parusia de Cristo. Mas em breve, sendo obrigado a responder às exigências da alma grega, – e talvez simplesmente de qualquer alma humana que deseja saber que contribuição lhe dá a religião para o tempo atual, – ele salientará os componentes da condição de cristão, isto é, as riquezas de nossa vida sobrenatural. Será esta a nossa terceira parte. A quarta e última trará um complemento essencial: o cristão perfeito é aquele que, na luz de Deus, aceita o conhecimento de todo o mistério da benevolência divina.

Para permanecermos dentro dos limites de uma obra que se possa ler, renunciamos a dissertar sobre os costumes e atividades cristãs.

## IV - A AUTENTICIDADE DAS EPÍSTOLAS PAULINAS[33]

Apenas uma questão de crítica literária tem importância essencial para o andamento do nosso estudo: refiro-me à autenticidade das Epístolas aos colossenses e aos efésios, sobre as quais se fundamenta a nossa quarta parte. Aí a teologia paulina transpôs uma etapa que as Epístolas anteriores, por si mesmas poderiam já fazer prever. Foi o próprio Paulo que as compôs?

Forçoso nos é tomar partido. Já o fizemos em nossos estudos anteriores, e não recebemos demasiadas críticas. De então para cá, o comentário de H. Schlier sobre a Epístola aos efésios veio confirmar as posições conservadoras. A evolução da teologia, das grandes Epístolas até às do cativeiro, é plausível e concorda com as condições em que estava empenhado o pensamento paulino.

A autenticidade da Epístola aos filipenses não é mais problema; a Epístola aos colossenses e o bilhete a Filêmon estão geralmente bastante reabilitados[34]. Pensando bem, a evidência da autentici-

---

[33] Cf. sobre esse assunto: W. SCHMITHALS, *Zur Abfassung und ältesten Sammlung der paulinischen Hauptbriefe*, em *Zeitschr. Neut. Wiss.*, 51 (1960), pp. 225-245.

[34] H.-J. SCHOEPS, *Paulus*, Tübingen, 1959, p. 44, considera Colossenses como deuteropaulina (por causa do seu caráter gnóstico). Sobre as discussões referentes a 2 Tessalonicenses, veja B. RIGAUX, *Saint Paul. Les Épîtres aux thessaloniciens*, (*Études Bibliques*), Paris, 1956, pp. 124-152.

dade do bilhete a Filêmon, logo traz consigo a mesma convicção com referência a Colossenses. A rigor, contentar-nos-íamos com a autenticidade desta última Epístola, pois as teses paulinas essenciais da etapa Colossenses-Efésios já estão aí suficientemente representadas. Contudo, a autenticidade de Ef traz-nos um aumento de liberdade e de certeza apreciável, revelando-nos que o pensamento de Paulo progrediu de um modo sistemático. Esta Epístola, na opinião da maioria dos críticos, e independentemente da questão de sua autenticidade, compreende-se melhor como uma tentativa de síntese teológica. Para E. J. Goodspeed, cuja hipótese crítica é realmente sedutora, Efésios, juntando aos temas de Colossenses as teorias fundamentais das grandes Epístolas, seria destinada a prefaciar o *corpus* das Cartas paulinas. Com maior freqüência ela é considerada como uma Carta encíclica que expõe os dados principais de uma teologia paulina. Na hipótese da autenticidade, isto significaria que Paulo, em determinada fase de sua vida, sentiu a necessidade de propor sua doutrina numa perspectiva nova.

Nossa pesquisa, em geral, limita-se às Epístolas aos tessalonicenses, às grandes Epístolas e às Epístolas do cativeiro. A contribuição das Epístolas pastorais para a teologia propriamente dita é muito modesta, como se sabe. A Epístola aos hebreus mereceria bem mais que algumas alusões. Mas todo livro deve saber moderar-se.

As notas bibliográficas indicadas no decurso da obra não pretendem, evidentemente, ser completas e também não são sempre de primeira mão. A indicação de trabalhos bibliográficos pode-se encontrar em B. M. METZGER, *Index to Periodical Literature on the Apostle Paul,* Leyde, 1960, pp. 1-3. Esta obra, que bastaria para revelar a complexidade dos estudos paulinos, permanece, no entanto, ainda incompleta. – Não temos a pretensão de elogiar, seja como for, em detrimento de outros, os trabalhos que citamos, e geralmente não se devem procurar aí nem nossas fontes, nem nossos "cavalos de batalha". A moda servirá pelo menos, no nosso caso, como primeira orientação para os centros de interesse das pesquisas modernas. – Quando fizermos referências às doutrinas de Qumrân, utilizaremos, para maior brevidade, as siglas usuais: Dam (Documento sadoquita, ou de Damasco), S (Serek: Manual de Disciplina), M. (Milhamah: Livro da Guerra), H (Hodayôt: Livro dos Hinos), pHab (pesher: comentário de Habacuc). Quanto aos fragmentos da gruta 4, publicados por J. M. Allegro, usaremos: 4Q Flor (Florilegium), 4Q Test (Testimonia), 4QPs37 (pesher: comentário do Salmo) etc.

## Primeira Parte

# A ECONOMIA CRISTÃ

A obra de Deus visando a salvação cristã foi efetuada em duas etapas. Servo de seu Pai, Cristo foi enviado, manifestou-se, morreu pelos pecados e ressuscitou. Desta forma, em princípio a salvação estava adquirida; faltava, numa segunda etapa, colocá-la ao alcance dos homens: Deus o realiza pela missão e a mensagem dos apóstolos. Uma vez que se trata do pensamento de Paulo, não compreenderemos bem esta segunda etapa, senão à luz da vocação daquele a quem damos o nome de Apóstolo dos gentios.

## Capítulo I
# A INTERVENÇÃO DE CRISTO

1. *A história religiosa da humanidade antes de Cristo.* A humanidade na ordem da criação e o reino do pecado. – O paganismo. – A eleição de um povo.
2. *A obra salvífica de Cristo.* A ressurreição: função teológica da ressurreição de Cristo; sua eficácia. – A morte de Cristo: seu lugar na mensagem cristã; sua eficácia. – Eficácia conjunta da morte e da ressurreição. – A carreira terrestre de Cristo.
3. *A ordem cristã.* O cosmos: o mundo material; o mundo dos seres invisíveis. – Período de transição. – *Nova et vetera.* – A hora dos gentios. – O Israel de Deus.

"Os apóstolos foram encarregados pelo Senhor Jesus Cristo de nos anunciar a mensagem. Jesus Cristo foi enviado por Deus. Assim pois, o Cristo por Deus e os apóstolos por Cristo: ambas as coisas foram assim ordenadas segundo a vontade de Deus" (I Clem 42.1-2). A salvação cristã, a nova ordem, começa pela missão de Cristo; ela terá sua continuação na mensagem apostólica.

No sentir de Clemente, a mensagem tem por objeto o reino escatológico[35]. Os Evangelhos sinóticos falam de um modo muito mais matizado. Não somente mostram a Boa-nova do reino anunciada na Galiléia, mas consideram a morte e a ressurreição de Cristo como elementos-chaves da obra divina realizada em Jesus. O Evangelho de João propõe uma síntese que une ainda mais estreitamente o ensinamento de Cristo (considerado como revelação) e a manifestação brilhante de sua morte gloriosa. A teologia paulina assume uma cor própria, desde o começo, pela importância que atribui à ressurreição

---
[35] Uma análise de I Clem 42.3, onde aparece num estilo paulino a alusão à ressurreição (πληροφορηθέντες τῆς ἀναστάσεως τοῦ Κυρίου ἡμῶν Ἰησοῦ Χριστοῦ) leva a matizar estas fórmulas.

de Cristo e à sua morte, em detrimento, diríamos, de seu ensino e da sua encarnação (no sentido de entrada no mundo humano tomando uma carne semelhante à nossa).

Poderemos entender a obra de Cristo, à maneira de Paulo, enquadrando-a no conjunto de um grande plano divino. O primeiro artigo descreverá em grandes linhas a situação anterior à revelação cristã. Dedicaremos o artigo seguinte à intervenção salvífica da paixão e da ressurreição. Estes dois acontecimentos, reunidos na intenção divina, inauguram "o tempo cristão" que deve terminar na parusia.

## I - A HISTÓRIA RELIGIOSA DA HUMANIDADE ANTES DE CRISTO

Cristo é o termo da "evolução", – como dizemos hoje, – de todos os séculos precedentes, desde o começo dos tempos. Sua obra e o século cristão do qual ela é o começo, estão no centro de uma história "universal", a aventura religiosa da humanidade.

Dividir esta história em períodos seria impor ao pensamento paulino uma sistematização que lhe é desconhecida. Distinguiremos contudo a ordem da criação, o reino do pecado sob suas duas formas, pecado original e conseqüências da idolatria, e enfim a eleição de um povo[36].

### 1. *A humanidade na ordem da criação e o reino do pecado*

A história humana começa pela criação. Falando da ordem da criação, no sentido próprio, separamos "logicamente" no estado paradisíaco, os elementos que pertenciam à natureza do homem e os que a sobrepujavam.

Breve ou longo, não o sabemos, o período inaugurado pela criação foi bruscamente transtornado por uma revolta do homem. Até então a humanidade estava sem história, vivia na paz total com seu criador. Seu relacionamento com Deus era direto, sem a mediação

---

[36] Cf. O. KUSS, "Zur Geschichtstheologie der paulinischen Hauptbriefen", em *Theol. u. Glaube*, 46 (1956), pp. 241-260.

das potestades espirituais.³⁷ Pois a humanidade tinha sido criada como uma raça distinta de todas as espécies animais e das famílias angélicas. Colocada sobre a terra, tinha como missão descobrir o Criador através de sua obra e render-lhe homenagem: "Desde a criação do mundo, escreverá Paulo na sua Carta aos romanos, as profundezas invisíveis de Deus, o seu sempiterno poder e divindade, se tornam visíveis à inteligência, por suas obras, e são contempladas" (Rm 1.20). O tema é bem conhecido na filosofia grega, no Antigo Testamento (nos Salmos sobretudo) e no judaísmo helenista³⁸. Foi abordado principalmente no Livro da Sabedoria, e precisamente

---

[37] Paulo pautava sua teologia pelas primeiras páginas do Gênesis, tradições judaicas e luzes de Deus.

[38] Cf. E. NORDEN, *Agnostos Theos. Untersuchungen zur Formengeschichte religiöser Rede*, Leipzig, 1913, H. DAXER, Rm 1.18-2.10 *im Verhältnis zur Spätjüdischen Lehrauffassung* (Diss.), Rostock, 1914; H. LIETZMANN, *An die Römer*, Tübingen, 1928, p. 33 (excursus); E. FASCHER, "Deus invisibilis", em *Marburger Theologische Studien*, I, Gotha, 1931, pp. 41-77; E. SCHLINK, "Die Offenbarung Gottes in seinen Werken und die Ablehnung der natürlichen Theologie", em *Theol. Blätter*, 20 (1941), cc. 1-14; A.-J. FESTUGIERE, *La Révélation d'Hermès Trismégiste*, IV, Paris, 1949; O. MICHEL, *Der Brief an die Römer*, Göttingen, 1955, pp. 52-56. Paulo recorre ao argumento bem conhecido da *theologia naturalis*. Deveremos concluir que permanece ainda hoje, para a inteligência humana, a possibilidade de descobrir a Deus em suas obras; mas esta possibilidade era estorvada pelas instituições do paganismo, a filosofia corrente, a intervenção das potências etc. E. BORNKAMM, "Die Offenbarug des Zornes Gottes", em *Zeitschr. Neut. Wiss.*, 34 (1935), pp. 239-262, agrupou o material helenístico. Cf. igualmente E. NORDEN, *Agnostos Theos*, pp. 125-140. O. Michel insiste na dependência de Paulo com respeito à apocalíptica. Não se devem negar os contatos (*Test. Nepht.*, 3, 4ss; Apoc. Bar., 54, 18), mas seria preciso perguntar se a própria apocalíptica não tem dívidas para com o judaísmo helenista, ou então se a corrente sapiencial e a corrente apocalíptica não correm em leitos onde se misturam suas águas, sendo o primeiro mais grego e o segundo mais orientalizado. Quanto ao judaísmo helenista, pode-se lembrar Sab 13,1ss; *Orac. Sib.*, III, 8-45; JOSEFO, *c. Ap.*, 2, 167; FILON, *Op. Mundi*, 7ss; *Spec. Leg.*, 1,18ss – O tema é estóico e muito popular (cf. P. RENARD, *Le mysticisme cosmique dans le Corpus hermeticum*, Univ. de Louvain. Mémoire de licence Philos. et Lettres, Philol. class., 1949). Cf. B. REICKE, "Natürliche Theologie nach Paulus", em *Svensk Exeg. Arsb.*, 22-23 (1957-58), pp. 154-167; H. P. OWEN, "The Scope of Natural Revelation in Rm 1 and Acts 17", em *New Test. Studies*, 5 (1958-59), pp. 133-143.

num contexto paralelo ao da Epístola aos romanos, tratando da origem da idolatria.

A inteligência (sua menção está implícita no particípio νοούμε–να[39]) tinha pois sido dada ao homem como privilégio essencial. Ela devia proceder segundo sua força nativa e conduzir por raciocínio (ou talvez melhor, por "analogia"[40]) da contemplação das obras à descoberta de Deus. As obras criadas[41] são o lugar normal onde a inteligência humana encontrava seu Criador[42]. Paulo aplica concretamente esta teoria à humanidade nascida de Adão, que se foi multiplicando e abandonando o monoteísmo. Suas afirmações são paralelas aos do Livro da Sabedoria: "A invenção dos ídolos foi a origem da fornicação, a descoberta deles corrompeu a vida; pois eles não existiam no princípio e não durarão para sempre. Foi pela vaidade humana que eles fizeram sua entrada no mundo" (Sab 14.12-14). Percebe-se claramente que a Sabedoria, ao descrever as origens da idolatria, sobrepõe ao esquema bíblico da história primitiva (cf. por

---

[39] Comparar com νῷ δ'εἰσοράαται no *hieros logos* judaico (cf. *Recueil Lucien Cerfaux*, I, Gembloux, 1954, pp. 72-73).

[40] Pode ser citado Sab 13.5: "Pois a grandeza e a beleza das criaturas dão a contemplar, por analogia, o seu criador".

[41] De acordo com sua tendência, O. Michel pensa nas obras e ações de Deus na criação e na história (*Der Brief an die Römer*, Göttingen, 1955, p. 54). No entanto, se o tema é helenístico (os termos ἀόρατα, ποιήμασιν, νοούμενα καθορᾶται sugerem esta origem), trata-se do mundo criado, que manifesta Deus.

[42] No *C. Herm.*, Deus toma a iniciativa, manifestando-se com vontade de ser conhecido; é uma espécie de revelação; não se vê a Deus com os olhos do corpo, mas com os da inteligência (τοῖς τοῦ νου ὀφθαλμοῖς). E ainda é necessário que ele queira tornar-se perceptível às inteligências que ele predestina (οἷς ἂν αὐτὸς βουληθῇ φανῆναι); devemos orar a Deus nesta intenção e então ele ilumina a inteligência (*C. Herm.*, V, § 2, cf. P. RENARD, *op. cit.*, p. 26). O *Corpo herm.* não conhece senão uma espécie de visão intelectual de Deus, que parece ao mesmo tempo um conhecimento natural e um conhecimento por revelação. A tradição do judaísmo faz distinção entre o conhecimento natural e a revelação. Abraão obteve o dom de "ver" a Deus. Não se afirma que foi com os olhos corporais, mas por um privilégio foi-lhe dada uma visão intuitiva, bem diversa da visão intelectual que o intelecto bem disposto pode receber por graça. Deve-se notar ainda que o tema do conhecimento de Deus pelas suas obras, no Antigo Testamento (Salmos) é antes uma contemplação intuitiva que um raciocínio filosófico. O verbo καθορᾶται usado por Paulo sugere também a contemplação.

exemplo Sab 14.6) um quadro mais geral em que toda a humanidade evolui em massa. Paulo não pensa de outra forma[43]. Os homens nascidos de Adão, não só continuavam capazes de conhecer a Deus, mas não se afastaram do seu conhecimento senão progressivamente. E ainda assim, no seio da idolatria generalizada, o homem continua homem e sua inteligência é capaz de descobrir seu Criador: este dom constitui sua grandeza. Pode-se acrescentar que a filosofia humana era o instrumento destinado a promover a procura de Deus (1 Co 1.21).

Este ponto é de importância capital para interpretar o paulinismo. Não temos o direito de declarar que o homem, depois da queda, é incapaz de atingir a Deus ou não o atinge senão para melhor rejeitá-lo[44]. O insucesso da inteligência, de que fala Rm 1.21 (a procura de Deus fracassou) não é também tão radical, que tenha arruinado a natureza humana. Uma reflexão conduzida com critério poderia ainda chegar ao conhecimento de Deus. Paulo faz um corajoso apelo à disposição nativa da inteligência, no discurso de Listra e no do Areópago[45]. Quando, no início da Carta aos romanos, deixando de lado certos detalhes, ele atribui à totalidade do gênero humano a ignorância de Deus e os pecados daí derivados, não será por uma generalização literária? Toda proposição geral conhece exceções e nunca se sabe até que ponto a exceção contraria a tese abstrata. No mesmo contexto em que afirma a universalidade do pecado, Paulo ensina que os pagãos que tiverem tido a coragem de fazer o bem e de viver segundo sua dignidade de pessoas religiosas, receberão em recompensa a vida eterna (Rm 2.7-16).

Portanto, a ordem da criação continua, mesmo depois do pecado original e depois das prevaricações da idolatria. Ela persistia debaixo desta camada de pecado que recobria a humanidade. E não

---

[43] Os três primeiros capítulos de Romanos são paralelos a Sab 13ss.
[44] Não abordamos aqui a questão muito particular do livre arbítrio "inclinado e atenuado" pelo pecado original (cf. *infra*, pp. 463s). Sabemos que Deus ilumina a inteligência. Desde que o movimento desta tende para o Deus "pessoa", e por conseguinte prepara a salvação propriamente dita (que é sobrenatural), a iniciativa divina precedeu a atividade humana.
[45] Estes discursos representam pelo menos os temas clássicos em voga nos meios paulinos.

desaparecerá após a morte e a ressurreição de Cristo. Assim como ela se harmonizava no início com uma primeira ordem sobrenatural, coexiste agora com a ordem ligada à restauração em Cristo. Em outras palavras, o mundo no qual vivem os cristãos permanece, sob este aspecto determinado, exatamente como saiu das mãos de Deus. Os homens que, por algum motivo, não são atingidos pela mensagem cristã, conservam a capacidade de conhecer a Deus pela contemplação de suas obras. Os próprios cristãos continuam a louvar a Deus pelos benefícios da criação[46].

Antes de Cristo, o pecado reinou sobre o mundo[47]. Paulo justapõe duas explanações: uma partindo do pecado de Adão, a outra a partir da idolatria; a primeira, inspirada no Gênesis, a segunda, num contexto judeu-helenista. O pecado de Adão afeta toda a raça humana. O pecado "original" significa uma ruína, mas não a privação das condições essenciais nas quais a ordem criada propriamente dita estabeleceu a natureza humana. Outros pecados, individuais, vieram somar-se ao primeiro pecado (Rm 1.18). Progressivamente, os homens se arraigaram em sua recusa de conhecer o verdadeiro Deus. Substituíram-no pelos ídolos. A idolatria gerou a imoralidade, especialmente as desordens sexuais; o pecado se instalou no mundo, como se este lhe pertencesse. Disto os judeus não estão isentos[48]; Paulo chega a afirmar que a lei reaviva e multiplica o pecado.

## 2. O paganismo

1. O termo "pagãos" exprime a opinião de Paulo sobre o mundo greco-romano. Os judeus classificavam os homens de um modo bastante sumário: havia os judeus e os não-judeus, os circuncisos e os incircuncisos. Paulo emprega ἔθνη (com os Setenta) para designar os não-judeus. Com menor freqüência usa ἀκροβυστία (pre-

---

[46] 1 Co 10.31; Co 3.17. Para não complicar nossa exposição, deixamos de lado uma visão mais profunda da ordem da criação, apresentada em Efésios-Colossenses: Cristo estava já no início de todas as coisas, como termo, instrumento da criação e revelação do plano divino.
[47] Voltaremos a este assunto mais adiante, cf. pp. 294-435.
[48] A Sabedoria de Salomão (15.1-6) é mais otimista que Paulo.

púcio) em sentido metonímico, por oposição à "circuncisão", que indica, por uma metonímia paralela os judeus circuncisos[49]. Quando, em duas seções das Epístolas, a saber, no início de Romanos e no de 1 Coríntios ambas influenciadas pelo discurso de propaganda judaica, ele emprega o binômio de totalidade, com a antítese judeuheleno, seu modo de dizer é idiomaticamente grego: 'Ιουδῖος τε (πρῶτον) ῞Ελλην[50]. Mas quando discutia com Cefas em Antioquia, como judeu desejoso de causar impressão sobre outro judeu, diante de um auditório judeu, ouvimo-lo dizer: nós que somos judeus de nascença (φύσει) e não pecadores da gentilidade (Gl 2.15). Não teria falado desta forma diante do Areópago.

Paulo não tem receio de relembrar a "seus pagãos" a degradação em que viviam outrora: "Lembrai-vos, escreve aos efésios, do que éreis outrora, vós, os pagãos segundo a carne, que éreis chamados de incircuncisos por aqueles que se chamavam circuncisos, os que levam na carne a circuncisão, feita por mãos humanas; naquele tempo estáveis sem Cristo, sem direito de cidadania em Israel, alheios às alianças, sem esperança da Promessa, e sem Deus neste mundo" (Ef 2.11-12). Esta síntese, única na literatura paulina, corresponde bem ao que se espera. Todas as considerações são de ordem religiosa, pois a "cidadania" (πολιτεία) de Israel é a de um Estado religioso. Todas as taras do paganismo têm por origem a recusa de reconhecer a Deus e a invenção dos ídolos[51]. Como conseqüência, grassa a imoralidade, anexada à religião. O paganismo é, pois, formado

---

[49] Cf. Gl 2.15; Rm 3.29; 9.24; o capítulo 15 de Rm 1 Co 1.23. Nossos dois adjetivos "gregos-pagãos" equivalem de certo modo a ἐθνηἀκροβυστία. Para a significação exata desses termos, ver H. WINDISCH, art."Ελλην, em *Theol. Wörterbuch*, II, pp. 501-514, e K. L. SCHMIDT, art. ἔθνος *ibid.*, pp. 362-369. Os ἔθνη, conforme o vocabulário do Antigo Testamento, vulgarizado pelo judaísmo, são os nãojudeus, como tais; os "incircuncisos" são aqueles, ruja religião é o que chamamos de paganismo. Traduzimos o termo ora por pagão, ora por gentios.

[50] Cf. Rm 1.16; 2.9-10; 3.9; 10.12; 1 Co 1.24; cf. 10.32; 12.13; Gl 3.28; Cl 3.11; 1 Co 1.22 etc. Sobre os binômios contraditórios, indicando a totalidade, cf. H. RIESENFELD, "Accouplements de termes contradictoires dans le Nouveau Testament", em *Coniectanea Neotestamentica*, 9, Upsala, 1944, pp. 1-21.

[51] Será que Paulo pensa que, desde o início, Deus preservou uma parte da raça humana por escolhas ("eleições") sucessivas na descendência dos patriarcas?

destes elementos: a impiedade, a negação do verdadeiro Deus, e a imoralidade; podemos acrescentar: a cólera de Deus[52]: "Do céu desce (manifesta-se) a ira de Deus contra toda a impiedade e perversidade dos homens, que pela injustiça aprisionam a verdade" (Rm 1.18).

Coletividade dos homens, acervo de pecados, responsabilidade do gênero humano, tudo isso são generalizações: em teoria, a humanidade inteira é culpável pelo abandono de Deus; ela é punida no espírito e na carne. Os indivíduos poderão usar sua liberdade, seja para pactuar com a atitude geral do gênero humano, seja para observar os preceitos da vontade divina. Sem isso, o juízo que Paulo anuncia[53] ficaria sem sentido. Portanto, é preciso salvaguardar às instituições, que, aliás, pesam grandemente sobre os costumes, uma possibilidade de libertação pessoal.

Uma passagem de 1 Coríntios faz recair sobre o paganismo uma condenação mais severa. Aí se ouve a reprovação do Antigo Testamento e de certas correntes do judaísmo. O paganismo é, afinal, o culto dos demônios (1 Co 10.20). Os banquetes sacrificais unem aos demônios e esta união é imaginada de um modo muito realista[54]. Ao mesmo culto estão ligados os excessos sexuais (1 Co 10.7-8).

2. A responsabilidade das filosofias humanas está comprometida nestas origens do paganismo. Conforme 1 Co 1.21, a "sabedoria" humana, isto é, a filosofia, era encarregada de conduzir os homens ao conhecimento de Deus[55]. A Epístola aos romanos faz alusão à

---

Mas não há indícios de que ele vá além de Abraão. Abraão foi o primeiro a ser colocado à parte. Provavelmente Paulo imagina a vocação de Abraão como o fez Filon de Alexandria: Abraão, no meio dum povo que não conhecia a Deus, chega ao conhecimento do verdadeiro Deus. Contudo, o tema propriamente filoniano (descoberta de Deus pela astronomia) não conviria ao Apóstolo.

[52] Cf. E. BORNKAMM, "Die Offenbarung des Zornes Gottes", em *Zeitschr. Neut. Wiss.*, 34 (1935), pp. 239-262.

[53] Cf. Rm 2.12-16.

[54] Faz-se um paralelo com a união sexual da prostituição, 1 Co 6.16-20.

[55] Ἐπειδὴ... οὐκ ἔγνω ὁ κόσμος διὰ τῆς σοφίας τὸν Θεόν. Σοφία faz antítese com μωρία τοῦ κηρύγματος. O sentido parece bem determinado pelo contexto e Rm 1.21. Cf. os comentários de E.-B. ALLO, *Premiere Épître aux corinthiens (Études Bibliques)*, Paris, 1935, e de J. WEISS, *Der Erste Korintherbrief (Krit.-exeg. Kommentar)*, Göttingen, 1910, *ad loc.*

mesma teoria (1.21-22)[56], que corresponde à função religiosa que as filosofias contemporâneas, especialmente o estoicismo, atribuíram a si mesmas. Na verdade, se os moralistas pagãos souberam dizer coisas bonitas, muitas vezes eles aprovaram de fato a imoralidade e a idolatria[57].

Neste processo, o juízo de Paulo é sumário. Se a filosofia tinha por missão conduzir os homens a Deus, será que ela não o conseguiu algumas vezes, em certas épocas, em determinadas criações geniais, ou para alguns indivíduos privilegiados? Se nos dizem que a filosofia humana era capaz de conhecer a Deus, é porque se fez disso experiência; com efeito, uma corrente monoteísta atravessou a filosofia grega. Quando Paulo declara que a criação manifesta o poder e a bondade de Deus (Rm 1.20), ele se refere implicitamente a certos *topoi* filosóficos conhecidos (a alusão à filosofia é clara no contexto, vv. 21 e 22). Por conseguinte, a condenação não é tão absoluta, e se a tese teológica permanece verdadeira como aproximação ou generalização, a realidade comporta nuances que não se podem ignorar. A teoria da intervenção dos seres demoníacos na invenção da filosofia[58] é, aliás, paralela à outra, que atribui aos anjos uma função na promulgação da Lei judaica. Deve-se afirmar, em suma, que o veredicto de Paulo lhe é imposto por seu monoteísmo[59].

---

[56] Ἐματαιώθησαν ἐν τοῖς διαλογισμοῖς αὐτῶν... φάσκοντες εἶναι σοφοί...
[57] Rm 1.32; 2.3 (segundo uma exegese plausível).
[58] Cf. *acima*, pp. 48s. A comparação com os mitos do judaísmo sobre a queda dos anjos faz-nos identificar aos anjos maus os poderes que revelam a filosofia deste mundo (1 Co 2.6). A união dos anjos e das mulheres dá origem a maus espíritos, que induzem o homem ao culto idólatra (Hen., 19,1; Bar., 4,7; cf. G. B. CAIRD, *Principalities and Powers. A Study in Pauline Theology*, Oxford, 1956, p. 67). Por outro lado, estes mesmos anjos são responsáveis pela revelação ilícita dos mistérios.
[59] Os ataques à idolatria se multiplicam ao longo das Epístolas. Os pagãos são "sem Deus" no mundo, não conhecem a Deus (1 Ts 4.5; Gl 4.8; Ef 2.12), não adoram o Deus vivo e verdadeiro (1 Ts 1.9); tornaram-se alheios à vida de Deus (Ef 4.18) (num contexto paralelo ao de Rm 1.21ss, mas transposto, a recusa de conhecer a Deus torna-se uma recusa de participar de sua vida). Os pagãos adoram deuses que não o são por natureza (Gl 4.8), pretensos deuses (1 Co 8.5). Multiplicaram esses deuses enganadores que eles chamam de deuses e senhores, procurando-os no céu e sobre a terra (1 Co 8.5). Concretamente: ídolos mudos

## 3. A eleição de um povo

1. Paulo pintou um quadro muito sombrio do judaísmo legal. Censuram-no como se ele não tivesse percebido os verdadeiros valores religiosos da Lei de Moisés. Provavelmente basta, para defendê-lo, compreendê-lo com simpatia[60].

"Lei" é um termo susceptível de múltiplas acepções[61], e, segundo seu sistema de pensar e de raciocinar, o Apóstolo passa, sem transição, de uma para outra. É assim que ele acumula sobre a Lei acusações que visam ora o farisaísmo estreito que certamente existiu na Palestina como no mundo helenista, ora a própria Lei, concebida como um código de preceitos sem preocupação moral mais profunda. A controvérsia que ele mantém contra os judaizantes torna mais rígidas suas apreciações.

2. Mas ele sabe também que a Lei é outra coisa.

a) Desassociou da instituição mosaica Abraão e os patriarcas. E contudo, é a própria Lei (a saber, os Livros santos) que o fez conhecer a história patriarcal, a tal ponto que ele não procura separar a história em sentido estrito – isto é, a realidade material dos acontecimentos – da moldura de interpretações alegóricas que a rodeiam. A menção de Abraão, tal como sua teologia o descreve, é uma home-

---

(1 Co 12.2), deuses antropomórficos dos gregos ou zoolatria egípcia (Rm 12.2), deuses astrais (1 Co 8.5), culto dos soberanos (1 Co 8.5); provavelmente (1 Tes 2.4); Paulo faz alusão a todas estas formas duma idolatria que é sempre a mesma, que tranfere às criaturas a homenagem devida somente ao Criador (Rm 1.25).

[60] H.-J. SCHOEPS, *Paulus*, Tübingen, 1959, pp. 174-230, analisa longamente a doutrina de Paulo sobre a Lei. Censura-o antes de tudo por ter ele desconhecido o alcance da aliança, e isto porque reagiu como helenista, igualando seu passo à versão dos Setenta. De fato. Mas poder-se-ia exigir de Paulo uma crítica histórica da Lei de Moisés? A liberdade que ele tinha por missão garantir aos cristãos da Gentilidade estava ameaçada, não só pela concepção que um doutor palestino possuía da Lei, mas também pela dos judeus da Diáspora. Admiramos, aliás, a verdadeira simpatia com que Schoeps, como historiador, aborda os problemas do paulinismo. Quem sabe a simpatia decisiva é impossível para quem não penetra no interior do espírito profético que animava o Apóstolo?

[61] P. BLÄSER, *Das Gesetz bei Paulus* (Neutest. Abh., XIX, 1-2), Münster in W-na-W., 1941; W. GUTBROD, art. νόμος, em *Theol. Wörterbuch*, IV, pp. 1.061s.

nagem à Lei, entendida num sentido amplo, quer dizer, ao valor religioso profundo do Antigo Testamento.

Abraão é um cristão antes do cristianismo, como poderia sê-lo todo judeu capaz de elevar-se à altura de sua fé. Ele ouviu, em símbolos, a mensagem da ressurreição, no dia em que Deus exigiu dele a fé na promessa de um filho, isto é na "revivescência" de seu corpo amortecido e do de Sara (Rm 4.19-21)[62]. Creu na promessa. Esta confiança lhe valeu o dom da justiça. Neste momento, ele ainda não era circunciso; ele é, pois, na sua fé, conforme a afirmação do Gênesis, o pai dos gentios que abraçarem a fé cristã. Abraão é um personagem da religião universal; no entanto, ele é o homem de Israel.

b) Os escritos mosaicos ora falam em nome da Lei propriamente dita (os "preceitos"), ora anunciam misteriosamente a "justiça da fé". A Lei dos preceitos foi promulgada pelos anjos (que Paulo chegará a identificar com os elementos deste mundo); as fórmulas anunciadoras do Cristo e da justiça cristã provêm do Espírito profético.

c) Paulo faz justiça à Lei quando diz que ela é espiritual e que tem como termo a Cristo, ou então quando afirma que a religião da fé, longe de aboli-la, dá-lhe, ao contrário, seu justo valor[63]; ou ainda quando escreve que ela contém os oráculos de Deus e que ela visava já os tempos cristãos.

A instituição mosaica era, pois, bivalente. Trazia em si as promessas esperançosas que os profetas ampliariam e que o Cristo ia realizar. Mas seu caráter nacional e legalista encerrava muitos perigos. Seria justo censurar Paulo por haver respondido com argumentos *ad hominem* a seus adversários judaizantes, e por haver salientado insistentemente, para garantir a liberdade de suas igrejas, as deficiências reais da velha religião de seu povo?

---

[62] Note-se a fórmula do v. 21: καὶ πληροφορηθεὶς ὅτι ὃ ἐπήγγελται δυνατός ἐστιν καὶ ποιῆσαι. Cf. J. HUBY, *Saint Paul, L'Épître aux romains, (Verbum Salutis)*, Paris, 1957, pp. 177s; St. LYONNET, "La valeur sotériologique de la résurrection du Christ selon saint Paul", em *Gregorianum*, 39 (1958), pp. 296s (apoiando-se em Orígenes).

[63] Νόμον οὖν καταργοῦμεν διὰ τῆς πίστεως; μὴ γένοιτο, ἀλλὰ νόμον ἱστάνομεν (Rm 3.31).

3. Paulo releu a História Sagrada à luz da fé cristã. Procurou distinguir o que se relacionava com o Israel de Deus, espiritual, e o que dizia respeito ao povo terrestre e carnal.

a) Na eleição de Abraão Deus escolheu para si um povo que prepara a Cristo. A circuncisão era o sinal carnal da pertença à linhagem predestinada. Ser os descendentes de Abraão e portadores das promessas espirituais, será o principal título de glória dos judeus (hebreus, israelitas). Paulo participou do orgulho de todo o seu povo (Fp 3.4-5). A descendência carnal, todavia, é acompanhada de uma liberdade de escolha: os verdadeiros filhos de Abraão, e portanto de Deus, não são simplesmente os que nascem segundo a carne, mas sim os filhos da promessa (Rm 9.8). Paulo irá até o fim de seu pensamento: os cristãos constituem a verdadeira descendência. São eles a verdadeira circuncisão; a promessa estava feita em favor de Cristo: os que pertencem a Cristo são a raça eleita[64]. Quando nasceu Isaac, filho da promessa, era já em figura Cristo que ressuscitava. A fé de Abraão, prelúdio da dos cristãos, orientava-se já para a ressurreição.

b) A promessa passa, portanto, por cima do povo eleito, para se realizar por direito no povo cristão. Mas Rm 11.13-32 fala num tom diferente. A descendência carnal possui tanta importância, que os judeus são "por natureza"[65], por direito, portanto, membros do Israel novo e espiritual. É um eco da teoria nacional do judaísmo. Assim as fórmulas paulinas oscilam, ou para a esquerda, ou para a direita. Elas se equilibram na tese de uma preferência concedida ao judaísmo por causa dos patriarcas (Rm 11.28) . Os judeus são favorecidos; Deus respeitou seu privilégio; devia-lhes a salvação, não apenas por misericórdia, mas porque seus dons e sua escolha fundavam um direito deles (Rm 11.29). Também Cristo se inclinou diante da eleição deles e se fez ministro da circuncisão. Os apóstolos enquanto judeus são as colunas da Igreja. Estavam representados simbolicamente, junto com a Igreja apostólica de Jerusalém, por aqueles

---

[64] Ver L. CERFAUX, "Abraham, père en circoncision des gentils", em *Mélanges E. Podechard*, Lyon, 1945, pp. 57-62 (= *Recueil Lucien Cerfaux*, II, Gembloux, 1954, pp. 333-338).
[65] Comparar Gl 2.15 e Rm 2.27; 11.21-24.

sete mil homens que não dobraram o joelho diante de Baal no tempo de Elias[66]. O próprio Paulo, o Apóstolo dos gentios, é um judeu e recebeu sua missão na qualidade de judeu[67]. Ele resume os privilégios do judaísmo em Rm 9.4: seu título de israelitas e de filhos de Deus, a glória, os testamentos, a legislação, o culto, as promessas, os patriarcas; Cristo pertence à raça deles, é filho de Abraão e filho de Davi. Mas estes privilégios não são absolutos. A restrição feita para Cristo ("segundo a carne", Rm 9.5) aplica-se, guardadas as devidas proporções, aos outros privilégios. Cristo segundo o Espírito, pela ressurreição, escapa ao domínio de uma raça. A glória e o culto antigos são imperfeitos, comparados com as realidades perfeitas que os cristãos vão possuir. Os testamentos, as promessas, não são outra coisa senão hipotecas sobre o futuro cristão.

c) A Lei de Moisés colocou os judeus acima dos povos pagãos. O mundo greco-romano confessava, às vezes, que o monoteísmo e a moral deles suplantavam sua própria cultura. Paulo reconhecia que os judeus tinham sido os educadores do gênero humano. A Lei é espiritual, acrescentava, entendendo com isso que ela era obra divina. Mas era ao mesmo tempo o código de um povo semita, uma Constituição nacional, semelhante a muitas outras. O Apóstolo tinha motivos para diminuí-la. Suas críticas, embora voluntariamente severas, eram procedentes. A legislação mosaica constituía um retrocesso em relação à religião de Abraão. Para promover a educação do povo, Moisés fora obrigado a submetê-lo a múltiplos preceitos. Nem todos tinham o mesmo valor. Paulo notara a analogia do culto e das práticas mosaicas com certos costumes grosseiros dos povos pagãos e atribuía sua entrada na lei à intervenção de Moisés, o mediador que devia levar em conta as deficiências do seu povo e à influência das potências incumbidas do governo do mundo. Magnífica clarividência de um homem religioso, que a inspiração cristã soube colocar bem acima das apreciações de sua raça e de seu tempo[68]!

---

[66] Rm 11.4-5.
[67] O tema aparece em Rm 11.1: "pois eu mesmo sou israelita, da descendência de Abraão, da tribo de Benjamim".
[68] Paulo não tem noção de uma evolução que fizesse subir pouco a pouco a religião do Antigo Testamento para um estado superior, o cristianismo.

4. Portanto Paulo emitiu, a respeito da instituição judaica, um juízo moderado e matizado. Evitava as posições extremas: aquela que vai ser o marcionismo e a gnose e a dos judeu-cristãos. Não consentiu em atribuir o Antigo Testamento a um deus inferior ou ao demônio; mas não hesitou em situar Cristo acima dos anjos, das potestades e de Moisés.

A instituição mosaica, embora permanecendo divina, perdia seu valor absoluto. Numa intuição genial, Paulo aplicou ao "testamento" concedido a Abraão e conservado sob o regime da Lei, o dado permanente da revelação. O pacto mosaico propriamente dito tornava-se assim secundário e provisório e podiam-se reconhecer suas imperfeições. Podia-se admitir que em algumas de suas disposições a Lei estava caduca. Paulo não cessou de afirmar, antes de mais nada, que a instituição, com suas imperfeições, tendia para Cristo.

Esta arbitragem sobre o Antigo Testamento permitiu legar ao povo cristão a Bíblia dos judeus. Foi um serviço inestimável que, na prática, salvaguardou o monoteísmo e a moralidade das jovens igrejas do mundo pagão.

## II - A OBRA SALVÍFICA DE CRISTO

Inverteremos a ordem tradicional dos acontecimentos, morte e ressurreição, a fim de obedecer ao movimento interno da teologia. Primeiro é a ressurreição de Cristo, promessa de sua parusia e como seu primeiro ato, que retém a atenção dos apóstolos e dos cristãos.

### 1. *A ressurreição*

*a) Função teológica da ressurreição de Cristo*[69]

1. Fiel ao pensamento cristão primitivo, Paulo prega em primeiro lugar a ressurreição de Cristo[70]. Embora a expressão "primogênito

---

[69] Cf. D. M. STANLEY, *Christ's Resurrection in the Pauline Soteriology* (Diss. de l'Institut biblique), Roma, 1952; G. KOCH, *Die Auferstehung Jesus* (*Beiträge z. hist. Theologie*, 27), Tübingen, 1959.
[70] Cf. L. CERFAUX, *Le Christ dans le théologie de saint Paul*, 2ª ed., Paris, 1954, pp. 57-71; K. H. RENGSTORF, *Die Auferstehung Jesu. Form, Art und Sinn der urchristlichen Osterbotschaft*, 4ª ed., Witten, 1960.

dentre os mortos" que emprega no hino da Carta aos colossenses (Cl 1.18), seja de formação secundária[71], ela representa uma noção antiga, e situa a ressurreição de Cristo no seu ambiente original, a escatologia apocalíptica: Cristo ressuscitou enquanto primeiro, primícias da ressurreição geral; por conseguinte, a época do fim do mundo, o tempo propriamente cristão, começa com este acontecimento e durará até a parusia, a qual dá o sinal da ressurreição de todos os cristãos. "Primícias dos mortos" em 1 Co 15.20 tem o mesmo sentido; Cristo ressuscita primeiro, como por uma ressurreição subtraída por antecipação (primícias) da ressurreição geral[72]. Cada qual em sua ordem, explica o Apóstolo: como primícias, Cristo; em seguida, os que forem de Cristo, na ocasião de sua vinda (1 Co 15.23).

Por detrás desta concepção assoma uma outra mais arcaica: a ressurreição de Cristo dava o sinal da parusia e da ressurreição geral dos mortos. Dificilmente se opunham a ressurreição de Cristo e a dos outros mortos; e o pensamento orientava-se todo para a entrada dos cristãos na glória; a ressurreição de Cristo tinha-a revestido da glória que ia manifestar-se na sua parusia.

A visão de Damasco tinha encaminhado as reflexões de Paulo para a parusia. Sem especular sobre a duração do intervalo que separava os cristãos da ressurreição dos mortos, ele recomendava-lhes

---

[71] Πρωτότκος significa primeiramente "primogênito" no sentido próprio, e se aplica ao nascimento de Cristo: Rm 8.29; Lc 2.7; Hb 1.6 e cf. 12.23. O Apocalipse de João emprega a expressão πρωτότοκος τῶν νεκρῶν (Ap 1.5). Poder-se-ia perguntar se não precisamos fazer uma diferença entre a fórmula: πρωτότοκος ἐκ τῶν νεκρῶν e a do Apocalípse πρωτότοκος τῶν νεκρῶν. A expressão paulina parece indicar que Cristo deve à sua ressurreição um privilégio de primazia sobre todos os outros mortos. O Apocalipse faz seguir o título "primogênito dos mortos" deste outro: príncipe dos reis da terra. Paulo ensina alhures que a ressurreição é a origem do senhorio universal de Cristo, estendendo-se aos mortos e aos vivos (Rm 14.9); e cf. Rm 1.4, a fórmula ἐξ ἀναστάσεος νεκρῶν marcava o ponto de partida da função de santificador. É preciso, de qualquer forma, conservar em Cl 1.18 a lição comum (com ἐκ), contra P[46], S*, Ir. que uniformizam provavelmente com 1 Co 15.20 e Ap 1.5 e suprimem a preposição.

[72] Cristo ressuscitou dos mortos, primícias dos que repousam (ἀπαρχὴ τῶν κεκοιμημένων).

antes de tudo que esperassem" o Filho de Deus" que deve vir do céu para julgar o mundo; sua ressurreição era a prova de que ele estava estabelecido na dignidade de Juiz. É o estádio da mensagem que nos é conhecido pela primeira Epístola aos tessalonicenses[73].

Nesta perspectiva escatológica, a mensagem destinava-se a vivos que se consideravam reservados para a parusia. Por ocasião da morte de alguns cristãos de Tessalônica, Paulo precisa sua doutrina: os mortos ressuscitarão, pois eles pertencem ao Cristo[74]. O cortejo triunfal da parusia vai ser integrado pelos ressuscitados e os vivos "reservados" para o grande dia do Senhor.

Os cristãos acostumam-se a ver as coisas sob um outro prisma. A ressurreição de Cristo, antes imaginada como a realização de um acontecimento escatológico, perde cada vez mais este caráter; passa a ser considerada sobretudo como o começo dos tempos novos que precedem a parusia e a ressurreição dos mortos[75]. Os cristãos que vivem os tempos novos encontram-se colocados sob a influência espiritual do Cristo ressuscitado. É como se o desenrolar do drama escatológico houvesse sido interrompido. A força de Deus permanece ativa e orientada para o futuro, mas a preparação à parusia, obra espiritual, realiza-se no presente, transforma os cristãos e organiza a Igreja. Sob a influência da força que ressuscitou Cristo, o tempo da Igreja começou.

A importância da ressurreição de Cristo ficará sempre em evidência no pensamento paulino. Se Cristo não ressuscitou, os apóstolos são falsas testemunhas de Deus, sua mensagem é vã, nossa fé é vã (1 Co 15.14s.); e por outro lado, objetivamente, é a partir de sua

---

[73] A cristologia do cristianismo nascente alia-se primeiro naturalmente à escatologia judaica, na qual, durante a época neotestamentária, o messianismo político (escatologia política) sofria a concorrência de uma escatologia dualista, apocalíptica, com um Messias transcendente. Cf. H.-J. SCHOEPS, *Paulus*, Tübingen, 1959, pp. 85-95. A segunda corrente influenciou sobretudo a comunidade cristã; a primeira aflora, no entanto, na tradição evangélica e continua ainda perceptível nas fórmulas que traduzem a soberania de Cristo.

[74] Τοὺς χοιμηθέντας διὰ τοῦ Ἰησοῦ (1 Ts 4.14).

[75] A escatologia antecipada não é mais que parcialmente escatológica, justamente na medida em que ela é compreendida como presente atualmente num mundo que ainda não está na escatologia.

ressurreição que se manifesta o poder santificante que ele possui como Filho de Deus (Rm 1.4).

A evidência do acontecimento se impôs a Paulo na sua visão do caminho de Damasco. A glória na qual Jesus lhe apareceu[76], era a da ressurreição. Instantaneamente se realizou na sua inteligência uma síntese entre o dado intelectual imediato da visão que se lhe oferecia, o que os cristãos diziam de Jesus, e o que ele, fariseu, conhecia teoricamente acerca da ressurreição dos mortos.

2. Paulo jamais pôs em dúvida que a ressurreição fosse uma reanimação do corpo. Falaremos deste assunto a propósito da ressurreição dos cristãos. Mas podemos dizer desde já que a ressurreição de Cristo possui uma dupla realidade. Primeiramente, ela pertence à ordem dos fatos tangíveis, ao nível de nossos valores humanos: Cristo saiu do túmulo. Este caráter experimental de acontecimento que pode ser classificado entre todos os fatos da experiência está implicado no símbolo primitivo que Paulo recebeu do colégio apostólico e que ele promulga na sua mensagem: "Cristo morreu... foi sepultado e ressuscitou ao terceiro dia" (1 Co 15.3-4). As próprias visões tinham para ele valor de experimentação, recaindo sobre o fato da reanimação de um corpo que tinha vivido antes uma existência mortal efêmera. Isto vale de todas as visões enumeradas em 1 Co 15.5-8.

Em segundo lugar, a ressurreição de Cristo pertence à ordem espiritual, e seu significado se revela à fé. Foi o próprio poder de Deus, – e não o de um taumaturgo, – que ressuscitou seu Filho, comunicando-lhe ao mesmo tempo o poder de santificação no Espírito. A vida à qual Jesus retornou não é mais a vida perecível, mas a vida em Deus daquele que alcançou a vitória definitiva sobre o pecado e a morte (Rm 6.9-10); ela instaura na humanidade a ordem nova do senhorio de Cristo sobre todos os cristãos (Rm 1.4) e até mesmo sobre toda a criação (Fp 2.9-11).

Claro está que Paulo não sente dificuldade alguma em aliar estas noções de realidade tangível e de espiritualidade, que os modernos a custo conciliam. Para ele, o espiritual é tão real e objetivo quanto a matéria. Uma intervenção divina imediata insere-se sem hiato na

---

[76] A glória pertence inicialmente ao ciclo de pensamento primitivo, escatológico.

trama dos acontecimentos deste mundo. As relações com Deus são de ordem objetiva e pessoal; o Apóstolo não pensa como um filósofo existencialista e não faz da categoria Deus "um poder do além, não cósmico, e invisível ao pensamento objetivo"[77].

Quanto à exegese histórica, primeira "serva" da teologia, ela não pode, em boa metodologia, encerrar-se numa filosofia.

b) *A eficácia da ressurreição*

1. A ressurreição de Cristo age como um catalisador na teologia paulina. No começo, no estádio das Epístolas aos tessalonicenses e de 1 Coríntios, a doutrina permanece paralela à escatologia judaica[78]. Contudo, não se pode levar muito longe a comparação. A ressurreição de Cristo de modo algum inaugura na terra um reino messiânico comparável ao reino de 40 anos ou mais (milenarismo) que a teologia judaica imaginava. Nunca se fala de uma primeira ressurreição dos mortos, que lhes daria acesso às alegrias messiânicas. O que importa é, junto com a ressurreição de Cristo, a efusão do Espírito Santo. Esta aparece como um resultado da entronização celeste do Cristo. Pouco importa se assim se introduz no paulinismo uma noção quase desconhecida do judaísmo; pouco importa que aí possa haver suspeitas de influências helenistas. De fato, Paulo considerava Cristo ressuscitado como um centro irradiador de vida espiritual (Rm 1.4) que atingia todos os cristãos.

Não é, pois, a idéia de um reino intermediário, breve e precário, que se transpõe ao cristianismo; Paulo deu uma expressão teológica à experiência espiritual dos cristãos.

2. A ressurreição é obra da força de Deus e portanto do Espírito Santo. Cristo ressuscitado, que possui em si a vida do Espírito, porá em ação doravante seu poder de espiritualização. Não apenas Deus

---

[77] Cf. J. PÉPIN, *Mythe et allégorie. Les origines grecques et les contestations judéo-chrétiennes*, Paris, 1958, p. 55 (com bibliografia).
[78] Ver a respeito do possível progresso do pensamento paulino H-J. SCHOEPS, *Paulus*, Tübingen, 1959, pp. 98s. Quanto a Qumran, cf. Dam 7,6 e par. 19,1-2; 20.22; S 4,22; 11,8; Hod 3,22-23; 11,12; 4Q pPs37, 2,1. Estas passagens evocam menos uma ressurreição que uma vida no além.

ressuscitará os cristãos na parusia, pelo poder eficiente da ressurreição de seu Filho (2 Co 4.14)[79], mas já agora, a inabitação do Espírito em nós é ativa e se exerce no sentido de nossa ressurreição: "Se o Espírito daquele que ressuscitou Jesus dos mortos habita em vós, ele, que ressuscitou Jesus Cristo dos mortos, também dará a vida aos vossos corpos mortais, pela força do Espírito que habita em vós" (Rm 8.11).

Uma de nossas tarefas futuras consistirá em descrever a atividade do Espírito e as realidades sobrenaturais que nascem da ressurreição de Cristo e caracterizam os cristãos.

## 2. *A morte de Cristo*

*a) Seu lugar na mensagem cristã*

Bem cedo a morte de Cristo entra em competição com a ressurreição, para apresentar-se em seguida como fórmula fundamental da mensagem[80]. A afirmação: "Cristo morreu pelos nossos pecados segundo as Escrituras" precede a da ressurreição no símbolo de fé exposto aos coríntios (1 Co 15.3). Paulo pode até mesmo falar simplesmente da mensagem "de Cristo Jesus, que foi crucificado" (1 Co 2.2). É "a linguagem da Cruz" (1 Co 1.18). De modo semelhante ele resume sua pregação entre os gálatas: ele colocou diante de seus olhos, como um quadro, Jesus Cristo crucificado (Gl 3.1). Devemos dizer que, tanto entre os gálatas como entre os coríntios, tem ele suas razões para pôr em destaque a morte de Cristo, símbolo de humilhação da razão humana para os coríntios, prova da abolição

---

[79] Cf. a fórmula realmente equivalente, de Fp 3.21: "Cristo transformará nosso mísero corpo, tornando-o semelhante ao seu corpo glorioso".

[80] Cf. G. WIENCKE, *Paulus über Jesu Tod*, Gütersloh, 1939. E. LOHSE, *Märtyrer und Gottesknecht. Untersuchungen zur urchristlichen Verkündigung vom Sühntod Jesu Christi*, Göttingen, 1955; E. SCHWEIZER, *Erniedrigung und Erhöhnug bei Jesus und seinen Nachfolgern*, Zürich, 1955; L. RICHARD, *Le Mystère de la rédemption*, Paris, 1959; A. FEUILLET, "Mort du Christ et mort du chrétien d'après les Épîtres pauliniennes", em *Rev. Bibl.*, 66 (1959), pp. 481-513; A. KASSING, "Der Tod im Leben des Christen nach dem Apostel Paulus", em *Liturgie und Mönchtum (Laacher Hefte)*, 25 (1959), pp. 7-21.

da Lei para os gálatas; não deixa de ser verdade que o tema da morte redentora adquire prioridade e vem à tona em certos trechos das Epístolas que o põem em grande evidência, por exemplo numa saudação (Gl 1.4), ou na definição da justiça cristã (Rm 3.24-26)[81].

Compreende-se facilmente esta dualidade da teologia paulina. Ela provinha do próprio Jesus. Uma tradição cristã da mensagem e do ensino unia solidamente morte e ressurreição. Esta tinha sido o fato milagroso que devolveu a fé ao grupo apostólico. Aquela fora o escândalo da qual a fé tinha triunfado. Tinha-se recorrido às Escrituras, seja para provar que o reino de Deus não seria fundado senão depois da ressurreição, seja para explicar que Cristo tinha sido submetido à morte; tinha-se lido, especialmente em Is 53, a necessidade dos sofrimentos e seu valor de expiação para a multidão.

A influência da doutrina primitiva é perceptível nas nossas Epístolas. A morte de Cristo não é uma abstração; o Apóstolo conhece a cruz, a noite em que Jesus foi entregue, a instituição do memorial da Ceia. São as tradições de Jerusalém. Como toda a Igreja apostólica, ele se apóia em Is 53. Outros temas do judaísmo que a rigor poderiam ter auxiliado, não são senão raramente explorados; por exemplo, o sacrifício de Isaac[82]. Terminando, devemos notar que a associação destes dois temas, morte redentora – ressurreição, é especialmente cristã.

---

[81] A morte de Cristo está ainda em bom lugar na síntese da Epístola aos romanos, dedicada à justificação. O pecado que submerge a humanidade deve ser expiado, o batismo une com a morte de Cristo etc. Contudo, uma vez realizada pela cruz a reconciliação com Deus, a vida triunfa: e a vida tem por origem a ressurreição de Cristo (Rm 5.10-21; 6.4; etc).

[82] Num parágrafo sintético, H.-J. SCHOEPS enumera como temas judaicos correspondentes ao tema cristão: o sofrimento expiatório dos justos; o sofrimento do Messias; o sacrifício de Isaac (*Paulus*, Tübingen, 1959, pp. 129-159). O tema da tribulação messiânica, no judaísmo, não deve ser confundido com o do sofrimento do Servo de Isaías. O Servo é uma figura profética que reúne em si os traços do sofrimento dos justos e dos profetas. Seu valor religioso puro e profundo servirá para espiritualizar a figura do Messias. Mas não seria preciso reservar exclusivamente ao cristianismo o mérito desta espiritualização? Cf. V. DE LEEUW, *De Ebed Jahweh-Profetieën* (Univ. Cath. Lov. Dissert. ad gradum Magistri in Fac. Theol.), Assen, 1956, pp. 5-22.

## b) Sua eficácia

A morte de Cristo, fazendo-se abstração da ressurreição, significa o instante temporal em que Deus decidiu reconciliar-se com o homem e restabelecer a unidade primordial da ordem moral[83]. O poder da ressurreição de Cristo explicava sem dúvida os fenômenos espirituais e o entusiasmo religioso que animava os cristãos; restava fundamentar o sentimento de libertação do pecado e a necessidade de uma conversão; numa perspectiva judaica, era preciso justificar a supressão da Lei.

A morte de Cristo constitui o começo da obra da salvação. O homem subtrai-se ao domínio do pecado, a morte da cruz o reconcilia com Deus. Perante a morte de seu Filho, Deus alterou suas disposições para com a humanidade e deixa campo livre para a sua graça e liberalidade. A reconciliação da humanidade com Deus não é, aliás, senão uma faceta de uma mudança geral efetuada no mundo; a unidade é restabelecida lá onde a desordem se havia introduzido; os poderes hostis são vencidos; pagãos e gregos são unidos em Cristo; o ódio, nascido da Lei, é abolido. Todos os pecados são expiados e perdoados; à mudança das disposições de Deus, que renuncia à sua ira, corresponde uma situação nova para a humanidade chamada à amizade divina.

### 3. *Eficácia conjunta da morte e da ressurreição*

Na perspectiva antiga, a ressurreição parecia bastar à teologia cristã. A ressurreição de Cristo é um ato escatológico autônomo, uma intervenção divina que estabelece unilateralmente o reino de Deus sobre a terra: nada se exige dos homens, senão que eles se deixem levar pelo movimento da salvação. No entanto, estas fórmulas, em que, unindo diretamente a ressurreição à parusia, Paulo parece insistir exclusivamente na eficácia da ressurreição, de fato são apenas

---

[83] Esta idéia da morte do Messias para a expiação dos pecados era pouco divulgada no judaísmo. Cf. J. G. MACHEN, *The Origin of Paul's Religion*, Londres, 1921, p. 196; E. SCHÜRER, *Geschichte des jüdischen Volkes im Zeitalter Jesu-Christ*, 4ª ed., II, Leipzig, 1907, pp. 648-651.

premissas; encontramos seu pensamento completo e definitivo nas fórmulas estilizadas em que, repetindo a tradição apostólica, ele une morte e ressurreição: "...nós que cremos naquele que dos mortos ressuscitou Jesus, nosso Senhor, o qual foi entregue por nossos pecados e ressuscitado para a nossa justificação"[84] (Rm 4.24-25).

Se a eficácia da morte e a da ressurreição se distinguem logicamente, em concreto elas se implicam mutuamente. Estes dois atos foram separados apenas por um breve espaço de tempo; estão unidos no plano divino e agem como duas forças coordenadas, produzindo simultaneamente a morte do que deve morrer e a vida da humanidade renovada. Se a morte agisse sozinha, a vivificação real não se efetuaria, e o regime cristão não seria mais que um outro sistema jurídico em substituição ao da Lei. Isto não seria uma teologia paulina. Correr-se-ia o risco de esvaziar o cristianismo de sua substância espiritual.

### 4. A carreira terrestre de Cristo

É preciso reagir contra a tentação de considerar Paulo como o fundador de uma religião de salvação centrada unicamente na morte de Cristo. A função primordial atribuída à ressurreição, sem verdadeiro paralelo nas religiões de salvação, é uma primeira correção a esta tese superficial. A importância da humanidade de Jesus, ou então, da manifestação de Cristo numa existência temporal, é outra ressalva[85]. Como sabemos, Paulo afirma que" o Cristo segundo a carne", isto é, na sua existência histórica, não deve ser tomado em

---

[84] Διὰ τὴν δικαίωσιν ἡμῶν. O substantivo "justificação" não exprime de modo satisfatório a ação indicada por δικαίωσις. O termo só aparece aqui e em Rm 5.18, onde ele é determinado pelo genitivo ζωῆς: "justificação de vida", quer dizer, vivificação.

[85] A afirmação contrária é um dogma da escola da história das religiões, para a qual Paulo pregou unicamente o Cristo elevado à glória, identificado com o Espírito, fundando assim sua teologia sobre a mística do helenismo. Cf. R. BULTMANN, "Die Bedeutung des geschichtlichen Jesus für die Theologie des Paulus", em *Theol. Blätter*, 8 (1929), cc. 137-151; A. SCHWEITZER, *Die Mystik des Apostels Paulus*, Tübingen, 1954, pp. 159-174; H.-J. SCHOEPS, *Paulus*, Tübingen, 1959, pp. 49-51.

consideração por um cristão[86]. Mas esta é uma tese teológica e, além disso, uma posição rígida, motivada pelas necessidades da polêmica. É lícito, pois, imaginar seriamente uma influência da carreira histórica de Cristo sobre a atividade do Apóstolo.

O interesse da pesquisa continua grande. É difícil os modernos considerarem ainda Paulo como o verdadeiro fundador do cristianismo, mas existe ainda o perigo de se equivocar quanto ao verdadeiro significado de sua construção teológica.

Na nossa tradição católica, confessamos sinceramente nossa dívida para com o ensinamento de Jesus. Somos antes de tudo discípulos formados pelo Mestre galileu. Segundo seu testamento, participamos, pela liturgia, da sua morte e ressurreição, e possuímos os dons do Espírito Santo. Teria Paulo, ao contrário, recusado a seus discípulos o direito de se filiarem à "tradição" de Jesus? Teria ele baseado toda a sua doutrina de Cristo elevado à glória, e, afinal de contas, em suas revelações pessoais?

1. Paulo conservou a expressão evangélica "o reino de Deus", que certamente faz eco à pregação de Cristo e dos apóstolos, e se acompanhava de recordações provenientes do Antigo Testamento. Jesus é o rei-Messias que os judeus esperaram. É ele o soberano do reino de Deus (1 Co 15.24; Cl 1.13; Ef 5.5); se seu reino é espiritual, isto não quer dizer que, na sua existência mortal, ele não possuía já certas prerrogativas de fundador. Paulo sabe que ele recrutou os doze (a alusão ao antigo Israel é transparente), e que ele fundou a Igreja.

2. A Epístola menos esquemática e ao mesmo tempo a mais construtiva para a vida da Igreja e a moral cristã, a primeira aos coríntios, é também aquela onde se multiplicam as alusões às "constituições" promulgadas por Cristo durante sua vida mortal. Por várias

---

[86] Cf. K. KARNER, "Die Stellung des Apostels Paulus im Urchristentum", em *Zeitschr. Syst. Theol.*, 14 (1937), pp. 142-193; W G. KÜMMEL, *Jesus und Paulus*, em *Theol. Blätter*, 19 (1940), cc. 209-231; R. BULTMANN, *Theologie des Neuen Testaments (Neue Theologische Grundrisse)*, Tübingen, 1953, pp. 43-54; 183-186; J. CAMBIER, "Connaissance charnelle et connaissance spirituelle du Christ par saint Paul dans 2 Co 5.16", em *Littérature et Théologie Pauliniennes* (*Recherches Bibliques*, V), Tournai, 1960, pp. 72-92.

vezes, ao traçar normas relativas ao matrimônio e à virgindade, Paulo se refere às "ordens" do Senhor: "Aos que são casados, mando (παραγγέλλω) não eu, mas o Senhor" (1 Co 7.10). E acrescenta no mesmo contexto: "Aos outros, digo eu, (λέγω), não o Senhor" (1 Co 7.12). Pouco mais adiante: "A respeito das pessoas virgens, não tenho mandamento (ἐπιταγή) do Senhor; porém, dou o meu conselho (γνώμην δὲ δίδωμι) como homem que recebeu da misericórdia do Senhor a graça de ser digno de confiança" (1 Co 7.25)[87]. Quando ele quer defender seu direito de viver, como os outros apóstolos, sustentado pelas igrejas, refere-se ainda ao Senhor, que "ordenou aos que anunciam o Evangelho que vivam do Evangelho" (1 Co 9.14).

Observa-se nestas fórmulas a regularidade no uso do termo "Senhor". É na qualidade de soberano, Senhor, imperador que Jesus rege (Κύριος equivale aproximadamente por esta época no Oriente a Καῖσαρ). Conforme toda evidência, Paulo se refere a palavras de Cristo conservadas na tradição evangélica. Jesus, com efeito, proclamou a indissolubilidade do matrimônio; recomendou, – mas não ordenou – a castidade por amor do reino. Deu normas aos pregadores do Evangelho. Suas palavras são, pois, para Paulo, como ordens, decretos, comparáveis aos dos imperadores[88]. São leis constitutivas do reino que Cristo fundava.

Esta concepção é a da comunidade cristã inteira. Jesus, o filho de Deus, possuía, na sua existência terrestre, o poder inerente à sua dignidade. Não a exerca regularmente: tinha tomado "a forma de servo". Mas ele a reivindicou por diversas vezes, em particular na instituição dos doze, quando lançou os fundamentos da Igreja. Para os sinóticos, Jesus é o Filho do homem presente na terra em mistério, mas tendo direito de usar antecipadamente de sua autoridade[89].

---

[87] Já apontamos uma analogia com este uso paulino de ἐγώ, oposto a Κύριος, na "inscrição chamada de Nazaré". Sobre o vocabulário jurídico das ordens, ver em particular F. DE VISSCHER, "L'inscription funéraire dite de Nazareth", em *Revue Internationale der Droits de l'antiquité*, 2 (1953), pp. 285-321. Cf. L. CERFAUX, *L'inscription funéraire de Nazareth à la lumière de l'histoire religieuse*, ibid., 5 (1958), pp. 547-363.

[88] Cf. L. CERFAUX, *art cit.*

[89] Cf. em particular Mc 2.10 e par.

Cristo não renova seus decretos depois da ressurreição; não lhes concede neste tempo um valor que eles não teriam possuído antes. O final de Mt reproduz exatamente a opinião comum: "Ide ensinar a todas as nações... *ensinando-as a observar tudo o que vos ensinei* (ἐνετειλάμην)" (Mt 28.19s): as determinações que Cristo deu no seu ensinamento (o do Evangelho) são por si mesmas obrigatórias; a declaração que precede: "todo poder me foi dado no céu e na terra" (Mt 28.18) não visa exclusivamente a situação criada pela ressurreição (cf. Mt 11.27), mas já cobria com sua autoridade os ensinamentos da Galiléia.

Se não é a ressurreição que dá autoridade às palavras de Jesus, com maior razão não é sua elevação à glória. Não se pode, no que diz respeito à doutrina de Paulo, tirar partido do título "Kyrios", pois este não designa expressamente Cristo enquanto glorificado: já durante a sua vida mortal, Jesus era o "Senhor Jesus".

3. A narração da instituição da Ceia (1 Co 11.23-26) alude igualmente a uma ordem de Cristo no decurso de sua existência terrestre: "Fazei isso em memória de mim" (vv. 24 e 25). Isto é, segundo a explicação ajuntada pelo v. 26: os cristãos deverão considerar este rito como uma mensagem da morte do Senhor (e de toda a obra de salvação que a ela está ligada), na esperança da parusia. Esta ordem, instituindo a Ceia, funda uma" tradição" (παράδοσις) anexa, que tem por fim precisar sua significação. Desta tradição, Paulo é o órgão intermediário: "recebi (παρέλαβον) do Senhor o que vos transmiti" (v. 23). Se, como se tem dito, ele houvesse recebido uma" revelação", empregaria a fórmula, cf. Ef 3.3: κατὰ ἀποκάλυψιν ἐλνωρίσθη em vez dos termos técnicos da παράδοσιη. Tem direito de se contar entre os que são um elo da "tradição" entre o Senhor e os cristãos; é uma conseqüência de sua vocação ao *apostolado*. Além, disso, a própria redação desta tradição[90] indica suficientemente que Paulo não a recebeu de uma revelação particular; é uma formação

---

[90] Compare-se com a fórmula que Paulo emprega num caso análogo, 1 Co 15.3: παρέδωκα γὰρ ὑμῖν ἐν πρώτοις ὅ καὶ παρέλαβον. É evidente que esta tradição se formou entre os discípulos imediatos de Cristo. Contudo, Paulo diz de um modo geral: a tradição que recebi. Pouco importa que tenha recebido de Cefas ou de um outro: é uma *tradição* que tem força de lei.

literária nascida entre os que assistiram à instituição, "na noite em que foi entregue o Senhor Jesus".

A hipótese está de acordo com as verossimilhanças. Quando se trata dos pontos essenciais da fé, o Apóstolo deseja apoiar-se na sua consonância com os doze e a Igreja-mãe de Jerusalém; esta consonância, no caso presente, manifesta-se no próprio teor de uma *paradosis* apostólica. E se ele apresentasse como garantia uma revelação recebida pessoalmente do Cristo glorioso, ele enfraqueceria notavelmente a eficácia de sua mediação em favor dos coríntios.

4. A tradição das aparições do ressuscitado (1 Co 15.4-8) evoca implicitamente toda uma fase da vida de Cristo: a escolha dos doze, o envio deles como missionários, a função de Cefas, a atitude de Tiago e dos irmãos do Senhor. A importância atribuída aos doze, em particular, não é uma homenagem à autoridade bem reconhecida de Cristo durante sua vida mortal? A Igreja não nasceu unicamente da vontade do "Senhor" glorificado.

5. Gostaríamos de acrescentar uma observação. Deveremos sublinhar o papel essencial da mensagem na economia cristã[91]. Neste ponto, não seria Paulo devedor, mais uma vez, das concepções da Igreja primitiva? Foi lá que ele encontrou esta confiança na eficácia da "Boa"nova". Mas a Boa nova, "o Evangelho" tinha sido inaugurado por Cristo. Quando João recrutava seus discípulos por meio de um batismo, Cristo chamava os seus unicamente pela mensagem do reino, e os apóstolos tinham sido escolhidos para o propagar. A obra apostólica, após a ressurreição, prende-se àquela que tinha sido inaugurada durante a vida de Cristo. Historicamente, Paulo aderiu a este movimento. Como teria ele ignorado que a revelação de Damasco, ao enviá-lo para pregar aos gentios, fazia dele o êmulo dos doze e o continuador da evangelização de Jesus na Galiléia?

## 5. *Conclusão*

A mensagem cristã teve como primeiro objeto, historicamente, a morte redentora e a ressurreição de Cristo Jesus. Paulo não introduziu novidade quando insistiu sobre este aspecto do cristianismo.

---

[91] Este papel é tanto mais notável porque os gregos teriam sido mais sensíveis à eficácia dos ritos sacramentais.

Insistiu nisso mais que qualquer outro, pois toda a sua síntese teológica é profundamente marcada por esta verdade.

Todavia, tal como os fiéis a praticavam, a vida das cristandades paulinas continuava sendo uma imitação de Cristo; seguiam-se os ensinamentos e os exemplos de sua carreira mortal. Acreditamos que Paulo não tenha feito exceção da forma que alguns pretendem. Quando ordena a seus cristãos: imitai-me como eu imito a Cristo, não esqueçamos que Cristo era para ele um personagem ao qual ele estava ligado pelas fibras de seu coração humano, o fundador do reino de Deus sobre a terra, o legislador da Igreja e o primeiro revelador, por seus exemplos, das virtudes que Deus prescrevia às gerações novas.

## III - A ORDEM CRISTÃ

A mediação de Cristo introduz neste mundo a ordem cristã. Esta se destaca sobre o pano de fundo que é o conjunto do cosmos: o mundo material, os seres invisíveis, o gênero humano. Um parágrafo de introdução trata brevemente do mundo material e dos poderes cósmicos. Em seguida, tentamos definir em suas grandes linhas a ordem cristã.

### 1. *O cosmos*

*a) O mundo material*

Paulo professa a fé do mundo judeu, que é a fé de Jesus e da comunidade primitiva: Deus é o criador do cosmos, tanto das coisas visíveis como das invisíveis. As coisas visíveis, por conseguinte, são "boas". O mal não é identificado com a matéria. A "carne" só se torna "má" quando o homem consente em suas solicitações; estas não são senão fraqueza; o fato de elas estarem, como por natureza, voltadas para os prazeres sensuais e grosseiros, não é, em si, o mal; o mal origina-se do consentimento da vontade livre e se definirá como uma desordem.

O mundo material, a "criação", participou no passado e vai participar futuramente da sorte do homem, para o qual ele foi criado[92].

---

[92] Cf. *acima*, pp. 64-66.

O Gênesis sugere uma visão mais profunda da criação. O homem, desde o começo, foi colocado por Deus numa situação privilegiada que o isentava da morte e da corrupção, e este privilégio propagava-se a toda a ordem material.

A criação reencontrará sua antiga glória na parusia; Paulo lhe atribui uma espécie de consciência de sua decadência e o desejo de recuperar, pela glorificação dos corpos humanos ressuscitados, sua primeira incorruptibilidade (Rm 8.19-22)[93].

b) *O mundo dos seres invisíveis*

1. A angelologia paulina situa-se nas fronteiras de três correntes de pensamento: o judaísmo, o helenismo e as religiões orientais. Não só o vocabulário sofre estas três influências, mas a teologia também se apresenta enriquecida de concepções vindas destes três horizontes[94].

A mensagem não se ocupa diretamente, nem da natureza, nem do destino dos anjos; trata do assunto apenas ocasionalmente, na exposição de temas orientados pelos interesses de sua própria teologia. Nestas condições, seria presunção improvisar uma síntese. Limitamo-nos a algumas notas.

O judaísmo já tinha sido atravessado por numerosas correntes que depositaram sua sedimentação no vocabulário. Do Antigo Tes-

---

[93] Ver sobre este texto, J. HUBY, *Saint Paul, Épître aux romains (Verbum Salutis)*, Paris, 1957, pp. 294-302, e as notas de St. LYONNET, pp. 612-613 (com bibliografia recente). O trecho é "patético"; portanto, não se deve interpretá-lo sem levar em conta a emoção que se apodera de Paulo. Seu interesse continua sendo a ressurreição do homem (e não o cosmos). A transfiguração do mundo no fim dos tempos era uma idéia comum que Paulo utiliza em proveito de sua teoria da glória dos corpos ressuscitados, sua grande esperança.

[94] Cf. O. EVERLING, *Die paulinische Angelologie und Dämonologie*, Göttingen, 1888; M. DIBELIUS, *Die Geisterwelt im Glauben des Paulus*, Göttingen, 1909; G. H. C. MacGREGOR, "Principalities and Powers. The Cosmic Background of St. Paul's Thought" em *New Test. Studies*, I 1954-1955), pp. 17-28; G. B. CAIRD, *Principalities and Powers. A Studie in Pauline Theologie*, Oxford, 1956; H. SCHLIER, "Die Engel nach dem Neuen Testament", em *Arch. f. Liturgiewiss.*, 6 (1959), pp. 43-56.

tamento provinham o anjo de Javé, os anjos, os demônios, Satã etc. A teologia pós-exílica desenvolve especulações influenciadas pelo parsismo e pelas diversas formas de paganismo que se perpetuavam no helenismo[95].

Encontram-se no vocabulário de Paulo expressões propriamente bíblicas: anjos, Satã, demônios. Os anjos de luz (2 Co 11.14) e Belial têm seu paralelo em Qumrân[96]. Os "elementos do mundo"[97] evocam um helenismo oriental, com suas especulações astrológicas e "elementares"[98]. As potestades (tronos, dominações etc.) carregam o peso de uma longa história no sincretismo, como também no judaísmo alexandrino e nos Apocalipses, aguardando seu reflorescimento nas gnoses. Uma influência grega vem somar-se à do Antigo Testamento na concepção dos demônios e dos espíritos. A distinção entre seres visíveis e invisíveis lembra o platonismo.

Às divergências de vocabulário se mistura uma variedade de temas provenientes, também eles das mais diversas zonas de pensamento. Paulo e o judaísmo apocalíptico se encontram ao descreverem um combate escatológico em que intervêm os anjos. A idolatria relacionada de diversos modos com os demônios, a Lei promulgada por intermédio dos anjos, Satã adversário da obra de Deus: são outros tantos temas, cujos vínculos com o Antigo Testamento são evidentes, mas que foram explanados em diversas províncias do judaísmo helenista ou palestinense. Nos apocalipses aparece com freqüência uma mitologia dos anjos maus, da qual Paulo extrai alguns pontos, como a intervenção deles na evolução da filosofia grega. Por outro lado, a ignorância das potências a respeito dos segredos do plano divino tem profundas ressonâncias em todo o helenismo oriental e chegará até os mitos gnósticos.

---

[95] G. VON RAD-G. KITTEL, art: ἄγγελος em *Theol. Wörterbuch*, I, pp. 75-86.
[96] Os anjos de santidade têm sua função no Livro da Guerra (Mt 7.6; 10.11; 12.1), como também Belial (13,2.4.11; 14,9) e seus anjos (1.15; 13.12). Cf. as intervenções de Belial em CDam 4,13-15; 5.18; 8.2 par. 19.14 e suas aparições, que são sobretudo literárias, em S 1,18.24; 2,19 e 4Q Flor 1,8s.
[97] Gl 4.3.9; Cl 2.8.20.
[98] A respeito dos στοικεῖα, cf. bibliografia em W. BAUER, *Wörterbuch z. N. T.*, 5ª ed., Berlin, 1958, *s. v.*

2. A história teológica dos seres invisíveis é inseparável da humanidade e a explica parcialmente. Começa pela criação. Pode ser que Paulo lesse já no binômio "o céu e a terra" da primeira frase do Gênesis um dualismo primordial. Mas o céu e seus habitantes espirituais originam-se por criação das mãos de Deus. Os antecedentes da teologia de Paulo, como sua própria concepção da divindade, opõem-se categoricamente a todo dualismo que quisesse subtrair uma região qualquer do ser ao poder de Deus. Um Deus, um senhor (1 Co 8.6) são os princípios intangíveis de sua fé, de aplicação universal. Ao expor sua teologia cristológica da criação, ele afirma claramente: "Nele (o Cristo) foram criadas todas as coisas nos céus e na terra, as criaturas visíveis e as invisíveis; tronos, dominações, principados, potências... (Cl 1.16).

Paulo conhece a narração da tentação do homem segundo o Gênesis; faz alusão à serpente (2 Co 11.3). Daí se deduzirá uma queda dos anjos. A análise de Cl 1.16-20 permite concluir que as "potências", uma vez que têm necessidade de uma reconciliação e de uma pacificação, não perseveraram na ordem primitiva de sua criação. Uma série de indícios leva a crer que a idolatria tem um conluio com seres "espirituais" que afastam a humanidade de seu criador. Os "príncipes" do século presente, nos quais facilmente se reconhecem as potências, foram os mestres de filosofia para os gregos (1 Co 2.6); por sua instigação, a filosofia humana ignorou a sabedoria de Deus e inventou a idolatria (Rm 1.21-23).

Inspirando-se na Bíblia, Paulo ensina que os demônios se escondem por detrás dos ídolos: os sacrifícios pagãos "são oferecidos aos demônios e não a Deus"[99]. A teoria tem seus paralelos no helenismo (sacrifícios oferecidos aos deuses inferiores, os *daimones*), mas os demônios na mente de Paulo são seres espirituais que romperam com Deus e foram exilados, por haverem pretendido usurpar os direitos dele[100].

---

[99] Dt 32.17; Sl 105.37.
[100] 1 Tm 4.1 faz a relação entre demônios e "espíritos" (πνεύμασιν πλάνοις); observamos uma espécie de eco do mesmo vocabulário em 1 Co 12.2: os ídolos mudos, que os coríntios, quando ainda pagãos, seguiam sem rumo em arroubos extáticos, pertencem ao mundo dos espíritos e dos demônios.

Os anjos, que Paulo identifica, na sua polêmica, com os "elementos do mundo", intervieram na promulgação da Lei judaica.

3. Dois temas principais pervagam a teologia das potestades: será mais prudente conservar-lhes uma autonomia relativa. As potestades se opuseram à obra de Deus. Tiveram a preponderância na Paixão, ao ponto de crucificar a Cristo, e assim selaram seu destino. Cristo repeliu-as para longe dele, prendeu-as a seu carro triunfal (Cl 2.15). Doravante seu poderio está por desmoronar-se. Sua ruína será completa no dia da parusia (1 Co 15.24). Este primeiro tema é uma variante do combate escatológico. O pormenor adventício da ignorância das potestades (1 Co 2.6)[101] poderia servir de ponte entre o combate escatológico e um tema de revelação. O plano divino de salvação é um mistério, cujo conhecimento estava reservado aos tempos cristãos; permaneceu oculto aos principados e às potestades (Ef 3.5-11)[102]; sua revelação é feita por Cristo e sua Igreja e as potestades recebem sua manifestação; a participação no conhecimento traz consigo a participação nos privilégios de ordem sobrenatural. Assim, o conjunto da criação tornou a entrar na ordem de seu destino primitivo: tudo, no céu e na terra, fora criado em Cristo e para ele; pela morte de Cristo, a grande reconciliação é realizada, Cristo é reconhecido como o chefe de todos os seres (Cl 1.16-20).

Os dois temas têm uma origem diferente. Um transpõe o combate escatológico, o outro desenvolve-se a partir das idéias de mistério e de revelação. Poderia ser, por conseguinte, que as potências que aí intervêm devam ser imaginadas de modo diferente: Potências em revolta contra Deus, no primeiro caso; potências simplesmente privadas da luz de Deus, no segundo. Quando a teologia cristã

---

[101] Propomos a identificação dos "príncipes do mundo" de 1 Co 2.6 com os principados e potestades de Cl 2.15. Além da semelhança da expressão que os designa (príncipes deste mundo, principados), o verbo καταργέω, tão familiar a Paulo para designar a destruição de um poder, conduzindo à libertação do homem (cf. Hb 2.14-15), é como que a prova decisiva da afinidade das duas passagens. O combate escatológico de 1 Co 2.6 é antecipado para a cruz em Colossenses.

[102] A comparação entre Ef 3.5-11; Cl 1.26; Rm 16.25 garante esta afirmação. Provavelmente devemos atribuir ao termo αἰῶνες de Cl 1.26 um sentido concreto. Os "éons" são para as potestades o que as "gerações" são para os homens.

construir sua síntese, ela será levada a identificar as potências do primeiro tema com os anjos maus, e as do segundo com os anjos bons.

Quanto a Paulo, não é sua missão revelar verdades doutrinais referentes aos anjos ou às potências. Menciona-os apenas na medida em que sua função ilustra o triunfo de Cristo e sua vitória sobre o paganismo[103]. Uma passagem de Efésios manifesta bem como Paulo era pouco interessado em especulações deste gênero: depois de haver mencionado principados, potestades, virtudes, dominações, acrescenta "e todo nome que possa haver neste mundo como no futuro" (Ef 1.21). O que interessa é que Cristo esteja elevado acima de todos os seres angélicos[104].

Geralmente, o peso das afirmações de Paulo dependerá sobretudo de sua origem. As que provêm do Antigo Testamento ou do judaísmo normativo têm para ele importância maior que as especulações das seitas judaicas notoriamente dissidentes, e maior sobretudo que as dos ambientes sincretistas pagãos. O teólogo deverá lembrar-se também de que a síntese dogmática depende da totalidade da revelação.

## 2. *Período de transição*

1. A ressurreição de Cristo, cujo anúncio nos traz a Boa Nova, marcou o começo do século futuro, ou melhor, sua primeira realização, ainda parcial e, no entanto, decisiva. É por isso que, entre o século presente e a parusia, intercala-se o século cristão como um período de transição[105].

A ressurreição de Cristo foi vista primeiro como um átomo do século futuro, caído no nosso, tal como a pedra desprendida, sem intervenção humana, da montanha celeste, na visão do Livro de

---

[103] A mesma falta de precisão quando se trata de seres imateriais encontramos em Fp 2.10; 1 Tm 3.16.
[104] Pode-se comparar isso com o desprezo que ele apregoa pelo culto dos anjos; cf. Cl 2.18.
[105] Cf. J. MOUROUX, "Structure du présent chrétien", em *Rech. Sc. Rel.*, 44 (1956), pp. 1-24

Daniel (2.34-35); ela introduzia no mundo um elemento novo, que tornava o tempo atual semelhante a uma pausa, na espera do acontecimento decisivo que será a ressurreição geral[106].

Todavia, aparentemente nada mudou. Os anos[107] continuam seu curso. O cosmos[108] continuou sendo o que era, indiferente ao

---

[106] Cf. G. DELLING, *Das Zeitverständnis des Neuen Testaments*, Gütersloh, 1940; O. CULLMANN, *Christ et le temps*, Neuchâtel, 1947.

[107] A palavra χρόνος aparece pouco em Paulo; sete vezes ao todo nas Epístolas. Mais ainda: se deixarmos de lado as locuções comuns, por exemplo, "por algum tempo" (1 Co 16.7), "durante o tempo que" (Rm 7.1; 1 Co 7.39; Gl 4.1), restam, como testemunhas de um uso mais técnico, apenas Rm 16.25: χρόνοις αἰωνίοις (cf. 2 Tm 1.9; Tt 1.2), onde χρόνοι é sinônimo de αἰῶες, 1 Ts 5.1, onde o termo aproxima-se de Καιρός e enfim, único caso realmente mais notável, Gl 4.4; τὸ πλήρωμα τοῦ χρόνου. Com relação à realidade que designamos pela expressão "o tempo", a noção paulina não deve ser muito diversa da do homem moderno da rua. Tendo projetado fora de nós a experiência da duração na qual decorre nossa vida, consideramo-la como uma realidade em si. Com razão, sem dúvida, vemos nossas existências e os seus momentos inserir-se no fluxo imenso do tempo exterior. Se se trata das concepções mais filosóficas, onde o tempo e a eternidade se confrontam, não se deve fazer de Paulo um platônico, nem tampouco aprisioná-lo na categoria judaica. (Cf. O. CULLMANN, *Christ et le temps*, Neuchâtel, 1947, p. 32). A última palavra deve ser deixada para depois do exame atento de suas fórmulas.

[108] Paulo emprega com freqüência o termo bem grego κόσμος, em suas acepções ordinárias de "mundo", "mundo habitado" (Rm 1.8; 2 Co 1.12 etc.), conjunto da humanidade. Estes sentidos se desvirtuam facilmente por uma nota pessimista, proveniente da reação que o pecado exerceu sobre o conjunto dos homens (Rm 5.13) ou da atividade das potências que depreciaram a sabedoria para impedi-la de conduzir a Deus (1 Co 1.20s), ocasionando uma oposição entre a criação e Deus. O uso do termo κόσμος, – por faltar no hebraico uma palavra que corresponda exatamente – implantou-se no judaísmo helenista. Aparece, de fato, nos últimos livros dos Setenta e é especificamente filoniano. Cf. H. SASSE, art. κόσμος, em *Theol. Wörterbuch*, III, pp. 867-896. Seu sentido pode chegar a confundir-se com o do termo αἰών, que, na Bíblia grega, corresponde ao hebraico 'olam, designando a eternidade de Deus, o tempo considerado como de duração indefinida, o mundo. Cf. H. SASSE, art. αἰών, em *Theol. Wörterbuch*, I, pp. 197-209: Esta palavra αἰών, justamente por causa de sua história, está entre os vocábulos de mais difícil tradução em nosso idioma. Entre as traduções possíveis, escolheríamos de boa vontade a palavra "ciclo", se não fosse tão insólita. Ela teria a vantagem de fazer-nos pensar nas órbitas astrais que regulam a marcha do tempo, ou a sucessão de períodos cósmicos.

desaparecimento dos povos que, um após outro, trabalham para subjugá-lo, sem se preocupar com as civilizações que seguidamente vão tomando atitude perante ele. Paulo não teve revelações sobre o significado dos anos, dos dias e das horas, nem sobre o sentido do universo material que nos esmaga ou nos entusiasma. O mundo como tal não é objeto de uma mensagem religiosa.

O século cristão situa-se, pois, na interseção de dois tempos ou de dois "mundos" (αἰῶνες), o tempo "presente" e o tempo "vindouro". Aliás, estas são expressões que não revelam seu segredo senão a mentalidades judaicas. O mundo futuro dos judeus corresponde – sem com ele identificar-se totalmente ao mundo eterno dos gregos, e o mundo presente, ao mundo das aparências. Realidades essenciais, que caracterizam o tempo presente, o pecado, a morte, as potestades, a Lei, são abolidas em princípio. Valores superiores estão em vias de as substituir, procedentes da eficácia da ressurreição de Cristo: dons do Espírito, vida nova, possibilidade de acesso a Deus e a todas as suas riquezas. A intersecção dos dois mundos, que talvez se acreditasse dever ser de duração efêmera, dilata-se e torna-se um longo período de tempo, décadas e até mesmo séculos. A teologia se familiarizou com essa prorrogação inesperada. Sobre uma trama "natural", o mundo material e o dos homens, os movimentos dos astros, as estações que modificam a superfície da terra, e todos os acontecimentos históricos, as guerras, as descobertas... o tempo cristão vai sendo tecido lentamente.

Três expressões mais ou menos equivalentes designam este período: a plenitude do tempo (Gl 4.4s.)[109], plenitude das épocas

---

Evocaria, além disso, a aproximação efetuada muitas vezes no pensamento paulino entre o αἰών e os poderes cósmicos. Concretamente, a significação de κόσμος e a de αἰών são convergentes, a tal ponto que terminam identificando-se numa noção que expressaríamos aproximadamente por "o mundo atual" (onde uma idéia temporal soma-se à da realidade estática).

[109] A perspectiva da salvação se abre desde o momento em que Deus envia seu Filho ao mundo. Vemos delinear-se no texto de Galátas a vida humana do Filho de Deus, filho duma mulher, judeu de nascimento, mas para terminar nas proposições finais: sua morte que resgata da Lei, sua ressurreição que lhe dá poder de nos comunicar sua vida.

(Ef 1.10)¹¹⁰ e o final dos tempos (1 Co 10.11)¹¹¹. O sentido é claro. Com a vinda de Cristo, a história do mundo atinge seu período decisivo, determinado no plano de sabedoria de Deus para ser o grande momento da salvação. A palavra καιρός, que Paulo usa, adquire portanto um sentido quase técnico, análogo às acepções religiosas que possuía na língua grega, e que os Setenta precisaram, aplicando-a aos tempos do juízo e do fim do mundo (muito especialmente no Livro de Daniel)¹¹². É a época "atual" (ὁ νῦν καιρός), aquela em que Deus manifesta sua própria justiça (Rm 3.26), quando os cristãos preparam pelos sofrimentos sua glória futura (Rm 8.18), o tempo da eleição pela graça (Rm 11.5), a época apropriada para a salvação (2 Co 6.2; cf. Gl 6.10)¹¹³. Temos de aproveitar desta época, remi-la¹¹⁴.

2. O período de espera da parusia é decisivo na história da salvação; não obstante ser época de espera, é o tempo do recrutamento dos eleitos e de sua preparação (2 Co 6.1-3), quando cada um põe em jogo a sua vida eterna. É por isso que o Antigo Testamento inteiro tendia de algum modo para esse desenlace da história religiosa (1 Co 10.11); por isso também lhe estão reservadas tentações mais violentas (1 Co 10. 1-13; Ef 5.16; 6.10-20).

O caráter trágico deste período faz pensar que ele será breve. É de Paulo a frase: ὁ κάιρὸς συνεσταλμένος ἐστίν, "o tempo em que vivemos se faz curto" (1 Co 7.29). Em todo caso, se ele deve ser na realidade longo ou breve, para cada um ele é breve, e todos os seus momentos estão contados. Pois o compromisso é muito sério.

---

¹¹⁰ Escolhemos, para traduzir καιρός, o termo "época", que exige ulterior determinação. Cf. G. DELLING, art. καιρός, em Theol. Wörterbuch, III, pp. 456-465.
¹¹¹ "Isto lhes aconteceu (aos hebreus) de maneira figurativa (τυπικῶς) e foi escrito para advertência nossa, de nós outros sobre quem os fins dos séculos têm chegado (εἰς οὕς τὰ τέλη τῶν αἰώνων κατήντηκεν)". Compara-se com Hb 3.6,14 e Mt 10.22; 24.6,13-14.
¹¹² Cf. G. DELLING, art. cit., p. 460.
¹¹³ A Epístola aos romanos abrevia a expressão com um νῦν decisivo, ao falar a propósito da condição do cristão no tempo presente. Cf. Rm 5.11; 8.1,22; 11.30; 13.11; Ef 3.5,10; 5.8.
¹¹⁴ Cf. Ef 5.16; Cl 4.5. A expressão é formada conforme as analogias gregas comuns: Καιρὸν λαμβάνειν Καιῷ χσῆσθαι καιρὸν ἁρπάδειν Cf. G. DELLING, art. cit., p. 458.

Numa perspectiva diferente, o tempo cristão possui, no entanto, certas promessas de duração e estabilidade. Uma aliança sucedeu à antiga, e o próprio de uma aliança é a permanência. Sem dúvida, a aliança cristã perfaz-se na eternidade, mas, uma vez que ela começou no tempo, pensamo-la normalmente no tempo, como se pensava a antiga. A nova aliança transpôs espiritualmente os privilégios da antiga: Paulo, comparando-se com Moisés, proclama sua superioridade e afirma que sua glória, à diferença da que resplandecia sobre a face do Legislador, pertence às realidades imutáveis. Pretender-se-ia com razão que o tempo cristão, em virtude dos bens eternos de que já é detentor, possui um princípio de duração intrínseco.

Assim nos aproximamos de uma forma do pensamento grego, que considera os bens religiosos como algo divino arraigado em nosso mundo. Paulo bem conhece esse modo de pensar, e combateu-o na medida em que ele punha em perigo as afirmações fundamentais da parusia e da ressurreição futura. Mas, por sua vez, nunca se recusou a admitir a posse atual dos bens divinos. Foi assim que interpretou os carismas e as riquezas espirituais dos cristãos. Desta forma ele desviava a atenção da escatologia. Quando, no decurso de sua carreira apostólica, lhe atribuir uma importância cada vez maior ao conhecimento dos bens celestes, estará introduzindo na síntese cristã um novo princípio de permanência, mais próximo ainda da mentalidade grega... O paulinismo contém todos os princípios de uma teologia que, sem cessar de aguardar a parusia, avaliará corretamente o gozo presente dos bens celestes.

### 3. *Nova et Vetera*

A ordem cristã começa na morte e ressurreição de Cristo. São abolidas (καταργέω) a autoridade ilegítima que as potências se haviam atribuído e a servidão da Lei dos preceitos. Uma grande reconciliação, efetuada ao menos em princípio, reconduz o cosmos à sua situação primitiva, o homem está em paz com Deus. As potências reconhecem a supremacia de Cristo; eliminada a Lei, os gentios e os judeus formarão uma humanidade nova única.

O tempo da espera é, pois, um período sintético. Unirá primeiramente a ordem da criação e as realidades novas e celestes. Sem dúvida, por causa destas, a ordem cristã supera essencialmente o passado, será uma nova criação (2 Co 5.17); pela influência de Cristo ressuscitado que exerce sua onipotência espiritual e renova tudo, um mundo novo surgirá do primeiro, como a criança do seio da mãe. Contudo, a ordem da criação persistirá nos seus valores superiores. A inteligência continuará a conhecer a Deus por suas próprias forças. O mundo criado é bom, é obra do mesmo Deus que fez o mundo sobrenatural. O homem não se apropria fatalmente, numa revolta contra Deus, de seu ser criado; não é idólatra por natureza. Aliás, a gente se orgulha com igual facilidade dos bens espirituais, como dos bens criados: disso os coríntios serão testemunhas pela sua busca infantil dos carismas. A liturgia dá graças ao mesmo tempo pelos bens da criação e pelos espirituais: o "cálice de bênção" que oferecemos a Deus em ação de graças é antes de tudo o fruto da videira, imagem da videira mística[115]. Quando Ireneu citava a multiplicação dos pães e o milagre da água transformada em vinho, símbolos da Eucaristia, a fim de provar a unidade do Deus Criador (o Antigo Testamento) e do Deus Salvador (o Novo Testamento) ele não traía a teologia paulina. Bem compreendida, esta unidade salvaguarda-nos da ilusão das gnoses; ela introduz de direito a ordem cristã no mundo presente.

O tempo cristão receberá do período do judaísmo os oráculos de Deus. O novo povo viverá da Bíblia, o Espírito lhe revelará o que os profetas tinham vislumbrado para sua instrução.

Teremos de descrever pormenorizadamente os bens novos que vieram somar-se aos antigos, transformando-os ao mesmo tempo. Pois nada toma lugar no cristianismo sem ser transformado.

### 4. A hora dos gentios

1. O paganismo está superado. A Igreja cristã cria a zona livre, de onde os demônios são expulsos à força. Para ficarmos com a com-

---

[115] Este texto de Paulo, a que fazemos alusão, 1 Co 10.16, recorda as bênçãos solenes das refeições judaicas. Cf. L. CERFAUX, "La multiplication des pains dans la liturgie de la Didachè", em *Studia Biblica et orientalia*, II: *Novum Testamentum*, Roma, 1959, pp. 377s.

paração de Paulo, as "Potências" continuarão a lutar, mas o cristão está revestido com as armas de Deus, que o tornam invulnerável (Ef 6.10-17)[116].

Na medida em que entram em contato com a mensagem cristã, as nações pagãs são exorcizadas. Paulo não compartilha o pessimismo dos apocalipses: as autoridades pagãs comandam em nome de Deus, representam-no e protegem quem é honesto. Os cristãos têm para consigo mesmos o dever de ser "virtuosos" aos olhos do mundo, não por uma política, astuciosa, que seria uma comédia, mas porque a honestidade do mundo é, também ela, a criação de Deus.

Os pagãos possuíam uma nobreza de origem, criada por Deus na eficácia de seu Filho. O tempo cristão é o tempo de seu chamado a receber a filiação (Gl 4.5). Chamado geral e teórico: os gentios, sem passar pela Lei, participam em princípio dos privilégios de Israel. Chamado particular: igrejas cristãs se formam no mundo greco-romano, os pagãos se convertem um após outro.

2. Se o chamado dos pagãos é uma peça-chave da economia divina, não admira que ele tenha sido predito pela Escritura. Assim como Paulo viu-se anunciado no Servo de Deus, ele leu o chamado dos pagãos nos textos do Antigo Testamento[117]. Aqui, há uma afir-

---

[116] Até que as potências sejam aniquiladas, – e Paulo entrevê que elas coexistem com toda a história do cristianismo, pois devem ser vencidas definitivamente por Cristo na sua parusia, – elas continuarão a exercer sua tirania, e esta manifestar-se-á, como sempre se manifestou, na esfera da filosofia (mas existirá uma "filosofia" cristã) e na do culto (antítese do culto cristão). Quanto à esfera do poder político, Paulo é extremamente reservado. Não identifica, como o faz o Apocalipse, poder político e esfera religiosa. A alusão política que se pode divisar na sua visão apocalíptica de 2 Ts 2.4, é relativamente sutil, de interpretação bastante vaga, e ademais única nas suas Epístolas. Os imperadores romanos não são solidários com as potências malignas. São, portanto, neutros do ponto de vista religioso, e o cristianismo poderia alcançá-los. Esta reserva é tanto mais notável quanto ela contrasta com a construção apocalíptica comum, que Paulo certamente conhece. Para os apocalipses, o reino de Deus sucede aos impérios deste mundo; estes são, pois, de caráter satânico.

[117] Cf. A. BERTRANGS, "La vocation des gentils chez saint Paul", em *Eph. Theol, Lov.*, 30 (1954), pp. 391-415; C. H. DODD, *According to the Scriptures. The Substructure of New Testaments Theology*, Londres, 1953. É um problema insolúvel determinar se os textos é que levaram Paulo a formular sua teoria,

mação teológica a ser relembrada: foi por misericórdia que os pagãos são chamados à salvação. O chamamento por misericórdia é a única solução que salvaguarda a gratuidade dos benefícios divinos.

O judaísmo já havia desenvolvido os germes de universalismo contidos no Antigo Testamento; os séculos que sofreram a influência do estoicismo não deixaram de marcá-lo, mas ao cristianismo cabe a honra de ter feito a teoria passar à prática. Da expectativa universalista nasceu a Igreja universal. Depois de Jesus, foi Paulo o principal autor desta obra que transformou a história do mundo, e nas suas Epístolas ele é seu grande idealizador. Quando a comuni-

---

ou se a teoria é que o fez perscrutar a Bíblia para lá encontrá-la enunciada. "Pensa-se" lendo o texto sagrado e lê-se este sob a luz do Espírito Santo que o ilumina, a fim de fazer reconhecer nele a vontade de Deus, expressa em mistérios pelos profetas e revelada agora por Cristo e seus apóstolos. Pode-se encontrar nas Epístolas de Paulo um trabalho humano de heurística dos textos do Antigo Testamento, É bastante normal que ele pensasse, antes de tudo, na alegoria de Oséias, solidamente firmada num tema que percorre o Antigo Testamento: a infidelidade do povo de Deus. Paulo modifica ligeiramente Os 2.1, na sua citação em Rm 9.26, de molde a sublinhar a oposição entre dois povos, um dos quais seriam os gentios. Comparando a citação de Oséias em Rm 9.25-26 com a de 1 Pd 2.10 (numa série de citações que lembra aos pagãos que eles sucederam aos judeus em seus privilégios), pode-se conjeturar que uma tradição antiga havia formado com os textos de Oséias uma corrente bíblica bem homogênea, com antítese e paralelismo (A. BERTRANGS, *art. cit.*, pp. 392-394; 408-412; C. H. DODD, *op. cit.*, p. 75). A antítese entre os dois povos traz consigo, em Rm 10.19-21, três outras citações, introduzidas por Paulo, contra seu costume; introduz por meio de sentenças escolhidas, desta vez muito características, recordações de discussões reais (citação de "Moisés", Dt 32.21, e de "Isaías", Is 65.1-2). Rm 15.9-12 contém um aglomerado de textos anunciados pela fórmula: "os pagãos louvam a Deus em razão de sua misericórdia" (15.9). As sentenças são interessantes: καθὼς γέγραπται – καὶ πάλιν λέγει – καὶ πάλιν – καὶ πάλιν Ἡσαίας λέγει. O último texto (Is 11.10), que contém, não obstante, a palavra-chave ἔθνη, não corresponde ao contexto, nem ao título pelo qual Paulo cita esta coleção de textos, mas, por outro lado, ele serve de base a um tema bastante familiar à sua teologia, a saber, a antítese entre o nascimento carnal de Cristo e os efeitos espirituais da sua ressurreição (cf. Rm 1.4) Provavelmente, foi Paulo mesmo quem reuniu esses quatro textos (cf. A. BERTRANGS, *art. cit.*, p. 413; O. MICHEL, *Paulus und seine Bibel*, Gütersloh, 1929, p. 523) e os utilizava na sua pregação quando desejava excitar os pagãos a prestar a Deus seu culto espiritual.

dade primitiva não tinha talvez tomado consciência bastante clara da significação universal da mensagem e da morte de Jesus, a teologia de Paulo, ao contrário, vai pô-la em evidência, e sua atividade apostólica vai traduzi-la em atos.

## 5. O Israel de Deus

Os pagãos não são chamados à salvação cristã independentemente dos judeus. Paulo tem plena certeza de uma continuidade na economia divina; a salvação é concedida a Israel, não ao Israel carnal, mas a este Israel que Deus via além das realidades tangíveis e do Israel empírico. O Israel de Deus, o Israel total (Rm 11.26) incluía os pagãos.

1. O princípio do qual tinha vivido o Israel carnal é condenado. A abolição da Lei e a vocação dos pagãos são correlativos. Pois na intenção divina, da qual Paulo recebeu a revelação, os pagãos não entrariam na Igreja por intermédio do judaísmo, mas pela grande porta da misericórdia. Eles não traziam nada em matéria de "obras", nem circuncisão, nem celebração das festas judaicas, nem observâncias, nem preceitos, e deles nada se exigia[118]. O judaísmo inteiro estava ultrapassado, eram inúteis as práticas carnais. A morte de Cristo na cruz suprime radicalmente a Lei. Grande parte da atividade de Paulo será dedicada a levar o mundo cristão a aceitar esta tese teológica. Foi esse o drama de sua vida, e depois seu triunfo. O judaísmo histórico continuará a concentrar-se sobre a justiça da Lei. A ruína do templo, pondo fim à instituição cultual, único poder capaz de contrabalançar sua tendência legalista, vai prendê-lo mais estreitamente ainda às observâncias. A sentença de Paulo foi ratificada pelo acontecimento[119].

2. Como a derrota das potências tornava os gentios disponíveis para a fé cristã, a abolição da Lei significa igualmente para os judeus

---

[118] Paulo entendeu que os preceitos deviam ser praticados sob o impulso do Espírito e do amor. Será verdade mesmo que ele estava lutando contra uma quimera, quando se fazia o campeão da "liberdade" dos gentios?

[119] Mesmo se a recriminação era exagerada, é forçoso reconhecer que Paulo foi o inimigo intransigente de um desvio religioso nada quimérico.

a hora da vocação. No entanto, à diferença dos pagãos, a promessa de Deus conferia-lhes direitos[120]; é por isso que sua incredulidade cria um problema à parte.

Apesar das aparências, Deus foi fiel à sua promessa, não rejeitou seu povo, tratou-o como havia anunciado nos oráculos. A promessa que assegurava a Israel a posse dos bens messiânicos estava condicionada por um outro princípio, a eleição reservada a Deus. Pois Deus não renuncia jamais à sua iniciativa. O princípio da eleição presidiu, no início da Igreja, à entrada dos judeus no cristianismo. Os apóstolos e seus primeiros recrutas foram o "resto", aqueles sete mil homens alegóricos da história de Elias. Quanto ao grosso da nação, se não obteve a salvação, foi porque confiava em si próprio e não em Deus. O "resto" foi salvo, a massa foi vítima de sua cegueira, como o anunciava a Escritura (Rm 11.5-10)[121]. Esta recusa da massa do povo judeu era necessária aos desígnios de Deus, ela deixava o lugar para os gentios.

Os judeus, no entanto, não podem recriminar. Deus não lhes tira a oportunidade. A mensagem evangélica, que continua a ser-lhes dirigida, atinge até as extremidades da terra (Rm 10. 18). Se eles não respondem, é por um endurecimento anunciado nas profecias (Rm 10.16-21). Ao lê-las, deveriam compreender que o sucesso da mensagem entre os pagãos tem por fim justamente excitar sua emulação[122]. Ademais, uma revelação particular adverte a Paulo que a cegueira deles é temporária, subordinada à entrada na Igreja da plenitude dos pagãos[123]. Quando isso acontecer, os judeus terão acesso

---

[120] O que dizemos está na lógica do paulinismo: os judeus não podiam conservar sua confiança nas obras de justificação. Entretanto, as mesmas obras podiam ser executadas com um espírito novo. Neste caso, o Espírito mudaria completamente seu sentido; Paulo nunca *enunciou* o princípio de que os judeus seriam obrigados a renunciar à circuncisão e ao culto do Templo.

[121] Cristo não está na linha do resto, é fora de série, dominando tudo. Aplica-se o princípio do resto do Antigo Testamento ao do Novo Testamento pelo raciocínio simbólico e não por movimento duma lei matemática. Cf. O. CULLMANN, *Christ et le temps*, Neuchâtel, 1947, pp. 81-92.

[122] Cf. Rm 10.19-21; 11.11-32.

[123] Cf. Rm 11.25. Por πλήρωμα, deve-se entender o conjunto dos pagãos que pertencem aos eleitos. Mas é uma massa, uma plenitude, não um "resto", uma

à salvação, e, como os próprios pagãos, deverão tudo à misericórdia de Deus. Tudo será benefício.

3. Numa outra perspectiva, a salvação dos pagãos está implicada numa teoria teológica que a prende à promessa feita aos patriarcas judeus e muito concretamente a Abraão. Cristo é o herdeiro da promessa; por ele, todos os que tomam parte na herança, inclusive os pagãos, são filhos do Patriarca hebreu. A alegoria da oliveira (Rm 11.24), felizmente, é mais sugestiva que o raciocínio em Rm 11.13-36. O Israel de Deus é comparado a uma oliveira sagrada. A maior parte dos ramos naturais foi cortada; em seu lugar Deus enxertou os gentios. Mas a incredulidade dos judeus será temporária. Um dia, hão de arrepender-se por terem cedido seu lugar aos pagãos e retomarão seu lugar privilegiado na economia divina. Esta mudança produzirá na Igreja um tão grande reflorescimento espiritual, que significará o fim dos tempos e a aurora da ressurreição dos mortos. Assim, as posições sucessivas dos judeus marcam os grandes momentos da economia cristã. Sua recusa de aceitar Cristo coincide com a reconciliação do mundo; sua conversão marcará o fim dos tempos.

Este novo ponto de vista é exato. Daí não se deveria concluir, porém, que os pagãos ocupam no cristianismo o lugar de parentes pobres. Não é este o pensamento de Paulo, nem de Cristo. É segundo um princípio novo que Deus chama os pagãos; a Igreja cristã é antes de tudo a "reunião" deles. Mas, ao mesmo tempo, Deus não renegou a obra realizada ao longo de todo o Antigo Testamento. Ele não é o Deus desconhecido de Marcião, mas o Deus criador que se revelou pelos profetas e que agora se revela pelo seu Filho. A fim de fazer brilhar a todos os olhos a unidade de sua obra, colocou como fundamento do novo edifício os apóstolos vindos do judaísmo.

---

"escolha". Quer dizer que nada limita o número dos pagãos, a não ser sua própria recusa. Ao passo que a recusa momentânea e provisória dos judeus é prevista pela Escritura, por um desígnio misterioso, a fim de dar lugar aos gentios. Nos raciocínios de Paulo há algo que nos desconcerta; ele vê os acontecimentos como se eles se desenrolassem no decurso de uma única geração, e não distingue claramente os indivíduos e as massas.

4. Sabemos doravante para onde tendia a economia do Antigo Testamento, inaugurada pelo testamento jurado a Abraão, aquela primeira aliança pela qual Deus escolhia para si um povo. Em virtude do testamento, os bens divinos eram "prometidos" a Abraão e a seus descendentes; a promessa realizar-se-ia em Cristo e para um povo novo aparentado com ele. A descendência carnal de Abraão simbolizava a descendência espiritual.

A aliança foi renovada sob Moisés. Parcialmente, ela permanecia na linha das promessas concedidas a Abraão para sua descendência vindoura. Os privilégios novos, como a glória, o culto, o dom da Lei enquanto expressão da vontade divina, ajuntavam-se ao privilégio antigo do "testamento", e, como este, simbolizavam os bens futuros destinados à descendência espiritual. O sangue da antiga aliança seria substituído pelo sangue de Cristo. Os milagres do deserto, a passagem do mar Vermelho, o maná, a água do rochedo representavam os "sacramentos" futuros. O Pentateuco, enquanto Livro sagrado, abria a série dos oráculos de Deus; e estes, por sobre a cabeça do povo carnal, já se destinavam ao novo povo.

5. O povo cristão vai, pois, ser o continuador do povo antigo, mas com essa mudança do carnal ao espiritual, do futuro pressentido ao presente realizado, do simples símbolo aos bens já concedidos parcialmente. O povo carnal não tem mais razão de ser. Sua Lei era a sua característica; ela foi abolida. Os privilégios simbólicos caíam por si mesmos, substituídos pelos privilégios espirituais correspondentes. Pense-se sobretudo no culto judaico, ao qual sucedem o culto eucarístico e o culto espiritual. Os oráculos de Deus mudavam de dono e tornavam-se propriedade do povo que compreenderia enfim seu significado, o qual permanecerá sempre enigmático para o Israel antigo. Os pagãos não apenas fazem parte do povo eleito: momentaneamente eles o substituem. É o tempo das nações, aguardando a volta do Israel antigo à unidade do Israel de Deus.

De fato, nasceu uma nova raça, essencialmente caracterizada por sua pertença ao Cristo. Não se trata, na opinião de Paulo, desta terceira raça de que em breve falará o cristianismo antigo, mas da raça única. Do ponto de vista da religião, só ela existe. As nacionalidades poderão subsistir, como subsistem as condições de homem livre e escravo, mas só conta aos olhos de Deus uma natureza de "cristãos", fundamento de uma raça única. São as características desta raça que tentaremos determinar.

6. Paulo contemplou a unidade de método da ação divina.[124] A incredulidade dos pagãos permitiu-lhes não dever nada senão à misericórdia de Deus. O dom de Deus não encontrou senão sua pura indigência de criaturas. A incredulidade dos judeus os reconduz à mesma indigência, condição para que a fé lhes assegure a salvação, a salvação que só se pode obter por misericórdia. Onde a justiça dos homens malogrou, a fé dá o triunfo, tanto aos pagãos que não haviam procurado a justiça, como aos judeus. E agora reina a justiça de Deus.

Paulo continua, pois, judeu, mesmo quando ele se lança, com todo ímpeto, a converter os pagãos. Permanece judeu, mas judeu segundo o Espírito, e não mais judeu segundo a carne, a não ser na medida em que não se consegue renunciar ao próprio nascimento carnal[125]. Ademais, a este nascimento carnal estão ligados, para todos os judeus, certos privilégios inamissíveis. Eles serão sempre o povo eleito. Foram eles os guardiães da Palavra de Deus. Mas tudo o que, em seus privilégios, constituía restrição nacional, como a circuncisão, as práticas da Lei, o orgulho de raça, tudo foi rejeitado conscientemente por Paulo, como tudo foi supresso por Deus na nova ordem espiritual.

---

[124] Cf. Rm 11.13-36.

[125] Paulo conserva o amor por seu povo: "é na minha qualidade de apóstolo dos gentios que eu honro o meu ministério, esperando poder provocar a emulação dos da minha estirpe e salvar alguns deles" (Rm 11.13-14). Não é um mero palavreado, mas não é tampouco uma afirmação que se deva exagerar a ponto de torná-la trágica, como se o Apóstolo não tomasse realmente a peito a salvação dos pagãos e não se interessasse senão pelos de sua raça. Aquele que pronunciou a respeito do amor palavras decisivas, das quais tem vivido o cristianismo, não se encerrou num nacionalismo grosseiro.

Capítulo II
# A VOCAÇÃO DE PAULO

1. *O acontecimento de Damasco.* Vocação ou conversão? – Interpretação de Paulo e dos Atos.
2. *A vocação profética.* O "Servo de Deus". – Missionário escatológico. – Profeta apocalíptico.
3. *Apóstolo dos gentios.* A vocação de Paulo e o chamado dos pagãos. – Evolução na consciência de Paulo.

Antes de abordar o estudo do apostolado e da mensagem, peças essenciais da economia cristã, parece-nos útil falar da vocação de Paulo. Sua própria vocação vai matizar necessariamente a maneira pela qual o Apóstolo vai se representar a obra comum, da qual ele é um dos principais executores. Além disso, nosso projeto final visa a definição do cristão. Sem dúvida, a teologia paulina se apóia sobre a fé da Igreja primitiva, mas ela é igualmente revelação de Deus, e tradução da experiência do caminho de Damasco.

## I - O ACONTECIMENTO DE DAMASCO[126]

### 1. *Vocação ou conversão?*

Em nossa perspectiva moderna, Paulo passou da religião judaica ao cristianismo; ele abre a série destes grandes "convertidos" que ilustram as páginas da história cristã e fornecem aos manuais de

---

[126] *Bibliografia:* G. J. INGLIS, "The Problem of St. Paul's Conversion", em *Expos. Times*, 40 (1928-1929), pp. 227-231; W. G. KÜMMEL, *Römer 7 und die Bekehrung des Paulus,* Leipzig, 1929; Ed. PFAFF, Die *Bekehrung des h. Paulus in der Exegese des 20. Jahrhunderts,* Roma, 1942; A. FRIDRICHSEN, *The Apostle and his Message (Inbjudning till Teologie Doktorspromotionen vid Uppsala Universitet)* Upsala, 1947; J. MUNCK, "La vocation de l'Apôtre Paul",

apologética a prova da transcendência de nossa religião. No entanto, ele próprio não falaria de sua "conversão", se o termo implica o abandono de uma religião por uma outra. Não considerava o cristianismo como uma religião nova, distinta do judaísmo. Se alguém lhe dissesse que ele deixava de ser judeu, diz muito bem J. Klausner, ele nem haveria de entender o que lhe estavam dizendo[127]. As numerosas declarações das Epístolas não se entendem do passado: Paulo é e continua sendo hebreu e judeu, de raça e de religião.

Sem dúvida, ele considerou como se fossem lixo todos os privilégios do judaísmo, para ganhar o Cristo (Fp 3.8). Foi-lhe dada uma alma nova, ele foi "revolvido" mais do que ninguém espiritualmente. Mas desta forma ele vivia como protótipo, a crise pela qual todo o judaísmo deveria passar para permanecer fiel a sua vocação de povo eleito. O cristianismo é o Israel de Deus, a grande árvore do sonho de Nabucodonosor e a da parábola do grão de mostarda. Os patriarcas são a semente ou o tronco, o Israel antigo é a oliveira fértil, fora da qual existem apenas árvores selvagens. Todos os ramos, para serem cristãos, devem ser enxertados na única oliveira. O tronco é sempre o antigo Israel, e a coroa artificial que os pagãos lhe formam é apenas temporária; os ramos naturais retomarão um dia seu lugar normal. Paulo era um ramo "natural", sofreu o amadurecimento dos tempos messiânicos. Foram os judeus que se "converteram", ou melhor "se perverteram", renegados de sua própria religião[128].

---

em *Studia Theologica*, I (1-2), Lund, 1947, pp. 131-145; *Paulus und die Heilsgeschichte*, Kopenhagen, 1954, pp. 1-27; E. BENZ, "Paulus als Visioniär, eine vergleichende Untersuchung der Vissionsberichte des Paulus in der Apostelgeschichte und in den paulinischen Briefe", em *Akad. Wiss. Lit. Mainz, Geistes – und Sozial-Wiss. Kl.*, Nr. 2, 1952; E. FASCHER, "Zur Taufe des Paulus", em *Theol. Literaturzeit.*, 80 (1955), cc. 643-648; A.-M. DENIS, "L'investiture de la fonetion apostolique par "apocalypse". Étude thématique de Gal., 1,16"; em *Rev. Bibl.*, 65 (1957), pp. 335-362; H.-J. SCHOEPS, *Paulus*, Tübingen, 1959, pp. 46-48; U. WILCKENS, "Die Bekehrung des Paulus als religionsgeschichtliches Problem", em *Zeitschr. Theol. Kirch*, 56 (1959), 273-293.

[127] *From Jesus to Paul*, Londres, 1946, p. 450.
[128] É este o tema do Comentário de Habacuc (pHab 2,1-8; 5.9-12; 12, 2-5) e sem dúvida também dos Hinos (Hod 2,14-19.22.31-32; 4,7-18). Cf. também Dam 1,14-15; 5.20-6.2; 8.12 par. 19,24s.24. O verdadeiro Israel é a comunidade, todos os outros são apóstatas.

Insistir numa conversão, no sentido real, é condenar-se a aplicar a Paulo a psicologia das conversões. Lutero imagina uma crise que, em nome da gratuidade da salvação, conduz o Apóstolo a rejeitar a Lei; o que ele descreve com os termos de Paulo é o estado de sua própria alma: "É assim que o mandamento que nos diz "Não cobiçarás" nos convence a todos de pecado, pois ninguém, por maior que seja seu esforço, consegue escapar à concupiscência. Esta incapacidade de obedecer à lei de Deus leva-nos a desesperar de nós e a buscar num outro o socorro que não achamos em nós mesmos. Em tua ruína, ó Israel, só eu te posso valer" (Os 13.9)[129].

Certos ensaios históricos mais recentes exploraram o tema das desilusões e da insatisfação de Paulo com a Lei. Acreditaram ser possível esclarecer pela história das religiões[130] a experiência psicológica que estaria descrita em Rm 7.7-12[131]. No terreno apologético, inseriu-se o episódio de Damasco no rol das conversões súbitas, operadas sem nenhuma preparação consciente ou subconsciente[132].

---

[129] *Le livre de la liberté chréstienne*, trad. F. KUHN, Paris, 1979, pp. 29-31 (citado conforme L. BOUYER, *Du Protestantisme à l'Église*, Paris, 1954, p. 21).

[130] Cf. H. WEINEL, *Paulus, der Mensch und sein Werk*, Tübingen, 1915, pp. 49s; A. DEISSMANN, *Paulus, Ein Kultur – und religionsgeschichtliche Skizze*, 2ª ed., Tübingen, 1925, p. 105; W. WINDISCHI, *Paulus und Christus*, Leipzig, 1934, pp. 134s; M. DIBELIUS no seu comentário sobre Fp 3.7 (*An die Thessaloniker, I-II. An die Philipper* [Handb. z. N. T., 11], Tübingen, 1937).

[131] Cf. sobre isso E. STAUFFER, *Die Theologie des Neuen Testaments*, Stuttgart, 1948, p. 238, nº 53; J. MUNCK, *Paulus und die Heilsgeschichte* (Acta Jutlandica, XXVI, 1), Kopenhagen, 1954, p. 1, nº 2. H. St. J. THACKERAY (*The Relation of St. Paul to Contempory Jewish Thought*, Londres, 1900, pp. 7-9), opina que, na viva descrição de Rm 7.7-25, embora o ἐγώ seja genérico, o panorama é enriquecido com experiências pessoais.

[132] Cf. F. PRAT, *La théologie de sait Paul*, I, Paris, 1927, pp. 30-33. Note-se, porém, que as conversões ordinariamente são precedidas de uma crise de alma. A vocação, ao contrário, explica-se por uma irrupção súbita de Deus na consciência. Cf. E. STAUFEBER, *Die Theologie des Neuen Testaments*, Stuttgart, 1948, p. 21; J. MUNCK, *Paulus und die Heilsgeschichte* (Acta Jutlandica, XXVI, 1) Kopenhagen, 1954; A. FRIDRICHSEN, *The Apostle and his Message*, Upsala, 1947, que distinguem a conversão de Paulo (mediante a visão do caminho de Damasco) e seu chamado ao apostolado dos gentios (numa visão subseqüente): cf. *abaixo*, pp. 111-116.

Não negamos toda e qualquer analogia do acontecimento de Damasco com as conversões. A esperança messiânica e o legalismo entram em choque na alma judaica: a observância escrupulosa da Lei chegava a sufocar a esperança messiânica[133]. A vocação de Paulo levou-o a substituir o centro de interesse legalista pelo do Messias, e a tomar posição contra a Lei[134].

## 2. Interpretação de Paulo e dos Atos

1. A Epístola aos gálatas introduz o acontecimento de Damasco num contexto de caráter histórico, com a finalidade de demonstrar a tese da independência de Paulo com relação aos apóstolos de Jerusalém. De suas atitudes no momento do chamado de Deus, os gálatas devem concluir que seu Evangelho é o único Evangelho.

A seção da Epístola que nos interessa (Gl 1.6-24) é introduzida pela palavra θαυμάζω, peculiar às Cartas repreensivas (1.6). Começa afirmando: o Evangelho pregado por Paulo é o único Evangelho (6-9). Um parêntese repete a acusação dos adversários[135]: Paulo estaria procurando tornar-se benquisto e para tanto mitigaria o Evangelho. Em seguida retoma a exposição de sua tese: seu Evangelho não é mensagem humana, mas provém da "revelação de Jesus Cristo", que fez dele um apóstolo: foi uma decisão divina, a qual nada podia fazer prever, e que na época não foi seguida de contato algum, nem com o meio que ele deixava, nem com aquele no qual estava entrando: "Ouvistes falar de como outrora eu vivia no judaísmo: com que excesso perseguia a Igreja de Deus e a assolava; avantajava-me no judaísmo aos coetâneos da minha estirpe, sendo eu muito mais aceso de zelo pelas tradições de meus pais. Mas, quando aprouve àquele que me escolheu desde o seio de minha mãe e

---

[133] Cf. W. BALDENSPERGER, *Die messianisch-apokalyptischen Hoffnungen des Judentums* 3ª ed., Strasburg, 1903, pp. 88, 207s, 216s.
[134] Cf. G. B. CAIRD, *Principalities and Powers. A Study in Pauline Theology*, Oxford, 1956. Considera-se a Lei como um perigoso sucedâneo do culto, elevado à categoria de ídolo (como os "elementos" do mundo), quando venerada em si mesma, como algo absoluto.
[135] Eram judeu-cristãos segundo a teoria comum; cristãos da Galácia conforme J. MUNCK.

me chamou pela sua graça, para revelar seu Filho em minha pessoa, a fim de que eu o tornasse conhecido entre os gentios, imediatamente, sem consultar a ninguém, sem ir a Jerusalém para ver os que eram apóstolos antes de mim, parti para a Arábia; de lá regressei a Damasco" (Gl 1.13-17).

Todas as palavras têm o seu valor. O estilo de Paulo é fundamentado nas fórmulas bíblicas[136]; na luz do Espírito Santo, ele releu o Antigo Testamento, lá encontrando sua história pessoal. Foi "escolhido desde o seio de sua mãe" para a obra à qual Deus o destinava. "Escolher" (ἀφορίζειν) indica a separação do profano e consagração ao serviço de Deus[137]. Ele foi "escolhido" como Deus separou os hebreus dos outros povos, como a gente separa os animais puros dos animais impuros[138], como os profetas são consagrados para a sua missão. A expressão "desde o seio de minha mãe" faz pensar ao mesmo tempo na vocação de Jeremias e na do Servo de Javé[139]; o "chamado" faz lembrar sobretudo do Servo. Portanto, Paulo compara seu chamado com o dos profetas do Antigo Testamento.

Como o profeta Isaías, ele é chamado durante uma visão (Is 6.1), mas o termo que usa, ἀποκαλύψαι[140], pertence ao vocabulário dos apocalipses. Sua visão fê-lo ver Jesus prestes a vir para sua parusia[141], envolto na sua glória de "Filho de Deus"[142]. Traduzimos "revelar seu Filho em mim" (ἐν ἐμοί). Não se pode excluir que ἐν ἐμοί seja

---

[136] O vocabulário de Gl 1.15-16 é analisado profundamente por A.-M. DENIS, "L'élection et la vocation de Paul, faveurs célestes", em *Revue Thomiste*, 57 (1957), pp. 405-428; "L'investiture de la fonction apostolique par 'apocalypse'", em *Rev. Bibl.*, 64 (1957), pp. 335-362; 492-515. Cf. J. CAMBIER, "L'Épître aux Romains", em *Introduction à la Bible*, II, Paris, 1959, p. 464.

[137] Cf. Ex 13.12; 19.23; 29.26 etc.; Lv 20.25s.

[138] Cf. Lv 20.25s. Deus "separou" seu povo desta forma: ὁ ἀφορίας ὑμᾶς ἀπὸ πάντων τῶυ ἔθνων.

[139] Cf. Jr 1.5; Is 49.1.

[140] Quanto ao termo ἀποκαλύπτω, cf. B. RIGAUX, *Saint Paul. Les Épîtres aux Thessaloniciens (Études Bibliques)*, Paris, 1956, pp. 204-206.

[141] Comparar com 1 Ts 1.10, o Filho de Deus vem do céu; "Filho de Deus" é aqui um substituto de Filho do homem, cujo papel é vir em sua glória. Cf. pp. 170-173.

[142] No contexto, "Filho de Deus" representa o ser transcendente que Daniel viu sobre as nuvens, o Filho do homem dos Evangelhos.

equivalente a um simples dativo¹⁴³. Contudo, as expressões "em mim" e "no meio dos gentios" (ἐν τοῖς ἔθνεσιν) se correspondem na construção da frase. A visão produziu "em Paulo" o sinal indelével da presença do Cristo glorioso; a glória de Cristo, na sua pessoa, atingirá os gentios: "Deus que disse 'das trevas brilhe a luz', é também aquele que fez brilhar a sua luz em nossos corações, para que irradiássemos (sobre os homens) o conhecimento do esplendor de Deus (que nós percebemos) na face de Cristo" (2 Co 4.6)¹⁴⁴.

Assim, pois, numa passagem autobiográfica¹⁴⁵, Paulo concebe a intervenção divina não como uma obra de conversão, mas como o chamado a uma missão.

Outra alusão à vocação encontra-se em 1 Co 9.16-17; Paulo fala de sua tarefa apostólica; ele a quer plenamente gratuita, cem por cento desinteressada. O desapego é seu único merecimento, porque não foi livre de escolher seu caminho e ainda não o é; está contratado para um serviço, como empregado de um patrão que impõe sua vontade¹⁴⁶. Se fizer seu trabalho com boa vontade, tem merecimento; se o homem resiste, diz ele que seu ofício o obriga¹⁴⁷. Contrato de trabalho: isso

---

[143] É em particular a explicação fornecida por M. ZERWICK (*Analysis philologica Novi Testamenti Graeci*, Roma, 1953). Em seu favor pode-se lembrar Rm 1.19: φανερόν ἐστιν ἐν αὐτοῖς expresso de modo equivalente por αὐτοῖς ἐφανέρωσεν.

[144] Glória e luz normalmente se associam. As narrações do Livro dos Atos comportam uma tradução visual, que certamente era normal no ambiente judaico. (Cf. a visão de Heliodoro, 2 Mac 3.24-27).

[145] A insistência de Paulo na sua independência com relação aos homens concorda com este gênero literário, que é uma espécie de apologia *pro vita sua*. Pode-se comparar este trecho com o início do Testamento de são Francisco de Assis, onde encontramos fórmulas de ligação análogas às da Epístola aos gálatas: *Et postea* (p. 77)... *Postea* (p. 78). *Et, postquam Dominus dedit mihi de fratribus, nemo ostendebat mihi, quid deberem facere, sed ipse Altissimus revelavit mihi...* (p. 79) (*Opuscula*, Quaracchi, 1904, pp. 77-79).

[146] Ἀνάγκη γάρ μοι ἐπίκειται (1 Co 9.16).

[147] 1 Co 9.17: εἰ γὰρ ἑκὼν τοῦτο πράσσω, μισθὸν ἔχω εἰ δὲ ἄκων, οἰχονομίαν πεπίστευμαι. Para a exegese desta passagem difícil, cf. J. MUNCK, *Paulus und die Heilsgeschichte* (*Acta Jutlandica*, XXVI, 1), Kopenhagen, 1954, pp. 12s, que propõe a seguinte pontuação nos vv. 17-18: εἰ δὲ ἄκων οἰκονομίαν πεπίστευμαι, τίς οὖν μού ἐστιν ὁ μισθός; Deve ficar bem claro que Paulo não quer dizer que ficou privado de sua liberdade, no sentido em que nós a entenderíamos numa problemática filosófica. Para uma alma religiosa, a vontade de Deus, manifestada na evidência de uma visão, não pode ser menosprezada.

também está muito na linha de um chamado análogo ao dos profetas do Antigo Testamento. Faz pensar sobretudo em Jr 20,9.

Sobre a vocação de Paulo temos mais um texto: Fp 3.12-14. Seria preciso crer que a expressão usada em 3.12 "fui 'arrebatado' por Cristo Jesus" nos transportaria ao contexto da mística grega?' É esta a tese de Deissmann, muitas vezes repetida: Paulo estaria descrevendo uma experiência de "iniciação", em vez de um chamado profético[148]. Tudo se baseia num possível sentido do termo κατλαμβάνω[149]. A interpretação mística nos parece falsa. Do princípio ao fim da perícope, a idéia de corrida predomina. O verbo καταλαμβάνω significa chegar ao fim da pista, atingi-lo. O termo calhava perfeitamente na proposição: "Continuo a correr, na esperança de atingir a meta"; e foi repetido quase mecanicamente na apódose "uma vez que...", de molde, porém, a dar ainda um sentido excelente: Cristo "tinha em vista uma meta", desejava "alcançar", para uni-la a si, o instrumento de que necessitava[150]. O versículo 14 confirma esta exegese, quando fala do preço que Paulo vai receber por haver terminado sua carreira, tal como o chamado do alto lha impunha[151].

Podemos afirmar que Paulo interpreta o acontecimento de Damasco como um chamado de Deus, uma vocação a uma missão que o assemelha aos profetas do Antigo Testamento. Como eles, foi ele agraciado com uma visão; uma missão lhe foi imposta do mesmo modo que a eles; como eles também, ele é obrigado a corresponder ao chamamento: sua vontade humana é investida pela graça ao ponto de Deus mesmo realizar a obra que lhe foi confiada[152].

---

[148] A. DEISSMANN, *Paulus*, 2ª ed., Tübingen, 1925, p. 105. Para Deissmann, toda a mística paulina depende desta experiência de iniciação. Ver também J. LEBRETON, "La contemplation dans le Nouveau Testament. II. La contemplation dans la vie de saint Paul", em *Rech. Sc. Rel.*, 30 (1940), p. 83. Têm opinião contrária: W. MUNDLE, *Das religiöse Leben des Apostels Paulus*, Leipzig, 1923, p. 60; J. MUNCK, *Paulus and die Heilspeschishte* (*Acta Jutlandica*, XVI, 1) Kopenhagen, 1954, p. 14.

[149] Διώχω δὲ καὶ καταλάβω, ἐφ ᾧ καὶ κατελήμφθην ὑπὸ Χριστοῦ Ἰησοῦ.

[150] L. CERFAUX, "L'apôtre en présence de Dieu", em *Recueil Lucien Cerfaux*, II, Gembloux, 1954, p. 472.

[151] Εἰς τὸ βραβεῖον τῆς ἄνω κλήσεος τοῦ Θεοῦ: o prêmio será o do chamado (v. 14).

[152] A vontade é investida por Deus. Eis aí o fundamento duma mística que chamaríamos apostólica, que une Paulo a Deus Pai (não ao Cristo). Esta mística

2. O Livro dos Atos confirma estas conclusões. Paulo é o instrumento escolhido (οκεῦος ἐκλογῆς) para "levar" o nome de Cristo, isto é, para testemunhar, no meio das perseguições, diante dos reis, das nações e de Israel (At 9.15)[153]. As três narrações do acontecimento de Damasco[154] concordam com a Epístola aos gálatas; Paulo passou bruscamente de sua atividade de perseguidor da Igreja à submissão às ordens comunicadas por Cristo. A última narração descreve a missão de que ele é encarregado: "Eu te apareci para te fazer ministro e testemunha das coisas que viste e de outras para as quais hei de manifestar-me a ti. Escolhi-te do meio do povo e dos pagãos, aos quais agora te envio, para abrir-lhes os olhos, a fim de que se convertam das trevas à luz, e do poder de Satanás a Deus, para que, pela fé em mim, recebam perdão dos pecados e herança entre os que foram santificados" (At 26.16-18). A Palavra de Cristo na terceira narração: "duro te é recalcitrar contra o aguilhão" (At 26.14) compara o Apóstolo ao boi que o dono conduz aonde ele quer, quando ele quer. Paulo subentende um pouco mais adiante que ele se achava diante de uma ordem divina (26.19). Portanto, no sentir de Lucas, igualmente, a visão de Damasco não é como aquelas com que são favorecidos os convertidos, – se é verdade que as visões pertencem, como algo típico, ao tema da conversão, – mas ela é paralela àquelas que comunicam aos profetas as ordens de Deus. Aliás Lucas exclui a idéia de conversão, situando o cristianismo entre as "seitas" judaicas[155]. As seitas são divisões no seio do judaísmo "ortodoxo"; Paulo, fazendo-se cristão, teria simplesmente precisado a peculiaridade doutrinal que caracterizava o farisaísmo.

---

situa-se, antes de tudo, na linha do Antigo Testamento. Cf. L. CERFAUX, "L'Antinomie paulinienne de la vie apostolique", em *Rech. Sc. Rel.*, (*Mélanges Jules Lebreton*, 39-40 (1951-1952), pp. 221-235 (= *Recueil Lucien Cerfaux*, II, Gembloux, 1954, pp. 455-467).

[153] L. CERFAUX, "Saint Paul et le 'serviteur de Dieu' d'Isaïe", em *Miscellanea Biblica et Orientalia A. Miller = Studia Anselmiana*, fasc. 26-28 (1951), pp. 356s. (= *Recueil Lucien Cerfaux*, II, Gembloux, 1954, pp. 444-446); J. MUNCK, Paulus und die Heilsgeschichte (Acta Jutlandica, XXVI, 1), Kopenhagen, 1954, p. 19.

[154] At 9.4-6; 22.7-10; 26.14-16.

[155] Ele usa o termo αἵρεσις (seita) falando dos saduceus (At 5.17), dos fariseus (15.5; 26.5). Os judeus referem-se aos cristãos como sendo uma seita (portanto, do judaísmo) (28.22), que eles intitulam seita dos Nazarenos (24.5).

3. A análise sugere algumas reflexões.

a) A vocação de Paulo é de ordem diferente do apelo dos cristãos ordinários, κλῆσις, ou do apelo especial dos gentios.

Distinguem-se, com efeito, duas linhas, no tema da vocação[156]. Uma visa simplesmente a salvação: os chamados são consagrados para os tempos messiânicos (Sf 1.7); eles ouvem Deus chamá-los de filhos (Os 1.10-2.1), recebem os bens messiânicos (nos apocalipses judaicos, Ap Bar 72,2-6 etc.). O convite para o banquete messiânico (parábola do banquete) é conhecido dos rabinos desde o primeiro século e utilizado por Jesus. Uma segunda série literária reserva o chamado a personagens de primeiro plano do Antigo Testamento: Abraão, Moisés, Josué, os profetas, que, predestinados desde antes de seu nascimento, foram, na hora marcada, "chamados" por Deus. O tema recebe sua consagração definitiva na segunda parte de Isaías. Deus "chama" Jacó, Israel, ou seu Servo (Is 41.9; 42.6; 48.12-13; 50,2; 51.2). Quando ele "chama" alguém por seu nome (Is 43.1; 45.3; 49.1), Ciro, ou seu Servo, é porque lhe confia uma função.

Paulo refere-se expressamente aos textos de Isaías[157]. Sua vocação é, pois, do segundo tipo. Ele é chamado enquanto encarregado de uma missão. Colocado entre os personagens do Israel espiritual, participa de seus privilégios. Sua missão é relativa aos gentios, aos quais ele comunicará o chamado aos bens messiânicos.

b) Paulo recebeu um "Apocalipse" do Filho de Deus, viu o Filho de Deus na glória. Recebeu desta visão uma impressão profunda, quase no sentido próprio: ela se "imprimiu" nele para sempre. Por meio dela, sua inteligência atingia a "imagem" que é o Filho de Deus. Assistimos, no progresso da cristologia, ao aprofundamento

---

[156] Cf. L. CERFAUX, *La théologie de l'Église suivant saint Paul*, 2ª ed., Paris, pp. 135-139; E. DE WITT BURTON, *The Epistle to the Galatians*, Edinburgh, 1921, p. 20; K. L. SCHMIDT, art. καλέω, em *Theol. Wörterbuch*, III, pp. 488-497; A.-M. DENIS, "L'élection et la vocation de Paul, faveurs célestes", em *Revue Thomiste*, 57 (1957), pp. 405-428.

[157] Sobre os paralelos em outras religiões, cf. J. MUNCK, *Paulus und die Heilsgeschichte* (*Acta Jutlandica*, XXVI, 1) Kopenhagen, 1954, p. 21, nº 41. Há um interesse especial na comparação com a vocação de Henoc. Cf. L. JANSEN, *Die Henochgestalt*, Oslo, 1939, e J. MUNCK, *op. cit.*, pp. 22-24.

sucessivo daquilo que foi, desde o primeiro momento, a certeza "impressa" por Deus no seu espírito[158].

c) A vocação de Paulo e o chamado dos gentios são complementares. Em virtude de sua vocação, Paulo estará à frente do cortejo dos chamados à salvação cristã.

## II - A VOCAÇÃO PROFÉTICA

O artigo primeiro nos persuadiu de que a missão de Paulo provinha de um apelo, comparável, à primeira vista, ao dos profetas do Antigo Testamento. No entanto, os tempos novos tornam a missão paulina profundamente diversa da dos profetas, seus predecessores. Vamos considerar, neste artigo, três aspectos que caracterizam a figura do Apóstolo. Primeiro, ele realiza, ao lado de Cristo, a profecia referente ao "Servo de Deus". Em seguida, ele pertence essencialmente aos tempos messiânicos, portanto escatológicos. Enfim, se ele é profeta, ele o é num estilo novo, que os apocalipses nos dão a conhecer.

### 1. O "Servo de Deus"[159]

1. As expressões usadas por Paulo em Gl 1.15, a respeito de sua vocação, podem ser comparadas com Jr 1.5 e com Is 49.1 (onde se trata do Servo de Deus). A semelhança com Is é mais acentuada[160]. A figura do Servo de Deus, embora messiânica[161], pertence, pelo seu tema, à linha profética; o servo é o profeta, perfeito discípulo de

---

[158] Sobre o conteúdo intelectual do Apocalipse de Paulo, cf. A.-M. DENIS, "L'investiture de la fonction apostolique par "Apocalypse". Étude thématique de Gl 1,16", em *Rev Bibl.*, 64 (1957), pp. 341s, 351-357, e sobretudo 359-361.

[159] Cf. L. CERFAUX, "Saint Paul et le "Serviteur de Dieu" d'Isaïe", em *Miscellanea Biblica et Orientalia A. Miller = Studia Anselmiana*, fasc. 26-28 (1951), pp. 351-365 (= *Recueil Lucien Cerfaux*, II, Gembloux, p. 439-454); J. MUNCK, *Paulus und die Heilsgeschichte (Acta Jutlandica*, XXVI, 1), Kopenhagen, 1954, pp. 15-25.

[160] As duas passagens têm um parentesco literário uma com a outra. Cf. O. PROCKSCH, *Die Theologie des Alten Testaments*, Gütersloh, 1950, p. 288.

[161] Com relação aos trabalhos recentes sobre o Servo de Deus e sua orientação, cf. V. DE LEEUW, *De Ebed Jahweh-Prophetieën*, Assen, 1956 (resumo em francês, nas pp. 332-356); H.-J. SCHOEPS, *Paulus*, Tübingen, 1958, pp. 136-144;

Deus, perseguido, que reunirá em si, no fim dos tempos, os traços que caracterizaram já os profetas anteriores.

Um judeu comum modela naturalmente sua vida religiosa à imitação das grandes figuras do Antigo Testamento; as personalidades a quem Deus confia uma missão, descobrem esta missão à luz do passado[162]. Na sua psicologia humana, Cristo concebeu sua função segundo as profecias messiânicas; Paulo vê seu destino prefigurado nesta personagem do Servo[163], chamado por Deus, e cuja missão dizia respeito expressamente ao mundo dos gentios[164].

Não se podem explicar diversamente algumas de suas fórmulas. Ele escreve aos coríntios: "Na qualidade de colaboradores (de Deus) exortamo-vos a que não recebais a graça de Deus em vão. Pois ele diz (na Escritura): 'Eu te ouvi no tempo favorável e te ajudei no dia da salvação'. Agora é o 'tempo favorável', agora é o 'dia da salvação'" (2 Co 6.1-2). A Escritura é Is 49.8. A presença de Paulo em Corinto é esta graça, oferecida uma vez por todas, que Deus anunciava em Isaías. Em outras palavras, ele é o "servo" anunciado.

---

J. DE FRAINE, *Adam et son lignage,* Bruges, 1959, pp. 158-171 (notas, pp. 260-266). A explicação "régia" (sem excluir traços proféticos) é a mais aceita. J. DE FRAINE a combina com a noção da "personalidade corporativa", e anexa o Novo Testamento a esta teoria: "Na aplicação dos cânticos do Servo ao Cristo, constata-se a mesma abertura que há no pensamento veterotestamentário. Se nosso Senhor Jesus Cristo é o supremo 'servo sofredor', ele reúne em Sua pessoa a Igreja inteira, a herdeira de Israel. Este novo Israel cumpre a missão de serviço do Israel antigo, associando-se aos sofrimentos e à morte de seu Senhor (Fp 3.10). Este 'representa' e valoriza todos os serviços da Igreja, a qual 'sofre com ele para ser com ele glorificada' (Rm 8.17)" (*Adam et son lignage,* p. 171). A "personalidade corporativa" é certamente um teorema simplificador e presta serviços sob este ponto de vista. Mas terá ela regido o progresso da teologia paulina? É arriscado assentar teorias em cima de realidades indefinidas e sobre seus temas complexos.

[162] A comunidade de Qumran explicitamente se considera como o povo no deserto, cf. Dam 7,9-8,21, par. 19.6-20.35: cada elemento da religião, e mesmo os acontecimentos do deserto, como o poço de Nm 21.18, encontram-se na comunidade. Ela é também a "planta" de Is 60.21, o Jardim do Éden, nos hinos de Hod 8. Cf. 8.15-16 e 9.19-20.

[163] Cf. H. WINDISCH, *Paulus und Christus,* Leipzig, 1934, p. 137; J. Munck, *Paulus und die Heilsgeschichte* (*Acta Jutlandica,* XXVI, 1). Kopenhagen, 1954.

[164] Is 49.8: ἔδωκά σε εἰς διαθήκην ἐθνῶν. Faça-se a comparação com Jr 1.5: προφήτην εἰς ἔθνη τέθεικά σε.

Sendo ele irrepreensível no seu ministério, os coríntios não teriam razão de se esquivar. H. Windisch notou o paralelismo deste trecho com Lc 4.17-21, onde Jesus afirma estar cumprindo uma profecia de Isaías[165]. Como Cristo, Paulo sabe que ele realiza as profecias, no nosso caso um texto referente ao Servo[166].

A aplicação é análoga em Rm 15.20-22: "Empenhei-me por anunciar o Evangelho onde ainda não havia sido anunciado o nome de Cristo, pois não queria edificar sobre fundamento lançado por outro. Fiz bem assim como está escrito: 'Vê-lo-ão aqueles aos quais ainda não tinha sido anunciado; conhecê-lo-ão aqueles que dele ainda não tinham ouvido falar' (Is 53.15); foi por isso que muitas vezes fui impedido de ir ter convosco". O Apóstolo entende a passagem dos cânticos do Servo como uma descrição profética que comanda seu proceder e lhe dita seus projetos[167].

2. O Livro dos Atos confirma esta hipótese. Lucas está cônscio de que o Apóstolo cumpre as profecias do Servo. Seu fundamento seriam declarações de Paulo, ou uma persuasão comum às igrejas paulinas? Por ocasião da evangelização de Antioquia da Pisídia, ele compõe um discurso-modelo, que contém diversos temas da pregação paulina e em particular este: uma vez que os judeus recusam a mensagem, Paulo e Barnabé voltam-se definitivamente para as regiões longínquas; se agiam assim, foi porque receberam de Cristo uma ordem: "o Senhor (ὁ κύριος) assim no-lo ordenou (ἐντέταλται): 'Eu te estabeleci para seres luz das nações, e levares a salvação até aos confins da terra'"

---

[165] *Der zweite Korintherbrief*, Göttingen, 1924, p. 202. A passagem citada por Jesus, Is 61.1s, pode ser considerada, na perspectiva duma leitura cristã da segunda parte de Isaías, como pertencente ao mesmo contexto geral que os cânticos do Servo de Deus.

[166] Outras passagens das Epístolas mostram como o capítulo 49 de Isaías lhe era familiar. Pode-se comparar 2 Co 4.6 com Is 49.6,9 (cf. 9.1); Rm 14.11 com Is 49.18 (e 45.23); Fp 2.16 com Is 49.4. A aproximação é criticada por J. MUNCK, *Paulus und die Heilsgeschichte* (*Acta Jutlandica*, XXVI, 1), Kopenhagen, 1954, p. 18, nº 35, mas confirmada por P. PARRÉ, Θλῖψις *et le concept de tribulation dans les épîtres pauliniennes*, Univ. de Louvain. Mémoire de licence Philos. et Lettres, Philol. class., 1954, pp. 115-116.

[167] Não se poderia supor que seu plano de chegar até a Espanha, que ele revela no mesmo contexto de Rm 15.24, lhe seria sugerido pela expressão dos cânticos do Servo "até as extremidades da terra" (Is 49.6); cf. At 13.47?

(At 13.47). Loisy propõe uma paráfrase aproximativa: "Pois tal é a ordem que nos deu", – na Escritura, – "o Senhor", – "Deus que inspirou os profetas"[168]. "O Senhor" não é Deus. Aqui, como normalmente em Lucas, o título designa o Cristo. Este interveio (ἐντέταλτλι está no perfeito) para revelar que Paulo e Barnabé eram abrigados a realizar um texto profética da Antigo Testamento (no caso, Is 49.6)[169]. O texto de Isaías lhes revelou que, destinados a salvar as nações, deviam dirigir-se doravante para regiões longínquas, para se consagrarem unicamente ao mundo pagão, abandonando as sinagogas. O texto alegado pela ordem de Cristo é tirado do mesmo capítulo 49 de Isaías, onde Paulo leu sua vocação e seu chamado às nações.

Em Corinto, uma visão de Cristo encoraja Paulo e o manda prosseguir sua atividade: "Numa noite, o Senhor disse a Paulo em visão: Não temas! Fala e não te cales, porque eu estou contigo" (At 18.9-10). "É uma linguagem bíblica, declara ainda Loisy, mas não precisamos discutir as detalhes de palavras supostamente ouvidas em sonho, e que podem ter sido e foram trabalhadas sucessivamente por Paulo e Lucas"[170]. Talvez! No entanto, como que por acaso, estas palavras bíblicas são tiradas da grande seção de Isaías, consagrado ao Servo de Deus. Deus dirige-se ao Servo: "Eu te chamei e te disse: tu és meu Servo, eu te escolhi e não te abandonarei" (Is 41.9). Em seguida vêm as palavras: "Não temas, pois eu estou contigo" (Is 41.10; cf. 43.5). As palavras da visão, que repetem literalmente Isaías, ganham todo o seu destaque se Paulo está acostumado a meditar as passagens do Servo e a aplicá-las a si próprio: Cristo entra em sua vida para lembrar ao Apóstolo, usando os mesmos termos da profecia, que ele deve contar com a proteção divina prometida ao Servo.

---

[168] A. LOISY, *Les Actes des Apôtres*, Paris, 1920, p. 541; cf. H. H. WENDT, *Die Apostelgeschichte*, Göttingen, 1913, p. 217; E. HAENCHEN, *Die Apostelgeschichte* (Kritisch-exegetischer Kommentar über d. N. T., Abt. 3), Göttingen, 1956, p. 362, nº 7, observa com razão: do fato de Lc 2.32 aplicar este texto a Jesus, não se segue que seja preciso fazer a mesma aplicação aqui.

[169] Assim, em Lucas, Jesus abre a inteligência dos apóstolos, a fim de que compreendam as Escrituras; estas visam especialmente a evangelização dos gentios (Lc 24.45-47).

[170] *Les Actes des Apôtres*, Paris, 1920, p. 696.

Na terceira narração da visão de Damasco (At 26.16-18), as palavras de Cristo a Paulo explicitam a missão que lhe é confiada: pregar aos gentios, abrir-lhes os olhos, convertê-los das trevas à luz. Também aqui, trata-se de fórmulas que serviram antes para descrever a missão do Servo de Deus[171].

Resumindo, podemos dizer que de acordo com o autor dos Atos, Paulo é encarregado de substituir o Cristo. na sua função de "luz das nações", e de levar a salvação até às extremidades da terra. Paulo, nas suas Epístolas, aplica a si próprio os textos que se referem diretamente ao Servo de Deus. Esta harmonia de Lucas com seu mestre permite-nos crer que este tema era freqüente nas pregações do Apóstolo.

Mas não se pode concluir, com H. Windisch, que Paulo seja um novo servo de Deus[172]. Sua função se insere, antes na continuação de Cristo. Na intenção divina, Paulo estava predestinado, desde o seio materno, a tornar-se o substituto de Cristo. Ele é Servo de Deus por procuração recebida de Cristo para terminar a obra deixada inacabada[173].

## 2. Missionário escatológico[174]

1. Costuma-se apresentar como novidade exegética o caráter escatalógico da missão paulina, ou da missão cristã em geral[175]. Paulo

---
[171] Is 42.7-16. Cf. E. HAENCHEN, *Die Apostelgeschichte*, Göttingen, 1956, p. 617.
[172] *Paulus und Christus*, Leipzig, 1934, p. 137.
[173] Os Salmos de Qumran citam as passagens do servo de Isaías: Hod 3,6 = Is 53.3; Hod 4,8 = Is 53.3; Hod 5.11 = Is 49.2; Hod 6,12 = Is 42.4.6; 49.6; Hod 7,10 = Is 50.4; Hod 8,36 = Is 50.4; Hod 9,30 = Is 49.15.
[174] Cf. G. SASS, "Zur Bedeutung von δοῦλος bei Paulus", em *Zeitschr. Neut. Wiss*, 40 (1941), pp. 24-32; J. GIBLET, "Saint Paul, Serviteur de Dieu et Apôtre de Jésus-Christ", em *Vie Spir.*, 89 (1953), pp. 244-263; H. G. WOOD, "The Conversion of St. Paul; its Nature, Antecedents and Consequences", em *New Test. Studies*, 1 (1954-55), pp. 276-282; R. LOEWE, "Das Selbstbewusstsein des Paulus", em *Monatschriff f. Pastoraltheol.*, 44 (1955), pp. 385-395; H. SHELIER, *Die Zeit der Kirch. Exegetische Aufsätze und Vorträge*, Friburg in Br., 1956, pp. 29-47; 232-244; W. PROKULSKI, "The Conversion of St. Paul", em *Cath. Bibl. Quart.*, 19 (1957), pp. 453-473; J. CAMBIER, "Paul, Apôtre du Christ et prédicateur de l'Évangile", em *Nouv. Rev. Théol.*, 81 (1959), pp. 1009-1028.
[175] O. CULLMANN, "Le caractère eschatologique du devoir missionnaire et de la conscience apostolique. Étude sur le κατέχον (= ων) de II Thess., II,6-7", em

é um personagem escatalógico, declara A. Fridrichsen; a este título, faz parte dos personagens oficiais do reino de Deus, como todos os intermediários entre Deus e seu povo, Abraão, Moisés, os profetas[176]. É óbvio. Se os últimos tempos chegaram com o cristianismo, – e afirmações disso não faltam[177], – segue-se que as missões "cristãs" são escatológicas. Elas preparam a salvação esperada para a parusia de Cristo. Nada mais normal na perspectiva do cristianismo nascente.

Para os cristãos que liam Isaías, o Servo de Deus aparecia como a grande figura messiânica escatológica. Jesus tinha-se identificado com ela. Paulo, anunciado pelos mesmos oráculos, pertencia também aos últimos tempos.

A visão de Damasco foi escatológica[178]. Foi um "apocalipse" do Filho de Deus: ἀποκαλύψαι τὸν υἱὸν αὐτοῦ (Gl 1.16). Na linguagem cristã primitiva, esta expressão designa ordinariamente a parusia[179]. A visão do caminho de Damasco pertence a este contexto bem determinado; Cristo aparece tal como se mostrará na sua parusia[180]. Estêvão gozou da mesma visão e traduziu-a em linguagem apocalíptica: "Vejo os céus abertos e o Filho do homem de pé à direita de Deus" (At 7.55-56). A ressurreição exaltou o Cristo em preparação de sua "vinda", e a visão do ressuscitado é como uma antecipação de sua parusia.

Com certeza pretende-se dizer mais que isso, insistindo no caráter escatológico da missão paulina. Supõem que o Apóstolo se hipnotize acerca de sua função escatológica. A obra objetiva de modo algum lhe interessaria. Afinal, é uma questão de psicologia. Será que Paulo é antes de tudo um teórico, que executa suas missões para apressar a vinda da parusia[181], ou é também e sobretudo um

---

Rev. Hist. Phil. Rel., 16 (1936), pp. 210-245; A. FRIDRICHSEN, *The Apostle and his Message*, Upsala, 1947; J. MUNCK, *Paulus und die Heilsgeschichte* (*Acta Jutlandica*, XXVI, 1) Kopenhagen, 1954, pp. 28-34. Cf. pp. 113-117.

[176] *Op. cit.*, p. 3.
[177] Cf. *infra*, pp. 167-184.
[178] Cf. A.-M. DENIS, "L'investiture de la fonction apostolique par "Apocalypse". Étude thématique de Gl 1.16", em *Rev. Bibl.*, 64 (1957), pp. 336-342.
[179] Lc 17.30; 2 Ts 2.3.6.8.
[180] Cf. 1 Co 15.8; 9.1.
[181] Cf. O. CULLMANN, "Le caractère eschatologique du devoir missionaire et de la conscience apostolique de saint Paul. Étude sur le κατέχον (= ων) de II

missionário que se interessa pela obra positiva que está realizando, com desejo sincero de abrir aos pagãos o acesso ao reino de Deus e de fazê-los participantes, desde já dos privilégios de Israel e das riquezas espirituais dos tempos messiânicos?

2. Uma noção vaga de escatologia é fonte de confusões. Precisamos distinguir[182].

A escatologia refere-se ao que acontece no termo da era presente. Pode-se entender simplesmente por era presente ou atual a primeira fase da história religiosa da humanidade, aquela em que viveram os homens sob o paganismo ou sob a religião que hoje chamamos de Antigo Testamento. Os profetas anunciavam o fim desta era, o fim do presente século, ao qual sucederia um outro século, o futuro, uma outra era; seria o tempo de uma segunda aliança e de um regime essencialmente espiritual. Conforme certa corrente de pensamento, estes fatos teriam lugar num mundo diferente do mundo material atual, seja numa terra totalmente renovada, seja simplesmente "no céu"; eles se inaugurariam por meio de cataclismas que marcariam o fim da criação material atual. A era presente terminaria assim no fim do mundo. Uma outra corrente, menos dramática, não insistia no fim do atual mundo material; Deus, para realizar seu reino, transformaria sem impacto o mundo, os homens e a terra.

Portanto, as duas expressões – fim da era presente (fim do presente século) e fim do mundo (dos séculos, dos tempos) – não são equivalentes. Contudo, no momento em que a fundação do reino de Deus estava apenas na iminência (o tempo de João Batista, de Jesus), não se distinguia claramente fim do mundo e chegada do reino. Podia-se optar pela escatologia com mudança cósmica total, ou sem mudança, ou até mesmo recusar-se a tomar posição.

Depois que o reino se realizou parcialmente, sem mudança cósmica, pela morte de Cristo, sua ressurreição e a vinda do Espírito Santo, a situação particular da Igreja constituía uma nova fonte de confusões. A Igreja acha-se como que suspensa entre a realização

---

Thess., II, 6-7", em *Rev. Hist. Phil. Rel.*, 16 (1936), pp. 210-245; *Christ et le temps*, Neuchâtel, 1947, pp. 111-116.

[182] Sobre a escatologia judaica, cf. H.-J. SCHOEPS, *Paulus*, Tübingen, 1959, pp: 85-95.

futura do reino (aquela que terá início na parusia de Cristo e na ressurreição dos mortos) e uma primeira realização presente (a entronização de Cristo como Senhor e a presença aqui na terra dos bens celestes e espirituais próprios ao reino).

Na medida em que se identifica a Igreja com o reino de Deus integral, valoriza-se o tempo presente. A própria natureza dos bens espirituais de que gozam os cristãos[183] permite um apego tão forte, que a parusia diminui em importância. Ao contrário, tomando como centro principal de referência a ressurreição futura, os valores presentes se esfumam, tanto os bens celestes como as realidades terrestres, e passa-se a esperar apaixonadamente o fim do mundo presente. As perseguições salientam o antagonismo entre os reinos terrestres e o reino de Deus, e nutre-se a "esperança" de ver desmoronarem-se todas as instituições do mundo atual, inclusive a própria terra.

Todas estas idéias se defrontam no cristianismo primitivo. Nenhuma síntese se impõe. É preciso cautela contra as teorias unilaterais.

3. No momento em que Paulo entra no cristianismo, a comunidade possui o batismo, os dons espirituais, celebra a Ceia com uma liturgia rudimentar. Não há dúvida, espera-se para breve o retorno de Cristo; mas depois do entusiasmo dos primeiros dias, passado o tempo em que se alimentavam os pobres graças à generosidade dos mais afortunados, os cristãos se resignam a viver no meio do mundo.

Por isso mesmo, torna-se necessária uma organização e esta, embora não se deixe de aguardar, fixa a atenção sobre o presente. Tudo é visto sob um ponto de vista menos escatológico.

Paulo compartilhou de início o entusiasmo comum. Sua primeira mensagem destacava sobretudo o retorno de Cristo. No entanto, ele sabia que tinha uma obra para ser executada antes disso. Desde o começo, estas duas coisas estiveram unidas: a idéia da parusia e a necessidade de prepará-la anunciando-a. No primeiro instante, o cristianismo prepara o caminho para a vinda do Messias e para o

---

[183] Observem-se os esforços feitos por Paulo, na sua primeira Carta aos coríntios, para explicar que os carismas não são senão uma preparação aos bens perfeitos esperados.

juízo. Tal fora o papel de João Batista e, parcialmente, o de Jesus. Os discípulos continuaram a mesma missão. A idéia missionária está incluída na espera da parusia[184]. É pelo seu anúncio que ela é preparada. Os que receberam no coração o reino de Deus têm ao mesmo tempo o desejo de propagá-la, para salvar seus irmãos no dia do juízo. O reino de Deus, tal como Jesus o pregava, era uma realidade viva, uma pequena semente destinada a se desenvolver, até se tornar a grande árvore do reino escatológico.

A mensagem concentrou desde cedo as atenções. Os missionários executavam uma obra concreta. Reuniam os discípulos. Eram obrigados a instruí-los; a catequese exigia uma "tradição" e desta nasciam instituições. As igrejas, que concretizavam estas instituições, são naturalmente ligadas à mensagem.

A evolução era facilitada pelas recordações do ensinamento de Cristo, objeto da primeira "tradição", por instituições como o batismo e a Ceia e pelas profecias de Jesus sobre o futuro de sua "Igreja". Além disso, era preciso administrar os bens celestes concedidos aos cristãos. O fato de estes serem penhor, primícias, antecipação dos bens futuros, não impede que eles existam como propriedade presente. Historicamente, não é mais preciso demonstrá-lo, a fundação e o desenvolvimento das igrejas cristãs eram favorecidos pela existência das sinagogas e das associações religiosas de toda espécie.

4. Por mais escatológica que seja, a missão paulina não é indiferente às realidades deste mundo. Podem-se lançar as bases do futuro ignorando se ele será longo ou curto. Basta que os materiais empregados na construção sejam duradouros[185].

Quando o Apóstolo recomenda a seus cristãos, no início, que sejam "santos" para a parusia, esta santidade é uma qualidade celeste, mas que se proporciona à vida presente e se inscreve na vida concreta. Se os carismas são passageiros, o amor, a fé e a esperança "permanecem" não só nesta vida mas também no outro mundo. São elementos que tornam estável a sociedade cristã. Paulo é um organi-

---

[184] Cf. no discurso missionário: Mt 10.23; no discurso escatológico: Mt 24.14.
[185] Mantemo-nos no ponto de vista da consciência paulina. Mas não se deve esquecer de que a obra de Deus nos ultrapassa, e as representações sucessivas que dela fazemos ficam sempre inadequadas.

zador nato. Suas igrejas, desde o começo, são viáveis. Elas resistem à prova do tempo.

Paulo acha-se, portanto, empenhado numa tarefa deste mundo. Suas igrejas participam simultaneamente das realidades espirituais (o mundo "vindouro" engajado no presente) e das realidades temporais. O homem "cristão" não é uma abstração, mas um ser concreto, carne e espírito. O mesmo acontece com a comunidade cristã. Também o cristianismo é assim. Embora seja uma religião fundada por Deus, está incluído entre as religiões atuais. Possui suas instituições que o individualizam no meio das civilizações existentes: a Ceia se opõe tanto aos sacrifícios pagãos, oferecidos aos demônios, como aos sacrifícios do Templo; o batismo substitui a circuncisão e não deixa de ter analogias nas outras religiões; o regime da fé se opõe ao regime da Lei; uma nova aliança, por ser espiritual, não deixa de ser o substituto da antiga aliança.

A existência cristã, portanto, permeia as realidades deste mundo e submete-se à categoria da duração temporal. Paulo trabalhou mais do que qualquer outro neste sentido[186].

Paulo realiza, pois, um trabalho concreto, imposto por Deus, e o realiza na perspectiva da parusia mais ou menos próxima. Estes dois sentimentos são perfeitamente compatíveis. É assim que atribui real importância a seus grandes sucessos apostólicos e a certos êxitos pessoais, como a de ter convertido em Corinto a Crispo, chefe da sinagoga, e Caio, um romano prestigioso (cf. 1 Co 1.14). A consciência da proximidade da parusia leva-o talvez a ampliar o resultado de suas missões. Tem tanta pressa de chegar aos confins do mundo, que atravessa rapidamente todas as províncias romanas, não se detendo senão nas cidades importantes. Será que realmente ele

---

[186] Uma corrente paralela à que apontamos ao falar da escatologia (cf. pp. 93-95) minimiza a importância da obra temporal da Igreja. A interpretação do "Obstáculo" de 2 Ts 2.6-8 está ligada à opção entre uma pregação orientada plenamente para a escatologia, ou uma mensagem que estabelece uma Igreja viável no mundo atual. Só na primeira hipótese é que o "Obstáculo" poderia ser a existência da missão paulina; na segunda, poder-se-ia pensar na *pax romana*, benéfica para o cristianismo. A respeito de toda esta questão, cf. B. RIGAUX, *Saint Paul. Les Épîtres aux Thessaloniciens (Études Bibliques)*, Paris, 1956, pp. 662-671.

pensava que com isso estava terminada sua obra? É uma pergunta que ele não tomou tempo para colocar diante de si. Bastava-lhe trabalhar mais que os outros apóstolos, com a luz que Deus lhe concedia. Não era a luz de um estatístico de nossos dias. Seria pura especulação abstrata? Também não parece ser.

### 3. *Profeta apocalíptico*

Os profetas cristãos têm consciência de possuir o mesmo Espírito que os grandes profetas do Antigo Testamento e de ser como eles os "servos" e os amigos de Deus.

Comparada à antiga, a "profecia" nova possui caracteres particulares. Tem parentesco com aquele movimento apocalíptico que se desenvolveu no judaísmo a partir da perseguição de Antíoco Epifânio. Era um renascimento do passado. Os antigos profetas de Israel voltavam-se para o futuro, por terem de comunicar ao povo as ameaças dos castigos divinos e reconfortá-lo com as promessas messiânicas; castigo e promessas estavam ligados a uma catástrofe necessária para inaugurar a nova era, que realizaria na terra ou no céu o reino dos céus. Estas mesmas perspectivas "escatológicas" animaram e entusiasmaram os judeus perseguidos por Antíoco Epifânio; a tensão originada da situação trágica deste reino hostil transmitiu-se de geração em geração. Os profetas erguiam os véus do futuro; livros secretos propagavam as mensagens apocalípticas[187]. As profecias de outrora eram meditadas, investigadas com paixão, para que nelas se pudessem descobrir os desígnios de Deus. A margem da sociedade religiosa dirigida pelos fariseus, seitas monásticas alimentavam-se diariamente das profecias do Antigo Testamento e de apocalipses que circulavam à surdina; nestas não faltavam doutores que assumiam ares de profetas[188]. João Batista herdou o espírito religioso

---

[187] Conhecemos, além do Apocalipse canônico de Daniel, uma dezena de obras semelhantes: Livro de Henoc, Jubileus, Testamentos dos Doze Patriarcas, 4º Livro de Esdras, Apocalipse siríaco de Baruc, Henoc eslavo (ou Livro dos Segredos de Henoc) etc. Cf. J.-B. FREY, *art.* Apocalyptique, em *Dict. Bible Suppl.*, I, cc. 326-354.

[188] Note-se contudo, com referência à comunidade de Qumran, que o título de profeta jamais é aplicado a um membro do grupo. Não obstante, o autor dos

dos antigos profetas; Jesus acabou de libertar a espera do reino de suas vinculações com o messianismo nacional; revelou-se como o Filho do homem anunciado pelo Livro de Daniel, chefe do povo dos santos do Altíssimo (Dn 7.22,25,27). Ele próprio, como também João Batista, dava impressão de ser um profeta que reaparecia para preparar a vinda do novo mundo. João Batista foi perseguido como os profetas de antanho e a Paixão de Cristo se inscreve na linha da "grande tribulação" anunciada por Daniel. Conforme as profecias do Antigo Testamento, a ressurreição de Cristo e a efusão dos dons do Espírito foram o prelúdio dos tempos novos. Os profetas do Novo Testamento receberam o Espírito, interpretaram os oráculos antigos e descobriram nas suas "revelações" o segredo do reino, cuja investidura celeste Cristo havia recebido[189].

Foi este cristianismo "apocalíptico" que Paulo perseguiu e foi a ele que sua visão de Damasco o associou[190]. Esta visão era um "apocalipse". O Cristo que lhe apareceu era o Filho do homem dos apocalipses judaicos; Deus lhe dava a conhecer seu desígnio de julgar o mundo e de salvá-lo por seu Filho ressuscitado dos mortos; tal era a mensagem de todos os profetas cristãos. A visão do caminho de Damasco iniciou Paulo na vida carismática, ou seja, numa vida de profeta apocalíptico. O Livro dos Atos no-lo mostra em Antioquia na sua função de "profeta" e de doutor. Ele mesmo contará suas visões; dirá que fala em línguas, que possui o dom da profecia e

---

hinos das colunas Hod 2 e 4 apresenta-se sob a forma de profeta e o Mestre de justiça afirma uma certa superioridade sua sobre todos os do passado (Hb 2.8; 7.45, 75).

[189] Pode-se imaginar ainda bastante bem o que foram na realidade concreta estas manifestações da profecia cristã, relendo a descrição, feita pelos hereges montanistas, duma sobrevivência dos dons carismáticos: *Nam quia spiritalia charismata agnoscimus, post Ioannem quoque prophetiam meruimus consequi. Est hodie soror apud nos revelationum charismata sortita, quas in ecclesia inter dominica solemnia per ecstasin in spiritu patitur; conversatur cum angelis, aliquando etiam cum Domino, et videt et audit sacramenta et quorundam corda dinoscit...* TERTULIANO, *De anima*, 9); cf. H. B. SWETE, *The Apocalypse of St John*, Londres, 1909, p. XXIII.

[190] J. G. MACHEN, tratando a questão duma influência do messianismo apocalíptico sobre o pensamento de Paulo antes da conversão (*The Origin of Paul's Religion*, Londres, 1921, pp. 192-194) mostra-se muito reservado.

todos os outros carismas. Seu entusiasmo religioso de outrora pela tradição dos pais cedeu diante do poder irresistível do Espírito Santo.

A síntese da história das religiões, que salientava em demasia o elemento profético do movimento cristão, equivocou-se sobretudo ao anexá-la inteiramente à mística grega[191]. Uma apreciação mais justa da história do cristianismo poderia ter poupado este erro à crítica[192].

## III - APÓSTOLO DOS GENTIOS

No decurso de sua atividade literária, sem jamais variar, Paulo afirma o laço profundo que une sua vocação à entrada dos pagãos na Igreja. Contudo, mesmo quanto a este traço fundamental de sua psicologia, supõe-se que houve uma evolução. Primeiro simples convertido após a visão do caminho de Damasco, ele teria adquirido progressivamente a certeza de uma missão pessoal. Depois de ouvirmos as afirmações das Epístolas, veremos o que dizer desta hipótese.

### 1. *A vocação de Paulo e o chamado dos pagãos*[193]

1. Desde sua primeira Carta aos tessalonicenses, Paulo se apresenta como encarregado por Deus de propor aos pagãos a

---

[191] Pode-se consultar E. FASCHER, ΠΡΟΦΗΤΗΣ, *Eine sprach- und religionsgeschichtliche Untersuchung,* Gießen, 1927.

[192] Seria um outro extremo recusar-se a situar Paulo no seu tempo e no seu ambiente. Viveu no seio do judaísmo tardio e do judaísmo helenístico. Em graus diversos, um e outro conhecem o helenismo e sofrem sua atração. A psicologia de Paulo, sem ele perceber, apresenta certos traços do filósofo estóico, encarregado por Zeus de uma missão. Veja a análise acurada de A.-M. DENIS sobre "a livre segurança" do Apóstolo (παρρησιάζεσθαι) ("L' Apôtre Paul, prophète 'messianique' des Gentils", em *Eph. Theol. Lov.,* 33 [1957], pp. 251-259).

[193] Veja, sobre este parágrafo, as análises de A.-M. DENIS, "La fonction apostoliíque et la liturgie nouvelle en esprit", em *Rev. Sc. Phil. Théol.,* 42 (1958), pp. 401-436; 617-656; "L'Apôtre Paul, prophète "messianique des Gentils", em *Eph. Theol. Lov.,* 33 (1957), pp. 245-318; CHR. MAURER, "Paulus als Apostel der Völker", em *Evang. Theol.,* 19 (1959), pp. 28-40.

mensagem evangélica. Ele se compara implicitamente aos profetas do Antigo Testamento, continuando sua linhagem, com esta diferença essencial: ele é colocado por Deus no momento crucial em que o anúncio da salvação com os dons do Espírito se transmitem ao mundo pagão. Poder-se-ia chamá-lo com razão de profeta "messiânico" dos gentios[194].

Paulo exprimiu em Gl 1.15-16, com toda a clareza desejável, a relação entre sua vocação e o chamado dos pagãos: Aprouve a Deus (Deus quis com sua vontade absoluta, no seu plano eterno) "revelar seu Filho em mim, a fim de que eu o evangelize entre os gentios". Nesta frase teológica, a conjunção ἵνα não é consecutiva, mas final, no sentido mais forte: a finalidade é a que o próprio Deus imprime ao acontecimento humano. O Livro dos Atos explicita: quando o Cristo ressuscitado apareceu a Paulo dando-se a conhecer a ele na sua glória divina, comunicou-lhe a ordem divina de "levar seu nome diante dos gentios, dos reis e dos filhos de Israel"[195]. Paulo reivindicará, pois; o título de "Apóstolo dos gentios" (Rm 11.13); considera-se como encarregado pessoalmente de anunciar o Cristo aos pagãos. É em virtude deste cargo que ele conferencia com os apóstolos de Jerusalém, e estes reconheceram sua missão: a evangelização dos incircuncisos lhe foi confiada (Gl 2.7); Deus manifestou sua vontade pelos resultados obtidos, como foi o caso com relação a Pedro na sua evangelização dos judeus (Gl 2.8). Este ofício recebido pelo Apóstolo é uma graça particular, a concessão de um privilégio e,

---

[194] Tal é o resultado ao qual chega A.-M. DENIS após uma análise penetrante de 1 Ts 2.1-6: "Para falar, escreve ele, da origem de sua função, única explicação de seus sucessos apostólicos..., Paulo movia-se na atmosfera do Antigo Testamento, relacionando-se com predileção à figura do Servo de Javé, descrita por Isaías. Quando, ao contrário, ele evoca a execução atual de sua missão, sua linguagem se muda, e ele escolhe todos os seus termos no seu meio de ação. Então, a livre segurança, παρρησία, introduz o leitor no mundo em que ele vive..." ("L'Apôtre Paul, prophète 'messianique' des Gentils", em *Eph. Theol. Lov.*, 33 [1957], p. 314).

[195] At 9.15. O Livro dos Atos coordena em sua narração o v. 6 "aí te será dito o que deves fazer" com o v. 15 (Ananias é encarregado de explicar a Paulo o sentido de sua vocação). – A adição de "reis" e de "filhos de Israel" poderia ser obra de Lucas. Este escreve partindo de uma narração mais simples, que corresponde à afirmação bastante sintética de Gl 1.15-16.

ao mesmo tempo, a promessa dos recursos espirituais necessários para cumpri-lo[196]. Ele se comparará ao sacerdote que celebra uma liturgia solene[197]. Assim como os cristãos prestam a Deus, pela própria vivência de seu cristianismo, o culto espiritual que substitui os sacrifícios antigos, materiais[198], ele, Paulo, é ministro do culto (λατρεύω) de Deus em seu espírito pela evangelização (Rm 1.9)[199]. Com razão ele julga que esta é uma função sacerdotal: "Escrevi-vos com uma aparente audácia, mas tenho direito de vos relembrar (os ensinamentos que recebestes) em virtude do dom que me foi feito por Deus: sou o ministro sagrado de Jesus Cristo para as nações, aquele que exerce a função sacerdotal de anunciar o Evangelho de Deus, tendo como missão tornar a oferta dos pagãos agradável a Deus, santificada no Espírito Santo" (Rm 15.15-16; cf. 1 Co 9.13-14). É na evangelização que se exerce o seu sacerdócio espiritual, mas não se limita a ela; envolve toda a vida de fé dos cristãos, que é o desabrochar da Boanova que receberam. Os cristãos, por sua vez, associam-se ao "culto" de seu Apóstolo, por suas preces, seus dons ou contribuições de toda espécie. A colaboração deles à sua obra evangélica[200] é participação na sua atividade cultual. O dom dos filipenses, escreve ele,

---

[196] Paulo emprega com este fim o termo χάρις de um modo tão constante que não pode deixar de ser proposital e quase técnico: Gl 2.9; Rm 1.5; 12.3; 15.15; 1 Co 3.10; 15.10; 2 Co 12.9; Ef 3.2.7.8. O dom representa sua vocação, como o "dom" feito ao cristão corresponde ao chamado deste.

[197] K. WEISS, "Paulus-Priester der christl. Kultgemeinde", em *Theol. Literaturzeit.*, 79 (1954), cc. 355-364; A.-M. DENIS, "La fonction apostolique et la liturgie nouvelle en esprit", em *Rev. Sc. Phil. Théol.*, 42 (1958), pp. 4of-436; 617-656.

[198] Os cristãos são circuncisos espirituais e seu culto, por conseguinte, é espiritual; oferecem a si mesmos como "vítimas vivas, santas, agradáveis a Deus" (Rm 12.1), isto é, oferecem todas as atividades de sua vida cristã. Cf. Fp 2.17; 3.3; Rm 15.16 (onde se deve interpretar "a oferta das nações" como sendo o culto espiritual, interior, dos cristãos confiados a Paulo).

[199] Paulo escreve: ᾧ λατρεύω ἐν τῷ πνεύματί μου ἐν τῷ εὐαγγελίῳ τοῦ υἱοῦ αὐτοῦ (Rm 1.9). "O Evangelho de seu Filho" corresponde exatamente demais a Gl 1.16 para que não explicitemos seu pensamento: a evangelização é a dos gentios. É isto, aliás, o que ele vai confirmar explicitamente no v. 13, e corresponde a todo o objetivo de Romanos.

[200] Cf. Fp 1.5: é esta a honra desta igreja: ter-se associado desde o início à atividade evangélica do apóstolo que a fundou.

foi "uma oferta de incenso de suave fragrância, um sacrifício digno, agradável a Deus"[201].

O Apóstolo compara-se também com um embaixador, mediador entre Deus e os pagãos, oficialmente delegado para oferecer-lhes a paz em nome de Deus. A imagem é grega[202], mas ela faz lembrar também os cânticos do Servo de Isaías. O servo foi estabelecido por Deus como "aliança das nações para restaurar o país e receber em partilha as heranças devastadas"[203]. Foi com esta função predita por Isaías que Paulo foi enviado aos coríntios[204] no tempo determinado, para convidá-las, em nome de Deus e para Cristo, à reconciliação.

Nas Epístolas do cativeiro, de acordo com o progresso de sua teologia que será o objeto de nossa quarta parte, Paulo reivindicará, a título muito especial, a honra de ter feito os pagãos conhecer as riquezas inefáveis de Cristo[205]; esta missão de revelador, no contexto destas Epístolas, assume igualmente valor cultual[206].

2. Não se pode imaginar textos mais eloqüentes. Paulo não condivide com ninguém o dom ou o encargo de apóstolo dos gentios.

---

[201] Fp 4.18: δεξάμενος παρὰ 'Επαφροδίτου τὰ παρ᾽ὑμῶν, ὀσμήν εὐωδίας, θυσίναυ δεκτήν, εὐάρεστον τῷ Θεῷ. Naturalmente deve-se entender "sacrifício" no sentido cultual. Paulo não pensa nas "restrições" que os filipenses tiveram de se impor.

[202] R. B. HOYLE, *The Holy Spirit in St. Paul*, Londres, 1927, pp. 97-100. Poder-se-ia pensar sobretudo nos espondóforos gregos anunciando às cidades helenistas a trégua sagrada, conforme a celebração dos mistérios; cf. P. FOUCART, *Les mystères d'Éleusis,* Paris, 1914, pp. 267-271.

[203] De acordo com os Setenta, ἔδωκά σε εἰς διαθήκην ἐθῶν, (Is 49.8) seria preciso entendê-lo como alusão aos pagãos, cf. K. F. EULER, *Die Verkündingung vom leidenden Gottesknecht aus Jes. 53 in der griechischen Bible (Beitr. z. Wiss. A. u. N. Test.,* 4.F., 14), Stuttgart, 1934, p. 125.

[204] 2 Co 5.19-6.10. Cf. Ef 2.11-18.

[205] Cf. Ef 3.8-9. Embora os pagãos não estejam formalmente indicados como beneficiários desta revelação, é evidente que se deve suprir a menção deles, segundo o espírito da oração de Paulo e de toda a Epístola aos efésios.

[206] Inácio sugere esta idéia por meio do termo συμμύσται (*ad Eph.*, 12,2): Paulo é revelador de mistério. Esta função recebeu uma consagração definitiva pelo fato de sua prisão pela causa cristã. Ele é prisioneiro de Cristo "para os pagãos"; ele os representa, tomou o lugar deles e é penhor de sua salvação. Se toda perseguição é uma prova de salvação (Fp 1.28; 2 Ts 1.5), com quanto maior razão uma prisão tão próxima do martírio?

A este privilégio, que lhe garante um lugar especial no desígnio messiânico de Deus, se prendem a aptidão a trabalhar com um sucesso totalmente certo na obra apostólica comum, a perfeita segurança com que ele cumprirá sua missão, a certeza de estar ao abrigo dos desvios de doutrina ou de conduta, aos quais estão expostos todos os que fazem uma obra humana, como os falsos apóstolos de Cristo, ou os pregadores ambulantes, bem conhecidos no mundo helenista[207].

Concluiremos, pois, que no seu modo de ver, – e por que não dizer, na realidade da economia da salvação, – Paulo é um personagem escolhido por Deus, como tantos grandes personagens do Antigo Testamento, patriarcas e profetas, para a obra da revelação e da fundação do povo de Deus. Mas estamos no tempo messiânico. Não se trata mais de patriarcas, nem de profetas; trata-se de apóstolos, de reveladores definitivos, que possuem o Espírito de Deus, reservado aos últimos tempos, completam a obra de Cristo, são fundadores da Igreja, isto é, do povo dos santos de Deus, povo do Messias. Tudo isso Paulo subentende quando se intitula chamado para ser apóstolo (κλητὸςσἀπότολος)[208]. E devemos estar lembrados, ao lermos esta fórmula, que doravante, desde a época de Paulo, são os pagãos que são "chamados" por Deus, e que a Igreja é, antes de tudo, a sua grande "reunião". Paulo é o homem predestinado para proclamar aos pagãos seu "chamamento"; seu "chamamento" pessoal foi o primeiro badalar do sino que anunciava a grande Igreja se elevando sobre o fundamento dos "apóstolos e profetas".

As reivindicações de Paulo devem ser entendidas numa atmosfera de controvérsia. Ele não pode transigir quando se trata da missão recebida de Deus: apóstolo dos pagãos, torna-se o campeão de sua causa e assegura sua admissão sem reserva na Igreja. Os apóstolos de Jerusalém, aliás, lhe deixaram as mãos livres (Gl 2.7-10).

Achamos, porém, que J. Munck sublinha demais a diferença que separaria a missão paulina da dos apóstolos galileus e parti-

---

[207] Cf. A.-M. DENIS, "L'Apôtre Paul, prophète 'messianique' des Gentils", em *Eph. Theol. Lov.*, 33 (1957), pp. 245-318.

[208] Cf. Rm 1.1; ver L. CERFAUX, *La Théologie de l'Église suivant saint Paul*, 2ª ed. (*Unam Sanctam*, 10), Paris, 1948, pp. 134-135.

cularmente de Pedro[209]. Sem dúvida, após o concílio de Jerusalém, os campos de atividade dos dois grandes apóstolos estavam aproximadamente delimitados; Pedro procurava ganhar ao Cristo principalmente o mundo judeu da diáspora e Paulo se voltara deliberadamente para os pagãos. Mas esta fase não foi senão um período transitório da história das missões. Os apóstolos galileus jamais foram judeus rigoristas. Jesus lhes havia ensinado outras atitudes. Na realidade, Paulo não introduz novidade alguma ao se dirigir aos pagãos. Os discípulos helenistas de Jerusalém tinham tomado a dianteira, com a aprovação, tácita ao menos, das autoridades de Jerusalém. Os pagãos que acreditavam em Cristo eram acolhidos sem condição, e isto até o momento em que os fariseus da comunidade de Jerusalém suscitaram escrúpulos rigoristas, prenhes de ameaças para o futuro. Paulo teve o mérito de ser lógico com os princípios cristãos que todos os apóstolos reconheciam junto com ele. Em suma, é na salvaguarda da liberdade dos pagãos diante da Lei judaica que se manifesta toda a pujança da sua personalidade.

## 2. Evolução na consciência de Paulo

Acabamos de ouvir a teoria proclamada por Paulo ao longo de suas Epístolas. Foi chamado ao cristianismo porque Deus desejava um apóstolo dos gentios, e sua visão do caminho de Damasco explicitava já sua missão. Mas isso não é o que ele afirma ao chegar ao ápice de sua carreira apostólica? Quando recorda a visão de Damasco, na Epístola aos gálatas, quinze anos o separam de sua entrada na Igreja. Não teria ele projetado no passado certezas que só pouco a pouco adquiriu? Ou então, será prudente confiarmos no que ele pretende saber de seu destino?

1. H. Weinel já havia chamado a atenção para At 22.17-21. Esta passagem, segundo ele, conservaria uma reminiscência das hesitações de Paulo com referência ao campo de suas atividades

---

[209] Cf. J. MUNCK, *Paulus und die Heilsgeschichte* (*Acta Jutlandica*, XXVI, 1), Kopenhagen, 1954, pp. 53-56; 79-126; O. CULLMANN, *Saint Pierre, disciple-apôtre-martyr*, Neuchâtel, 1952, pp. 35-48; *Petrus, Jünger-Apostel-Märtyer*, Zürich, 1960, pp. 44-62.

missionárias²¹⁰. A. Fridrichsen levou mais adiante a hipótese. Seria preciso distinguir, de fato, duas revelações constitutivas da consciência apostólica de Paulo: na primeira, a do caminho de Damasco, ele teria sido convertido ao cristianismo²¹¹; a segunda, que se encontraria nesta passagem dos Atos, tê-lo-ia chamado ao apostolado dos gentios²¹².

Com que direito se opõe até este ponto, às afirmações precisas das Epístolas, aquilo que no Livro dos Atos não é mais que um arranjo literário de Lucas? Deve-se ao menos constatar um fato. Se Lucas associa tenazmente à vocação de Paulo sua delegação aos gentios, as precisões que ele apresenta parecem redacionais. Na primeira e segunda narrações do episódio de Damasco, Ananias é encarregado de instruir Paulo sobre sua missão: esta inclui ao mesmo tempo os judeus e os gentios (At 9.15; 22.15; cf. 22.18); na terceira narração, é o próprio Senhor quem anuncia ao Apóstolo o que espera dele; também desta vez, judeus e gentios estão reunidos (At 26.17). O episódio da visão contada em At 22.17-21, que impressiona tanto Weinel e Fridrichsen, apresenta-se como um complemento da segunda narração. O contexto nos obriga a situá-lo muito cedo, – quando Paulo voltou de Damasco para Jerusalém, – continuando no contexto literário da vocação. Lucas utiliza este dado, proveniente sem dúvida de uma boa fonte, a fim de precisar o que a explicação de Ananias em At 22.15 deixava por demais vago. Uma leitura atenta da perícope nos fará constatar seu paralelismo com os trechos anteriores dos Atos (At 13.46-47; 18.5-7); ela exprime uma idéia teológica comum a Paulo e a Lucas: o chamado dos pagãos está de certa forma subordinado à atitude de incredulidade dos judeus.

Ef 3.1-6, texto no qual também se apóia Fridrichsen²¹³, trata globalmente do conhecimento que Paulo possui do mistério. Se ele pode

---

[210] Cf. H. WEINEL, *Biblische Theologie des Neuen Testaments. Die Religion Jesu und des Christentums*, 4ª ed., Tübingen, 1928, p. 426.
[211] A. FRIDRICHSEN diminui a força de Gl 1.15, ao traduzir: "so that I might preach the gospel of him to the heathen" (*The Apostle and his Message*, Upsala, 1947, p. 13).
[212] *Op. cit.*, p. 25.
[213] *Op. cit.*, p. 25. A. FRIDRICHSEN sugere em nota (p. 23, nº 26) que se poderia pensar, como ocasião desta nova revelação, na visão relatada em At 22.17-21.

perscrutá-lo sempre mais profundamente no decurso de sua vida, o objeto de sua contemplação estava presente a seu espírito desde o início. Quanto a um apostolado entre os judeus da Arábia[214], sobre o qual se pode concordar com o mesmo exegeta, será que ele significa necessariamente algo mais que hesitações bem compreensíveis do Apóstolo com respeito ao modo de ele realizar a obra que Deus lhe confiara?

2. De tal modo Paulo estava predisposto a esta obra de levar o Evangelho de Cristo aos gentios, e, por sua educação de fariseu helenista, tão sensibilizado às necessidades religiosas do mundo pagão e à insuficiência do judaísmo tradicional tal como era vivido em Jerusalém, que sua passagem para o cristianismo devia revelar-lhe sem demora as possibilidades ilimitadas que se abriam diante da nova religião. É muito natural que a visão de Damasco tenha sido o raio de luz decisiva de sua carreira apostólica. Mas depois do raio de luz, resta levar a bom termo a obra entrevista.

3. De fato, estaríamos inclinados a distinguir vários períodos na atividade apostólica de Paulo. Durante o primeiro, talvez ele esperasse atingir os gentios simplesmente através das sinagogas judaicas. Adaptava-se ao método do judaísmo que possuía, na diáspora, centros ativos de influência. Poderia imaginar que, uma vez conquistados ao movimento cristão, os "adoradores de Deus" seriam como que cunhas sólidas introduzidas no mundo greco-romano. Compreende-se que o antigo fariseu tenha acreditado na eficácia desta tática e até mesmo só a tenha abandonado a contragosto[215]. Certamente ele não contara, no seu entusiasmo do começo, com uma resistência tão pertinaz do judaísmo. Mais tarde, a oposição dos judeu-cristãos às suas concepções será para ele um outro infortúnio.

---

[214] *Op. cit.*, p. 30, nº 26. Não é tão seguro que Paulo tenha ido à Arábia como missionário. Não seria de estranhar que ele quisesse passar algum tempo na solidão. Contudo, nada na Epístola aos gálatas favorece esta interpretação, mas também nada a exclui definitivamente. Paulo sabia refletir, orar, ler – e agir. Conta a sua vida por grandes etapas, a partir de sua vocação, para mostrar que não deve "seu Evangelho" senão à revelação.

[215] Sobre a ação do judaísmo pela conversão dos gentios, cf. J. G. MACHEN, *The Testimony of St. Paul to Christ*, New York, pp. 11-13. A hipótese seria singularmente reforçada, se admitirmos que Paulo, já antes de sua conversão,

Os longos anos de relativo insucesso de Paulo (desde sua vocação até a estadia prolongada em Antioquia) serão sempre um enigma para nós. Talvez devemos levar em conta a comparação com os profetas do Antigo Testamento; a vocação deles nem sempre os subtraía à vida comum. Oséias, Jeremias, Ezequiel continuaram engajados na vida do seu povo. Quando Paulo empreende suas viagens de missão, vemo-lo trabalhar com suas mãos para prover a suas necessidades; durante esta dezena de anos que ficam vazios na sua história missionária, que parte do seu tempo foi dado ao trabalho manual, à prece, ao estudo das Escrituras?

A um dado momento, Paulo se enriquece com a experiência dos outros. Barnabé, que sem dúvida não esperava por esta descoberta, tinha compreendido antes dele as promessas de um cristianismo introduzido em pleno paganismo sem a preparação da sinagoga. Paulo aprendeu não só com a clarividência de Barnabé, mas também com a audácia dos cristãos helenistas que, após haverem fundado a igreja pagã de Antioquia, continuavam a viver lá sua vida de profetas e de doutores[216]. Em Antioquia revelou-se claramente a seu espírito a imperiosa necessidade, para os cristãos vindos do paganismo, de uma libertação total das práticas judaicas.

O Espírito Santo, que falava na Igreja de Antioquia, lançou-o numa nova etapa de sua vida apostólica. Tornou-se, com Barnabé, "missionário da Igreja de Antioquia", trabalhando na propagação de um cristianismo do tipo daquela igreja pagão-cristã. Daí em diante seus olhares se voltaram cada vez mais para as terras longínquas; sem se inquietar demais com a existência das sinagogas judaicas, ele haveria de fundar igrejas onde houvesse apenas uma ínfima minoria de judeus. Finalmente, ele iria fundá-las onde o judaísmo não lhe fornecia trampolim de espécie alguma.

Foi esta a grande encruzilhada de sua vida e de seu programa. Lucas tem consciência desta evolução. Um episódio da estadia de Paulo e Barnabé em Antioquia da Pisídia lhe permite resumi-la: "Era

---

estava empenhado na tarefa de conquistar para o judaísmo o mundo greco-romano. E. BARNIKOL interpreta neste sentido Gl 5.11 (*Die vor-und frühchristliche Zeit des Paulus*, Kiel, 1929, pp. 183s). Cf. H.-J. SCHOEPS, *Paulus*, Tübingen, 1959, pp. 231s.

[216] Cf. At 13.1-3.

a vós, dizem os missionários aos judeus incrédulos, que em primeiro lugar se devia anunciar a Palavra de Deus. Mas porque a rejeitais e vos julgais indignos da vida eterna, eis que nos voltamos para os pagãos" (At 13.46). E os oradores justificam sua conduta com o texto de Is 49.6[217].

A solenidade do discurso e esta alusão a um texto fundamental, que fala das "extremidades da terra", permite-nos alargar as perspectivas. Em principio, doravante, a pregação cristã será dirigida aos pagãos. Certamente, quando for possível, continuarão a apoiar-se na sinagoga, mas sabendo que o apoio é precário e provisório. Por toda parte, ou quase, repetir-se-á a aventura de Antioquia da Pisídia. As sucessivas rupturas levarão a prever uma situação definitiva; Paulo acabará aplicando aos judeus o texto de Is 6.9-10, no qual Cristo havia lido a reprovação definitiva do povo judeu por sua incredulidade[218]. A cena se passa em Roma, e pondo fim ao Livro dos Atos, Paulo conclui: "Ficai, pois, sabendo que aos gentios é enviada agora esta salvação de Deus; são eles que a ouvirão" (At 28. 25-28).

Há, portanto, uma parte de verdade na intuição de Fridrichsen. Não só o alcance de sua missão de apóstolo dos gentios se manifestou gradualmente ao espírito de Paulo, mas revelações sucessivas sem dúvida influenciaram seu método de apostolado. Foi o caso, principalmente, da intervenção do Espírito Santo em Antioquia da Síria; recorde-se igualmente da revelação (ou "mistério") de que fala o Apóstolo em Rm 11.25-27, e que lhe advertiu que os judeus não entrariam na Igreja senão quando terminada a evangelização do mundo pagão.

Por conseguinte, deve-se afirmar que a visão do caminho de Damasco foi fundamental na vocação de Paulo e revelou-lhe ao mesmo tempo a missão que Deus lhe confiava. Mas, como toda vocação, esta devia receber explicitações ulteriores. O Apóstolo está atento às lições da experiência das missões cristãs. A visão no templo, narrada em At 22.17-21, não é senão um exemplo entre muitas outras visões que precisam pouco a pouco a de Damasco. Paulo confessa,

---

[217] Cf. pp. 91s.
[218] At 28.26-27; cf. Mt 13.14; Mc 4.12; Jo 12.40.

em Rm 11.13-14, sua preocupação constante pela salvação dos judeus, mesmo em pleno trabalho de evangelização dos gentios. Toda a Epístola aos romanos atesta seu interesse em perscrutar os caminhos de Deus, que transferia as promessas messiânicas dos judeus aos pagãos. As Epístolas do cativeiro nos dizem explicitamente que ele foi instruído por revelação acerca do desígnio de Deus de incorporar os gentios na Igreja. O fim de Rm (16.25-26) nos adverte que a Escritura foi uma das fontes de suas revelações, e devemos associar a este dado a riqueza do florilégio escriturístico de Romanos consagrado ao chamado dos pagãos e à situação dos judeus na realização da salvação. Devemos, pois, concluir que a tese teológica de Paulo é o resultado simultâneo de sua experiência apostólica enriquecida com suas reflexões, de sua leitura do Antigo Testamento, e de suas visões e iluminações. A harmonia de sua doutrina e vida com os ensinamentos de Jesus esclarece a hipótese já enunciada: ele pôde pressentir, desde a visão inaugural de sua missão, que era escolhido para acabar de executar a obra do "Servo" de Deus e levar a luz aos pagãos.

## Capítulo III
# A MISSÃO APOSTÓLICA

1. *A semântica do termo* ἀπόστολος. Os grandes apóstolos. – Os apóstolos missionários.
2. O *Colégio apostólico*. O grupo dos doze e o grupo dos "apóstolos". – O colégio apostólico.
3. *Paulo no meio do grupo apostólico.*
4. *Autoridade e função apostólica.*

Para que a morte e a ressurreição de Cristo exerçam sua eficácia e dêem origem à raça cristã, intervém a mensagem, anunciando e trazendo em si a salvação. A mensagem foi confiada aos apóstolos. A obra de Cristo atinge os homens passando pela atividade de um grupo de homens escolhidos por Deus para este fim, e que serão os fundadores da Igreja. Recordemos o argumento que Paulo expõe, em forma de sorites, em Rm 10. 14-15. É possivelmente um lugar comum de sua pregação, adaptado tanto à introdução da mensagem no mundo pagão, como à conversão dos judeus. A salvação está ligada à fé. A fé depende da audição, a audição (ou a mensagem) do anúncio, e o anúncio do envio de apóstolos (por Deus). É, pois, normal que falemos primeiro do apostolado, para prosseguir a explicação da economia cristã.

## I - A SEMÂNTICA DO TERMO ἀπόστολος[219]

A sorte do termo ἀπόστολος é estranha. Na literatura grega, o sentido de "enviado", que nos parece perfeitamente normal, não

---

[219] *Bibliografia:* K. H. RENGSTORF, art. ἀπόστολος, em *Theol. Wörterbuch*, I, pp. 406-446; art. δώδεκα, *ibid.*, II, pp. 321-328; W. SEUFERT, *Der Ursprung und Bedeutung des Apostolats in der christlichen Kirch der ersten zwei*

é representado senão por uma única passagem de Heródoto e uma outra dos Setenta; é raro nos escritos do historiador Josefo; Filon de Alexandria não o conhece[220]. E pouco provável, por causa desta carência no mundo grego e no judaísmo helenista, que os cristãos tenham herdado o vocábulo com uma significação já pronta, seja de um uso corrente da koiné, seja do ambiente judaico[221]. Com certeza

---

*Jahrhunderte*, Leiden, 1887; E. HAUPT, *Zum Verständnis des Apostolats im Neuen Testament*, Halle, 1896; H. MONNIER, *La notion de l'Apostolat des origines à Irénée*, Thèse, Paris, 1903; J. WAGENMANN, *Die Stellung des Apostels Paulus neben den Zwölf in den ersten zwei Jahrhunderten (Beih. 3 z. Zeitschr. N. T. Wiss.)*, Gießen, 1926; KIRSOPP LAKE, "The Twelve and the Apostles", em *The Beginnings of Christianity*, V, Londres, 1933, p. 37; O. CULLMANN, "Le caractère eschatologique du devoir missionnaire et la conscience apostolique de saint Paul" em *Rev. Hist. Phil. Rel.*, 16 (1936), pp. 210-245; W. GRUNDMANN, "Die Apostel zwischen Jerusalem und Antiochen", em *Zeitschr. Neut. Wiss.*, 39 (1940), pp.110-137; G. SASS, "Zur Bedeutung von δοῦλος, bei Paulus", em *Zeitschr. Neut. Wiss.*, 40 (1941), pp. 24-32; A. FRIDRICHSEN, *The Apostle and his Message. Inbjudning till Teologie Doktorspromotionen vid Uppsala Universiteit*, Upsala, 1947; H. MOSBECH, "Apostolos in the New Testament", em *Stud. Theol.*, 2 (1949-50), pp. 166-200; C. K. BARRETT, "Paul and the "Pillar" Apostles", em *Studia Paulina. In honorem J. de Zwaan*, Haarlem, 1953, pp. 1-19; L. CERFAUX, "L'unité du corps apostolique dans le Nouveau Testament", em *L'Église et les Églises (Mélanges dom Lambert Beauduin)*, Chevetogne, 1954, pp. 99-110 (= *Recueil Lucien Cerlaux*, II, Gembloux, 1954, pp. 227-237); "Pour l'histoire du titre Apostolos dans le Nouveau Testament", em *Rech. Sc. Rel.*, 48 (1960), pp. 76-92; H. VON CAMPENHAUSEN, "Der urchristliche Apostelbegriff", em *Stud. Theol.* 1 (1947), pp. 96-130; *Kirchliches Amt und geitliche Vollmacht in den ersten drei Jahrhunderten*, Tübingen, 1953, pp. 13-91; J. MUNCK, *Paulus und die Heilsgeschichte (Acta Jutlandica, XXVI, 1)*, Kopenhagen, 1954; J. DUPONT, "Le nom d'Apôtre a-t-il été donné aux Douze par Jésus?", em *L'Orient Chrétien*, 1 (1956), pp. 267-290); 425-444; H.-J. SCHOEPS, *Paulus*, Tübingen, 1958, pp. 64-69; P. GAECHTER, *Petrus und seine Zeit*, Innsbruck, 1958.

[220] Cf. K. H. RENGSTORF, art. ἀπόστολος, em *Theol. Wörterbuch*, I, pp. 406-413. No mundo grego, a evolução semântica chegou à significação de "frota" ou de "almirante".

[221] Contra a hipótese comumente aceita hoje em dia, de que o termo grego corresponderia ao termo rabínico, hebraico ou aramaico, significando o enviado e o representante de um mandatário. Cf. KIRSOPP LAKE, "The Twelve and the Apostles", em *The Beginnings of Christianity*, V, pp. 48-50, e mais adiante, nota 27.

eles lhe terão imposto um sentido técnico, conforme a sua própria experiência. Este caso é análogo ao de outros vocábulos cristãos primitivos, em particular ἐκκλησία. Sua evolução poderia bem ser paralela à deste último; escolhido em Jerusalém e aplicado, com uma significação muito característica, a certos personagens da comunidade primitiva, ele teria passado, com algumas modificações, ao mundo greco-romano.

De início surgem duas especificações principais do termo. Uma atribui o título, com um sentido muito preciso, a membros influentes da comunidade judeu-cristã, que tiveram o privilégio de haver sido constituídos testemunhas de Cristo, especialmente de sua ressurreição. A outra é mais genérica: fora de Jerusalém, certos missionários enviados pelas igrejas da diáspora cristã ganham o mesmo título. Examinemos inicialmente a primeira.

## 1. *Os grandes "Apóstolos"*

Seria Paulo o primeiro responsável pelo sucesso que o mundo cristão reservou a este vocábulo até então quase desconhecido? Sem dúvida, o título de apóstolo adquire na sua boca uma ênfase extraordinária. Traduz admiravelmente a experiência de sua vocação. Serve-lhe para reivindicar sua igualdade com os chefes da Igreja de Jerusalém. Mas por que precisamente valer-se desse título em suas Cartas e controvérsias, se os membros dirigentes aos quais ele se compara não o usam, e se ele o desenterrou do grego para seu uso pessoal? Uma atitude assim não seria compreensível; como também não se explicaria o emprego que ele faz do termo ao narrar os acontecimentos de sua vida, falando dos apóstolos, "seus predecessores" (Gl 1.17) ou referindo as tradições sobre as aparições do ressuscitado (1 Co 15.7).

Acrescente-se que a tradição evangélica sinótica utiliza esta palavra ao falar da missão da Galiléia. Seria de estranhar que a influência de Paulo se tenha exercido igualmente sobre os três primeiros Evangelhos. Sem dúvida, Lucas, seu discípulo, emprega o termo com freqüência, sobretudo no Livro dos Atos. Mas, não é uma certa contradição supor que ele estivesse sob a influência do vocabulário de Paulo, quando recusava obstinadamente atribuir-lhe este título de apóstolo, que mais que nenhum outro lhe era caro e que continha para ele a afirmação essencial de seu mandato divino[222]?

## 2. Os apóstolos missionários

Surge uma segunda especificação, aliás quase limitada às Epístolas paulinas. Paulo chama de "apóstolos" certos cristãos que, sem pertencer ao grupo dos grandes apóstolos, tomaram parte ativa na difusão do cristianismo.

1. Graças à polêmica, conhecemos um círculo bem determinado de apóstolos no sentido lato. São judeus de Jerusalém que doutrinaram a comunidade de Corinto com suas bazófias e que pregam o Evangelho da circuncisão. Pretendem ser "apóstolos por excelência" (οἱ ὑπερλίαν ἀπόστολοι), abrigando-se sob a autoridade da Igreja de Jerusalém (2 Co 12.11-12). Não se poderia imaginar que Paulo atacasse com tanta veemência os grandes apóstolos que viram o Cristo ressuscitado e por ele foram encarregados de fundar a Igreja. Antes, trata-se destes judeu-cristãos que, mediante o subterfúgio de um cristianismo de compromisso, procuram prender ao judaísmo os pagãos convertidos pela propaganda paulina. Estes superapóstolos (2 Co 11. 5-13; 12.11) trazem mesmo assim, – e é isso que nos interessa, – o título de apóstolos; por conseguinte, o nome não é reservado, neste tempo, ao grupo dirigente da Igreja, os doze com alguns outros, os que viram o Cristo ressuscitado.

Reencontramos talvez estes mesmos "apóstolos" em 1 Co 9.1-6. Houve quem acusasse Paulo de querer singularizar-se entre os "outros apóstolos", certamente os que são conhecidos dos coríntios. Responde que é livre, libertado por Cristo dos entraves da Lei e das convenções puramente humanas. É apóstolo porque viu a Cristo ressuscitado e porque fundou a igreja de Corinto. Teria o direito de se fazer acompanhar de uma cristã "como os outros apóstolos, como os irmãos do Senhor, como Cefas" (v. 5). Nada indica que a expressão

---

[222] O emprego de ἀπόστολος a propósito de Barnabé (nomeado em primeiro lugar) e Paulo, em At 14.14, agravaria a atitude de Lucas, pois eles não recebem o título senão como missionários ou enviados da igreja de Antioquia (G. KLEIN, *Die zwölf Apostel. Ursprung und Gehalt einer Idee.* Göttingen, 1961).

"outros apóstolos" designe aqui os grandes apóstolos. Ao contrário, poder-se-ia bem imaginar uma gradação, partindo dos "outros apóstolos" aos irmãos do Senhor e a Cefas. Seriam "outros" com referência a Paulo e Barnabé. Como em Corinto se haveria de pensar em opor Paulo e Barnabé a todos os grandes apóstolos? Estes últimos, excetuados Cefas, João e Tiago, não parecem ter tido um lugar importante nas preocupações das igrejas, nem em Corinto, nem alhures[223].

Poderíamos alegar ainda o caso de Andrônico e Júnias (Rm 16.7). São compatriotas de Paulo, seus companheiros de prisão, gozam de especial estima entre "os apóstolos", e precederam Paulo no cristianismo. Portanto são judeus, convertidos da primeira hora, antes de Paulo. Nada nos faz supor que foi uma visão do Ressuscitado que lhes valeu o figurar no grupo dos grandes apóstolos. Será preciso admitir que eles ocupam um lugar de destaque na massa dos apóstolos, ou será que os apóstolos (o grupo apostólico que está à frente da Igreja) têm por eles uma estima todo especial? Seria também muito compreensível que os apóstolos missionários, em torno de Paulo, os venerassem precisamente por serem eles cristãos da primeira hora[224].

2. Os missionários vindos de Jerusalém ocupam um posto de honra, proporcional à autoridade de que goza a Igreja-mãe. Para Paulo, e na medida em que representam o partido judeu-cristão propriamente dito, não são mais que missionários delegados por homens e defensores de pontos de vista humanos. Defronte deste grupo determinado, colocaríamos os colaboradores de Paulo. Silvano e Timóteo[225] são resguardados pela delegação de Paulo aos apostolados

---

[223] Talvez devamos aplicar antes de tudo a estes outros apóstolos judeus o detalhe (no qual Paulo não insiste tanto) de sustentar sua família às custas da igreja. Seria surpresa encontrar Cefas agindo assim, depois de tudo o que dele se conta no Evangelho, e de sua declaração solene: "Deixamos tudo para te seguir".

[224] A. VERHEUL, *Kent sint Paulus buiten "de twaalf" nog andere apostelen?*, em *Studia Catholica*, 23 (1948), pp. 147-150.

[225] Silvano, chamado Silas no Livro dos Atos, é um cristão de Jerusalém. Timóteo é filho de um pagão. O caráter apostólico que lhes é comum, no momento em que Paulo escreve aos tessalonicenses, depende do fato de eles serem colaboradores seus.

e por isso se chamam apóstolos. Barnabé é um apóstolo ao seu lado (1 Co 9.6), e os hábitos apostólicos de ambos diferem dos dos " outros apóstolos". Na interpretação de 1 Co 4.9: "A meu ver, Deus nos exibe em público, a nós apóstolos, como os últimos dos homens, como condenados à morte...", não seria impossível que Paulo associe a si momentaneamente Apolo e alguns dos "pedagogos" de Corinto[226].

Entre estes missionários, alguns receberam o dom de fundar igrejas particulares; pertencem a uma categoria especial, pois o poder de Deus confirmou sua qualidade de apóstolos. Estão mais perto que os outros dos grandes apóstolos fundadores da Igreja universal[227].

Pouco a pouco, a denominação de apóstolo se estende a todos os que recebem, na obra da evangelização cristã, uma missão qualquer, mesmo temporária. É neste sentido que Paulo fala dos "apóstolos das igrejas" (2 Co 8.23). Trata-se dos cristãos delegados das diversas igrejas paulinas para acompanhá-lo a Jerusalém, a fim de apresentar com ele, à Igreja-mãe, em nome de todos os fiéis da Gentilidade, os frutos da grande coleta. Um "apostolado" assim é transitório. Talvez seja melhor traduzir: os "enviados das igrejas", e evitar o termo "apóstolo", do qual nos é impossível separar o sentido técnico moderno. A mesma coisa diríamos a propósito de Epafrodito, enviado ocasional da igreja de Filipos, encarregado de levar a Paulo um auxílio de certa importância. Traduziríamos ὑμῶν δὲ ἀπόστολον καὶ λειτουργὸν τῆς χρείας μου (Fp 2.25) por "vosso enviado (no sentido de um particípio do verbo) para prover às minhas necessidades". A ênfase está em λειτουργὸν que indica uma missão oficial, já quase religiosa; Epafrodito não é com isso promovido a "apóstolo" missionário[228].

---

[226] 1 Co 4.15. Entre os "milhares de pedagogos em Cristo", há uns que são dignos do nome de apóstolos. Cf. Fp 1.14-15.

[227] Em 1 Co 9.1-2 Paulo reivindica o título de apóstolo não por causa de sua visão de Cristo, mas por haver fundado a igreja de Corinto. Outros fora dele, sem serem do número dos grandes apóstolos, poderiam considerar o poder de Deus neles manifestado como sinal de serem eles autênticos missionários (cf. Mt 9,37-38). Cf. Gl 2.8.

[228] Cf. o uso de ἀποστέλλω em 2 Co 12.17. Com toda certeza Paulo haveria de chamar de ἀπόστολοι esses colaboradores aos quais confiava uma missão determinada.

3. O tema literário do discurso de missão fez muito naturalmente a transição entre o uso bastante técnico do termo (referindo-se aos doze) e um sentido mais amplo. O discurso de missão de Mateus não se aplica unicamente à missão da Galiléia; visa ao mesmo tempo a missão aos gentios, e se aplica a circunstâncias que serão as do apostolado depois da ressurreição, indo muito além da missão dos doze na Galiléia. Lucas percebeu perfeitamente esta situação e dirigiu o mesmo discurso de Mt aos setenta e dois discípulos. Esperava-se que ele pronunciasse a respeito deles a palavra apóstolos, mas ele não o faz, impedido pelo uso corrente que o reserva aos doze. Pode-se fazer a mesma observação a propósito da grande evangelização empreendida após o martírio de Estêvão; Lucas não reconhece como apóstolos senão os doze que vão confirmar a obra destes pioneiros arrojados. O próprio Paulo não é considerado digno do título, ou melhor, a limitação do termo aos doze está por demais arraigada para que ele possa participar dele.

Será preciso esperar pela Didaqué para ver interpretar o discurso de missão aplicando-o a estes missionários itinerantes que circulavam ainda nas igrejas, e que se confundiam mais ou menos, nesta época, com os profetas. Talvez tenha sido o autor do livrinho quem recolheu este último sentido do discurso. A obra contém conselhos dados pelo Senhor aos missionários evangélicos, como também a advertência contra os falsos profetas[229]. Estes missionários itinerantes são chamados simplesmente os "apóstolos"[230].

O Apocalipse de João mostra que a igreja de Éfeso conhecia missionários chamados comumente de apóstolos. O vidente elogia os efésios por havê-los posto à prova. Eram falsos apóstolos[231].

---

[229] *Did.*, 11,3: περὶ δὲ τῶν ἀποστόλων καὶ προφητῶν.

[230] J.-P. AUDET (*La Didachè. Instruction des Apôtres*, Paris, 1958) apresenta esta hipótese: a Didaqué teria sido escrita entre 50 e 70; seu autor pertencia ainda à geração dos apóstolos missionários. Ver uma judiciosa crítica em F.-M. BRAUN, *Jean le Théologien et son Évangile dans l'Église ancienne*, Paris, 1959, pp. 231-262. Cf. G. SASS, "Der Apostel inder Didachè", em *Memoriam E. Lohmeyer*, Stuttgart, 1951, pp. 233-239. Pode-se ainda perguntar se o autor da Didaque cita uma fonte, ou fala destes apóstolos itinerantes por arcaísmo, ou para ficar fiel ao texto evangélico.

[231] Ap 2.2: τοὺς λέγοντας ἑαυτοὺς ἀποστόλους καὶ οὐκ εἰσίν.

Como a Didaqué, ele associa muito intimamente os "apóstolos" e os "profetas".

A literatura cristã posterior não utilizou mais a denominação de apóstolo no sentido lato[232], por uma razão bem simples; é que "apóstolo" não apenas se tinha tornado o título, dos doze, mas designava sua função de fundadores da Igreja, incomunicável enquanto recebida por eles somente e sem intermediário, do Cristo ressuscitado. O grupo apostólico é o elo que une ao Cristo a Igreja nascida de sua mensagem.

### 3. Conclusão

Este movimento semântico que constatamos poderia se explicar por duas hipóteses. Na primeira, o título de apóstolo teria desde o início possuído toda a sua força, indicando uma missão recebida de Cristo, e se teria transmitido depois a todos os que participavam desta missão. Na segunda, se teria tomado um termo corrente, no qual diferentes especificações foram introduzidas, segundo as circunstâncias. Esta segunda hipótese funda-se em premissas pouco seguras[233]. Na mente de Paulo, em todo caso, o título de apóstolo tem uma importância tal que, uma vez aplicado à sua pessoa e aos outros grandes apóstolos, ele relega para a sombra todos os títulos secundários.

## II - O COLÉGIO APOSTÓLICO

No sentir de H. von Campenhausen, os apóstolos de Jerusalém não formaram de modo algum um colégio, uma espécie de diretório da Igreja primitiva. Nem no pensamento de Paulo, nem na realidade da história teria sido assim[234]. Achamos que as Epístolas dão a

---

[232] Costuma-se citar EUSÉBIO, *Hist. Eccl.*, I, 12; III, 37; V, 10; IRINEU, *Adv. haer.*, II, 21,1; IV, 12,5; TERTULIANO, *Adv. Marc.*, IV, 24; ORÍGENES, *In Joann.*, 1. 32,10; C. *Cels.*, III, 9 (F .-X. FUNK, *Patres apostolici*, p. 26).

[233] Cf. *supra*, p. 124.

[234] *Kirchliches Amt und geistliche Vollmacht in den ersten drei Jahrhunderten*, Tübingen, 1953, pp. 13-31; *Der urchristliche Apostelbegriff*, em Studia Theol., 1 (1948), pp. 96-130; E. BAMMEL, "Herkunft und Funktion der Traditionselemente in I Kor. 15.1-11", em *Theol. Zeitschr.*, 11 (1955), pp. 401-419.

entender outra coisa. Mas precisamos tratar primeiro de uma questão preliminar, que é a de saber se devemos identificar simplesmente o grupo apostólico primitivo, dirigente da primeira comunidade, com os "doze" escolhidos por Jesus.

## 1. O grupo dos doze e o grupo dos "apóstolos"

A distinção parece-nos imposta pelo vocabulário das Epístolas. Em 1 Co Paulo enumera as aparições do Cristo ressuscitado: "Apareceu a Cefas, depois aos doze; em seguida, apareceu a Tiago, depois a todos os apóstolos; por fim, depois de todos os outros, apareceu também a mim, como a um aborto" (1 Co 15.6-8). Trata-se de uma "tradição", de redação arcaica[235], que se construiu em dois tempos, correspondentes a dois momentos da Igreja primitiva. No primeiro tempo, Cristo aparece aos doze, primeiro a Pedro, depois ao grupo todo. Provavelmente estas aparições iniciais foram seguidas de outras visões menos oficiais, sobretudo de uma aparição a mais de quinhentos irmãos que se achavam reunidos (ἐφάπαξ). Um segundo período abre-se com um novo grupo, quando Cristo aparece a Tiago e depois a "todos os apóstolos" (τοῖς ἀποστόλοις πᾶσιν). A expressão "todos os apóstolos" indica que estes constituem um grupo fechado[236]. Tiago faz parte dele; a visão que teve do Ressuscitado fê-lo aderir à comunidade dos discípulos de Jesus. Por seus resultados ela é, de certo modo, comparável àquela com que Pedro foi agraciado; ganhou para a comunidade os "outros irmãos do Senhor, marcando provavelmente o início de um incremento da propaganda cristã. É a partir deste momento que se falará comumente dos" apóstolos "em vez de "os doze".

A simetria da construção dos versículos 5 e 7 insinua que, literariamente, o testemunho de Tiago e de "todos os apóstolos" vem juntar-se a outro mais antigo, o dos doze. Os apóstolos formariam, pois, um grupo mais vasto que os doze. Para explicar o pronome

---

[235] Cf. L. CERFAUX, "La tradition selon saint Paul", em *Vie Spir* Suppl., nº 25 (1953), pp. 176-188 (= *Recueil Lucien Cerfaux*, II, Gembloux, 1954, pp. 253-263).
[236] Cf. H. LIETZMANN, *An die Korinther* I, II, 4ª ed., (*Handb*. 2. N. 1., 9), Tübingen, 1949, pp. 77s, favorável a K. HOLL.

indefinido *todos*, devemos supor, com efeito, uma linha divisória entre as duas partes do grupo total dos apóstolos. Além disso, segundo a tradição evangélica e At 1.14, Tiago e os outros irmãos do Senhor não eram do número dos "Doze": conclui-se novamente que não podemos contá-los entre os apóstolos, a não ser que estes não sejam idênticos aos doze. Os doze continuariam sendo o elemento básico e como que a medula de um colégio mais vasto[237], e os recém-vindos ingressariam sem alterar a fisionomia da instituição primitiva. Os "apóstolos" vão ser o grupo dos doze ampliado; participarão dos privilégios do primeiro colégio[238]; teoricamente, eles serão ainda os doze.

A tradição primitiva compreendeu tão bem o papel preponderante dos doze, que seu prestígio se estendeu ao grupo ampliado de "todos os apóstolos", e que, desde cedo, simplesmente se identificariam "os doze" e "os apóstolos". Paulo é o único que conserva a lembrança arcaica de uma época em que a confusão ainda não estava feita[239]. Aliás, tinha ele um interesse maior em manter a distinção, posto que pretendia ser apóstolo, ao mesmo nível que os doze; para que sua pretensão fosse legítima, era preciso que "o apóstolo" se definisse unicamente por seu privilégio de ter visto o Cristo ressuscitado e por sua missão de testemunha e de arauto da ressurreição[240].

A Epístola aos gálatas confirma nossa exegese. Primeiro temos Gl 1.16-17. Paulo acaba de falar de seu chamado em Damasco. E

---

[237] Cf. L. CERFAUX, "L'unité du Corps apostolique dans le Nouveau Testament", em *L'Église et les Églises (Mélanges dom Lambert Beauduin)*, Chevetogne, 1954, pp. 99-110 (= *Recueil Lucien Cerfaux*, II, Gembloux, 1954, pp. 229-237).

[238] A Fridrinchsen (*The Apostle and his Message*, Upsala, 1947, p. 6) e H. VON CAMPENHAUSEN ("Der urchristliche Apostelbegriff", em *Stud. Theol.*, I (1947), pp. 96-130) de bom grado diriam que Pedro é o único dos Doze que deve ser contado entre os apóstolos.

[239] H.-J. SCHOEPS (*Paulus*, Tübingen, 1959, p. 65) opina, ao contrário, que Lucas conserva a significação arcaica do termo ἀπόστολος identificando o grupo dos apóstolos com os doze.

[240] Estamos bem próximo da tese de K. HOLL, "Der Kirchnbegriff des Paulus", em *Sitzungsberichte der preussischen Akademie der Wissenschaften*, 1921. Veja a crítica desta posição em H. MOSBECH, "Apostolos in the New Testament", em Studia Theol., 2 (1949-50), pp. 180-181.

continua: "Imediatamente, não pensei em consultar a carne e o sangue[241], nem subi a Jerusalém para estar com os apóstolos, meus predecessores". E mais (Gl 1.18-19): "Depois, três anos mais tarde; subi a Jerusalém para visitar Pedro e fiquei com ele quinze dias. Não vi nenhum outro dos apóstolos, a não ser Tiago, o irmão do Senhor"[242]. Estas duas frases são complementares para o nosso centro de interesse. Seria possível, rigorosamente falando, que "a carne e o sangue" formasse hendíadis com "os apóstolos, meus predecessores". Pouco importa. Seja como for, a missão de Paulo não depende dos homens. Ele sabe e nos diz que há em Jerusalém um grupo que se intitula os apóstolos, grupo de que fazem parte Cefas (personagem mais representativo do grupo) e Tiago, irmão do Senhor. É evidentemente o grupo de "todos os apóstolos" de que se falou em 1 Co 15. Como nesta passagem, Paulo reivindica o título, pois fala dos apóstolos, "seus predecessores". Compreende-se mui naturalmente que a missão que ele acaba de receber do Cristo ressuscitado lhe dá o direito de dizer-se igual aos outros, em particular, igual a Cefas e Tiago.

Os dois textos de 1 Coríntios e de Gálatas se confirmam mutuamente. Os apóstolos são, de início, e num sentido privilegiado, cristãos de Jerusalém (os doze e alguns outros) que foram favorecidos com uma visão especial de Cristo, e receberam encargo oficial de testemunhar a sua ressurreição. Mais tarde será feita a síntese com outros elementos (a missão dos doze na Galiléia e o dever de ensinar a todas as nações),

## 2. *O colégio apostólico*

Devemos, pois, considerar os "apóstolos" (no sentido estrito), não como missionários independentes em virtude de uma vocação

---

[241] Pensamos que ele se refere aqui ao seu ambiente judaico, do qual falou anteriormente (v. 14).

[242] É sabido como é cheia de controvérsias a exegese neste particular. Torna-se ainda mais complicada, se identificarmos os doze com os apóstolos; mas nada impede de considerar Tiago como apóstolo, sem que ele tenha sido dos doze. Ele se encontra numa situação análoga à de Paulo.

toda pessoal, – como propõem A. Fridrichsen e H. von Campenhausen[243], – mas como membros de um mesmo grupo. Já que este havia sido constituído em princípio e no seu núcleo pela instituição dos doze durante a vida de Cristo, a "vocação" por visão do ressuscitado não será a nota exclusivamente constitutiva do apostolado[244]. No ponto de partida da noção colocar-se-á a instituição de um grupo determinado escolhido por Jesus entre seus primeiros discípulos[245]. Se Tiago e os irmãos do Senhor foram chamados após a ressurreição, a consangüinidade deles com o Cristo constituía um elemento que os colocava como num pé de igualdade com os "discípulos"; uns e outros, para usar a linguagem de Paulo, tinham conhecido Cristo "segundo a carne". O caso de Paulo será uma exceção, sem que à primeira vista se possa invocar razão alguma para dissimulá-la. Não se pode fazer mais que aplicar-lhe o adágio: a exceção confirma a regra.

Seria inverter a ordem normal querer construir a noção de apostolado partindo da vocação de Paulo. O termo apóstolo e a noção correspondente preexistiam ao chamado de Damasco; a noção foi formada no ambiente dos discípulos galileus e na igreja de Jerusalém. Os doze tinham sido instruídos por Cristo e por ele escolhidos como fundamento do novo povo. A influência do mestre galileu sobre os primeiros "discípulos" foi tal que a instituição apostólica ficou sendo o fundamento da Igreja.

Insiste-se na relação do termo grego ἀπόστολος com um correspondente aramaico, *shaliah*, para daí deduzir uma definição de apóstolo por vocação "pessoal"; o apóstolo seria um procurador

---

[243] Esta posição confunde as duas categorias de apóstolos e atribui aos apóstolos do grupo hierosolimitano o que é próprio de Paulo e dos apóstolos itinerantes.

[244] As necessidades da controvérsia explicariam por que Paulo não quer falar senão da visão de Cristo.

[245] Lucas resume bem o pensamento do cristianismo primitivo em At 1.1s: ὁ Ἰησοῦς... ἄχρι ἧς ἡμέρας ἐντειλάμενος τοῖς ἀποστόλοις... οὓς ἐξελέξατο. Contudo, pode-se ver um eco duma recordação antiga quando ele une a este grupo os irmãos do Senhor, 1,13. A confusão destes com os doze era fácil na comunidade primitiva. Ver L. CERFAUX, "L'Unité du Corps apostolique dans le Nouveau Testament", em *L'Église et les Églises (Mélanges dom Lambert Beauduin)*, Chevetogne, 1954, pp. 99-110 (= *Recueil Lucien Cerfaux*, II, Gembloux, 1954, pp. 227-237).

bastante de Cristo, seu substituto; a relação pessoal seria fundamental. A relação entre o termo aramaico e o vocábulo grego é puramente hipotética[246]. Nossos textos cristãos fazem-nos entrever coisa diferente. O substantivo ἀπόστολος deriva naturalmente do verbo ἀποστέλλω, de uso muito freqüente e técnico no Novo Testamento, onde é notória a extrema importância das "missões"[247]. A palavra ἄγγελος, que normalmente designaria o enviado, possuía já um sentido específico fixo e significava os "anjos". Uma vez que o grego profano raramente se servia da palavra ἀπόστολος, tanto mais fácil ficava impor-lhe um sentido técnico. Foi o que aconteceu, guardadas as devidas proporções, com a palavra ἐκκλησία. Um substantivo derivado do verbo ἀποστέλλω tomará lugar ao lado de ἄγγελος, πρέσβυς, κῆρυξ, vocábulos mais comuns para designar um messageiro.

Pode-se perguntar se, na época em que ἀπόστολος recebeu seu sentido técnico especial para designar os doze, pensou-se no envio por Cristo ressuscitado ou na missão da Galiléia. Posto que seja um anacronismo, o pequeno inciso em que Lucas afirma que Cristo deu aos doze o seu nome de apóstolos (Lc 6.13), prova que, pelo menos para ele, a missão da Galiléia foi decisiva. Somos tentados a dar-lhe razão. A missão dos doze na Galiléia foi uma peça muito firme e arcaica da tradição cristã primitiva; serviu de modelo para as missões longínquas; a discurso missionário de Mateus, este *vade-mecum* dos missionários em viagem, tem como base as diretrizes dadas por nosso

---

[246] Cf. para a história desta discussão, K. H. RENGSTORF, *art.* ἀπόστολος, em *Theol. Wörterbuch*, I, p. 444; H. MOSBECH, "Apostolos in the New Testament", em Stud. Theol., 2 (1949-50), pp. 166-169; 187 (onde o autor manifesta dúvidas análogas às nossas sobre a correspondência *shaliah-apostolos*). Não é, pois, necessário fazer intervir a noção jurídica do *shaliah* judeu para definir ἀπόστολος como um procurador bastante. O arrazoado exposto por K. H. RENGSTORF (*art. cit.*, pp. 421-423) é fraco. Por que não consultar primeiro o uso cristão?

[247] Cf. Rm 10.15; o termo é usado em 1 Co 1.17, com o mesmo sentido técnico. Este verbo, tão familiar aos quatro Evangelhos e aos Atos, não se encontra em Paulo, fora das duas passagens indicadas, senão em 2 Co 12.17 (e temos de acrescentar, no mesmo contexto, em 2 Co 12.18, συναποστέλλω, hapax na nossa literatura neotestamentária) e 2 Tm 4.12, designando cada vez os discípulos encarregados pelo Apóstolo de uma missão, em suma, apóstolos por procuração.

Senhor aos doze. A expansão do cristianismo revelou a importância capital das missões, cujo modelo continuou sendo a da Galiléia. A nota fundamental da noção cristã do apostolado no sentido estrito é, pois, o envio, por Cristo, para uma atividade missionária em favor do reino dos céus. Secundariamente ajunta-se esta outra: os apóstolos que dirigem os destinos da Igreja identificam-se teoricamente com o grupo dos doze, os primeiras "enviadas". Quando Paulo ingressou no grupo apostólico, a comunidade primitiva já tinha fixado estas noções; ele adapta a este uso suas concepções pessoais e sua polêmica para manter sua independência no seio do grupo[248], mas conserva esta idéia essencial: o Evangelho é obra grupal do colégio de que faz parte.

## III - PAULO NO SEIO DO GRUPO APOSTÓLICO

Paulo é "apóstolo". Suas afirmações são claras e nos revelam ao mesmo tempo como ele entende este título[249]. Emprega-o com insistência na Epístola aos gálatas. Fala dos apóstolos, seus predecessores (Gl 1.17), trata com eles em pé de igualdade, mesmo com Cefas (1.18) e com Tiago, o irmão do Senhor (1.19); gloria-se de que as colunas de Jerusalém[250] receberam-no em comunhão, a ele e a Barnabé (Gl 2.9). É responsável pela missão entre os gentios (Gl 2.6-10); e isso precisamente porque foi escolhido por Deus para apóstolo deles (Rm 11.13). É igual a Pedro quanto ao "apostolado"[251]: os milagres que

---

[248] Seria útil continuar a polêmica com K. H. RENGSTORF e H. v. CAMPENHAUSEN. Eles se interessam por mostrar que os apóstolos da primeira geração não constituem um colégio. Na sua opinião, todos os que se chamam apóstolos são colocados na mesma categoria. Têm uma "função" somente enquanto missionários (K. H. RENGSTORF, art. cit., p. 432). Está em jogo a sucessão apostólica. Por um lado, é claro que os apóstolos formavam um colégio, como os doze, e assim deviam ter sucessores; mas estes não podiam receber o título de apóstolos (no sentido técnico), reservado aos doze e portanto intransmissível. Pois os doze eram os "fundadores".

[249] Quanto à acolhida que teve Paulo em Jerusalém, cf. At 15. 25-26.

[250] Cf. C. K. BARRETT, "Paul and the "Pillar" Apostles", em *Studia Paulina. In honorem J. de Zwaan*, Haarlem, 1953, pp. 1-19.

[251] Sobre o sentido do apostolado, ver K. H. RENGSTORF, art. ἀποστολή, em *Theol. Wörterbuch*, I, pp. 447-448.

Deus fez em favor deste no mundo judeu, ele os fez para ele entre os pagãos (Gl 2.8).

Não se pode ser "apóstolo" por designação humana. Provavelmente é este o caso de Barnabé, antes escolhido pelos apóstolos de Jerusalém para representá-los em Antioquia[252] (At 11.22), e depois, por ordem do Espírito Santo, enviado em missão por esta igreja pagã (At 13.1-4). Mas Paulo não se contentaria com uma tal delegação. Foi designado por Deus por sua vocação especial; por isso mesmo, foi imposto aos apóstolos para fazer parte do seu grupo. Sua tese é clara. Sem haver pertencido ao colégio dos doze, faz agora parte do diretório apostólico, gozando dos mesmos direitos e dos mesmos privilégios que os doze e os irmãos do Senhor. Pois ele viu o Senhor como eles; a visão do Cristo ressuscitado, com o mandato de evangelizar, é constitutiva da função de apóstolo.

Paulo tem razão fundamentalmente. Em concreto, como sabemos, o título de apóstolo implicará desde bem cedo que a pessoa faça parte do colégio dos doze; para a tradição, apóstolo é quem viveu com Cristo durante sua vida mortal e foi escolhido (por causa disto) como testemunha de sua ressurreição[253]. Esta noção era aceita em Jerusalém, quando o milagre de Damasco impôs Paulo à Igreja, ou melhor, quando ele próprio se impôs pelas suas missões no mundo greco-romano.

Os apóstolos de Jerusalém ficaram convencidos da autenticidade do apostolado de Paulo pelo sucesso de sua evangelização e, sem dúvida, pelas advertências do Espírito Santo que os dirigia eficazmente. Mas o Apóstolo dos gentios encontrou, em certos círculos judeu-cristãos, uma oposição tenaz, tanto mais aguda quanto ele propagava um cristianismo emancipado das práticas judaicas. Objetavam-lhe nestes ambientes que, não tendo sido discípulo do Senhor, ele não podia conhecer sua doutrina, senão por intermediários, e que em lugar de arvorar-se em doutor independente, seria melhor que ele se colocasse sob a guia dos antigos apóstolos. Acrescen-

---

[252] O que corresponderia bastante ao sentido de *shaliah* judeu.
[253] Cf. L. CERFAUX, "L'unité du Corps apostolique dans le Nouveau Testament" em *L'Église et les Églises (Mélanges dom Lambert Beauduin)*, Chevetogne, 1954, pp. 99-110 (= *Recueil Lucien Cerfaux*, II, Gembloux, 1954, pp. 227-237.

tavam que uma visão não podia substituir o contato com o Mestre e não era fonte de "tradição"[254].

Segundo a tese judeu-cristã, o título de apóstolo evocava, de fato, a idéia de discípulo imediato de Cristo. É esta, aliás a concepção à qual estamos habituados, e que foi como que canonizada pelos Evangelhos e pelo Livro dos Atos. Paulo poderia muito bem retrucar que, nesta hipótese, Tiago de Jerusalém, o grande homem da Igreja hierosolimitana, também não mereceria seu título, posto que se desinteressou da obra do Cristo durante sua vida pública. Mas não; preferiu basear-se na afirmação fundamental da mensagem evangélica primitiva: a ressurreição fez de Jesus, crucificado pelos judeus, o Senhor e o Cristo (At 2.36), e é a partir deste acontecimento que a salvação é acessível (At 2.38); o apóstolo é essencialmente a testemunha da ressurreição.

Fizemos justiça a Paulo, no cristianismo, concedendo-lhe o título de apóstolo, no sentido pleno, embora ao mesmo tempo identifiquemos apóstolo e membro do colégio dos doze. Nosso pensamento implícito é que, quando Jesus fundou a Igreja sobre o colégio dos doze, Paulo já tinha sido associado a eles na intenção divina e portanto ele entraria com todo direito na participação dos privilégios que Jesus concedia ao grupo.

Tal é, com efeito, a razão última que assegura a Paulo seu lugar privilegiado na ordem da salvação, ao lado dos doze e é por isso que foi reunido a eles na devoção do povo romano desde o final do século I.

A Igreja foi estabelecida sobre o colégio dos doze, instituído por Cristo, mas o colégio não recebeu seu mandato definitivo senão quando o Cristo ressuscitado o encarregou do testemunho e da mensagem da ressurreição e quando o Espírito Santo o constituiu órgão da revelação para conservar e completar o ensinamento evangélico. Neste momento, por vontade divina, expressa por Jesus ressuscitado, dispensador do Espírito, Paulo foi associado aos doze.

---

[254] Estas objeções foram longamente explanadas nos escritos pseudoclementinos. Cf. H-J. SCHOEPS, *Theologie und Geschichte des Judenchristentums*, Tübingen, 1949; *Paulus*, Tübing, 1959, pp. 69-94; A. SALLES, "La diatribe anti-paulinienne dans 'Le Roman pseudo-clémentin' et l'origine des 'Kerygmes de Pierre'", em *Rev. Bibl.*, 64 (1957), pp. 516-551.

## IV - AUTORIDADE E FUNÇÃO APOSTÓLICA[255]

1. É fundamental para a história da Igreja esta proposição: os apóstolos possuem sua autoridade colegialmente; a autoridade de cada um é total, mas só se exerce conjuntamente com a autoridade de todos os outros. Não há contradição alguma entre estas duas afirmações, pois o mesmo Espírito que dirige todo o grupo, dirige cada um de seus membros; na obra do Espírito nenhuma oposição irredutível seria imaginável[256].

É, pois, justo salientar os plenos poderes de cada um dos apóstolos. Mas devemos aplicar aqui, guardadas as devidas proporções,

---

[255] E. KÄSEMANN, "Die Legitimität des Apostels. Eine Untersuchung zu II Kor. 10-13", em *Zeitschr. Neut. Wiss.*, 41 (1942), pp. 33-71; T. W. MANSON, *The Church's Ministry*, Londres, 1948; H. GREEVEN, "Propheten, Lehrer, Vorsteher bei Paulus. Zur Frage der 'Amter' im Urchristentum", em *Zeitschr. Neut. Wiss.*, 44 (1952-53), pp. 1-43; E. LOHSE, "Ursprung und Prägung des christlichen Apostolates", em *Theol. Zeitschr.*, 9 (1953), pp. 259-275; E. SCHWEIZER, *Gemeinde und Gemeindeordnung im Neuen Testament*, Zürich, 1959; L. M. DEWAILLY, *Envoyés du Père. Mission et apostolicité*, Paris, 1960; K. PRÜMM, *Diakonia Pneumatos, Der Zweite Korintherbrief als Zugang zur apostolischen Botschaft*, II, 1, Roma, 1960; pp. 59-75; O. CULLMANN, *Petrus, Jünger-Apostel-Märtyrer* 2ª ed., Zürich, 1960, pp. 24.4-271; L. CERFAUX, "Le message des Apôtres à toutes les nations", em *Scrinium Lovamiense (Mélanges historiques Étienne Van Cauwembergh)*, Gembloux, 1961, pp.99-107.

[256] Assim se explica por que os dons de Pentecostes foram dados a toda a comunidade e, não obstante, os apóstolos os possuem em plenitude. O mesmo Espírito Santo estará presente na Igreja segundo o modo proporcionado à comunidade, e presente nos apóstolos segundo a sua função. As decisões da comunidade serão homologadas pelos apóstolos, e as decisões apostólicas tornam-se as da comunidade; a identidade de vistas é uma conseqüência da presença do Espírito no conjunto da comunidade e seus chefes. Assim, o primeiro decreto apostólico é promulgado conjuntamente pela "comunidade", os presbíteros, os apóstolos e o Espírito Santo (At 15.22). Por isso também Paulo emprega numa de suas Cartas a fórmula clássica dos decretos: "em nome do Senhor Jesus, reunidos vós e o meu espírito, com o poder de nosso Senhor Jesus, (1 Co 5.4). O poder do Senhor Jesus não é senão o Espírito Santo e ele dirige esta assembléia ideal em que Paulo exprime a sentença da comunidade toda. O que o grupo decide é decisão de cada um, o que ele formula, é formulado por todos individualmente; o que cada um prega ou ensina, o que cada um decide, não o pode ser senão no Espírito que dirige o conjunto, e por conseguinte, representa a autoridade comum.

a teoria que Paulo explana ao falar dos carismas. Os plenos poderes são concedidos para a utilidade da Igreja; e isso no Espírito que é um, por Deus que é a fonte de todo dom, por Cristo que é o instrumento de Deus. Constatamos, tanto no ponto de partida como no ponto de chegada do apostolado, que a unidade é necessária e fundamental. Unidade de origem e de fim se correspondem.

2. Paulo afirma ou supõe regularmente a unidade das atividades apostólicas: a mensagem, a tradição, a fundação das igrejas cristãs.

A mensagem, ou o Evangelho, é essencialmente una, e esta unidade inclui a concórdia apostólica. A Epístola aos gálatas expõe longamente esta tese, para proteger os cristãos da Gentilidade contra as seduções judaizantes. Já que não há senão uma só ressurreição de Cristo, que é a origem da missão cristã e do seu sucesso, não há senão uma mensagem desta ressurreição, uma mesma força divina, um só Evangelho, pelo qual "Deus chama no dom de Cristo" (Gl 1.6). Ou ainda, o Evangelho de Paulo é o único Evangelho, porque foi-lhe confiado pela revelação de Jesus Cristo (Gl 1.12) e esta não varia. Ela é comum a todos os apóstolos[257].

Na época em que Paulo escreve suas cartas, a tradição (παρα–δοσις) está nascendo da mensagem evangélica e do ensinamento (διδαχή) dos apóstolos que a desenvolviam.

Paulo relata uma "tradição" concernente à ressurreição de Cristo (1 Co 15.3-8). Ele "recebeu" fórmulas forjadas em Jerusalém e as "transmite" como riqueza sua, seu Evangelho (1 Co 15.1), fundamento da fé dos coríntios (1 Co 15.2) e fonte de sua salvação. De tal modo é uma riqueza sua, que ele acrescenta-lhe o testemunho, – que também se torna fundamento da fé, – de sua própria visão do Ressuscitado (1 Co 15.8). Imagem da unidade apostólica: tudo o que pertence ao colégio dos "apóstolos", pertence a Paulo, o último deles, o abortivo. Ele ensina o que todos ensinam, e todos ensinam o que ele ensina: "Seja eu ou sejam eles, eis o que pregamos (κρύσσομεν), eis o que acreditastes (ἐπιστεύσατε)" (1 Co 15.11).

A fé é algo por demais importante, para que os termos desta frase não tenham valor. Paulo aplica a tese da Epístola aos gálatas;

---

[257] Cf. G. FRIEDRICH, ἐπαγγελία, em *Theol. Wörterbuch*, II, pp. 731s.

para ser verdadeiro, o Evangelho tem que ser o único Evangelho apostólico. Lembremo-nos ainda de que ele "transmite" a suas igrejas, como παράδοσις, a narração da Ceia, que recebeu dos apóstolos, seus predecessores[258]. E isso não prejudica de modo algum sua independência; sendo apóstolo, possui, junto com o colégio todo, os bens tradicionais.

A unidade do grupo apostólico acoberta também a fundação e o governo das igrejas. Todas as igrejas particulares constituem a Igreja una. A obra de Paulo não seria obra divina, nem seria integrada na Igreja se, por impossível, os apóstolos de Jerusalém se recusassem a assumir a responsabilidade dela (Gl 2.2). Paulo age e funda comunidades em nome e pela força e a delegação do Espírito que pertece a todos e a cada um.

3. Sua atitude para com a Igreja de Jerusalém manifesta seu senso de integração, como diríamos hoje, traduzindo em atitude psicológica o que é vivência da fé e da teologia. Ele impõe à suas jovens cristandades as tradições da Igreja de Jerusalém[259]; organiza coletas em prol da Igreja-mãe[260]. Tudo isso, sem dúvida, por respeito para com esta Igreja, que deve permanecer, na sua vida concreta, o centro de todas as igrejas, mas também e sobretudo porque os apóstolos de Jerusalém, os santos de Jerusalém[261], representam toda a autoridade apostólica. Paulo não vê contradição alguma entre sua independência espiritual e sua submissão ao grupo apostólico, que o sobrepuja enquanto grupo. É o grupo que recebeu as riquezas espirituais e as dispensa aos gentios (Rm 15.27); ele, Paulo, ao cumprir sua própria missão pessoal, age apenas como representante do grupo.

Vemos nascer assim, no pensamento vivo de Paulo, uma representação teológica do grupo apostólico, de que faz parte, mas cuja honra e privilégios ele considera como independentes dele, sobre-

---

[258] 1 Co 11.23 (τὸ καὶ παρέδωκα ὑμῖν).
[259] Cf. L. CERFAUX, "La tradition selon saint Paul", em *Vie Spir.*, Suppl., nº 25 (1953) pp: 176-188 (= *Recueil Lucien Cerfaux*, II, Gembloux, 1954, pp. 253-263).
[260] Sobre as coletas, cf. J. DUPONT, "Notes sur les Actes des Apôtres", em *Rev. Bibl.*, 63 (1955), pp. 54s.
[261] Cf. L. CERFAUX, "'Les Saints' de Jérusalem", em *Eph. Theol. Lov.*, 2 (1925), pp. 510-529 (= *Recueil Lucien Cerfaux*, II, Gembloux, 1954, pp. 389-413).

pujando-o como as instituições sobrepujam os indivíduos. Escreverá, nesse sentido, que a Igreja está construída sobre o fundamento dos apóstolos-profetas (Ef 2.20): a Igreja concreta é expressa em fórmulas solenes abstratas e hieráticas, e o grupo apostólico aparece já como uma realidade da fé.

4. Conforme o ponto de vista em que nos colocarmos, chamaremos o apostolado de Paulo de carismático ou de institucional. É institucional enquanto está ligado, como vimos, ao colégio apostólico fundado por Cristo; é carismático, se se quiser usar o termo, porque Paulo não recebeu seu mandato do Cristo histórico, mas de uma visão do Cristo ressuscitado. Mas deve-se notar que o apostolado dos doze seria, também ele, carismático num sentido análogo, pois eles o devem igualmente às aparições, e é o Cristo ressuscitado quem lhes dá o conhecimento espiritual da mensagem e a força que a acompanha.

Seja-nos permitido insistir: o apostolado dos doze e de Paulo poderá ser qualificado de institucional, ou de carismático. Institucional, porque fundado por Cristo durante sua vida mortal, e depois munido do poder do Espírito pela missão que o Cristo ressuscitado confiou ao grupo apostólico. Carismático, se levamos em conta, seja as aparições do Cristo ressuscitado, seja os dons espirituais concedidos aos apóstolos para a execução de sua tarefa[262].

Por causa de seu aspecto institucional, o apostolado inaugura uma função normal da Igreja. O privilégio de ter sido o início é inacessível e incomunicável: sucessor algum poderá jamais ligar-se imediatamente ao Cristo da Galiléia ou ao Ressuscitado.

---

[262] Têm sido comparados com a instituição cristã alguns textos de Qumran; assim S1 6.3: Lá onde há dez homens... estará um sacerdote; 8.1: No conselho da comunidade, haverá doze homens e três sacerdotes; Sab 2.22: prescrição para toda refeição onde se reúnem até dez homens; Dam 10,4s: ... os juízes: um número de dez homens, escolhidos na comunidade... quatro da tribo de Levi e de Aarão, seis de Israel (cf. C. Rabin, Zadokite Doc., in Dam 10,4, nota 4, p. 49: sobre os tribunais de dez juízes no rabinismo), 13,1: ... nos campos, grupos de ao menos dez homens, cf. id S 2,22; Sa 1,15; 2,1. Milh 2,1: ...os chefes dos sacerdotes, após o sumo-sacerdote e seu imediato, doze chefes para estarem a serviço perpetuamente diante de Deus; 2,2: Depois deles, os chefes dos levitas... doze 3,14: as doze tribos; 5.1 e 2 (os chefes das tribos); 4Q pIsd 1,4: ... sua interpretação refere-se aos doze (...).

Mas a função inaugurada deve continuar; será preciso continuar a anunciar a mensagem, a fundar, a dirigir as comunidades, a manter a tradição na sua linha de fidelidade ao Mestre. O princípio da sucessão é o único que assegura normalmente a continuidade de uma função[263], assim como assegura a continuidade de uma tradição.

---

[263] Contra O. CULLMANN (*Saint Pierre, disciple-apôtre-martyr*, Neuchâtel, 1952) o qual, para respeitar "o caráter temporalmente único do fundamento constituído pelos apóstolos", recorre ao princípio da "sobrevivência" deles nos escritos apostólicos. Escreve ele: "Não é um preconceito confessional que nos leva a afirmá-lo: trata-se exclusivamente do modo como o cristianismo primitivo compreendia o apostolado. Hoje, nos meados do século XX, estes escritos fazem-nos encontrar a pessoa dos apóstolos, a de Pedro, o primeiro deles: eles continuam – e ele continua – assim a sustentar o edifício da Igreja" (p. 199).

## Capítulo IV
# A MENSAGEM DE DEUS E A FÉ

1. *Missão e mensagem.* Vocabulário. – A propaganda cristã.
2. *Mensagem, perseguições e Espírito Santo.* Mensagem e perseguições. Mensagem e Espírito Santo.
3. *A evolução da mensagem.* Formas sucessivas. – A "tradição" da mensagem.
4. *Resposta à mensagem: a fé.* A entrada na existência cristã. – A fé ao longo da vida cristã. – A fé, pedra angular do cristianismo. – Fé na mensagem e sacramentos. – Conclusão.

## I - MISSÃO E MENSAGEM

### 1. *Vocabulário*

A teologia moderna fez entrar na moda o substantivo κήρυγμα[264] pelo qual ela pretende designar o que se refere à mensagem cristã. Em se tratando do vocabulário paulino, esta predileção não se justifica pela história, rigorosamente falando. O arauto, o κῆρυξ, não aparece senão nas Epístolas pastorais; κήρυγμα é usado num total de quatro vezes[265]. Só o verbo κηρύσσω é relativamente freqüente[266]. Alguns consideram as palavras desta família como equivalente de "pregar"[267]; muitos lhes atribuíram um lugar privilegiado. Não deixa de ser interessante fazer um confronto com os outros vocabulários relativos à mensagem.

---

[264] Cf. J. MÜLLER, *Die Entstehing des persönlichun Christentums der paulinischen Gemeinden*, 2ª ed., Leipzig, 1911; G. FRIEDRICH. art. χῆρυξ, χηρύσσω em *Theol. Wörterbuch*, III, pp. 682-717.
[265] Rm 16.25; 1 Co 1.21; 2.4; 15.14.
[266] Cf. G. FRIEDRICH, *art. cit.*, pp. 701.703; 18 vezes no conjunto das Epístolas.
[267] *Ibid.*, p. 702.

*a)* O verbo κηρύσσω em Rm 10.8-15, define o regime cristão. A "pregação" é a obra essencial, situada entre o envio dos apóstolos e a salvação dos cristãos. A maior parte dos empregos deste verbo se reduzem a este caso; ele aparece no momento em que o Apóstolo define sua própria atividade[268], ou então se opõe a falsas concepções[269], ou ainda quando trata da atividade apostólica em geral[270]. O substantivo toma um sentido técnico correspondente. Designa, não a mensagem tomada objetivamente, segundo o uso do termo aportuguesado "quérigma", mas a proposição da mensagem, a ação de apresentá-la[271].

*b)* Ao termo ἀπόστολος, de uso freqüente, corresponde o verbo ἀποστέλλω, que dá um colorido técnico ao sentido cristão do substantivo. De fato, Paulo só emprega este verbo três vezes: no passivo em Rm 10.15, – quase seria necessário traduzi-lo por "instituir apóstolos", na voz ativa, em 1 Co 1.17 (o Cristo não me "enviou" para batizar) e 2 Co 12.17 (onde não tem seu sentido técnico). O substantivo designando ação, ἀποστολή, técnico para significar a missão apostólica, até mesmo o ofício de apóstolo, é usado em certas passagens de polêmica e na introdução solene da Epístola aos romanos[272].

*c)* O grupo mais importante do vocabulário paulino referente à mensagem é representado por εὐαγγελίζομαι, εὐαγγέλιον[273]. Podemos fazer logo a comparação com o grupo κηρύσσω, κήρυγμα. O substantivo que indica função, εὐαγγελιστής, não tem maior aceitação do que κῆρυξ[274]. O verbo εὐαγγελίζομαι, com sentido técnico,

---

[268] 1 Ts 2.9; 1 Co 1.23; 9.27; 15.11; 2 Co 1.19; Gl 5.11; Cl 1.23; 1 Tm 3.16 (hino cristão).
[269] 2 Co 11.4; Fp 1.15.
[270] Rm 10.14.15; 1 Co 15.12.
[271] 1 Co 1.21; 2.4 (τὸ κήρυγμά μου); 15.14 (τὸ χήρυγμα ἡμῶν). É, preciso acrescentar Rm 16.25, apesar do genitivo Ἰησοῦ Χριστοῦ: também aqui se trata da proposição da mensagem, como o mostra o paralelo κατὰ ἀποκάλυψιν (κήρυγμα e ἀποκάλυψιν são correspondentes).
[272] Cf. 1 Co 9.2; Gl 2.8; Rm 1.5.
[273] J. MÜLLER, *Die Entstehung des persönlichen Christentums der paulinischen Gemeinden*, 2ª ed., Leipzig, 1911, pp. 51-53.
[274] Em Ef 4.11, Paulo usa este termo paralelamente a προφήτης e ποιμήν, com um sentido técnico que não corresponde ao apostolado no sentido estrito. Temos um sentido análogo em At 21.8, onde o diácono Filipe recebe o epíteto de "evangelista". Em 2 Tm 4.5, o sentido é genérico.

indicando a atividade apostólica ou a mensagem cristã, é pelo menos tão freqüente como κηρύσσω[275]. Mas εὐαγγέλιον sobretudo, é um termo essencialmente paulino. Paulo o emprega aproximadamente 60 vezes (incluindo as Epístolas pastorais); é curioso o contraste com a praxe de Lucas, que não usa εὐαγγέλιον no seu Evangelho[276], e dele se serve somente duas vezes no Livro dos Atos[277]. Termo técnico, exprime formalmente o conteúdo da mensagem apostólica[278]. Os Setenta geralmente não usam o verbo e o substantivo εὐαγγέλιον senão no sentido profano. Contudo, o Deutero-Isaías (ao qual Paulo se refere em Rm 10.15), com seu emprego solene e messiânico de εὐαγγελίζομαι é o ancestral direto do vocabulário "evangélico" de Paulo. A linguagem cristã da comunidade primitiva começou sua carreira. Paulo se apoderou dela. Será que ele a preferiu por encontrar nela uma antítese latente com o culto dos imperadores romanos, que propagavam seus εὐαγγέλια? Seria possível[279], mas pouco verossímil, por causa do emprego do singular na linguagem cristã, e porque não se vê Paulo protestar contra o culto imperial. O antagonismo manifestou-se mais tarde. No início ninguém desejava perceber os pródromos de uma luta que seria trágica.

Para resumir em poucas palavras, diríamos que ἀπόστολος é o único termo que designa normalmente os missionários apostólicos (deixamos de lado certos usos metafóricos como o de πρέσβυς). Os ver-bos κηρύσσω e εὐαγγελίζομαι repartem entre si as preferências para indicar a atividade apostólica; εὐαγγέλιον designa o conteúdo da mensagem.

---

[275] 20 vezes; κηρύσσω aparece 16 vezes.
[276] Contudo, Mateus o emprega 4 vezes e Marcos 8 vezes.
[277] Uma vez em palavras de Pedro a propósito dos gentios (At 15.7); uma outra vez em palavras de Paulo (At 20.24). A reserva de Lucas parece tanto mais intencional, posto que o verbo εὐαγγελίζομαι goza de sua predileção, tanto no Evangelho como no Livro dos Atos.
[278] Os verbos que Paulo utiliza a propósito do anúncio do Evangelho, com esta palavra como objeto direto, são em particular εὐαγγελίζεσθαι (1 Co 15.1; 2 Co 11.7; Gl 1.11); χηρύσσειν (Gl 2.2; 1 Ts 2.9), λαλεῖν (1 Ts 2.2), καταγγέλλειν (1 Co 9.14), γνωρίζειν (1 Co 15.1; Ef 6.19), διδάσκειν (Gl 1.12). Os usos de ἱερουργεῖν (Rm 15.16), πληροῦν (Rm 15.19), τιθέναι (1 Co 9.18) dependem de um tema que se une a este do εὐαγγέλιον.
[279] Cf. G. FRIEDRICH, art. εὐαγγέλιον, em *Theol, Wörterbuch*, II, pp. 721s

*d*) Há ainda uma outra expressão técnica: ὁ λόγος τοῦ Θεοῦ. É útil comparar seu uso com o de εὐαγγέλον. Quanto a λόγος, quase sempre é a fórmula composta ὁ λόγος τοῦ Θεοῦ que se apresenta. A origem dela está no Antigo Testamento, onde a expressão "palavra de Deus" é constante[280]. Sem dúvida, os Setenta traduzem normalmente a expressão hebraica por λόγος (ou ῥῆμα) κυρίου. Mas se Paulo procura a equivalência com o Antigo Testamento, ele substituirá Κύριος por Θεός, pois entendia-se Κύριος do Cristo[281]. Embora normalmente ele tenha abolido ῥῆμα (o concorrente de λόγος nos Setenta) de seu vocabulário, ele usa o termo numa citação expressa, Rm 10. 8-9[282].

Em Rm 9.6, por ὁ λόγος τοῦ Θεοῦ Paulo designa as profecias do Antigo Testamento; τά λόγια τοῦ Θεοῦ (Rm 3. 2) é um equivalente. A expressão ὁ λόγος τοῦ Θεου no singular com os dois artigos, é estereotipada para designar a pregação cristã[283]. É ainda o Evangelho que designam as fórmulas perifrásticas ὁ λόγος ὁ τοῦ σταυρῦ (1 Co 1.18; ὁ λόγος τῆς κατλλαγῆς (2 Co 5.19); ὁ λόγος τῆς ἀληθείας (Ef 1.13; cf. 2 Co 6.7). Λόγος, mais ainda que εὐαγγέλιον, é carregado do sentido exuberante do termo *dabar* do Antigo Testamento: a palavra, é a força ativa de Deus, criadora.

*e*) Perante estes termos de uso regular, o grupo μαρτυρέω, μαρτυρία, μάρτυς (alhures privilegiados, cf. João e Atos) e μαρτύριον[284]

---

[280] Os Setenta empregam λόγος em concorrência com ῥῆμα, cf. O. PROCKSCH, art. λέγω, em *Theol. Wörterbuch*, IV, p. 91. Compreende-se que os cristãos, influenciados pelo helenismo, tenham abandonado ῥῆμα e preferido λόγος, a palavra que estava na moda.

[281] O uso parece ainda hesitante nas Epístolas aos tessalonicenses. Primeiro λόγος é usado sem genitivo em 1 Ts 1.6 mas como sinônimo de εὐαγγέλιον. Depois aparece o genitivo τοῦ Κυρίου (1 Ts 1.8); é provável que se deva entender como genitivo de objeto, o anúncio do Senhor Jesus, cf. 2 Ts 3.1 e Cl 3.16, onde, em ὁ λόγος τοῦ Χριστοῦ, o genitivo é seguramente de objeto. O uso de 1 Ts 2.13 é interessante e nos mostra que λόγος Θεοῦ conserva sua nuança do Antigo Testamento: a Palavra de Deus, que é o Evangelho, é eficaz. Daí em diante, o uso de ὁ λόγος τοῦ Θεοῦ é bastante regular.

[282] Cf. Ef 6.17.

[283] 1 Co 14.36; 2 Co 2.17; 4.2; Fp 1.14; Cl 1.25.

[284] H. STRATHMANN, art. μάρτυς etc., em *Theol. Wörterbuch*, VI, pp. 477-520.

aparecem como primos pobres[285]. O "testemunho" da ressurreição de Cristo é eclipsado pelo "anúncio" do Evangelho e sua propagação[286].

f) A palavra μυστήριον situa-se evidentemente na categoria dos termos técnicos, mas representa uma modificação profunda da mensagem evangélica.

## 2. A propaganda cristã

Missão e mensagem se correspondem. A mensagem é propagada pela missão apostólica[287].

Alguns têm perguntado como, de um movimento cristão que teria sido no início unicamente escatológico, puderam nascer a missão e a mensagem[288]. O problema está mal colocado. O movimento religioso suscitado por Jesus prende-se ao movimento apocalíptico, mas de um modo original; em vez de se voltar sobre si mesmo, como outras formas do judaísmo depois da perseguição de Antíoco Epifânio o fizeram, ele assume o compromisso de preparar, mediante uma mudança nas consciêndas, o nascimento de uma nova era entre os homens. "O reino dos céus está perto, fazei penitência", pregava o Batista. Cristo acrescenta: "e crede no Evangelho". Tal é a origem da missão, da mensagem e da fé. O terror dos apocalipses é vencido pelo otimismo da Boa-nova. A salvação já está presente na palavra de Jesus que funda o reino. Ele se realiza mais tarde pela ressurreição de Cristo. Indo além do movimento apocalíptico, o cristianismo

---

[285] Note-se: 1 Co 1.6: τὸ μαρτύριον τοῦ Χριστοῦ e 1 Co 2.1: τὸ μαρτύριον τοῦ Θεοῦ (com a correção, que substitui μαρτύριον por μυστήριον). Entramos na esfera de idéias de 1 Co 15.15.

[286] Cf. H. STRATHMANN, art. cit., pp. 496s. Sobre o conjunto da questão: E. MOLLAND, Das paulinische Euangelion, Oslo, 1934.

[287] Cf. K. H. RENGSTORF, Apostolat und Predigtamt. Ein Beitrag zur neutestamentlichen Grundlegung einer Lehre vom Amt der Kirch, 2ª ed., Stuttgart, 1954.

[288] Uma bibliografia está indicada onde abordamos o pretenso caráter escatológico da consciência paulina, pp. 93-98. J. MUNCK, Paulus und die Heilsgeschichte (Acta Jutlandica, XXVI, 1), Kopenhagen, 1954, pp. 28-41, retoma a tese de O. CULLMANN, "Le caractère eschatologique du devoir missionnaire et de la conscience apostolique. Étude sur le κατέχον (= ων) de II Thess., II, 6-7", em Rev. Rist. Phil. Rel., 16 (1936), pp. 210-245.

recebe uma força espiritual que subverterá a vida dos fiéis. Com Paulo, a mensagem ecoará além das fronteiras de Israel e atingirá as extremidades do mundo.

Um possante movimento religioso, de outra ordem, originou-se, portanto, da expectativa apocalíptica. O acesso dos pagãos ao culto do Deus único, que era o grande sonho do judaísmo, realiza-se agora num entusiasmo que os judeus não conheciam. Confiantes no Espírito Santo, os cristãos aceitam com alegria a tribulação dos últimos tempos, vencem o medo das perseguições e descobrem que os processos religiosos são uma ocasião única para proclamar a mensagem preparatória ao julgamento e o estabelecimento do reino de Deus pelo reino de Cristo.

A mensagem cristã anuncia o "século vindouro" como já presente na ressurreição de Cristo, e os bens espirituais que já possuímos. Portanto, não é simplesmente apocalíptica. Igualmente, a missão promete desde agora os bens reais e atuais que são o penhor dos bens futuros; ela institui o organismo para recebê-los e administrá-los; o apóstolo que anuncia a mensagem torna-se o οἰχόνομος dos "mistérios", isto é, dos bens futuros presentes; para falar em linguagem concreta, ele funda igrejas e as governa.

A escatologia cristã não visa diretamente o tempo, esta abstração, mas bens presentes no céu e descidos parcialmente sobre a terra; sua presença, sua realidade, constitui até certo ponto a essência da nova religião.

## II - MENSAGEM, PERSEGUIÇÕES E ESPÍRITO SANTO

### 1. Mensagem e perseguições

1. A apocalíptica é inseparável das perseguições. Sem falar das calamidades que pesaram sobre Israel desde o século VII, a política de Antíoco Epifânio suscitou os desesperos e os sonhos da escatologia, que se tingiu dos sentimentos de reação criados pela hostilidade dos poderes públicos e do ódio que as colaborações provocavam no seio da minoria fiel. Embora ele seja fundamentalmente uma outra coisa, o cristianismo herdou do movimento apocalíptico a tensão para o mundo vindouro e certas formas literárias.

O próprio Cristo viveu nesta atmosfera. Ele foi educado no seio de um povo cansado de seus líderes, e ele mesmo enfrentou a hostilidade dos chefes de sua nação. Seria de estranhar que as idéias apocalípticas marquem seu pensamento humano? Constatamos em particular a grande influência exercida sobre ele pelo Livro de Daniel[289]. Aplica a si próprio as profecias de Isaías que previam o insucesso do antigo profeta; anuncia que os discípulos partilharão sua sorte. Era normal que ele se preocupasse com o futuro; como não iria ele perscrutar os desígnios de Deus através das Escrituras? Nelas Jesus leu seu destino e o daqueles que teriam a coragem de participar de seus riscos[290]. Tribulação (θλῖψις), tentação (πειρασμός), perseguição (διωγμός) – eis o seu quinhão e o deles[291].

Muitos exegetas criticam o discurso de missão de Mateus por descrever as perseguições; pretendem que Marcos e Lucas, que as omitem, sejam mais fiéis à forma evangélica primitiva. Mas a mais medíocre das missões, a da Galiléia, preparava a chegada do "reino dos céus", isto é, do desenlace escatológico; e este não podia ser separado da tribulação final e das perseguições, que o acompanham como a sombra segue a luz. É preciso fazer justiça a Mateus. Ele reproduz fielmente neste ponto o discurso original.

2. O que nos surpreende não é que Jesus e a tradição primitiva tenham associado as perseguições à missão, e sim que Paulo desfaça uma ligação tão íntima (conservada pelo início do Livro dos Atos) e vislumbre um cristianismo capaz de coexistir momentaneamente com as potências humanas; o que equivale a uma acalmia da "tribulação" e da "perseguição".

Na realidade, Paulo depende, neste ponto, de um outro meio que o judaísmo apocalíptico e a tradição subjacente aos nossos Evangelhos sinóticos[292]. Conforme o judaísmo helenista, os reis da terra devem

---

[289] Os dois temas essenciais da teologia de Jesus, – reino de Deus e Filho do homem – se inspiram em Dn 2 e 7. A influência do Livro de Daniel é particularmente marcante no capítulo 13 de Mateus e é constatável no hino de júbilo, Mt 11. Cf. L. CERFAUX, "Les Sources scripturaires de Mt, XI, 25-30", em *Eph. Theol. Lov.*, 30 (1954), pp.740-746; 31 (1955), pp. 331-342.

[290] Cf. Lc 22.28; ὑμεῖς δέ ἐστε...

[291] Cf. W. NAUCK, "Freude im Leiden. Zum Problem einer urchristlichen Verfolgungstradition", em *Zeitschr. Neut. Wiss.*, 46 (1955), pp. 68-80.

[292] O Evangelho de João e o Apocalipse joanino ficarão fiéis aos temas primitivos.

reconhecer a soberania do Deus do céu. É o tema desenvolvido pela Carta de Aristeu e a lenda de Nabucodonosor, no Livro de Daniel, e na história de Judite[293]. Nesta perspectiva, o cristianismo nada tem a temer da parte da autoridade política. Paulo pôde enganar-se e acreditar, ou fingir acreditar, que o cristianismo poderia viver em paz no seio do império. Os acontecimentos começaram a mostrar seu equívoco.

O Apóstolo anuncia sua mensagem num clima otimista. Ao reconhecer a necessidade da tribulação escatológica[294], evita cuidadosamente colocar em xeque as autoridades romanas; a perseguição é movida pelos judeus[295]. Depois, dá a impressão de açambarcar para si só todas as tribulações: e ele as considera mais como sofrimentos próprios do apóstolo, preço dos seus sucessos; elas consistem em suas enfermidades, insuficiências, nos empecilhos criados por Satanás à extensão do reino de Deus. Se as potências demoníacas são hostis, as "nações" contudo não o odeiam; ele é seu apóstolo, aquele que lhes leva a luz. Sua missão se realiza no entusiasmo e na confiança.

Quanto aos sofrimentos cristãos, são participação nos sofrimentos e na morte de Cristo. O tema primitivo, apocalíptico, transformou-se em tema cristológico.

## 2. Mensagem e Espírito Santo[296]

1. Esta relação origina-se em Cristo. Nos discursos da missão, Jesus prometeu aos seus que na hora das perseguições teriam a assistência do Espírito Santo para quando fossem comparecer perante

---

[293] Cf. L. CERFAUX-J. TONDRIAU, *Un concurrent du Christianisme. Le culte des souverains dans la civilisation gréco-romaine* (Bibliothèque de théologie, III, 5), Paris, 1957, pp. 218-226.
[294] Cf. 1 Ts 2.13-18; 3.4.
[295] Cf. 1 Ts 2.14-16, explicado por At 17.5-8.
[296] Para a bibliografia cf. H. WEINEL, *Die Wirkungen des Geistes und der Geister in nachapostolischen Zeitalter bis auf Irenäus*, Gießen, 1898; H. v. CAMPENHAUSEN, *Kirchliches Amt und geistliche Vollmacht in den ersten drei Jahrhunderten*, Tübingen, 1953, pp. 61ss; H. GREEVEN, "Propheten, Lehrer, Vorstcher bei Paulus", em *Zeitschr. Neut. Wiss*, 44 (1952-53), pp. 1-43.

os juízes e os pagãos e dar-lhe testemunho (Mt 10.17-20). Um tema primitivo combina, pois, perseguições, testemunho (que será a mensagem) e o Espírito Santo[297].

A intervenção do Espírito Santo em processo durante as perseguições é uma herança do judaísmo. Nos Livros dos Macabeus, sublinha-se simplesmente a fortaleza dos mártires[298]. Na descrição que Josefo nos deixou do martírio dos essênios[299] ou daquele dos σοφισταί judeus, os rabinos, Judas Matias e seus quarenta discípulos[300], a fortaleza é apresentada à moda estóica. O tema judaico correspondente é o auxílio do Espírito Santo ou do bom espírito; cf. Mart. Is 5.14: "com sua voz falava ao Espírito Santo, e por isso não deixava escapar nenhuma queixa"[301]. O tema cristão sofreu o a influência de uma nova experiência espiritual. Os carismas, e em particular as visões, são concedidos mui especialmente aos mártires. A confissão de Estêvão se acompanha de um êxtase.

O tema não é desconhecido de Paulo. A alegria, essencialmente "espiritual"[302], está em relação com a mensagem, as perseguições, o Espírito Santo em 1 Ts 1.6. A "consolação" é obra do Espírito e ela se associa, ora às tribulações e perseguições[303], ora à "paciência", que evoca a perseguição[304].

2. Ao lado do tema que liga a mensagem às perseguições, os evangelhos conhecem um outro, otimista, que vemos nascer no Deutero-Isaías. Os apóstolos anunciam a Boa-nova da salvação, a instauração do reino de Deus; toda Palavra de Deus, tal como uma semente, contém em si a força de germinar e de produzir fruto. Pais a Palavra de Deus cria, ao ser pronunciada. Jamais desce do céu em vão[305].

---

[297] Cf. Mt 5.11s; Mc 13.11; Lc 12.12; 21.14-15; At 7.52; Hb 11.33-38.
[298] H. STRATHMANN, art. μάρτυς em *Theol. Wörterbuch*, IV, p. 490. 4 Mac 10.5 emprega o termo estóico.
[299] *De Bell. Jud.*, 2, 151-153.
[300] *De Bell. Jud.*, 1, 648-655. Cf. H. STRATHMANN, *loc. cit.*
[301] Cf. *Hén.*, 47,2; literatura sobre o assunto em H. STRATMANN *art. cit.*, pp. 490s.
[302] Rm 14.17; Gl 5.22.
[303] Cf. 2 Co 1.6-7.
[304] Cf. 2 Co 1.6.
[305] Cf. Sab 18.15; Is 55.10-11.

Quando os apóstolos anunciam a paz, sua saudação é de tal modo eficaz, que o bem celeste retorna sobre eles se os homens o recusam[306].

Paulo cita a exclamação entusiasta do Deutero-Isaías: "Como são belos sobre as montanhas os pés dos mensageiros que anunciam a paz"[307]. Define o Evangelho como a força de Deus que salva os que crêem (Rm 1.16). "Recebestes a Palavra de Deus – diz ele aos tessalonicenses – não como palavra humana, mas como aquilo que realmente é, como Palavra de Deus, pela qual ele age em vós que acreditais" (1 Ts 2.13). Ora, a força de Deus é o Espírito Santo. Quando o Apóstolo prega sua mensagem, acha-se sob a influência do Espírito, que nele produz carismas milagrosos, com uma certeza palpável da ajuda de Deus; os eleitos de Deus que o ouvem são também contemplados com carismas e ajudados pelo Espírito; por este sinal se reconhece que são escolhidos.

Paulo era muito atento aos fenômenos espirituais que acompanhavam a fundação das igrejas; faz alusão a eles nas Epístolas, cada vez que se refere a estes momentos privilegiados de sua carreira. Na ação de graças de 1 Ts 1.2-10 relembra a fé, o amor e a esperança dos tessalonicenses na época da sua primeira viagem; seguramente eles são eleitos de Deus, pois ele lhes anunciou o Evangelho com poder, no Espírito Santo e com uma confiança total[308]. Quanto aos gálatas (Gl 3.1-5), na ocasião em que a fé lhes foi anunciada, fizeram a experiência dos carismas[309] e Paulo opera milagres entre eles. O mesmo se dá na igreja de Corinto: desde o início os fiéis foram enriquecidos de toda espécie de carismas; assim o testemunho do Apóstolo era "consolidado", confirmado por estas experiências espirituais (1 Co 1.4-9), como o era também pela força sobrenatural que o sustentava na sua depressão; sua fraqueza manifestava a

---

[306] Cf. Mt 10.13.
[307] Is 53.7 citado em Rm 10.15.
[308] Paulo justapõe os dois temas. Com efeito, ele acrescenta que os tessalonicenses o imitaram bem como ao Senhor, recebendo a palavra em meio a uma grande tribulação, com a alegria do Espírito Santo (1 Ts 1.5-6).
[309] Ἐπάθετε: v. 4 Compare-se com o uso de πάσχω com referência a uma experiência carismática, TERTULIANO, De Anima, 9: *est hodie soros apud nos revelationum charismata sortita, quas in ecclesia inter dominica solemnia per ecstasim in spiritu patitur*. Cf. *supra*, p. 82.

presença do Espírito, um poder que vinha de Deus (1 Co 2.1-5). Numa palavra, em todas as suas fundações de igrejas, Cristo agia por ele, através de suas pahvras e atos, a fim de submeter as nações ao Evangelho, "no poder dos milagres e na virtude do Espírito" (Rm 15.18-19).

Tal é, pois, a persuasão de Paulo: a Palavra de Deus, identificada com o poder espiritual, concretiza-se nas fórmulas da mensagem; age ao mesmo tempo no Apóstolo e naqueles que a recebem. Produz no Apóstolo uma confiança sobrenatural; curva as inteligências e as vontades sem anular sua autonomia[310]; é acompanhada do dom dos milagres e da autoridade sobre o mundo dos espíritos[311].

## III - A EVOLUÇÃO DA MENSAGEM

### 1. Suas formas sucessivas

É impossível traçar as fronteiras exatas da mensagem. O ensino seria coisa diversa da mensagem continuada? Da mensagem e do ensino origina-se a "tradição". A teologia que coisa seria senão o desenvolvimento da mensagem? Como distinguir germe e crescimento[312]?

A mensagem penetra intimamente na teologia paulina. Esboçar em grandes linhas seus caminhos, primeiro seguindo formulações paralelas às da mensagem apostólica comum, depois em sua pista própria, será fixar ao mesmo tempo o fio condutor de sua teologia.

1. Nos primeiros dias da fé cristã, os apóstolos de Jerusalém se apresentaram como testemunhas da ressurreição. Se variavam suas fórmulas, depois de ouvidos seus discursos e narrações das aparições, tudo se resumia na confissão de fé: Cristo ressuscitou. Eles próprios fixaram seu testemunho em proposições curtas que se tomaram ensino e tradição. Assim nasceram a mensagem da

---

[310] Cremos poder traduzir assim 2 Co 10.1-6; 1 Co 4.19-21.
[311] Cf. 1 Co 5.4s; 2 Co 10.1s.
[312] C. H. DODD, *The Apostolic Preaching and its Developments,* Londres, 1936.

ressurreição (1 Co 15.3-7) e a celebração da última Ceia. A mensagem ultrapassou os limites do testemunho. Os doze haviam esperado a vinda do reino de Deus, e sido os colaboradores de Cristo na missão da Galiléia, para anunciar que o reino estava para se estabelecer sobre a terra. Com a vinda do Espírito Santo fez-se em seu espírito a síntese entre esta mensagem do reino e a da ressurreição.

A mensagem mais primitiva de Paulo é a da ressurreição. É a mensagem apostólica, que ele, aliás, desenvolverá de maneira original[313]. Ele será igualmente pessoal extraindo da mensagem da ressurreição a do senhorio de Cristo.

A primeira Epístola aos tessalonicenses nos dá a conhecer uma forma muito antiga de seu "Evangelho". O Apóstolo cristianiza um tema apocalíptico do judaísmo helenista: o mundo pagão está sob a ameaça iminente do juízo de Deus; ressuscitando seu Filho Jesus, Deus designou o juiz soberano deste julgamento escatológico; a salvação consiste em conhecê-lo e aguardar sua vinda. Notem-se as inegáveis semelhanças com os discursos de Pedro no Livro dos Atos.

Na tradição cristã tinha-se formado o dístico: Jesus morreu pelos nossos pecados e ressuscitou (ou Deus o ressuscitou). Paulo conhece a antítese morte-ressurreição e a explana utilizando até mesmo processos da retórica grega[314].

2. O judaísmo helenista apoiava-se numa temática de propaganda religiosa, nascida na filosofia religiosa e que propugnava a célebre fórmula εἷς θεός, uma espécie de profissão de fé monoteísta dos antigos filósofos gregos. Paulo retoma-a de um modo original. Segundo o Livro dos Atos, ele a teria utilizado abertamente, na alocução de Listra e sobretudo no discurso do Areópago: o Deus "desconhecido", ao qual Atenas consagrou um altar, seria este Deus por quem suspiram obscuramente as almas religiosas. Há ainda vestígios do tema na mensagem relembrada em 1 Tessalonicenses, quando Paulo ensinava a abandonar os ídolos para adorar o Deus "vivo e verdadeiro" (1 Ts 1.9).

---

[313] Cf. L. CERFAUX, *Le Christ dans la théologie de saint Paul*, 2ª ed., Paris, 1954, pp. 85-93, J. SCHMITT, *Jésus ressuscité dans la prédication apostolique*, Paris, 1949, pp. 3-105.
[314] L. CERFAUX, *op. cit.*, pp. 21-27.

Mais ou menos paralelo a este primeiro tema de propaganda é o da *theologia naturalis*, empregado em Romanos e 1 Coríntios[315]. A inteligência humana possui a capacidade de descobrir a Deus por meio das obras criadas. As filosofias fracassaram na missão que deveria ser a sua. É este o fundamento do grande discurso "protréptico" que abre a Epístola aos romanos. O mundo revela a Deus, mas os homens, embora tenham sabido reconhecê-lo[316], preferiram confiar no seu raciocínio e sua "sabedoria"[317]; trocaram o monoteísmo pela idolatria. Do ponto de vista moral, a idolatria significa a decadência total; o paganismo está votado ao pecado[318]. Não é melhor a situação do judaísmo sob o regime da Lei[319]; toda a humanidade está encerrada sob o pecado[320]. De modo que o cristianismo será a única saída desta tragédia.

1 Coríntios dirige o mesmo discurso contra a filosofia grega. Esta, que normalmente deveria levar o homem ao conhecimento de Deus, foi utilizada pelos "arcontes" deste mundo. É por isso que a pregação cristã contradiz de fronte as tendências dos gregos (e dos judeus), e assim se realiza a sabedoria de Deus. A pregação delineia a "mensagem da cruz". A sabedoria divina manifesta-se no seu paradoxo, loucura para os gregos, que pedem uma sabedoria humana[321]; escândalo para os judeus que esperam por sinais de poder[322].

3. A evolução da mensagem se faz segundo um outro caminho. A fé e a salvação presente (a justiça de Deus) que inicialmente lhe eram extrínsecas (sendo respectivamente resposta dos homens ao apelo de Deus e dom de Deus) vão penetrar em seus enunciados[323].

---

[315] Cf. *supra*, pp. 23-34.
[316] Ἰνόντες τὸν Θεόν (Rm 1.21). Paulo quer falar da origem da idolatria.
[317] Φάσκονες εἶναι σοφί (Rm 1.22). A crítica é contra as filosofias.
[318] Seria fácil destacar em outros lugares observações menos pessimistas. Mas aqui se trata do colorido geral do discurso de Paulo.
[319] A filosofia e a voz da consciência constituem para os pagãos como que sucedâneos da Lei.
[320] Rm 3.9-20; cf. Gl 3.22.
[321] Διὰ τῆς μωρίας τοῦ κηρύγματος (1 Co 1.21).
[322] Paulo talvez pense nas especulações dos círculos apocalípticos que pedem aos cristãos sinais no céu ou sinais anunciados pelos profetas, como Daniel. Cf. 2 Co 12.12. Paulo mostra sinais, mas de um outro modo.
[323] Cf. Rm 3.21s; 1.16.17; 10.8.

Graças ao sentido complexo do termo πίστις, a mensagem consistirá de fato em propor "a fé": a economia da fé se oporá à economia da Lei e, a partir daí, por uma metonímia natural, a mensagem cristã será a da fé: "Aquele que antes nos perseguia, agora 'evangeliza' a fé que outrora tentava destruir" (Gl 1.23).

4. No fim da atividade epistolar de Paulo, o Evangelho se identifica 'com' a proclamação do mistério de Cristo. Já em 1 Co 2.6-13 Paulo falava de "Sabedoria em mistério". Aí, contudo, a mensagem era o discurso da cruz. A "Sabedoria em mistério" (uma espécie de filosofia revelada) ficava extrínseca à mensagem propriamente dita, reservada aos "perfeitos" e exposta em encontros secretos inspirados (λαλοῦμεν: 1 Co 2.6). Nas Epístolas do cativeiro a situação é outra: o "mistério" é o objeto da atividade apostólica, que se torna "revelação" sem deixar de ser evangelização[324].

## 2. A "tradição" da mensagem

Os apóstolos são enviados para anunciar a mensagem. Eles têm mandato para não somente anunciá-la, mas para conservar sua integridade, graças à proteção de Deus e de Cristo e aos carismas que garantem sua própria fidelidade.

A partir do momento em que outras pessoas fora os apótolos repetem sua mensagem, nasce uma tradição. Esta existe já durante a vida deles. Paulo exerceu com energia e firmeza seu direito e dever de "guardar" a tradição apostólica. Fê-lo em nome do carisma especial que recebera por sua vocação, e em nome de todo o grupo apostólico ao qual Deus o associara.

Com a tradição, entramos no mundo das instituições estáveis. A morte dos apóstolos nada altera; ela continuará seu curso, pois é necessária à vida da Igreja. A Escritura não tomará o lugar da tradição.

## IV - RESPOSTA À MENSAGEM: A FÉ

Os termos πίστις e πιστεύω estão normalmente em relação com a aceitação da mensagem. Primeiro se recebem as afirmações"

---

[324] Cf. *infra*, pp. 480-505.

doutrinais" contidas na mensagem e a pessoa se submete aos fatos cristãos: Cristo virá julgar, ele ressuscitou, morreu pelos nossos pecados. Estes fatos são mais que simples acontecimentos históricos: intervenções divinas transcendentes se exprimem através deles: pela morte de Cristo e sua ressurreição, Deus realizava a obra da salvação, como ele completará sua realização pela parusia. Submeter-se aos fatos é, pois, entregar-se com confiança a Deus que nos salva. Esta confiança é total: a pessoa crê com toda sua alma e submete toda a sua existência à ação divina que nela se exerce desde que ela se entregou à mensagem[325].

Quase imperceptivelmente se produz uma evolução semântica. A fé passa a exprimir toda a vida cristã, firmada nesta confiança que se dá a Deus entregando-se ao Espírito e obedecendo às tradições ligadas à mensagem. A seguir ela tomará um sentido eclesial: a mensagem chega até nós por intermédio de uma comunidade, a Igreja; não será jamais a mensagem de um apóstolo individual, nem sobretudo de um simples homem. A fé nos insere na vida da Igreja.

## 1. A entrada na existência cristã

1. O caso de Paulo é privilegiado. Desde seu nascimento, Deus o havia separado do resto da humanidade para a missão que lhe destinava, e o "chamara" pela visão do Cristo ressuscitado. Paulo não recebeu antes a mensagem apostólica; sua fé não foi uma resposta, como sucede aos cristãos ordinários. Se ele consentiu de modo eminente naquilo que Deus desejava dele, foi à maneira dos profetas do Antigo Testamento: o apelo de Deus exerceu sobre ele uma

---

[325] As modalidades de sentido geralmente se integram numa significação global. Apontemos os casos em que a fé aparece claramente como resposta à mensagem (e o texto estabelece a ligação, explícita ou implicitamente, da mensagem com a fé): com πίστις: Rm 1.5; Gl 3.2-3; 1 Co 2.5; 15.14.17; 2 Ts 2.13; com πιστεύω: Rm 1.16; 10.16; 1 Co 1.21. O aoristo de πιστεύω indica, no passado, a entrada no cristianismo por um ato de fé prestado à mensagem uma vez por todas: Rm 13.11; 1 Co 3.5; 15.2.11; Gl 2.16; Ef 1.13; 2 Ts 1.10. Na maioria dos nossos textos, a fé, resposta à mensagem, comporta juntamente a submissão (ὑπακούω) intelectual e uma doação da vida a Deus. É este o caso, com πίστις, de 1 Co 16.13; 2 Co 1.24; 5.7; 10.15; 13.5; Fp 1.27; 2.17.

espécie de coação. Não foi violada a sua liberdade humana, mas ele se sentia como que esmagado pelo poder de Deus que o arrastava. Quando, em Gl 2.16 ele parece situar-se entre os que acreditaram (ἐπιστεύσαμεν), ele alude menos ao seu caso particular do que ao de todos os judeus, no meio dos quais sua argumentação o coloca. Em 1 Co 15.11, ele revela sua verdadeira consciência apostólica: leva aos outros a mensagem de Deus com o oferecimento da fé: "eis aí nossa mensagem, eis o objeto de vossa fé"[326]. Sua autoridade e sua função de apóstolo apõem-no àqueles que aceitam a mensagem (cf. 1 Ts 2.10). Também Paulo é introduzido na Igreja mediante a fé, mas de um modo eminente.

2. É pela fé na mensagem que os cristãos se abrem à salvação. Ao lado da fórmula fundamental "crer na mensagem", outras expressões são formadas muitas vezes com o verbo" receber" (δέχομαι): receber a palavra (1 Ts 1.6), ou o Evangelho (2 Co 11.4)[327], ou ainda, o amor de Deus que nos traz a verdade (2 Ts 2.10)[328]. Emprega-se o verbo παραλαμβάνω, que se usa, no seu sentido próprio, com referência as tradições recebidas. 1 Ts 2.13 exprime duas vezes a inserção da mensagem cristã no ambiente da tradição das escolas judaicas: pelo verbo παραλαμβάνω e pelo substantivo ἀκοή que designa a tradição recebida[329]: "tendo recebido a palavra que ouvistes como vinda de Deus por nosso intermédio... pela qual (Deus) age em vós, os crentes"[330]. O verbo παραλαμβάνω terá como objeto direto a "tradição" (τὴν παράδοσιν) (2 Ts 3.6), o "Evangelho" (1 Co 15.1: "o Evangelho que vos anunciei"; cf. Gl 1.9), "o Cristo Jesus" (enquanto ele é objeto do Evangelho) (Cl 2.6). Em Fp 4.9, a "tradição da doutrina" une-se (como no tema cínico) com a imitação: "o que aprendestes e recebestes (παρελάβετε) e ouvistes de mim e observastes em mim, isto praticai".

O verbo ouvir (ἀκούειν) é utilizável do mesmo modo que "receber" ou "aceitar por tradição"; é empregado nas mesmas condições

---

[326] Οὕτως κηρύσσομεν καὶ οὕτως ἐπιστεύσατε.
[327] 2 Co 6.1: τὴν χάριν δέξασθαι é orientado de modo diverso.
[328] Cf. 2 Ts 2.12, o equivalente: "tendo acreditado na verdade".
[329] Cf. W. D. DAVIES, *Paul amd Rabbinic Judaism. Some Rabbinic Elements in Pauline Theology*, Londres, 1948.
[330] Παραλαβόντες λόγον ἀκοῆς.

e com determinações análogas: "tendo ouvido a palavra da verdade, o Evangelho de vossa salvação" (Ef 1.13)[331]; "o Evangelho que ouvistes" (Cl 1.23). A pessoa "ouve" "o Cristo" (objeto do Evangelho) (Rm 10.14). Em Cl 1.5, passagem paralela a Ef 1.13, o composto προακούειν substitui o verbo simples: "a esperança que vos está reservada no céu, da qual ouvistes o anúncio, mediante a palavra da verdade, o Evangelho, que chegou até vós"; a frase continua relembrando "o dia em que escutastes e conhecestes a graça de Deus na verdade (do Evangelho)" (Cl 1.6). Destaquemos, em Gl 3.2: "a audição da fé" (ἀκοῆς πίστεως); pode-se parafrasear: a audição da mensagem que vos foi apresentada para objeto de vossa fé. A obediência ao Evangelho, indicada pelo verbo ὑπακούω, contém igualmente a idéia da mensagem ouvida, à qual se adere com fé[332].

Em Rm 10.14s parte-se da invocação de Cristo (a qual traz em si a salvação) para atingir a mensagem apostólica, através de uma sucessão de verbos: invocar – crer – ouvir – proclamar – (κηρύσσω) – ser enviado (ἀποσταλῶσιν). Em ordem inversa, pois, os passos que a isso correspondem são: a mensagem, sua audição material, a audição formal, com submissão, isto é, a fé, a invocação do Senhor (com as experiências normais da vida cristã).

A abundância deste vocabulário é reveladora da importância capital da mensagem e da fé na síntese paulina. A fé na mensagem é o lugar onde a ação divina toca o homem e nele se insere para o transformar[333]. A salvação futura é garantida àqueles que aceitaram

---

[331] O contexto indica com evidência que se trata da entrada no cristianismo, pois a frase continua: "no qual (o Cristo), depois de ter dado vossa adesão de fé (πιστεύσαντες), fostes marcados com o selo do Espírito da promessa". As operações sucessivas são analisadas: ouvir a mensagem, crer, receber os carismas extraordinários (na ocasião do batismo). Entretanto, ἀχούειν inclui ordinariamente a boa vontade com a qual se ouve, e esta é já a fé.

[332] Cf. Rm 10.16; 2 Ts 1.8; Cf. Rm 6.17.

[333] Paulo não fez mais que explicitar uma noção primitiva. Nota-se no judaísmo uma tendência geral a ressaltar a importância da fé, mas esta em geral é apenas confiança em Deus e submissão leal à Lei; tende a transformar-se numa espécie de obra, sem idéia de adesão entusiasta a uma pessoa. Cf. R. BULTMANN, art. πιστεύω em *Theol. Wörterbuch*, VI, pp. 199-203. Quanto a

a mensagem cristã da ressurreição de Cristo. A salvação não é unicamente futura, ou melhor, representa um futuro escatológico que, por sua natureza, é susceptível de antecipação na vida presente; a fé na mensagem colocará, pois, os cristãos sob a influência dos dons de Deus. Quando a mensagem adotar a idéia de mistério, bastará que a fé desenvolva suas virtualidades para que se torne conhecimento intuitivo do plano divino. A estas três considerações sucessivas sobre a vida do cristão correspondem a segunda, terceira e quarta partes de nosso estudo.

O papel que a fé devia exercer no Novo Testamento tinha sido preparado na antiga Lei. Deus exige de seu povo a confiança; é a condição para que lhe dê a salvação: "Se não acreditais, não sereis salvos" (Is 7.9)[334].

O mais importante dos" testemunhos" paulinos do Antigo Testamento, a saber, o texto de Gn 15.6: "Abraão creu em Deus e isto lhe foi imputado em conta de justiça"[335], tinha sido posto em destaque por 1 Mac 2.52, no começo do panegírico dos Patriarcas no testamento de Matatias. O texto conclui: "Todos os que esperam nele (esta esperança confiante não é outra coisa senão a fé) não desfalecerão jamais" (2.61).

## 2. A fé ao longo da vida cristã

A fé não é somente um ato instantâneo (representado pelo aoristo de πιστεύω), que introduz o cristão na vida cristã. Ela continuará a ser a disposição fundamental que o acompanhará por toda a sua existência e continuará a submetê-lo a toda a ação eficaz de Deus; a "justiça de Deus", isto é, esta força de Deus que desce do céu e não cessa de agir em nós até o fim, revela-se em nós "de fé em fé". Assim, a fé é a primeira virtude "teologal", a disposição essencial da alma que se orienta para Deus.

---

Qumran, veja-se o pHab 2,6-8; 7,10: a fé nas pregações escatológicas do Mestre de justiça distingue os verdadeiros israelitas dos traidores da Aliança (cf. também Dam 1,12s etc.).

[334] Cf. Is 28.16; 30.15; Jr 17.5; S1 52,9.
[335] Rm 4.3; Gl 3.6.

No domínio da moral, é a fé que pauta toda a vida cristã. Produz o amor e as virtudes conexas (Gl 5.6) ou manifesta-se no amor, benevolência etc. (Ef 1.15; 3.17)[336].

## 3. A fé, pedra angular do cristianismo

A fé, seja ela a primeira aceitação da mensagem ou submissão permanente à ação divina, é base de toda a vida cristã. Veremos como a controvérsia com os judeu-cristãos uniu seu destino ao da "justificação". Este laço real não é de modo algum exclusivo. A "justificação" exprime o dom divino correspondente à atitude humana da fé na mensagem, mas a fé nos faz "viver" da vida do Cristo, como também nos justifica; introduz em nós as riquezas do Espírito como também a justiça de Deus.

A vida cristã, à qual a fé dá acesso, será ao mesmo tempo uma vida individual, pessoal, e vida numa unidade eclesial.

A fé que Deus exigia no Antigo Testamento era a confiança de seu povo. A fé do Novo Testamento será também a de um povo novo. Contudo, é grande a diferença. A aliança antiga tinha sido concluída com um povo, a raça que se originou de Abraão ou as tribos confederadas por Moisés. Primitivamente não havia outra vocação senão a da raça eleita. No Novo Testamento, a predileção divina atinge diretamente pessoas humanas. Ela as reunirá todas num novo povo, mas cada uma delas permanecerá, individualmente, a imagem de seu Filho único[337].

Na história concreta, a vocação cristã atingirá sucessivamente indivíduos isolados ou pequenos grupos que formarão em seguida grandes igrejas ou parcelas da Igreja única. Se é às comunidades que o Apóstolo escreve suas Cartas, não deixa, no entanto, de saudar pessoalmente os cristãos; ele gerou à vida nova cada um de seus cristãos e interessa-se ao mesmo tempo pela boa ordem de todo o conjunto da Igreja. Sobretudo nas Epístolas aos coríntios respira-se

---

[336] A noção de fé especifica-se, em seguida, de diversas outras maneiras; ela se torna um carisma ou ainda a qualidade das consciências esclarecidas (cf. 1 Co 12.9; 13.2; 2 Co 8.7; Rm 12.3.6; 14.1.22.23).

[337] Cf. D. CAIRNS, *The Image of God in Man*, Londres, 1953, pp. 17-52; J. JERVELL, *Imago del* (*Forsch. z. Rel. u. Lit. d. A. u. N. T.*, N. F., 58), Göttingen, 1960.

o ar de "liberdade" das cidades gregas. O respeito pela cidade e a altivez do cidadão grego passaram para a Igreja cristã. Jesus possuía a liberdade de um Filho de Deus. O próprio Paulo foi uma daquelas personalidades fortes que a idade helênica soube produzir. Autoritário enquanto representante de Cristo, evitava impor sua vontade pessoal a seus cristãos: "não que pretendamos dominar sobre a vossa fé – escreve aos coríntios –; queremos apenas contribuir para a vossa alegria" (2 Co 1.24)[338].

## 4. Fé na mensagem e sacramentos

Os sacramentos fazem parte da economia cristã[339]. Onde os situar com referência à mensagem e à fé, termo lógico da perspectiva paulina da salvação?

Por "sacramentos", batismo e Ceia, entendemos antes de tudo as ações sagradas que produzem um efeito sobrenatural[340]. Paulo recebeu os "sacramentos" do cristianismo primitivo. O batismo já havia servido a João Batista para confirmar sua mensagem e recrutar os candidatos do reino. A Ceia foi instituída por Cristo (1 Co 11.24-25) em memória de sua morte.

Se Paulo se submeteu à tradição, não devemos esquecer que sua missão pessoal consistia em levar ao mundo pagão a mensagem do Filho de Deus ressuscitado na glória: "Cristo não me enviou para batizar, mas para evangelizar" (1 Co 1.17); seria difícil compreender que ele tivesse fundado sua construção teológica sobre os ritos[341].

Enquanto pudemos constatar, ele é levado a falar dos sacramentos menos por causa da exposição orgânica de sua síntese, do que

---

[338] Cf. O. KUSS, "Der Glaube nach den paulinischen Haupbriefen", em *Theol. u. Glaube*, 46 (1956), pp. 1-25; B. REICKE, *Glauben und Leben der Urgemeinde, Benerkungen zu Apg. 1-7* (*Abh. z. Theol. d. A. u. N. T,* 32), Zürich, 1957.

[339] Cf. R. SCHNACKENBURG, *Das Heilsgeschehen bei der Taufe nach dem Apostel Paulus. Eine Studia zur paulinischen Theologie*, München, 1950.

[340] 1 Co 10.1-6. Os hebreus do deserto foram batizados em Moisés e foram nutridos com um alimento espiritual que vinha de Cristo. Cf. 12.13.

[341] A importância dos ditos não fica de modo algum diminuída pelo fato de Paulo ter construído sua síntese da economia cristã sobre a mensagem e, portanto, sobre a fé.

por circunstâncias particulares da vida das suas igrejas. As falsas concepções dos coríntios sobre a Ceia eucarística e as infiltrações pagãs que ele constatará na celebração do banquete do Senhor, obrigam-no a lembrar-lhes as verdadeiras intenções de Cristo na instituição da Eucaristia. Fala do batismo a estes mesmos coríntios, para protestar contra a tendência, que suspeita existir entre eles, de ver neste rito um ato de adesão a todo fundador de religião (1 Co 1.12-16). Na Epístola aos romanos, é pela obrigação de se defender da acusação de laxismo que aduz como prova o batismo cristão, que nos une à morte de Cristo, e tende assim, por sua virtude própria, a banir o pecado das existências cristãs (Rm 6.1-11).

Os sacramentos supõem ter sido recebida e acolhida na fé a mensagem. Pertencem ao crescimento da vida cristã e deles trataremos oportunamente, a propósito da união ao Cristo. Não transparece que Paulo se tenha perguntado se, separada do batismo, a fé nos alcançaria os efeitos da morte do Senhor. Sem dúvida, será melhor dizer que a fé e o batismo, que acompanha normalmente a profissão de fé, são na realidade inseparáveis. Mas na síntese teológica paulina, a mensagem da morte e da ressurreição de Cristo ocupa um lugar tão importante, que a fé, pela qual nos submetemos a ela, aparece como a conexão indispensável entre a vontade salvífica de Deus e sua realização nos cristãos. Isto é tão certo, que o verbo πιστεύω no aoristo significará muitas vezes a totalidade do processo (incluindo o batismo) pelo qual um pagão é introduzido na Igreja[342].

---

[342] Vistos sob certo ângulo, os sacramentos permanecem na linha da mensagem; como num "drama", figuram a morte e a ressurreição de Cristo: "Quando comeis o pão e bebeis o cálice – escreve Paulo aos coríntios – anunciais publicamente (καταγγέλλετε) a morte do Senhor, aguardando sua vinda" (1 Co 11.26). O sentido de καταγγέλλω (empregado só nos Atos e nas Cartas de Paulo) é uniforme e sempre se aplica à mensagem evangélica; 11 vezes nos Atos e 6 vezes em Paulo (Rm 1.8; 1 Co 2.1; 9.14; Fp 1.17.18; Cl 1.28). A Ceia será, pois, a mensagem da morte do Senhor. Seríamos tentados a atribuir uma significação análoga ao rito do batismo, que figura, como um drama representado, o sepultamento e a morte de Cristo, cf. Rm 6.3-5. Não se poderia introduzir neste contexto Gl 3.1: οἷς κατ' ὀφθαλμοὺς Ἰησοῦς Χριστὸς προεγράφη ἐσταυρωμένος (προγράφω com o sentido de desenhar, pintar, a partir de Heródoto, cf. W. BAUER, *Wörterbuch z. N. T.*, Berlin, 1958, c. 1306; G. SCHRENK, art. προγράφω, em *Theol. Wörterbuch*, I, pp. 771s).

## Capítulo V
# CONCLUSÃO DA PRIMEIRA PARTE

O que define o cristão é o lugar que Deus lhe reserva no seu plano de salvação. É por isso que consagramos o primeira parte à análise da economia cristã.

1. A soteriologia paulina caracteriza-se pela importância capital atribuída à morte e à ressurreição de Cristo. Nisto Paulo não é de modo algum inovador: representa a fé de todo o cristianismo primitivo.

O cristianismo se insere numa grande corrente apocalíptica. Ultrapassa-a por uma certeza que lhe é própria: Cristo, entregue à morte, ressuscitou; esta ressurreição e esta morte, fonte da salvação, inscreveram-se no tempo como ponto de partida dum novo período, o tempo da salvação.

2. A morte e a ressurreição de Cristo são para Paulo fatos objetivos, não apenas na sua realidade material, histórica, mas também na sua significação teológica. Morte e ressurreição são inseparáveis na sua eficácia.

3. Os fatos que inauguram a salvação se prolongam de certa forma na mensagem e na fé que nasce desta mensagem. Os antigos, inclusive Paulo, distinguem pouco o caráter objetivo dos fatos da salvação e a subjetividade da fé. Para eles, os estados de consciência abrangem o objetivo e o subjetivo. A mesma obra de Deus, que aceitava a morte de Cristo para reconciliar consigo o mundo e que ressuscitava o Cristo para criar uma vida nova, continua pela mensagem e na fé.

4. A mensagem apostólica é, pois, uma peça fundamental do sistema teológico de Paulo. De seu papel capital deriva a importância da fé. A fé submete o homem à mensagem que traz consigo o poder eficaz da morte e da ressurreição de Cristo; em outras palavras,

se recebemos a mensagem na fé, o poder salvífico de Deus, que se manifestou na morte e ressurreição de seu Filho, age em nós e nos salva. "(O Evangelho) é a força de Deus para a salvação de todo o que crê, primeiro do judeu, depois do grego" (Rm 1.16).

Por conseguinte, não é a mensagem como tal que salva, nem tampouco é a fé. A salvação se obtém pela eficácia da ressurreição de Cristo, – precedida da eficácia expiatória e redentora de sua morte querida por Deus, – conduzida pela mensagem apostólica. A salvação é oferecida a todos os homens, mas não exerce sua eficácia real senão sobre os cristãos, isto é, aqueles que recebem a mensagem na fé.

Esta função da mensagem permite constatar a originalidade do cristianismo. Os sacramentos não possuem a importância preponderante que lhes seria devida numa religião de mistérios; por outro lado, a diferença com as religiões de gnose é claramente marcada pela submissão à instituição apostólica. O cristianismo não é tampouco um sucedâneo do judaísmo, pois a mensagem cristã transfigura o Antigo Testamento.

5. A fé tal como a definimos é, pois, o ponto de partida da vida cristã. A importância que Paulo atribui à ressurreição de Cristo faz-nos entrever desde já duas direções na teologia do cristão. A primeira será escatológica. Longe de perder sua força devido à ressurreição de Cristo, a espera dos últimos dias será, ao contrário, estimulada e fortalecida por ela. Já que a ressurreição de Cristo já exerce seus efeitos desde agora sobre a vida cristã, a teologia tomará uma segunda direção, interessando-se pelas realidades atuais da vida cristã, participação na vida do Cristo ressuscitado e no Espírito Santo.

Seguem-se, portanto, duas partes: uma dedicada à escatologia, a outra à descrição da situação atual do cristão. A evolução da teologia nas Epístolas do cativeiro nos levarão a propor na última parte o mistério da salvação por Cristo.

A essas três partes correspondem três fases na teologia paulina. O centro de gravidade do pensamento se desloca, passando do futuro escatológico aos bens da salvação já presentes. Em sua última fase, o pensamento se aprofunda na contemplação da obra divina da salvação.

## Segunda Parte

## A ESPERANÇA CRISTÃ

Cristo havia anunciado sua vinda gloriosa segundo a profecia do Filho do homem de Daniel, e todo o cristianismo a aguardou. Paulo partilhou da esperança comum. Durante sua estadia em Corinto, teve de reanimar a esperança da igreja na ressurreição dos mortos; foi a ocasião de explanar este aspecto do triunfo dos cristãos na parusia; ao mesmo tempo, isto o fez mudar o centro de interesse da escatologia; sua teologia ficará profundamente transformada. Paulo libertou-se parcialmente dos entraves da antropologia judaica e passou a conceber a sorte futura das almas dum modo mais próximo da imortalidade grega. Assim chegamos aos três capítulos da segunda parte.

Pareceu-nos que o título "escatologia"[343], seria presunçoso para um estudo que deixa de lado, sobretudo, o aspecto cristológico da escatologia, e que trata todos os acontecimentos escatológicos sob o ponto de vista da salvação dos cristãos, antes que sob o ângulo do fim do mundo presente.

---

[343] Cf. K. KABISCH, Die Eschatologie des Paulus in ihren Zusammenhängen mit dem Gesamtbegriff des Paulinismus, Göttingen, 1893; E. TEICHMANN, Die Paulinischen Vorstellungen von Auferstehung und ihere Beziehungen zur Jüdischen Apokalyptik, Friburg in Br., 1896; W. BALDENSPERGER, Die messianisch-apokalytischen Hoffnungen des Judentums, 3ª ed., Strasburg, 1903; H. L. STRACK-P. BILLERBECK, Kommentar zum Neuen Testament aus Talmud und Midrasch, IV, München, 1928, pp. 799-1015; O. CULLMANN, Le retour du Christ, espérance de l'Église selon le N. T., 2ª ed., Neuchâtel, 1945; PH. H. MENOUD, Le sort des trépassés, Paris, 1945; H. A. GUY, The New Testament Doctrine of the "Last Things", Londres, 1948; O. SCHILLING, Der Jenseitsgedanke im Alten Testament, Mainz, 1951; J. A. T. ROBINSON, The Body. A Study in Pauline Theology, Londres, 1952; W. GROSSOUW, "L'espérance dans le Nouveau Testament", em Rev. Bibl., 61 (1954), pp. 508-532; B. RIGAUX, Saint Paul. Les Épîtres aux Tessaloniciens (Études Bibliques), Paris, 1956; F. SPADAFORA, L'escatologia di S. Paolo, Roma, 1957; W. G. KÜMMEL, "Futurische und präsentische Eschatologie im altesten Urchristentum", em New Test. Studies, 5 (1958-59), pp. 113-126.

## Capítulo I
# A PARUSIA

1. *O fato da parusia.* Descrição. – O combate escatológico. – A grande tribulação e a perseguição.
2. *A proximidade da parusia.*
3. *As exortações fundadas sobre a parusia.* Exortação antiga. – Sobre o tema: o "dia" do Senhor. – A exortação "aproveitar o tempo presente".

Fiel às tradições da Igreja de Jerusalém, Paulo prega a "vinda" de Cristo, o juízo iminente e a salvação dos cristãos. Resumiu em 1 Ts 1.9-10 a mensagem que anunciava às cidades pagãs. Depois de ter invectivado os "ídolos", anunciado "o Deus vivo e verdadeiro" e ameaçado o paganismo com a cólera escatológica, propunha a grande esperança: "esperar do céu o Filho de Deus, que ele ressuscitou dentre os mortos, Jesus, que nos livrará da cólera iminente". A parusia apresenta-se aos crentes como o momento, impacientemente esperado, de sua união com o Senhor; os carismas avivam neles a grande alegria de sua vinda, a santidade é a vestimenta de gala daqueles que serão levados ao encontro de Cristo que vem julgar o mundo[344].

A ressurreição de Cristo, mais ou menos identificada com sua exaltação, era imaginada como uma entronização celeste; Cristo havia deixado este mundo para ir receber sua realeza (Lc 19.12).

---

[344] Os "mistérios" tentavam, com recursos paupérrimos, porém, apresentar uma razão para esperar: *"Quum multa eximia divinaque videntur Athenae tuae peperisse, tum nihil melius illis mysteriis, quibus ex immani agrestique vita exculti ad humanitatem et mitigati sumus, neque solum cum laetitia vivendi rationem accepimus, sed etiam cum spe meliore moriendi* (CÍCERO, *De Leg.*, II, 14; cf. P. FOUCART, *Les Mystères d'Éleusis*, Paris, 1914, p. 363).

Restava-lhe voltar para reinar definitivamente sobre os seus. O cenário deste último ato foi esboçado no Livro de Daniel pela visão do Filho do homem vindo sobre as nuvens; enriqueceu-se com detalhes descritivos secundários tomados das entradas triunfais dos soberanos helenistas. Conforme o programa da festa, um cortejo saía da cidade ao encontro do soberano vitorioso; assim, os cristãos seriam conduzidos ao encontro de Cristo, formariam seu cortejo de honra e voltariam com ele à terra para serem seus assessores no julgamento[345].

A fé na ressurreição de Cristo tinha tornado mui concretas as grandes esperanças escatológicas; Cristo já estava reinando, a cada momento esperava-se vê-lo aparecer glorioso sobre as nuvens. Ele já começara a manifestar-se nessa atitude: por exemplo, na aparição do Filho do homem a Estêvão, bem como a visão inaugural do Apocalipse e mesmo a visão de Paulo no caminho de Damasco.

Sem demora a comunidade cristã tornou-se distinta do judaísmo, das seitas judaicas e, com maior razão, dos pagãos, pela sua fé viva na vinda de Cristo e no triunfo dos seus[346]. Foi por esta esperança e esta fé que o Apóstolo foi conquistado: "Deus revelou seu Filho nele".

O primeiro artigo será dedicado ao fato da parusia e aos episódios que a acompanham, para em seguida nos determos no problema de sua proximidade. O terceiro artigo terá como tema as exortações de Paulo fundadas sobre o dia do Senhor.

## I - O FATO DA PARUSIA

Para se exprimir, a escatologia produziu um gênero literário especial. É uma especificação da profecia, para anunciar, num estilo convencional, apocalíptico, os acontecimentos do fim dos tempos.

---

[345] Cf. L. CERFAUX, *Le Christ dans la théologie de saint Paul*, 2ª ed., Paris, 1954, pp. 29-55. As influências do judaísmo e do helenismo não se repelem como se fossem pólos opostos. Sem dúvida deve-se permitir a um apóstolo que ele se renove e leve em conta seus auditórios e outras circunstâncias. Cf. B. RIGAUX, *Saint Paul. Les Épîtres aux Thessaloniciens (Études Bibliques)*, Paris, 1956, pp. 196-206 (vocabulário; pp. 227-234 (cenário).

[346] A espera da parusia não é senão um dos aspectos da fé em Cristo ressuscitado que engrandeceu a primeira comunidade.

Nós possuímos alguns "apocalipses" cristãos no nosso cânon: o Apocalipse joanino e, anterior a este, o Apocalipse que constitui o último grande discurso de Cristo na tradição sinótica. Neles é notável a influência da obra apocalíptica judaica atribuída ao profeta Daniel. "As Epístolas paulinas contêm esboços de apocalipses (1 Ts 4.13-18; 2 Ts 1.6-12; 2.2-12) bem como numerosas alusões à parusia (1 Co 15.23-27; 1 Ts 5.2; Fp 1.6-10; 2.16; etc.).

A "parusia" ou "epifania", "dia do Senhor", é o acontecimento por excelência, que se reveste de circunstâncias dramáticas e sobretudo de pródromos ameaçadores. Muitas vezes os autores se servem não só do Livro de Daniel (capítulos 7, 9 e 12), mas também do Sl 110 (citado por Paulo em 1 Co 15.25; Rm 8.34) e de passagens de Isaías. A corrente cristã dos Apocalipses sofreu a influência preponderante de um movimento judaico paralelo. Seria supérfluo lembrar que as fórmulas convencionais desta literatura, transmitidas de geração em geração, devem ser interpretadas segundo as normas do gênero. A realidade que se tem ante os olhos é inefável e não se pode exprimir senão por símbolos ou imagens, ora bastante materiais, ora mais espiritualizadas.

## 1. *A descrição da parusia*

1. As duas Epístolas aos tessalonicenses trazem os textos que mais se aproximam dos Apocalipses tradicionais. São dominados pela influência da visão do Filho do homem do Livro de Daniel.

Paulo havia fundado às pressas a comunidade de Tessalônica, contentando-se com ministrar aos novos crentes os rudimentos do cristianismo. Pelas suas Cartas podemos imaginar facilmente como eram suas atividades missionárias. Havia muito a fazer. Os fiéis deviam abandonar a idolatria, reconhecer "o Deus vivo e verdadeiro" e aprender a viver dum modo digno deste Deus que vinha chamá-los a seu reino e a sua glória (1 Ts 2.12). Todos os costumes pagãos deviam passar por uma reforma. Paulo retoma ainda em sua Carta os princípios de moralidade que figuraram no seu programa de ensino durante as semanas passadas em Tessalônica. Dir-seia que ele não pensou na hipótese de que algum membro da comunidade pudesse morrer antes da volta de Cristo. O que importava, era que todos vivessem na santidade exigida dos eleitos de Deus[347]. Baseava suas exortações morais na incerteza do momento, inesperado como a vinda de um ladrão durante a noite. Mas nesse meio tempo alguns tessalonicenses tinham morrido.

Foi a ocasião de esclarecer um ponto que ficara obscuro: a ressurreição dos mortos antes da vinda de Cristo para o meio dos seus. Portanto, completa-se a descrição do grande acontecimento: ao sinal da trombeta, "o Senhor" descerá do céu e, antes de tudo, os cristãos mortos ressuscitarão[348]. Depois, "nós, os que tivermos sido deixados, com eles seremos arrebatados sobre nuvens ao encontro do Senhor nos ares, e assim estaremos para sempre com o Senhor" (1 Ts 4.16-17). Não havia necessidade de se alongar sobre a natureza da ressurreição, como será o caso em 1 Co 15. Tratava-se de afirmar que os que assistissem vivos à parusia não seriam mais afortunados do que os mortos. Todos serão arrebatados juntos ao encontro de Cristo e ficarão doravante sempre com ele[349]. Seria afastar-se do contexto, pensar explicitamente na "felicidade eterna". O grande ideal é ser unido ao Cristo. Isto será sem dúvida o começo da vida eterna. Mas os tessalonicenses desejam sobretudo participar, o grupo todo reunido, nas alegrias do triunfo. Não devemos estranhar o aspecto imaginativo, quase infantil, desta descrição. Não podemos exigir dos antigos a discrição à qual estamos habituados e que com razão observamos. Mas nós também temos necessidade de símbolos, e empregamo-los instintivamente.

---

[347] Cf. 1 Ts 5.4-11. No v. 5 aparece a expressão "filhos da luz"; o contexto introduz esta fórmula, ao opor luz e trevas; é pouco verossímil uma dependência da literatura de Qumran; para explicá-la basta o ambiente aramaico.

[348] Compare-se com Hen., 45,8; 62,8; os mortos das gerações precedentes descem do céu com o Filho do homem. Cf. P. VOLZ, *Die Eschatologie der jüdischen Gemeinde im neutestamentlicher Zeitalter nach den Quellen der rabbin., apokryph. u. apokryph. Literatur dargestellt*, 2ª ed., Tübingen, 1934, p. 239; B. BRINTMANN, "Die Lehre von der Parousie beim hl. Paulus im ihrem Verhaltnis zu den Anschauungen der Buches Henoch", em *Biblica*, 13 (1932), pp. 315-334; 418-434.

[349] 4 Esd, 5.41s, aborda um problema análogo e sua resposta é semelhante: *Coronae adsimilabo iudicium meum; sicut non novissimorum tarditas sic nec priorum velocitas*.

A razão por que Deus não abandona os mortos é sugerida no inciso "os que adormeceram por Jesus" (1 Ts 4.14)[350]. Os que morreram na fé que os unia a Jesus ficam unidos a ele para além da morte e Jesus os guarda para a sua parusia[351].

2. Como a primeira, também a segunda Epístola aos tessalonicenses é essencialmente voltada para a parusia (2 Ts 1.6-12). As perseguições que a jovem igreja enfrenta são consideradas como uma preparação à glória do dia do Senhor; seus inimigos serão punidos por Deus com justiça[352], ao passo que ela própria gozará do repouso. É a ocasião para uma pequena descrição apocalíptica: o Senhor Jesus vem com os anjos do seu poder, numa chama de fogo, para punir os que ignoram a Deus e resistiram ao Evangelho, enquanto os cristãos são glorificados e manifestam publicamente o admirável triunfo de Jesus[353].

---

[350] Compare-se com 2 Mac 6.26: não se pode escapar das mãos de Deus, nem morto, nem vivo. Cf. P. VOLZ, *op. cit.*, p. 237.

[351] Notem-se as preposições: o cristão adormece por Jesus, Deus o levará em triunfo com ele. As duas ações são ligadas por uma causalidade que depende da vontade de Deus. No v. 16, ἐν Χριστῷ, a preposição ἐν preludia o que se tornará uso paulino quase normal; cf. 1 Ts 1.1; 5.12.18. Adormecer significando a morte é uma figura quase universalmente difundida (cf. B. RIGAUX, *Saint Paul. Les Épîtres aux Thessaloniciens [Études Bibliques]*, Paris, 1956, pp. 529-532). Isto não impede que ela seja empregada aqui de caso pensado, para sugerir que se trata apenas dum sono passageiro que será seguido do despertar. Sono, não com referência ao passado, à consciência – que o cristão teria de si próprio, mas com relação ao futuro: o sono prepara o despertar (como na parábola das Virgens). Sobre o sentido preciso das fórmulas "adormecer por Jesus", "mortos em Cristo", cf. *ibid.*, pp. 535-537. Note-se a diferença: Jesus (com artigo) de um lado, o Cristo do outro. "Jesus" exprime o objeto da pregação de Paulo: Jesus é este Filho de Deus ressuscitado dos mortos, que virá nos libertar (1 Ts 1.10). A aceitação da mensagem tinha por corolário a certeza, baseada na onipotência de Deus que ressuscitou Jesus, de que os cristãos seriam salvos na parusia. Para um cristão, morrer é repousar nesta segurança ligada à profissão de fé em Jesus.

[352] Cf. G. P. NETTER, *Der Vergeltungsgedanke bei Paulus*, Göttingen, 1912; ver literatura e comentário em B. RIGAUX, *Saint Paul, Les Épîtres aux Thessaloniciens (Études Bibliques)*, Paris, 1956, pp. 622s.

[353] Todo o trecho é construido sobre citações explícitas (v. 9: Is 2.10) e implícitas do Antigo Testamento; cf. B. RIGAUX, *ibid.*, pp. 623-625.

1 Co 15 retorna duas vezes à descrição apocalíptica. Mas a atenção concentra-se menos na parusia como tal do que na ressurreição dos cristãos; poderíamos falar de um Apocalipse das ressurreições, sucedendo de algum modo ao apocalipse mais tradicional da parusia.

A primeira perícope, 1 Co 15.20-28, enumera as ressurreições do fim dos tempos: após a ressurreição de Cristo, primícias, a de todos os cristãos, que acreditaram no seu retorno; depois o fim, palavra que deve significar a ressurreição geral[354].

O tema mais específico da parusia é retomado um pouco mais adiante numa revelação com que Paulo foi agraciado, e que se refere à sorte dos cristãos que permanecem em vida para assistirem à volta de Cristo. O poder do Senhor ressuscitado e glorioso os assimilará aos ressuscitados. Isto se exprime primeiro no estilo apocalíptico judaico: "Eis que vos comunico uma revelação (μυστήριον): nem todos morreremos, mas todos seremos transformados. Num instante, num abrir e fechar de olhos, ao som da última trombeta (pois ela soará!), os mortos ressuscitarão incorruptíveis, e nós seremos transformados" (1 Co 15.51-52). Contudo, Paulo introduziu no tema normal apocalíptico a idéia grega da incorruptibilidade, que domina todo o trecho desde 15.35, e continua num tom de ação de graças, com paralelismos, antíteses, assonâncias verbais, adjetivos neutros e substantivos abstratos: "O mortal se revestirá da imortalidade, o corruptível da incorruptibilidade; e quando o mortal se houver revestido da imortalidade e o corruptível da incorruptibilidade, então se cumprirá a palavra da Escritura: a morte foi tragada pela vitória"[355].

A parusia permanece no horizonte da Epístola aos filipenses[356]. Paulo se recorda dos inícios da evangelização na Macedônia (Fp 4.15) e de seus primeiros ensinamentos. Nada tem a acrescentar ou a retirar. Mas percebe-se que o tempo fez sua obra. Doravante o Apóstolo designa a parusia pela expressão: O "dia do Cristo Jesus"

---

[354] Cf. *infra*, pp. 216.219.
[355] 1 Co 15.53s. Mais adiante voltaremos a falar deste trecho, cf. pp.191s.
[356] Fp 1.6.10; 2.16; 3.14 (o chamado "do alto"); 3.20; 4.7(?). O tema da proximidade da parusia é lembrado, mas pela fórmula estereotipada: "O Senhor está próximo" (4.5).

(1-6) ou o "dia do Cristo" (2-16) (de preferência o "dia do Senhor"); em lugar da alegria de acompanhar o Cristo, como em 1 Tessalonicenses, ele sublinha a ressurreição: "Quanto a nós, a nossa pátria encontra-se nos céus[357], donde aguardamos o Salvador, o Senhor Jesus Cristo, que transformará o nosso corpo miserável, tornando-o semelhante ao seu corpo glorioso, em virtude daquele poder com que pode sujeitar ao seu domínio todas as coisas" (Fp 3.20-21)[358]; Paulo une ao tema da parusia os temas da justiça atual (Fp 1.11) e da fidelidade à fé (Fp 1.27).

## 2. O combate escatológico

Na tradição apocalíptica, a parusia é precedida por um combate. Dois temas, diferentes na origem, misturam-se para chegar à vitória de Cristo. Na linha do messianismo nacional, o Messias estabelece seu reino de paz após uma luta que aniquila seus inimigos. Estes são os reis das nações que oprimiram o povo eleito ou se revoltaram contra Deus e seu Messias[359]. O messianismo nacional foi incorporado pela escatologia[360] Uma outra linha vem então associar-se à primeira: no final dos tempos, Deus (ou o Messias) julga as nações e estabelece seu domínio sobre os reis e os anjos rebeldes..

Paulo parece lembrar-se do tema primitivo do messianismo real na sua descrição do antagonismo entre "o homem da iniquidade, o filho da perdição" e Cristo, no "dia do Senhor" (2 Ts 2.2-4)[361]. A frase em que se diz que o ímpio se assenta no trono de Deus no templo, inspira-se (por uma verdadeira citação) de Dn 11.36, que se referia a Antíoco Epifânio[362]. O colorido profundamente religioso não é

---

[357] O que faz lembrar o tema de Efésios e de Colossenses, cf. pp. 505s.
[358] Cf. 3.10
[359] Sl 72; Sl 2 e 110; Is 9.5; 11.1-5; Zc 9.9s. Estas passagens foram aplicadas ao rei do futuro pelas tradições judaicas e cristãs; cf. Sl, 17.23-27.
[360] 4 Esd 12.31-34; 13.25-49; Bar. syr., 40,1-3; Dn 2.44-45.
[361] Cf. B. RIGAUX, *Saint Paul. Les Épîtres aux Thessaloniciens (Études Bibliques)*, Paris, 1956, p. 271.
[362] Cf. L. CERFAUX-J. TONDRIAU, *Un concurrent du christianisme. Le culte des souverains dans la civilisation gréco-romane* (*Bibliothèque de théologie*, III, 5), Tournai, 1957, pp. 241-245.

uma objeção irrefutável contra a hipótese duma hostilidade dum rei humano, pois já em Daniel "o aspecto político aliou-se à hostilidade religiosa e perseguidora"[363]. Por outro lado, o Messias glorioso da nossa Epístola age com todo o poder do juiz escatológico e aniquila "o ímpio" com o sopro de sua boca[364] e pela manifestação refulgente de sua parusia[365]; o tema do rei messiânico é suplantado pelo do juiz escatológico.

A luta no plano político não aparece mais em 1 Co 15.24-28,54-55. Paulo retoma a expressão do Sl 110: Cristo "porá todos os seus inimigos debaixo de seus pés"; aniquilará todo principado, dominação e potestade e em último lugar a morte. O trecho é construído à maneira de um *midrash,* comentado três textos paralelos: Sl 110,1; Sl 8.7; Is 25.8. A última citação sugeriu-lhe não só a idéia da vitória sobre a morte personificada[366], mas também, com bastante probabilidade, a identificação dos inimigos do Messias com os poderes cósmicos[367]. Com efeito, Isaías profetizara:

> Sucederá, naquele dia, que Javé castigará
> a milícia celeste, lá no alto,
> e aqui na terra todos os povos do mundo.
> Serão amontoados,
> aprisionados num calabouço,
> encerrados numa prisão,
> e, depois de longos anos, castigados.
> A lua enrubescerá, o sol corará de vergonha,
> porque Javé Sabaot tornar-se-á rei

---

[363] Cf. B. RIGAUX, *Saint Paul. Les Épîtres aux Thessaloniciens (Études Bibliques),* Paris, 1956, p. 251.

[364] Expressões provenientes de Is 11.4.

[365] Paulo substitui, no segundo membro da frase, o verbo ἀνελεῖ por καταργήσει que lhe é familiar. Cf. G. DELLING, art. καταργέω, em *Theol. Wörterbuch,* I, pp. 453-455.

[366] O próprio Paulo declara que faz uma citação, 15.54-55; sobre o texto de Is 25.8, cf. J. LINDBLOM, *Die Jesaia-Apokalypse, Jes.* 24-27, Lund-Leipzig, 1938.

[367] Não obstante certas obras exprimam opinião contrária, o paralelismo da série principados, dominações, potestades, com outras enumerações (cf. pp. 50-55), e sobretudo o uso de "Potestades ", δυνάμεις que não se aplica às autoridades políticas, – faz-nos preferir esta explicação.

sobre o monte Sião em Jerusalém
e sua glória resplandecerá diante dos anciãos[368].

A milícia celeste são os astros, que facilmente se confundem com os poderes astrais; estes são os poderes cósmicos e, como tais, têm um papel não desprezível na teologia paulina, sobretudo nas Epístolas do cativeiro. A vitória de Cristo já está realizada na cruz: Cristo arrebata aos poderes sua autoridade usurpada. Sua vitória já está assegurada em princípio, mas os homens não se aproveitarão dela senão na medida em que aceitarem a mensagem cristã.

O combate escatológico desencadeia-se em todos os momentos do tempo cristão. A cruz, a ressurreição e a fundação da Igreja manifestaram a vitória de Cristo. Somos associados a seu triunfo, mas também a uma luta que prosseguirá até o aniquilamento dos poderes inimigos.

2 Tessalonicenses nos dá a entender que estamos na fase das hostilidades finais: "pois desde agora está em ação o mistério da iniqüidade" (2 Ts 2.7). A luta é movida contra os cristãos, e o comandante de ataque é Satanás (2 Ts 2.9). A idéia é longamente exposta outra vez em Ef 6.10-20. O adversário é o diabo (Ef 6.11s), com o qual conspiram "os principados e as dominações, bem como os regentes cósmicos (τοὺς κοσμοκράτορας) das trevas, os espíritos de malícia nos céus"[369]. Temos de revestir-nos das armas que a fé coloca à nossa disposição,[370] pois nossa luta não é contra a carne e o sangue, mas contra os principados, as dominações etc.[371].

Hoje em dia a consciência cristã interroga-se com angústia sobre o sentido da nossa presença no mundo. Paulo oferece à nossa medi-

---

[368] Is 24.21-23 (segundo P. AUVRAY-J. STEINMANN, *Isaïe [La Sainte Bible de Jérusalem]*, Paris, 1957, pp. 102-103. Os autores consideram os cap. 24-27 de Isaías como precursores da literatura apocalíptica, e de composição relativamente tardia (p. 108).

[369] P[46] omite ἐν τοῖς ἐπουρανίοις. Embora os poderes cósmicos regularmente sejam localizados no céu, a menção dos céus é estranha no contexto de uma luta que os cristãos travam na terra.

[370] Cf. as exortações, abaixo, pp. 181-184.

[371] Poder-se-ia perguntar se Paulo não está protestando implicitamente contra um tema apocalíptico político.

tação a imagem do combate escatológico. Nós preparamos com Cristo seu triunfo final sobre os poderes cósmicos e sobre a morte. Trava-se uma batalha feroz através dos progressos duma civilização atraída pelo conhecimento de Deus e afastada para longe dele pelo orgulho humano, apoiado por "Satan", o misterioso adversário.

### 3. *A grande tribulação e a perseguição*

Conquanto seja paralelo ao do combate escatológico, o tema da grande tribulação, na tradição apocalíptica, nasce de outras reflexões[372]. Os impérios do mundo, para conservarem seu poderio, lutam contra Deus e seus santos e momentaneamente podem prevalecer; para os santos, o sucesso deles representa "tribulação" e "perseguição" (Dn 7.21-25)[373].

Foi esse o caso quando da perseguição dos selêucidas[374]: a ela foi atribuído o valor de pródromo do fim dos tempos[375].

1. Os cristãos consideraram a perseguição à luz duma alegria nascida da esperança e suscitada pelo Espírito Santo. Paulo escreve aos tessalonicenses: "Vós vos fizestes imitadores nossos e do Senhor, ao receberdes a Palavra no meio de numerosas tribulações, acompanhadas da alegria do Espírito Santo, de sorte que vos tornastes modelo para todos os fiéis da Macedônia e da Acaia" (1 Ts 1.6-7). Os tessalonicenses sofreram da parte dos seus concidadãos o que os cristãos da Judéia sofreram da parte dos judeus (1 Ts 2.14-15). Paulo retoma o mesmo tema em outros lugares (1 Ts 2.1-5; 2 Ts 1.5; Fp 1. 28- 30). As grandes Epístolas, entretanto, colocam a pregação do Apóstolo num certo clima de liberdade.

---

[372] Quanto à expressão θλῖψις μεγάλη, cf. Mt 24.21; 1 Mac 9.27.
[373] As duas noções de tribulação e de perseguição (διωγμός) têm uma história, através da qual ora estão unidas, ora separadas. O tema da perseguição no cristianismo insere-se no das missões, como também no da tribulação escatológica. Cf. acima, pp. 123-125; Mt 10.17-23 (discurso da missão).
[374] Cf. L. CERFAUX-J TONDRIAU, *Un concurrent du christianisme. Le culte des souverains dans la civilisation gréco-romaine* (Biblique de théologie, III, 5), Tournai, 1957, pp. 241-245.
[375] Cf. H. SCHLIER, art. θλίβω, θλῖψις, em *Theol. Wörterbuch*, II, pp. 139-148.

Mesmo depois de cessar a perseguição propriamente dita, a grande tribulação messiânica, sob variadas formas, continua a envolver toda a existência cristã. Entre os conselhos que Paulo dá em frases curtas e ritmadas em Rm 12.9-13, acham-se estas duas notas características duma vida cristã perfeita: "Sede alegres na esperança, pacientes na tribulação"[376]. Anuncia aos coríntios um agravamento da "tribulação" própria dos tempos cristãos (1 Co 7.28). Nestes dois casos, as tribulações estão, em teoria, ligadas à parusia.

Neste contexto da "tribulação" escatológica, Paulo faz explicitamente uma alusão a suas próprias perseguições (1 Ts 1.6). Vemos em seguida o tema enriquecer-se com a experiência apostólica: é sua vida missionária que o expõe à "tribulação"; as perseguições não aparecem mais senão como um elemento, entre outros, na enumeração de todas as fadigas e sofrimentos das tarefas apostólicas[377].

2. A seguir aparece um aprofundamento cristológico. Os sofrimentos ($\pi\alpha\theta\dot{\eta}\mu\alpha\tau\alpha$) que Paulo suporta são os de Cristo (2 Co 1.5); em outras palavras, ele completa as tribulações de Cristo na sua própria carne (Cl 1.24). Sua vida apostólica continua a obra de Jesus e ele se vê na situação de "Servo sofredor". A paixão de Cristo pesa sobre ele, para que a ressurreição aja sobre os cristãos: "somos entregues à morte por causa de Jesus, para que também a vida de Jesus apareça em nossa carne mortal. Em nós opera a morte, e em vós a vida" (2 Co 4.10-12).

Depois, eis que Paulo projeta sua experiência pessoal sobre todos os cristãos. Sua participação nos sofrimentos e na ressurreição de Cristo é um exemplo. Imitando seu Apóstolo, os fiéis alcançarão a Cristo.

Este novo tema, bem explícito desta vez, une-se ao precedente em 2 Co 1.5-7. Crescem nele os sofrimentos de Cristo, para que cresça sua consolação, pois sua tribulação é fonte de salvação e de progresso espiritual para os coríntios; mas o progresso espiritual, que eles devem aos sofrimentos de seu Apóstolo, fá-los participar

---

[376] Τῇ ἐλπίδι χαίροντες, τῇ θλίψει ὑπμένοντες.
[377] Cf. Rm 8.35; 2 Co 12.10. Mas não se deve omitir ameaças de perseguições, mesmo sangrentas; neste texto de Romanos, Paulo fala da espada que humanamente ele deveria temer.

por sua vez da paixão de Cristo, e, por isso mesmo, da consolação (cuja fonte é a ressurreição).

Esses aprofundamentos sucessivos não eclipsam a noção fundamental escatológica; esta é inseparável dos termos "tribulação", "perseguição", "salvação", "esperança". Contudo a evolução da teologia indica que a tensão para a parusia começa a perder sua intensidade.

## II - A PROXIMIDADE DA PARUSIA

1. Os exegetas concordam no seguinte: o Apóstolo desejou ver a parusia durante a vida. Gostava de se expressar em função de uma vinda próxima de Cristo; esta traduzia o entusiasmo de sua esperança. Nas expressões inspiradas, uma parte do sentimento permanece isenta de erro. Os desejos embatem apenas na desilusão.

A efervescência provocada pela pregação de Paulo na igreja de Tessalonica não prova que ele tenha anunciado a parusia como iminente. Ele protesta contra esta interpretação. Dá a entender que há um obstáculo travando o desenrolar dos últimos acontecimentos (2 Ts 2.3-7). Pode-se perceber nas Epístolas uma certa evolução. A tensão suposta por 1 Co 7.28-31 é muito menos concreta que a das Epístolas aos tessalonicenses; Rm 13.11 deixa transparecer uma certa lassidão na espera. 2 Coríntios e Filipenses mostram um outro elemento interessante; Paulo não espera mais a parusia para o tempo de sua existência. Pode-se medir o caminho percorrido, comparando a fórmula de 1 Ts 4.17: "nós, os vivos, os que tivermos sido deixados (para a parusia) "com 2 Co 4.14; "aquele que ressuscitou o Senhor Jesus, nos ressuscitará também a nós com Jesus e nos fará comparecer convosco (à parusia)". Paulo, que antes se imaginava entre os vivos, agora, em 2 Coríntios figura entre os que ressuscitarão antes da parusia, e portanto, naquela hora, não estarão mais entre os vivos.

A proximidade da parusia responde às aspirações ardentes da esperança, característica dos cristãos. Esta se traduzia em "alegria"[378]; é assim que ela aparece nos Atos dos Apóstolos e nas nossas Epís-

---

[378] Cf. Rm 12.12.

tolas[379]. Em seguida vemos a esperança incluir a salvação[380], a glória[381], a vida futura, todo o futuro eterno do cristão[382].

Uma vez que a escatologia prevê a grande tribulação preparatória ao fim do mundo, a esperança normalmente acompanha-se da "paciência" (ὑπομονή)[383]. Paulo une tribulação, "paciência", "provação", esperança (Rm 5.3-4). Quando se traduz o termo grego ὑπομονή por "resistência", constatando que a virtude cristã é paralela à resistência estóica, é bom lembrar-se de que as noções são tão opostas quanto as experiências às quais correspondem. O estóico pretende conquistar resistência por meio de uma luta dura, uma disciplina orgulhosa *(apatheia)*. O cristão recebe do Espírito Santo a sua paciência; é só o dom de Deus que lhe alcança a força de alma necessária para suportar heroicamente (cf. 2 Mac 7) as perseguições e os males da vida presente; por isso ele não deixa de reconhecer sempre a sua fraqueza.

2. A atitude do cristão face aos valores do mundo presente é até certo ponto condicionada pelas virtudes da esperança e da paciência. Se certas almas descobrem assim na religião um remédio para as misérias de sua vida, seria isso mais condenável que entregar-se ao desespero? Mas esperança não é pusilanimidade, e a "paciência" não dispensa do esforço viril. Paulo não tolerava nas suas comunidades o torpor ou a inércia. Era para elas um exemplo vivo de heroísmo e de atividade.

Uma outra crítica, mais capciosa, é feita a Paulo. Ele teria pregado uma ascese incompatível com nossos deveres para com o mundo. Em Corinto, sem dar os necessários esclarecimentos e sob pretexto de que as angústias da parusia eram iminentes (1 Co 7.26),

---

[379] 1 Ts 1.3; 2.19 (ligação entre χαρα. e στέφανος).
[380] 1 Ts 5.8; Gl 5.5; Rm 8.24; Ef 1.18.
[381] Rm 5.2; Cl 1.27; cf. 1.5.
[382] Estas perspectivas, mais individualistas, não se afastam de modo algum das do judaísmo (exceção feita dos saduceus).
[383] Sobre a "paciência", ou, como hoje se prefere traduzir, a constância ou resistência, cf. C. SPICQ, Ὑπομονή, *Patientia*, em *Rev. Sc. Phil. Théol.*, 19 (1930), pp. 95-105; A.-J. FESTUGIÈRE, Ὑπομονή *dans la tradition grecque*, em *Rech. Sc. Rel.*, 21 (1931), pp. 477-486; B. RIGAUX, *Saint Paul, Les Épîtres aux Thessaloniciens (Études Bibliques)*, Paris, 1956, pp. 364-366.

teria recomendado o celibato à maioria dos cristãos. Sem dúvida, a proximidade do desenlace final, com a grande tribulação, apresentou-se a seu espírito[384]. Não obstante, este não é senão um dos aspectos de sua doutrina, e provavelmente o aspecto menos importante. O homem religioso mede o tempo de modo absoluto. A perspectiva da parusia nos lembra de que o tempo é precário, reduzido, encurtado (1 Co 7.29); ela o impede de ser para o cristão a única coordenada de suas ações. Crer na proximidade da parusia, ou então, – psicologicamente, a diferença é mínima, – viver na certeza de que o fim do mundo sucederá algum dia, é decidir-se a ver o chão faltar aos nossos pés, se não nos atermos às verdadeiras realidades eternas (cf. 2 Co 4.18). À afirmação proveniente da escatologia, "a parusia" está perto, Paulo justapõe, por uma equivalência concreta, a fórmula grega: "a aparência ou a figura do mundo (τὸ σχῆμα τοῦ κόσμου τούτου) é passageira" (1 Co 7.31)[385]. Percebe-se aqui um eco da grande antítese platônica entre o eterno absoluto das idéias e o mundo do sensível e das aparências.

No momento histórico em que nos coloca a primeira propaganda cristã, a espera da parusia de certo modo revitalizou e renovou a grande corrente espiritualista da filosofia grega. Eis aí a verdadeira crítica que se lhe deve fazer. Sua influência foi benéfica[386]. Suscitou, mais que qualquer outra mensagem, um magnífico movimento de abnegação e de amor. Hoje, acredita-se numa certa síntese de humanismo "realista", que uma posição assim esteja ultrapassada; mas é insubstituivel. O humanismo autêntico sempre se inclinará diante de todo uso duma liberdade pessoal voltada para a ascese do trabalho intelectual ou do amor; talvez virá um tempo em que se há de reconhecer que uma libertação do mundo acaba redundando em seu proveito.

---

[384] Através de conselhos de índole geral, Paulo visa casos concretos da vida dos coríntios. Nada nos autoriza a afirmar que ele proponha aqui uma regra geral.

[385] Cf. EUR, Bacch., 832; FILOSTRATO, Vita Apollonii, 8, 7, p. 302, 9. Pensou-se no teatro, traduzindo "papel" ou "cenário" (não têm razão os que se referem a J. WEISS como testemunha desta exegese). Por que não evocar o mundo das aparências (φαινόμενα) de Platão?

[386] A mensagem claramente escatológica que Paulo anunciava em Tessalônica, pela força de Deus que a acompanhava, produziu santificação e coragem (1 Ts 2.13-14).

# III - AS EXORTAÇÕES FUNDADAS SOBRE A PARUSIA

O papel exercido pela espera da parusia no pensamento de Paulo é ilustrado pelas numerosas exortações que a tomam por base. A sucessão dos temas parenéticos nos permitirá constatar a evolução paralela da teologia.

## 1. Exortação arcaica

As exortações de 1 e 2 Tessalonicenses apresentam um caráter primitivo. Por um lado, os termos "justiça" e "justificação" estão absolutamente ausentes; a união atual à vida do Cristo, bem como a presença do Espírito só raramente aparecem; por outro lado, a noção de santidade (ἁγιοσύνη) é muito freqüente. É ostensivamente ligada à parusia. Cristo há de vir rodeado de seus "santos" (1 Ts 3.13); glorificar-se-á nos seus "santos" (2 Ts 1.10) Deus manifesta-se na santidade. Sua santidade comunica-se a tudo o que está perto dele: seu trono, os anjos, seu templo na terra, seus sacerdotes, Jerusalém, seu povo. O Livro de Daniel celebrizou as expressões: "os santos do Altíssimo"[387], "o povo dos santos do Altíssimo"[388]. Os santos da visão de Daniel são muito semelhantes aos anjos, que são os "santos" por excelência; foram eleitos para constituir o Reino celeste, ou melhor, já o constituem aqui na terra, pois é por esta razão que Antioco lhes faz guerra[389]. Encontramos o mesmo parentesco dos anjos com os eleitos nos apócrifos[390] e nos rolos de Qumrân[391].

As Epístolas aos tessalonicenses nos recolocam neste contexto primitivo; prova suficiente disso são os textos que citamos, inspirados

---

[387] Dn 7.18.21.25.
[388] Dn 7.27.
[389] Cf. Dn 7.21.
[390] Cf. Hen 38.4.
[391] Os eleitos são associados aos anjos no além, cf. S 4,22; 11,8; Hod 3,22; 11,12, e já na terra, para a guerra escatológica: M 12.4.8; ou no momento do culto: Sb 3.6. Apanágio dos anjos, a santidade o é também dos membros da comunidade de Qumran; eles são "os santos" (Hod 4, 25; M 3,5 etc.; Sb 4,23 etc.); "a assembléia de santidade" (S 2,25 etc.).

das passagens apocalípticas do Antigo Testamento[392]. Interpretaremos do mesmo modo as outras passagens em que "a santidade" é exigida como disposição fundamental, capaz de nos fazer dignos de tomar parte no cortejo de Cristo: (1 Ts 4.7 ("Deus não nos chamou em estado de impureza, mas na santidade"); 1 Ts 3.13 ("para firmar vossos corações numa santidade irrepreensível na presença de nosso Deus e Pai, por ocasião da parusia de nosso Senhor Jesus com todos os seus santos"); 2 Ts 1.11 (Paulo ora para que Deus faça os cristãos "dignos da sua vocação"); 1 Ts 5.23-24 (súplica final da Epístola: "Que o Deus da paz vos santifique até a perfeição, e que todo o vosso ser, o espírito, a alma e o corpo, se conserve irrepreensível para a vinda de nosso Senhor Jesus Cristo. É fiel aquele que vos chama e realizará as suas promessas!").

## 2. Sobre o tema: o "dia" do Senhor

1. Em 1 Ts 5.4-10, depois de afirmar: "Mas vós, irmãos, não estais nas trevas, de modo que este 'dia' vos surpreenda como um ladrão; vós todos sois filhos da luz e filhos do dia; nós não somos nem da noite, nem das trevas", Paulo conclui: "Assim, pois, não durmamos como os outros, mas vigiemos e pratiquemos a temperança. Aqueles que dormem, dormem de noite, e os que se embriagam, embriagam-se de noite. Mas nós, visto que pertencemos ao dia, sejamos sóbrios, revestidos, como de couraça, da fé e do amor, tendo por elmo a esperança da salvação. Porque Deus não nos destinou à ira, mas à conquista da salvação por meio de nosso Senhor Jesus Cristo, que morreu por nós a fim de que, vigiando ou dormindo, vivamos em união com ele".

Com certeza Paulo repetiu muitas vezes estas fórmulas. O estilo é ornado de recursos literários, de combinações mui flexíveis de metáforas, de antíteses e expressões paralelas, equivalentes ou aparentadas. O trecho tem por base uma palavra do discurso esca-

---

[392] Os intérpretes sugerem que sejam anjos os santos de Cl 1.12, como também os de 1 Ts 3.13. Provavelmente Paulo contentou-se com uma referência formal à glória e à santidade do céu. Cf. M. DIBELIUS, *An die Kolosser, Epheser An Philemon* (*Handb. z. N. T.* 12), 3ª ed., revista por H. GREEVEN, Tübingen, 1953, *ad loc.*

tológico do Evangelho: "O dia do Senhor virá como um ladrão de noite", comentada e aplicada à situação atual dos cristãos.

2. O Apóstolo resume o tema em Rm 13.11-14. Emborá conserve a antítese trevas-luz (dia), não fala mais do ladrão de noite, e se contenta com afirmar que nossa salvação está mais próxima que quando abraçamos a fé[393]. Conservam-se as expressões fundamentais de 1 Tessalonicenses: obras das trevas, e aqui elas são enumeradas (Rm 13.13), armas da luz; "revestir as armas da luz" é explicado como sendo "revestir-se do Senhor Jesus Cristo" (Rm 13.14). Paralelamente se apresentam novos motivos que estão ao nível da teologia das grandes Epístolas: proceder "com decência", como em pleno dia, revestir-se de Cristo, não fazer caso da carne seguindo seus apetites (Rm 13.14).

3. Na Carta aos efésios reaparecem os elementos desta mesma exortação, distribuídos em duas partes, separadas por conselhos referentes à vida familiar (Ef 5.21-6.9). Na primeira parte (Ef 5.7-20), estamos em plena alegoria; a antítese "trevas-luz" é aplicada ao paganismo e à vida cristã (cf. 2 Co 6.14). As obras das trevas designam as práticas licenciosas. A luz e o despertar são mencionados num hino batismal. A antítese moral inclui a oposição entre a embriaguez do vinho e a plenitude dos carismas. A segunda parte desenvolve a alegoria da armadura (Ef 6.10-20) em relação com o combate escatológico contra dos poderes das trevas[394]. Um mosaico bastante artificial justapõe textos de Isaías e de Oséias.

### 3. A exortação "aproveitar o tempo presente"

O tema está subentendido já em 1 Ts 5.1-11: "a respeito da época e do momento, não haveis mister que vos escrevamos..." Pode-se

---

[393] Numa linguagem figurada: "a noite vai adiantada, e o dia vem chegando" (v. 12). É uma tomada de posição um tanto diferente perante a parusia, pois percebem agora que o dia do Senhor demora mais do que antes se esperava.

[394] Pode-se pensar que Paulo tenha explanado o núcleo fornecido por 1 Ts 5.8, ou que ele possuísse uma versão já pronta desta panóplia, num florilégio sobre Is e um texto de Oséias. Poder-se-ia ver em Ef 6.12 um protesto contra a idéia dum verdadeiro combate escatológico contra exércitos humanos. – Compare-se com a regra da guerra de Qumran; a analogia pode ser acentuada, considerando sobretudo Ef 6.16, a antítese luz-trevas e a expressão "filhos da luz".

especular sobre os sinais dos tempos, mas é preciso convencer-se antes de tudo da necessidade da vigilância. Rm 13.11-14 fala das "exigências do nosso tempo."; é hora de despertarmos do sono. Ef 5.7-20 conserva o tema geral. "Os dias são maus", esclarece o Apóstolo, "aproveitai o tempo" (Ef 5.16).

O conselho é repetido literalmente em Cl 4.5. O tempo (καιρός) são os últimos dias. Eles são maus porque os poderes das trevas (Ef 5.11) os dominam, mas o cristão pode "resgatar" o tempo, devolvendo-lhe sua primeira destinação; é o tempo da salvação[395]. Numa outra exortação (2 Co 5.20-6.2), Paulo incita os coríntios a receberem a graça contida na sua atividade apostólica: o tempo que lhes é dado (antes da parusia) é um tempo de salvação.

Gl 6.9-10 exprime bem o sentimento geral que comanda todas estas exortações: "Não nos cansemos de fazer o bem, pois, se agora não desfalecermos, em tempo oportuno colheremos. Portanto enquanto para isso temos tempo (ὡς καιρὸν ἔχομεν) façamos o bem a todos, principalmente aos nossos irmãos na fé". A época cristã, o tempo atual, que se supõe ser bastante curto, nos é dado para operar nossa salvação. A idéia da grande tribulação ameaçadora corrobora nossas obrigações morais e espirituais.

---

[395] Cf. H. SCHLIER, *Der Brief an die Epheser. Ein Kommentar*, Düsseldorf, 1957, pp. 243s.

## Capítulo II
# A RESSURREIÇÃO DOS CRISTÃOS

1. *Noção de ressurreição.* Pressupostos. – Ressurreição corporal (1 Tesalonicenses). – Ressurreição espiritual (1 Co 15).
2. *Nas pegadas do Cristo ressuscitado.* Eficácia sobre a ressurreição corporal. – Eficácia sobre a vida cristã atual. – Prelúdios da ressurreição.

A parusia é o acontecimento principal dos Apocalipses cristãos tradicionais. As circunstâncias levaram Paulo a dar maior destaque à ressurreição. Isso, aliás, estava na linha de sua teologia, fundada principalmente na ressurreição de Cristo; além disso, sua formação de fariseu o havia preparado a esta mudança de perspectiva.

No capítulo precedente analisamos rapidamente os trechos das Epístolas que fazem eco aos Apocalipses da parusia. A primeira Carta aos coríntios, ao contrário, contém uma outra descrição dos últimos acontecimentos, orientados para a ressurreição dos mortos. A ressurreição escatológica se realiza em três etapas. "Como todos morrem em Adão – começa o Apóstolo – assim em Cristo todos reviverão. Cada qual porém (ressuscita) na sua ordem: primeiro Cristo, como primícias; depois, à sua vinda, os que pertencem a Cristo; depois, será o fim..." (1 Co 15.22-24).

Retomaremos a exegese deste texto ao tratarmos do julgamento e da ressurreição geral dos mortos; é esta, com efeito, que Paulo designa com o termo "o fim (dos tempos)".

A ressurreição dos cristãos, a segunda etapa nas ressurreições, faz parte do cenário da parusia, mas Paulo destaca-a vivamente deste contexto, para lembrar aos gregos de Corinto o ensinamento primordial que eles corriam o risco de negligenciar. Seguiremos e perto sua explanação, abordaremos a noção exata da ressurreição dos cristãos e a relação que se estabelece entre esta e a ressurreição de

Cristo. Nosso estudo ficaria incompleto se não ajuntássemos uma palavra sobre a eficácia da ressurreição de Cristo sobre a vida cristã atual.

## I - NOÇÃO DE RESSURREIÇÃO[396]

### 1. *Pressupostos*

P. Volz resumiu os pressupostos que conduziram o judaísmo à doutrina da ressurreição dos corpos[397]. Ademais a unanimidade está longe de reinar nos círculos judaicos[398]. Procuravam-se indicações na Escritura. A doutrina florescera primeiro no tempo das perseguições selêucidas, numa vaga exaltação, testemunhada pelo Livro de Daniel e 2Mac[399]. Enquanto os fariseus se tornavam os propugnadores da nova crença, outras seitas, como os saduceus, permaneciam nas posições do Antigo Testamento. Em certos ambientes helenistas, pensava-se principalmente na imortalidade das almas[400].

---

[396] Evidentemente a bibliografia é enorme. Cf. F. NÖTSCHER, *Altorientalischer und alttestamentlicher Auferstehungsglauben*, Würzburg, 1926; F. GUNTERMANN, *Die Eschatologie des hl. Paulus* (*Neutest. Abh.*, XIII, 4-5), Münster, 1932; H. MOLITOR, *Die Auferstehung des Christen una Nichtchristen nach dem Apostel Paulus*, Münster in W., 1933; A. OEPKE, art. ἀνίστημι, em *Theol. Wörterbuch*, I, pp. 368-372; ἐγείρω, *ibid.*, II, pp. 332-337; H. LIETZMANN, *Die Korinther* I-II, 4ª ed., Tübingen, 1949; E. FASCHER, "Anastasis-Resurrectio-Auferstehung. Eine Programmatische Studia zum Thema 'Sprache una Offenbarung', em *Zeitschr. Neut. Wiss.*, 40 (1941), pp. 166-226.

[397] P. VOLZ *Die Eschatologie der Jüdischen Gemeinde im neutestamentlichen zeitalter, nach den Quellen der rabbin., apokalypt. u. apokryph. Literatur dargestellt*, 3ª ed., Tübingen, 1934, pp. 229s: o autor assinala: animismo primitivo; apoteoses, sobretudo o Apis egípcio; idéia da retribuição individual. A perseguição de Andoco Epifânio teve um papel decisivo; cf. Dn 12.2. Ver também M. DELCOR, "L'immortalité de l'âme dans le Livre de la Sagesse et à Qumran", em *Nouv. Rev. Théol.*, 77 (1955), pp. 614-630; St. LYONNET, "L'étude du milieu littéraire et l'exégèse du N. T.", em *Biblica*, 35 (1956), pp. 480-502.

[398] Cf. P. VOLZ, *op. cit.*, pp. 234s; 4 Esd 4,41s.

[399] Cf. 2 Mac 7.11.23; 12.44. A ressurreição dos corpos é comparada à primeira criação.

[400] M.-J. LAGRANGE, "Le Livre de la Sagesse, sa doctrine des fins dernières", em *Rev. Bibl.*, 4 (1907), pp. 85-104; H. DUESBERG, *Les Scribes inspirés*, II, Paris,

A convicção formal de Jesus vem das profundezas de sua doutrina sobre os destinos do reino de Deus; ele discute com os saduceus situando-se no terreno normal das controvérsias e recorrendo ao Antigo Testamento. O cristianismo primitivo palestinense está do lado do farisaísmo.

## 2. A ressurreição corporal (1 Tessalonicenses)

A posição de Paulo é tão firme quanto a dos apóstolos de Jerusalém e a de toda a Igreja primitiva: nós ressuscitaremos para participar da sorte do Cristo na parusia; a ressurreição dele é penhor e prelúdio da nossa. Aos cristãos basta esta certeza: as curiosidades do judaísmo, por exemplo quanto ao lugar que recebe os mortos à espera da ressurreição[401], não mereceram sua atenção.

Inspirando-se na teologia rabínica corrente[402], 1 Tessalonicenses contenta-se com afirmar que os corpos depostos no túmulo serão reanimados. O que importa é o próprio fato. A ressurreição é necessária para que os mortos possam participar do cortejo da parusia[403]. Arrebatados pela força poderosa do "sinal", os corpos surgirão (de seus sepulcros)[404]. A ressurreição será obra de Deus[405]. Os mortos serão envolvidos no brilho refulgente de Cristo que se

---

1939, pp. 567-592; R. SCHÜTZ, *Les idées eschatologiques du Livre de la Sagesse*, Paris, 1935; F. NÖTSCHER, *Altorientalischer und alttestamentlicher Auferstehungesglauben*, Würzburg, 1926, pp. 254-260; 167-173.

[401] Cf. P. VOLZ, *Die Eschatologie der Jüdischen Gemeinde im neutestamentlichen Zeitalter, nach den Quellen der rabbin., apokalypt. u. apokryph. Literatur dargestellt* 2ª ed., Tübingen, 1934, pp. 247s

[402] *Ibid.*, pp. 280s.

[403] A comparação com 1 Co 15 mostra-nos como as próprias circunstâncias de sua missão levaram Paulo a precisar seu ensinamento. Seu interesse passa dos vivos aos mortos; a obrigação de precisar a condição dos mortos ressuscitados obriga-o a determinar melhor, com referência aos vivos, o que será a glorificação da parusia: uma revelação especial lhe faz ver a transformação que assimilará os corpos dos vivos aos corpos ressuscitados incorruptíveis (1 Co 15.51-53).

[404] Perspectiva suposta pelo verbo ἀναστήσονται (1 Ts 4.16).

[405] Cf. 1 Ts 4.14. No judaísmo encontra-se fórmula semelhante. Entre os rabinos posteriores, a ressurreição pode ser obra do Messias, ou do Filho do homem (cf. P. VOLZ, *op. cit.*, p. 255).

manifesta: Cristo vem "glorificar-se nos seus santos" (2 Ts 1.10)[406]. Na hipótese em que nos coloca a Epístola não há problema algum; a atenção volta-se para os que morreram recentemente e Paulo afirma a ressurreição destes mortos, isto é, sua saída vitoriosa do túmulo.

É inútil interrogar o Apóstolo sobre os problemas modemos ocasionados pela destruição completa dos corpos e os progressos da fisiologia. Podemos estar certos de que ele haveria de manter sem dificuldade os princípios de sua teologia, admitindo conjuntamente os fatos e os dados científicos.

## 3. *Ressurreição espiritual (1 Co 15)*

1. Paulo agora já penetrou no verdadeiro mundo grego.

Como na Macedônia, também aqui ele pregou a parusia e a ressurreição. Baseava sua mensagem numa "tradição" referente à morte e à ressurreição de Cristo, citando testemunhos apostólicos, o seu em último lugar. Contudo, os coríntios levantaram dúvidas a que ele precisa responder.

Continuamos a crer que Paulo, nesta polêmica em Corinto, enfrentava um círculo de idéias próprias do ambiente grego; a descrição dos partidos no Início da Epístola, com a tomada de posição contra a filosofia grega, não tem sentido senão num tal meio. O Livro dos Atos confirma esta hipótese. A mensagem cristã embate no ceticismo dos gregos precisamente porque afirma uma ressurreição: assim é que os ouvintes do Areópago começam a desconfiar desta doutrina: "ouvindo falar de ressurreição dos mortos, alguns começaram a zombar dele, e outros diziam: 'a respeito disso te ouviremos outra vez'" (At 17.32)[407].

---

[406] Cf. 2 Ts 2.14. Conforme B. RIGAUX, o "vôo" dos corpos suporia que eles estão desembaraçados do peso da carne (*Saint Paul. Les Épîtres aux Thessaloniciens. [Études Bibliques]*, Paris, 1956, p. 243).

[407] Ao contrário, nas missões em território judaico, em lugar nenhum se fala de divergências de opiniões sobre a doutrina da ressurreição; e não temos nenhum motivo para crer que os saduceus teriam entrado na Igreja. Quando Paulo comparece perante o Sinédrio, convocado pelo tribuno, ele utiliza a ressurreição como um estratagema para captar a benevolência dos fariseus: "Eu sou fariseu, filho de fariseu; estou sendo julgado por causa de minha

Bons discípulos de Platão, os gregos, com efeito, não sabiam como acreditar numa ressurreição corporal que recolocaria a alma no seu túmulo ou prisão[408]; a antropologia judaica, ao contrário, imaginava a vida no além como uma ressurreição[409]. Certos coríntios, como sabemos, superestimavam os carismas intelectuais: pela firmeza com que o Apóstolo alega a propósito deles a parusia (1 Co 1.7s), tem-se a impressão de que eles desprezavam a grande esperança e pensavam já terem chegado ao reino de Deus (1 Co 4.8). Sem querer, pensa-se na "divinização" dos místicos herméticos. Dúvidas sobre a ressurreição harmonizam-se naturalmente com esta atitude.

Diante da mensagem cristã, os gregos reagiram, pois, como gregos: meditaram e puseram em discussão o próprio princípio da ressurreição. A argumentação de Paulo, em certos momentos, ataca certas negações radicais: assim, por exemplo, refuta os coríntios alegando sua falta de lógica em se fazerem "batizar pelos mortos" (1 Co 15.29)[410]. Em todo caso eles continuam céticos quanto ao modo do acontecimento, e mesmo quanto à sua possibilidade (1 Co 15.35). Talvez não houvessem rejeitado a possibilidade de uma ressurreição particular, operada por um taumaturgo como Asclépios[411], mas a noção da ressurreição escatológica permanecia alheia à mentalidade deles.

---

    esperança na ressurreição dos mortos" (At 23.6). Os saduceus, no dizer de Lucas, professam uma espécie de materialismo que certamente não é bem visto nas comunidades cristãs. O discurso diante de Agripa apresenta a ressurreição como uma doutrina aceita por todos os judeus que sabem pensar. Não podemos adotar a hipótese de adversários pertencentes, todos eles, a uma gnose de origem palestinense, cf. W. SCHMITHALS, *Die Gnosis in Korinth. Eine Untusuchung zu den Korintherbriefen (Forsch. z. Rel. u. Lit. d. A. u. N. T.*, N. F. 48), Götingen, 1956.

[408] Cf. E. ROHDE, *Psyché. Le culte de l'âme chez les Grecs et la croyance à l'immortalité*, Paris, 1928; L. R. FARNELL, *Greek Hero-cults and Ideas of Immortality*, Oxford, 1921.

[409] B. RIGAUX, *Saint Paul. Les Épîtres aux Thessaloniciens (Études Bibliques)*, Paris, 1956, pp 236s.

[410] Tratar-se-ia de mortos não cristãos? Poderiam ser também cristãos que pecaram após o primeiro batismo: βαπτίζω pode significar purificação.

[411] PS.-XEN., *Cyn.*, 1, 6: Ἀσκληπιὸς δὲ καὶ μειζόνων ἔτυχεν, ἀνιστάναι μὲν τεθνεῶτας, νοσοῦντας δὲ ἰᾶσθαι. Cf. ORÍGENES, *C. Celsum*, III, 24.

Em 1 Co 15.35-49 Paulo alia a discussão das objeções de seus correspondentes com a exposição de sua própria doutrina. À dificuldade de se entenderem a respeito da antropologia de base[412] soma-se uma outra: o Apóstolo está ainda preso a argumentações antigas e emprega-as de novo de qualquer maneira para enfrentar os problemas novos. Ele começa propondo a comparação da sementeira, clássica nesse contexto: para cada semente, segundo sua espécie, Deus cria na germinação um "corpo" novo[413]. A seguir, passa a lugares comuns da literatura grega, a variedade nas espécies animais[414]; depois disso, caminhando para uma concepção da "espiritualidade" cristã, lembra as diferenças de "brilho" (δόξα), isto é, de luminosidade, dos corpos terrestres ou celestes. Seguem-se quatro frases ritmadas que resumem energicamente o ponto de vista da fé:

Semeado na corrupção, o corpo ressuscita incorruptível;
semeado desprezível, ressuscita glorioso;
semeado na fraqueza, ressuscita cheio de força;
semeado corpo animal, ressuscita corpo espiritual[415].

2. A questão que divide Paulo e os coríntios é a da noção de "Espírito" e de "espiritual". Para um grego, a noção de um "corpo espiritual" é contraditória; para Paulo, não. O grego concebe o espírito como imaterial e incorpóreo; o esforço da filosofia espiritualista criou um dualismo que opõe a inteligência aos sentidos, o espírito à matéria. Para Paulo, a noção de Espírito é antes de tudo "religiosa"; o Espírito é considerado como uma "qualidade" fundamental de

---

[412] O dualismo com um colorido religioso (neopitagorismo), alimenta as doutrinas populares sobre a vida no além e a divinização das almas.
[413] Os judeus serviam desta comparação para afirmar que os corpos ressuscitariam com suas vestes. Algo do argumento. judaico transparece, quando Paulo usa a palavra γύμνος. Cf. H. L. STRACK-P. BILLERBECK, *Kommentar zum Neuen Testament aus Talmud und Midrash*, III, München, 1926, p. 475. Paulo transpõe o argumento. Da mesma forma, ele supõe a argumentação judaica referente à ideritidade dos corpos.
[414] A expressão εἰ τύχοι nos alerta para suspeitar uma fonte grega. Cf. CLEANTO, fr. 329 (v. Arnim): ζῷου ζῴου χρειττόν ἐστιν, ὡς ἵππος χελώνης εἰ τύχοι, καὶ ταῦρος ὄνου καὶ λέων ταυροῦ.
[415] 1 Co 15.42-44.

Deus. O homem "espiritual" é aquele que tem contato com Deus graças a sua participação no seu Espírito. Nesta antropologia nada impede que se fale duma espiritualização do corpo, ou dum corpo espiritual. Com isso dá-se a entender simplesmente que a pessoa humana corpo e alma, como diríamos, passou da esfera da vida natural à da participação nas "qualidades" divinas. Como a ressurreição envolve o corpo, que não apenas deve ser reanimado, mas também deverá entrar na esfera do "espiritual", diremos que o corpo ressuscitado é "espiritual". Será sempre um corpo, guardando toda a natureza corpórea, exceto o que se oporia a uma participação na divindade[416]. Aí está o que se depreende do capítulo 15 de 1 Coríntios.

As quatro antíteses de 1 Co 15.42-49 opõem o corpo terrestre e o corpo ressuscitado. O terrestre é caracterizado pela φθορά, a ἀτίμια, a ἀσθενεία, e é "psíquico" ao corpo ressuscitado, – que poderíamos igualmente chamar de "celeste" (cf. 1 Co 15.48) – pertencem a ἀφθαρσία, a δόξα, a δύναμις, e ele é "espiritual".

A ἀφθαρσία[417] é mencionada em primeiro lugar. É um termo paulino, bem como o adjetivo ἄφθαρτος. Este vocabulário concentra-se no começo de Romanos (onde é marcante a influência helenista), e na nossa passagem de 1 Coríntios (quatro vezes o substantivo, duas vezes o adjetivo). Da corrupção do túmulo, o corpo ressuscitado passa à incorruptibilidade, qualidade dos deuses e do mundo celeste. A ἀφθαρσία tem como paralelos δόξα e δύναμις, e enfim πνεῦμα. Todos esses termos pertencem ao sincretismo. Voltamos a encontrá-los, com poucas alterações, em Rm 2.7, em relação com o juízo e a vida eterna. A vida eterna é o quinhão, na hora do juízo, daqueles que procuram, por uma vida honesta, glória (δόξαν), honra (τιμήν) e imortalidade (ἀφθαρσίαν)[418]. Adotando este

---

[416] "A carne e o sangue não podem herdar o reino de Deus" (1 Co 15.50); o corpo deve depor seu caráter carnal (a saber, uma certa oposição à lei divina) para ter semelhança com Deus.

[417] Esse termo pertence à *koiné* filosófica (Epicuro, Crisipo, Estrabão, Plutarco, *Sapo Sal.*, 4 Macabeus etc.).

[418] Este trecho faz-nos compreender por que Paulo escolheu, como antítese de δόξα o substantivo ἀτιμία. O uso de δόξα evoca também o helenismo: δόξα equivale parcialmente a τιμή. Cf. Rm 2.10, com a enumeração δόξα, τιμή,

vocabulário, o Apóstolo quer manifestar a afinidade de sua doutrina com o intelectualismo grego.

A noção de "espiritualização" (expressa pelo adjetivo πνευ–ματικος ou por πνεῦμα com sua significação qualitativa) é da mais alta importância[419]. Nenhum indício nos orienta para uma afirmação explícita da imaterialidade. O Espírito, segundo toda a tradição do Antigo Testamento, é força de Deus e revelador de mistéros. É óbvio que o Espírito de Deus transcende a matéria, é luz, pureza. Mas a aproximação com a incorruptibilidade, a glória, a força, que Paulo faz, nos leva a pensar numa qualidade positiva de participação no divino, e não na imaterialidade entendida no sentido filosófico.

A noção paulina da ressurreição espiritual supõe uma continuidade entre o corpo "natural" e o corpo espiritual. O mesmo "eu" subsistente que antes se manifestava num corpo natural, manifesta-se em seguida no mesmo corpo natural espiritualizado. A semente lançada na terra reaparece na planta que germina (1 Co 15.37-38). "Os mortos ressuscitarão incorruptíveis" (1 Co 15.52). Às vezes, Paulo utiliza a imagem de uma roupa que se veste: "a corrupção deve revestir-se da incorruptibilidade, o mortal, da imortalidade" (1 Co 15.53-54). Não se trata de roupas a serem vestidas sucessivamente; a incorruptibilidade é colocada como um casaco sobre a incorrupção, quer dizer, uma qualidade nova modifica o estado anterior. O Apóstolo, como nós preferimos nos exprimir, fala também de uma transformação: esperamos a vinda do céu do "Salvador, o Senhor Jesus Cristo, que transfigurará (μετασηματίσει) nosso pobre corpo para torná-la semelhante ao seu corpo glorioso, em virtude do poder que tem de sujeitar a si toda criatura" (Fp 3.21). Mesmo se esse texto fala sobretudo dos que verão a parusia enquanto vivos (cf. 1 Co 15.52: ἀλλαγησόμεθα), deve-se concluir que Paulo afirma uma "transformação" análoga dos corpos que estão na sepultura.

---

εἰρήνη, que igualmente possuem um caráter acentuadamente grego e equivalem à tríade precedente.

[419] Cf. G. VERBEKE, *L'évolution de la doctrine du pneuma du stöicisme à S. Augustin. Étude philosophique (Bibliothèque de l'Inst, Sup. de Philosophie de l'Université de Louvain)*, Louvain-Paris, 1945.

Não é válido alegar contra a nossa opinião 1 Co 15.49: "assim como reproduzimos em nós a imagem do homem terrestre, traremos em nós a imagem do homem celeste". A imagem do homem terrestre é o corpo natural, recebido no nosso nascimento; a imagem do homem celeste é o corpo ressuscitado, semelhante ao de Cristo ressuscitado, que é Espírito, sem deixar de ser encarnado num verdadeiro corpo saído do túmulo[420].

---

[420] H. LIETZMANN havia proposto uma outra hipótese no seu comentário de 1 Co 15. "Corpo" seria uma "forma", ao passo que a "carne" seria como a matéria, uma substância que preencheria o vácuo da forma corporal; a ressurreição consistiria em que permanecendo a "forma" – o recipiente que é o corpo – mudaria a substância, tornando-se espírito e não mais carne. W. G. KÜMMEL, na reedição do *Handbuch z. N. T.*, 9, mostra que corpo e carne designam concretamente a mesma realidade, e com razão abandona esta exegese forçada (cf. H. LIETZMANN, *An die Korinther* I-II, 4ª ed., Tübingen, 1949, pp. 194s); entre os vv. 38 e 39, passa-se do termo "corpo" ao termo "carne", e o movimento contrário se dá nos vv. 39-40; a "carne designa o corpo determinado e orgânico dos homens e dos animais. Mas não podemos seguir W. G. KÜMMEL até o ponto de nos contentar com uma continuidade histórica entre o corpo terrestre e o corpo ressuscitado: "Ao corpo terrestre escreve ele – sucede um corpo que corresponde à qualidade de ser espiritual. Σῶμα define, pois, "o ser" individual, sem o qual a vida não existe, mas que pode ser mudado segundo as diversas situações. A continuidade entre o homem revestido do corpo psíquico e o homem revestido do corpo pneumático não é natural, substancial, mas histórica: o "ego" (*das "Ich"*) recebe primeiro um corpo terrestre e, na ressurreição, um corpo celeste" (cf. H. LIETZMANN, *op. cit.*, apêndice, p. 195). A distinção entre uma continuidade puramente histórica e uma continuidade de natureza ultrapassa a problemática dos antigos, que pensavam em categorias de natureza. Paulo situa o "eu" numa realidade de ordem natural, uma" alma" distinta do corpo (sem chegar a dar à palavra "alma" o sentido forte que hoje lhe damos). Esta noção de alma, representada pelos termos Ψυχή, πνεῦμα etc., encontra-se quase por toda parte na época do Novo Testamento. Lucas a exprime em termos gregos (At 20.10; Lc 12.20). Ela reaparece na literatura apócrifa (*Apoc. Moys.*, 31s; 4Esdr 7.78s) e no rabinismo (cf. H. L. STRACK-P. BILLERBECK, *Kommentar zum Neuen Testament aus Talmud und Midrash*, IV, München, 1928, pp. 1036s, citando Rabban Jochanan ben Zakkaï, morto por volta de 80). Esta concepção está nos fundamentos da doutrina da imortalidade (com ou sem ressurreição). Não há motivo algum para dela privar Paulo (cf. 1 Ts 5.23; 1 Co 7.34; 2 Co 7.2; cf. W. GUTBROD, *Die paulinische Anthropologie* (*Beiträge zur Wissenschaft vom A. u. N. T.*, IV, 15), Berlin, 1934, pp. 80; 90s. Sobre esta questão em geral, cf. F. GUNTERMANN, *Die Escatologie des hl. Paulus* (*Neutest. Abh.*, XIII, 4-5), Münster, 1932, pp. 183-191.

*Concluímos:* – Nada impede o corpo de tornar-se órgão do Espírito[421]; não só isso, mas ele é capaz de participar de suas qualidades religiosas, tais como a incorruptibilidade ou a glória. O corpo "espiritualizado" não será uma coisa totalmente diversa do corpo natural: o corpo ressuscitado brotará do corpo semeado na terra; sem ser destruído totalmente, o corpo mortal será elevado a uma ordem superior; o elemento mortal será absorvido na vida (2 Co 5.4). Assim o corpo de Cristo, saído do sepulcro, tornou-se Espírito vivificante, e não foi aniquilado.

Paulo é testemunha da ressurreição de Cristo e conscientemente dá a seu testemunho o mesmo significado que à tradição de Jerusalém: o corpo de Cristo saiu vivo do túmulo. Não se pode alegar como argumento em contrário a concepção teológica que apresenta a ressurreição como uma passagem à esfera "espiritual"; só haveria contradição se o Espírito se definisse pela imaterialidade. Comentar a teologia de Paulo dentro duma hipótese filosófica de hoje, seja repensando o espiritualismo antigo, seja rejeitando a categoria de "natureza", é abandonar a exegese histórica e também a teologia positiva.

Para Paulo, é realmente o corpo de Cristo ressuscitado que é "espiritual", isto é, que goza das prerrogativas do Espírito; e esta transformação é o fundamento de nossa fé. Nossa ressurreição futura é igualmente certa, com uma certeza imposta pela fé; ela será "real", pois nosso "eu" reencontrará, transformado, o corpo material que era o de nossa vida mortal; a transformação do corpo natural em corpo espiritual far-nos-á participantes dos privilégios do corpo ressuscitado de Cristo.

## II - NAS PEGADAS DO CRISTO RESSUSCITADO

A primeira Epístola aos coríntios constitui uma encruzilhada na teologia paulina. Seu primeiro centro de interesse tinha sido a parusia e nossa reunião ao Cristo triunfante[422]. A ressurreição dos

---

[421] Conforme a teoria de K. DEISSNER, *Auferstehungshoffnung und Pneumagedanke bei Paulus*, Leipzig, 1912.

[422] Cf. J. DUPONT, Σὺν Χριστῷ *L'Union avec le Christ suivant saint Paul*. Première partie. *"Avec le Christ dans la vie future"*, Bruges, 1952.

cristãos aparecia, nesta fase, como a condição de sua participação no triunfo. A esta primeira etapa sucedeu uma segunda, em que o centro de interesse tornou-se antes de tudo a ressurreição dos cristãos, conseqüência e efeito da ressurreição de Cristo[423].

Na primeira etapa, a vida cristã estava voltada para o futuro. Na segunda, Cristo é, desde a vida presente, fonte de vida e dispensador do Espírito. Exerce aqui na terra sua função de Senhor; ele reina, submete tudo a si para submeter tudo a seu Pai[424]; é o centro de irradiação do poder vivificante (1 Co 15.45)[425] e santificador (Rm 1.4) de Deus. Sua vida de ressuscitado arrasta a humanidade. Paulo deu lugar de destaque à antítese entre Adão e Cristo: do primeiro homem vêm o pecado e a morte; do Cristo, a vida e a vitória sobre o pecado[426]. A ressurreição de Cristo é a origem duma corrente poderosa, de energia irradiante, que anima todos os homens colocados no seu raio de ação.

## 1. *Eficácia sobre a ressurreição corporal*

Paulo afirma uma relação de causalidade, estabelecida por Deus, entre a ressurreição de Cristo e a dos cristãos[427]: "Pois já que a morte (veio) por um homem, é também por um homem (que virá) a ressurreição dos mortos. Pois assim como todos morreram em Adão, assim todos serão vivificados em Cristo" (1 Co 15.21-22). A mesma idéia é expressa brevemente em Rm 8.11: "aquele que ressuscitou dos mortos o Cristo Jesus, vivificará[428] também vossos corpos mortais pelo seu Espírito que habita em vós".

A eficiência do Cristo ressuscitado sobre nossos corpos se exerce para produzir a "vivificação". A causalidade eficiente acarreta a

---

[423] Cf. L. CERFAUX, *Le Christ dans la théologie de saint Paul*, 2ª ed. (*Lectio divina*, 6), Paris, 1954, pp. 67-69.

[424] Cf. Rm 14.9; 1 Co 15.24.

[425] Paulo define o Cristo ressuscitado: υἱὸς Θεοῦ ἐν δυνάμει κατὰ πνεῦμα ἁγιωσύνης Rm 1.4; πνεῦμα ζωοποιοῦν, 1 Co 15.45; Cf. L. CERFAUX, *Le Crist dans la théologie de saint Paul*, 2ª ed., pp. 222s.

[426] Cf. 1 Co 15.22.26.54; Rm 5.12.19.

[427] Esta perspectiva sucedeu a uma outra mais arcaica. Cf. L. CERFAUX, *Le Crist dans la théologie de soint Paul*, 2ª ed., p. 65.

[428] Sobre o sentido de ζωοποιεῖν, cf. *infra*, p. 196, nota 37.

semelhança; o corpo mortal foi, à imagem do primeiro Adão, "alma vivente", animado duma vida carnal própria aos corpos vivos; o corpo ressuscitado será, à imagem do último Adão, espírito "vivificante" vindo do céu, celeste (1 Co 15.45-49). O mesmo Espírito que ressuscitou o Cristo nos há de ressuscitar; seremos, portanto, como que réplicas do Cristo ressuscitado. Nossa ressurreição porá o selo à nossa conformidade com o Filho de Deus (Rm 8.29-30; cf. Fp 3.21). Por conseguinte, os corpos serão daí em diante corpos de glória (1 Co 15.43), espiritualizados[429].

## 2. Eficácia sobre a vida cristã atual

Do Cristo ressuscitado brota toda vida "espiritual"[430]. Seria uma conclusão apressada dizer que a vida cristã equivale já a uma vida de ressuscitado. Paulo não apóia este modo de dizer, pelo menos nas grandes Epístolas, por dois motivos.

O primeiro motivo, teológico, é que a ressurreição interessa diretamente os corpos, ao passo que a vida cristã é uma vida profunda do homem interior, do νοῦς e do πνεῦμα[431]. O segundo motivo, de oportunidade, é que a doutrina da ressurreição desenvolveu-se sobretudo em Corinto, por entre as controvérsias de Paulo com esta Igreja. Ora, os coríntios eram por demais inclinados a superestimar seus dons espirituais em detrimento das realidades futuras; é por isso que, ao se explicar sobre a vida cristã atual, Paulo tem o cuidado de salvaguardar o acabamento definitivo e essencial que será a ressurreição. Cristo comunica-nos uma vida que é a sua, uma vida de ressuscitado, ele não nos ressuscita[432].

---

[429] Identificar o Cristo ressuscitado com o Espírito e concluir que nossa ressurreição não é mais que a representação mitológica de nossa vida no Κύριος é uma simplificação exagerada, ou pelo menos um desafio à exegese propriamente dita.

[430] Cf. infra, pp. 333-351.

[431] Precisamente a experiência desta vida obrigará Paulo a acentuar o dualismo latente da antropologia judaica e a aproximar-se do dualismo grego. O cristão é doravante um ser segundo o Espírito e não segundo a carne (cf. infra, pp. 313-318).

[432] O verbo ζωοποιεῖν no grego corrente, significa vivificar (no sentido natural, referindo-se a plantas, animais) e é empregado pelos Setenta na linguagem

Assegurada esta distinção, leremos com proveito o texto batismal de Rm 6.3-8: Porventura ignorais que quantos fomos batizados em Cristo Jesus, foi na sua morte que fomos batizados? Fomos, pois, sepultados com ele pelo batismo na sua morte, a fim de que, assim como o Cristo ressuscitou dos mortos pela glória do Pai, assim também nós vivamos (atualmente) uma vida nova. Pois se fomos transformados e identificados à imagem de sua morte, também o seremos por uma ressurreição semelhante à sua... Já que morremos com Cristo, cremos que viveremos também com ele (συζήσομεν αὐτῷ). É natural que os comentadores hesitem sobre o sentido que se deve dar aos futuros do v. 5 (ἐσόμεθα) e do v. 8 (συζήσομεν). O Apóstolo afirma simplesmente que morremos com Cristo, mas hesita diante da afirmação de que estaríamos já ressuscitados. Mas a ressurreição já opera em nós, ela nos faculta a vida nova com suas possibilidades novas (cf. Rm 8.1-6).

Alhures, Paulo distingue com maior cuidado o efeito presente da ressurreição de Cristo, da ressurreição futura, elaborando em detalhe a antítese Adão-Cristo (Rm 5.12-21). O dom de Cristo compreende a justiça que recebemos presentemente, e a vida futura no reino de Deus (ἐν ζωῇ βασιλεύσουσιν) (Rm 5.17), a vida eterna (Rm 5.21).

## 3. *Prelúdios da ressurreição*

Certas fórmulas concretizam a idéia de que nossa ressurreição futura se prepara desde agora.

*a) As arras ou primícias do Espírito*

O Espírito Santo que ressuscitou o Cristo está presente em nós com todo seu poder de vivificar. Ele é, pois, um penhor de res-

---

religiosa, exprimindo a salvação outorgada por Deus. Em Paulo, ele significa ordinariamente restituir a vida, ressuscitar no sentido próprio (Rm 4.17; 8.11; 1 Co 15.22.36). Em 2 Co 3.6 e Gl 3.21 designa a vida espiritual ou o dom da justiça de Deus; em 1 Co 15.45, Cristo, em oposição ao primeiro homem, é "Espírito vivificante"; em nenhum destes casos, se pensará numa ressurreição em sentido próprio. Ao contrário, em Ef 2.5 συνζωοποιεῖν indica a ressurreição antecipada. Cf. R. BULTMANN, art. ζωοποιέω, em *Theol. Wörterbuch*, II, pp. 876s.

surreição futura (2 Co 5.5; cf. Ef 1.14)[433]. Primícias de nossa herança celeste, ele nos certifica da libertação da morte e da corrupção (Rm 8.23).

*b) A união ao corpo do Senhor*

Uma relação profunda, religiosa, une nossos corpos ao Senhor[434]; eles são destinados à ressurreição e colocados desde agora sob a influência da força do Senhor (1 Co 6.14), inseridos, como membros unidos ao corpo, no Senhor ressuscitado e espiritual (1 Co 6.17).

O tema da união do cristão com o Senhor é exposto com referência à celebração da Ceia[435]. A união ao pão eucarístico não pode dissociar-se da idéia da ressurreição: se este pão que comemos é o corpo de Cristo morto sobre a cruz, e se o sacramento, num símbolo real, representa a morte do Senhor, ele orienta ao mesmo tempo para a sua ressurreição e sua parusia (1 Co 11.26). Este corpo, do qual o cristão é um membro, é, pois, o corpo de Cristo que morria para ressuscitar e para nos ressuscitar após si. O cristão, pela comunhão sacramental, recebe a consagração de membro deste corpo ressuscitado.

*c) O homem interior e a glória celeste*

Paulo comenta em 2 Co 4.7-5.10 suas tribulações apostólicas. Elas desgastam seu corpo e anunciam uma morte próxima. Mas enquanto a destruição age sobre o "homem exterior", seu "eu" profundo, onde têm suas raízes a consciência e a verdadeira "vida", renova-se, expandindo-se dia após dia. Identificando-se com a glória futura, esta realidade de eternidade lhe é outorgada desde já[436].

---

[433] Cf. Rm 8.11: a idéia é expressa indiretamente em 2 Co 4.14 ("Aquele que ressuscitou o Senhor Jesus, nos ressuscitará também a nós...", e 1 Co 6.14 ("Deus ressuscitou o Senhor e por conseguinte nos ressuscitará pelo seu poder").

[434] Em concreto, esta relação exprime-se igualmente pela habitação do Espírito Santo nos corpos (1 Co 6.19).

[435] Cf. 1 Co 10.17.

[436] Paulo pronuncia aqui a: palavra grega αἰώνιον e a expressão platônica τὰ μὴ βλεπόμενα, as coisas invisíveis. Sobre toda esta seção, cf. *infra*, pp. 201-209.

## Capítulo III
# O DESTINO ETERNO DO CRISTÃO

1. *Os cristãos entre a morte e a parusia.* Exegeses: 2 Co 4.7-5.10. (confidências; o homem interior; o corpo, habitação terrestre da alma e a habitação celeste; os gemidos na espera da transformação de nossos corpos; a permanência junto do Senhor); Fp 1.19-26. – Síntese da doutrina. – Corolário antropológico.
2. *A miragem de um reino temporal de Cristo após a parusia.*
3. *O fim dos tempos.* A ressurreição dos mortos: considerações gerais; a exegese de 1 Co 15.20-28; conclusão. – O juízo final: a salvação no momento da parusia; o julgamento segundo as obras; síntese das duas perspectivas; a condenação. – A transmissão do reino ao Pai.
4. *A eternidade.* Fórmulas tradicionais: a salvação; o século futuro; a vida eterna; o paraíso e o terceiro céu; a herança de Deus; o reino de Deus; a glória; filho de Deus. – Duas fórmulas mais gregas. *Conclusão.*

"Não miramos os bens visíveis mas sim os invisíveis; pois o que é visível é passageiro, o que é invisível é eterno" (2 Co 4.18). Estas palavras revelam um clima diferente daquele dos dois capítulos precedentes. Lá nós ficávamos quase exclusivamente no terreno da escatologia judaica; aqui Paulo lança mão da filosofia grega. Voltaremos a encontrar esta no nosso caminho quando pesquisarmos o estado intermédio entre a morte e a ressurreição. Em seguida teremos de confrontar a escatologia mais especificadamente cristã da parusia e da ressurreição gloriosa com as teorias gerais e tradicionais do juízo, da retribuição segundo as obras e dum reino temporal de Cristo.

## I - OS CRISTÃOS ENTRE A MORTE E A PARUSIA[437]

Em certas circunstâncias mais dramáticas de sua vida de missionário, Paulo esteve envolvido em graves perigos; a morte antes da

---

[437] Cf. J. JEREMIAS, art. παράδεισος, em *Theol. Wörterbuch*, v. pp. 763-771; A. OEPKE, art. παρουσία em *Theol. Wörterbuch*, V, pp. 856-869 (negando que

parusia era por ele vista como uma hipótese possível, se não certa[438]. As Epístolas 2 Coríntios e Filipenses apresentam-nos confidências suas sobre seus temores e esperanças; ele acrescenta reflexões sobre a certeza que tem de ser unido de novo com Cristo desde o instante de sua morte[439].

---

2 Co 5.1-10 faça alusão ao estado intermédio); H. L. STRACK-P. BILLERBECK, *Kommentar zum Neuen Testament aus aus Talmud und Midrash*, II, München, 1924, pp. 264-269: IV, München, 1928, 799-976; J.-B. FREY, "Lavie de l'au-delà dans les conceptions juives au temps de Jésus-Christ", em *Biblica*, 13 (1932), pp. 129-168; E.-B. ALLO, *Saint Paul. Seconde Épître aux Corinthiens (Études Bibliques)*, Paris, 1937, pp. 134-160; H. BIETENHARD, *Die himmlische Welt im Urchristentum und Spätjudentum* (Wiss. Unters. zum N. T., 2, 1951), pp. 161-191; J. DUPONT, Σὺν Χριστῷ. *L'Union avec le Christ suivant saint Paul. Première partie. "Avec le Crist dans la vie future"*, Bruges, 1952; J. N. SEVENSTER, "Einige Bemerkungen über den Zwischenzustand bei Paulus", em *New Test. Studies*, 1 (1954-55), pp. 291-296; J. JEREMIAS, "Flesh and Blood cannot inherit the Kingdom of God", em *New Test. Studies*, 2 (1955-56), pp. 151-159; A. FEUILLET, "Le Royaume céleste et la destinée der chrétiens (II Cor., 5.1-10)", em *Rech. Sc. Rel.*, 44 (1956), pp. 360-402; St. LYONNET, "L'originalité du message chrétien", em *Biblica* 37 (1956), p. 482; E. E. ELLIS, "II Corinthians V, 1-10 in Pauline Eschatology", em *New Test. Studies*, 6 (1959-60), pp. 211-224.

[438] Embora em si, mesma incerta, a data da parusia parecia próxima e era aguardada com impaciência. Isso foi o bastante para que as primeiras gerações cristãs não tenham tido nossa bela segurança quanto à inutilidade das especulações deste gênero. Por outro lado, só mesmo confundindo atitude, esperanças e ensinamentos é que se pode dizer que Paulo muda de opinião, se contradiz etc. (cf. E. B. ALLO, *Saint Paul. Seconde Épître aux Corinthiens [Études Bibliques]*, Paris, 1937, pp. 156-159). Nada impedia que se determinasse uma data mais ou menos próxima para o fim do mundo, nem que ele fosse aguardado apaixonadamente. Mas também nada nos assegura que o Apóstolo, por maior teólogo que fosse, possuía desde o início de seu apostolado uma doutrina integral e coerente sobre a escatologia cristã. Ademais, todos admitem que uma Epístola não é um tratado de dogmática: porque nem todos concordam em acrescentar que o tratado de dogmática paulina não estava escrito em parte alguma, para que pudesse inspirar as Epístolas? Aprofundar uma doutrina para resolver problemas que se põem num dado momento, em circunstâncias novas, não é contradizer-se.

[439] Cf. 1 Co 15.32: 2Co 1.8-11; 4.16-5.10: Fp 1.19-26; 2 Tm 4.18; Cf. Rm 8.38s; 14.7-9.

## 1. *Exegeses*

**A.** *2 Co 4.7-5.10*

A apreensão por causa da morte perturba Paulo. A glória dos apóstolos do Novo Testamento, que de acaba de exaltar, contrasta fortemente com as provações (as "tribulações") de sua vida de missionário[440]. A idéia dum fim prematuro, alcançando-o em plena atividade, jamais se lhe impôs com uma tal clareza; pelo menos ele não fizera disso o objeto duma meditação teológica contínua. Mas suas reflexões não são improvisadas. Amadureceram nele pouco a pouco; ele no-las expõe agora ao longo de um grande trecho literário, cuja exegese continua discutida, e que tem importância capital para nosso assunto. Portanto, devemos caminhar um pouco com os exegetas.

*a) Confidências (2 Co 4.7-1.5)*

Paulo sabe que traz em si uma glória superior à de Moisés; no entanto – paradoxo de sua vida apostólica – este tesouro permanece oculto numa existência cercada de fraquezas. Faz então uma série de antíteses, à moda dos estóicos: "Somos continuamente entregues à morte por causa de Jesus, para que a vida de Jesus seja manifestada (φανερωθῇ) na nossa carne mortal..." (4.11). Exprime a certeza de ressuscitar com Cristo e de associar-se nesta hora aos coríntios (4.14)[441]: assim ele se coloca no número dos cristãos destinados a ressuscitar (e, por conseguinte, a morrer antes da parusia[442]. Continuemos acompanhando o curso de suas reflexões. De acordo com seus princípios, a ressurreição já está operando nele, ao mesmo tempo no seu corpo e no seu "eu" profundo; e ele proclama a sua

---

[440] Paulo esteve em perigo de morte, 2 Co 1.8-11. Pode-se pensar nos acontecimentos de Éfeso aos quais alude em 1 Co 15.30-32; mas toda a sua vida apostólica foi marcada por fadigas excessivas, enfermidades e situações perigosas.
[441] Παραστήσει σὺν ὑμῖν.
[442] Compare-se com 1 Co 15.51: "Nem todos nós morreremos, mas todos seremos transformados" (uns pela ressurreição, outros sem passar pela morte).

confiança: "é por isso que não desfalecemos..." (4.16). Revela os sentimentos de sua alma apostólica; experiência profunda e princípios teológicos se mesclam e se enriquecem mutuamente: algumas ressonâncias estóicas nos revelam uma sensibilidade helenista[443]. A perspectiva concreta de ser do número dos cristãos que vão morrer para ressuscitar, cria um novo clima de pensamento, com uma consciência mais segura de um "eu" prometido à ressurreição futura. A transformação interior da vida cristã, sob a influência da ressurreição de Cristo[444], de que ele faz a experiência "mística" fortalece sua consciência de um "eu" independente do corpo; mas ainda precisava encontrar as palavras necessárias para exprimir esta consciência. Não podiam bastar as fórmulas apocalípticas, nem o Antigo Testamento e o judaísmo palestinense, tão pobres de conceitos psicológicos. Ao contrário, os trágicos e os filósofos gregos elaboraram a noção clara duma alma distinta da matéria e do corpo, espiritual e imortal. Paulo não é alheio à civilização deles; ouviu, discutiu, chegou a comparar as fórmulas antropológicas gregas com as do judaísmo e a fazer sua escolha.

*b) O homem interior (2 Co 4.16)*

Para o helenista culto, o verdadeiro valor do homem está no seu ser intelectual, fração duma "inteligência" universal. "O homem interior", e não o atleta, é o homem verdadeiro, vitória da consciência sobre as vicissitudes e as pressões externas. Paulo apodera-se de toda esta nobreza humana e a transpõe ao terreno cristão[445]. A "inteligência" identifica-se ao Espírito. O "homem interior" de Platão

---

[443] Cf. "L'antinomie paulinienne de la vie apostolique", em *Rech. Sc. Rel.*, 39-40 (1951-52), pp. 233s. (= *Recueil L. Cerfaux*, II, Gembloux, 1954. pp. 466s). Aí sublinhamos as expressões συνείδησις, ἐξουσία, παρρησία, às quais correspondem em 2 Coríntios: οὐκ ἐγκακοῦμσεν (4.16); θαρροῦντες (5.6) e em Filipenses: ἐν πάσῃ παρρησία (1.20). Quanto a θαρρω cf. J. DUPONT, Σὺν Χριστῷ. *L'union avec le Christ suivant saint Pauto* Première partie. "*Avec le Christ dans la vie future*", Bruges, 1952, p. 759.
[444] Cf. *supra*, pp. 195s.
[445] Sobre o homem "interior", cf. J. DUPONT, Σὺν Χριστῷ. *L'union avec le Christ suivant saint Pal* Première partie. "*Avec le Christ dans la vie future*", Bruges, 1952, pp. 127-128.

torna-se o homem em Cristo[446], aquele cuja vida é Cristo (Fp 1.21), que vive aparentemente na "carne", mas em realidade vive na fé do Filho de Deus; aquele por quem o Cristo se manifesta (Gl 2.20). À "consciência" natural, a inteligência que reflete sobre si mesma, corresponde uma nova consciência do homem cristão, um "ego" que está em relação com o Cristo. À medida que as provações destroem o corpo, o "homem interior" se fortifica. Ele se "renova" (ἀνακαινοῦται) de dia para dia, escreve Paulo (2 Co 4.16). Deus o está criando perpetuamente à imagem do Cristo (Cl 3.10). O cristão reveste-se do homem novo (Cl 3.10). Todas estas fórmulas designam a mesma operação sobrenatural, introduzindo e firmando este "eu" humano no mistério da vida divina. É ao mesmo tempo uma mudança orgânica interna e uma criação vinda de Deus; a "glória" envolve e penetra o "eu" natural.

c) *O corpo, habitação terrestre da alma, e a habitação celeste (2 Co 4.17-5.1).*

A glória, bem divino, celeste, coisa invisível e eterna, eleva ao seu potencial o homem interior. Ela lhe é proporcionada e é já propriedade dele, embora permaneça futura; tal é o modo de falar de acordo com as categorias do Apocalipse judaico. O helenismo coloca à disposição de Paulo um tema paralelo[447]: o princípio intelectual presente em nós, "o homem interior" habita momentaneamente o corpo, e sofre da parte deste uma sobrecarga de "peso", mas ele se

---

[446] Cf. 2 Co 12.2. Este texto situa o "eu" dentro do homem interior, distinguindo-o do corpo.

[447] Ver a análise de J. Dupont (*ibid.*, pp. 152-174), em particular a da frase τό γὰρ παραυτίκα ἐλαφρὸν τῆς θλίψεως e sobretudo πρόσκαιρα... αἰώνια (v. 18), e provavelmente seria necessário unir βλεπόμενα – μὴ βλεπόμενα (v. 18) (cf. Fédon, p. 81, c; expressões do dualismo platônico). Se, no v. 17, subentendermos βάρος depois do adjetivo ἐλαφρόν sublinharemos a bela antítese com o peso eterno e imenso da glória, construção esmerada, onde a oposição verbal traz consigo a da idéia. O peso da tribulação (expressão grega), leve para o Apóstolo, suscita da parte de Deus a glória (a palavra hebraica *kabôd* designa ao mesmo tempo o peso e a glória; cf. G. SCHRENK, art. βάρος, em *Theol. Wörterbuch*, I, pp. 551-559) um fardo cada vez mais pesado (καθ' ὑπερβολὴν εἰς ὑπερβολήν).

sente chamado, no Hades ou no céu, a uma permanência invisível, mais conforme à sua realidade profunda[448]. Este tema esvai-se no cristianismo. Os gregos frisam o peso (βάρος da morada terrestre. Paulo, ao contrário, submete-se com alegria às misérias desta vida, pois elas preparam a morada celeste; toda atenção é reservada a esta, corpo ressuscitado, morada eterna e celeste, que não é feita por mão de homem[449]. De acordo com a doutrina da ressurreição, a morada celeste é um corpo novo, substituto do corpo de carne que se abandona, correspondendo no céu ao homem interior; a habitação celeste sucederá ao templo que é o corpo do cristão consagrado pelas primícias do Espírito[450].

d) *Os gemidos na espera da transformação de nossos corpos (2 Co 5.2-5).*

Voltamos a encontrar em Rm 8.18-30 o conjunto dos temas de 2 Co 4.17-5.1 e 5.2-5: os sofrimentos, a glória, os anseios pelas coisas invisíveis, as primícias (as arras em 2 Coríntios) do Espírito. Entretanto, os elementos especificamente gregos de 2 Coríntios, o homem interior e a habitação celeste, faltam em Romanos, que verossimilmente conserva assim o esquema primitivo, pertencente à linha apocalíptica. Os sofrimentos do tempo presente nada são,

---

[448] Cf. J. DUPONT, Σὺν Χριστῷ. *L'union avec le Christ suivant saint Paul.* Première partie. *"Avec le Christ dans la vie future"*, Bruges, 1952, pp. 142-145. O tema reaparece em Sab 9.15. Basta-nos citar Sêneca: *(Animum) numquam magis divinum est, quam ubi mortalitatem suam cogitat et scit in hoc natum hominem, ut vita defungaretur, nec domum esse hoc corpus, sed hospitium, et quidem breve hospitium, quod relinquendem est, ubi te gravem esse hospiti videas* (Ecf., 120, 14).

[449] Οἰκοδομὴν Θεοῦ... οἰκίαν ἀκειροπίητον αἰώνιον ἐν τοῖς οὐρανοῖ (2 Co 5.1).

[450] O adjetivo ἀχειροποίητος, que aqui qualifica o corpo celeste, não parecerá mais tão estranho se compreendermos suas origens. O positivo χειροποίητος, que o helenismo usava referindo-se aos templos (*Or. Sib.*, Filon etc.) foi adotado pelos Setenta para designar os ídolos. A progressão das idéias parece ter sido esta: já agora nosso corpo é um templo do Espírito, e essa presença do Espírito torna o corpo semelhante a um templo de outrora, humano, construído pela mão do homem, embora esteja consagrado. O templo que lhe sucederá, o corpo celeste, será, ao contrário, uma realidade totalmente celeste, escatológica, criada por Deus, ἀχειροποίητον.

em comparação com a glória que se revelará μέλλουσαν ἀποκαλυφθῆναι: Rm 8.18) em nós na parusia. Atualmente, possuímos as primícias do Espírto, isto é, da glória que cabe aos filhos de Deus e anuncia sua herança; suspiramos pelo complemento de nosso destino de filhos, herdeiros de Deus.

A influência do helenismo ajudará o Apóstolo a transportar o tema dos gemidos para a nova hipótese: a ressurreição efetuada somente depois dum lapso de tempo mais ou menos longo, durante o qual o corpo fica no túmulo.

Efetivamente, vemos que 2 Co 5.2-5, paralelo a Rm 8.23, complica o tema primitivo. Romanos dizia: "nós próprios, que possuímos as primícias do Espírito, gememos (στενάζομεν) em nós mesmos, aguardando a qualidade de filhos (υἱοθεσίαν), a redenção de nosso corpo". Todo o contexto (e particularmente Rm 8.18) fazia pensar no acontecimento da parusia. Diante dessa frase retilínea, coloquemos 2 Co 5.2-5 com suas hesitações, suas idas e vindas: "E de fato, eis por que gememos (στενάζομεν): desejamos ser revestidos (ἐπενδύσασθαι) da nossa moradia do céu[451], na suposição de que nos achamos ainda vestidos, não despojados[452]. Efetivamente, enquanto estamos nesta tenda, gememos, – acabrunhados pelo fato de não querermos ser espoliados, mas revestidos com uma veste nova por cima da outra, – para que o que é mortal em nós seja absorvido pela vida. Aquele que nos formou para este destino é Deus mesmo que nos deu por penhor o seu Espírito".

---

[451] Chamar o corpo de morada, tenda, é uma imagem helenística (cf. H. LIETZMANN, *An die Korinther* I-II, 4ª ed. [*Handb. z. N. T.*, 9], Tübingen, 1949, p. 117). O corpo, considerado como vestimenta, é uma imagem que se usa falando da ressurreição: cf. *Hen. sl.*, 22, 8ss.; *Ascensio Is.*, 7,28; 9,2.8.9.17; *Od Sal.*, 33,10; etc. Pode-se citar ainda alguns paralelos helenísticos: mistério de Isis, *Hermetica*; ci. H. LIETZMANN, *op. cit.*, pp. 119s. Parece que Paulo combinou as fórmulas helenísticas com as judaicas.

[452] E. OSTY, Les Épîtres de saint Paul aux corinthiens *(La Sainte Bible de Jérusalem)*, Paris, 1948, traduz: "posto que, tendo-nos revestido dela, não nos acharemos nus". A explicação dele concorda, aliás, com a que propomos: "Paulo bem que gostaria de ser do número desses privilegiados, que a vinda do Senhor encontrará com vida, e cujos corpos serão transformados sem passar pela morte. Eles "revestirão", se assim podemos dizer, o "corpo espiritual" por sobre o "corpo psíquico" (1 Co 15.44.51.55) que será *absorvido* pelo primeiro" (p. 99).

O Apóstolo começou (2 Co 5.1) pelo tema do corpo de eternidade preparado no céu, do qual normalmente a pessoa deveria revestir-se por sobre o corpo mortal, sem deixar este. Mas nas circunstâncias atuais, essa esperança tornou-se problemática. Paulo diz então que ela não se realizaria, senão na hipótese de a glorificação ter lugar mediante a "denudação", isto é, a morte (v. 3)[453]. No v. 4 recomeça sua frase, exprimindo de um só fôlego a atitude principal do cristão diante da parusia, a saber, o desejo intenso (στενάζομεν) de revestir-se do corpo de glória e de gozar em plenitude da qualidade de filho (Rm 8.23 e 2 Co 5.2), e o sentimento que agora se lhe impõe, o receio ansioso (βαρούμενοι)[454] de passar pela morte em vez de se revestir imediatamente do corpo de glória por sobre seu corpo mortal. O temor vem expresso na frase participial que colocamos entre travessões. Em todo caso, agora sabemos que Paulo conta com a probabilidade de morrer antes da parusia, e que corajosamente soube tomar uma atitude, triunfando da inquietação humana que esta eventualidade provocava em sua carne[455]. Coisa essencial: a morte não o separará do Senhor.

*e) A permanência junto do Senhor (2 Co 5.6-10)*

A seqüência das idéias ficou interrompida. Quase se esperava que o homem interior, antecipando a ressurreição, se revestisse do corpo de glória desde o momento da morte[456]. Mas Paulo, até aqui,

---

[453] O adjetivo γυμνοί lembra 1 Co 15.37, onde o sepultamento é comparado à sementeira: lança-se à terra um grão nu, despojado do que o envolve. Paulo conserva o termo, que traz em si a idéia da morte; aplica-o agora ao homem interior, que se acha despojado pela morte. Em 1 Coríntios é o corpo que aguarda a ressurreição; em 2 Coríntios é o "homem interior". Este será o sujeito possível duma existência sem corpo.

[454] Este verbo, novo dentro desse tema, enquadra-se bem no contexto: o tema grego conhece o peso do corpo, e Paulo falou do peso da glória.

[455] As palavras τὸ θνητόν e καταπίνω na voz passiva, reaparecem em 1 Co 15.53-55, no cântico de vitória sobre a morte na parusia (alusão a Is 25.8; cf. *infra*, pp. 216-219).

[456] Alguns autores modernos deixaram-se seduzir por esta concatenação de idéias que parece lógica. E.-B. ALLO (*Saint Paul. Seconde Épître aux corinthiens* [*Études Bibliques*], Paris, 1937, p. 141), cita Heinrici, Schmiedel, Plummer,

não pensara senão na ressurreição por ocasião da parusia; por entre suas confidências, dando livre curso a seu temperamento judeu, receava a morte como perda deste corpo necessário a uma existência humana normal; sempre imaginou seu corpo de glória como devendo revestir diretamente seu corpo mortal. Revela agora um pensamento que ele guardara dentro de si e que suas reflexões sobre o homem interior já sugeriam. Deixa de investigar sobre o corpo celeste, do qual só mais tarde seremos revestidos, por ocasião da parusia. Na linha duma psicologia platonizante, a existência após a morte é independente do corpo; o homem interior, sustentado pelo poder de Cristo vivo, pode subsistir sozinho depois da morte, até a parusia: "Seja como for, cheios de coragem, sabemos que enquanto habitarmos neste corpo, somos exilados, longe do Senhor... cheios de confiança, preferimos sair do corpo para irmos habitar junto do Senhor..." (2 Co 5.6-8).

Paulo retoma, esclarece, cristianiza a sabedoria dos melhores autores gregos, tornada propriedade comum depois da Apologia de

---

H. Windisch e resume (pp. 150-152) a exegese deste último. Seria tentador dizer, ao menos, que Paulo, incapaz, por seu temperamento semítico, de imaginar uma sobrevivência sem ressurreição, concebeu, mas simplesmente para sustentar seu pensamento, uma imediata tomada de posse do corpo preparado no céu. Os autores citados anteriormente vão mais longe; o homem interior é uma essência "pneumática" capaz de receber diretamente a "segunda vestimenta", o corpo incorruptivel. A teoria deles é paralela à explicação que se dá da ressurreição (cf. *supra*, pp. 165-167). Mas estas categorias não são as de Paulo. Para ele a ressurreição é uma transformação do corpo carnal: portanto, este se impõe para o sujeito da glorificação, que terá como resultado um corpo "espiritual". A imagem da vestimenta eterna que a pessoa reveste por sobre o corpo não é mais que uma variante ou uma outra maneira de exprimir o processo de transformação (cf. *supra*). Por isso, nem passou pela sua cabeça a idéia de que a alma (em seu estado de nudez) se revestiria imediatamente do corpo de glória; ou, se passou, foi rejeitada sem mais delongas. Por outro lado, se acontecesse essa coisa inimaginável, a ressurreição da parusia perderia o sentido e a finalidade: ora, Paulo não pode pensar assim. Constatamos, além disso, seu cuidado em evitar toda fórmula que conduzisse à hipótese duma antecipação da ressurreição. Deseja conservar a tensão escatológica de suas comunidades. Enfim, *contra factum non valet argumentum:* para falar da outra vida, Paulo não recorre a uma ressurreição incipiente; sabe que a filosofia grega preparou o caminho para a revelação nova e acha muito simples deixar que fale ao cristianismo a voz de Sócrates e de Platão.

Sócrates: a morte é uma viagem para uma região desconhecida, não é o aniquilamento do homem. Mas doravante, através dos termos envelhecidos, passa o sopro cristão da firme esperança. A estadia no corpo é um exílio longe do Senhor; é melhor ser exilado do corpo para estar com o Senhor.

A presença junto ao Senhor significa a passagem da obscuridade da fé à clara visão das realidades celestes, participando da sorte do Cristo, como convém a servos, amigos e co-herdeiros. As afirmações teológicas se misturam aos sentimentos do amor cristão. Nem mesmo a morte romperá a união dos cristãos entre si. Todos ficam consagrados ao serviço de seu Senhor; no dia da parusia, todos juntos, havemos de comparecer perante o tribunal de Cristo para prestar contas do que tivermos feito durante a nossa vida mortal (διὰ τοῦ σώματος), quando o corpo nos permitia pecar (2 Co 5.9-10). A moradia de alguns junto do Cristo não é mais que um interlúdio na história da comunidade cristã. Se os mortos, separados dos vivos, já estão junto do Senhor, eles esperam os que permanecem na terra, e um mesmo destino está reservado a todos: reencontrar-se diante do tribunal do Senhor para receber o salário de suas ações.

## B. Fp 1.19-26

Na Epístola aos filipenses, a prisão de Paulo e seu processo criam a possibilidade duma condenação à morte; a atitude de certos cristãos vem juntar-se a suas angústias.

A doutrina da reunião imediata com Cristo antes da ressurreição adquire contornos muito mais precisos. Desapareceu todo resquício de hesitação; não se fala mais do receio de se encontrar despojado, privado momentaneamente do corpo mortal. Aconteça o que acontecer, o Apóstolo está cheio de esperança, sabendo que Cristo será, em qualquer hipótese, glorificado no seu corpo mortal. Seja por sua vida (sinônimo para ele das tribulações que fazem crescer Cristo, este Cristo proclamado e acolhido nas igrejas), seja por sua morte que será o martírio, o selo colocado sobre todos os seus sofrimentos. "Viver" para ele não significa outra coisa que sua relação com Cristo; sob este prisma, morrer é um lucro, é uma vida superior, a passagem da fé à visão. O tempo simplificou as fórmulas;

não recorre mais à filosofia grega. O "eu" é o ser consciente que só existe por e para sua união com Cristo. Paulo fala em "partir"[457] e estar com Cristo, ou em "ficar" (v. 25). Nós nos exprimiríamos do mesmo modo.

## 2. Síntese da doutrina

"Entre os fariseus – escreve Bonsirven, pensava-se que logo após a morte, os justos são reunidos num lugar especial, localizado muitas vezes no Éden, ou no paraíso junto de Deus; lá, em companhia dos santos, eles gozam dum estado semelhante ao que se seguirá à ressurreição"[458]. A comparação com o judaísmo nos permite apreciar com mais exatidão a função das fórmulas gregas que Paulo utiliza para fazer-se entender pelos coríntios.

Do comentário sobre 2 Co 4.7-5.10 podemos concluir que, ao escrever a Carta, no fim da grande evangelização da Macedônia, da Acaia e da Ásia proconsular, Paulo já havia fixado sua doutrina sobre o período intermediário entre a morte dos cristãos e a parusia. Seu modo de expô-la, por ocasião dum grave perigo[459], manifesta reflexões pessoais; mas vemos imiscuir-se aí afirmações gerais aplicáveis a todos os cristãos[460] e certas colocações antropológicas novas[461]. Constata-se assim um verdadeiro progresso em relação à

---

[457] Ἀναλῦσαι. É quase certo que não se deve entender no sentido de se desapegar (Vulgata: *dissolvi*), nem no sentido figurado de levantar âncora; mas o verbo significa doravante simplesmente "partir".

[458] Cf. J. BONSIRVEN, *L'Évangile de Paul* (Théologie, 12), Paris, 1948, p. 311; B. RIGAUX, *Saint Paul. Les Épîtres aux thessaloniciens* (Études Bibliques), Paris, 1956, p. 531 (com bibliografia).

[459] Não queremos afirmar que Paulo jamais havia pensado anteriormente no problema das almas antes da ressurreição. certas idéias vagas criam corpo em momentos privilegiados.

[460] Paulo manifesta constantemente seus sentimentos pessoais, e ao mesmo tempo vêm à tona perspectiva comuns, 2 Co 4.18; 5.7.9-10.

[461] Cf. J. DUPONT, Σὺν Χριστῷ. *L'union avec le Crist suivant saint Paul*. Première partie. *"Avec le Christ dans la vie future"*, Bruges, 1952, p. 170, nº 1. São inseparáveis as experiências de Paulo e sua teologia (e esta inclui uma antropologia). Sem dúvida, não é lícito dizer que a teologia consista simplesmente em objetivar as experiências psicológicas (por exemplo, o poder de Cristo

escatologia cristã primitiva, na qual a atenção ficava concentrada sobre a parusia e a ressurreição. Agora aparece o cuidado de definir o que chamaremos de beatitude das almas separadas do corpo[462].

A Epístola aos filipenses nada acrescenta, contentando-se com apresentar o ensinamento numa forma muito simplificada, essencialmente "cristã".

Num contexto análogo, 2 Tm 4.17-18[463], Paulo exprime a esperança de que o Senhor o libertará e o "salvará" no seu reino celeste. Esta fórmula parece significar: colocá-lo-á em segurança aguardando a parusia (cf. 2 Tm 4.8).

Observemos quanto esta doutrina corresponde às tendências mais profundas da teologia de Paulo. Rm 8.37-39 dá-nos o princípio que fundamenta sua certeza de jamais ser separado de Cristo: Deus o amou com um amor sem arrependimento, vitorioso, com um amor do qual nada pode separá-la, nem a morte, nem a vida, nem os anjos... nem criatura alguma; e este amor que o persegue, ele o encontra em Cristo Jesus, nosso Senhor, isto é, nas relações concretas de amor recíproco que o unem ao Cristo. O mesmo se vê em Rm 14.7-12 tão parecido com 2 Co 5.7-10[464]: quer vivamos, quer morramos, explica Paulo, pertencemos ao Senhor: ele é o Senhor dos mortos e dos vivos. Como admitir que as relações dos mortos com Cristo não teriam mais a mesma intensidade que as dos vivos?

O problema da morte antes da parusia já se tinha colocado em 1 Ts 4.13-18. Certamente Paulo, levado a isto pela angústia dos

---

ressuscitado que sustenta o Apóstolo em suas provações); nem se pode tampouco negar toda influência da experiência. No caso concreto que nos ocupa no momento, três coordenadas devem ser lembradas: a experiência psicológica, a doutrina teológica deduzida de princípios gerais e as fórmulas da filosofia grega.

[462] Empregamos esta fórmula a contragosto; se ela corresponde globalmente ao pensamento de Paulo, ela violenta, por outro lado, seu vocabulário. O termo ψυχή, no sentido de alma, não é usado pelo Apóstolo no sentido tão concreto que ele tem no nosso ensinamento atual.

[463] Paulo está preso, 4.18. Independentemente talvez de seu processo, ele se sente levado à morte, próximo de sua partida deste mundo, 4.6-8.

[464] Nota-se entre os dois textos um duplo paralelismo: dum lado, a relação com o Cristo transcendendo a vida e a morte; de outro, a alusão ao tribunal (de Deus ou de Cristo).

tessalonicenses quanto a seus mortos, contenta-se com assegurá-las de que estes ressuscitarão para assistirem à entrada triunfal de Cristo. Mas falando daqueles "que adormeceram por Jesus" (1 Ts 4.14) ou dos "mortos em Cristo", ele garante pelo menos que os mortos têm um penhor seguro de ressuscitar. Eles são conscientes de possuí-lo? É uma questão ociosa, Paulo nada diz por ora. Somos autorizados a supor que o contato com os ambientes gregos o estimulou, forçando-o a precisar sua certeza duma reunião imediata com Cristo, desde a morte. Além disso, o helenismo lhe forneceu certos modos de expressão.

## 3. *Corolário antropológico*

A doutrina antropológica de Paulo é um compromisso entre dois mundos de idéias: o Antigo Testamento, prolongado pelo judaísmo palestinense, e o helenismo. Ao primeiro Paulo deve esta idéia de que o homem, privado de seu corpo, encontra-se num estado de "nudez", mas é entretanto capaz duma sobrevivência restrita. O helenismo ajuda-o a melhor imaginar um "eu" consciente, fonte duma existência pessoal distinta do corpo. Parece que ele não chega a identificar este "eu", como seria o caso numa teoria filosófica muito elaborada, com uma alma naturalmente imaterial[465]. De qualquer modo, o "eu" cristão pessoal é doravante sujeito de imortalidade e de sobrevivência após a morte, antes da ressurreição dos corpos. Esta imortalidade, contudo, não é a dos gregos, bem-aventurada sem mais na companhia dos imortais. A ressurreição é sempre esperada, e o cristão na imortalidade, deseja que seu corpo seja subtraído à corrupção.

A sobrevivência é solicitada pelo relacionamento dos cristãos com o Cristo. Cristo é o Senhor dos vivos, – os que lhe estiveram

---

[465] Heraclião, como sabemos, negava que a alma fosse naturalmente imortal. Não pensamos que ele tenha interpretado exatamente a doutrina de Paulo. Para este, a inteligência, isto é a alma intelectual, é sujeito subsistente, como a "alma" o é para os gregos. Negar que a alma seja imortal é trair seu pensamento. Afirmar que ela o seja por natureza, é forçá-lo, pois no seu modo de ver a ênfase deve ser posta no relacionamento religioso com Cristo. Os antigos, como estamos lembrados, procuraram a solução do problema da imortalidade na religião e não na filosofia.

unidos durante a vida mortal, – ele não abandona ninguém e todos estarão presentes na sua parusia. Se ele próprio conserva o relacionamento com os seus, o seu poder vivificante os envolve durante este período intermédio. A destruição do corpo carnal não é um obstáculo ao relacionamento pessoal entre o "eu" e o Cristo, depois da morte corporal. O corpo ressuscitará para participar da discriminação do juízo, mas o "eu" intelectual, tornado "eu" espiritual, o homem interior, é capaz de gozar conscientemente da presença do seu Senhor[466].

## II - A MIRAGEM DE UM REINO TEMPORAL DE CRISTO APÓS A PARUSIA

1. As duas linhas escatológicas, a salvação dos cristãos que ressuscitam para a parusia e a ressurreição geral dos mortos para o juízo, poderiam associar-se, deixando lugar para um reino temporal de Cristo com os cristãos ressuscitados, anterior à ressurreição geral. Iríamos ao encontro das especulações do judaísmo sobre um messianismo terrestre. Paulo falou alguma vez baseando-se na hipótese "milenarista?"

O futuro escatológico só se ilumina com rápidos clarões, que surgem ora de textos proféticos meditados pelos videntes apocalípticos, ora de revelações misteriosas, em imagens simbólicas. A boa metodologia exige que, no exame dos textos dispersos pelas Epístolas, nos lembremos antes de tudo do princípio que rege a escatologia paulina. O cristão ressuscita para uma vida imortal e incorruptível, de essência espiritual, à imagem do Cristo ressuscitado; a carne é absorvida no espiritual. É tal a predominância do espiritual, que a ressurreição nem mesmo é absolutamente necessária para que o

---

[466] Heraclião pensou encontrar o pensamento exato de Paulo, afirmando que a alma não é imortal por natureza, mas é capaz de receber a imortalidade feliz. "A alma não é imortal, – escreveu –, mas ela oferece uma aptidão para a salvação; ela é o corruptível que se reveste da incorruptibilidade' e 'o mortal que se reveste da imortalidade', quando 'sua morte tiver sido tragada pela vitória'" (sobre Jo 4.47, *fragm.*, 40). Provavelmente é preciso caminhar um pouco mais na direção dum dualismo de natureza, à moda platônica.

cristão possa gozar de seu privilégio de imortalidade. Na hipótese dum reino de Cristo que começasse na parusia e durasse um certo tempo, até a consumação das coisas temporais, seria necessário excluir dele pelo menos os prazeres de ordem natural e puramente humanos do milenarismo grosseiro: "a carne e o sangue não podem herdar o reino de Deus" (1 Co 15.50). Para o cristão que entrou na fase escatológica de sua existência, não há mais outra vida senão a que é gerada pelo seu relacionamento espiritual com Deus e Cristo.

Vejamos primeiro os textos.

2. Conforme 1 Ts 4.17, os cristãos "arrebatados" sobre as nuvens ao encontro de Cristo nos ares, estarão doravante "sempre com o Senhor". A nosso ver, Paulo pensa direta e explicitamente nos acontecimentos imediatamente posteriores à manifestação triunfal da parusia e especialmente no juízo final[467]. Nesta linha de pensamento, um reino intermédio não tem vez.

De 2 Ts 2.8 conservaremos a idéia de que a parusia será uma manifestação do poder irresistivel de Cristo: "O sopro de sua boca" aniquila "o homem da impiedade" (o Anticristo da nossa tradição), e esta "aparição", carregada de força divina (ἐπιφάνεια) arranca-lhe instantaneamente todo poder (καταργήσει). Exclui-se a idéia duma luta prolongada, ou mesmo simplesmente a de uma verdadeira luta. O triunfo de Cristo consiste na sua simples aparição.

Ef 1.20-23 associa a vitória de Cristo com a sua ressurreição e entronização celeste. Sem luta alguma, Cristo exerce sobre as potências a supremacia que possui por direito; aplica-se a esta situação a frase de Sl 8.7, que voltaremos a encontrar num outro contexto (1 Co 15.20-28). Se Ef 6.10-20 fala dum verdadeiro combate escatológico contra os poderes maléficos, são os cristãos que o travam nos dias maus em que vivemos (v. 13). Na mentalidade que comanda a Epístola, o reino atual de Cristo é tido como definitivo. Não se suprime a parusia, mas a vitória do Cristo entronizado no céu é total. Os cristãos combatem aqui na terra, já revestidos da armadura divina.

---

[467] Todavia, a fórmula "estar com Cristo" abre uma perspectiva capaz de alargar-se indefinidamente e de abranger todo o futuro escatológico. Cf. J. DUPONT, Σὺν Χριστῷ. *L'union avec le Crist suivant saint Paul*. Première partie. "Avec le Crist dans la vie future, Bruges. 1952.

Segundo a exegese que vamos propor para 1 Co 15.20-28[468], Paulo separa a ressurreição dos cristãos, na parusia de Cristo, da ressurreição geral dos mortos: "Como primícias, diz ele, o Cristo, depois os de Cristo, na sua parusia, em seguida o fim" (1 Co 15.23-24). Há três momentos na ressurreição dos mortos. Em primeiro lugar aconteceu a ressurreição de Cristo, aguardamos a dos cristãos, depois sucederá a de todos os mortos (o fim). Dissemos que estas ressurreições, espaçadas de fato, formam uma única realidade escatológica. A intenção de Paulo é evidente pelo contexto: quer mostrar que a ressurreição de Cristo é o princípio e a causa de todas as ressurreições. Ela comanda a ressurreição dos cristãos, que triunfam com ele. A ressurreição geral é o coroamento de seu triunfo, a vitória sobre a morte.

Há uma frase que à primeira vista poderia favorecer a hipótese milenarista: depois de haver falado do aniquilamento das potências, na hora da parusia, Paulo ajunta: "pois ele (o Cristo) deve reinar até que tenha posto todos os seus inimigos debaixo dos pés" (1 Co 15.25). Poder-se-ia pensar que seu reino, iniciado na parusia, durará algum tempo e que seu termo será marcado pelo aniquilamento das potências. Mas devemos ficar com essa explicação? Realmente, o começo do reino de Cristo não é a sua parusia, mas a sua ressurreição; as potências são aniquiladas no final do reino, mas Paulo aponta este fato como evolução do triunfo começado na ressurreição e continuado no decurso da parusia. Conforme todos os outros textos, ele coincide de fato com a parusia, e é instantâneo como esta última.

3. Se não conhecêssemos por outras vias esta doutrina, nada nas nossas Epístolas nos levaria a pensar no milenarismo.

Em primeiro lugar, a epifania de Cristo na sua parusia não inaugura seu reino; manifesta sua glória. O reino já começou na ressurreição e na entronização celeste do Ressuscitado. O reino é espiritual: por que deveria materializar-se na sua manifestação final? Se ele não é temporal, nem materializado, por que distinguilo da eternidade?

---

[468] Cf. *infra*, pp. 216-219.

A parusia é o acontecimento essencial do reino; os apocalipses a revestem de imagens de origem diversa: vitória sobre o homem do pecado, vitória sobre as potências, triunfo com os cristãos glorificados; na concepção paulina, tudo se passa com a rapidez do relâmpago; a parusia, com a ressurreição dos cristãos é o prelúdio do juízo final (ao qual normalmente se liga a ressurreição geral).

## III - O FIM DOS TEMPOS[469]

O limite do tempo, segundo a doutrina escatológica é marcado pela ressurreição dos mortos e o juízo final. Paulo acrescenta a esses dois fatos a entrega ao Pai do reino do Cristo. Temos assim os três pontos deste artigo.

### 1. *A ressurreição dos mortos*

Algumas considerações de ordem geral servirão de introdução à exegese de 1 Co 15.20-28, que é, entre todas as Epístolas, o trecho em que Paulo trata mais diretamente da ressurreição dos mortos.

*a) Considerações gerais*

A tradição judaica une estreitamente ressurreição e julgamento. Os mortos ressuscitam para comparecer perante o tribunal de Deus e receber a retribuição de suas obras. Os semitas não concebem uma segunda vida de qualidade igual ou superior à vida presente, sem a ressurreição corporal.

Paulo fala mais freqüentemente da ressurreição dos cristãos. Ressurreição gloriosa e parusia estão ligadas no seu espírito. Assim

---

[469] Cf. E. TEICHMANN, *Die paulinischen Vorstellungen von Auferstehung und Gericht*, Friburg in Br., 1896; L. LÖWINGER, *Die Auferstehung im der Jüdischen Tradition (Jahrbunch f. Jüdische Volkskunde*, 1923) (Parallèles rabbiniques); J. HÉRING, "Saint Paul a-t-il enseigné deux résurrections?", em *Rev. Hist. Phil. Rel.*, 12 (1932), pp. 300-320; *Le royaume de Dieu et sa venue*, Paris, 1937, p. 242. Entre as obras gerais: F. PRAT, *La théologie de saint Paul*, 16ª ed., Paris, 1929, pp. 427-465; E. STAUFFER, *Die Theologie des Neuen Testaments*, 4ª ed., Stuttgart, 1948, pp. 184-211.

como a ressurreição de Cristo constitui as primícias da ressurreição dos mortos, a dos cristãos na parusia é como uma antecipação análoga à primeira, pois os cristãos ressuscitam para triunfarem com Cristo. Longe de se excluir a ressurreição geral, assistimos já a seu início.

É quase por acaso que as Cartas paulinas, à primeira vista, não mencionam muito explicitamente a ressurreição dos mortos. Ainda deveríamos investigar se a fórmula "ressurreição dos mortos", que Paulo, em certos casos, aplica concretamente à ressurreição gloriosa da parusia, não designa, entretanto, mais ou menos vagamente, a ressurreição geral. De acordo com o contexto, a pressão de Rm 11.15: ζωὴ ἐκ νεκρῶν, que em português só se pode traduzir por "a ressurreição dentre os mortos"[470], engloba todo o acontecimento final esperado pela tradição judaica e cristã. Quando Paulo, em outro lugar, afirma que os cristãos mortos (ressuscitados) ou vivos comparecerão diante do tribunal de Cristo para receberem a retribuição das obras feitas durante sua vida corporal (διὰ τοῦ σώματος) (2 Co 5.10), ele se exprime segundo a concepção judaica, na qual a ressurreição é a condição prévia do juízo com retribuição. O cristão é colocado simplesmente no mesmo nível que o conjunto da humanidade.

Portanto, não devemos deixar-nos levar pela idéia preconcebida de que Paulo não conheceria senão uma ressurreição, a dos cristãos na hora da parusia. Em diversas circunstâncias ele menciona apenas esta e a distingue claramente da ressurreição geral. Em certos casos, quando ele abandona a linha do Apocalipse tradicional, – onde a parusia é apresentada como o objeto essencial da esperança cristã, – ele adota a hipótese do judaísmo comum, e o juízo universal aparece no primeiro plano de seu pensamento.

*b) A exegese de 1 Co 15.20-28*

Em vez de limitar-se aos quadros do apocalipse tradicional da parusia, Paulo une teologia e apocalipse numa construção original

---

[470] Cf. M.-J. LAGRANGE, *Saint Paul. Épître aux romains (Études Bibliques)*, Paris, 1931, *ad loc.*

que toma por ponto de partida a ressurreição de Cristo. Começa anunciando o princípio de sua escatologia bem como de sua teologia: "Cristo ressuscitou dos mortos, primícias dos que adormeceram" (1 Co 15.20). Primeiramente as expressões são apocalípticas, mas as antíteses seguintes pertencem à teologia:

De fato, porque a morte (veio) por um homem,
é também por um homem (que virá) a ressurreição dos mortos;
pois assim como todos morrem em Adão,
assim também todos serão vivificados em Cristo (1 Co 15.21-22).

O texto continua:
Cada qual (ressuscita) na sua ordem:
como primícias, o Cristo;
em seguida os que pertencem a Cristo, na sua parusia,
depois será o fim (1 Co 15.23-24).

O retorno ao Apocalipse propriamente dito é sublinhado pelo termo "primícias" (cf. v. 20). Cristo ressuscita como primeiro na ressurreição dos mortos. Paulo tem em vista apenas os cristãos? A fórmula: "Os que adormeceram" recomendaria talvez esta exegese[471], mas a expressão consagrada "a ressurreição dos mortos" e a antítese com a morte em Adão nos fazem pensar de preferência na ressurreição geral.

Em todo este assunto, Paulo está sob a influência de dois temas: o da parusia com o triunfo dos cristãos e o da ressurreição final.

"O fim" (τὸ τέλος), v. 24, em todos casos, parece-nos designar este acontecimento. Os intérpretes, aliás, estão divididos entre várias opções. Uma delas, quase totalmente abandonada hoje, considerava τέλος como significando "resto", a saber, a categoria dos que ressuscitariam na ressurreição geral[472]. Uma outra, mais divulgada,

---

[471] "Os que adormeceram" designa os mortos, sem mais: não se trata de uma expressão cristã nesse contexto. Quando se quer falar expressamente dos cristãos mortos, ajunta-se "em Cristo" (1 Co 15.18; cf. 1 Ts 4.16).

[472] Era essa a exegese de H. LIETZMANN, no seu comentário de 1 e 2 Coríntios (*Handbuch z. N. T.*). Ela foi adotada por A. OEPKE, art. ἀνίστημι, no *Theol.*

descobre na seção 1 Co 15.24-28 uma descrição dos acontecimentos que se sucederam à parusia, sem ver aí sempre uma alusão à ressurreição dos mortos não-cristãos; τέλος continua tendo o sentido de "termo" ou "fim" (entendido como consumação dos tempos), único que se justifica – assim se diz – pelo vocabulário paulino e o contexto escatológico. Desde o Livro de Daniel, com efeito, "o fim" recebeu um sentido técnico, freqüentemente precisado por determinações: o fim dos dias, o fim dos tempos[473], e concretizado na expressão adverbial "até o fim". Esse vocabulário é familiar ao Apóstolo[474].

Nada impede, contudo, de acordo com esta mesma hipótese, que demos à nossa expressão um sentido concreto, fazendo-a designar especialmente a ressurreição dos mortos (de vez que esta, no judaísmo, é, juntamente com o juízo, o acontecimento escatológico decisivo). Bons argumentos recomendam essa exegese. Notemos inicialmente a construção de 1 Co 15.23: os vocábulos "primícias", "em seguida", "depois", coordenam naturalmente as fases. duma sucessão temporal[475]. Os dois primeiros anunciam ressurreições. Por que o terceiro faria exceção?

Dirão talvez que não se trata da ressurreição geral no trecho que vem depois da expressão τὸ τέλος. Isto é mesmo tão evidente?

Para começar, a pontuação de nossas edições não é lá tão garantida; prefeririamos colocar um ponto depois de τὸ τέλος e ler assim: "Depois, o fim. Quando Cristo entregar (παραδιδοῖ) o reino a Deus, seu Pai, depois de haver aniquilado (καταργήσῃ) todo principado, e toda dominação, – pois (segundo o Sl 110), ele deve continuar seu reino até que tenha colocado todos os seus inimigos debaixo dos pés, – (então) é aniquilado o último inimigo, a morte; porque (como diz o Sl 8), ele submeteu tudo sob seus pés..." (1 Co 15.24-27).

---

*Wörterbuch*, I, p. 371 e H. BIETENHARD, *Das Tausendjährige Reich*. Diss., Basiléia, 1944, pp. 67s. Essa opinião foi abandonada por W. G. Kümmel na reedição que fez do Comentário de Lietzmann (*An die Korinther* I-II, 4ª ed., Tübingen, 1949, p. 193). Mesmo se fosse possível traduzir τέλος por "resto", seria forçoso excluí-lo, por causa do colorido especial do termo no vocabulário do Novo Testamento, num contexto escatológico.

[473] (*Teodocião*).
[474] Cf. 1 Co 10.11: εἰς οὓς τὰ τέλη τῶν αἰώνων κατήντηκεν.
[475] Compare-se com 1 Co 15.7s: επειτα, εἶτα, ἔσχατον.

Duas proposições circunstanciais de tempo (sendo a segunda subordinada à primeira)[476] precedem uma principal ("é aniquilado o último inimigo, a morte"). Essa última frase, conforme a pontuação corrente, formaria assíndeton, construção inesperada neste contexto em que as conjunções se multiplicam; a Vulgata sentiu a dificuldade e acrescentou *autem*.

Quanto à doutrina, notamos que o combate escatológico, ao qual pertence o aniquilamento das potências como um episódio habital, normalmente se segue à manifestação gloriosa da parusia e portanto à ressurreição dos cristãos. Não só na nossa tradução, mas em qualquer hipótese, a destruição da morte seria posterior ao combate e portanto não poderia referir-se à primeira ressurreição que inaugura a parusia. Além disso, a morte, o último inimigo de que fala o v. 26, lembra, por uma espécie de inclusão, a morte do v. 21, conseqüência do pecado de Adão. A destruição da morte só pode ser a ressurreição anunciada na antítese do v. 21: "por um homem, a ressurreição dos mortos" e tudo isso faz pensar na ressurreição geral dos mortos, devendo a vitória de Cristo reparar a derrota de Adão. Assim se encerra a mensagem teológica iniciada nos vv. 21-22: "Assim como todos morrem em Adão, assim também todos serão vivificados em Cristo"[477]. A fórmula "a morte é destruída", estranha à

---

[476] Preferimos esta construção, que se legitima pela mudança dos tempos: o presente παραδιδοῖ depois do primeiro ὅταν o aoristo depois do segundo.

[477] A respeito de toda esta exegese, W. G. KÜMMEL nota muito a propósito que, em 1 Co 15.53-57, onde Paulo expõe *ex-professo* o tema da vitória sobre a morte, este é aplicado à ressurreição dos cristãos. Na realidade, ele é aplicado, não à ressurreição, mas à metamorfose gloriosa dos cristãos ainda vivos na hora da parusia. "O mortal revestindo-se da imortalidade", é o triunfo da vida sobre a morte. Paulo cita aqui uma compilação formada de Is 25.8 (segundo Teodocião) e Os 13.14. Acompanha seu texto de uma exegese *midráshica* que lembra que a morte entrou no mundo pelo pecado (de Adão). O paralelismo de construção com 1 Co 15.21-26 é notável e revela que, nas duas passagens, há na mente de Paulo a mesma esquematização, sinal de que para ele se trata dum mesmo acontecimento e duma mesma vitória sobre a morte. Não se segue que não se possa distinguir logicamente e, até certo ponto, temporalmente, a ressurreição dos cristãos, necessária como prelúdio da parusia, e a ressurreição geral, última manifestação da mesma parusia. Em 1 Co 15.53-57 Paulo fala como grego, mencionando a incorruptibilidade e a imortalidade. O triunfo sobre

primeira vista como designação da ressurreição, explica-se por uma figura de retórica que nos reconduz ao princípio: "por um homem veio a morte". No momento da ressurreição geral, Cristo põe o selo em seu reino temporal e em sua obra salvífica. Entre os ressuscitados, uns entrarão na vida eterna; outros irão para seu destino de perdição, mas até isso será também uma manifestação do reino (Rm 2.6-11).

*c) Conclusão*

A doutrina escatológica judaica situa no limite dos tempos a ressurreição geral dos mortos. É forçoso reconhecer que Paulo gosta mais de falar da ressurreição dos cristãos quando da parusia cristã, e esta não é a ressurreição de todos os mortos: antecipa-a; poder-se-ia até pensar que a torna inútil e a exclui. Mas essa conclusão é demasiada e não leva em conta a existência duma dupla corrente que percorre toda a escatologia paulina. O Apóstolo guardou de sua formação judaica os temas ordinários da ressurreição dos mortos e do juízo final. Por outro lado, a apocalíptica propriamente cristã impunha-lhe uma linha de pensamento em que a ressurreição de Cristo efetua a salvação dos cristãos, que ressuscitam na parusia para triunfar com ele. A importância concedida à segunda corrente compreende-se muito bem no entusiasmo suscitado pelos inícios do cristianismo; não é uma razão para negar a existência da primeira.

## 2. *O juízo final*

Apenas incidentemente Paulo fala do juízo final[478]. Esta corrente de pensamento, embora represente a doutrina normal do judaísmo

---

a morte é a imortalidade feliz. Em nosso contexto, ao contrário, ele manipula o tema da escatologia judaica, para a qual a grande promessa é a ressurreição geral dos mortos.

[478] Cf. F. BÜCHSEL, art. κρίνω etc., em *Theol. Wörterbuch*, III, pp. 920-955; W. COSSMANN, *Die Entwicklung des Gerichtsgedankens bei den aluest. Propheten (Zeitschrift f. d. alttest. Wiss.*, 29. Beiheft), Gießen, 1915; H. BRAUN, *Gerichtsgedanke und Rechtfertigungslehre bei Paulus*, Leipzig, 1930; P. ALTHAUS, *Die Letzten Dinge*, 5ª ed., Gütersloh, 1933, pp. 172-230; R. WALKER,

(o juízo universal segundo as obras), é manifestamente inibida pelo interesse preponderante da grande esperança.

Já no Antigo Testamento, o juízo de Deus apresenta-se sob dois aspectos correspondentes. De um lado, Deus vem salvar seu povo e castigar os opressores de Israel, tratados como seus próprios inimigos; de outro lado (de acordo com a doutrina que os profetas tinham feito prevalecer), justo juiz, ele dará a cada um segundo suas obras. Paulo transformou a salvação do povo eleito, nacional, em salvação da Igreja, isto é, do conjunto dos cristãos na parusia; conservou ao mesmo tempo a teoria profética, adotada pelo judaísmo.

Só penetraremos, pois, no pensamento paulino decompondo-o nesses dois aspectos quase antitéticos: a salvação dos cristãos alcançada na parusia e o juízo segundo as obras, que continua entretanto necessário.

*a) A "salvação" no momento da parusia*

Diante da salvação escatológica, os cristãos não mais se encontram na condição de pura incerteza. O destino deles está selado em princípio, quando ouviram a mensagem apostólica: os que o aceitaram são pessoas "salvas". Deus os acolhe e o próprio chamamento deles é a marca palpável duma escolha divina. A sua vocação cristã origina-se na eternidade para terminar na glória dos filhos de Deus (Rm 8.28-30). A escolha de Deus manifesta assim uma vontade que comanda toda a atividade da graça concedida aos cristãos; daí se deve deduzir uma certeza da salvação.

A experiência pessoal de seu apostolado reagiu sobre a teologia de Paulo. De tal modo o apelo de Deus o transformou, que lhe era impossível imaginar que alguém pudesse ser infiel à sua missão de apóstolo. É natural que sua própria psicologia se projete sobre todos os cristãos; como é que um cristão digno deste nome poderia deixar de se salvar? Ademais, não é na força da vontade humana que se fundamenta a segurança dos fiéis. Desvirtua-se a doutrina paulina insistindo demais nas categorias que salientam o esforço

"Die Heiden und das Gericht. Zur Auslegung von Römer 2,12-16", em *Evang. Theol.*, 20 (1960), pp. 302-316.

humano⁴⁷⁹: não somos nós que operamos nossa salvação, e sim Deus; nossa segurança firma-se na sua vontade e no seu poder. Paulo certificou-se da eleição dos tessalonicenses, de seu chamado à salvação, constatando a eficiência de sua ação apostólica e a coragem sobrenatural deles, a sua alegria no meio das perseguições (1 Ts 1.4-6). O amor de Deus conduz os cristãos desde a sua longínqua predestinação até a glorificação (Rm 8.28-30). O mesmo tema será retomado e desenvolvido em Ef 1.11-14⁴⁸⁰.

Nesta perspectiva, a parusia está em primeiro plano. É o primeiro objeto da esperança cristã. O juízo é o ato final do combate escatológico: representante de Deus, Cristo aniquila seus inimigos. Os cristãos ressuscitados formam seu cortejo triunfal. Sua "salvação" coincidiu com a aparição do Cristo que vem sobre as nuvens; são arrebatados ao encontro dele, elevados à categoria de assessores do julgamento para com ele pronunciar a sentença de condenação e de destruição. Os proprios anjos se apresentam ao tribunal deles (1 Co 6.3).

Neste modo de ver, os inimigos de Deus e de Cristo são os homens que não aceitaram a mensagem cristã. O mesmo esquema de pensamento congrega tanto os que não souberam reconhecer o criador na criação, não o adoraram e inventaram a idolatria (Rm 1.18-32), como os homens rebeldes à mensagem do Evangelho. Sobre uns e outros desencadeia-se a cólera de Deus, a do juízo. Estamos numa confluência misteriosa: de Deus vem a manifestação radiosa de sua justiça e sua misericórdia; da criatura, a recusa ou a aceitação da revelação.

*b) O julgamento segundo as obras*

Paulo alude a um tribunal e a uma corte de justiça ($\beta\tilde{\eta}\mu\alpha$). Conservou a doutrina do judaísmo cristianizando-a, isto é, adaptando-a às circunstâncias novas.

---

⁴⁷⁹ Com maior razão, seguindo teorias gnósticas sobre a natureza dos pneumáticos.
⁴⁸⁰ Em Ef Paulo divide o tema geral em dois momentos: a predestinação concerne primeiro aos fiéis do judaísmo, e, depois da pregação do Evangelho, estende-se aos gentios: o chamado da fé e o selo do Espírito Santo significam a vocação à herança celeste.

Todos os homens serão julgados. A tese é afirmada de acordo com o texto do Sl 61 (62) e longamente explicada em Rm 2.6-16. "Deus retribuirá a cada um segundo suas obras". Comenta Lagrange: "É esse o princípio fundamental da sanção moral tanto no Novo como no Antigo Testamento"; e acrescenta: "não se pode esquecer que o próprio Paulo o estatuiu ao discutir o valor relativo da fé e das obras"[481]. De fato as boas obras são identificadas com a submissão à "verdade" e as obras más são a iniqüidade (Rm 2.8). No nível religioso, revelação da "verdade" e vontade de Deus são equivalentes. Deus não faz acepção de pessoas: "Todos os que pecaram sem a Lei perecerão também sem a Lei e todos os que pecaram sob a Lei, serão julgados pela Lei" (Rm 2.12). Pois a consciência pagã também está submetida à lei natural (Rm 2. 14-15). Segundo esses princípios, Deus julgará[482] as obras ocultas dos homens por Jesus Cristo[483].

Assim, pois, os cristãos não podem ficar isentos do exame final pelo fogo do "dia" do Senhor (1 Co 3.13). Paulo repete-lhes com freqüência a advertência de Rm 2 quanto ao julgamento segundo as obras: "Nós todos compareceremos diante do tribunal de Deus[484] ... cada um de nós prestará contas de si próprio" (Rm 14.10-12); "É necessário que todos nós compareçamos[485] perante o tribunal de Cristo, a fim de que cada um receba o que mereceu, conforme o bem ou o mal que tiver feito enquanto estava no corpo" (2 Co 5.10)[486].

---

[481] Cf. M.-J. LAGRANGE, *Saint Paul. Épître aux Romains (Études Bibliques)*, Paris, 1931, p. 45.

[482] M.-J. LAGRANGE, *op. cit.*, tem razão em preferir a leitura κρινεῖ ao presente κρίνει de von Soden e Nestle.

[483] Conforme o ritmo da frase, o inciso "segundo o meu Evangelho" qualifica "por Jesus Cristo". O Evangelho de Paulo afirma antes de tudo que Cristo foi, por sua ressurreição, designado para ser o juiz escatológico.

[484] Não se pode considerar como privilégio dos cristãos o fato de eles serem julgados por Cristo (fórmula de 2 Co 5.10) e não por Deus. Cf. M.-J. LAGRANGE, *Saint Paul. Épître aux romains (Études Bibliques)*, Paris, 1931, p. 327.

[485] Φανερωθῆναι. Provavelmente Paulo escolheu este verbo para aludir à ressurreição. Seremos todos iguais no julgamento, que reunirá os que tiverem morrido antes da parusia (e que irão ressuscitar) e os que verão a parusia ainda vivos.

[486] Sabemos por que Paulo introduz aqui a menção do corpo. Todo o trecho é dedicado ao problema da sobrevivência entre a morte e a ressurreição. Cf. *supra*, pp. 201-208. As obras do corpo são os atos da vida mortal, quando o homem ainda não estava exilado de sua carne.

O mesmo tema de exortação é dirigido aos escravos em Ef 6.8 e Cl 3.24-25[487].

Por conseguinte, Paulo procura manter vivo o temor dos castigos de Deus no juízo. É por isso que as ameaças, – ou, por antítese, a promessa das recompensas, – são tão freqüentes nas suas exortações[488]. Ele não apenas teme simplesmente a indiferença dos cristãos para com o esforço pela santidade; encontrou no seu caminho esta perversão do sentido religioso que espreita as religiões de iniciação e as gnoses: o homem eleito por graça divina se julga chegado a um estado definitivo, divinizado aqui na terra. Por isso ele prega com o exemplo: apesar do privilégio único de sua vocação ao apostolado, não está seguro (humanamente) de ter atingido o termo da carreira e lança-se com toda a energia para o "prêmio" final (Fp 3.12-15). A mesma comparação serviu para dar aos coríntios a mesma lição: "Entre todos os que correm no estádio, só um recebe o prêmio; é preciso correr para chegar ao final. Todos os que competem, treinam a duras penas, e eles o fazem para receberem uma coroa perecível, mas nós, uma imperecível. Quanto a mim, corro para a meta, dou golpes, mas não no ar; castigo meu corpo e o reduzo à servidão, a fim de não me suceder que, depois de ter pregado aos outros, eu venha a ser reprovado" (1 Co 9.24-27).

*c) Síntese das duas perspectivas*

A vida cristã profunda, sob a ação do Espírito, harmoniza estes dois sentimentos primordiais aparentemente opostos: a firme esperança, baseada numa confiança absoluta em Deus, e o receio de uma fraqueza humana. Na medida em que o homem adere a Deus pela esperança (Rm 5.5), pois a esperança do homem não é senão correspondência ao dom que Deus nos faz de seu amor[489]. Mas na medida

---

[487] O verbo κομίζω, nesses três lugares, 2 Coríntios, Efésios e Colossenses – não reaparece mais nas Epístolas paulinas (exceto Hebreus) – indica que estamos perante um tema ordinário de exortação.
[488] Cf. Gl 6.7 onde se lê a expressão: "de Deus não se zomba"; 1 Ts 4.6: "Deus pune (as faltas) como já vos dissemos e atestamos".
[489] Possuímos um penhor certo, comenta Lagrange; é o amor de Deus por nós, não somente tal como ele existe em Deus, mas como ele é derramado nos

em que o homem continua capaz de voltar atrás e de buscar apoio em si mesmo, de dirigir ele próprio sua existência pessoal, ele está exposto aos fracassos, deve alimentar em si o temor do juízo. As duas atitudes coexistem. Se o homem, na medida em que se apóia em Deus, não pode deixar de ser salvo, é também incapaz de alienar totalmente sua liberdade. A própria santidade, – entendida como uma vida cristã heróica, – não consegue alterar a natureza intrínseca do homem. Portanto, continua sempre no horizonte dum presente não absolutamente "determinado", o juízo escatológico definitivo, que revelará o íntimo dos corações.

Se esses dois aspectos são complementares, e se a síntese, no nível religioso elevado em que estamos colocados, se faz necessariamente, não acontece o mesmo no nível das representações imaginativas. A esperança e a parusia se conjugam sem intermediário no terreno do Apocalipse cristão propriamente dito, não restando lugar para um julgamento dos cristãos. Estes são juízes e não julgados. Poder-se-iam imaginar dois julgamentos, um reservado aos cristãos, o outro destinado ao resto da humanidade, mas isso vai além da letra dos textos.

Passando por um castigo nesta vida, o incestuoso de Corinto será salvo "no dia de nosso Senhor Jesus Cristo" (1 Co 5.5). Quer isto dizer que ele pertencerá ao número dos salvos que escaparão à cólera do juízo (cf. 1 Ts 1.10). Os ministros do Evangelho que tiverem assentado sobre o fundamento do Cristo materiais perecíveis verão o fogo do juízo atingi-los a eles, junto com suas obras imperfeitas; contudo, serão salvos (1 Co 3.12-15). Aproximamo-nos de uma síntese provisória entre o tema da parusia (sem julgamento dos cristãos) e um outro tema escatológico, o juízo universal pelo fogo: os apóstolos, – e sem dúvida seria preciso dizer os

nossos corações qual fonte benfazeja, pelo Espírito Santo que nos é dado (*Saint Paul. Épître aux romains [Études Bibliques]*, Paris, 1931, p. 102). A garantia da salvação cristã entusiasma Paulo, que procura tornar seus cristãos participantes de sua certeza, força de ação incomparável. No entanto, esta certeza permanece uma esperança, ligada à ação do Espírito em nós (Rm 8.24-39). Perante esse texto, a gente se pergunta como F. Büchsel possa afirmar que a certeza da salvação se baseia não na renovação moral ligada à justificação, nem na posse do Espírito, mas unicamente em Cristo. Cf. o começo da perícope.

cristãos em geral, – são preservados da condenação final, mas não dum castigo.

Não achamos que Paulo tenha jamais consentido em dizer que um cristão pudesse deixar de ser salvo. Mas esta reserva pode ter sido comandada pela vontade de ficar fiel à noção primitiva de esperança. Qual seria realmente seu pensamento? No começo, quando os cristãos estavam cheios de entusiasmo, ele acreditava que todos os seus convertidos seriam sua coroa no dia do Senhor. Mas mais tarde, porém, quando se enfraqueceu a fé primitiva? A frase de Fp 2.12 "trabalhai com temor e tremor na realização da vossa salvação", está longe duma certeza absoluta. As Epístolas pastorais abrem perspectivas mais pessimistas[490].

Qual a nossa conclusão? Como um tema de encorajamento, as Epístolas conservam por muito tempo as afirmações da certeza da salvação. O Apóstolo inclinava-se a pensar que todos os seus cristãos seriam salvos, pois o dom de Deus é sem arrependimento[491]. Entretanto, herdara do Antigo Testamento e do judaísmo uma outra fórmula, a da igualdade de todos os homens diante do tribunal de Deus e do Cristo: todos os cristãos devem comparecer, para que cada um receba a retribuição de suas boas ou más ações[492]. Para ele, como também para nós, este era um dado fundamental, que a esperança cristã não podia abalar.

Com seu caráter dramático, o cenário da parusia contém um ensinamento importante. O triunfo de Cristo é acompanhado pelo de todos os cristãos na Igreja, manifestação portentosa da obra da salvação. Os próprios anjos são julgados, as potências reconhecem a supremacia de Cristo. Como o dirão as Epístolas do cativeiro, a Igreja, no céu, revela o mistério da sabedoria divina. Será prudente distinguir a representação dramática do conteúdo formal do ensinamento.

*d) A condenação*

A salvação cristã se destaca sobre uma perspectiva de condenação, que é a resposta de Deus àqueles que não aceitaram sua reve-

---

[490] Cf. 1 Tm 2.15; 5.14.
[491] É uma espécie de espiritualização da posição tradicional do judaísmo: o povo eleito é salvo.
[492] Cf. 2 Co 5.10; Rm 14.10; Ef 6.8.

lação. Sua cólera se manifesta. Por ser justo[493], na sua parusia Deus admite ao triunfo e ao repouso os que foram perseguidos, e inflige tribulação aos que causaram tribulação aos cristãos: estes sofrerão a destruição eterna, "longe da face do Senhor e da glória de sua força"[494].

Os comentadores hesitam entre uma destruição definitiva e um aniquilamento eterno (um processo de aniquilamento sem fim)[495]. Supondo que αἰώνιον corresponde a 'ad 'olâm, veríamos abrir-se a perspectiva de uma duração nas punições[496].

Para apreciar o valor do texto, será preciso, em todo caso, levar em conta o centro de interesse de Paulo. Trata-se da parusia e de seus efeitos sobre os cristãos de um lado, e sobre seus perseguidores, de outro. O Apóstolo se serve da idéia tradicional de "destruição", que se opõe diretamente à participação no triunfo da parusia prolongado na glória eterna. Frisando uma destruição total, seria cortada toda possibilidade de prolongação da pena por uma eternidade; a antítese marcante entre os efeitos da parusia recomenda, ao contrário, manter a idéia de eternidade, mesmo para o castigo. Também não foi assim que o judaísmo se representou a punição dos pecadores[497]: os mortos não ressuscitam simplesmente para ouvir a sentença que os aniquila; esta hipótese não teria sentido. O próprio Cristo adotou a doutrina judaica das penas eternas; Paulo poderia ser de outra opinião?

O tema da condenação é secundário, porque se estabelece em contraposição à salvação eterna. Fazem-se concessões suficientes à sensibilidade moderna observando que a condenação não se compreende senão na medida em que ela é ainda misericórdia de Deus. Mas seria exaltar a misericórdia suprimir todo o mistério da condenação? Seria uma verdadeira misericórdia a que não se concederia por um amor pessoal, um amor que exige uma resposta de amor?

---

[493] Cf. 2 Ts 1.6 (εἴπερ δίκαιον παρὰ θεῷ).
[494] 2 Ts 1.9: δίκην τίσουσιν ὄλεθρον αἰώνιον.
[495] Compare-se J. SCHNEIDER, art. ὀλεθρεύω etc., em *Theol. Wörterbuch*, V, pp. 168-170, com B. RIGAUX, *Saint Paul. Les Épîtres aux thessaloniciens. (Études Bibliques)*, Paris, 1956, pp. 630-632.
[496] Foi assim que a Vulgata entendeu (com Ireneu *lato* etc.).
[497] Quanto a Qumran especialmente, veja B. RIGAUX, *op. cit.*, pp. 630-632.

## 3. A transmissão do reino ao Pai

A realeza, isto é, a dignidade e o poder real, e o reino, quer dizer, o exercício deste poder, pertencem essencialmente a Deus, criador e salvador. A palavra Deus, na teologia paulina, designa o Pai. O Cristo, o Filho encarnado, tendo cumprido sua obra, entrega o poder a seu Pai. A fórmula "transmitir o reino" é jurídica; ela é empregada, por exemplo, a propósito da transmissão por sucessão de poderes régios. Como alhures, Paulo apoiará sobre uma regra de direito uma explanação teológica.

No reino que Deus cedeu a seu Filho em vista da obra da salvação, distinguem-se dois aspectos. O reino universal estende-se a toda a criação material, a humanidade e as potências. Por um outro aspecto, ele se exerce particularmente sobre a Igreja, o conjunto dos cristãos que dele recebem a "vida". É do reino universal que trata o nosso trecho 1 Co 15.24-28, onde Paulo aborda o tema da transmissão do reino a Deus Pai. A Igreja não é explicitamente considerada. Imitaremos esta reserva.

A transmissão, – que é uma retrocessão, – do reino ao Pai completa a obra escatológica da parusia e da ressurreição dos mortos. A parusia restabeleceu a dominação de Cristo sobre "todos os inimigos" (fórmula tomada do Sl 110,1), a começar pelas potências. Mas Paulo observa imediatamente que a morte também faz parte dos inimigos de Deus e de Cristo; portanto também a ela se refere o Salmo.

A respeito da vitória sobre a morte, Paulo cita um segundo texto, paralelo ao primeiro, e tirado do Sl 8.7: "todas as coisas submeteu debaixo dos pés dele". Esta nova citação representa a base escriturística duma explicação das relações reciprocas do Filho e do Pai[498]. Já que foi o Pai que submeteu tudo ao Filho, é evidente que ele próprio não está submetido (1 Co 15.27) e que a relação pessoal de dependência do Filho continuava a subsistir durante todo o tempo de sua dominação. Esta relação pessoal explica também que o Filho restitua o reino ao Pai, uma vez terminada a sua missão.

---

[498] Quanto à análise literária, note-se a repetição do duplo ὅταν. Cada vez a partícula conjuntiva precede a principal, como na construção que propusemos, cf. pp. 218s.

Essas explicações teológicas são necessárias num ambiente pagão ameaçado constantemente de um retorno ao politeísmo; facilmente poderiam ser tentados a estabelecer entre Deus e o Cristo relações análogas às que o paganismo imagina entre o θεος (ou Ζεύς) e os deuses inferiores que regem as coisas humanas. O reino de Cristo é de ordem totalmente diversa; Cristo conserva imutáveis suas relações pessoais de filiação; o monoteísmo é salvaguardado. Paulo tomou atitude idêntica em 1 Co 8.5-6, onde faz uma comparação explicita entre o politeísmo dos gregos e a teologia cristã. Para os gregos, os deuses (θεοί) são numerosos. Fazem distinção entre os deuses do Olimpo (θεοί) e os homens divinizados (κύριοι). Nós, porém, explica Paulo, reconhecemos apenas um Deus (εἷς Θεός), o Pai, origem de tudo e termo que nos atrai para si, e um só Senhor (εἷς Κύριος), Jesus Cristo, "pelo qual tudo (se fez), e por quem nós vamos (ao Pai)".

É o mesmo princípio de salvaguarda do monoteísmo; já que o Senhor Jesus Cristo é essencialmente mediador, os direitos de Deus (o Pai) permanecem intatos, ao passo que a obra de Cristo inscreve-se no tempo, entre a saída de junto de Deus e nossa chegada ao termo.

Quando o reino for entregue a Deus, ou quando a criação, e nós com ela, tivermos chegado a nosso termo e reencontrado a unidade primitiva, a eternidade, que jamais cessou, começará para nós.

## IV - A ETERNIDADE[499]

O tempo se estende desde o momento da criação até a hora em que Cristo entregar o reino a seu Pai. Pode-se comparar a eternidade com um oceano vivo, e o tempo com uma onda passageira que ele absorve.

Como acontece com todos os místicos, também Paulo balbucia quando precisa falar dos bens da eternidade. O mistério prevalece sobre a expressão clara, infinitamente inadequada:

---

[499] PH. H. MENOUD, *Le sort des trépassés*, Neuchâtel, 1946; J. N. SEVENSTER, "Some Remarks on the ΓΥΜΝΟΣ in II Cor V, 3", em *Studia Paulina. In hon. J. de Zwaan*, Haarlem, 1953, pp. 202-214; O. CULLMANN, *Immortalité de l'âme ou Résurrection des morts*, Neuchâtel, 1956; J. HÉRING, "Entre la mort et la résurrection", em *Rev. Hist. Phil. Rel.*, 40 (1960), pp. 388.348.

O olho humano não viu,
o ouvido não ouviu,
ultrapassa a sua inteligência,
o que Deus preparou para os que o amam (1 Co 2.9).

Paulo se confina, pois, no silêncio das coisas indizíveis (2 Co 12.4). Como as visões ou as palavras dos mistérios gregos: tais eram as aparições do Antigo Testamento. Não consta que ele tenha tido uma teoria acabada sobre o símbolo, meio apropriado à nossa fraqueza, que nos permite penetrar no mundo divino.

Com ele vamos retomar algumas fórmulas tradicionais para chegarmos a duas expressões mais especificamente gregas.

### 1. Fórmulas tradicionais

*a) A salvação*

O vocabulário pertence à civilização antiga e aclimatou-se no Novo Testamento após uma elaboração judaica (Antigo Testamento e versão dos Setenta) e helenista[500]. Paulo a adapta às diversas fases da sua teologia[501]. O emprego do verbo σώζειν é significativo. O futuro (com aplicação escatológica) é freqüente: os cristãos serão salvos, na parusia e no juízo, da cólera de Deus[502]. Contudo a salvação já está em fase de realização; o uso do presente, no indicativo ou no particípio, é característico[503]. A salvação pode ser claramente antecipada, considerada como uma coisa já feita; esta idéia parece peculiar às Epístolas do cativeiro (Ef 2.5-8).

O uso do substantivo σωτηρία é semelhante. Na sua significação mais genérica, designa a condição dos que são "salvos" ou destinados

---

[500] Cf. HAERENS, Σωτήρ et σωτηρία, em *Studia hellenistica*, fasc. 5, Louvain, 1948, pp. 57-68.

[501] Enquanto que o uso do σώζω é bastante difundido, σωτηρία é quase especificamente paulino (com At e Hebreus); o uso de σωτήρ se propaga nas Epístolas pastorais e depois de Paulo.

[502] Cf. 1 Co 5.5; Rm 5.9; 10.13; 11.14.26; 1 Ts 2.16.

[503] Cf. 1 Co 1.18; 15.2; 2 Co 2.15. O uso de σεσωσμένοι em Ef 2.5 é muito particular, transpondo o vocabulário de "justificação".

à salvação, o privilégio dos cristãos que se uniram ao Cristo pela fé[504]. É assim que, na economia nova, os gentios são salvos tanto quanto os judeus[505]. Entretanto esse vocábulo tem sempre uma dimensão escatológica[506]. A salvação começa propriamente no final dos tempos, e nos introduz na condição estável dos "salvos".

## b) Século futuro

O século[507] (ou os séculos atuais), quer dizer, o mundo presente originado do poder divino por um ato criador, está condenado a desaparecer[508]. Assim "são aniquilados" os príncipes deste século (1 Co 2.6), ou, o que sem dúvida dá no mesmo, – os principados e potestades (1 Co 15.24), a morte personificada (1 Co 15.26). Toda realidade do mundo presente está fadada ao olvido (1 Co 6.13), bem como realidades religiosas tais como a Lei (2 Co 3.11), a glória que resplandecia sobre a face de Moisés (2 Co 3.13), os carismas (1 Co 13.8-10).

O mundo presente terá chegado a seu termo (τέλος), quando o Cristo houver imposto seu domínio aos principados e potestades, e que tudo lhe houver sido submetido (1 Co 15.24).

---

[504] Cf. Rm 1.16; 10.1.10; 2 Ts 2.13; 2 Co 1.6; 6.2.
[505] Cf. Rm 1.16; 11.11-13.
[506] Cf. Rm 13.11 e sobretudo 1 Ts 5.8-9; Fp 1.19.28; 2.12. Um texto como 2 Ts 2.13, onde Paulo faz alusão ao momento em que Deus escolheu os fiéis, no começo de sua missão, para a salvação (εἰς σωτηρίαν), possui também, ao que parece, um sabor escatológico. Desde o início, os tessalonicenses foram escolhidos e designados para a salvação que virá no dia da parusia de Cristo. Percebe-se igualmente a tensão escatológica no trecho 2 Co 6.1-2, em que Paulo lembra a seus destinatários que sua presença significa para eles "o dia da salvação". Exorta-os a não receber em vão o dom de Deus (τὴν κάριν τοῦ Θεοῦ) de acordo com o texto da Escritura: "no tempo favorável eu te ouvi e no dia da salvação te ajudei". "Eis agora – continua ele – o tempo favorável, eis o dia da salvação". Este momento favorável, do qual é preciso aproveitar, abre caminho à salvação futura. O dia da salvação é no entanto aquele em que se recebe, desde a vida terrestre, a salvação cristã presente nos dons de Cristo.
[507] O termo português "ciclo" seria talvez o que traduziria com maior exatidão αἰών. A palavra αἰών no mundo oriental, κύκλος (por sua especificação a partir da evolução dos corpos celestes) no mundo grego, têm significados paralelos. Preferimos "século" por causa de suas ressonâncias bíblicas e religiosas.
[508] O verbo paulino καταργέομαι.

O século futuro (Ef 1.21) ou os séculos futuros (Ef 2.7) é uma expressão bem conhecida do judaísmo[509]. A expressão "o mundo futuro" não existe nas nossas Epístolas, mas pode-se formá-la sem dificuldade, por analogia com "o século futuro" e por antítese com "este mundo"[510].

*c) A vida eterna*

A expressão ζωὴ αἰώνιος aparece várias vezes em Romanos[511]. Volta uma vez em Gl (6.8), para reaparecer posteriormente nas Epístolas pastorais[512]. Pode ser substituída pela simples palavra ζωή, sem mais[513]. Igualmente o verbo "viver" pode designar também concretamente a vida eterna, mas geralmente será sob o aspecto de ressurreição ou de vida em união com Cristo.

O uso paulino de ζωὴ αἰώνιος (com a abreviação ζωή) é paralelo ao do judaísmo posterior a partir do tempo dos Macabeus[514]. No judaísmo helenista, a vida eterna pode começar imediatamente após a morte: o conceito equivale então à ἀφθαρσία (cf. 2 Mac 15.3)[515].

---

[509] Cf. H. SASSE, art. αἰών, em *Theol. Wörterbuch*, I, pp. 204-207.
[510] Assim, 1 Co 7.31: "o cenário deste mundo é transitório"; ou Ef 2.2: "o século deste mundo"; 1 Co 3.19: "a sabedoria deste mundo" (paralelo: neste século, v. 18).
[511] Cf. Rm 2.7 (próxima do verbo "procurar"); 5.21; 6.22-23.
[512] Cf. 1 Tm 1.16; 6.12; Tt 1.2; 3.7.
[513] Cf. Rm 5.10; 2 Co 5.4, onde entretanto se fala da ressurreição dos mortos; 2 Tm 1.1; Fp 4.3 (o livro da vida). E ainda: *Sl. Sal.*, 3,12; *Hen. ét.*, 37,4; 40,9. Filon emprega a expressão de *Fuga*, 78. Cf. H. SASSE, art. αἰώνιος, em *Theol. Wörterbuch*, I, p. 209, nº 7; R. BULTMANN, art. ζάω, em *Theol. Wörterbuch*, II, pp. 860, 865. Encontra-se uma terminologia correspondente no judaísmo palestinense. Cf. R. BULTMANN, *art. cit.*, p. 858, nº 197, e no helenismo, *ibid.*, p. 840. Compare-se com Elêusis, P. FOUCART, *Les mysteres d'Éleusis*, Paris, 1914, pp. 362.
[514] Dn 12.2; cf. 2 Mac 7.9 (εἰς αἰώνιον ἀναβίωσιν ζωῆς); 7.14 (ἀνάστασις εἰς ζωῆς); 7.36 (ἀενάου ζωῆς); 4Mac 15.3; cf. 17.12: ἀφθαρσία ἐν ζωῇ πρλυχρονίῳ (onde bem se percebe a ressonância grega de ζωή αἰωνιος).
[515] O caso de Qumran é particularmente espinhoso. Cf. J. CARMIGNAC, "Le retour du Docteur de justice à la fin des jours?", em *Rev. Qumran*, 2 (1958), pp. 235-248; K. SCHUBERT, "Das Problem der Auferstehungshoffnung in den

O liame da "vida eterna" com o Cristo, quando indicado, permanece vago: "O dom de Deus é a vida eterna em Cristo Jesus, nosso Senhor" (Rm 6.23). Paulo se mantém dentro dos caminhos traçados pelo judaísmo ou o helenismo. É esse o caso em Rm 2.7: judeus ou pagãos, todos os homens são iguais perante o julgamento de Deus; os que tiveram a coragem de viver honestamente, esperando de Deus "glória, honra e imortalidade", recebem, "a vida eterna". A igualdade dos homens, a possibilidade duma vida honesta, a imortalidade, soam como idéias gregas; vemos justapor-se a δόξα seu equivalente grego τιμή; o mesmo fenômeno reaparecerá no contexto no v. 10[516] onde, numa nova tríade, a imortalidade do v. 7 é substituída pela paz (esta palavra, nas inscrições funerárias da época, significa a salvação na vida além-túmulo).

A "vida" cristã será, em certo sentido, antecipação da vida eterna, mas a linguagem de Paulo está longe de ser esquemática como a de João, para quem Jesus é já a vida eterna presente aqui na terra, e toda participação em Jesus pela fé é uma posse da vida eterna ou da ressurreição[517].

Frisemo-lo desde já: não é, portanto, a noção de "vida eterna" que fornecerá o ponto de partida das mensagens doutrinais sobre a "vida" dos cristãos.

---

Qumrantexten und der frührabbinischen Literatur", em *Wiener Zeitschrift f. Künde des Morgenlandes*, 56 (1960), pp. 154-167.

[516] Τιμή e δόξα encontram-se unidos mais uma vez em 1 Tm 1.17; Hb 2.7 na versão grega do Sl 8.6. Propriamente falando, o binômio δόξα-τιμή não é especificamente grego. Aparece muitas vezes no Antigo Testamento grego, em contextos litúrgicos onde a ênfase é normal: cf.: Ex 28.2, que se pode comparar com Sl 8.6. (citado por Hebreus). Duas vezes em Jó: Jó 37.22 (acrescentado pela versão dos Setenta); Jó 45.5 (no texto hebraico 40.10); trata-se da "glória e majestade" de Deus. No Saltério, 29,1; 96.7 (louvor a Deus); cf. Dn 2.37; 4.27. Em 2 Mac 5.16, glória e majestade do templo. Um caso especial, não litúrgico: 1 Mac 14.21. Um judeu helenista gosta de empregar este binômio para assemelhar-se aos gregos, conservando também este termo δόξα, ao qual o Antigo Testamento ajunta as profundezas religiosas de *kabôd*.

[517] Na teologia joanina, a noção de ressurreição é absorvida pela de vida. Isso não se dá na teologia paulina, onde a noção de ressurreição é primária e não cessa de reavivar-se ao contato da fé na ressurreição de Cristo.

c) *O paraíso e o terceiro céu*[518]

A alusão de Paulo é por demais casual para permitir-nos extrair uma doutrina segura. O Apóstolo foi arrebatado ao terceiro céu e, uma outra vez[519], ao paraíso (2 Co 12.2-4); ouviu palavras secretas que não pode repetir. Teria tido um antegozo das alegrias da beatitude eterna (cf. 1 Co 2.9)? Neste caso, o paraíso e o terceiro céu seriam, na sua imaginação, a mansão dos eleitos depois da parusia e não o receptáculo das almas antes da ressurreição (função que pode ter o paraíso na literatura judaica, cf. Lc 23.43).

d) *A herança de Deus*

1. "A herança de Deus" é um tema fundamental da Bíblia, acentuado ainda pela Bíblia grega, e paralelo ao da aliança. Deus, por meio dum testamento, legou seus próprios bens a Abraão; portanto este e sua raça são seus herdeiros[520]. Não é, pois, de se admirar que Filon tenha consagrado a este tema um opúsculo[521], e que Paulo o tenha adotado[522]. Isto poderia ser uma prova, entre outras, de que seu horizonte é por vezes o do judaísmo helenístico[523].

---

[518] Cf. J. JEREMIAS, art. παράδεισος, em *Theol. Wörterbuch*, V, pp. 763-771; ILDEFONSE (AYER), de VUIPPENS, *Le paradis terrestre au troisieme ciel. Exposé historique d'une conception chrétienne des premiers siecles*, Paris, 1925; F. GUNTERMANN, *Die Eschatologie des hl. Paulus* (*Neutest. Abh.*, XIII, 4-5), Münster-in-W., 1932.

[519] O paralelismo entre os vv. 2 e 3 de 2 Co 12 favorece a hipótese de duas visões diferentes. A segunda visão teria sido acompanhada dos ἄρρητα.. Paraíso e terceiro céu provavelmente devem ser identificados.

[520] Cf. L. CERFAUX, *La Théologie de l'Église suivant saint Paul*, 2ª ed. (*Unam Saneiam*, X), Paris, 1948, pp. 16-21.

[521] *Quis rerum divinarum heres*, em L. COHN-P. WENDLAND, *Philonis Alexandrini opera quae supersunt*, vol. III, Berlin, 1898, pp. 1-71 (o texto encontra-se igualmente num Pap. do séc. VI, *Cod. Par.* supl. gr. 1120, descoberto em 1889 em Coptos no Alto Egito).

[522] Cf. Marie-Christine WATHELET, *L'héritier des biens divins de Philon d'Alexandrie et l'héritier de Dieu de saint Paul*. Univ. de Louvain. Trabalho de bacharelado em Filosofia e Letras, Filosofia cláss., 1954.

[523] Cf. J. BONSIRVEN, *Le judaïsme palestinien au temps de Jésus-Christ, sa théologie*, 2 vol., Paris, 1934-1935.

Sem dúvida, está subjacente a este tema a idéia semítica de que Deus é proprietário da terra; é ele quem dá como patrimônio a Abraão e a seus descendentes a terra de Canaã[524]. Mas intervém a alegoria: as promessas de Deus serão dignas daquele que adota o patriarca e sua descendência[525].

A herança ainda deve vir: geralmente, o verbo κληρονομεῖν ou seus equivalentes estão no futuro[526]. Sua descrição evoca a escatologia: é "o reino de Deus" (1 Co 6.9-10; 15.50; Gl 5.21), a incorruptibilidade (1 Co 15.50), a riqueza de glória (Ef 1.18), a sorte dos santos na luz (Cl 1.12). Atualmente, já recebemos o seu penhor (Ef 1.14); somos desde agora, legalmente, os herdeiros (Rm 8.17; Gl 4.7), assim como nós antecipamos nossa qualidade de filhos.

Os sinóticos, no episódio do jovem rico[527], empregam a expressão preferida do rabinismo, "herdar a vida eterna". A Epístola a Tito (3.7) também a conhece. Certas fórmulas paulinas provêm do helenismo, como "herdar a incorruptibilidade" (1 Co 15.50). Pode ser que Rm 4.13, que, no tema da promessa de herança, feita a Abraão, introduz "o mundo", em vez de "a terra", sofra por seu lado uma certa tendência para o helenismo (o estoicismo?).

2. Contudo, a posição de Paulo permanece muito longe da de Filon. Vamos por um instante comparar as duas concepções. "Quando o pensamento é arrebatado num transporte divino e não está mais em si mesmo, porém é levado por um desejo celeste, como um insensato, conduzido por aquele que 'é' de fato, e atraído ao alto para ele, precedido da Verdade que o livra dos obstáculos para ele seguir a grande estrada: eis aí a herança (κλῆρος)"[528]. É assim que Filon define a herança dos bens divinos. Em Alexandria, era preciso mostrar que o judaísmo não é outra coisa senão o aperfeiçoamento da filosofia grega; em Corinto e nas outras cidades gregas, a preo-

---

[524] Cf. Ex 15.17; 1 Sm 26.19; Is 47.6; Jr 2.7; 12.7.
[525] A herança é o povo de Israel (Dt 9.26 etc.), toda a terra (cf. Ex 19.5-6), depois o Israel piedoso, e por metonímia, o próprio Deus (Sl 16.5). Mas o tema primitivo persiste em Mt 5.5; Rm 4.13.
[526] 1 Co 6.9.10; cf. 15.50; Gl 5.21; Cl 3.24.
[527] Cf. Mc 10.17; Lc 10.25; 18.18; Mt 19.29; Cf. 19.16; cf. ainda Salmo de Salomão, 14.10; Hen. et. 40,9; Test. de Jó, 18.
[528] *Quis rer. div. her.*, § 70.

cupação era afastar os cristãos das suas seduções. Filon espiritualiza como místico, aliando-se a uma religião pessoal de êxtase. Paulo, ao contrário, permanece na tradição do cristianismo: o cristão herdará de Abraão pelo Cristo, e o Espírito Santo já traz a realização das promessas. Para Filon, os bens divinos são "bens incorpóreos e divinos" (§ 63), "bens intelectuais" (νοητῶν πραγμάτων) (§ 66), o dom de Deus à alma humana[529]. Ele adere ao platonismo, como o fará Plotino: a felicidade suprema é o êxtase da alma, que, arrebatada em Deus, chega ao termo da contemplação. A herança é, pois, a felicidade da contemplação intelectual. Paulo jamais aceitou uma doutrina tão grega assim. Deus é vida e poder, no mesmo grau e mais ainda que "pensamento".

Filon abandona propositadamente uma dimensão essencial da religião judaica, voltada para o futuro. Para os judeus, só a escatologia nos permite a participação nos bens divinos: o reino é "celeste" ... local e temporalmente. Para Filon, ao contrário, como para a mística grega, o céu está em nós, e se nós devemos sobreviver, a outra vida continuará sem ruptura a vida presente. Desde já, nos é lícito sair de nós mesmos e gozar em plenitude dos bens do "espírito". Sair da sensação para viver da Idéia, é ser homem no grau máximo: "O bem novo, é herdar a Sabedoria que não se pode receber pelos sentidos (σοφίαν τὴν ἄδεκτον μὲν αἰσθήσει), mas é captada pelo Espírito puríssimo. Por meio dela está assegurado o melhor dos exílios: a alma troca a astronomia pelo estudo das essências (φυσιολογίαν ἄνωθεν), a conjetura incerta pela firme certeza e, dizendo melhor, o criado pelo incriado, o mundo por seu criador e pai" (§ 98). O herdeiro de Deus é o filósofo místico; em outras palavras, é a razão que "desimpedida de seus laços e tornada livre, saiu das trincheiras e, se se pode falar assim, abandonou-se a si mesma" (§ 68). Filon entretanto afirmará claramente que esta retirada só é possível ao espírito inspirado do alto (καταπνευσθεὶς ἄνωθεν) (§ 64). É o seu modo de permanecer fiel à revelação do Antigo Testamento. Paulo manter-se-á firmemente na linha da escatologia.

Note-se que o tema da filiação é paralelo ao da herança.

---

[529] Objeto da herança são os bens divinos, τῶν θειῶν πραγνάτων (§ 1), os benefícios de Deus, τῶν (θεοῦ) εὐεργεσιῶν (§ 33), as graças de Deus, τῶν (θεοῦ) χαρίτων (§ 39).

## f) O reino de Deus

A expressão "o reino de Deus", que aparece tardiamente na literatura apocalíptica judaica, designa um reino celeste que vai substituir os impérios temporais[530].

Esta noção continuava bastante ampla para comportar um começo misterioso do reino neste mundo. É assim que Jesus, ao mesmo tempo, anunciava o reino que havia de vir, e via-o realizando-se pouco a pouco por sua Palavra. Paulo deixou de dar à expressão essa amplitude; para ele, o reino de Deus é antes de tudo futuro, – daí sua expressão estereotipada "herdar o reino". Esta mesma concepção impõe-se em 1 Ts 2.12: "(Deus) que nos chama ao seu reino e à sua glória". Paulo gosta de apontar as exigências de santidade e de pureza deste reino. Contudo, de acordo com o movimento que descreveremos na sua teologia, o reino de Deus antecipa-se já na nossa vida presente: "o reino de Deus não é comida e bebida, mas justiça, paz e alegria no Espírito" (Rm 14.17).

Não se deve confundir simplesmente o reino de Deus, futuro, e o reino do Cristo. A distinção está bem clara em Cl 1.13: "(Deus) nos libertou do domínio das trevas e nos transportou ao reino de seu filho bem-amado"; definiríamos o reino do Cristo como a esfera na qual se exercem seu domínio e sua eficiência espiritual. O senhorio de Cristo, principiado na sua ressurreição, exerce-se a partir desse momento sobre a Igreja; ele se manifestará em todo o seu esplendor na parusia.

## g) A glória[531]

A noção da "glória" de Javé teve um papel extremamente importante através de todo o Antigo Testamento e ainda cresceu na escatologia[532](v. pág. seguinte).

---

[530] Encontraremos um eco do tema cristão primitivo nas bem-aventuranças, Mt 5.5 (cf. Is 60.21).

[531] G. VON RAD-G. KITTEL, art. δόξα, em *Theol. Wörterbuch*, II, pp. 236-256; A. VON GALL, *Die Herrlichkeit Gottes. Eine biblisch-theologische Untersuchung*, Gießen, 1900; J. SCHNEIDER, *Doxa. Eine bedeutungsgeschichtliche Studie* (*Neutest. Forschungen*, III, 3), Gütersloh, 1932; H. KITTEL, *Die Herrlichkeit*

Paulo abordou *ex-professo* o assunto da glorificação dos corpos no momento da ressurreição; não precisamos retomar o tema. Fora do grande contexto da ressurreição gloriosa, numerosas são as alusões à glória, com um sentido escatológico muitas vezes patente, mas são rápidas e esporádicas.

A glória está ligada especialmente à parusia de Cristo[533]. Os cristãos, na parusia, realizarão a esperança do Apóstolo e serão sua alegria, sua coroa de honra e sua glória (1 Ts 2.19-20). A fórmula de Fp 4.1 ("minha alegria e minha coroa") pertence ao mesmo contexto, isto é, à perspectiva da parusia, antes que ao do relacionamento atual de Paulo com seus cristãos de Filipos.

A glória se destaca da parusia para tornar-se um bem da eternidade, assim, em Ef 1.18, conhecemos "quão rica e gloriosa é a herança reservada (por Deus) aos santos". A presente tribulação ajunta em nosso favor um peso de glória no céu (2 Co 4.17). Mas este peso de glória pode ser identificado com a veste, a morada celeste, de que seremos revestidos na parusia (2 Co 5.1). O tema da herança está também subjacente em Rm 5.2 ("nós nos apoiamos na esperança da glória de Deus"), e Rm 8.17-18; cf. 8.21. Nossa glória revelar-se-á em nós na parusia, mas atualmente ela já está em nós, escondida por enquanto. Cf. Rm 9.23. O texto difícil de 2 Co 3.18 provavelmente também faz alusão à glória escatológica: "somos transformados de glória em glória". O movimento de intensificação da glória terá seu término na eternidade. A posse dessa glória está ligada à contemplação transformadora da glória do Senhor, o Filho de Deus,

---

*Gottes. Studien zu Geschichte u. Weisen eines neutestamentliches Begriffs* (*Zeitschr. Neut. Wiss.*, Beih. 16), Gießen, 1934; F. COGGAN, *The Glory of God, being Four Studies in a Ruling Biblical Concept*, Londres, 1950; R. BARACOLDO, "La gloria de Diós según Pablo", em *Virt. y Letr.*, 70 (1959), pp. 111-123.

[532] O sentido escatológico puro é requerido por 1 Ts 2.19-20, que o explícita pelas palavras ἔμπροσθεν τοῦ Κυρίου ἡμῶν Ἰησοῦ ἐμ τῇ αὐτοῦ παρουσίᾳ. Se que-remos representar-nos ao vivo o valor dos termos, é normal que στέφανος nos faça pensar nas coroas que levavam, por exemplo, os vencedores de jogos gregos, quando das entradas triunfais dos soberanos. Alegria e honra devem-se interpretar na mesma línha. Quanto a δόξα, é preciso estendê-lo também à glória escatológica.

[533] G. KITTEL, art. δόξα, em *Theol. Wörterbuch*, II, p. 249.

imagem de Deus e por isso mesmo, protótipo do que somos, nós, os filhos de Deus. Não se pode interpretar esta passagem sem recorrer ao paralelismo oferecido por Rm 8.28-30.

Em Rm 3.23, Paulo parece conhecer o tema do judaísmo, que fazia da glória um privilégio do paraíso terrestre[534]. Mas ele não pode alongar-se nesse ponto, uma vez que transferiu para Cristo, o homem celeste, a auréola com que o judaísmo coroava o primeiro homem. Nossa glória não é a do paraíso recuperado, mas uma glória superior, verdadeiramente celeste.

*h) Filho de Deus*

Paulo une no seu pensamento os três temas: herdeiro de Deus, filho de Deus, possuidor da glória.

A noção de filho de Deus, embora preparada pelo Antigo Testamento, é característica da teologia paulina, e está também em dependência estreita do pensamento de Jesus. Isso será exposto mais expressamente na terceira parte. É na eternidade que gozaremos de todos os nossos privilégios de filhos de Deus[535].

Paulo retomou, pois, as fórmulas do Antigo Testamento e do judaísmo, que descreviam a vida futura sob o véu das imagens ou das metáforas. Ele as espiritualizou, não à maneira de Filon, mas numa linha autêntica cristã.

A noção de eternidade, – em oposição à de tempo, mal se percebe na expressão estereotipada "a vida eterna", que Paulo recebe do judaísmo. A "consolação eterna" em 2 Ts 2.16 poderia ter uma ressonância grega mais profunda. Não temos certeza dum contato com a eternidade no sentido mais filosófico, senão lendo o trecho de 2 Co 4.7-5.10, que analisamos em outro lugar. Nesse contexto, em que as semelhanças com o helenismo são múltiplas, Paulo repete três vezes o adjetivo "eterno". Fala do "peso eterno da glória" (4.17) e da morada eterna no céu (5.1). Sobretudo, recorre à antítese "visível-invisível", afirmando: "as coisas visíveis são temporais, as invi-

---

[534] Cf. H. L. STRACK-P. BILLERBECK, *Kommentar zum Neuen Testament aus Talmud und Midrasch*, IV, 2, München., 1928, pp. 887; 940s.
[535] Compare-se também como tema da liberdade, cf. pp. 466-468.

síveis são eternas" (4.18). Temos mais fundamento para dizer que ele sabia abstrair do esquema temporal do Antigo Testamento e do judaísmo palestinense para buscar no pensamento grego uma noção mais profunda de eternidade.

## 2. Duas fórmulas mais gregas

1. Depois de haver completado toda a sua missão temporal, inclusive o triunfo da parusia, Cristo restitui o reino a seu Pai. E Paulo explica: naquele momento, o próprio Filho submeter-se-á àquele que tudo lhe submeteu, a fim de que Deus seja tudo em todos (1 Co 15.28).

O Pai submeteu tudo ao Filho, a fim de que por ele tudo chegue a seu termo e retorne à sua origem, pois Deus é o termo e a origem. Cristo realizou o que o Pai queria.

As velhas fórmulas estóicas, de sabor panteísta – um idêntico em tudo, Deus tudo em todos[536] – são cristianizadas. O monoteísmo pessoal é afirmado. Pois claro está que o Filho submete-se na sua própria pessoa e subsiste justamente por sua submissão; a submissão pertence à sua pessoa e a manifesta. Ao passo que as potências foram "aniquiladas" por se haverem revoltado, o Filho reconhece ter recebido de Deus "o nome que está acima de todo nome" (Fp 2.9), e restitui ao Pai o domínio recebido para o cumprimento duma missão temporal: "Toda língua confesse que Jesus Cristo é Senhor, para a glória de Deus Pai" (Fp 2.11).

O Filho tinha sob seu domínio as potências vencidas e a Igreja, que adquiriu por sua morte e vivificou pela ressurreição. Restitui tudo ao Pai, junto com seu próprio domínio. E assim como Filho, depois de se ter submetido e porque se submeteu, continua sendo o Filho, assim os cristãos, em Deus, continuam sendo os filhos de Deus na eternidade. Gozarão do privilégio de conhecer pessoalmente o Pai.

Já que as personalidades existirão em Deus, também as relações "cristãs" perdurarão na eternidade. Continuaremos a "estar com

---

[536] Cf. E. NORDEN, *Agnostos Theos. Untersuchungen zur Formgeschichte religiöser Rede*, Leipzig, 1913, pp. 240-250.

o Senhor", e reencontraremos, no Pai e nele, os outros homens, nossos irmãos, filhos de Deus como nós. A glória eterna consagrará todas estas relações para as quais nós fomos criados: relações com o Pai que quis filhos numerosos; com seu Filho, de quem somos as imagens por sua graça; com os cristãos, nossos "irmãos", todos filhos de Deus e irmãos do Filho de Deus. Tal é o significado cristão de "Deus tudo em todos". Na submissão total da criatura, presente a Deus na imagem de seu Filho, Deus exalta sua glória.

2. Paulo encaminha a noção de eternidade dum outro modo. Pelas repetidas alusões, observamos quanta importância ele dava ao "conhecimento" de Deus. Nosso maior privilégio na terra é conhecer os dons que Deus nos destina (1 Co 2. 9-13). Seria desvirtuar seu pensamento, perguntar-nos o que poderiam ser esses dons, senão conhecer a Deus? Deus não seria inteligência e conhecimento? Os bens que ele nos promete coincidem com o que o Espírito conhece dele e no-lo revela (1 Co 2.11). Além disso, Paulo retomou uma fórmula do Gênesis e do Livro dos Juízes[537]: nós o veremos "face a face" (1 Co 13.12). Ver a face de Deus foi o privilégio de Moisés e dos anciãos que o acompanharam ao Sinai; só podia ser um privilégio transitório, símbolo da realidade eterna. Ele será, na eternidade, algo realizado e perfeito: "Conheceremos a Deus como somos conhecidos por ele" (1 Co 13.12)[538].

O face a face mosaico era uma "visão" ocular, mero símbolo do conhecimento intelectual; o face a face da eternidade é conhecimento. O homem está diante de Deus no seu corpo glorificado, mas Paulo, neste momento, deixa de lado a ressurreição. É a inteligência humana que vive no entusiasmo do conhecimento. Ela deve sua existência espiritual ao ato pelo qual Deus a conheceu; sua existência eterna é o ato pelo qual ela própria, doravante, conhece a Deus "face a face".

---

[537] Gn 32.31; Jz 6.22. Cf. E. LOHSE, art. πρόσωπον etc., em *Theol Wörterbuch*, VI, pp. 769-781.

[538] Paulo não poderia dizer: como Deus se conhece a si mesmo. Esta fórmula colocaria a criatura por demais próximo a seu criador e faria do homem, sujeito do conhecimento, um ser igual a Deus, pois "conhecimento" é o que define Deus mais exatamente, cf. 1 Co 2.7-16.

## Capítulo IV
# CONCLUSÃO DA SEGUNDA PARTE

No primeiro período de sua atividade, Paulo centraliza sua mensagem na parusia de Cristo. Os tessalonicenses entenderam tudo ao pé da letra e, no seu entusiasmo, chegaram a abandonar suas ocupações normais. Paulo reage. Surgiu um problema no contexto deste fervor da jovem comunidade. Alguns cristãos faleceram depois da partida do Apóstolo, e muitos se entristeceram, crendo que eles perderiam a festa tão impacientemente aguardada. Isso serviu de ocasião para precisar a doutrina da ressurreição dos mortos.

É à experiência de Tessalonica ou a algum outro motivo que se deve atribuir a mudança de tática na apresentação da mensagem cristã em Corinto? Lá Paulo falou longamente sobre a ressurreição dos mortos. Novo resultado inesperado: os coríntios reagem como se podia esperar de gregos que assimilam dificilmente qualquer doutrina escatológica e sobretudo a esperança duma ressurreição corporal.

Paulo não pode modificar sua doutrina. Contenta-se com afirmar mais fortemente a relação entre a ressurreição de Cristo e a dos cristãos. Ao mesmo tempo sublinha o caráter "espiritual" da transformação dos corpos, tanto dos mortos revivificados como dos vivos que assistem à parusia. Sem com isso descambar no dualismo relativo da filosofia platônica, ele se aproxima da doutrina grega da imortalidade e da "espiritualidade das almas".

A esperança da parusia não perdeu sua intensidade, mas os anos passam sem que o Cristo se manifeste em sua glória. A espera poderia prolongar-se. Diante dos perigos de morte que o ameaçaram mais de uma vez, Paulo vê-se forçado a admitir que poderia morrer antes da volta do Senhor. Em que condição se encontraria durante este período intermediário? A solução dum problema pessoal vai criar uma posição teológica. Ele se pronuncia: desde o instante de sua morte, está certo de se unir a Cristo e de viver com ele, na mesma familiaridade religiosa que ele conhecia durante sua existência mortal. Vivos e mortos, juntos, aguardam o seu julgamento pelo seu senhor. Ora, esta fé numa sobrevivência independente do corpo não se exprimirá bem, senão graças às fórmulas criadas pelo helenismo.

Realizados os acontecimentos escatológicos, nossa existência não será senão um mistério mais profundo, em cujo seio se deseja penetrar. A revelação do Antigo Testamento emprestará seus símbolos e suas expressões, e a filosofia grega, mais uma vez, apoiará o esforço da inteligência que busca a visão última de Deus. A duração que não for mais assinalada pelos acontecimentos, ganhará o nome de eternidade. O face a face de que fala a Bíblia referindo-se à visão do Sinai, será compreendido como um conhecimento" intuitivo". Não foram também os gregos que definiram a divindade pela inteligência? Nosso "conhecimento" de Deus participará, em toda a medida acessível à criatura, do próprio conhecimento de Deus: conhecê-lo-emos como ele próprio nos conheceu. Uma fórmula estóica, depois de purificada, dará o toque final à pintura da eternidade feliz: Deus será tudo em todos.

No decurso desta parte, já pressentimos que a espiritualização, efeito do poder de Cristo, exercia-se a partir de sua ressurreição e poderia antecipar o futuro escatológico; assim se anuncia um novo centro de interesse, tão essencial à, teologia paulina que lhe será dedicada a parte mais extensa do nosso estudo. Será a terceira parte.

## Terceira Parte

# A CONDIÇÃO ATUAL DO CRISTÃO

Graças à novidade de vida que o animava e que se manifestava milagrosamente, o cristianismo estabeleceu-se solidamente no mundo grego. A teologia paulina definirá esta vida e com isso, a base da existência cristã. Três aspectos se destacam à primeira vista: o cristão participa do Espírito Santo; vive em Cristo; é justificado pelo dom de Deus.

Pode-se partir, quase indiferentemente, de cada um deles, para estabelecer uma síntese do pensamento do Apóstolo. Com efeito, trata-se de três modos de ver uma mesma realidade fundamental, a existência humana transformada pela inauguração do reino de Cristo. Sem dúvida, o pensamento paulino os entrelaça constantemente. Julgamos útil, para entender melhor este pensamento, expô-los um por um. Nosso ensaio estaria de antemão condenado, se a intuição de Lutero representasse exatamente o paulinismo[539].

---

[539] Cf. A. E. BAKER, *St. Paul and his Gospel,* Londres, 1940, p. 68: "A teologia luterana é a teologia paulina expressa na linguagem dos tempos modernos".

## Capítulo I
# O DOM DO ESPÍRITO

1. *Os carismas*. Origem. – Diversidade dos carismas. – A teologia dos carismas. – A crítica paulina dos carismáticos de Corinto.
2. *A transposição espiritual dos privilégios do judaísmo*. O princípio da transposição "espiritual". – Os privilégios cristãos: a filiação; a glória; a inteligência "espiritual" dos "oráculos" de Deus; o cumprimento das promessas (promessa e testamento, primícias, penhor e selo, o Espírito dos filhos); o culto espiritual (o templo, o sacerdócio e os sacrifícios, a santidade; 2 Co 6.14-7.1 e a santidade).
3. *Os cristãos "espirituais" perante o mundo grego*. A religião do verdadeiro Deus. – A sabedoria cristã. – O intelectualismo cristão.
4. *O Espírito, princípio interior da vida cristã*. A presença do Espírito Santo. – O dom: objeto do dom (carismas, praxes cristã, conhecimento dos bens prometidos); qualidades do dom. – A imanência do Espírito: a parte superior do homem segundo o Apóstolo; ensaio teórico sobre a imanência do Espírito.

1. Seria difícil exagerar a importância que Paulo atribui às atividades do Espírito Santo. Chegou-se a acusá-lo de haver transformado o cristianismo, acrescentando-lhe assim um elemento supostamente heterogêneo e de origem pagã.

As linhas principais da economia cristã (nossa primeira parte) e da escatologia (nossa segunda parte) tinham como fundamento Cristo. Quando se passa à análise do estado atual do cristão, a eficiência do Espírito impõe-se a toda a perspectiva. Com efeito, o Evangelho anuncia o mistério do plano divino de salvação: se Cristo é seu objeto, o Espírito é seu revelador. Para ficar fiel à tradição, é preciso, naturalmente, sublinhar a conexão entre Cristo e o Espírito. Conforme Paulo, o Espírito Santo é o Espírito de Cristo, ele constitui as arras duma herança, cujo herdeiro é, em primeiro lugar, o Filho de Deus e de que somos co-herdeiros. Somos santificados por aquele que, por ressurreição, foi constituído "Espírito vivificante".

2. Os excessos dos falsos espirituais jamais conseguiram "apagar o Espírito". Até mesmo a Reforma, dominada por uma teologia da Escritura e pela doutrina duma justificação forense, conheceu várias tentativas de revivência espiritual. Mais perto de nós, depois dos sucessos do protestantismo liberal, a escola da história das religiões reencontrou a seu modo e explorou o tesouro do Espírito[540]; abandonando os impasses do racionalismo[541], numerosos teólogos protestantes retomaram consciência da função do Espírito Santo[542].

3. Para entender a doutrina cristã do Espírito, não seria inútil recordar as aventuras do termo πνεῦμα. A novidade do cristianismo foi antes uma novidade de realidade que uma inovação de vocabulário; era moda falar em Espírito e muitas vezes se lançou vinho novo em odres velhos.

O pneumatismo remonta às origens das religiões. Entre os hebreus, no período antigo, o espírito com suas manifestações extáticas governa os "filhos de profetas"; o paganismo possui suas sibilas com seus oráculos; os mistérios proporcionam a seus adeptos emoções atribuídas a influências "espirituais".

Contudo, o estoicismo, por caminhos novos, efetuou uma vasta síntese, dominada por uma noção de πνεῦμα, que, sendo matéria, movimento ou pensamento, constituiria o fundo primordial do cosmos.

4. É ao Antigo Testamento e ao judaísmo, mas mais ainda à experiência cristã, que Paulo deve sua doutrina[543].

O pneumatismo profético tinha-se transmitido aos sábios de Israel. No Livro de Jó, Eliú alega uma inspiração pessoal, independente

---

[540] Cf. H. WEINEL, *Die Wirkungen des Geistes und der Geister im nachapostolischen Zeitalter bis auf Irenaus*, Tübingen, 1898, pp. 30-32.

[541] Cf. K. BARTH, *Petit commentaire de l'Épître aux romains*, Genebra, 1956.

[542] Cf. E. BRUNNER, *Die Lehre vom Heiligen Geiste*, Zürich, 1945, pp. 4-8; R. R. HOYLE, *The Holy Spirit in St. Paul*, Londres, 1927, p. 14. Para uma bibliografia geral, cf. *Theol. Wörterbuch*, VI, pp. 330-333.

[543] Cf. P. BLÄSER, "'Lebendigmachender Geist'. Ein Beitrag zur Frage nach den Quellen der paulinischen Theologie", em *Sacra Pagina*, 2, Gembloux, 1959, pp. 404-413.

da tradição dos antigos[544]. A mesma idéia reaparece no Eclesiástico (39.6ss). O tema continua no Livro da Sabedoria, onde se mistura a uma corrente literária mais próxima do estoicismo. Identificada com o Espírito, a Sabedoria, descrita como sócia de Deus, se faz o guia dos homens. A teologia paulina retoma e leva ao crescimento diversos temas do judaísmo. Os carismas evocarão por certos detalhes o pneumatismo antigo, anterior aos grandes profetas. Entretanto, a revelação nova e o gênio teológico do Apóstolo modificaram profundamente a religião antiga, aprimorando a própria noção de Espírito.

5. Nossa pesquisa espera destacar a "participação" do cristão no Espírito Santo. A palavra "participação" traduz aqui o termo grego κοινωνία, que indica um contato, ora com uma pessoa, ora com bens ou realidades. Somos chamados à "comunhão" com o Filho de Deus (1 Co 1.9), com seus sofrimentos (Fp 3.10), temos "participação" no seu sangue e no seu corpo (1 Co 10.16). Estamos em comunhão com o Espírito Santo. O sentido "pessoal" do Espírito se impõe em 2 Co 13.13, naquela saudação trinitária solene que encerra a Epístola: "que o dom do Senhor Jesus Cristo e o amor de Deus e a comunhão (κοινωνία) do Espírito Santo esteja com todos vós". Neste contexto, o amor está em relação com Deus como sua fonte suprema, a graça ou o dom com o Cristo, que é sua origem juntamente com Deus (cf. 2 Co 1.2); o Espírito, de quem nós "participamos", nos alcança os dons espirituais, o amor e os outros "frutos" seus, os carismas. Em virtude do paralelismo com os dois primeiros incisos, estes dons aparecem como uma participação na pessoa do Espírito: é uma "pessoa" divina que se comunica a si própria nos dons espirituais. O Espírito, tradicionalmente, é intermediário entre Deus e os homens. Voltado para Deus, ele é pessoa como o Filho de Deus e como o próprio Pai; comunicando-se aos homens, parece identificar-se com os dons que dele emanam e assim penetrar nas realidade deste mundo. Esta ordem que vai da pessoa aos dons está invertida em Fp 2.1: "Se há algum conforto em Cristo, se há algum caridoso estímulo, participação (κοινωνία) no Espírito...". Considera-se em primeiro

---

[544] Jó 32.18s. Cf. 4.12ss. Sobre este aspecto do livro, veja P. VOLZ, *Der Geist Gottes*, Tübingen, 1910, pp. 161s.

lugar "a graça" presente no cristão: conforto, estímulo, dons espirituais. Mas o pensamento não deixa de voltar-se para as pessoas divinas, Cristo, o Pai, (sugerido pelo amor), o Espírito Santo, presente nos dons espirituais[545].

6. Para descrever a situação nova inaugurada pelo dom do Espírito, partiremos de seus efeitos mais exteriores, os carismas, para depois aprofundarmos a noção de homem novo, "espiritual". Colocaremos entre esses dois artigos, duas sínteses teológicas do Apóstolo, uma de orientação judaica, outra imposta pelas necessidades da propaganda no mundo greco-romano.

## I - OS CARISMAS[546]

As Epístolas, como também toda a literatura cristã primitiva, em particular o Livro dos Atos, revelam-nos todo o interesse que se tinha pelos "carismas"[547]. Ninguém foi mais sensível que Paulo a

---

[545] O paulinismo evitou esta concepção panteísta de um "espírito difuso, partindo da divindade e espalhando-se no universo, constituindo assim a única realidade.
[546] H. WEINEL, *Die Wirkungen des Geistes und der Geister im nachapostolischen Zeitalter bis auf Irenaus*, Tübingen, 1888; H. GUNKEL, *Die Wirkungen des heiligen Geistes nach der popular Anschauung des apostolischen Zeit und der Lehre des Apostels Paulus*, 3ª ed., Göttingen, 1909; G. P. WETTER, *Charis. Ein Beitrag z. Geschichte. d. altesten Christentums* (Untersuchungen zum Neuen Testament, 5), Leipzig, 1913, pp. 168-187; W. REINHARD, *Das Wirken des heiligen Geistes im Menschen nach den Briefen des Apostels Paulus* (Freiburger theol. Studien, 22 Heft), Friburg in Br., 1918; K. L. SCHMIDT, *Die Pfingsterzählung und d. Pfingsterreignis* (Arbeiten z. Religionsgeschichte d. Urchristentums, Bd I, H. 2), Leipzig, 1919; F. BÜCHSEL, *Der Geist Gottes im N. T.*, Gütersloh, 1926; L. BUONAIUTI, "I Carismi", em *Ricerche religiose*, 4 (1928), pp. 259-261; H. SCHLIER, *Die Zeit der Kirch. Exegetische Aufsatze und Vorträge*, Friburg in Br., 1956, pp. 147-159; 186-193; N. HUGEDÉ, *La métaphore du miroir dans leis Épîtres de saint Paul aux corinthiens* (Bibliotheque théol.), Neuchâtel, 1957; A. DIETZEL, "Beten im Geist. Eine religionsgeschichtliche Parallele aus dem Hodayot zum paulinischen Beten II im Geist", em *Theol. Zeitschr.*, 13 (1957), pp. 12-32; N. Q. HAMILTON, *The Holy Spirit and Eschatology* in *Paul* (Seottish Journ. of Theol. Occ. Papo 6), Edimburgo, 1958; H. GREEVEN, "Die Geistesgaben bei Paulus", em *Wort und Dienst*, 7 (1959), pp. 111-120; K. WENNEMER, "Die charismatiche Begabung der Kirche nach dem hl. Paulus", em *Scholastik*, 34 (1959), p. 503-525.
[547] At 2.4; 4.31; 10.44-46; 19.6. Cf. Mc 16.17-18.

este aspecto da vida cristã. É isso que o desperta depois de fundar uma comunidade: se o Espírito age nele e nos novos fiéis, é porque Deus escolheu estes últimos para a salvação cristã.

Muito tem sido escrito, do ponto de vista fenomenológico, sobre as manifestações psíquicas extraordinárias que marcam as origens do cristianismo e parecem caracterizar a vida religiosa das primeiras igrejas. Paulo interpreta-as como a manifestação (φανέρωσις) do Espírito de Deus, o Espírito Santo. Herdeiro do Antigo Testamento, do judaísmo e do cristianismo primitivo, ele considera a divindade como uma potência real, ativa, inteligente, que intervém freqüentemente em nosso mundo, cuja força (δύναμις) comanda todos os fenômenos naturais, governa a vida dos homens, insere-se pessoalmente nas atividades de nosso mundo dos fenômenos[548], e cuja sabedoria (σοφία) dirige o curso dos acontecimentos, de molde a realizar um plano, que é para nós mistério, – concebido para a salvação dos eleitos; essa potência e essa sabedoria, ele as vê como a manifestação duma hipótese divina, distinta do Pai e do Filho, e que nós chamaremos, com ele, de Espírito ou Espírito Santo[549].

O nascimento do cristianismo foi marcado por uma profusão destas intervenções divinas. O mundo se achava num ponto crucial de sua história religiosa, e Deus inaugurava um novo plano de salvação[550]; os apóstolos, Paulo sobretudo, levavam a mensagem de salvação, impelidos pela força de Deus, iluminados por sua luz e comunicando aos homens luz e força, com dons extraordinários do Espírito que ainda hoje chamamos de "carismas" (χαρίσματα).

## 1. *Origem dos carismas*

1. Paulo não fala de carismas que teriam assinalado sua chegada aos tessalonicenses. Contudo, certamente se produziram fenômenos deste gênero durante sua curta estadia no meio deles[551]. Facilmente

---

[548] Cf. o Discurso no Areópago (At 17.28).
[549] Cf. L. CERFAUX, *Le Christ dans la théologie de saint Paul*, 2ª ed., Paris, 1954, pp. 189-208.
[550] 1 Co 1.21.
[551] Particularmente se deve pensar na recomendação que faz no final da primeira Epístola: "Não apagueis o Espírito; não desprezeis as profecias" (1 Ts 5.19.20).

poderíamos ser levados a crer que os tessalonicenses não lhes atribuíam grande importância. Ousaríamos conjeturas que desconfiavam deles por causa de seu caráter orgiástico? Teriam receado algum abuso?[552] Seria por acaso também que a Epístola à igreja de Filipos (tão próxima da de Tessalonica) deixa também de falar deles?

Ao contrário, a Epístola aos gálatas, e sobretudo a primeira aos coríntios, fornecem-nos sobre o assunto informações muito abundantes. A chegada do Apóstolo nas igrejas provoca uma profusão de dons carismáticos (1 Co 1.7), realizam-se milagres (Gl 3.5), sua palavra tem uma eficácia prodigiosa (1 Co 2.4). Os gálatas, explica ele, começaram pelo Espírito (Gl 3.3), fizeram "experiências" espirituais (Gl 3.4)[553].

Portanto, o apostolado em terra pagã suscitou uma onda de fenômenos que definimos globalmente como milagres e manifestações extáticas. Não se vê com que argumento poder-se-ia afirmar sua origem helenista[554]. Paulo dá impressão de levá-las consigo. Surgem sob os seus passos. Sem dúvida, a população grega, onde se propagava o cristianismo, estava disposta a aceitá-las e mesmo a exagerar sua importância; e o terreno no qual eles se propagam lhes imporá um colorido determinado. No entanto, a balança pende a favor duma teoria que dá razão à documentação cristã e os faz nascer em Jerusalém.

2. O movimento apocalíptico, no qual se inscrevem as iniciativas do Batista e de Jesus, não se compreende sem visões. Nossos Evangelhos conservam traços inequívocos do caráter "profético" de Jesus, e mesmo de certas manifestações extáticas de sua vida[555]; testemunhas da tradição palestinense, eles colocam de uma vez o Mestre

---

[552] Cf. 2 Ts 2.2.

[553] A Epístola aos gálatas atribui uma importância capital aos carismas que marcaram a chegada de Paulo no meio destas populações da Asia Menor. Elas viram Deus atuando em seu meio, Deus que lhes dava um testemunho de sua presença; reconheceram Paulo como um enviado de Cristo, um anjo de Deus; começaram uma vida nova, ignorada até então, no Espírito Santo.

[554] Cf. R. REITZENSTEIN, *Die hellenistischen Mysterienreligionen*, 3ª ed., Leipzig, 1927.

[555] Cf. F. GILS, *Jésus prophète, d'après les Évangiles synoptiques*, Louvain, 1957.

num nível "espiritual" superior àquele em que se movem os fariseus. Os documentos de Qumrân nos permitem o acesso a um ambiente judaico em que se acredita nas intervenções do Espírito Santo e numa gnose profunda concedida a homens privilegiados. Milagres e exorcismos também não têm com que nos maravilhar[556].

As aparições de Jesus ressuscitado imprimiram evidentemente na comunidade primitiva um caráter extático; este se traduziu pelo dom das línguas e das profecias; os milagres acompanharam a obra dos apóstolos galileus e do diácono Estêvão; Ágabo e o evangelista Filipe, com suas filhas profetisas, não são personagens inventadas, mas pertencem àquele cristianismo arcaico, anterior a Paulo, que sobreviveu às missões paulinas. Os "profetas" itinerantes da Didaqué são uma recordação muito antiga[557].

Lucas foi acusado, sem razão, de ter transposto para Jerusalém fenômenos que não se teriam manifestado senão mais tarde, no mundo grego. Depois de Jerusalém[558], ele os coloca ainda em Cesaréia, por ocasião da conversão de Cornélio[559], e em Éfeso, quando Paulo batiza aquela dúzia de discípulos que só haviam recebido o batismo de João[560]. Nesses dois últimos casos, eles estão intimamente ligados ao batismo; poder-se-ia com razão considerá-los como uma espécie de manifestação visível e externa do dom do Espírito Santo,

---

[556] Entretanto, as intervenções do Espírito que se podem indicar no judaísmo não caracterizam de modo algum sua religião. São fenômenos secundários que acompanham uma religião essencialmente legalista, fundada sobre um princípio oposto ao de intervenções divinas imediatas. A tradição oral e escrita o comprova. O cristianismo, ao contrário, será uma religião fundada essencialmente sobre as intervenções do Espírito. Não tem outra justificativa senão estas mesmas intervenções. A fé na ressurreição de Cristo está também baseada em aparições, que são fenômenos de caráter profético e espiritual; as provas que o cristianismo nascente extrai da Escritura provêm duma leitura espiritual dos Livros Sagrados à luz do Espírito. As analogias com o judaísmo apocalíptico são sensíveis sobretudo nesta última fórmula. Mas esta não é mais que uma das múltiplas manifestações do caráter "espiritual" da comunidade cristã.

[557] Cf. Mt 23.34; Lc 11.49. Cf. K. STENDAHL, *The School of St Matthew* (*Acta Seminarii Neatestamentici Upsaliensis*, XX), Upsala, 1954.

[558] At 2.3-11.

[559] At 10.46.

[560] At 19.6.

própria do sacramento, como um Pentecostes ratificando a iniciação cristã.

Os carismas dos coríntios e os das igrejas da Ásia e da igreja romana são na realidade fenômenos essencialmente cristãos.

## 2. Diversidade dos carismas

1. O dom das línguas[561] poderia ser explicado como uma "profecia" em que o aspecto puramente extático oblitera o da revelação dum mistério ou duma vontade divina determinada.

Paulo trata-o longamente na primeira Epístola aos coríntios[562]. A "glossolália" dissociou-se do batismo; ela se apresenta regularmente no decurso de todas as reuniões litúrgicas. Como aliás no Pentecostes, a ênfase é dada ao caráter estranho da fala em línguas estrangeiras. Tem-se a impressão que o cristão que fala em línguas dirige-se a Deus para orar (14.2; 14.14,15). Talvez em certos momentos ele module um cântico ininteligível (14.15). A oração extática "em línguas" pode até mesmo tomar o lugar da ação de graças eucarística normal (14.16). As palavras pronunciadas, ou o que parece ser vocábulos (γλῶσσαι) são incompreensíveis: não há um fraseado de sentido preciso (14.9), mas apenas palavras estranhas (14.11). Este caráter de estranheza, essencial, diríamos, a esse carisma, lhe dá seu ar de "mistério" (14.2).

Paulo não parece pôr em dúvida que se trate de verdadeiros vocábulos (cf. 14.10-11) e contudo, as "línguas dos anjos" nos deixam hesitantes. Aparece um dom complementar, o do "tradutor" (em língua comum) daquilo que supostamente os carismáticos quiseram exprimir. Assim o fenômeno é mais ou menos análogo ao que se

---

[561] E. LOMBARD, "De la Glassolalie chez les chrétiens et des phénomènes similaires. Étude d'exégèse et de psychologie", Lausana, 1910; E. MOSIMAN, "Das Zungenreden, geschichtl. u. psycholog. untersucht, Tübingen, 1911; H. GÜNTERT, "Van d. Sprache d. Gotter u. Geister. Bedeutungsgeschichtl. Untersuchungen z. Homerischen u. Eddischen Gottersprache, Halle, 1921; A. MACKIE, "The Gilt of Tongues. A Study in Pathological Aspects of Christianity, New York, 1922; H. RUST, "Das Zungenredeen, Eine Studie z. krit. Religionspsychologie, München, 1924; J. BEHM, art. γλῶσσα, em Theol. Wörterbuch, I, pp. 719-726.
[562] Primeiro em 1 Co 12.10; depois em 12.8.30; longamente em 14. 2-27.39.

passa em Delfos, onde o profeta explica os sons inarticulados que se desprendem dos lábios da Pítia[563]. Assim, uma oração enunciada em línguas não tem conteúdo intelectual perceptível para o que ora; este exterioriza uma pura emoção de caráter extático. Paulo faz oposição entre orar em espírito, isto é, em êxtase e orar com sua inteligência (14.15). Mas não se percebe, por parte do Apóstolo, nenhum desprezo do dom da glossolalia. Ele próprio o possui num grau eminente (14.18), embora ele evite dar-lhe livre curso nas assembléias litúrgicas (14.19). Entretanto as sessões de glossolalia degeneraram algumas vezes em cenas de agitações frenéticas de desordem.

O dom das línguas tem bem pouca importância na formação do pensamento cristão. No Livro dos Atos, Lucas o faz simbolizar a universalidade do cristianismo, que se vai exprimir em todas as línguas do mundo. Paulo não fez nenhuma observação semelhante. Aceitou o fenômeno, dissuadindo os coríntios de tratá-lo como um esporte de caráter espiritual[564].

2. A profecia[565] coloca a inteligência humana em contato com o pensamento e a vontade divinos. Compreende-se que Paulo queira enaltecê-la diante da glossolalia. Guardamos fidelidade a seu vocabulário aliando à profecia alguns carismas secundários que dela se distinguem por certas modalidades, mas no fundo nada mais são que especificações momentâneas do dom por excelência. Tais são a gnose, a sabedoria[566], as "revelações" (apocalipses)[567].

---

[563] Analogia com as palavras da Pítia, cf. H. KLEINKNECHT, *art. cit.*, p. 346.
[564] A posição que Paulo toma faz lembrar a de Platão perante a mântica, cf. H. KLEINKNECHT, *art. cit.*, pp. 345-348.
[565] Pode-se encontrar uma boa orientação do assunto no art. προφήτης, etc. do *Theol. Wörterbuch*, VI, pp. 781-863. Bibliografia, pp. 781-783; grego profano, pp. 783-795 (H. KRÄMER); Antigo Testamento, pp. 796-813 (R. REND TORFF); Judaísmo, pp. 813-828 (R. MEYER); Novo Testamento, pp. 829-863 (G. FRIEDRICH).
[566] Teremos o cuidado de distinguir a sabedoria enquanto carisma, da sabedoria cristã, de que mais adiante teremos de falar.
[567] Ao lado das listas de virtudes e de vícios, encontramos nas nossas Epístolas listas de carismas. É um fenômeno literário especificamente cristão e até mesmo paulino. Este início de sistematização, em razão do repentino desaparecimento da maior parte dos carismas primitivos, será sem futuro na Igreja e não chegará a nenhuma construção durável. Levando em conta a classificação mais

elaborada (1 Co 12.4-11), podemos distinguir três grandes categorias de carismas: intelectuais, taumatúrgicos e carismas de "serviços" (Paulo atribui os primeiros ao Espírito Santo, os segundos a Deus, que é a origem de todo poder, os terceiros ao Senhor, a cujo serviço a pessoa se consagra nas funções da Igreja). A rigor, é aos primeiros que convém propriamente o nome de carismas, dons do Espírito (cf. 1 Co 12.4), pois o Espírito é apresentado no Novo Testamento mais como luz que como uma força. No entanto os dons taumatúrgicos revelam sua presença, e os "serviços" se fazem com sua ajuda; neste sentido, Paulo dirá que o Espírito é eficiente em todos os carismas de toda espécie (1 Co 12.11). A lista de 1 Co 12.4-11 é também a mais completa e nos fornece um número impressionante de termos. Enumera os carismas intelectuais: palavra da sabedoria, palavra do conhecimento, profecia, discernimento dos espíritos, línguas, interpretação das línguas. Carismas taumatúrgicos: fé, dom de curar, poderes. Unicamente os serviços não são enumerados.

A lista de 1 Co 12.28 completa a primeira, elencando com prazer os serviços: apóstolos, profetas, doutores (διδάσκαλοι), dons de assistência (ἀντιλήμψεις), de governar (κυβερνήσεις). Conforme 1 Co 14.26, deveríamos ajuntar à lista dos carismas intelectuais, os hinos e os apocalipses, sendo que estes provavelmente se podem reduzir à profecia. (Cf. 13.2: a profecia está em relação com a revelação dos mistérios. Porém, cf. 14.6, onde a distinção é mantida). A Epístola aos romanos nos permitirá enriquecer a categoria dos serviços; em particular, vemos aparecer, numa nova lista (Rm 12.6-8), o "serviço" por antonomásia, que vem a ser o título particular dos cristãos consagrados à utilidade comum na Igreja (Rm 12.7); outros cristãos se dedicam à assistência e à distribuição das esmolas (ὁ μεταδιδούς, ὁ ἐλεῶν, Rm 12.8); fala-se dos presidentes, chefes de comunidades particulares (ὁ προϊστάμενος, Rm 12.8). A Epístola aos efésios nos permitirá distinguir salmos, hinos, cânticos.

Mas vê-se logo que estas precisões e esta tentativa de criar um vocabulário técnico são coisas oscilantes como a própria eficácia "espiritual". Os carismas se adaptam às tendências das diversas igrejas, e sua atualidade, – assim a do dom das línguas em Corinto, – pode não ser mais que momentânea. 'Persistirão os carismas principais, mas englobados sob outras denominações e envolvidos em sínteses bem diferentes. A liturgia absorverá os cânticos inspirados e as ações de graças. O "ensino" passará da categoria dos dons espirituais para a dos serviços e tomará lugar entre as instituições regulares das comunidades, estreitando seus laços com o apostolado e as hierarquias locais. Paulo mesmo não é perfeitamente constante no seu vocabulário. Pode-se contudo fixar alguns pontos. Em particular, o carisma de conhecimento é tão próximo da profecia, que se poderia confundir com ela, quando esta revela mistérios (cf. 1 Co 13.12). O Apocalipse também poderia ser chamado de conhecimento ou profecia. Ao passo que a profecia tem por finalidade a exortação, ele, ao contrário, aproxima-se da διδαχὴ (cf. 1 Co 14.6). O Livro dos Atos não distingue senão o carisma das línguas e a profecia; às vezes poderíamos pensar que Paulo admite este vocabulário (1 Co 14.24; 14.4) e de fato, em 1 Co 14 ele regulamenta o uso do dom das línguas e da profecia.

A primeira Epístola aos coríntios permite-nos imaginar bem concretamente uma sessão de profecia em Corinto[568]. Os cristãos estão reunidos e chega a seu termo a celebração da Ceia. Se tudo corre em boa ordem, como Paulo o deseja, o povo se contenta com ouvir dois ou três profetas: os carismáticos falam separadamente um depois do outro, a fim de que todos os presentes recebam a instrução e a "consolação". Pode acontecer, porém, que um fiel seja arrebatado bruscamente pela inspiração[569] enquanto fala um profeta: este último deve calar-se.

Mas nem sempre tudo é tão calmo neste "culto" de profetas. Profetas pessoas com o dom das línguas querem falar todos juntos; mulheres oram em línguas ou profetizam, sem véu, como as bacantes (1 Co 11.2-6).

3. A atmosfera se purificou nas igrejas da Ásia. Os únicos carismáticos à moda coríntia que permanecem, são os profetas, aos quais se juntam agora os apóstolos, evangelistas, pastores, doutores, encarregados de "ministérios" nas Igrejas (Ef 4.11). A própria profecia adquire feições novas: as reuniões litúrgicas enriquecem-se com cânticos inspirados, salmos, hinos, odes espirituais[570], ações de graças

---

[568] Ver especialmente 1 Co 14.
[569] A inspiração exprime-se pela palavra ἀποκαλυφθῇ; o profeta recebe bruscamente uma revelação, que ele, por assim dizer, é forçado a traduzir em palavras (14.30).
[570] Ef 5.19; Cl 3.16. São compostos hinos em honra de Cristo; os exemplos fornecidos pelas Epístolas do cativeiro revelam já uma grande variedade de inspiração e de conteúdo. O da Epístola aos filipenses (2.6-11) é feito segundo o modelo dos cânticos do Servo de Deus de Isaías. Estrofes ritmadas nos falam de sua preexistência, da humilhação de seu nascimento e de sua morte, de sua exaltação. O da Epístola aos colossenses (1.15-20) descreve paralelamente a obra de Cristo na criação e a da salvação que nasce de sua ressurreição; aplica ao Cristo certos temas que antes referiam-se à Sabedoria dos Livros sapienciais. A Epístola aos efésios (5.14) conservou-nos o começo de um hino batismal que canta poeticamente o despertar da alma atingida pela luz de Cristo. Percebe-se aí como que um eco dos hinos ao Sol e somos levados a pensar num contato com liturgias orientais, helenizadas, como a de Mitra. Um tipo de ação de graças litúrgico desenvolveu-se nestas mesmas igrejas da Ásia. As ações de graças de Efésios e Colossenses nele se inspiram. Hinos ao Cristo e ações de graças serão sempre aceitos na Igreja. Cf. Ef 5.14; 1 Tm 3.16. Justino nos falará de hinos ao Cristo e as ações de graças se desdobrarão na Ceia e nas liturgias mais opulentas das festas cristãs.

pronunciadas numa língua solene e hierática[571], sob o impulso do Espírito[572].

Na igreja romana, podemos adivinhar igualmente uma reserva quanto às formas por demais intelectuais e anárquicas que os carismas tomaram em Corinto. Lá existem carismas: a profecia, o "serviço", o ensino, o encorajamento, o amor, o ofício de presidir, a misericórdia[573]; não há vestígio algum do dom das línguas, e o dom da profecia não se desdobra em dons secundários múltiplos.

## 3. A teologia dos carismas

1. O vocabulário é significativo. Foi Paulo quem introduziu na linguagem religiosa o termo técnico χάρισμα. Ao passo que o verbo χαρίζομαι e o substantivo χάρις estão longe de possuir uma especificação tão determinada, χάρισμα designa regularmente (mas não exclusivamente) as manifestações de profecia etc., que descrevemos[574]. É uma especificação cristã dum termo de sentido mais genérico[575]. Este uso técnico é próprio de 1 Coríntios e Romanos. Talvez se tenha formado em Corinto. Já não existe mais nas Epístolas do cativeiro; nas Cartas pastorais, o termo recebeu uma acepção derivada, designando um dom especial dos chefes da comunidade[576].

Paulo usa às vezes πνευματικά com o mesmo sentido de χαρίσματα[577]. O adjetivo πνευματικός, próprio do seu vocabulário (junto com 1 Pedro)[578] indica geralmente o que se refere ao âmbito do Espírito, opondo-se, a ψυχικός[579]; assim é que se falará de homens

---

[571] Ef 5.20.
[572] Ef 5.18.
[573] Cf. M.-J. LAGRANGE, *L'Épître aux romains (Études Bibliques)*, Paris, 1931, pp. 298-301.
[574] Rm 5.15; 6.23; 11.29; 2 Co 1.11.
[575] Cf. W. BAUER, *Wörterbuch z. N. T., 5ª ed.*, Berlin, 1958, CC. 1737s.
[576] 1 Tm 4.14; 2 Tm 1.6; cf. 1 Pd 4.10.
[577] 1 Co 12.1; 14.1.
[578] Em 1 Pedro πνευματικός não designa nem os carismas, nem o que pertence à natureza dos carismas. O adjetivo pode ter também em Paulo o mesmo sentido largo e designar tudo o que se relaciona com o Espírito Santo.
[579] 1 Co 15.44.

"espirituais". Não são simplesmente os carismáticos[580] e sim os cristãos capazes de compreender os desígnios da sabedoria divina, cristãos votados à sàbedoria cristã como os filósofos o são à sabedoria deste mundo. Esse termo é do número daqueles que facilmente expressam ironia e reservas de toda espécie na pena de Paulo. O Apóstolo aparenta considerar os gálatas como" espirituais" (Gl 6.1). Contudo, eles começaram pelo Espírito e continuam pela carne (Gl 3.3). Os coríntios se consideram espirituais no mais alto grau e Paulo reconhece que de fato eles estão comulados de riquezas espirituais; porém agem como crianças, ou como homens ainda carnais (1 Co 3. 1-4)[581]. Na comunidade, em Roma, em Corinto, na Galácia, há fortes e fracos. Em Corinto se julgam espirituais; possuem a "gnose" (1 Co 8.1-3), isto é, um conhecimento de ordem religiosa que os situa acima do vulgar. Desprezam os escrúpulos em matéria de carnes consagradas. Encontramos em Roma os mesmos cristãos superiores que zombam das abstinências alimentares (Rm 14.1-15); Paulo os chama de fortes (οἱ δυνατοί: Rm 15.1). Sem dúvida, é ainda a este gênero de pessoas que ele alude em Gl 6.1, onde se fala dos "espirituais"[582].

As denominações particulares dos carismas provêm de horizontes diferentes. Umas pertencem à linguagem religiosa assimilada pelo judaísmo: profecia, gnose, sabedoria, apocalipse; sua adaptação à linguagem carismática não é mais que momentânea; elas recuperam sua liberdade para designar conhecimentos ou fenômenos religiosos mais gerais. Certos termos pertencentes à linguagem profana, como κυβέρνησις, ἀνάλημψις, προϊστάμενος, etc., são igualmente aplicados aos carismas. Para designar os milagres segue-se o uso corrente, cristão e judeu.

2. O profetismo do Novo Testamento constituiu, geralmente falando, uma verdadeira renovação do antigo profetismo. Se este se havia enfraquecido depois do exílio[583], não se tinha perdido a espe-

---

[580] Πνευματικος pode tomar este sentido, cf. 1 Co 14.37.
[581] Paulo emprega indiferentemente os dois adjetivos σάρκινος, σαρκικός.
[582] Οἱ πνευματικοί: "vós que vos gloriais de serdes os espirituais".
[583] O movimento sapiencial não é destituído totalmente de inspiração profética, mas a autoridade dos sábios não é mais que uma sombra da dos grandes profetas. O movimento apocalíptico é já uma revivescência, mas antes por mimetismo que por uma novidade criadora.

rança duma volta dos dias de outrora. Primeiro João Batista, depois Jesus, fizeram da esperança uma realidade e o movimento inaugurado continuou na comunidade cristã.

Apesar disso, a mudança era profunda entre o século de Amós, de Oséias, de Isaías e o de Cristo e Paulo; para apreciar exatamente a natureza da renovação, será preciso levar em conta a civilização nova, em cujo seio ela se manifestava. Os textos não compartilham nossos escrúpulos. Os autores do Novo Testamento empregam os termos "profeta", profetizar, profecia, supondo a continuidade entre os fenômenos de antanho e aqueles aos quais eles assistem. O testemunho de Joel 3.1, citado por Pedro em At 2.17, faz a conexão entre o uso antigo e o cristão. Um profeta como Agabo assume os ares de um profeta antigo (At 21.10). Algumas passagens de Paulo permitem igualmente a comparação entre os profetas dos dois testamentos. Os profetas antigos anunciaram por antecipação a mensagem cristã[584]. O tema do assassínio dos profetas passa do Antigo Testamento ao Novo; os profetas do Novo Testamento são perseguidos como os de antigamente[585].

3. Na realidade, os profetas de Corinto e das igrejas paulinas denotam também um certo parentesco com os profetas pagãos[586]. Não poderia ser de outra forma. Alguns indícios nos orientam. Se o trecho (1 Co 12.1-3 se aplica a todos os carismáticos, os profetas são particularmente visados: dizer "em espírito" ἀνάθεμα Ἰησοῦς ou então Κύριος Ἰησοῦς, é "profetizar". Ora, para Paulo, esta profecia cristã no 'Espírito Santo se opõe a um outro profetismo: ao lado do Espírito de Deus (v. 3), há os espíritos em relação com a idolatria (v.2). Numa perspectiva concreta, as manifestações proféticas de Corinto tinham a aparência dos fenômenos da mântica e dos arroubos dionisíacos dos cultos pagãos. A uma semelhança externa correspondia uma realidade psicológica. Os carismas moviam almas, imaginações, sensibilidades comuns aos cristãos e aos pagãos.

---

[584] Cf. Rm 1.2; 3.21.
[585] 1 Ts 2.15. Cf. Rm 11.3.
[586] Cf. E. FASCHER, ΠΡΟΦΗΤΗΣ. *Eine sprach-u. religionsgeschichtl. Untersuchung*, Gießen 1927; Tt 1.12 emprega προφήτης como os gregos.

Em Corinto particularmente, Paulo está constantemente alerta para neutralizar os resquícios do paganismo. Ele traça a norma que deve dominar o comportamento cristão: "Os espíritos dos profetas estão sujeitos aos próprios profetas" (1 Co 14.32). Os "espíritos" são as "inspirações" dos profetas (πνεύματα); sua exaltação não vem necessariamente do Espírito Santo[587]. Os profetas não podem perder o controle de seus atos: é a doutrina constante de Paulo. A mântica pagã permanece sempre impessoal, dionisíaca, próxima da embriaguez[588]; a mântica cristã (como a de Filon) toma por modelos os profetas por vocação, conservando sua personalidade e sua liberdade consciente: se Deus os impele à obediência, não suprime suas reações e, em certos casos (como no de Moisés e Jeremias), suas resistências humanas.

O apelo que Paulo faz à inteligência (o νοῦς), ao mesmo tempo corresponde perfeitamente ao que foi, nas suas mais nobres manifestações, o profetismo de Israel, e também corresponde à atitude adotada pelos melhores dentre os gregos[589]. Por esta crítica implícita dirigida à religiosidade pagã de seus coríntios, ele traça o caminho para os Padres apologetas e os grandes alexandrinos.

Por outra parte era grande o perigo que o intelectualismo grego poderia constituir para a revelação cristã. O grego introduz no domínio religioso uma confiança sem limites na sua inteligência pessoal; ele se torna medida e norma da revelação[590]. A religião é para ele uma atividade essencialmente pessoal onde o individualismo reina como soberano. Como distinguir intuição platônica, intervenção demoníaca, emancipação dos instintos? Os dons cristãos são derivados duma unidade superior, afirma Paulo. Filon já havia revelado esse caráter da profecia do Antigo Testamento, que ele opunha ao elemento anárquico da profecia pagã. O monoteísmo tem como conseqüência a unidade dos carismas proféticos. Paulo vai retomar a idéia. É a propósito dos carismas que ele explana a velha fórmula

---

[587] Paulo admite a possibilidade de intervenções de maus espíritos.
[588] Veja H. KLEINKNECHT, art. πνεῦμα, em *Theol. Wörterbuch*, VI, pp. 343-350.
[589] Veja H. KLEINKNECHT, art. πνεῦμα, em *Theol. Wörterbuch*, VI. pp. 345s., quanto à crítica platônica da mântica.
[590] Paulo aos coríntios: o cristianismo deve sua origem a eles? 1 Co 14.36.

εἷς Θεός. Escreve em 1 Co 12.4-6: "há diversidades nos carismas, mas o Espírito é o mesmo; há diversidades nos ministérios, mas o Senhor é o mesmo; há diversidade nos poderes taumatúrgicos. mas é o mesmo Deus que exerce seu poder". Ele aclimata neste particular o apólogo do corpo e dos membros[591]. Todos os carismas pertencem ao conjunto da comunidade cristã e representam como que as funções de órgãos diferenciados. Todas são necessárias ao conjunto e devem conformar-se à regra da utilidade comum. Todas devem "edificar" a comunidade[592].

4. O Apóstolo opunha à anarquia uma regra ainda mais eficaz. Já que a profecia cristã continua a do Antigo Testamento, deve ela guardar seu duplo caráter. Os "nabis", filhos dos profetas, cultivavam o êxtase e profetizavam dum modo muito livre e relativamente desordenado, ao passo que os profetas de vocação colocavam-se ao serviço de Deus para cumprirem uma determinada missão. Os apóstolos, ao lado dos profetas propriamente ditos, desempenharão o papel dos grandes profetas do Antigo Testamento. Os profetas carismáticos assemelham-se aos filhos dos profetas, embora seja preciso submetêlos mais, na organização que Paulo lhes impõe, ao controle da inteligência iluminada por Deus. Os apóstolos, por sua vez, estão próximos dos grandes profetas de vocação sob mais de um ponto de vista. Paulo interpreta sua vocação em termos de vocação profética. Os grandes apóstolos, – queremos dizer: os doze e algumas outras testemunhas oficiais da ressurreição, – receberam uma mensagem comparável à missão dos profetas por vocação. Como estes, eles falam em nome de Deus, são taumaturgos, recebem visões, agem e se exprimem na luz do Espírito. As diferenças evidentes não impedem a comparação. A mensagem apostólica repete a de Cristo, sem cessar de ser mensagem de Deus. O caráter colegial da função dos apóstolos, assim como sua submissão a uma tradição que já principia e que os liga, não é um obstáculo à "inspiração" pessoal deles. A melhor prova disso é a psicologia de Paulo, que une uma liberdade" espiritual" total ao respeito das decisões do grupo apostólico e de suas tradições.

---

[591] Cf. L. CERFAUX, *Le Christ dans la théologie de saint Paul*, 2ª ed., Paris, 1954, p. 254.
[592] Cf. acima, pp. 257-260.

Essas reflexões nos aconselhariam a identificar aos apóstolos propriamente ditos os "carismáticos" colocados em primeiro lugar nas enumerações de 1 Co 12.28-29 e Ef 4.11. A exegese comprova esta mesma posição. Em 1 Co sublinha-se a primazia do apostolado[593]. Os εὐαγγελισταί, colocados em terceiro lugar em Ef 4.11, mui facilmente se identificariam com os "apóstolos" no sentido lato; isso permitiria reservar ao termo ἀπόστολος do começo da frase o sentido privilegiado que ele possui habitualmente no vocabulário de nossas Epístolas[594]. No contexto do mistério de Cristo das Epístolas do cativeiro, os apóstolos recebem, como os profetas do Antigo Testamento, a comunicação do plano divino[595].

Se é lícito situar o apostolado entre os carismas e dar-lhe o primeiro lugar, é sinal que ele pode exercer neste domínio sua supremacia e sua autoridade. Isto, é, aliás, concretamente o que se deduz da maneira de agir de Paulo. Não só o espírito dos profetas está submetido aos proetas, mas também os próprios profetas estão submetidos ao Apóstolo (1 Co 14.37; cf. Fp 3.15): ele disciplinava o uso dos carismas, alegando que possuía o Espírito e impondo aos carismáticos a obrigação de reconhecer que suas medidas disciplinares eram bem fundadas. O mesmo Espírito que inspira os carismáticos

---

[593] Pode-se fazer um paralelo com o uso de πρῶτον em Rm 1.16; 2.10.
[594] Cf. *acima*, pp. 111-113 e pp. 127-132.
[595] Ef 2.20; 3.5. Cf. abaixo, pp. 465-469. Também a tradição sinótica aplica aos" apóstolos" a qualidade de profetas. Isto ela o faz diretamente *num logion* conservado por Mateus e Lucas. A redação de Mateus é mais arcaica na sua cor palestinense: "Eis que vos envio profetas, sábios, doutores" (Mt 23.34). A redação de Lucas explicita a idéia e menciona os apóstolos ao lado dos profetas: "Enviar-lhes-ei (é a Sabedoria de Deus que fala) profetas e apóstolos". "Apóstolos" é uma aposição explicativa do termo "profetas". Cristo compara a futura perseguição cristã à dos profetas do Antigo Testamento (Lc 11.49-51). O discurso de missão de Mateus (10.40-41) conserva um *logion* paralelo: os apóstolos que são enviados ao mundo trazem o nome de profetas: "Aquele que vos recebe, recebe a mim...; aquele que recebe. um profeta por sua qualidade de profeta, receberá uma recompensa de profeta". Cada vez que o tema da perseguição é aplicado aos apóstolos, a tradição, implicitamente, coloca-os na categoria profética. Indiretamente ainda, os apóstolos são apresentados à maneira dos profetas do Antigo Testamento, quando Jesus declara: "Muitos profetas e justos (Lucas: "e reis") desejaram ver o que vedes" (Mt 13.17; Lc 10.24).

inspira também o Apóstolo no seu papel de fundador e chefe das Igrejas.

5. A experiência carismática tende pouco a pouco a libertar-se da espera extática da parusia. Contudo, contra uma interpretação de "gnose" à qual se inclinam os coríntios, Paulo lembrará que sempre se deve aguardar a "revelação" de nosso Senhor Jesus Cristo e que o Espírito é como que uma antecipação, um anúncio e sinal do fim dos tempos; aplica esta idéia aos carismas (1 Co 1.8)[596].

## 4. A crítica paulina dos carismáticos de Corinto

1. A teologia dos carismas desenvolve-se num clima de controvérsia. (Mas apenas em 1 Coríntios Paulo diminui a importância deles; faz isso por causa das tendências que reinavam em Corinto. A mística grega dificilmente consente em orientar-se para o além: o absoluto introduz-se na própria vida presente. Os coríntios consideram os carismas como um desenvolvimento definitivo, pelo acesso ao mundo divino. É por isso que Paulo insiste no seu aspecto transitório. Não há dúvida que estes dons enriquecem a inteligência humana dum modo inimaginável no paganismo, mas eles continuam proporcionais à vida presente (1 Co 1.4-9). Não são a perfeição prometida para a vida que seguirá a ressurreição. Sob este prisma, não se podem comparar à fé, esperança e amor, que pertencem, também elas, à nossa vida cristã presente, mas, por um lado próprio, atingem as realidades eternas.

---

[596] Seria preciso aplicar-lhes também o tema do Espírito "primícias" em Rm 8.23? Nesse contexto, Paulo visa menos os carismas no sentido especial, do que a experiência de filiação; e isso pertence à vida cristã normal e essencial. Assim também, quando, em 2 Co 5.5 ele vê no Espírito o penhor de nossa ressurreição futura, e em 2 Co 1.21s, se acumulam as imagens da unção, do selo, das arras, pAra representar a estabilidade que nós devemos aos dons cristãos atuais, a presença do Espírito supera e muito os dons carismáticos. A teologia recente interessa-se sobretudo pela relação entre os carismas (entendidos como todo dom do Espírito) e as funções dos chefes das Igrejas. Cf. H. GREEVEN, "Die Geistesgaben bei Paulus", em *Wort und Dienst*, 7 (1959), pp. 111-120; K. WENNEMER, "Die charismatische Begabung der Kirch nach dem hl. Paulus", em *Scholastik*, 34 (1959), pp. 503-525.

Precisamos fazer-nos uma pergunta especial: se os carismas são sobrepujados pelas virtudes "teologais", sobretudo pelo amor, a razão disso é que elas não são intelectuais?

Da exegese de 1 Co 13 e de observações mais genéricas, deduz-se, a nosso ver, que a antítese inteligência-amor não está na mente de Paulo[597].

Os carismas, da maneira como os coríntios os cultivam, têm, pois, um aspecto inquietante, que os aproxima do paganismo e o Apóstolo quis colocar os fiéis de sobreaviso contra alguma confusão; depois de haver afirmado que os autênticos carismas cristãos povêm do único Espírito, que eles tendem à unidade, ao passo que a mística pagã é anárquica, ele se esforça também para provar que estes dons espirituais não pertencem às realidades definitivas, mas são "transitórias", coisas do tempo presente, sem participação essencial na eternidade. As fórmulas, já esboçadas no começo da Epístola, desenvolvem-se claramente no hino ao amor (1 Co 12.31-13.13).

Analisemo-lo brevemente. São três estrofes sucessivas. I – O amor é o caminho por excelência[598]. Os mais extraordinários carismas, os que os coríntios particularmente apreciam, as línguas, a profecia que conhece os mistérios, a gnose, uma fé capaz de transportar montanhas, e certas extravagâncias do mundo antigo, – se faltar o amor (ἀγάπην δὲ μὴ ἔχω) são mera ostentação (13)-3). II – O amor é o oposto de todas aquelas rivalidades infantis constatadas em Corinto (4-7). III – E enfim, o amor não caduca. Se os carismas, até mesmo a profecia, desaparecerão a partir da parusia[599], as três teologias "permanecerão": elas são "estáveis" (8-13).

2. A última estrofe interessa-nos mais de perto. Julga-se ler aí que todo o nosso conhecimento religioso atual é da mesma índole,

---

[597] Não têm razão os que buscam apoio para esta idéia em Ef 3.19. Cf. *abaixo*, pp. 521-523.
[598] Cf. H. RIESENFELD, "La voie de charité. Note sur I Cor., XII, 31", em *Stud. Theol.* 1 (1947), pp. 146-157.
[599] Traduzir καταργέω do v. 8 (cf. vv. 10,11) por "abolir" seria enfraquecer o termo; em outros lugares ele se apJica às potências, que são postas fora de combate, e à glória de Moisés. Trata-se de coisas transitórias que chegam a seu fim, não servem mais, são suprimidas etc.; coisas às quais Deus retirará sua atividade.

incerto como as imagens refletidas por um espelho, imperfeito e caduco. Esta exegese necessita de verificação.

O debate deve ser esclarecido pela constatação de que os carismas são o centro de interesse do hino. Literariamente, nossa estrofe se desdobra em três períodos, dos quais o primeiro (8-10) consiste numa série de declarações sobre a caducidade dos carismas. O segundo período (v. 11) propõe a este respeito uma comparação, na qual Paulo se coloca em jogo, como o retor da diatribe. Os carismas assemelham-se ao balbuciar das crianças, que é corrigido quando chega a idade adulta (isto é, a passagem para a eternidade, na aplicação à vida cristã)[600].

O terceiro período introduz uma nova comparação. A passagem da primeira pessoa do singular à primeira do plural, simples artifício literário, não basta para considerar alterado o centro de interesse. Aliás, as duas frases do v. 12 – "nós vemos atualmente num espelho, confusamente..." e "agora conheço imperfeitamente..." – são paralelas; será preciso levar à primeira a evidência da segunda, a qual visa ainda explicitamente os carismas, pois retoma textualmente o que Paulo antecipava no v. 8, referindo-se ao carisma do conhecimento: "nós conhecemos imperfeitamente". Portanto, é o conhecimento carismático como tal que é tachado de indireto, enigmático, "imperfeito"[601].

---

[600] Este crescimento da infância à idade àdulta indica, pois, aqui a oposição entre o cristianismo dos coríntios, encerrados em seus carismas, e a perfeição da eternidade. Não é esse o significado ordinário desta comparação. A oposição "criança-adulto" (com a equivalente "carnal-espiritual") já foi empregada em 1 Co 3.1s., a propósito das rivalidades entre os coríntios por causa de seus mestres. Os coríntios são, sob este aspecto, carnais, crianças, e de modo algum os espirituais que deveriam ser desde já; comportam-se segundo a carne. A imagem é retomada em 1 Co 14.20 e volta em Ef 4.14, ao falar dos cristãos que se deixam seduzir por doutrinas errôneas. A oposição está subjacente cada vez que Paulo recomenda a seus cristãos que sejam perfeitos, que cheguem à estatura do homem perfeito: Cl 1.28; 4.12; cf. Fp 3.15 (onde os termos φρονεῖν, τέλειοι sugerem a comparação habitual).

[601] Poder-se-ia entender esta comparação do espelho quase literalmente: "vemos agora com o auxílio dum espelho em enigmas". O que se mostra não é Deus, mas uma representação pertencente à ordem criada, que pode apenas simbolizar. Os carismas permanecem, pois, na ordem da criação, que não permite o

Apesar disso, a crítica é estendida a todo conhecimento atual das coisas divinas. Será justo?

3. Existem conhecimentos religiosos de ordem diferente dos carismas, e que são próprios da maturidade cristã. Foi sem dúvida esta idéia, vislumbrada em certos momentos, que sugeriu a Paulo no v. 11 a imagem do crescimento da infância à idade madura. Geralmente, com efeito, esta antítese opõe a um cristianismo ainda imperfeito o cristianismo dos "perfeitos ou espirituais"[602].

A "sabedoria" cristã pertence a esses conhecimentos privilegiados. No começo de 1 Coríntios, para humilhar os corírttios ávidos

---

acesso às profundezas da essência divina. Sob esse prisma, eles estão ao nível do Antigo Testamento e do judaísmo (comparar com pp. 247s), e até mesmo têm semelhanças com o paganismo. A história das religiões daria razão a esta teologia paulina. O verdadeiro conhecimento cristão, porém, é da ordem da revelação de Cristo. Ele se processa ainda por parábolas e símbolos, mas os próprios símbolos pertencem à ordem da revelação definitiva. Em outras palavras: as profecias carismáticas não superam em clareza as dos profetas do Antigo Testamento; mas o Cristo, o Filho de Deus, nos revelou numa luz sobrenatural e "espiritual" (no pleno sentido), os segredos divinos. O verdadeiro conhecimento cristão desenvolver-se-á na luz de Cristo. Note-se que quando se diz em 2 Coríntios διὰ πίστεως γὰρ περιπατοῦμεν, οὐ διὰ εἴδους, o face a face não está em jogo. Trata-se de um caso muito particular da fé e da vida segundo a fé: Paulo pensa nas suas relações atuais com o Senhor Jesus, do qual ele está separado corporalmente. Por enquanto só vive com ele pela fé e aspira a ver sua forma corporal (εἴδους) e a ouvir sua voz. Não se trata do πρόσωπον πρὸς πρόσωπον que, conforme sua história no Antigo Testamento, refere-se a uma visão de Deus face a face. Teria Paulo afirmado, falando da fé, que não atingimos a Deus diretamente? Cf. J. DUPONT, *Gnosis. la Connaissance religieuse dans les Épîtres de saint Paul* (Univ. Cathol. Lov. Dissert. ad gradum Magistri in Fac. Theol.), Louvain, 1949, pp. 119-148.

[602] A oposição entre dois conhecimentos cristãos está claramente expressa em 1 Co 14.20: "não sejais crianças quanto ao modo de julgar (ταῖς φρεσίν) (paralelamente a ἐφρόνουν, em 13.11); na malícia, sim, sede crianças (νηπιάζετε); mas quanto ao julgamento sede homens" . Isto ocorre entre duas considerações sobre o dom das línguas, cujos excessos é preciso evitar. As semelhanças de 14.20 com 13.11 indicam que Paulo tem diante dos olhos a superioridade dum verdadeiro conhecimento cristão sobre os carismas entendidos à maneira coríntia: não apenas este verdadeiro conhecimento não está ameaçado de destruição (como os carismas), mas também ele não está incluído nas fórmulas "ver como num espelho, enigmaticamente" e "conhecer parcialmente".

de carismas, Paulo propôs-lhes como ideal precisamente esta sabedoria que o Espírito, que perscruta as profundezas de Deus, nos revela, para que desde já conheçamos o que Deus nos prepara para o futuro escatológico. Por certo, não é o face a face. Mas Paulo haveria de dizer que esta sabedoria deve" desaparecer?" Que restaria então de sua superioridade sobre os carismas? Não é justamente porque ela participa já da eternidade que ela convém aos "perfeitos?"

Outro raciocínio: o Espírito nos dá sentimentos de filhos[603]. Começa em nós, desde esta vida, o conhecimento do Pai, que é efetivamente da ordem da inteligência. Ora, este conhecimento crescerá, não é imperfeito, fugaz como os carismas.

4. A doutrina de Paulo sobre a "glória" pode nos orientar. Há mais de uma espécie de glória. Há a glória de Moisés e a dos apóstolos. A glória de Moisés era "imperfeita", "parcial", comparada à glória superior do Novo Testamento (2 Co 3.11). Era transitória (καταργούμενον), ao passo que a glória apostólica possui uma estabilidade definitiva (τὸ μένον: v. 11).

O mesmo contraste existe, portanto, entre a glória de Moisés e a dos apóstolos, entre o conhecimento carismático e as virtudes teologais, entre as quais está a fé; Paulo emprega em ambos os casos as mesmas fórmulas[604]. Sem dúvida, nem a glória de Moisés, nem

---

[603] Cf. Rm 8.15.
[604] O vocabulário usado por Paulo na comparação entré a glória de Moisés e a dos ministros cristãos (2 Co 3.4-18) é idêntico ao que emprega para os carismas, no qual πίπτει, καταργηθήσονται, ἐκ μέρους são opostos a: μένει, τὸ τέλειον (1 Co 13.8-13). As antíteses de 1 Co 13.12-13, oferecem uma notável analogia com 2 Co 3.7-8 (onde Paulo opõe à glória de Moisés a dos apóstolos do Novo Testamento). As deficiências da glória de Moisés e as dos carismas são expressas pelos mesmos termos ou por fómulas análogas. Assim como a glória de Moisés era perecível, imperfeita, velada (pelo véu que ele punha no rosto), assim o conhecimento carismático será perecível, parcial e comparável às imagens confusas que se formam num espelho. As qualidades antitéticas igualmente se correspondem: a "perecível" corresponde o permanente (ou eterno) aplicado à glória cristã bem como à tríade fé, esperança e amor; a "imperfeito" ou "parcial" corresponde, seja o aspecto supereminente da glória cristã, seja nosso conhecimento de Deus comparado àquele pelo qual ele nos conhece; ao conhecimento como num espelho ou à glória velada de Moisés correspon-

a dos apóstolos é o face a face da eternidade; ambas permanecem distantes da glória definitiva. Há, no entanto, dois níveis de glória: a glória de Moisés é proporcional a uma economia de religião inferior, condenada a desaparecer, essencialmente sobrepujada pelo Novo Testamento; a glória do Novo Testamento pertence à ordem definitiva, é algo de eterno incluído no tempo[605].

A mesma coisa pode-se dizer das virtudes "teologais". Embora ainda não tenham chegado à sua plenitude[606], elas pertencem essencialmente à ordem nova. Atingem a Deus sem intermediário. Deus comunica-se por elas.

Podemos concluir. Os carismas, embora sejam dons reservados ao cristianismo, permanecem como que engajados na ordem antiga, superada, se os cristãos se mostrarem incapazes de ultrapassar as impressões inferiores "carnais" que os acompanham. Paulo censura os coríntios por incorrerem nesta falta. E assim chegamos a um paradoxo: os dons espirituais por excelência, os πνευματικά, são "carnais". É que foram recebidos de modo "carnal". Poderia ser, portanto, que sua imperfeição fosse motivada antes de tudo pelo abuso que deles se faz em Corinto.

de a contemplação (literariamente os termos ἔσοπτρον e κατοπτριζόμενον, dois *hapax*, se correspondem), sem véu, da glória de Deus sobre o rosto de Cristo.

[605] Seria preciso introduzir no debate um texto como 2 Co 4.6: ὁ Θεὸς... ἔλαμψεν ἐν ταῖς καρδίαις ἡμῶν πρὸς φωτισμὸν τῆς γνώσεως τῆς δόξης τοῦ Θεοῦ ἐν προσώπῳ Χριστοῦ. O sentido parece ser que Paulo, na sua visão de Damasco viu o Cristo e no seu rosto contemplou o brilho da glória de Deus. Não se trata da fé. Menos ainda dos carismas. Também não é da escatologia que se fala, a não ser por antecipação. Esta teologia da visão de Damasco poderia iluminar a da fé. Sobre as fórmulas de 2 Co 4.6, comparar-se-á a glória sobre o rosto de Adão, cf. H. L. STRACK-P. BILLERBECK, *Kommentar zum Neuen Testament aus Talmud und Midrasch*, IV, 2, p. 887.

[606] A esperança e a fé têm, na sua essência, uma noção de distância de seu objeto, que não será plenamente possuído senão na "visão". Coisa digna de nota: Paulo emprega em Rm 8.24, falando da esperança, o vocabulário que ele usou para os carismas: ἐλπὶς δὲ βλεπομένη οὐκ ἔστιν ἐλπίς... ὃ γὰρ βλέπει τις, τί καὶ ἐλπίζει; A esperança não é a visão (o face-a-face), pois esta excluiria toda possibilidade de esperar. O amor, ao contrário, não contém esta reserva na sua noção própria. Mas o face-a-face deve transformá-la também.

## II - A TRANSPOSIÇÃO ESPIRITUAL DOS PRIVILÉGIOS DO JUDAÍSMO[607]

Os carismas manifestam a presença do Espírito Santo no mundo. Paulo, sendo teólogo, devia interpretar o fenômeno, e antes de tudo na linha do Antigo Testamento, pois as riquezas espirituais faziam eco às promessas proféticas.

### 1. O princípio da transposição "espiritual"

1. Conforme um método filológico normal, tínhamos assumido a tarefa preliminar de agrupar por temas as numerosas fórmulas em que se encontram as expressões "o Espírito" ou "o Espírito Santo". Aguardava-nos uma surpresa: o resultado a que chegamos foi a nomenclatura dos privilégios atribuídos por Paulo a "seus irmãos, os israelitas" em Rm 9.4-5.

Não seria isto previsível? Paulo conhece a profecia de Jeremias anunciando a nova aliança escrita nos corações[608]. A presença do Espírito Santo vai criar uma raça nova, um povo herdeiro de todas as promessas divinas. Esta será uma afirmação essencial da teologia paulina. Mais tarde vamos confrontála com uma interpretação que descobre na obra do Espírito Santo conseqüências mais conformes à expectativa do mundo grego.

2. O próprio Espírito Santo abriu os olhos do Apóstolo. Como seu povo, até então ele só havia conhecido Cristo "segundo a carne"; tornado cristão, conhecia e possuía Cristo segundo o Espírito[609]. Os privilégios nacionais que tinham sido seu orgulho, considera-os doravante como esterco (Fp 3.8). A religião segundo o Espírito substitui a religião carnal. Leiamos a enumeração comovente dos privilégios do judaísmo – que nunca foi mais que um Israel segundo a carne,

---

[607] PH. SEIDENSTICKER, *Lebendiges Opfer* (Röm 12,1). *Ein Beitrag z. Theol. d. Apostels Paulus* (Neut. Abh., 1-3), Münster in W., 1954; F. W. ELTESTER, *Eikon im Neuen Testament* (Beihefte z. Zeitscher. Neutest. Wiss., 23), Berlin, 1958; R. LE DÉAUT, *Traditions talmudiques dans le Corpus paulinien?* (Hb 11.4 et 12,24; Gl 4.29-30; 2 Co 3.16), em *Biblica*, 42 (1961), pp. 28-48.

[608] Jr 31.31-33; cf. 2 Co 3.3.

[609] Cf. abaixo, p. 433.

– em Rm 9.4: "Eles são os israelitas; a eles pertencem o título de filhos, a glória, os testamentos, a promulgação da Lei, o culto, as promessas; eles têm os patriarcas e deles nasceu o Cristo quanto à carne"⁶¹⁰.

Conforme as leis normais da história humana, o povo eleito foi um povo κατὰ σάρκα (1 Co 10.18); foi segundo as leis da geração humana que a dinastia de Davi culminou em Cristo κατὰ σάρκα. Entre a eleição e a vinda de Cristo intercalam-se todos os privilégios apontados. Privilégios carnais, todos eles, que não se tornarão verdadeiros privilégios, senão quando o Cristo tiver ressuscitado, Filho de Deus doravante em poder santificador (Rm 1.4).

A *Aufklärung* grega tinha transmitido ao judaísmo alexandrino a idéia duma espiritualização religiosa. Os sacrifícios sangrentos cediam o lugar ao sacrifício interior; o templo material, ao das inteligências e dos corações. Filon de Alexandria – honra ao mérito – conhece e pratica uma religião interior. Mas o cristianismo vai infinitamente mais longe. Para Paulo, o Espírito não é mais a fina flor duma atividade intelectual, colocada a serviço da religião do verdadeiro Deus; ele é, na alma, a presença duma realidade divina que supera totalmente a inteligência humana e a transforma, independentemente de seus esforços e de seus próprios recursos. Os "espirituais" não terão necessidade de serem preparados por uma filosofia; a espiritualização não será reservada aos favorecidos com os dons da inteligência. Assim como os privilégios de raça, assim os da inteligência são anulados; o Espírito é dom, dom de Deus, e a humildade da criatura curvada diante da mensagem é a única disposição possível para ser por ele enriquecido. A escolha de Deus recai sobre os mais desprovidos de toda grandeza humana.

## 2. *Os privilégios cristãos*

Vamos nos deixar guiar, portanto, por aquela lista de privilégios enumerados em Rm 9.4-5. Guardaremos, contudo, uma certa liberdade, pois o cristianismo permanece sobretudo uma "novidade", uma "criação" que o judaísmo mal podia fazer pressentir.

---

⁶¹⁰ Analisamos estes privilégios em *La Théologie de l'Église suivant saint Paul*, 2ª ed. (*Unam Sanctam*, 10), Paris, 1948, pp. 16-27.

## A. A filiação

Mais ou menos obscuro no Antigo Testamento, este privilégio passa ao primeiro plano; unidos a seu Filho único no pensamento de Deus, os cristãos serão filhos por um título inefável. Sêlo-ão pessoalmente, ao passo que o privilégio antigo pertencia ao povo. Serão filhos, não mais juridicamente ou por simbolismo, mas realmente, participando da própria natureza do Filho de Deus. O Espírito Santo será em nós princípio de vida divina, antegozo dos bens e das alegrias de nossa herança, educador, ajudando-nos a exprimir os sentimentos que correspondem à nossa situação nova diante do Pai. Não podemos alongar-nos, pois o assunto é tão vasto que um capítulo inteiro (capítulo IX) lhe será consagrado.

## B. A glória

A ressurreição de Cristo inclui dois aspectos: a glorificação de seu corpo (Fp 3.21) e sua espiritualização (Rm 1.4)[611]. Portanto, a ligação entre o Espírito e a glória na vida cristã, reflexo da ressurreição de Cristo, só pode ser essencial.

A teologia do Antigo Testamento prepara o tema cristão. O Deus do Antigo Testamento foi sempre inacessível, mas sua transcendência o fez cada vez mais longínquo, a ponto de se ter imaginado intermediários para explicar suas relações com os homens. Na teologia de Filon, as potências manifestavam a essência divina inacessível. Seria difícil exagerar a importância da glória, que serve de intermediário, junto com o Espírito, entre Deus e o povo eleito. O Novo Testamento, no mistério duma revelação mais profunda, termina o movimento começado.

1. A partir de Rm 5 Paulo descreve o estado do cristão "justificado", "o dom no qual somos estabelecidos"[612] e que nos permite apoiar-nos sobre a esperança da glória de Deus (5.2). Conclui seu

---

[611] O tema é anunciado nas teofanias do Novo Testamento. O Espírito Santo (em lugar da glória de Deus) aparece no batismo de Cristo; Lc 9.31 observa que a glória de Deus manifestava-se na Transfiguração.
[612] Εἰς τὴν χάριν ταύτην ἐν ᾗ ἑστήκμεν.

pensamento no v. 5: "a esperança não engana, pois o amor de Deus já foi derramado nos nossos corações *pelo Espírito Santo* que nos foi dado". O capítulo 8º retoma a exposição começada. Multiplicam-se as fórmulas que aludem à presença do Espírito Santo na órbita da vida cristã. Fala-se da "lei do Espírito da vida em Cristo Jesus", que nos livrou do pecado e da morte (v. 2): "Vós estais, explica Paulo, não na carne, mas no Espírito, pois o Espírito de Deus habita em vós" (v. 9); "O Espírito que ressuscitou Jesus dos mortos habita em vós" (v. 11); "Recebestes o Espírito que vos dá a qualidade de filhos, no qual clamamos: Abba, Pai" (v. 15); "Possuímos as primícias do Espírito, e é por isso que suspiramos do fundo de nós mesmos, aguardando sermos reconhecidos como filhos" (v. 23). Desta justiça, deste dom, da presença do Espírito nasce em nós uma espera, uma aspiração, que só será satisfeita na glória (5.2; 8.18) e que nós comunicamos a toda a criação (8.22).

2. A relação entre o Espírito e a glória está subjacente, em 1 Co 2.6-16, numa descrição dos processos psicológicos da sabedoria cristã. Parafraseamos como se segue: o objeto da "sabedoria" são os bens misteriosos que nos são preparados *para nossa glória*. Deus nos revelou estes bens (colocou-os ao nosso alcance) pelo Espírito (que possuímos desde já). Pois este Espírito é aquele que perscruta tudo, até as profundezas de Deus[613]; só ele conhece o íntimo de Deus, só ele é capaz de nos revelar a natureza dos dons que nos concede[614]. Este mesmo Espírito que perscruta as profundezas de Deus e nolas revela, ajuda-nos também a criar as fórmulas, comparáveis às de uma filosofia, pelas quais nós nos comunicaremos uns aos outros os mistérios.

Não devemos estranhar ao ver um trecho assim, colorido aqui e ali pelo pensamento grego, concluir-se por uma citação de Isaías (40.13), que insinua a identificação entre o Espírito (πνεῦμα) e a Inteligência (νοῦς). Esta aproximação já tinha sido proposta antes de Paulo pelo Livro da Sabedoria, e concordava com a tendência dum mundo que a filosofia tinha, ao mesmo tempo, entusiasmado e

---

[613] A fórmula faz lembrar o estoicismo, cf. H. KLEINKNECHT, art. πνεῦωα, em *Theol. Wörterbuch*, VI, p. 355.
[614] Ἵνα εἰδῶμεν τὰ ὑπὸ Θεοῦ χαρισθέντα ἡμῖν (1 Co 2.12).

decepcionado, e que pedia à religião a satisfação de suas exigências intelectuais. O cristianismo respondia parcialmente a esta espera. Não só prometia a seus fiéis as riquezas de sua herança futura, mas também concedia-lhes desde já o conhecimento dela. Para quem buscava nos prazeres da inteligência o bem supremo, conhecer os mistérios divinos tornava-se o coroamento da carreira humana. Na perspectiva das religiões de mistérios e da apocalíptica judaica, este conhecimento era o pórtico que dava para o mundo da divindade[615]. Paulo vê as coisas à maneira dos apocalípticos, mas aproxima-se do Livro da Sabedoria.

3. Outro ponto de interseção da glória e do Espírito: 2 Co 3.1-18, o comentário rabínico do episódio narrado em Ex 34.29-35. Moisés, ao descer do monte, tinha o rosto fulgurante por causa da glória de Deus e colocava um véu para ocultá-lo aos israelitas. Isto dá ocasião para comparar os ministérios do Antigo e do Novo Testamento; o Antigo é o da "letra" escrita sobre tábuas de pedra"[616], enquanto que o Novo Testamento está inscrito pelo Espírito de Deus nos corações vivos[617]. O rosto de Moisés resplandecia com a glória de Deus; a glória dos ministros do Novo Testamento supera-a com toda a supremacia do Espírito sobre a letra, da vida sobre a morte, duma obra transitória sobre uma definitiva[618].

A atual participação na glória escatológica[619] basta para dar aos apóstolos uma confiança absoluta em seu ministério (παρρησία);

---

[615] Seria preciso levar em conta também a tendencia, natural naquela época, de confundir conhecimento e posse.
[616] Ex 34.1.29.
[617] Alusão a Jr 31.33; Ez 11.19; 36.26.
[618] Paulo faz uma espécie de equação entre o Espírito e a justiça do Novo Testamento: compare 2 Co 3.8 e 9: ἡ διακονία τοῦ πνεύματος – ἡ διακονία τῆς δικαιοσύνης.
[619] Cf. 2 Co 3.12: ἔχοντες οὖν τοιαύτην ἐλπίδα. Paulo volta ao assunto de Rm 5.2-5, o que mostra que ele tem consciência de estar falando da mesma glória divina, participada de maneiras diferentes por todos os cristãos e pelos apóstolos. Propriamente falando, só há uma glória de Deus. Moisés dela participava apenas de modo longínquo, só tendo acesso a uma imagem da verdadeira glória. Esta noção da glória de Moisés poderia ser sugerida por Ex 24.17: τὸ δὲ εἶδος τῆς δόξης Κυρίου ὡσεὶ πῦρ φλέγον ἐπὶ τῆς κορυφῆς τοῦ ὄρους. O cristão já vê a verdadeira glória, mas numa visão que espera ainda sua perfeição.

de tal forma, que não precisam imitar Moisés velando o rosto. Esta precaução de Moisés, explica o Apóstolo, significava que o termo da Lei, o Cristo, permaneceria oculto e invisível aos israelitas[620]. O interdito assim representado pelo gesto simbólico de Moisés, continua ainda: os judeus lêem a Lei sem entendêla. Se quisessem compreendêla, deveriam imitar Moisés, o qual, ao voltar para o Senhor, tirava o véu[621]; deveriam voltar, converter-se ao Senhor, e cairia o véu de seus corações. Pois "o Senhor", de que fala esse texto, significa o Espírito[622], que lhes dará a inteligência da Escritura e ao mesmo tempo a libertação da Lei. Tudo isso é o Espírito. Todos os cristãos, ao contrário, – pois os apóstolos lhes comunicam seu privilégio, – contemplam com o rosto descoberto, como num espelho, a glória do Senhor, não aquele que a face de Moisés refletia, mas sim a que a face de Cristo reflete, ele que é a única verdadeira imagem de Deus; e esta contemplação os transforma de glória em glória, segundo a ação do Espírito[623].

### C. A inteligência "espiritual" dos "oráculos" de Deus

Reunimos aqui dois privilégios judeus: a Lei (νομοθεσία) (Rm 9.4) e a posse dos oráculos de Deus (Rm 3.1-2).

A Lei ou a "legislação" colocava Israel acima dos povos pagãos e constituía seu privilégio por excelência. Deixa de ter valor na nova economia. À religião do preceito, da "letra", sucederá a do Espírito. O cristão possuirá "realmente" o estado de justiça que o judeu em vão tentava alcançar por suas obras; e nós viveremos dos frutos do

---

[620] Πρὸς τὸ μὴ ἀτενίσαι τοὺς υἱοὺς Ἰσραὴλ εἰς τὸ τέλος τοῦ καταργουμένου.
[621] 2 Co 3.16 retomará os termos de Ex 34.34.
[622] Pode-se entendê-lo, seja como uma exegese à maneira do *pesher* (o Senhor" do texto representa o Espírito), seja como uma equivalência vaga do Senhor (Jesus) com o Espírito, enquanto o Senhor nos introduz na esfera espiritual. A identidade entre o Senhor e o Espírito, que foi feita por uma exegese simplista, é impossível, dado o sentido regular que Paulo dá a "Senhor", que representa sempre o Cristo com sua humanidade glorificada, a qual não pode dissolver-se no Espírito, e as personalidades do Senhor e do Espírito não se podem identificar. Ct. pp. 331-335.
[623] Ἀπὸ Κυρίου πεύματος. Provavelmente será melhor ler: pelo Senhor do Espírito, e compreender que é o Espírito que realiza esta obra de transformação.

Espírito. Em síntese, pode-se denominar o regime cristão regime da fé; a fé é sua base, o ponto de partidà, como a Lei fundamentava o regime antigo. Uma das tarefas do capítulo consagrado à justiça de Deus será determinar a maneira como a justiça, que pretendia o judeu fiel a Lei, será aperfeiçoada pela "lei do Espírito" ou justiça da fé.

A Lei não é mais que uma fração das Escritmas confiadas ao povo de Deus: "Qual é, pois, a superioridade do judeu? – escrevia Paulo –, qual a utilidade da circuncisão? São grandes e sob vários aspectos. Em primeiro lugar, os oráculos de Deus lhes foram confiados..." (Rm 3.1-2). Trata-se de um depósito que os judeus haveriam de transmitir aos outros, sem que eles próprios tenham podido gozar dele. Promessas e profecias realizar-se-iam nos tempos cristãos[624], e os cristãos, iluminados pelo Espírito, haveriam de entender a que devia sempre escapar aos judeus[625]. A Escritura é como uma seqüência de parábolas, obscuras para os judeus, esclarecidos pelo Espírito quando os cristãos as investigam[626].

1. As citações bíblicas se distribuem de modo muita desigual entre as Epístolas. Há Epístolas pobres: 1 Tessalonicenses, 2 Tessalonicenses (se abstraímos da descrição apocalíptica), Gálatas (exceto a parte que trata da justificação pela fé), Colossenses, Filipenses. Apenas duas Epístolas são realmente ricas: Romanos e Efésios. São precisamente dois manifestos solenes onde o Apóstolo expõe dum modo mais didático as teses que lhe são caras. As duas Epístolas irmãs destas grandes, Gálatas e Colossenses, pertencem ao grupo das Epístolas pobres. Pode ser que também a Igreja romana – e disso o Apóstolo sabia – estava já habituada a ler o Antigo Testamento e ouvir sua explicação nas reuniões litúrgicas.

Pessoalmente, Paulo relê o Antigo Testamento à luz da revelação cristã. Os grupos de citações carrespondem a seus centros de

---

[624] 1 Co 10.11.
[625] 2 Co 3.15-18. Compare-se com a doutrina de Qumran, abaixo, p. 400, nº 76.
[626] A Bíblia é em si mesma um livro religioso de valor inestimável; o Deus uno, pessoal, inculcando a moralidade, aí se revela. Naquele momento, as religiões buscavam as velhas revelações e as antigas tradições. Os pagãos receberam a Bíblia judaica com entusiasmo, e nela aprenderam o monoteísmo e normas de vida pura. Paulo estava consciente da superioridade que um tal livro conferia ao judaísmo (cf. Rm 2.18-20) e que ia passar aos cristãos.

interesses. Suas descrições apocalípticas têm como ponto de partida textos bíblicos: do 2 Ts 1.8-12; 2.4-6; 1 Co 15.25-27; 15.54s; Ef 1.20-22. As citações consagradas à Vocação dos gentios, com os temas conexos da rejeição temporária dos judeus, a justificação pela fé etc., estão concentradas nas Epístolas aos gálatas e aos ramanos, às quais se junta Ef 2. 13-17[627]. A antítese dos dois testamentos reforça-se com citações em 2 Co 3.3-18. As exortações são apoiadas com citações[628]. Ao lado de citações isoladas ou, as mais das vezes, apresentadas em séries, os florilégios são numerosos e de gênero muito diversificado, o que indica que Paulo depende de tradições: embora consultando diretamente o texto sagrado, utiliza florilégios já constituídos[629].

Não é sem utilidade uma informação sobre sua maneira de citar.

O uso corrente é γέγραπται ou então (γραφή). É a fórmula rabínica ordinária. Excepcionalmente ele cita suas fontes com alguma

---

[627] Os temas evocados ou confirmados por citações são os seguintes: fé de Abraão em Gl 3.6-17 e Rm 4; universalidade do pecado em Rm 3.10-18; antítese Lei e fé em Rm 10; vocação dos gentios, liberdade da escolha divina, misericórdia, tema do Resto, rejeição temporária dos judeus, em Rm 9.11; 15.9-12; unidade dos judeus e dos gentios em Ef 2.13-17.

[628] O cristão deve armar-se de virtudes (1 Ts 5.8; Ef 6.14-17), fugir da idolatria (1 Co 10.1-13). Paulo exorta à generosidade na coleta (2 Co 8; 9). Exortações morais (Rm 12.17-21; 14.11; Ef 4.25-26; 6.2-3). Em outro lugar falaremos de 2 Co 6.14-7.1 (pp. 264-269).

[629] Ele próprio reuniu também alguma documentação, por exemplo sobre a justificação de Abraão (Gl 3.16-17; Rm 4); as séries antitéticas sobre as proclamações da lei e da justiça pela fé (Rm 10.5-18) e sobre as declarações de Deus a Moisés e ao faraó (Rm 9.14-22).
A documentação utilizada em 1 Co 1.19s é provavelmente de origem judaica. Em muitos casos, é impossível optar entre a hipótese duma composição original e a de um empréstimo, por exemplo na panóplia sobre Isaías (Ef 6.13s) e o trecho sobre a universalidade do pecado (Rm 3). Casos interessantes de florilégios bíblicos foram constatados nos fragmentos da gruta 4Q. Um deles utiliza o Pentateuco e Josué, sigla: 4Q Testimonia (cf. J. M. ALLEGRO, "Further messianic References in Qumran Literature", em *Journal Bibl. Lit.*, 75 (1956), veja 4Q Test: pp. 182-187); um outro explica passagens da Bíblia por citações bíblicas, sigla 4Q Florilegium (cf. J. M. ALLEGRO, "Fragments of a Qumran Scroll of eschatological Midrãsîm", em *Journal Bibl. Lit.*, 77 (1958), pp. 350-354). Cf. J. A. FITZMYER, "'4Q Test' and the New Testament", em *Theol. Stud.*, 18 (1957), pp. 513-537.

precisão; é este o caso em Rm 9.25-29, onde faz apelo ao Livro de Oséias (ἐν τῷ 'Ωσηέ) e a Isaías. Conforme um método de exegese habitual, distingue o que é propriamente palavra de Deus[630], quando o próprio Deus toma a palavra no livro sagrado (Rm 9.25).

2. Pode-se notar que Paulo não emprega, nem sequer uma só vez, as fórmulas freqüentes no cristianismo primitivo e conhecidas do judaísmo, em que se exprime a idéia de que Deus fala por um determinado profeta, e menos ainda a fórmula dos Atos: a "palavra escrita (γραφή) que o Espírito Santo predisse pela boca de Davi, dizendo" (At 1.16). Seria uma reticência proposital? Sua idéia é certamente que os escritores sacros são "profetas"; ele a enuncia como uma tese solene na saudação muito bem elaborada de Romanos: "...o Evangelho de Deus, que ele anunciou de antemão por seus profetas nas Escrituras Santas"[631]. Mas também é a única vez que ele fala de Escrituras Santas[632].

O motivo de sua reserva, se o estudarmos, seria este. Ele não consente em colocar de qualquer forma em pé de igualdade os profetas do Antigo Testamento e os do Novo. Assim como Moisés não goza senão duma glória passageira, à medida do tempo presente, os profetas do Antigo Testamento receberam a luz e a força de Deus na medida da economia na qual viviam. Eles eram movidos pelo Espírito de Deus, mas não era ainda o Espírito Santo do Novo Testamento, manifestação nova e superior, ligada à aparição do Senhor da glória, o Cristo. Os mistérios de Deus não são revelados senão aos profetas do Novo Testamento. Esta tese concorda com toda a teologia paulina. O Espírito Santo é essencialmente o revelador do plano de sabedoria de Deus, inaugurando os tempos novos. Como tal, ele não podia ter-se manifestado no Antigo Testamento. O Espírito do Antigo Testamento, que Justino, fiel discípulo de Paulo, distinguirá claramente do Espírito de Cristo, chamando-o de espírito profético, não é ainda senão uma manifestação imperfeita do Espírito Santo

---

[630] (Deus) diz em Oséias. Mas λέγει poderia igualmente ter como sujeito a Escritura.
[631] Rm 1.2; e cf. correspondendo a esta entrada solene, Rm 16.26: "as Escrituras proféticas".
[632] Assim como ele só afirmará uma vez que a Lei é espiritual, Rm 7.14.

do Novo Testamento. Sua manifestação às claras estava reservada aos tempos novos, que ele inauguraria; os profetas do Antigo Testamento eram antes seus anunciadores, do que seus porta-vozes.

3. A Escritura Sagrada é chamada por Paulo "os oráculos de Deus"[633]. Disso se deduz que ela apresenta as particularidades dos oráculos: é de si mesma misteriosa, enigmática, incompreensível. Não pode ser explicada senão por um dom divino de interpretação. Assim como José e Daniel receberam o dom de interpretar os sonhos oraculares, o Espírito Santo concede aos fiéis a inteligência das Escrituras. Paulo, como vimos, desenvolveu esta idéia em 2 Co 3.4-18. Os judeus estão ligados pela letra da Lei. Não compreendem, porque a Lei, como tal, faz o papel de barreira diante de sua inteligência. Ela é "letra" oposta ao Espírito. A antítese γράμμα-πνεῦμα foi transposta por Paulo no contexto da Lei e do Espírito[634]. A Lei não é mais que "letra", preceitos, fórmulas desprovidas de força. Ao contrário, o Espírito é a força e a inteligência. Deter-se na letra seria recusar o Espírito que, no entanto, suscitou as Escrituras.

---

[633] Rm 3.2: τὰ λόγια τοῦ Θεοῦ. Em Rm 11.4 Paulo usa o termo equivalente: χρηματισμός.

[634] Rm 2.27-29; 7.6; 2 Co 3.6s. Paulo utiliza a seu modo uma distinção conhecida dos juristas gregos (cf. G. SCHRENK, art. γράμμα, em *Theol. Wörterbuch*, I, pp. 761s). A antítese letra-espírito caracteriza os dois sistemas religiosos, um repleto de toda a vida que lhe comunica o Espírito de Deus, o outro vazio desta vida, limitando-se a preceitos que não são mais preceitos ou proibições, simples sinais de escrita (colocando-nos no ponto de vista do doutor da Lei, que passa a vida decifrando palavras e dando-lhes um sentido), gravados primeiro na pedra e incapazes de ajudar o homem a cumprir a vontade de Deus que aí se exprime. É em 2 Co 3.6-9 que Paulo expõe de modo mais claro seu pensamento. Ele contrapõe o testamento cristão, "novo", à Lei de Moisés: esta era simplesmente escrita (γράμμα), aquele traz o Espírito (πνεῦμα) e por isso vivifica, ao passo que a letra gera o pecado e a morte. Cf. Rm 2. 27-29; 7.6. A antítese letra-espírito pode ser substituída por uma outra: a religião antiga é carnal, a nova é espiritual. Por ser carnal, o Antigo Testamento é incapaz de ir além das realidades humanas e de dar acesso ao mundo superior do Espírito de Deus (Gl 4.23-29); permanece encerrado nos preceitos, não tendo abertura espiritual, senão pelo que deixa entrever do futuro cristão. Cf. J. A. SANDERS, "Habakkuk in Qumran, Paul and the Old Testament", em *Journ. Rel.*, 3 (1959), pp. 232-244.

4. Duas vozes se unem na obra de Moisés. A primeira é a da Lei propriamente dita, que prescreve as regras da justiça segundo as obras (Rm 10.5) e que se dirige aos judeus submetidos a esta economia (Rm 3.19); na realidade, ela contraria a verdadeira "justiça de Deus" e só serve para tornar conhecido o pecado (Rm 3.20) . Uma outra voz, porém, eleva-se em certos momentos: a da justiça de Deus, segundo a fé (Rm 10.6-15), que provém tanto do Pentateuco como dos profetas e Salmos. O Espírito nos auxilia a distinguila da outra voz.

A voz da revelação cristã, pois é exatamente dela que se trata, exprime-se regularmente em fórmulas mais ou menos enigmáticas, o segundo a regra dos oráculos. O Apóstolo colocará a serviço desta descoberta da revelação divina as regras da exegese de seu tempo[635]. Estas não são mais que um instrumento a serviço do Espírito que o inspira na sua leitura.

É assim que ele lerá, nos acontecimentos do deserto, exemplos que nos revelam as realidades cristãs. Os hebreus foram batizados em Moisés, saborearam um alimento "espiritual": espiritual, porque era o símbolo do alimento que o Cristo nos haveria de dar. A pedra do deserto era o Cristo. Deus dava a estas realidades de outrora um sentido misterioso: fazia delas "tipos", ou sinais, prelúdios, antecipações, advertências para os que vivem no fim dos tempos (1 Co 10.1-13)[636].

Abraão, por sua fé, pertence já aos tempos cristãos: ele creu naquele Deus que vivifica os mortos e chama o nada como se fosse o ser (Rm 4.17). Deus o fortaleceu na sua fé, dom do Espírito[637], para

---

[635] Paulo não chega até ao tema alexandrino da revelação do Antigo Testamento por parábolas. O termo παραβολή lhe é estranho. Αἴνιγμα é usado em 1 Co 13.12 num contexto diferente. Provavelmente ele não considera nem σοφία nem γνῶσις como carismas de interpretação (em oposição a Barn.).

[636] A versão da Vulgata, em 10,11, "Tudo isso lhes acontecia figuradamente", mesmo se devesse ser preferida, não poderia constituir uma regra geral aplicável a toda a Escritura e convidando a multiplicar as aplicações tipológicas ou alegóricas; o uso de Paulo, muito raro, se opõe a isso. "Tudo isso" só pode ser uma repetição do ταῦτα do v. 6. Provavelmente deve-se preferir a leitura simples ταῦτα de. B, A etc. Marcion Or.

[637] Cf. Rm 4.21. Sobre .este sentido de πληροφρέω, cf. Rm 14.5; Cl 4.12.

"crer" no milagre que se realizava na sua carne e na de Sara, e que simbolizava a ressurreição do Cristo. Sua atitude já é cristã, de sorte que as fórmulas que a Escritura usa a seu respeito visam a nós bem como a ele (Rm 4.23-24)[638].

Sob a orientação do Apóstolo, o Espírito nos ajudará a compreender deste modo toda a história do patriarca. Os acontecimentos de sua vida são menos um "tipo" do que se passa conosco, do que já o começo da realidade cristã. O Espírito que fortaleceu sua fé já era o Espírito Santo da revelação cristã. A circuncisão que ele recebeu não era a circuncisão carnal; é-nos mister ir além das aparências: sua circuncisão, ele a recebeu como sinal da justiça da fé já obtida; na intenção de Deus, ela era, portanto, espiritual, como a justiça da fé. A promessa com que foi agraciado era a do Espírito Santo (Rm 4.13).

Sem perceber, passa-se do sentido direto à alegoria. Assim, em Rm 9.6-13, Isaac é o filho da promessa: os cristãos, na realidade, filhos de Abraão segundo o Espírito, estavam prometidos nele. Mas para encontrar na história do nascimento de Esaú e de Jacó a verificação da mesma vontade divina, é preciso um certo senso da alegoria. Paulo declara abertamente sua dependência desse velho método exegético[639] ao tirar aplicações da história de Sara e Agar (Gl 4.21-31).

A história do primeiro homem, no Gênesis, proporciona fórmulas teológicas célebres. Adão, o homem antigo, é o tipo do homem novo, o Cristo. Adão era terrestre, alma vivente; o Cristo é celeste, espírito vivificante (1 Co 15.47-48). O primeiro está na origem da morte e do pecado; o segundo inaugura a vida nova e a justiça (1 Co 15.21-22; Rm 5.12-21)[640].

A história da tentação de Eva não é esquecida, mas Paulo faz a ela alusões passageiras apenas (2 Co 11.3; cf. Rm 7.11). O texto célebre de Gn 2.24; "Eles serão dois numa só carne", ele o aplicará às

---

[638] Esta passagem coloca claramente a justificação em relação com a ressurreição. A justiça que foi assim computada a Abraão e que também. a nós o é, é a vida que nasce da ressurreição de Cristo (ἠγέρθη διὰ τὴν δικαίωσιν ἡμῶν, v. 25).
[639] Ἀλληγορούμενα (Gl 4.24).
[640] Veja também, sobre esta mesma tipologia, Cl 3.9s.

relações do homem com a prostituta (1 Co 6.16); em Ef 5.31-32, ele verá nesse texto "um mistério", a saber, provavelmente um texto de sentido crítico, uma alusão à união do Cristo com sua Igreja (prefigurada pelo matrimônio cristão).

*Conclusão:* – A Bíblia grega é nas mãos de Paulo um instrumento que lhe permite ilustrar o Novo Testamento. Reencontra nela o Cristo e as realidades cristãs que conhecia de outros lugares. Portanto, ele não perscruta ansiosamente os textos para aprender a mensagem cristã ou explicála: recebeu a mensagem da tradição dos apóstolos, seus predecessores, e o Espírito o fez aprofundála por meio de revelações independentes das profecias antigas. Fórmulas como Rm 1.2; 16.26, nos induziriam ao erro, se delas concluíssemos que as Escrituras proféticas são a fonte de sua teologia.

Imitaremos a sobriedade de suas exegeses. Não podemos esquecer também, que ele sempre se reserva, por ser apóstolo, revelador da mensagem, um direito especial de propor interpretações autênticas. Convida-nos a que nós mesmos leiamos, e não nos recusaria um carisma de "gnose", para descobrir o Cristo nos oráculos.

Cabe-nos, no entanto, o dever de lembrar-nos da regra de sabedoria que ele nos propõe em Rm 12.3, e conservar sempre o domínio de nossa imaginação.

### D. *O cumprimento das promessas*[641]

Um testamento instituiu Abraão herdeiro dos bens divinos. O ensinamento de Cristo identificava esta herança com "o reino dos céus" e logo se entendeu que o Espírito Santo, dom celeste da comunidade cristã, era uma sua primeira realização.

Repetindo um vocabulário arcaico, Lucas relembra com freqüência a promessa do Pai aos ancestrais do povo judeu, e ele a concretiza no dom do Espírito Santo[642]. Mais do que em Abraão

---

[641] Rm 9.4. Cf. L. CERFAUX, *La Théologie de l'Église suivant saint Paul*, 2ª ed. (*Unam Sanctam* 10), Paris, 1948, pp. 16s.

[642] Lc 24.49; At 1.4; 23.21; 2.33,39; 13.32; 26.6. Em At 13.32 tem-se a impressão que a ressurreição de Cristo realiza a promessa, mas a própria ressurreição inclui implicitamente a idéia da efusão do Espírito, de que ela é causa e fonte.

especialmente, ele parece pensar no conjunto dos oráculos proféticos anunciadores do Cristo e dos tempos cristãos[643]. Paulo é mais preciso que seu discípulo e sem dúvida mais fiel a esse detalhe da teologia judaica: a promessa é, antes de tudo, aquela que foi feita a Abraão. É neste sentido que ele fala da promessa do Espírito[644]. O Espírito sintetiza todas as riquezas divinas. A promessa foi feita solenemente, na forma de disposição testamentária, segundo os padrões legais (Gl 3.17).

Permanecemos no ciclo da promessa quando Paulo aplica ao Espírito Santo as expressões "primícias" e "penhor", ou quando ele o considera como um "selo" (sinal de validade). Ao mesmo ciclo pertencem certas exposições que tratam da eficácia do Espírito, que nos constitui filhos e herdeiros de Deus; e provavelmente, derivado deste último tema, o da liberdade[645].

*a) Promessa e testamento*

A tese é afirmada em Gl 3.14: "Nós (os pagãos), obtemos pela fé o efeito da promessa, o Espírito Santo". É um dom absoluto, que não exige de nossa parte nenhum pressuposto (Gl 3.18). Deus justifica-nos pela nossa fé (3.24) e o Espírito eleva-nos à qualidade de filhos de Deus (3.26; 4.28) constituindo-nos herdeiros (3.29); tudo isso em antítese com a Lei, cuja função se limitava a nos levar ao Cristo à maneira dum pedagogo.

Trecho paralelo é o que se lê em Rm 4.13-16, inserido na exegese de Gn 15.6: "Abraão creu em Deus e isso lhe foi imputado como justiça". Paulo explica: a promessa que foi feita a Abraão, a herança do mundo, não se realiza pela Lei, mas pela justiça que vem da fé, por dom, a fim de que ela possa atingir o conjunto dos filhos de

---

[643] No discurso de Pentecostes, Pedro considera a efusão do Espírito como cumprimento da profecia de Joel. Lucas gosta de tomar o Antigo Testamento como um todo, cf. Lc 24.25-27.

[644] Cf. Gl 3.14 (gen. objetivo, que chega a identificar promessa concreta e Espírito Santo); cf. Ef 1.13 (o Espírito da promessa); cf. Gl 3.15-29: as promessas resultam do "testamento" jurado a Abraão: Rm 4.13.

[645] O tema da liberdade associa-se ao mesmo tempo à qualidade de filhos de Deus e à de filhos da promessa (nascidos da mulher livre, Sara).

Abraão, inclusive as nações. O Espírito não é mencionado nesse contexto, mas a herança, "o mundo", será entendido como incluindo o mundo celeste, a saber, o reino de Deus[646], "espiritual".

Graças a esse sistema divino da promessa, os bens são comunicados por intermédio da descendência de Abraão, e Deus salvaguarda sua liberdade de escolha. Isaac é o filho da promessa (Rm 9.6-9). Jacó é escolhido por Deus, a fim de que seja "o chamado", não as obras, que continua a linhagem dos herdeiros (Rm 9.10-13). A promessa, portanto, passará sempre por sobre a cabeça dos descendentes carnais, para deter-se em Cristo e nos cristãos. A Epístola aos gálatas voltará ao tema e declarará que todos os cristãos são os filhos da promessa "à maneira" de Isaac, que nasceu da mulher livre, em virtude da promessa (Gl 4.21-28). Paulo diz indiferentemente "segundo a promessa", ou "segundo o Espírito" (Gl 4.29). Promessa e Espírito igualmente se opõem à carne.

A Epístola aos efésios vai sintetizar todas essas idéias na fórmula: (Fostes) "marcados com o selo do Espírito Santo da promessa" (Ef 1.13). As nações, que outrora eram estranhas às convenções da promessa (Ef 2.12), desprovidas da herança, são agora herdeiras e participam dos bens prometidos (Ef 3.6).

*b) Primícias, penhor, selo*

O Espírito Santo será a nossa herança. Já agora é ele uma doação parcial e antecipada, primícias[647] dos bens celestes: "possuindo as primícias do Espírito, suspiramos em nós mesmos, esperando sermos realmente tratados como filhos e nosso corpo ser resgatado" (Rm 8.23) . Esta doação preliminar duma parte da herança constitui ao mesmo tempo uma garantia: assegura-nos o direito à redenção definitiva. A idéia tem algo de jurídico, pois dar a posse parcial acarreta a posse total[648].

Paulo exprime duas vezes em 2 Coríntios, em termos quase idênticos, o pensamento de que o Espírito é o penhor que nos é outor-

---

[646] Compare-se com a bem-aventurança de Mt: "herdar a terra" (5.5).
[647] A palavra ἀπαρχή é usada num sentido fraco. Cf. W. BAUER, *Wörterbuch z. N. T.*, 5ª ed., Berlin, 1958, art. ἀπαρχη, c. 161.
[648] A palavra ἀπαρχή tem o mesmo sentido na fórmula aplicada ao Cristo.

gado por Deus: "Deus nos deu (colocou em nossos corações) o penhor (ἀρραβών) do Espírito" (2 Co 1.22; 5. 5). Toda vez quer ele afirmar desta forma a segurança de salvação que nos assegura a vida cristã[649]. Uma passagem paralela da Epístola aos efésios não deixa dúvida alguma, nem sobre o caráter jurídico da noção de penhor[650], nem sobre sua pertença ao ciclo da promessa. O Apóstolo, com efeito, lembra que os efésios, no momento em que entraram, pela fé, no cristianismo e receberam o batismo, "foram marcados como que por um selo do Espírito Santo da promessa, que é o penhor de nossa herança"[651]. Deus, pois, fez uma promessa por testamento (cf. o termo "herança"); selou-a com seu Espírito.

Em 2 Co 1.21-22, a unção, o selo, o penhor, são três modos de expressar a eficácia do Espírito Santo sobre o cristão. A imagem do selo, como a do penhor, encontra seu lugar natural na construção jurídica que envolve a idéia da promessa[652]. Essa relação é claramente atestada por Ef 1.13s, onde estão ainda reunidas as duas imagens, a do selo e a do penhor: "Quando vós acreditastes (no Evangelho), fostes marcados pelo Espírito da promessa, que é o penhor de nossa herança". O selo é o ato jurídico executado por' Deus para dar à sua promessa uma confirmação mais solene.

c) *O Espírito dos filhos*

Como filhos de Deus, temos direito ao Espírito, porque o Espírito pertence ao "Filho" único que o comunica a todos os que participam da sua dignidade de filhos de Deus. Eis por que o Espírito atest na nossa oração, – e temos consciência de seu teste-

---

[649] Ὁ δὲ βεβαιῶν ἡμᾶς σύν ὑμῖν εἰς χειστόν (2 Co 1.21); ὁ δὲ κατεργασάμενος ἡμᾶς εἰς αὐτὸ τοῦτο (a vida de ressuscitado) θεός (2 Co 5.5).
[650] Ἐσφραγίσθητε... (Ef 1.13s).
[651] O valor jurídico não suprime o caráter real do penhor, mas o supõe.
[652] Não se dá o mesmo com a imagem da unção. Esta pode ser introduzida pela menção de Cristo; por detrás do nome estaria o verbo χρίω, cf. L. CERFAUX, *Le Christ dans la Théologie de saint Paul*, 2ª ed. (*Lectio Divina*, 6), Paris, 1954, pp. 374 e 385. Ou então ela faria alusão a alguma cerimônia, realizada talvez durante o batismo cristão. Mais tarde, a imagem do selo será fortemente associada ao batismo cristão. I. de La POTTERIE, "L'onction du chrétien par la foi", em *Biblica*. 40 (1959), pp. 12-69.

munho, – que somos filhos de Deus; confirma que a promessa se cumpriu.

O tema é exposto em Gl e Romanos. Paulo lembra aos gálatas (4.4-7) que Deus enviou seu Filho no fim dos tempos, para resgatar os judeus da servidão da Lei e conceder a todos qualidade de filhos: "Porque sois filhos, continua ele, Deus enviou o Espírito de seu Filho aos vossos corações, o qual clama: Abba, Pai" (Gl 4.6).

O mesmo tema repete-se em Rm 8.15-16: "Não recebestes de novo o espírito de servidão, para o temor, mas recebestes o Espírito dos filhos, no qual clamamos: Abba, Pai! O próprio Espírito confirma o testemunho do nosso espírito, de que somos filhos de Deus".

A perícope alegórica de Gl 4.21-31 sobre os dois filhos de Abraão, um nascido da escrava, o outro, da mulher livre, pertence ao mesmo contexto, indicado de modo suficiente pela antítese servidão e condição de filhos (com a liberdade dos filhos). Desta vez menciona-se a promessa: o filho da escrava nasce segundo a carne, o filho da mulher livre, da promessa (4.23), ou, o que dá no mesmo, segundo o Espírito (4.29). Isaac, nascido segundo o Espírito, simboliza os cristãos, que são portanto filhos da mulher livre, da Jerusalém celeste. Traduzimos dizendo: segundo a promessa, nascemos filhos de Deus (identificados ao Filho único); é por isso que possuímos o Espírito (o Espírito da promessa).

Assim como os judeus não podiam compreender os oráculos de Deus, não podiam também aproveitar das promessas, sendo simples depositários delas. Seu regime era carnal, e não passava de uma imagem.

O regime cristão, ao invés, recebeu a propriedade dos bens prometidos. Sem dúvida, esta propriedade é ainda incompleta: consiste numa participação, com a certeza de receber a totalidade da herança. Mas a proporção entre a imperfeição relativa da posse cristã atual e o gozo futuro, de modo algum equivale à que existe entre a espera do judaísmo e a perfeição escatológica. A espera do judaísmo é cega. Logo que um membro do povo eleito, como Abraão, – poderíamos acrescentar: como os profetas, – é chamado a conhecer de algum modo, em mistério, as realidades futuras, é capaz de fazer o ato de "fé" e é já cristão. Transpôs de antemão o fosso que separa os dois regimes.

**E.** *O culto espiritual*

Dentre os três temas ordinários do culto, o templo, os sacrifícios, o sacerdócio, o primeiro é, sem comparação, o que melhor está representado nas nossas Epístolas. O tema da santidade está tão relacionado com esses, que falaremos dele no mesmo contexto.

*a) O templo espiritual*

A presença de Deus, no Antigo Testamento, estava ligada ao templo. Lá Deus se manifestava de diversos modos[653]. O judaísmo posterior atribuía esta presença ao Espírito Santo[654]. Tombou sobre o judaísmo alexandrino a vaga de espiritualização emanada do movimento filosófico grego. Com efeito, reinava por toda parte a tendência a transpor as fórmulas cultuais para a vida religiosa pessoal ou para a de comunidades de toda espécie. A religião ritual não mais satisfazia às aspirações.

O cristianismo não ficou insensível a este progresso. O texto paulino mais expressivo é 1 Co 3.16-17: "Não sabeis, escreve Paulo a seus correspondentes, que vós sois o templo de Deus, e que o Espírito de Deus habita em vós? Se alguém destruir o templo de Deus, Deus o destruirá. Pois santo é o templo de Deus, este templo que sois vós". Tais fórmulas não são simples metáforas. O Espírito é uma realidade, uma presença de Deus, infinitamente mais santa e mais íntima que o era a habitação da nuvem ou da glória no templo judeu.

---

[653] O templo costuma ser chamado casa de Deus, ou a casa santa (I Rs 7.39,40,45,51; 2 Rs 23.2,6; Ez 41.5,6; 8.14; 2 Cr 5.13; 1 Mac 7.35; 10.41). A habitação de Deus é feita por intermédio da glória, cf. G. VON RAD, art. δόξα, em *Theol. Wörterbuch*, II, pp. 240-245, sobretudo Ez 10.18; 11.22. No judaísmo posterior, a glória e a *Shekinah* (a habitação de Deus) estão unidas, cf. H. WENSCHKEWITZ, *Die Spiritualisierung der Kultusbegriffe, Tempel Priester und Opfer*, Leipzig, 1932, p. 37; G. KITTEL, art. δόξα, em Theol. *Wörterbuch*, II, p. 249; A. FRAEYMAN, *Oude en Nieuwe Tempel in het Nieuwe Testament*. Univ. de Louvain. Mémoire de licence. Fac. de Théol., 1945, p. 3.

[654] A Sabedoria habita o templo, Eclo 24.10-11; quanto ao Espírito, cf. *Test. Ben.*, 9; M.-J. LAGRANGE, *Le Judaïsme avant Jésus-Christ*, Paris, 1931, p. 442; A. FRAEYMAN, *op. cit.*, p. 3, nº 2.

O privilégio de santidade inviolável que cabia ao templo de Jerusalém pertence doravante à comunidade.

Não se pode separar a comunidade e seus membros. O caráter religioso da comunidade identifica-se ao de seus membros. Deve-se aplicar, pois, tanto a uma como aos outros o tema antigo. Serão duas aplicações diferentes? Os textos sugerem ora a idéia da comunidade, ora a das vidas individuais. O mesmo tema pode referir-se aos corpos. Em 1 Co 6.19-20, dir-se-ia que Paulo repete de propósito o que disse no capítulo 3º, pois começa exatamente do mesmo jeito: "Não sabeis?" Teria ele distinguido. quando ensinava, a aplicação à comunidade da aplicação aos corpos dos cristãos? Será melhor supor que ele tira do princípio geral uma conclusão: "Não sabeis que vosso corpo[655] é o templo do Espírito Santo que está em vós, que recebestes de Deus, e que por isto mesmo, já não vos pertenceis? Porque fostes comprados por um grande preço. Glorificai, pois, a Deus no vosso corpo"[656]. O tema do templo só aparece aqui como uma modalidade do tema mais genérico da presença do Espírito no corpo do cristão e de sua espiritualização atual, penhor e preparação de seu estado glorioso de corpo ressuscitado[657].

Quando em outros lugares encontramos nas Epístolas as fórmulas que exprimem a habitação do Espírito no cristão (Rm 8.9-11; 1 Ts 4.8) facilmente se pensa que a imagem do templo está ainda

---

[655] O contexto obriga-nos a pensar no corpo individual dos cristãos. Mas ousaríamos dizer que Paulo não tem ainda, no horizonte de seu pensamento, a idéia de que todos os cristãos formam o corpo de Cristo (cf. 6.15)? Neste texto, dizia Paulo τὰ σώματα ὑμῶν. O sentido de corpo não é exatamente o de nossa linguagem. Aproxima-se mais da idéia de pessoa. No texto de 1 Co 7.23, que lembramos, o Cristo comprou os escravos, estes "corpos" ou "pessoas" que são vendidas.

[656] O final: "e que já não vos pertenceis etc." não trata mais expressamente do templo, e sim da redenção pelo Cristo. Cristo pagou caro sua propriedade sobre os corpos dos cristãos. Paulo passa sem transição de uma à outra noção, sem dúvida, por estarem elas ligadas no seu pensamento. O Espírito Santo reside no templo; é esta a sua casa, pela vontade de Deus que o faz habitar nos cristãos (ὅν ἔχετε ἀπὸ Θεοῦ). Assim os cristãos são, de certa forma, a propriedade do Espírito, como eles são a propriedade do Cristo por direito de compra (a compra da redenção).

[657] Cf. pp. 188-194.

próxima do pensamento paulino[658]. Ela reaparece em Ef 2.19-22, passagem que apresenta certo paralelismo com 1 Co 3.10-17: no começo, a Igreja é comparada com uma construção que se ergue sobre uma fundação, e no fim a construção, que antes parecia ser a de um simples edifício ou de uma torre (Hermas), é identificada com o templo. Sob aparências semelhantes, os dois trechos são, contudo, muito diferentes. Os construtores, em 1 Coríntios, eram Paulo e os que trabalhavam na edificação da Igreja; conforme a Epístola aos efésios, a edificação é feita menos pelo ensinamento que por um crescimento interno que é o da vida cristã, "em Cristo Jesus" ou no Espírito. Em 1 Coríntios, o fundamento era o Cristo; em Efésios são os apóstolos e profetas, enquanto o Cristo Jesus é a pedra angular (ou a chave de abóbada) que ainda garante a unidade nesta função diferente. Por causa da disjunção entre as duas partes do trecho e entre as duas imagens do edifício e do templo, o templo em 1 Coríntios não está em processo de construção; é consagrado por um só ato, desde que o Espírito Santo aí desce para fazer dele sua morada. Assim o Templo da antiga aliança era consagrado quando a glória fazia dele a sua residência. Em Efésios, ao contrário, a idéia de crescimento é sublinhada e faz lembrar historicamente os progressos da Igreja, que unia em si o judaísmo e o mundo pagão[659].

*b) O sacerdócio e os sacrifícios*[660]

O texto mais explícito é Rm 12.1: "Eu vos exorto, irmãos, pela misericórdia de Deus, a oferecerdes vossas pessoas como sacrifício vivo, santo, agradável a Deus; este é o vosso culto racional". Toda a atividade cristã votada ao bem, ao que agrada a Deus e é perfeito

---

[658] No contexto de Rm 8.9-11 trata-se da propriedade do Cristo sobre os cristãos, como em 1 Co 6.15-20; em 1 Ts 4.8, a expressão "quem rejeita isto (ἀθετεῖ) é a Deus que ele rejeita", faz lembrar um pouco o contexto de 1 Co 3.16-17.
[659] As duas expressões κατοικητήριον τοῦ Θεοῦ ἐν πνεύματι e εἰς ναὸν ἅγιον ἐν Κυρίῳ são paralelas. O crescimento se efetua por obra do Senhor e pela presença do Espírito.
[660] Cf. A.-M. DENIS, "La fonction apostolique et la liturgie nouvelle en esprit, Étude thématique des métaphores pauliniennes du culte nouveau", em *Rev. Sc. Phil. Theol.*, 42 (1958), pp. 401-436; 617-656.

(Rm 12.2), constitui a matéria do sacrifício; e todos os cristãos "oferecem" assim a Deus este sacrifício espiritual. Os cristãos, diz Paulo em Fp 3.3, são a verdadeira circuncisão, "consagrados ao serviço litúrgico no Espírito de Deus" (πνεύματι θεοῦ λατρεύοντες).

O próprio Paulo tem consciência de ser o sacerdote desta liturgia que é a vida cristã (Rm 15.16; Fp 2.17). O culto espiritual não aparece ligado tematicamente ao sacrifício do Cristo, de que falaremos num contexto totalmente outro[661].

*c) A santidade*

1. A santidade é essencialmente cultual. O pensamento de Paulo é concreto e a idéia de santidade é representada pela presença do Espírito, a união ao Cristo etc.; o tema da justiça até certo ponto se identifica com ela[662].

Esta noção se prende ao Antigo Testamento e ao judaísmo. Suas raizes se encontram na transcendência de Deus. Javé é um Déus santo, que habita numa esfera inacessível ao homem (cf. Ex 33.18-23). Este é carne e pecado; o Espírito de Deus é luz e pureza. O homem que ousasse ultrapassar o abismo que o separa de Deus, não o faria impunemente; para penetrar na esfera divina, é preciso ser sem mancha, purificado[663].

A santidade cristã provém da escatologia. O homem é chamado a uma salvação que o faz ter acesso à transcendência de Deus. Além disso, o dom do Espírito Santo, desde esta vida, o põe em contato com a santidade divina[664].

2. Originado na apocaliptica, mas sem perder o contato com o vocabulário que atribui a santidade ao povo eleito, separado

---

[661] Cf. L. CERFAUX, "Regale saeerdatium", em *Rev. Sc. Phil. Theol.*, 28 (1939), pp. 5-39 (= *Recueil Lucien Cerfaux,* II, Gembloux, 1954, pp. 283-315).

[662] Quanto ao vocabulário: ἁγιωσύνη é fracamente representado em 1 Ts 3.13; 2 Co 7.1. O adjetivo ἅγιος, ao contrário, aplica-se com muita freqüência aos cristãos. O substantivo ἁγιασμός, mais concreto, é também mais freqüente: 1 Ts 4.3,4,7; 2 Ts 2.13 (ἐν ἁγιασμῷ πνεύματος); 1 Co 1.30; Rm 6.19. O verbo ἁγιάζειν é raro.

[663] Cf. O. PROCKSCH, art. ἅγιος, em *Theol. Wörterbuch*, I, pp. 87-97.

[664] Cf. 2 Ts 2.13.

precisamente para ser santo, o título é aplicado a todos os cristãos. Ele designa sua pertença a Deus e sua consagração pelos dons do cristianismo, e particularmente pelo Espírito Santo que habita neles. Aparece freqüentemente como título de honra, no começo das Epístolas ou nas saudações finais[665]. Razões particulares justificam seu emprego no corpo das Epístolas[666].

A santidade dos cristãos destina-os a uma vida irrepreensível[667], comparável à do templo de Deus[668]. As virgens são especialmente santas, de corpo e de espírito (1 Co 7.34). Um caso especial de santidade é o dos filhos nascidos dum matrimônio cristão, mesmo se só um dos cônjuges é cristão (1 Co 7.14). Nesses exemplos se vê que a santidade significa algo diferente de uma qualidade puramente moral ou espiritual. Afeta toda a personalidade do homem, inclusive o corpo; coloca-o na esfera do divino. O conceito paulino conservou alguma coisa da idéia do Antigo Testamento, embora ficando espiritualizado[669].

3. O tema que liga a santidade à presença do Espírito, aparece no estado puro (conservando certos laços com a vocação à salvação futura) em 1 Ts 4.7-8. Paulo exige, sobretudo no terreno do sexo, uma santidade tal, que diferencie essencialmente os cristãos da civilização pagã. Relembra seu ensinamento e a tradição que ele impôs (1 Ts 4.1-6); e continua: "Pois Deus não nos chamou em estado de impureza, mas na santidade. Por isso, quem despreza estas regras, não despreza a um homem, mas a Deus, que dá seu Espírito, o Espírito Santo a vós" (1 Ts 4.7-8) .

A idéia tornar-se-á mais precisa. O cristão é o templo do Espírito Santo. É por esse título que ele deve ser santo. As fórmulas de 1 Co 3.17; 6.19, completam a de 1 Tessalonicenses; porque são templo de Deus, os coríntios serão santos; guardarão seus corpos imunes da devassidão: "Não sabeis que vosso corpo é o templo do Espírito

---

[665] 2 Co 1.1; Cl 1.2,4. Ef 1.1,4,15; Rm 16.2,15; 2 Co 13.12; 1 Ts 5.27 (var.).
[666] 1 Co 6.1,2 (a propósito dos processos); Rm 8.27 (a propósito dos gemidos do Espírito Santo); Rm 11.16 (a santidade dos gentios comparada à de Israel).
[667] Rm 12 1.
[668] 1 Co 3.17.
[669] Tudo isso pode ser comparado à estima do celibato manifestada pela presença das virgens ao lado dos terapeutas, ruja vida Filon descreveu.

Santo que está em vós, que recebestes de Deus, de forma que vós já não vos pertenceis mais? Pois fostes comprados por alto prço. Glorificai, pois, a Deus em vosso corpo" (1 Co 6.19-20).

*d) 2 Co 6.14-7.1 e a santidade*

Aqui a santidade aparece sob um prisma todo especial: ela é feita de separatismo, como o de uma seita. Temos a impressão de achar-nos diante de um judeu-cristianismo, antes que do cristianismo mais espiritualizado de Paulo.

Já faz muito tempo que se tem observado que esta perícope insere-se de modo bastante desajeitado no contexto da Epístola. É precedida duma efusão cordial de Paulo, com uma exortação à confiança recíproca que ele queria ver reinar entre ele e seus cristãos. "Nós vos falamos com toda franqueza, dilatou-se o nosso coração... Dilatai também o vosso coração..." (6.11-13). Esta efusão prosseguirá normalmente em 7.2, onde o pensamento continua no mesmo tom: "Dai-nos lugar em vossos corações. Não cometemos injustiças com ninguém..." Nosso trecho ao contrário, aborda um assunto inesperado: "Não queirais emparelhar-vos a um jugo desigual com os infiéis..."

Surgem hipóteses para explicar a presença desta passagem na Carta. Recorreu-se à hipótese das folhas volantes deslocadas ou à de uma glosa marginal (Toussaint). A de um fragmento duma Carta precanônica de que Paulo faria menção em 1 Co 5.9, muitas vezes tentou os exegetas[670]. Entretanto os últimos grandes comentários mantêm a autenticidade paulina. Allo escreve: "Vê-se muito bem, depois de uma pesquisa, como a perícope em questão, ao invés de interromper o pensamento do contexto, prolonga-a... da maneira mais eficaz"[671]. Lietzmann (Kümmel, na sua reedição, conservou inalterado o texto de Lietzmann) explica a interrupção por uma pausa

---

[670] Ver quanto à bibliografia etc.: E.-B. ALLO, *Seconde Épître aux corinthiens (Études Bibliques)* Paris, 1937, pp. 189-193; J. A. FITZMYER, "Qumran and the interpolated paragraph in 2 Co 6.14-7.1", em *Cath. Bibl. Quart.* 23 (1961), pp. 271-280.
[671] Cf. *ibid.* p. 193.

da leitura e uma má construção lógica de Paulo. Weinel propõe um deslocamento da perícope, fazendo 6.14 continuar 6.ls.

1. Só mesmo uma análise atenta pode permitir-nos uma opção. A perícope compõe-se, na realidade, de três pequenas seções. A primeira, 6.14-16a, pode muito bem ser comparada com outras passagens oratórias de Paulo, herdeiras da diatribe. A introdução μὴ γίνεσθε, para uma exortação, é bem paulina, cf. 1 Co 7.23. Sem dúvida, o verbo ἑτεροζυγοῦντες é um *hapax* (não só na literatura paulina, mas em toda a nossa documentação grega). Ele podia ser formado mui facilmente, a partir do adjetivo ἑτερόζυγος que é bastante comum: Filon e Josefo[672], ambos, o empregam em relação com Lv 19.19b: "não cruzarás animais de espécies diferentes (ἑτεροζύγῳ)". Uma lei do Deuteronômio proibia que se trabalhasse com um boi e um jumento sob um mesmo jugo (Dt 22.10). Compreende-se facilmente que os dois textos associados tenham sugerido a Paulo a imagem de uma "junta" pouco feliz. É preciso lembrar-se de que ele se apóia numa outra lei da mesma espécie do Deuteronômio[673]. A exortação "não queirais aparelhar-vos a um jugo desigual com os infiéis" é seguida de uma série de interrogações, como na diatribe. A série é bem equilibrada: τίς γάρ... ἤ τίς... τίς δέ, κ. τ. λ. É algo digno de Paulo. Sem dúvida, aparecem termos que nunca ou raramente são usados[674], mas o próprio caráter do trecho obrigava Paulo, – e qualquer outro autor, – a recorrer a sinônimos de κοινωνία. Necessariamente a escolha recairia sobre termos raros[675].

A presença do *hapax* paulino Βελιάρ (entretanto muito conhecido da literatura judaica) é compensada por binômios bem paulinos: δικαιοσύνη-ἀνομία, φῶς-σκότος, πιστός-ἄπιστος, ναὸς Θεοῦ-εἴδωλα. Contra a autenticidade, poder-se-ia apontar, além de Βελιάρ, a palavra μερίς, que poderia ser mais judeu-cristã que paulina:

---

[672] FILON, *Spec. Leg.*, 4, 203; JOSEFO, *Ant.*, 4,228.
[673] 1 Co 9.9 citava Dt 25.4.
[674] Μετοχή é um *hapax* no Novo Testamento; συμφώνησις não aparece em lugar algum na literatura grega; συγκατάθεσις está na mesma situação do primeiro desses termos.
[675] Cf. H, WEINEL, *Die Wirkungen des geistes und der geisten in nachapostolischen Zeitalter bis auf Irenäus*, Tübingen, 1899.

cf. At 8.21 e o vocabulário de Qumrân. Contudo, Paulo a emprega, Cl 1.12, num contexto escatológico que relembra também o judeu-cristianismo. Não se pode, pois, tirar conclusão alguma, senão a de que Paulo teria escrito esta primeira seção, 14-16a, num período de sua vida em que ele estava bastante impressionado pelas idéias judeu-cristãs[676].

2. A segunda seção da perícope compõe-se de uma série de citações bíblicas com sua articulação à seção precedente e uma introdução. Notemos primeiro que a introdução, no v. 16, καθώς εἶπεν ὁ Θεὸς ὅτι, não é paulina.

Examinemos em seguida as citações. Distinguem-se três principais, a primeira das quais dá o tom. Esta é tomada da promessa solene de Deus em Ez 37.15-28, volta à terra prometida, restabelecimento da unidade nacional e da realeza davídica, aliança eterna de paz: "Colocarei meu santuário (τὰ ἁγιά μου) entre eles para sempre, e minha habitação (κατασκήνωσις) será no meio deles (ἐν αὐτοῖς) e eu serei seu Deus e eles serão meu povo" (Ez 37.26-27). A citação substitui κατασκήνωσις ἔσται pelo verbo ἐνοικήσω, que não é aplicado alhures na Bíblia grega para designar a habitação de Deus entre seu povo. E acrescenta ἐμπεριπατήσω que se inspira numa passagem paralela de Lv 26.11s, prometendo a paz e anunciando: "Estabelecerei minha morada entre vós, e caminharei (ἐμπεριπατήσω) no vosso meio; serei vosso Deus e vós sereis meu povo"[677].

A segunda citação utiliza uma passagem bíblica paralela, Is 52.11, anunciando igualmente a restauração, o retorno do exílio, a libertação do povo do cativeiro (paralela à saída do Egito, cf. Is 52.4). Deus retorna a Sião, caminha à frente do seu povo, ordena-lhe que deixe a terra impura: ἀπόστητε, ἀπόστητε, ἐξέλθατε, ἐκεῖθεν καὶ ἀκαθάρτου υἡ ἅπτεσθε ἐξέλθατε ἐκ μέσου αὐτῆς, ἀφορίσθητε, οἱ φέροντες τὰ σκεύη Κυρίου, (Is 53.11). O florilégio retoma todos os

---

[676] Imaginamos que o judeu-cristão se teria interposto sem dificuldade entre Paulo e as comunidades de tipo essênio.

[677] A terceira pessoa ἐν αὐτοῖς, quando a segunda pessoa ἐν ὑμῖν seria muito mais normal no conjunto (cf. a 2ª citação), mostra que o autor se inspira em primeiro lugar em Ezequiel.

termos característicos de 1saías: ἐξέλθατε ἐκ μέσου αὐτ[ῆς] ἀφορί σθητε, ἀκαθάρτου μὴ ἅπτεσθε. A introdução que precede, λέγει κυριος, é sugerida pelos primeiros versículos do contexto de Isaías (Is 53.4-5). A proposição que encerra a citação nos reconduz a Ezequiel (20.34), numa nova passagem paralela que compara a restauração com a saída do Egito.

A última citação volta às fórmulas da primeira: apresenta semelhanças com Jr 31.9; Is 43.6, e sobretudo Os 2.1-2: três lugares que falam do retorno à terra prometida. Oséias escrevia: "Serão chamados filhos do Deus vivo" (Os 2.1). Contudo, se levamos em conta o conjunto, pensaremos sobretudo numa dependência para com a profecia de Natan a Davi (2 Sm 7) referente à construção do templo e à promessa feita à descendência régia. Somente aí é que encontramos de certa forma os dois incisos paralelos: "Serei seu pai, e eles serão meus filhos" (2 Sm 7.14), e sobretudo a atestação λέγει κύριος παντοκράτωρ (2 Sm 7.8).

A maneira de agrupar os textos é muito mais estudada que de costume. Ela supõe uma verdadeira pesquisa sobre os temas proféticos concernentes ao retorno do exílio, com um interesse muito particular para com o templo (substituído, no pensamento do editor, pelo templo espiritual da comunidade). A seqüência de textos forma uma verdadeira composição literária em três estrofes, correspondendo às três citações fundamentais.

A introdução καθὼς εἶπεν ὁ Θεός dá à primeira estrofe o sentido de uma justificativa da afirmação: "vós sois o templo do Deus vivo". A segunda estrofe apresenta-se como uma conseqüência indicada por διό (proveniente do autor: "vós sois obrigados a guardar a pureza dos sacerdotes". Dum modo muito retórico, λέγει Κύριος é colocado no centro da citação. A terceira estrofe assemelha-se à primeira por uma certa inclusão e termina com ênfase: λέγει Κύριος παντοκράτωρ. É uma construção muito bem executada[678].

3. Passemos à terceira seção da perícope. É de forma homilética, exortando à pureza, unindo-se, pois, à parte central do florilégio bíblico.

---

[678] Cf. L. CERFAUX, *La Théologie de l'Église suivant saint Paul*, 2ª ed. (*Unam Sanctam*, 10), Paris. 1948. pp. 116s.

De modo algum Paulo nos habituou a esta visão. Indubitavelmente, a idéia fundamental do trecho, a saber, identificação dos cristãos com o templo, não admira na sua linguagem, mas as coordenadas do tema são, quando nada, inesperadas. A consagração da comunidade a esta dignidade prova-se pela Escritura, que afirma a habitação de Deus no meio de seu povo na nova aliança. O tema paulino normal, ao contrário, justifica a dignidade dos cristãos pela presença do Espírito Santo. A ênfase, em todo o trecho, é colocada numa necessidade de se separar dos pagãos e de tudo quanto se relaciona com a vida pagã, para conservar uma pureza semelhante à dos sacerdotes da antiga aliança; Paulo jamais explanou desta forma a idéia do sacerdócio dos cristãos e nunca sublinhou a pureza como o faz aqui na parte bíblica, mas sobretudo na exortação (7.1): "purificar-se" é um *hapax*[679], ἀπὸ παντὸς μολυσμοῦ σαρκὸς καὶ πνεύματος e ἐπιτελοῦντες ἁγιωσύνην ἐν φόβῳ Θεοῦ afastam-se notavelmente da concepção que Paulo tem da santidade cristã e de seus fundamentos[680].

Há em demasia indícios a nos aconselharem uma prudente reserva, e não ousaríamos integrar os elementos teológicos importantes desta passagem na nossa construção paulina.

Se deixarmos de lado o tema geral da perícope, nada faz pensar no fragmento da primeira Carta que Paulo tinha enviado aos coríntios (cf. 1 Co 5.9), e que estes interpretaram como se o Apóstolo lhes aconselhasse a cortar suas relações com todos os impudicos, portanto, com todos os pagãos. Paulo empregara no trecho desta Carta a fórmula συναναμίγνυσθαι πόρνοις que não se encontra em 2 Coríntios[681].

Poder-se-ia imaginar que uma folha separada, reunida à Carta que se tornou o arquétipo de nossa tradução manuscrita, conservava

---

[679] Ef 5.26, paralelo literário, não é de fato do mesmo estilo, pois a idéia é aqui introduzida pela alegoria do matrimônio de Cristo com a Igreja.

[680] P⁴⁶ leu ἐν ἀγάπῃ em lugar de ἐν φόβῳ. É uma correção no sentido paulino (antes que marcionita). Cf. J. HÉRING, *La seconde Épître de saint Paul aux corinthiens*, Neuchâtel, 1958, *ad. loc.*

[681] Por causa do uso dos verbos ἑτεροζυγοῦν e συναγνναμίνυσθαι, podemos compreender que Paulo distingue entre a freqüentação dos pagãos para as relações ordinárias e profanas, e uma promiscuidade maior, um companheirismo de costumes e de vida religiosa.

uma frase paulina: (2 Co 6.14-16b, trecho dum discurso do Apóstolo; um judeu-cristão o teria glosado; ele conhecia bem sua Bíblia (a Bíblia grega), falava uma linguagem religiosa assaz próxima da linguagem das seitas" essênias", e compartilhava a tendência dos sectários de se separarem do mundo dos infiéis, em nome da aliança nova que Deus tinha feito com os cristãos. Contudo, pode-se admitir que Paulo mesmo tivesse escrito todo o trecho, sob a influência de encontros e de discussões com os judeu-cristãos. É duvidoso que ele o tenha composto ao mesmo tempo que o conjunto da segunda Carta aos coríntios.

*Conclusão:* – O dom do Espírito Santo distingue essencialmente o cristianismo da religião do Antigo Testamento; faz dele uma religião nova, que transforma profundamente a antiga. No entanto, o Antigo Testamento a ele estava ordenado; seus privilégios referiam-se ao cumprimento deles no dom do Espírito.

A glória de Moisés era uma glória carnal, símbolo da glória definitiva, escatológica, própria dos apóstolos do Novo Testamento. O povo judeu foi o guardião dos oráculos de Deus; transmitiu-os aos cristãos sem os compreender. Na luz do Espírito, descobrimos o Cristo sob a letra da Bíblia judaica. Os patriarcas receberam as promessas, que só se deviam realizar na aliança espiritual. Ao culto antigo, material e carnal, sucederia o culto espiritual; e uma santidade, que o próprio sacerdócio antigo não podia conhecer, tornar-se-ia o apanágio de todo o povo cristão.

### III - OS CRISTÃOS "ESPIRITUAIS" PERANTE O MUNDO GREGO[682]

O cristianismo era bastante original, no seu nascimento e na constituição de seu pensamento, para abordar a civilização grega. Dois pontos principais reterão nossa atenção. Face ao politeísmo,

---

[682] E. PETERSON, "I Korinther, I, 18 f. und die Thematik der Jüdischen Bußtages", em *Biblica*, 32 (1951), pp. 97-103; W. SCHMITHALS, *Die Gnosis in Korinth. Eine Untersuchung zu den Korintherbriefen* (Forsch. z Rel. u. Lit. d. A. u. N. T., N. F. 48), Göttingen, 1956; H. SCHLIER, *Die Zeit der Kirch. Eine Exegetische Aufsätze und Vorträge*, Friburg in Br., 1956, pp. 206-232; Ch. MASSON, *L'Évangile et la Sagesse selon l'apôtre Paul*, em Rev. Théol. Phil., 7 (1957),

ele apresentava-se como uma religião superior, parcialmente herdeira das tradições monoteístas do judaísmo que havia sabido atrair sobre si a atenção de espíritos devotos e sérios, – e superando-o com toda a pujança do entusiasmo espiritual. Face à filosofia grega, ele apresentava-se como uma "sabedoria" capaz de estancar sua sede de "conhecer"[683].

## 1. A religião do "verdadeiro Deus"

Paulo ensinava os pagãos a se afastarem dos "ídolos", a aderirem ao culto deste Deus "vivo e verdadeiro" (1 Ts 1.9). Tais fórmulas encerram uma apologética por longo tempo amadurecida no judaísmo e que se havia alimentado do melhor pensamento religioso dos filósofos gregos[684].

O Deus que Paulo pregava era o do Antigo Testamento e da revelação cristã, o Deus "desconhecido" e contudo tão próximo. Recorria ao tema do conhecimento pelas obras divinas, comum à Bíblia, aos escritos judeu-alexandrinos, à filosofia grega e ao hermetismo[685]. Atinge-se a Deus menos por um raciocínio lógico que por uma contemplação das obras[686], e se Paulo houvesse desenvolvido seu pensamento, teria dito que o mesmo Espírito que nos revela o plano da redenção (cf. 1 Co 1.21) e perscruta os segredos de Deus (1 Co 2.10), ampara toda procura dos homens de boa vontade[687].

---

pp. 15-110; G. BORNKAMM, "Faith and Reason in Paul' Epistles", em New Test. Studies, 5 (1958-59), pp. 93-100; U. WILCKENS, Weisheit und Torheit. Eine exegetisch-religionsgeschtliche Untersuchung zu I Kor. 1,18-2,16 (Beitrage z. hist. Theol., 26), Tübingen, 1959.

[683] O hermetismo será a melhor expressão desta forma de uma filosofia transformada em "gnose", isto é, religião de conhecimento. As religiões de mistério, das quais Elêusis permanecia o modelo, eram um outro lugar de encontro da religião e da filosofia.

[684] Ver os discursos de Paulo no Livro dos Atos, em Antioquia da Pisídia (At 14.15-17) e no Areópago (At 17.22-31). Cf. L. CERFAUX, art. Agnoia (Agnosia), em Reallexikon für Antike und Christentum, I, c. 186-188.

[685] Cf. supra, pp. 42-46.

[686] Cf. as fórmulas de Rm 1.20.

[687] Cf. At 17.27-28; Rm 2.7. Cf. o vocabulário paulino, onde podem aproximar-se de πνεῦμα. os vocábulos gregos νοῦς, νόημα, σύνεσις. O Espírito Santo não

Os temas que acompanham o processo da idolatria, a degeneração do politeísmo com os escândalos de sua mitologia e de seus costumes, o aspecto grosseiro dos sacrifícios, – sublinhado pela espiritualidade do culto cristão, – acabam por situar Paulo nos fundamentos da apologética cristã contra o paganismo.

A oposição radical entre o paganismo e o cristianismo tornar-se-á assim uma oposição entre duas civilizações. Ela é "sentida" por Paulo com toda a acuidade de seu judaísmo, à qual se soma agora a misericórdia duma religião espiritual e por isso mesmo ecumênica, asilo de todas as almas que buscam a glória de Deus e a imortalidade (Rm 2.7).

Assim, pois, o Deus anunciado por Paulo permanece o Deus dos hebreus, com sua santidade temível. Mas é acrescentada uma nota, a "espiritualidade", e esta é um progresso com relação ao pensamento grego[688].

## 2. A sabedoria cristã

Paulo encontrou entre seus cristãos de Corinto algo da paixão grega pela filosofia. Sem dúvida, naquele meio popular (do 1 Co 1.26ss) não se tratava duma pesquisa sistemática, mas as fronteiras entre o mundo da filosofia e o povo eram menos estanques que hoje em dia. Entre os dois, havia uma filosofia popular que servia de ponto de encontro. Se as lições de Platão, e mais ainda as de Aristóteles, eram inacessíveis, uma sede de conhecer e de superar-se pelo conhecimento era vulgarizada pelas escolas do tempo. A curiosidade invadia todos os campos, desde a geografia e a botânica até o mundo dos deuses, desde o domínio de si mesmo pelo conhecimento até os destinos do homem após a morte. As escolas de filosofia tinham ares de seitas religiosas, encarregando-se de obter para os homens, mais e melhor que os cultos, a segurança e a salvação.

O cristianismo não poderia escapar totalmente ao seu meio. Vimos os carismas intelectuais apaixonar momentaneamente os

---

separa o cristianismo do mundo grego; ele lho torna acessível pelo seu aspecto parcialmente intelectual.

[688] A expressão λογικὴν λατρείαν (Rm 12.1) é reveladora.

cristãos de Corinto. Consideram suas igrejas como escolas de filosofia. Paulo, como mais tarde Justino em Roma, – e este último vestia a toga dos filósofos, – aparecia a seus olhos sob os traços dum filósofo inspirado. Para dar suas aulas não vai ele alugar em Éfeso a escola de um tal Tirano, provavelmente retor e filósofo?[689] Passando por Atenas, ele havia despertado a curiosidade dos epicuristas e dos estóicos, intrigados por aquela "doutrina" onde as idéias filosóficas e religiosas se acotovelavam. Para produzir este efeito, bastou-lhe repetir os velhos temas, a revelação da divindade pelo mundo criado, a Providência, a canaturalidade entre os homens e os deuses. Filosofia e revelação davam-se as mãos. O "Deus desconhecido" introduzia um discurso ouvido muitas vezes desde Sócrates.

Paulo entretanto, das profundezas de sua alma religiosa, repudiava este equívoco. São bem conhecidos seus protestos veementes em 1 Coríntios. Porém ele não consente em abrir mão dos trunfos que a curiosidade grega lhe fornecia, e ei-lo afirmar audaciosamente, na linguagem de seus ouvintes, que a mensagem cristã traz em si um tesouro de conhecimento: "Oferecemos nossa filosofia, uma sabedoria, aos perfeitos. Com efeito, esta sabedoria não é deste mundo, nem dos "príncipes" deste mundo, que caminham para a perdição. Anunciamos a sabedoria de Deus, oculta num mistério, aquela que Deus de antemão destinou antes dos séculos para nossa glória. Nenhum dos príncipes deste mundo a conheceu..." (1 Co 2.6-8).

Sabedoria e mistério são termos gregos. "Conhecer" corresponde bem ao temperamento grego. Mas o fundo desta sabedoria é uma revelação; passamos a temas que devem soar de modo estranho a ouvidos gregos. Diversos termos provêm da apocalíptica. O contato com as reflexões sobre a "Sabedoria" judaica revela-se à primeira vista. Deus fez um primeiro plano para salvar o mundo, contando de modo especial com a "sabedoria" humana, mas os homens fizeram-no fracassar; é por isso que ele agora confunde a sabedoria dos homens, revelando sua própria sabedoria, antitética à sabedoria

---

[689] Cf. At 19.9.

humana, porque é "sabedoria de Deus" (1 Co 1.21). Conheceremos este novo plano por uma revelação do Espírito, que perscruta as profundezas de Deus. A sabedoria cristã é o conhecimento de um "mistério". Voltaremos ao assunto na quarta parte.

## 3. *O intelectualismo cristão*

No decurso de toda a sua história, a Igreja estará associada ao Espírito Santo, e ao mesmo tempo, a uma utilização às vezes muito pronunciada dos recursos da inteligência humana.

A teologia desenvolverá a tradição; assim se constituirá o plano, segundo o qual o Espírito Santo iluminará as inteligências. Qual é, segundo Paulo, a natureza exata deste "intelectualismo" cristão?

A primeira Epístola aos coríntios reage contra o intelectualismo dos gregos. Opõe a linguagem da cruz à da "sabedoria". Mas trata-se de toda e qualquer sabedoria e filosofia, e todo intelectualismo é denunciado? Em outras palavras, o cristianismo é inimigo da atividade da inteligência humana?

A tese de Paulo, em Romanos e 1 Coríntios, é que Deus quis o fracasso da primeira economia de salvação. De acordo com o primitivo plano divino, o homem devia chegar, pelo uso da inteligência, contemplando a criação, ao conhecimento e ao culto de Deus, que o conduziria à salvação. Este primeiro plano era um voto de confiança na inteligência. A "vontade" de Deus que determinou seu fracasso (1 Co 1.21) em nada diminui a culpabilidade do homem (Rm 1.20-21). Após o fracasso, continuam possíveis os passos para chegar ao conhecimento de Deus. Não há frase alguma de Paulo que dê a entender que a capacidade fundamental do homem de chegar ao conhecimento de Deus (capacidade esta que constitui sua natureza) seria supressa ou diminuída[690].

Paulo atribui à filosofia grega uma parte da responsabilidade no insucesso do plano divino (1 Co 1.20-21; Rm 1.22). Trata-se duma filosofia determinada, que aderiu à idolatria[691], e que foi trabalhada

---

[690] Cf. *supra*, pp. 28-44.
[691] O tema é representado pelas duas feras do Apocalipse, onde a idolatria se identifica com o culto dos imperadores (Ap 13.1-18).

pelas potências demoníacas⁶⁹². Portanto, não se tem o direito de fazer recair a condenação sobre toda filosofia e, ainda menos, sobre todo intelectualismo; a "loucura da cruz" não lança o anátema sobre a razão humana.

Para avaliar semelhante formulação, é preciso entender a atitude do Apóstolo. Ele constrói frases belas, eloqüentes, paradoxais, a fim de censurar a conduta dos coríntios. É um belo trabalho oratório, portanto parcialmente "literário". Deseja humilhar, não a inteligência, nem a filosofia, nem mesmo a eloqüência, – pois ele se serve delas, e com que virtuosismo, no próprio momento em que as censuras, – mas sim os coríntios, que atribuem aos artifícios humanos um valor religioso, uma eficácia que rebaixa, quando não suprime, a eficácia divina da mensagem.

A explanação sobre a loucura da cruz não desvirtua de modo algum a atividade da inteligência criada. Que esta não possa competir no mesmo plano com a revelação e a mensagem de Deus, isto é mais que evidente. Os ataques apaixonados de Paulo são ocasionais (ele não os repetirá jamais nas suas Epístolas); eles visam a situação concreta que ele encontrou em Corinto⁶⁹³. Guardadas as devidas proporções, ele submete a filosofia (ou o uso da inteligência humana) ao tratamento que ele deu aos carismas. Não é tanto a atividade intelectual que é visada, quanto o abuso que dela fizeram os coríntios.

É necessário, portanto, reduzir as suas justas proporções a função que Paulo atribui ao paradoxo da cruz. Nós a compreenderemos melhor refletindo, baseados na própria Carta aos coríntios, no que foi a mensagem que ele transmitia.

Antes de mais nada aparece o tema fundamental do monoteísmo. Paulo ensina aos coríntios a conhecer o Deus uno, vivo e

---

⁶⁹² Este tema judaico é divulgado nos apócrifos. Os anjos decaídos do Livro de Henoc ensinam aos homens os segredos da natureza (cap. 7), das artes (cap. 8), da magia (cap. 65), da sabedoria e das ciências (cap. 69).

⁶⁹³ Paulo voltará a censurar (1 Co 8.1-3). Desta vez, é a "gnose" dos coríntios que é atacada. No pensamento deles, esta gnose é mais que uma filosofia; é por isso que ela os ensoberbece. Esta não é a verdadeira "gnose" que vem da iniciativa divina: movimento de amor que excita o amor do homem e a ele corresponde, além de comunicar à inteligência humana o conhecimento de seus segredos.

verdadeiro, e a abandonar seus ídolos (1 Co 8.4-6)[694], Em seguida, como foi no caso dos tessalonicenses e como ele não cessará de fazer, anunciava o julgamento com a parusia de nosso Senhor Jesus Cristo, 1 Co 3.13ss; nesse contexto ele descreveu a parusia, como havia feito igualmente em Tessalonica, 1 Co 15.18-26. Estamos bem lembrados do lugar que ele reserva à ressurreição na sua mensagem (1 Co 15). Onde é que ele declararia que o Evangelho limita-se ao anúncio da crucifixão? Se lemos bem 1 Co 1.17, evangelizar (a Boa-nova) deve compreender toda a mensagem cristã: monoteísmo, julgamento, parusia, ressurreição, morte do Cristo, Paulo não revestiu sua mensagem de artifícios humanos, "a fim de que a cruz de Cristo não seja desprovida de sua força". Para introduzir a exposição que prepara, ele dá a toda a sua mensagem o nome de "linguagem da cruz". Tem o direito de fazer esta abreviação, como uma provocação perante o orgulho dos coríntios. Aliás, a cruz é "força de Deus" (1.18). Isto, para quem está familiarizado com o pensamento paulino, só se pode entender da eficácia da ressurreição. O Cristo só é poderoso, só exerce a sua eficácia salvífica porque ele ressuscitou, e depois que ressuscitou. É depois deste instante que ele é "Filho de Deus em exercício do poder segundo o Espírito de santificação" (Rm 1.4). A cruz não pode ser chamada de poder de santificação, senão se se faz refulgir sobre ela, recolocando-a no conjunto da obra salvífica, a glória da ressurreição.

A morte do Cristo aniquila tudo o que está comprometido com o pecado, a Lei judaica, as potências que se atribuem um poder divino, uma filosofia que faz causa comum com ela. A inteligência humana não é visada. Seu poder de reflexão, de autoconhecimento e de conhecimento de Deus não é nem uma queda nem uma "alienação". O poder da ressurreição pode, portanto, apoderar-se dele e envolvêla no movimento que nos leva para a consumação de nosso ser na glória. De nosso νοῦς ou de nosso πνεῦμα, de nossa inteligência, o Espírito de Deus, pode fazer um instrumento seu. Não o destruirá por isso: vai renová-lo[695].

---

[694] O tema monoteísta é desenvolvido numa direção cristológica, o que marca provavelmente um progresso com relação à mensagem primitiva que aparece em 1 Ts 1.9.
[695] Cf. abaixo, pp. 319s.

## IV - O ESPÍRITO, PRINCÍPIO INTERIOR DA VIDA CRISTÃ[696]

O Espírito Santo é, no homem, presença, dom, princípio construtivo. São três aspectos inseparáveis, mas pela necessidade metódica somos obrigados a considera-los separadamente. Escolhemos, por conseguinte, três palavras-chaves: presença, dom, imanência; são três títulos pelos quais distribuímos uma matéria vital, uma experiência, riqueza espiritual, que em parte escapa às nossas categorias.

### 1. A presença do Espírito Santo

1. Numerosas fórmulas paulinas exprimem a presença do Espírito Santo no homem pessoal. A mais eloqüente é a da habitação do Espírito, graças à qual os cristãos são o templo de Deus (1 Co 3.16; 6.19; 2 Co 6.16; Rm 8.9). No Templo antigo habitava a glória de Deus ou o Espírito. A comunidade é o Templo de Deus[697], mas não se pode separar desta presença a consagração pessoal de cada um dos cristãos. Deus enviou o Espírito de seu Filho aos vossos corações (Gl 4.6); coloca o penhor do Espírito nos nossos corações (2 Co 1.22): "Não sabeis que sois o templo de Deus e que o Espírito de Deus habita em vós?" (1 Co 3.16). Rm 8.9 diz de modo equivalente: "vós não estais na carne, mas no Espírito".

Tal é, pois, o desenvolvimento normal do pensamento paulino; a parte superior do homem, já espiritual no sentido ordinário do termo, é o lugar da habitação do Espírito e recebe seus dons. Além de Gl 4.6 e 2 Co 1.22, já citados, outras quatro passagens colocam o coração em relação com o Espírito[698].

O uso regular de καρδία neste contexto, um pouco estranho à primeira vista, explica-se bem se pensamos que esta palavra, na versão dos Setenta, segundo o sentido do hebraico lêb, designa muitas

---

[696] H.-D. WENDLAND, "Das Wirken des Heiligen Geistes in den Gläubigen nach Paulus", em Theol. Literaturzeit., 77 (1952), CC. 457-470.
[697] L. CERFAUX, La Théologie de l'Église suivant sainl Paul, 2ª ed. (Unam Sanctam, 10), Paris, 1948, pp. 105-107.
[698] Cf. Rm 5.5; 2.29; Ef 5.19; Cl 3.16. Poderíamos acrescentar ainda Ef 3.17.

vezes a vida cognitiva ou volitiva, as funções humanas superiores[699]. O uso de νοῦς e de νόημα é muito restrito nas Cartas de Paulo; é portanto normal que ele ponha em destaque o termo καρδία, que, aliás, lhe é familiar[700]. Talvez o texto de Jr 31.33 tem também alguma influência nesta questão. Pode ser que ele sugeriu a antítese entre a Lei antiga, escrita sobre a pedra e a lei nova escrita nos corações (LXX: nas inteligências e no coração), e orientou para a fórmula da habitação nos corações[701]. De qualquer forma o que Paulo deseja é situar a habitação do Espírito na parte superior, intelectual e moral do homem; esta conclusão é corroborada pelos outros textos, em que Paulo põe o Espírito Santo em relação seja com o νοῦς do homem[702], seja com o homem interior[703].

2. Paradoxalmente, Paulo insiste na habitação no corpo humano: "Não sabeis que o vosso corpo é o templo do Espírito Santo presente em vós, que recebestes de Deus? ... Glorificai, pois, a Deus em vosso corpo" (1 Co 6.19-20). A mesma relação está subjacente em Rm 8.11.

Não se pode tirar destes textos conclusão alguma sobre a antropologia, como se o corpo representasse toda a pessoa humana. A intenção do Apóstolo é, ao contrário, insistir na relação do Espírito com o corpo de carne como tal; mas ele o faz em função duma teoria bem precisa: o corpo recebe o Espírito porque ele é chamado a se tornar, pela ressurreição, um corpo espiritual (1 Co 15.43[704]). Seu destino cria para ele um estatuto especial na ordem espiritual.

A esta dignidade corresponde no cristão o dever de respeitar este corpo, que desde já é templo de Deus e habitáculo do Espírito, tão unido ao Cristo, que já participa, pode-se dizer, de sua própria natureza espiritual. Assim pode Paulo opor a união ao corpo do

---

[699] Os Setenta empregam καρδία, em suas diversas acepções, mais de 900 vezes.
[700] 52 casos (incluindo as Epístolas pastorais). Cf. W. D. STACEY, *The Pauline View of Man*, Londres, 1956, p. 194.
[701] A Epístola aos hebreus cita duas vezes Jr 31.33 (Hb 8.10 e10.16).
[702] Cf. Rm 12.2; 1 Co 14.14.15.19; Ef 4.17.
[703] Ef 3.16; 2 Co 4.16.
[704] Cf Rm 8.11: "Se o Espírito daquele que ressuscitou Jesus dos mortos habita em vós, aquele que dos mortos ressuscitou o Cristo Jesus, dará a vida também a vossos corpos mortos, pelo seu Espírito que habita em vós".

Senhor à união à carne da meretriz nas relações sexuais; a união do corpo com o Cristo é tão íntima, que ela faz com ele um só Espírito, sendo o Espírito Santo, para ambos, princípio da vida nova (1 Co 6.15-17).

A presença do Espírito Santo no cristão responde, portanto, às duas tendências fundamentais da teologia paulina. Ela concerne essencialmente à parte superior do homem, a alma, que ela consagra como templo novo, objeto de santificação, lugar do culto perfeito; estende-se até ao corpo, destinado à ressurreição e preparado pelo Espírito Santo para a glória da parusia.

## 2. O dom do Espírito

Examinaremos sucessivamente neste parágrafo o objeto da doação e as qualidades que ela manifesta.

**A.** *Objeto do dom*

1. Dos temas da herança e da promessa[705] com suas coordenadas, originou-se bom número de expressões muitas vezes figuradas, onde os verbos derramar (Rm 5.5), encher (Ef 5. 18), dar[706] (Rm 5.5; 1 Ts 4.8; 1 Co 12.8; Ef 1.17), conferir (Gl 3.5) com seus correlativos obter[707], beber (1 Co 12.13), recebem por complemento o Espírito, ou substantivos como dom, carisma, ἐπιχορηγία, penhor, primícias, selo etc.

2. Se examinamos concretamente os objetivos da doação do Espírito, constatamos que eles concernem regularmente às atividades da existência cristã, doravante colocadas sob sua moção permanente. São elas: os carismas, as atividades morais autênticas da vida cristã, muito especialmente o amor, e acima de tudo o termo escatológico de nossa vida com sua preparação no conhecimento atual dos bens prometidos.

---

[705] Ver *acima*, pp, 285-297.
[706] Este termo, banal, e muitas vezes sem significação bem determinada, é naturalmente muito freqüente.
[707] Para este verbo vale uma observação análoga à que fizemos sobre o termo "dar", cf. Rm 8.15; 1 Co 2.12; 2 Co 11.4; Gl 3.2.14.

*a) Os carismas*

No capítulo 12 de 1 Coríntios, e depois no capítulo 14, nestas longas seções dedicadas aos carismas, Paulo repete constantemente a palavra "Espírito", mostrando evidentemente que "carisma" evoca essencialmente a eficácia do Espírito. O carismático fala no Espírito, no Espírito Santo (12.3): um mesmo Espírito distribui os carismas (12.4); estes são "a manifestação do Espírito" (12.7) que os produz por sua influência (ἐνεργεῖ) (12.11); eles são dados no Espírito, pelo Espírito, segundo o Espírito (12.8-9); é o Espírito que ora ou louva a Deus naqueles que falam em línguas (14.14-16).

Conhecemos as razões, que levaram Paulo a depreciar os carismas, ao menos o dom das línguas[708]. Elas não são inerentes aos próprios dons, mas antes dependem das disposições imperfeitas dos coríntios. Eles não haviam atingido a idade adulta do cristão (1 Co 3.1s). Seja como for, os carismas, mesmo em Corinto, são o sinal da presença do Espírito na comunidade (1 Co 14.25). À imperfeição que estes dons revelam, corresponde, para os cristãos espirituais, chegados à idade adulta, a perfeição da "sabedoria"[709]; as reservas de Paulo sobre o significado dos carismas não são uma regra geral[710].

*b) A praxe cristã*

Se nos deixamos guiar por 1 Ts 4.8, quando Paulo escreve esta frase, aparentemente muito simples: "(Deus) que vos concedeu (no sentido de colocar, fazer habitar) seu Espírito Santo", ele cita expressamente Ez 37.14 (cf. 36.27)[711]. Esta semelhança com o profeta, bem como o contexto de 1 Tessalonicenses nos fazem pensar que o Espírito põe em nós uma vida nova, a do Cristo ressuscitado, que transforma nosso comportamento antigo num comportamento "novo" e

---

[708] Cf. *acima*, pp. 261-265.
[709] Cf. pp. 301-302.
[710] Cf. Ef 5.18s; Gl 3.3-5 (carismas e milagres são sinal de que os gálatas receberam pessoalmente o Espírito, de forma a serem libertados da lei).
[711] Compare-se Ez 37.14: καὶ δώσω τὸ πνεῦμά μου εἰς ὑμᾶς com 1 Ts 4.8: (τὸν θεὸν) τὸν καὶ διδόντα τὸ πνεῦμα αὐτοῦ τὸ ἅγιον εἰς ὑμᾶς.

produz em nós "a safra do Espírito" (Gl 5.22)⁷¹². Quando Paulo enumera estes efeitos do Espírito Santo em nós, cita em primeiro lugar o amor: "Os frutos do Espírito são: o amor, a alegria, a paz, a paciência, a doçura, a bondade etc." (Gl 5.22-23). O amor é por excelência o dom que vem de Deus, e ela se identifica de certo modo com o Espírito "derramado" em nossos corações: "O amor de Deus foi derramada em nossos corações pelo Espírito Santo que nos foi dado" (Rm 5.5).

A propósito da eficácia do Espírito no domínio de nossa vida moral, Paulo usa a frase "fazer morrer as ações do corpo pelo Espírito" (Rm 8.13), que ele explica por "ser conduzido pelo Espírito" (Rm 8.14). O Espírito exerce, portanto, seu influxo nas nossas decisões morais. Já que esta eficácia é vista em oposição à da carne, compreenderemos que ela se exerce como uma força localizada em nós. E, por outro lado, esta força não está isolada do Espírito pessoal⁷¹³.

c) *O conhecimento dos bens prometidos*

Paulo descreve longamente em 1 Co 2.6-16 o conhecimento dos bens que Deus nos reserva, nossa herança. Um conhecimento assim, que desde agora penetra nos mistérios de Deus, só nos pode ser comunicado pelo Espírito Santo, que perscruta as profundezas da divindade. Ele é uma ciência do homem chegado à sua maturidade (1 Co 2.6; 13.11); o que nós conhecemos, é o Pai da glória (Ef 1.17). Pode-se identificálo com este "senso" que o Espírito dá aos cristãos, uma consciência de filhos de Deus. Em todas estas passagens que giram em torno do tema da herança e dos direitos de filhos, Paulo frisa que se trata essencialmente de conhecer⁷¹⁴. Ser herdeiro de Deus significa possuir, no dom do Espírito, a qualidade de filho e

---

⁷¹² Cf. *abaixo*, pp. 472-476.
⁷¹³ O simples πνεύματι em Rm 8.13 é retomado por πνεύματι Θεοῦ no v. 14. Pode ser que a ausência dos dois artigos na expressão πνεῦμα Θεοῦ ajude a aproximar o Espírito Santo pessoa do resultado de sua presença no homem. Cf. N. A. WAANING, *Onderzoek naar het gebruik van* πνεῦμα *bij Paulus*. Diss., Amsterdam, 1939, pp. 28, 164. – Sobre toda a questão dos frutos ou da colheita do Espírito, cf. *abaixo*, pp. 472-476.
⁷¹⁴ Cf., em particular 1 Co 2.12s; Ef 1.17.

os sentimentos que lhe correspondem. Leia-se sobretudo Gl 4.6-7 e Rm 8.15-17. As expressões que Paulo emprega indicam uma colaboração entre o Espírito Santo e a consciência que este desperta em nós: "O Espírito vem em auxílio da nossa fraqueza, ele suplica em nosso lugar" (Rm 8.26); ele "confirma o testemunho de nosso espírito, de que somos filhos de Deus" (8.16).

As noções de herança, de primícias, de penhor etc., nos fariam pensar de preferência numa realidade ontológica, e sem dúvida, não se deve excluir este aspecto; mas estas primícias, este penhor, é o Espírito Santo que está em nós e em nós exerce a sua atividade. Seria talvez melhor dizer que este penhor que recebemos é essencialmente um penhor vivo, essencialmente "atuação" de nosso conhecimento, da mesma forma que a nossa herança consistirá realmente em conhecer a Deus. O Espírito é a garantia da nossa herança[715].

**B.** *As qualidades do dom*

1. O dom é eficaz, essencialmente ativo. O Espírito Santo é vivificador e santificador. Ele se define como tal na ocasião da ressurreição de nosso Senhor, pela qual ele, por assim dizer, transfundiu no corpo ressuscitado de Cristo seu poder de santificar (Rm 1.4) e de vivificar (1 Co 15.45)[716]. O corpo ressuscitado de Cristo tornou-se deste modo o ponto donde derivarão para os homens a santidade e a vida, sem que o Espírito cesse de ser, por isso, o agente imediato destas propriedades divinas que doravante nos são acessíveis.

Podemos comparar estas expressões com a que Paulo usa em 1 Co 6.17: ὁ δὲ κολλώμενος τῷ ἓν πνεῦμά ἐστιν. Se Cristo é πνεῦμα

---

[715] Em todo este contexto a fé não intervém, senão de modo muito secundário, enquanto ela abre nossa alma à mensagem que nos traz o Espírito com as promessas de herança. O texto de Ef 1.13-14 é perfeitamente límpido. Deve ser entendida no mesmo sentido a expressão mais elaborada de Gl 3.14 (cf. em sentido contrário E. SCHWEIZER. art. πνευμᾶ, em *Theol. Wörterbuch*, VI, 422-425).

[716] Paulo exprime brevemente sua idéia em 1 Co 15.45, dizendo que o último Adão (o Cristo) tornou-se espírito vivificante. Ele foi mais explícito em Rm 1.4.

e é capaz de nos unir a ele de tal sorte que não formemos mais senão um πνεῦμα único com ele, é porque seu corpo ressuscitado é a sede dum poder espiritual que se exerce sobre os homens para ressuscitá-los e dar-lhes a vida; os cristãos que aderem[717] intimamente ao Senhor, dele recebem a eficácia do Espírito e não mais constituem com o Senhor senão um Espírito – expressão que o pensamento supera numa projeção mais audaciosa: eles não constituem mais senão o único e mesmo Espírito. Lembremo-nos da expressão também arrojada: Deus será tudo em todos.

A eficácia do Espírito é criadora. Toda a doutrina paulina permite-nos restabelecer este vínculo e atribuir ao Espírito a transformação radical de nossa humanidade[718]. Trata-se de formar em nós um "homem novo"; de certa forma é recomeçar nossa criação, de tal modo que sejamos agora celestes e espirituais[719] e é graças ao Espírito que habita em nossos corpos que nós antecipamos assim nosso estado glorioso.

O Espírito é ao mesmo tempo uma luz intelectual: "estando os olhos da vossa inteligência iluminados, a fim de que possais

---

[717] A palavra aderência tem a vantagem de exprimir uma espécie de conaturalidade entre o Espírito e o homem pneumático. Esta conaturalidade supera a noção de uma simples presença e afeta o homem na sua própria natureza e no seu ser. A presença do Espírito no templo consagra o templo, torna-o inviolável, protegido por Deus, 1 Co 3.6-17. A aderência de que Paulo fala confere ao homem uma qualidade de santidade; é uma realidade que representa uma referência toda especial a Deus, que é criadora dos direitos e dos deveres, e, pela própria natureza, intrínseca, tanto no pensamento paulino como no de todos os antigos. A santidade é uma qualidade que afeta as coisas.

[718] O cristão é uma nova criatura, καινὴ κτίσις, 2 Co 5.17; Gl 6.15; é renovado à imagem de Deus, numa nova criação, Co 3.10; cf. Ef 2.10-15; 4.24. O texto de 2 Co 3.18 também alude à nova criação, que nos reconduz ao estado da criação à imagem de Deus. Paulo conhece a teoria dum primeiro homem criado à imagem de Deus, mas ele a substituil! pela do último Adão. Contudo, ele conserva o tema da glória concedida ao primeiro homem (Rm 3.23). Tt 3.5 considera o batismo como um novo nascimento, uma renovação produzida pelo Espírito Santo (ἀνακαινώσεως πνεύματος ἁγίου) que Deus derramou abundantemente sobre nós por Jesus Cristo nosso Salvador. Cf. G. SCHNEIDER, "Die Idee der Neuschöpfung beim Apostel Paulus und ihr religionschichtlicher Hintergrund", em *Trierer Theol. Zeitschr.*, 68 (1959), pp. 257-270.

[719] Cf. Cl 3.10; Ef 2.10.15; 4.24; 1 Co 15.44-49.

saber qual é a esperança a que sois chamados (por Deus), quais as riquezas da sua herança gloriosa, que vos prepara entre os santos" (Ef 1.18).

2. É um dom permanente, radicado na alma uma vez por todas, inerente a ela. Entretanto ele permanece sempre o dom de uma pessoa: o Espírito Santo pessoal está na alma para aí fazer sua morada. A pessoa divina foi acolhida pela pessoa humana. "Uma vez por todas" não exclui que o Espírito espere dela uma disposição permanente de acolhida, que, absolutamente falando, poderia ser rompida por uma vontade contrária da criatura. A melhor prova da estabilidade desta ligação entre o Espírito e o homem, é o fato de ela se produzir no momento do batismo: por conseguinte, ela marca necessariamente, como o próprio sacramento, toda a vida humana subseqüente: "Por um só e mesmo Espírito, nós todos fomos batizados (o aoristo indica o ato realizado no tempo, irreversível) para constituirmos um só corpo, judeus e gregos, e todos fomos embebidos num só e mesmo Espírito" (1 Co 12.13); "fostes lavados, santificados, justificados em nome de nosso Senhor Jesus Cristo e no Espírito de nosso Deus" (1 Co 6.11).

### 3. *A imanência do Espírito*

A "presença" coloca dois seres um em frente ao outro. O "dom" supõe comunicação, ordinariamente duma coisa, duma riqueza, mas pode ser também o dom por excelência duma pessoa a uma outra pessoa.

A imanência ajunta à idéia de presença ou de dom uma noção de interioridade. Evidentemente, devemos excluir toda espécie de imanência: que fizesse uma verdadeira combinação, uma identificação de duas pessoas. Tanto a noção exata de pessoa, como a transcendência do Espírito divino opõem-se a toda teoria de emanação, tal como se poderia extraí-la do estoicismo, supondo uma parcela do Espírito divino separando-se para vir constituir-nos ou misturar-se à nossa própria natureza.

Com risco de repetição, algumas palavras de introdução sobre a antropologia paulina não serão inúteis antes de abordar uma tentativa de explicar a imanência do Espírito Santo na alma cristã.

**A.** *A parte superior do homem segundo o Apóstolo*

Por que declarar como *a priori* que Paulo adota a visão "sintética" que os hebreus têm do homem, a ponto de a visão analítica grega lhe ser completamente estranha?[720] Se ele se declara hebreu, filho de hebreu, ele se faz grego com os gregos. E é realmente impossível a um judeu inteligente situar-se na hipótese do dualismo grego? Que sua concepção de base seja "sintética" ou não, é, no nosso modo de ver, uma questão insolúvel e talvez inútil. O que importa, não é o que nós cremos saber do temperamento semítico dó Apóstolo, mas os textos de suas Cartas, única projeção que possuímos de seu verdadeiro pensamento.

Pareceu-nos que ele se inclinava para o pensamento grego, quando teve de se representar uma sobrevivência antes da ressurreição. A dignidade da vida superior do cristão, que "a carne e o sangue" não podem atingir, não encontraria nenhum apoio no mesmo meio?

Não pretendemos de modo algum que Paulo fosse dualista à maneira dos gregos platonizantes. A noção que tem da ressurreição basta para provar que le não imagina uma alma coibida pelo peso do corpo, no ímpeto de suas faculdades superiores. Mas o dualismo platônico não é a única teoria que permite uma concepção espiritualista (no sentido moderno do termo) da alma humana[721]. Um estudo do vocabulário paulino é instrutivo.

1. O coração, καρδία, é o termo mais freqüente nas Epístolas para indicar a sede das atividades superiores do querer e mesmo da inteligência. É aos Setenta que Paulo deve este uso. O "coração" é um órgão do corpo humano, mas, como nas nossas línguas, a palavra sugere doravante mais a idéia duma faculdade que a de um órgão propriamente dito. Nos Setenta, o coração é o órgão próprio da inteligência; em Paulo, esta função é cedida parcialmente ao νοῦς,

---

[720] W. D. STACEY, *The Pauline View of Man*, Londres, 1956, p. 198.
[721] Em especial a confusão é fácil entre uma alma inteligente e uma inteligência presente no homem; os gregos a fizeram. Paulo poderia muito facilmente considerar a inteligência como uma essência capaz de continuar sua existência quando o corpo a houvesse deixado. É preciso recordar o que ele pensa do êxtase, em que seu ego foi arrebatado ao paraíso, com ou sem seu corpo.

o que é mais grego⁷²². No entanto, em bom número de casos, καργία continua sendo a sede da inteligência⁷²³. O Espírito exerce sua eficiência sobre "o coração", tomado ora na acepção geral do símbolo da vida superior do homem⁷²⁴, ora como órgão específico da inteligência⁷²⁵.

O uso do termo νους (inteligência) é notavelmente freqüente na literatura paulina, sobretudo quando comparada com os Setenta. Deixando de lado 2Mac, onde ele aparece 9 vezes (no seu sentido filosófico), ele não se encontra mais que 23 vezes na Bíblia grega, ao passo que se vêem 20 usos (dos quais 3 nas Epístolas pastorais) nas Epístolas paulinas. Proporcionalmente à massa quantitativa das duas literaturas, o uso paulino está, pois, comparado com o dos Setenta, na proporção aproximativa de 28 por 1. Observe-se de passagem que Paulo retomou duas vezes e de propósito, ao que parece, o único lugar da Bíblia grega em que νους traduz o hebraico *ruah*⁷²⁶.

Os partidários do caráter semítico da antropologia paulina pretendem que o νοῦς paulino não tem nada do νοῦς filosófico; primeiro, porque implica sempre uma decisão e uma ação resultante do pensamento; segundo, porque representa sempre o homem na sua totalidade⁷²⁷. Esta última asserção seria bem dificilmente controlável. Pode-se, em todo caso, contestá-la, apontando a utilização muito refletida de νοῦς com seu valor grego, em 1 Co 14.14-19 e as fórmulas de Fp 4.7 e de Rm 1.28, em que o caráter intelectual é ainda claramente sublinhado. Doutro lado, Paulo percebeu uma equivalência entre νοῦς e πνεῦμα, entendendo este último termo no seu sentido cristão, em relação com o Espírito de Deus⁷²⁸. Deixemos, pois, ao νοῦς paulino um certo contato (menos estreito evidentemente que em Mac) com o sentido filosófico ou psicológico; e Paulo não aprendeu este uso na Bíblia grega. Note-se ainda que o νοῦς

---

⁷²² Cf. W. D. STACEY, *The Pauline View of Man*, Londres, 1956, pp. 194-197.
⁷²³ Compare-se Rm 1.21 e 1.24.
⁷²⁴ Cf. Rm 2.29 (περιτομὴ καρδίας ἐν πνεύματι); Rm 5.5; 10.10; 2 Co 1.22; 3.2-3; Gl 4.6; Ef 5.19; Cl 3.15-16; 1 Ts 3.13.
⁷²⁵ 2 Co 4.6; Ef 1.18.
⁷²⁶ Is 40.13, citado em 1 Co 2.16 (num florilégio) e em Rm 11.34.
⁷²⁷ Cf. W. D. STACEY, *The Pauline View of Man*, Londres, 1956, p. 199.
⁷²⁸ Cf. 1 Co 2.16; Rm 11.34; 12.2.

não é simplesmente a faculdade de inteligência, mas a inteligência concebida como uma substância, como na filosofia grega primitiva e sobretudo no hermetismo.

Os maiores defensores da formação semítica de Paulo são obrigados a admitir sua dívida para com a Grécia no emprego que faz do vocábulo συνείδησις[729], esta conquista da reflexão psicológica, representando uma noção inacessível à língua hebraica. O mesmo se dá com a expressão ὁ ἔσω ἄνθρωπος[730], mas nos dizem que Paulo pode tê-la ouvido em suas conversas com os gregos e começado a usá-la sem reparar na incompatibilidade dela com seu vocabulário[731].

Mas por que tais expressões não haveriam de entrar mais a fundo na sua linguagem, ajudando-o a se libertar das amarras duma civilização incapaz de responder à expectativa do mundo grego e às experiências do cristianismo?

Admitamos, pois, que o vocabulário paulino não nos forneça fórmula alguma que represente claramente o dualismo grego, distinguindo as duas partes do composto humano[732]. Entretanto, na medida em que as atividades humanas superiores – inteligência, consciência, vontade – em oposição a uma vida animal, constituem a personalidade humana, o "eu", e que se empreguem, para exprimir esta personalidade, os mesmos termos do mundo grego, onde eles estão enquadrados numa sábia sistematização, não seríamos forçados a admitir o próprio fundamento desta sistematização, a separação da parte racional duma parte mais material do composto

---

[729] Esta palavra aparece 14 vezes nas grandes Epístolas. Cf. W. D. STACEY, *The Pauline View of Man*, Londres, 1956, pp. 206-210; W. SANDAY-A. HEADLAM, *A Critical and Exegetical Commentary on the Epistle to the Romans*, Edimburgo, 1898, p. 61.

[730] 2 Co 4.16; Rm 7.22; Ef 3.16. Platão e Filon conhecem a expressão equivalente ὁ ἐντὸς ἄνθρωπος.

[731] Cf. W. D. STACEY, *The Pauline View of Man*, Londres, 1956, p. 213.

[732] O emprego de ψυχή é raro (13 vezes), duas vezes em citações do Antigo Testamento, e não indo além, geralmente, do sentido da literatura judaica (significando a vida, ou a pessoa humana como o hebraico *nêphêsh*). Pode-se, porém, suspeitar um uso mais grego, opondo a alma ao corpo, em 1 Co 15.45 e sobretudo 1 Ts 5.23. Outro uso grego: Cl 3.23 e particularmente Fp 1.27 (μιᾷ ψυχῇ).

humano? E se esta teoria explica melhor a experiência cristã (pensamos no êxtase, em que o "eu" fica separado do corpo, e numa imortalidade independente da ressurreição dos corpos), pode-se rejeitar o pensamento grego?

2. O uso do termo πνεῦμα é mais instrutivo.

Sabe-se que o Antigo Testamento emprega 756 vezes o termo *nêphêsh*, (traduzido muitas vezes no grego por ψυχή), e 378 vezes o termo *ruah* (πνεῦμα, nas suas diversas acepções. A proporção é de 2 para 1. Nas Epístolas paulinas ψυχή é usado 13 vezes[733] e πνεῦμα 146 vezes (incluindo as Pastorais): a proporção passa agora de 1 a 12. Sabemos já que diversas influências se exerceram para produzir esta mudança de vocabulário: o sucesso do estoicismo, a atitude do judaísmo alexandrino (Livro da Sabedoria) e a experiência do cristianismo. Esta última, sem dúvida, é a principal.

A concordância de Schmoller aponta 16 casos em que Paulo fala do "espírito" humano individual[734]. Um caso muito claro encontra-se em 1 Co 2.11: "quem conhece o interior do homem, a não ser o espírito do hômem que está nele?" Conforme o vocabulário estóico: no homem se encontra um "espírito", fonte da vida racional. Nós incluiríamos na mesma categoria as passagens em que πναεῦα não diz nada mais que um estado de alma, por exemplo, quando Paulo fala do repouso do espírito (1 Co 16.18; 2 Co 2.13; 7.13).

Diversos trechos indicam uma oposição do espírito do homem à carne ou ao corpo, distinguindo duas partes no composto humano. Sem dúvida, Paulo não fala como filósofo, mas esta separação

---

[733] Normalmente ψυχή não entra em concorrência com os outros termos como καρδία, νοῦς etc. para designar "a alma" no sentido que hoje atribuímos a esta palavra. Cf. *abaixo*, pp. 319s.

[734] Seria preciso acrescentar 2 Co 7.13. Aí se encontra o vocabulário estóico. Ainda próximo do uso corrente (estoicismo, mântica grega e judaísmo) são certas especificações do termo πναεῦα. O πναεῦα aparece como uma força separada de Deus, concebida mais ou menos como um espírito separado a serviço de Deus. Paulo falará dos πεύματα dos profetas, que são submetidos aos profetas (1 Co 14.32). Hesita-se, aliás, entre o sentido de força ou de ser espiritual criado e o de inspiração no homem (cf. 1 Co 14.12; 12.10); mas de qualquer forma a inspiração é poder indicar que a pessoa está sob a influência desta força (1 Co 14.16; cf. Ef 1.17; 1 Ts 5.19; 2 Ts 2.2), que pode ser má (2 Co 11.4).

entre corpo e alma (ou espírito) ficou de moda e ele a adota. Em 1 Co 5.3, ele se transporta em espírito a Corinto; seu modo de se expressar evoca a separação do corpo e do espírito: "ausente de corpo, presente quanto ao espírito". No versículo seguinte, "o espírito" é personificado: "estando reunidos, vós e meu espírito com o poder de nosso Senhor Jesus..." Um uso análogo, em Cl 2.5, é mais corriqueiro. A oposição entre o corpo (ou a carne) e o espírito fica reforçada desde que se trate da santidade: a virgem será santa em seu corpo e em seu espírito (1 Co 7. 34); a gente se purifica das manchas da carne e do espírito (2 Co 7.1). Compare-se com estes casos Gl 5.17; 6.8.

A semântica revela às vezes um matiz importante. Assim, em Rm 8.10, depois de haver afirmado: "vós não estais na carne, mas no Espírito, pois o Espírito de Deus habita em vós" (v. 9), Paulo comenta: "se o Cristo está em vós, vosso corpo está morto para o pecado, vosso espírito é vida para a justiça". Neste caso, não somente "o espírito" indica a parte superior do homem (oposta ao corpo), mas, além disso, o termo inclui claramente a eficiência produzida pela presença do Espírito Santo. Outras passagens soam do mesmo modo: Rm 1.9; 8.16; Gl 6.18: o espírito dos cristãos é a sede do culto espiritual, da oração, do dom de Deus. E isso não sem antes ter sido transformado pela ação do Espírito Santo.

Esta noção de pertença todo especial do espírito à "vida espiritual" chegará a desenvolver uma antítese entre "o espírito" e a natureza superior da alma. Assim em 1 Co 14.14s: "o meu espírito ora, mas a minha mente (νοῦς) fica sem fruto. Que se deve, então, fazer? Orarei com o espírito, mas cantarei também por minha mente"[735]. O espírito é como uma faculdade superior à inteligência natural. A mesma distinção entre νοῦς e "o espírito" aparece em Ef 4.23, onde Paulo fala duma renovação que se opera no "espírito da inteligência" dos cristãos[736].

---

[735] Existe uma ligeira dúvida na exegese, pois poder-se-ia pensar que, no dom das línguas, o espírito, isto é, um espírito confiado ao homem, oraria (cf. *supra*). Entretanto, a comparação com Rm 8.16 sugere o contrário, pois o Espírito Santo ora ao lado do espírito pessoal do cristão.

[736] Ἀνανεοῦσθαι δὲ τῷ πνεύματι τοῦ νοὸς ὑμῶν.

Estas fórmulas sugerem uma espécie de tricotomia no ser humano que se tornou cristão. A tricotomia é de outra sorte em 1 Ts 5.23, em que se enumeram, como partes do composto humano destinado à glória da parusia, o espírito, a alma e o corpo. É a única vez em que a alma (ψυχη) intervém nestes contextos antropológicos. É como se, momentaneamente, Paulo aceitasse a dicotomia corrente, corpo e alma, e a cristianizasse ajuntando o πναεῦα, repetindo esta palavra como designação da "fina flor" da inteligência humana, ou talvez melhor, toda a inteligência, a parte espiritual da alma; podem-se citar fenômenos análogos no hermetismo, onde o νοῦς substitui o nosso πνεῦμα[737]. Em geral, Paulo imagina a alma como "a animação do corpo"[738], corporal, fazendo um só todo com o "corpo animado".

*Conclusão:* – Sem atingir, rigorosamente falando, noções filosóficas, a antropologia paulina coloca no homem uma faculdade superior que recebe os dons do Espírito Santo. Três nomes se destacam: o coração (καρδία), a inteligência, o espírito. Os dois primeiros são tão próximos, que nós praticamente só reteremos dois: a inteligência e o espírito, que nos hão de servir para propormos uma explicação da imanência do Espírito Santo.

**B.** *Ensaio teórico sobre a imanência do Espírito*

A imanência, no nosso caso, é um fenômeno misterioso, pois seremos levados a avançar muito longe no caminho que conduziria a uma união total do Espírito Santo com a alma humana, devendo deter-nos logo que a confusão das pessoas, ou sobretudo a transcendência do divino ficassem ameaçadas. Acreditamos poder exprimir de dois modos, com Paulo, a realidade da imanência.

1. O Espírito Santo, presente em nós, nos transforma na direção duma semelhança profunda com ele próprio.

---

[737] Cf. C. Herm., IV (ὁ κρατήρ).
[738] Cf. 1 Co 15.45, onde, de acordo com o vocabulário ordinário do Antigo Testamento, a alma não é mais que o corpo animado pela vida natural. O ambiente grego em que Paulo evolui, não se contenta com esta definição de alma, mas enriquece-a com a inteligência. Paulo prefere abandonar simplesmente, nos contextos antropológicos, o emprego de ψυχή.

A própria palavra transformação ou transfiguração é rara, mas no entanto, é empregada[739]. A transformação equivale à formação contínua em nós do homem interior[740]. Duas imagens representam a mesma idéia: a construção e a roupa que se veste[741]. Em outros lugares, Paulo fala de criação[742]. Transformação, crescimento, renovação, criação indicam uma intervenção profunda do Espírito no íntimo de nosso ser, para nos preparar para nosso estado escatológico de criaturas novas (2 Co 4.16). Desde já nós somos "espiritualizados", tornados "espirituais", não evidentemente identificados com o Espírito Santo, mas possuindo, no entanto, uma qualidade real, de caráter único, que nos faz semelhantes no nosso interior ao Espírito; tão semelhantes que se falará também de "participação".

2. A semântica da palavra πνεῦμα, que lhe permite designar ao mesmo tempo o Espírito Santo e a parte intelectual do homem, ajuda-nos a construir uma segunda linha de explicação. A eficácia do Espírito Santo (escrevemos Espírito com letra maiúscula) exerce-se sobre o espírito do homem ("espírito" com minúscula). O ser minúsculo tende a tornar-se um maiúsculo desde que constatamos que o emprego do mesmo termo encerra um mistério de união do Espírito Santo e de nosso espírito. Pela graça produz-se uma atração de nosso espírito para o Espírito divino, e a mesma graça é uma eficiência transformante do Espírito Santo, exercendo-se sobre nosso espírito. O efeito produzido é como uma realidade nova, diversa da "inteligência" natural, oposta a ela e distinta: "o meu espírito ora, mas a minha mente fica sem fruto" (1 Co 14.14); somos "renovados no espírito de nossa inteligência" (Ef 4.23).

---

[739] Rm 12.2 (μεταμορφοῦσθε justaposto a τῇ ἀνακαινώσει τοῦ νοός); 2 Co 3.18.
[740] 2 Co 4.16: o homem interior é renovado de dia para dia; Ef 3.16: o Espírito de Deus nos fortifica (κραταιωθῆναι) em nosso ser interior (εἰς τὸν ἔσω ἄνθρωπον).
[741] Em 1 Co 15.53-54, esta imagem é usada para falar da ressurreição dos corpos, que são "revestidos" de incorruptibilidade e imortalidade. Gl 3.27-28 aponta como efeito do batismo: "revestir-se" do Cristo, de tal modo que todos os cristãos sejam como que idênticos (εἷς) uns aos outros pelo fato de se haverem revestido do Cristo. Trata-se, por conseguinte, duma transformação interior, da qual o Espírito Santo foi o agente. Cf. Ef 4.24; Cl 3.10; a expressão "revestir-se" do homem novo significa, também ela, uma transformação interior (Cl 3.10s retoma o tema de Gl 3.27-28).
[742] Cf. acima, pp. 303s.

Temos de resistir à tentação e não imaginar que o Espírito cria, ao lado da nossa inteligência, uma espécie de faculdade nova, enxertada nela e que seria de natureza espiritual, a inteligência permanecendo "natural".

Transformação de nossa inteligência pelo Espírito, formação duma zona espiritual que a rodeia – isso são apenas tentativas de exprimir a mesma realidade inefável. A melhor fórmula sintética seria talvez a de Cl 3.10: "(Nós nos revestimos) do homem novo, que se renova no conhecimento (do mistério), à imagem daquele que o criou". Para o Espírito Santo, trata-se de criar em nós, em alguma parte da fina flora de nossa inteligência, – de tal modo, porém, que ela nos penetrará totalmente, – esta nova realidade viva que torna o cristão, o homem renovado, capaz de conhecer a Deus e seus mistérios, feito assim o homem, tal como Deus o quis na criação, uma imagem de si mesmo.

*Conclusão:* – A participação no Espírito de Deus é uma primeira característica do cristão. Reconhecemos seu papel decisivo na teologia paulina. O Espírito Santo, conforme explicitamos, é uma Pessoa divina que, comunicando-se a nós, entra em relação conosco "pessoalmente", agindo como pessoa e enobrecendo todas as nossas atividades para situá-las no seu próprio nível.

O efeito mais notório, mas também o mais exterior do Espírito Santo, é este fenômeno extraordinário do cristianismo primitivo, a aparição dos carismas, reviviscência da profecia do Antigo Testamento. A imperfeição desta primeira atividade do Espírito revela-nos, por contraste, uma outra eficiência mais profunda, num conhecimento sublime que faz a inteligência penetrar nos mistérios de Deus; e este conhecimento, esta "sabedoria de Deus", abre a perspectiva de nossos verdadeiros privilégios.

Perante o judaísmo, o cristianismo é realização, cumprimento e espiritualização. Os privilégios do judaísmo continuavam ligados à ordem presente do mundo, eram caducos e imperfeitos. A riqueza que o Antigo Testamento trazia em suas revelações e promessas, não lhe era destinada e passaria aos cristãos sem que Israel dela pudesse aproveitar. Por outro lado, a glória de Moisés, ou o culto antigo, não era mais que um símbolo dos privilégios de que os cristãos gozariam no Espírito Santo.

Face ao mundo pagão, o cristianismo possuía, graças ao Espírito, uma superioridade total. O culto do Deus vivo e o respeito dos costumes dignos da humanidade, estavam a seu alcance. Na ordem sobrenatural, a inteligência, doravante aberta aos mistérios de Deus, oferecia aos gregos, no mesmo Espírito Santo, o acesso a uma espécie de superfilosofia, a sabedoria cristã revelada.

Pudemos enfim abordar a verdadeira teologia do cristão "espiritual" e considerar, não mais através de comparações, mas imediatamente, nossa própria grandeza. Três aspectos das atividades do Espírito em nós mereceram nossa atenção: uma presença, um dom, a imanência.

Uma profunda transformação opera-se no cristão. Exercendo-se sobre nosso "eu" superior, ela atinge, porém, nosso corpo, preparando-o para a sua ressurreição. Mas é a inteligência a grande beneficiária desta transformação. Gostaríamos de poder falar de uma mudança radical de natureza, na qual a inteligência se tornaria Espírito de Deus; tivemos de nos deter neste primeiro ímpeto por causa da barreira intransponível das personalidades: Deus respeita a pessoa humana e a Pessoa divina não cessa de ser transcendente. Contudo, Paulo ousa falar da criação, em nós, duma inteligência nova, capaz de assimilar o mistério de Deus e de tomar consciência da sua qualidade de filho. Acreditamos prolongar seu pensamento entrevendo, ao redor de nossa inteligência humana, uma espécie de zona espiritual conatural ao Espírito Santo. Assim nós nos tornamos outra vez aquilo que Deus quis fazer de nós: imagens dele próprio, criados de novo "no conhecimento".

## Capítulo II
# A COMUNHÃO COM CRISTO

1. *O serviço do Senhor. A imitação.* – Os cristãos face ao Senhor.
2. *Participação na qualidade de filhos de Deus.* "Filiação" escatológica. – "Filiação" atual. – O plano do Pai.
3. *A participação na morte e na vida de Cristo ressuscitado.* A comunhão pelo batismo. A comunhão na Ceia eucarística. – Comunhão na Paixão de Cristo. – A comunhão na "vida" de Cristo.
4. *A eficácia do Espírito Santo e de Cristo sobre a "vida" dos cristãos*
5. *A mística paulina.* A "mística de Cristo" (teoria da história das religiões; retificações; crítica do fundamento filológico). – A mística "experimental" (experiência mística do "ser cristão"; experiência da vocação; visão e revelação; mística do conhecimento). – Conclusão. *Conclusão do capítulo.*

Cristo está no centro da teologia. Definir nossas relações com ele, é definir o "cristão"[743]. Constatamos, entretanto, este fato des-

---

[743] B. McGRATH, "'Συν' Words in St. Paul", em *Catho Bibl. Quart.*, 14 (1952), pp. 219-226; R. SCHNACKENBURG, "Todes und Lebensgemeinschaft mit Christus. Neue Studien zu Rm 6.1-11", em Münch. Theol. Zeitschr., 6 (1955), pp. 32-53; R. HERMANN, "Ober den Sinn des μορφοῦσθαι Χριστὸν ἐν ὑμῖν in Gal 4,19", em *Theol. Literaturzeit.*, 80 (1955), cc. 713-726; A. WIKENHAUSER, *Die Christusmystik des Apostels Paulus*, 2ª ed., Friburg in Br., 1956; P. BONNARD, "Mourir et vivre avec Jésus-Christ selon saint Paul", em *Rev. Hist. Phil. Rel.*, 36 (1956), pp. 101-112; F. NEUGENBAUER, "Das paulinische 'In Christo'", em *New Test. Studies*, 4 (1957-58), pp. 124-138; J. G. DAVIES, *Members one of another. Aspects of koinônia*, Londres, 1958; H. L. PARISIUS, "Über die forensische Deutungsmoglichkeit des paulinischen ἐν Χριρτῷ", em *Zeitschr. Neut. Wiss.*, 49 (1958), pp. 258-288; S. ZEDDA, "'Vivere in Christo' secondo S. Paolo", em *Riv. Bibl.* 6 (1958), pp. 83-92; J. A. ALLAN, "The 'In Christ' Formula in Ephesians", em *New Test. Studies*, 5 (1958-59), pp. 54-62; W. GROSSOUW, *In Christ, A Sketch of the Theology of St. Paul*, Transl. by M. W. Schoenberg, Londres, 1959; P. DACQUINO, "La formula paolina 'in Cristo Gesu'", em *Scuola Catt.*, 87 (1959), pp. 278-291.

concertante à primeira vista: o Apóstolo jamais consentiu em usar o adjetivo "cristão"; ele tem seus motivos[744]. Mas ele foi pródigo no uso de circunlocuções para o substituir. A mais freqüente é, indubitavelmente, a expressão ἐν Χριρτῷ Ἰησοῦ[745].

Os três títulos principais de Cristo, tradicionais e paulinos ao mesmo tempo, nos servem inicialmente de guia na organização deste capítulo. Ele é Senhor, é Filho de Deus, é Cristo, "o Cristo Jesus" ou "Jesus (o) Cristo". Nossos três primeiros artigos tratarão das relações do cristão com o Cristo, distinguindo-as segundo estes títulos. Falaremos em seguida brevemente das semelhanças entre esta vida "cristã" e nossa qualidade de "espirituais". E nos restará tratar da "mística" paulina.

## I - O SERVIÇO DO SENHOR

A palavra *Kyrios* é usada em numerosas acepções[746]. As que nos interessam em nossos estudos do Novo Testamento vêm a ser quatro: o "Senhor" é um título que se dá ao διδάσκαλος[747]; o "Senhor" é um patrão com relação a seus escravos ou seus empregados; é rei, soberano; o marido é o κύριος de sua esposa.

### 1. A imitação[748]

Nós sabemos por que Paulo não deu a si próprio o título de discípulo (de Cristo) e por que ele não deseja dá-lo como tal a seus

---

[744] Os pagãos sabiam vagamente que Cristos ou Crestos tinha sido supliciado na Judéia, e a denominação, no começo, devia ser desprezativa. Seria por isso que Paulo se recusa obstinadamente a empregá-la? No entanto, no bilhete a Filêmon, parece que ele faz um jogo de palavras sobre o nome de Cristo, Κρηστός, como o fez sobre o nome de Onésimo, o escravo fugitivo de Filêmon, outrora inútil e agora "bem útil" – jogo de palavras sobre ὀνήσιμος útil, proveitoso, de ὀνίνημι, servir, ser útil. Κρηστός significaria, para os gregos, o que serve para ungir, ou quem é ungido, untado, engordurado.
[745] A expressão composta é mais freqüente que o simples ἐν Χριρτῷ.
[746] Cf. L. CERFAUX, art. Κύπιος em *Dict. Bible, Suppl.* 5, cc. 220-228.
[747] Só raramente Paulo utiliza o termo διδάσκαλος e nunca com referência ao Cristo. O uso de μαθητής limita-se aos Evangelhos e ao Livro dos Atos.
[748] W. MICHAELIS, art. μμέομαι, em *Theol. Wörterbuch*, IV, pp. 661-678; E. G. GULIN, "Die Nachfolge Gottes", em *Stud. Or.*, 1 (1925), pp. 34-50; G. KITTEL,

cristãos⁷⁴⁹. Sabemos também que ele se interessava, mais do que ele deixa transparecer, pela vida de Cristo e seu ensino; a maneira como ele usa o nome próprio "Jesus" é significativa⁷⁵⁰, como também a sua fórmula composta "Cristo Jesus", que chama a atenção sobre a vida humana de Cristo. Dois temas estão ligados à qualidade de discípulo: a submissão à doutrina e a imitação dos exemplos do mestre; Paulo retém apenas o da imitação. Cristo Jesus é o Filho de Deus que aceita a missão de nos salvar morrendo por nós, a fim de nos fazer viver de sua vida de ressuscitado. Dar sua vida por nós foi sua grande lição; nosso dever principal será imitar seu amor, sua abnegação e sua humildade. É este o sentido de Fp 2.5-8: "Tende em vós os sentimentos que se deve ter diante do exemplo do Cristo Jesus: achando-se na 'condição' de Deus, ... aniquilou-se, tomando a 'condição' de escravo; humilhou-se obedecendo até a morte, e morte de cruz".

Paulo não precisava tirar conclusão: era óbvio que os cristãos deviam aniquilar-se, humilhar-se, entregar-se por seus irmãos, os homens.

Este texto não está isolado. O Apóstolo relembra com freqüência o amor do Cristo, que morreu por nós, entregou-se por nós e que deve ser a norma de nosso próprio *ágape*⁷⁵¹ e a humildade daquele que "se fez pobre"⁷⁵²; estes exemplos servirão de norma para os cristãos. Cristo cuidou de nós, – alusão direta ao ministério do Cristo no meio dos judeus, a fim de que nós cuidássemos uns dos outros⁷⁵³.

---

art. ἀκολουθέω, em *Theol. Wörterbuch*, I, pp. 210-215; art. εἰκών *ibid.*, II, pp. 391-396; D. M. STANLEY, "'Become imitators of me': the Pauline Conception of Apostolic Tradition", em *Biblica* 40 (1959), pp. 859-877.

⁷⁴⁹ O uso de μαθητής, tão freqüente nos Evangelhos, persiste no Livro dos Atos e desaparece totalmente no resto do Novo Testamento.

⁷⁵⁰ Cf. L. CERFAUX, *Le Christ dans la Théologie de saint Paul*, 2ª ed. (Lectio Divina, 6), Paris, 1954, pp. 374-381.

⁷⁵¹ Rm 5.8-9; 2 Co 5.18-19.

⁷⁵² 2 Co 8.9. Cf. 1 Pd 2.21.

⁷⁵³ Rm 15.7. "Cuidai uns dos outros, como o Cristo cuidou de nós para a glória de Deus". Paulo alude à missão terrestre de Cristo, que teve lugar no meio dos judeus, para bem deles, segundo as promessas que Deus havia feito a seus antepassados de enviar-lhes o Messias (Rm 15.8) e se prolongou na vocação dos gentios, por pura misericórdia (Rm 15.9).

Esta imitação introduz na vida dos cristãos uma equivalência de relações entre discípulo e mestre[754].

## 2. Os cristãos face ao Senhor[755]

1. Não se deve fazer distinção nítida demais entre o servo e o escravo. Contudo, Paulo pensa geralmente na condição jurídica do escravo na sociedade greco-romana. Sua grande tese teológica é que o cristianismo elimina todas as distinções, em particular a diferença entre o escravo e o homem livre, posto que ambos se acham reunidos no serviço do mesmo Senhor[756].

Cristo adquiriu para si todos os cristãos por sua morte. A. Deissmann comparou este ato com a prática da alforria no mundo grego: pensava-se vender o escravo ao deus, e com isso ele recuperava sua liberdade[757]. Mas o pensamento de Paulo é mais genérico e portanto mais simples; ele pensa numa espécie de compra, pelo preço do sangue de Cristo, de todos os cristãos. Cristo torna-se, pois, de fato o dono do homem "resgatado"; se este era escravo, fica libertado, pela sua entrada na esfera religiosa, de toda escravidão terrestre. Pelo contrário, o homem livre torna-se escravo do Cristo[758].

---

[754] O Cristo não aparece com o título de διδάσκαλος. Mas é preciso recordar que a missão do Mestre, de acordo com os filósofos, consiste não só em ensinar, mas também em viver conforme seus próprios preceitos diante dos discípulos. Cf. W. MICHAELIS, art. μμέομαι, em *Theol. Wörterbuch*, IV, p. 663. W. Michaelis distingue no tema da imitação três matizes distintos: a simples comparação, a imitação consciente dum exemplo e a obediência. Esta última significação de μμηψής seria quase exclusiva em 1 Co 4.16 e dominante em 1 Co 11.1; 1 Ts 1.6; Ef 5.1 (*art. cit.*, pp. 674-676). Esta exegese equivale a excluir toda relação com a vida terrestre de Jesus: "A exigência duma imitação de Cristo não encontra apoio algum nas declarações paulinas" (*art. cit.*, p. 676; cf. G. KITTEL, art. ἀκολουθέω, em *Theol. Wörterbuch*, I, p. 214).

[755] K. H. RENGSTORF, art. δοῦλος, em *Theol. Wörterbuch*, II, pp. 276-280.

[756] 1 Co 7.21-22; Gl 3.28; Ef 6.8; Cl 3.11.

[757] *Licht vom Osten. Das Neue Testament und die neuentdeckten Texte der hellenistisch-römischen Welt*, 4ª ed., Tübingen, 1923, pp. 270-277.

[758] Seria preciso ponderar bem isso quando se acusa Paulo de não se ter pronunciado mais categoricamente contra a escravidão. Sem dúvida, ele admitia momentaneamente o *status quo;* mas o realismo de sua concepção do cristianismo incluía um elemento que tornaria caduca a escravidão, à medida que prevalecessem as idéias cristãs.

Esta tese permite "cristianizar" as relações entre patrões humanos e escravos. Paulo o faz por exemplo em Cl 3.22-4.1, onde fala dos patrões "segundo a carne"[759]. Ele opõe a uma submissão por motivos humanos aquela que se deixa guiar pelo temor do juízo do Senhor[760]. "Qualquer coisa que fizerdes, continua ele, seja um trabalho feito com alma, para o Senhor e não para homens, sabendo que recebereis do Senhor sua recompensa, a herança. Sede escravos do Senhor Cristo" (Cl 3.23-24). O "Senhor" é o Filho de Deus, que doravante tem poder de dar a herança celeste a quem lhe apraz; ele é o dispensador dos bens de Deus. É a ele que todo cristão deve servir; o cristão na escravidão lhe servirá na pessoa de seus patrões. Uma relação íntima e pessoal com o Cristo torna-se fundamento da moral, e as próprias relações humanas servem de fundamento para travar relações pessoais com o Cristo.

A Epístola aos Efésios (6.5-9) contém um trecho paralelo. Os escravos servirão a seus patrões segundo a carne, vendo neles o Cristo; escravos do Cristo, eles azem a vontade de Deus: "Escravos, obedecei a vossos patrões terrenos, com temor e respeito, em simplicidade de coração, como a Cristo; não com uma obediência apenas exterior, que procura agradar aos homens, mas como escravos de Cristo, que fazem a vontade de Deus com todo o coração. Servi-os de boa mente, como se servísseis ao Senhor[761], e não aos homens, certos de que cada um será recompensado pelo Senhor, conforme o que tiver feito de bem, seja ele escravo, seja homem livre. E vós, é senhores, fazei o mesmo com eles; abstende-vos das ameaças, sabendo que o Senhor, o deles e o vosso, está nos céus e não faz acepção de pessoas".

No bilhete a Filêmon (15-16), com uma extraordinária delicadeza, o Apóstolo comunica a seu discípulo Filêmon, a quem vai enviar de volta seu escravo fugitivo Onésimo, que ele doravante encontrará nele, em vez dum escravo, um irmão bem-amado. Pois se Onésimo

---

[759] Τοῖς κατὰ σάρκα κυρίοις. Paulo pensa no "Senhor segundo o Espírito".
[760] O sentido de κύριος é uniforme em todo o trecho, mesmo quando se trata de retribuição: o "Senhor" é o Cristo. O próprio Paulo parece ter querido excluir o possível equívoco, escrevendo: τῷ Κυρίῳ Χριστῷ δουλεύετε (v.24).
[761] Segundo o paralelo de Colossenses, deve-se ainda entender "o Senhor" como referindo-se ao Cristo e não a Deus.

é tão caro a Paulo, ele deve sê-lo em dobro ao seu senhor" segundo a carne", pois à familiaridade natural que une senhores e escravos, ajunta-se agora a igualdade de uns e outros diante do único "Senhor".

Rm 14.1-12 insere-se indiretamente em nosso contexto. É uma admoestação sobre o respeito das consciências dos "fracos". Todos os cristãos servem livremente seu Senhor: "Quem és tu, para julgar alguém como um servo estranho? É diante de seu próprio "Senhor" que ele é responsável, que ele esteja de pé ou caia; ele ficará de pé, pois o Senhor tem poder para mantê-lo assim... Quem se preocupa com os dias, fá-lo pelo Senhor; quem come, come pelo Senhor, visto que dá graças a Deus; e quem se abstém, abstém-se pelo Senhor e dá graças a Deus. "Nenhum de vós, na verdade, vive para si mesmo e nenhum morre para si mesmo; pois se vivemos, vivemos para o Senhor, e se morremos, morremos para o Senhor (a seu serviço). Portanto, quer morramos, quer vivamos, pertencemos ao Senhor. De fato, Cristo morreu e voltou à vida para reinar sobre os mortos e os vivos" (Rm 14.4-8). As atitudes opostas podem manifestar o único serviço do Senhor único, de onde Paulo passa a uma alternativa que lhe é familiar e que está no âmago de sua psicologia: viver ou morrer para o Senhor[762]. Ao mesmo tempo, o sentido de "Senhor" modifica-se para designar o Cristo, soberano da vida e da morte, o Senhor dos mortos e dos vivos (cf. v. 9).

O tema do serviço do "Senhor" estende-se ainda em surdina em outros trechos. Citemos como exemplo Cl 1.10: comporta-se dum modo digno do Senhor, procurando em tudo seu agrado, realizando toda espécie de boas obras; a atitude é a que convém aos servos perante um senhor; Ef 5.10s: escolhei (δοκιμάζοντες) o que é agradável (εὐάρεστον) ao Senhor e não tomeis parte nas obras infrutuosas das trevas. Ou ainda (mas com um respeito religioso de liturgia) Ef 5.17: "Compreendei qual é a vontade do Senhor" (cf. Rm 12.2); Rm 16.18: "servir a nosso Senhor, Cristo".

Ao título κύριος corresponde evidentemente o epíteto δοῦλοι dos cristãos. Antes de sua conversão, os cristãos eram escravos da Lei, dos elementos do mundo, do pecado; foram libertados por Cristo

---

[762] Fp 1.21; cf. Gl 2.20.

e se tornaram ao mesmo tempo seus servos, sua propriedade, com a conquista duma liberdade superior[763].

2. O tema da *basileia* de Cristo não é totalmente ausente das Epístolas paulinas[764] O aspecto de soberania é algumas vezes perceptível no título *Kyrios*, por exemplo na expressão tão corrente "Jesus Cristo nosso Senhor"; o Cristo reina sobre o mundo dos cristãos, sobre os mortos e os vivos (Rm 14.9). Sua soberania é a do próprio Deus: ela é universal, abrangendo o conjunto dos homens e todo o cosmos[765]; as relações dos cristãos com seu "Senhor" fazem parte de sua vida profunda, são essencialmente religiosas e vividas em Igreja. Cristo reina antes de tudo no céu; seu reino aqui na terra antecipa seu reino escatológico. De todas estas considerações poder-se-ia concluir que um conflito com as autoridades deste mundo é impossível[766]. Paulo via as coisas desta maneira teórica. Na realidade

---

[763] Cf. K. H. RENGSTORF, art. δοῦλος, em Theol. Wörterbuch, II, pp. 276-280; O SCHMITZ, *Der Freiheitsgedanke bei Epiktet und das Freiheitszeugnis des Paulus*, Gütersloh, 1923; W. BRANDT, *Dienst und Dienen im Neuen Testament (Neutestamentliche Forschungen, 2, 5)*, Gütersloh, 1931.

[764] 1 Co 15.24; Ef 5.5; Cl 1.13; Ver L. CERFAUX, *Le Christ dans la Théologie de saint Paul*, 2ª ed. (Lectio Divina) 6), Paris, 1954, pp. 73-83.

[765] Fp 2.9-11. Cf. E. FUCHS, *Christus und der Geist bei Paulus*, Leipzig, 1932, pp. 85-95. Os pagãos compreendem as relações com o Cristo Senhor de um outro modo que os judeus. Para estes, o Senhor Cristo é o rei messiânico; ele é elevado à direita de Deus, participando da dignidade de Deüs. Os cristãos da gentilidade vêem antes de tudo a universalidade do reino de Cristo.

[766] Seremos fiéis ao pensamento de Paulo dizendo que o imperador romano reina κατὰ σάρκα e que o Cristo reina κατὰ πνεῦμα. O conflito não seria possível, a não ser que as duas esferas de soberania chegassem a um choque, mas isto seria indevidamente. O cristão deve respeitar o poder público, e este traz a espada para punir os culpados, os transgressores da ordem: pode-se dar a César o que é de César e a Deus o que é de Deus. H. LOEWE, *"Render unto Caesar", Religious and Political Loyalty in Palestine*, Cambridge, 1940. O imperador não é soberano senão na ordem do mundo presente. Cristo não deseja intervir no mundo presente. Ele reserva para si o mundo vindouro, onde ele está no que é seu. Paulo deve ter imaginado o império como perseguidor; mas nunca fala disso. Ele considera a perseguição como um mal-entendido? Mas ele sabe que o Anticristo irá usurpar o lugar de Deus (2 Ts 2.3-4). É uma obra satânica, mas ainda está para chegar. Portanto, não há conflito no momento em que Paulo escreve 2 Tessalonicenses. O imperador é o soberano legítimo do mundo político. Os cristãos têm pelo menos duas cidades. Isto é imagi-

da história, o reino de Deus causava inquietação à autoridade absoluta dos césares[767].

3. A qualidade profundamente religiosa das relações entre Cristo e os cristãos pode se exprimir pela imagem tradicional do matrimônio.

Aliás, Paulo conhece virgens cristãs que dedicaram ao Cristo seu amor integral: "A mulher que não é casada, bem como a virgem, anda solicita pelas coisas do Senhor, a fim de ser santa de corpo e de espírito" (1 Co 7.34). Ele transfere a todos os cristãos que formam a igreja de Corinto a regra da castidade imposta à virgem: "Eu vos desposei com um só esposo, a fim de apresentar ao Cristo uma virgem casta" (2 Co 11.2). O Apóstolo é como "o amigo do esposo" que celebrou o noivado da Igreja com o Cristo. No dia das núpcias (a parusia) é ele que a "apresentará" (termo técnico) ao Cristo. Quer que ela seja casta. Mas teme que o demônio a seduza como a Eva outrora[768]. Sua função de apóstolo torna-o responsável (como "amigo do esposo") pela castidade da esposa. Entre os cristãos e Cristo devem existir estas relações de submissão e de intimidade representadas pela pureza da fé cristã.

O mesmo tema será transposto, ampliado e aplicado à Igreja inteira em Ef 5.22-23, numa seção onde se difinem os deveres recíprocos dos esposos. Cristo se entregou pela Igreja, ele,a santificou pelo banho de água com a palavra, para apresentá-la a si próprio gloriosa, sem ruga, a fim de que ela seja santa e sem mancha (vv. 25-27). O matrimônio cristão simboliza esta união de Cristo com sua Igreja e os deveres dos esposos promanam da significação profunda de sua união conjugal.

---

nável para Paulo que tem três cidadanias deste mundo, sendo já judeu, cidadão de Tarso, cidadão romano. Ele pode acrescentar uma quarta, o πολίτευμα celeste (Fp 3.20). O cristão, como cristão, é cidadão do céu. Como Paulo, na qualidade de cidadão romano, pode apelar a César, e não deixará de fazê-lo, o cristão pode apelar a Deus e ao Cristo. Ele o fará nas perseguições.

[767] Cf. L. CERFAUX-J.TONDRIAU, *Un concurrent du Christianisme. Le culte des souverains dans la civilisation gréco-romaine* (Bibliotheque de théologie, III, 5), Paris, 1957.

[768] Cf. 2 Co 11.3.

Encontra-se implicitamente a mesma idéia em Rm 7.1-4. Para ilustrar a situação dos cristãos face à Lei, Paulo usa a comparação jurídica da mulher (representando os cristãos) que, após, a morte de seu marido, é livre para contrair outras núpcias. O cristão encontra-se, diante da Lei judaica, na situação desta mulher livre, por causa da morte de seu marido, para pertencer a um outro cônjuge. E este outro é aquele que ressuscitou dentre os mortos (v. 4).

A teoria assume um tom muito realista em 1 Co 6.15-20. Aí não se trata mais da união conjugal, mas de toda união dos sexos: unir-se à prostituta, é como arrancar um membro de Cristo para fazer dele um só corpo com a prostituta, segundo o texto do Gênesis, citada a propósito do matrimônio: "eles serão dois numa só carne". Ao contrário, "aquele que se une ao Senhor, constitui com ele um só Espírito".

4. Nossas relações com "o Cristo nosso Senhor" não são simplesmente jurídicas. Já que a soberania do Cristo, sua autoridade, sob todas as suas formas, é verdadeira realização do reino de Deus, nossas relações com ele adquirem um aspecto cultual mais ou menos marcado.

Quando Paulo se gloria de seu título de "servo de Jesus Cristo"[769], ele entende reivindicá-lo como um privilégio apostólico[770]. Mas a vida cristã é também, a seu modo, um serviço do Cristo. O conselho dado aos romanos: τῷ πνεύματι ζέοντες, τῷ Κυρίῳ[771] δουλεύ–οντες, τῇ ἐλπίδι χαίροντες (Rm 12.11s) tem um tom litúrgico que o aproxima de At 13.2, onde se trata dum verdadeiro culto.

O serviço do Senhor comporta evidentemente uma renovação espiritual (Rm 7.6). As boas obras, a paz, a alegria no Espírito, acabam de descrever este serviço (Rm 15.13).

Falando da coleta para os santos de Jerusalém (2 Co 9.12), o Apóstolo a designa pela expressão: o serviço (διακοία) desta "liturgia". Não se duvida de que a palavra liturgia possa aplicar-se, seja a um encargo oficial qualquer, seja ao culto. A idéia cultual nos é aqui

---

[769] Rm 1.1; Gl 1.10. Quanto ao sentido cultual de δοῦλος no Antigo Testamento, cf. K. H. RENGSTORF, art. δοῦλος, em *Theol. Wörterbuch*, II, pp. 269-272.
[770] Fp 1.1; Cal 4.12.
[771] O texto ocidental traz a variante καιρω.

sugerida por διακόία. Inspiração do amor cristã, a caleta é como uma prestação do culto, oferta feita "aos Santos". A respeito do mesmo assunto, em Rm 15.31, Paulo desejará que este serviço seja agradável (εὐπρόσδεκτος) aos Santos. A expressão tem ainda sabor litúrgico.

O serviço da fé cristã é também um culto. Paulo dirá: Eu sou derramado em libação sobre o sacrifício e a oblação da vossa fé (Fp 2.17)[772]. Esta fé consiste em que os filipenses sejam "irrepreensíveis e puros, filhos de Deus sem mancha, no meio duma geração perversa e transviada, de um mundo onde vós resplandeceis como luzeiros" (Fp 2.15): ela representa toda a vida cristã na sua pureza e seu fervor. O trabalho apostólico de Paulo produziu esta vida; ele termina sua obra derramando seu sangue como uma libação sobre um sacrifício[773]. A ligação entre o culto espiritual e a conduta santa aparece ainda em Rm 12.1-2: "Eu vos exorto, irmãos, pela misericórdia de Deus, a oferecer vossas pessoas como vítima viva, santa, agradável a Deus, eis aí vosso culto espiritual. E não vos conformeis com este mundo, mas que a renovação da vossa mente vos transforme e vos faça escolher o que é a vontade de Deus, o bem, o que lhe é agradável, a perfeição".

O serviço do Senhor assume também feições de culto. É o culto espiritual que prestamos a Deus e que passa pelo Cristo nosso Senhor, representante de Deus.

Um outro aprofundamento de caráter teológico marca-se ainda nas nossas relações com o Senhor. Nós lhe pertencemos, não apenas juridicamente, mas por uma propriedade que atinge o fundo de nosso ser. Os efeitos de sua morte e de sua ressurreição inscrevem-se desde já nas realidades de nossas vidas sobrenaturais (1 Co 6.19-20); seu serviço comporta uma renovação espiritual (Rm 7.6).

---

[772] Cf. supra, p. 263.
[773] O vocabulário εὐαρεστέω, εὐάρεστος, εὐαρέστως é limitado à literatura paulina (ordinária, junto com Tito e Hebreus). A respeito de tudo isso, veja A.-M. DENIS, "La fonction apostolique et la liturgie nouvelle en esprit", em *Rev. Phil. Théol.*, 42 (1958), pp. 401-436; 617-656. Em εὐάρεστον (agradável) há um matiz litúrgico, que faz lembrar dos sacrifícios "de agradável odor". Isto é claro em Rm 12.1; Fp 4.18; cf. Hb 12.28 (εὐαρέστως).

## II - A PARTICIPAÇÃO NA QUALIDADE DE FILHOS DE DEUS[774]

Jesus revelou a seus discípulos que eles tinham um Pai nos céus, o seu próprio Pai[775]. Paulo traduz este tema em termos teológicos. Ele é o primeiro a servir-se do termo técnico υἱοθεσία que ele, aliás, acomoda à sua própria concepção, como veremos. O Pai, na sua opinião, é a fonte de tudo o que os homens entendem quando usam o termo πατρειά[776]; toda "paternidade" vem dele. Ele é o Pai de misericórdia e das consolações, o Pai de nosso Senhor Jesus Cristo e nosso Pai (2 Co 1.2-3). O Pai nos constitui seus próprios filhos.

Dedicaremos, pois, este artigo aos trechos mais expressivos consagrados por Paulo à qualidade de filhos, privilégio dos cristãos (filiação escatológica e atual, plano divino com vistas a nos conceder este dom).

Manifestam-se claramente na sua teoria da filiação as duas fontes da teologia do Apóstolo. A antecipação da escatologia (segundo o tema tradicional da herança) e a presença do Espírito Santo. Por preocupação de fidelidade ao movimento do pensamento primitivo,

---

[774] H. SEESEMANN, *Der Begriff* KOINΩNIA *im Neuen Testament* (Beihefte z. Zeitschr. Neut Wiss., 14), Gießen, 1933; E. DINKLER, "Prädestination bei Paulus", em *Festschr. f. G. Dehn*, Neukirchen-Moers, 1957, pp. 81-102; J. KÜRZINGER, Σμμὁρφους τῇ εἰκόνος τοῦ υἱοῦ αὐτοῦ (Rm 8.29), em *Bibl. Zeitschr.*, N. F. 2 (1958), pp. 294-299.

[775] Segundo a tradição evangélica, Jesus promete a seus discípulos que eles terão a dignidade de filhos de Deus, parecidos com seu Pai (Mt 5.9.45; Lc 6.35). A expressão que volta tantas vezes em seus lábios: "vosso Pai que está nos céus", faz-nos pensar na visão escatológica do Filho do homem e dos santos do Altíssimo, narrada no Livro de Daniel (cf. Lc 6.35). Os santos do Altíssimo são os anjos, os "filhos de Deus" e os homens lhes serão semelhantes. São os filhos da luz (Lc 16.8) que se tornam iguais aos anjos pela ressurreição (conforme o texto de Lc 20.36: filhos da ressurreição. A tradição textual é hesitante, e com razão). Em Mt 17.26 aparece um tema em que vemos uma experiência das vantagens conseguidas pela confiança na paternidade de Deus. Os reis da terra não submetem seus filhos aos tributos e aos encargos impostos aos estrangeiros: "os filhos estão isentos".

[776] Efésios. 3.15. Cf. At 3.25 quanto ao sentido de πατρία designado povo (descendente dum antepassado comum).

começaremos pela filiação escatológica, o que nos expõe, aliás, a um inconveniente: em Rm 8, onde Paulo trata mais explicitamente da filiação, ele considera a filiação escatológica como um desabrochamento da faculdade presente.

## 1. *"Filiação" escatológica*

A última frase da ação de graças de 1 Coríntios, "Fiel é Deus, que vos chamou à comunhão com seu Filho, Jesus Cristo, nosso Senhor" (1 Co 1.9), pertence a uma perícope apocalíptica, onde Paulo insiste na espera da parusia. Neste contexto, atribuiremos um valor escatológico à "comunhão" com o Filho de Deus. É na parusia, por meio da ressurreição, que se realizará um anseio baseado na firmeza da promessa divina. Estamos lembrados das exortações dirigidas aos cristãos de Tessalonica e a esperança que Paulo neles despertava de "estarem sempre com o Senhor" (1 Ts 4.17). Os cristãos serão os companheiros do triunfo do Cristo ressuscitado dos mortos (2 Ts 1.10); eles tomarão parte na glória do "Filho de Deus".

Lemos em Rm 8.18-23 uma "elevação" teológica sobre a glória que espera os cristãos, – já agora filhos de Deus, – quando da ressurreição dos corpos: "Eu estimo que os sofrimentos do tempo presente não têm proporção alguma com glória que há de revelar-se em nós[777]. Pois a espera da criação está toda voltada para a manifestação gloriosa[778] dos filhos de Deus... A própria criação será libertada da escravidão da corrupção, para entrar na gloriosa liberdade dos filhos de Deus[779]. Sabemos, com efeito, que a criação inteira geme e sofre conosco as dores do parto até ao presente[780]; e nós também,

---

[777] A expressão faz lembrar de Gl 1.16: "revelar seu Filho em mim". Trata-se duma manifestação grandiosa da glória do Filho de Deus em nós (cf. 2 Ts 1.10).

[778] A "revelação" (ἀποκάλυψις, 8.19) num sentido bem concreto de manifestação celeste na glória.

[779] A incorruptibilidade, – ligada à glória, – pertence a Deus e aos seres celestes.

[780] Conforme a imagem escatológica bem conhecida, o mundo antigo gera nas dores o mundo novo. Esta imagem, com a doutrina que ela representa, basta sem dúvida para explicar a unidade do cosmos (que vem da criação). Os modernos transpõem tudo isso para os quadros de sua filosofia.

porque possuímos em nós as primícias do Espírito⁷⁸¹, gememos interiormente na espera de nossa investidura como filhos⁷⁸², a redenção de nosso corpo"⁷⁸³ ... Por conseguinte, o Espírito nos é dado para nos preparar para nossa glorificação futura; esta completará em nós a semelhança com o Filho de Deus ressuscitado e será nossa investidura na qualidade de filhos⁷⁸⁴.

Embora Paulo não fale da qualidade de filhos, – mas esta, evidentemente, está no seu horizonte, – é paralelo ao texto de Romanos um texto da Carta aos Filipenses, 3.20-21: "A nossa pátria⁷⁸⁵ encontra-se no céu, donde aguardamos nosso Salvador, o Senhor Jesus Cristo, que transfigurará nosso corpo miserável, tornando-o semelhante ao seu corpo glorioso, em virtude daquele poder com que pode sujeitar ao seu domínio todas as coisas"⁷⁸⁶.

A noção de filiação está ligada à de herança. Nós somos atualmente herdeiros; resta-nos possuir a herança em toda a sua riqueza. Somos atualmente filhos; mas devemos ainda entrar no conhecimento mais íntimo de nosso Pai. O termo de nossa vida é a herança e a qualidade de filhos, e nossa vocação inclui já a antecipação destes bens. O Espírito nos garante esta situação privilegiada.

---

⁷⁸¹ A presença em nós do Espírito reaviva nossa esperança e a transforma em esperança certa de nossa salvação.

⁷⁸² Υἱοθεσίαν. Uma lição de D. G, it. P⁴⁶ (3) suprime a palavra. P. Benoit adota a lição breve e tira daí as conseqüências exegéticas, cf. "'Nous gémissons, attendant la délivrance de notre corps' (Rom., VIII, 23)", em *Mélanges Jules Lebreton*, I, Rech. Sc. Rel., 39 (1951), pp. 267-280 (*Exégèse et Théologie*, II, Paris, 1961, pp. 41-52).

⁷⁸³ Τὴν ἀπολύτρωσιν τοῦ σώματος ἡμῶν.

⁷⁸⁴ Os bens que nos esperam e que nos estão preparados ultrapassam todo conhecimento humano. No entanto, a oração do Espírito em nós é consciente, ela é nossa de certa maneira; aliás, Paulo dirá que o Espírito nos revela os bens que Deus nos reserva, 1 Co 2.10. No trecho paralelo, de Gl 4.6, o Espírito presente em nossos corações (nossas inteligências), e portanto na esfera da percepção inteligente, clama "Abba, Pai". Rm 8.15 é mais preciso: "Recebemos o Espírito dos filhos, no qual clamamos "Abba, Pai"; o próprio Espírito confirma o testemunho de nosso espírito..." Mas aqui a investidura dos filhos já está realizada.

⁷⁸⁵ Ou melhor, nossa pertença a uma pátria.

⁷⁸⁶ Τὰ πάντα. Até mesmo a matéria, nossos corpos de carne, são envolvidos neste poder de transfiguração à sua imagem, que Deus lhe concede. Trata-se duma criação da ordem espiritual, substituindo a primeira criação.

## 2. "Filiação" atual

Paulo ora se exprime na suposição de que nós já fomos admitidos à qualidade de filhos[787], ora diz que nós não fomos como tais glorificados. Disso não se deve deduzir um duplo significado da palavra υἱοθεσία. Embora, na linguagem jurídica que Paulo utiliza, a palavra designe o ato de adoção, na situação em que se coloca sua teologia, nossa qualidade atual de filhos não resulta duma adoção pura e simples, como se nossa situação de ressuscitados equivalesse a uma "filiação" de natureza. A "filiação", no sentido paulino, é sempre "natural", no sentido de que ela não se limita a ser um ato jurídico de Deus, mas nos situa na ordem espiritual, glorificando-nos realmente.

A imperfeição de nosso estado atual com relação à perfeição estatológica verifica-se de dois modos. A glória que possuímos ainda está manifesta e não acarreta a glorificação visível dos nossos corpos na ressurreição; o conhecimento do Pai, ligado à nossa qualidade de filhos de Deus, não tem ainda aquela plenitude e clareza definitiva que será o face a face da contemplação.

Lembremo-nos de que é o Espírito Santo que nos faz tomar consciência de nosso estado real de filhos de Deus[788]. O Apóstolo explica na Epístola aos gálatas, a partir de 3.26, como a fé em Cristo nos faz passar dum estado de escravidão, de prisioneiros ou de filhos sob a tutela do "pedagogo", ao de filhos chegados à maioridade. Pois nós todos somos filhos de Deus, pela fé e graças ao batismo que nos "revestiu" do Cristo[789], a tal ponto que Deus não vê em nós senão seu Filho, e nos trata em conseqüência: "Quando éramos crianças, estávamos sujeitos à escravidão dos elementos do mundo; mas quando veio a plenitude dos tempos, Deus enviou seu Filho, nascido da mulher, nascido sob a Lei, a fim de resgatar os que estão sob a Lei, para que recebêssemos a qualidade de filhos[790]. É porque sois filhos

---

[787] Sab 2.18: o justo é filho de Deus, cf. 5.5.
[788] Cf. Rm 8.15.
[789] Cf. pp. 322s.
[790] É a primeira vez que aparece esta antítese que, explicitada pela idéia da encarnação, está destinada a um tão belo porvir. Cf. L. CERFAUX, *Le Christ dans la Théologie de saint Paul*, 2ª ed. (*Lectio divina*, 6), Paris, 1954, p. 372.

– continua Paulo – que Deus enviou aos vossos corações o Espírito de seu Filho, que clama Abba, Pai" (Gl 4.3-6). Pode-se comentar assim: da mesma forma que os que se achavam sob a Lei são resgatados, desde já, depois do nascimento do Filho de Deus "sob a Lei", todos os homens são desde já filhos de Deus, desde que ele tomou a nossa natureza humana, a fim estar em condições de nos conceder, a nós, seus irmãos na humanidade, sua prerrogativa de Filho de Deus. Para que não duvidássemos da nossa verdadeira identidade de filhos de Deus, o Pai enviou aos nossos corações o Espírito Santo, o próprio Espírito de seu Filho, que fala em nós a linguagem que o Filho de Deus fala; nós oramos como ele orava[791].

A Epístola aos romanos retoma, com ligeiras variantes, a exposição de Gálatas: "Os que se deixam conduzir pelo Espírito de Deus, são filhos de Deus. Efetivamente não recebestes de novo o espírito de servidão[792] para cairdes no temor, mas recebestes O Espírito e filhos, no qual clamamos: Abba, Pai! O próprio Espírito confirma o testemunho de nosso espírito, de que somos filhos de Deus" (Rm 8.14-16).

Os textos que poderíamos acrescentar são pouco numerosos e de tonalidade genérica. Já apontamos Gl 3.26; "Filho" é igualmente usado, mas menos tecnicamente, na citação de 2 Co 6.18: "Eu serei para vós um pai, e vós, para mim, sereis como filhos e filhas"[793]. Algumas outras passagens empregam incidentemente a expressão "filhos de Deus"[794]: Rm 9.8; Ef 5.1; Fp 2.15. A expressão "Pai nosso", que corresponde à nossa qualidade de filhos, é mais freqüente. A paternidade de Deus para com os cristãos pode ser posta em relação explícita com sua paternidade para com seu Filho[795].

## 3. *O plano do Pai*

Nós, cristãos, somos o objeto real do plano de Pai. Deus quis uma multidão de filhos, que são os cristãos. Dir-se-ia que ele negli-

---

[791] Cf. o *logion* de Mt 10.20. Cf. as declarações do Batismo e da Transfiguração.
[792] Literalmente, de escravidão.
[793] Cf. pp. 298s.
[794] Τέκνα Θεοῦ. O sentido não é sensivelmente de υἱοὶ Θεοῦ, exceto talvez nisso, que a ligação com o Filho (υἱός) de Deus é menos claramente percebida.
[795] Cf. L. CERFAUX, *Le Christ dans la Théologie de saint Paul*, 2ª ed. (*Lectio Divina*, 6), Paris, 1954, p. 335.

gencia todo o resto da humanidade. Mas precisamos resolver-nos a compartilhar sua atitude. Como verdadeiro Pai, toda sua atenção se concentra sobre seus filhos, os cristãos; na realidade, porém, o plano em que ele parece não ver senão seus filhos, faz parte dum outro mais vasto, que também se realiza integralmente, o da salvação universal. É neste último que sua vontade aparece dependente da própria liberdade dos homens. Os que se recusam a conhecer a Deus são excluídos da salvação sobrenatural, e esta só existe na perspectiva limitada dum mundo propriamente sobrenatural, no qual o cristão aparece em todo o seu esplendor de filho de Deus, como o louvor glorioso de Deus[796].

O plano "paternal" descrito minuciosamente com o entusiasmo do amor filial em Rm 8.28-30 não é, pois, efetivamente, senão uma seção no plano de salvação universal. Da salvação de todos os homens, Paulo abstrai a salvação dos cristãos, que ele não quer considerar senão como o dom que Deus, no seu amor, concede aos eleitos. Releiamos o texto nesta perspectiva: "Sabemos que para os que amam a Deus, ele faz tudo convergir para sua salvação, aqueles que segundo a sua disposição são os eleitos; pois os que ele primeiro conheceu, ele os predestinou a serem conformes à imagem de seu Filho, a fim de que este seja o primogênito entre numerosos irmãos; os que predestinou, também os chamou; os que chamou, ele justificou; e os que justificou, ele glorificou" (Rm 8.28-30).

Nós, os cristãos, somos os eleitos, por uma disposição de Deus, isto é em seu plano de salvação. Os atos se sucedem na realização deste plano, manifestações sucessivas de sua vontade; na verdade, a sucessão se encontra em nós, na própria série das etapas cristãs que a inteligência divina preparou. Nós as enumeramos com o Apóstolo:

1) Escolha de Deus (os eleitos).
2) Predestinação dos eleitos a serem conformes à imagem de seu Filho, afim de que este seja o primogênito de muitos irmãos (tal é a finalidade da salvação).

---

[796] O plano de salvação universal coincide parcialmente com o plano da criação. Na síntese da Epístola aos romanos, o plano da criação parece abandonado em favor do plano de salvação pela redenção. Efetivamente, ele não fica abandonado no que se refere à salvação universal.

3) Chamado concreto à vida cristã, quando respondemos pela fé à mensagem apostólica.
4) Justificação (= filiação atual).
5) Glorificação (= filiação escatológica).

Com certeza, parece um mecanismo que se desenvolve necessariamente. Mas é só na aparência. Pois, segundo a doutrina paulina, a liberdade intervirá no momento do chamado, bem como no movimento contínuo de nossa vida de fé entre a justificação e a glorificação; assim, o plano da salvação dos cristãos situa-se no plano mais vasto da salvação universal, tendo os cristãos aceitado voluntariamente na fé a mensagem divina.

Compare-se com o texto de Romanos o trecho de Cl 1.12-20, onde Paulo estabelece a correspondência entre as etapas do destino cristão e as da história da salvação, efetivadas primeiro em seu Filho e por ele, com ele amplia ao mesmo tempo a salvação cristã para englobar o conjunto da humanidade e a totalidade do cosmos. No plano de Deus, o Filho, imagem de Deus, é o primogênito de toda a criação, visível e invisível; ele nos resgatou por seu sangue, ele ressuscitou dos mortos, restabelecendo por sua ressurreição aquela primazia que ele tinha exercido no começo da criação. O hino litúrgico de Ef 1.3-14 consagra sua primeira estrofe à predestinação (Ef 1.3-6) e volta ainda ao tema em Ef 1.11. Suas expressões são muito próximas de Rm 8.28-30[797].

Esse plano divino arrebata Paulo de admiração e o enche duma confiança absoluta. A esperança cristã, com efeito, coloca-nos acima de nós mesmos e de nossos receios (legítimos se nós nos separamos da ordem cristã) e nos permite apoiar-nos unicamente em Deus. Então podemos exclamar como o Apóstolo: "Quem nos separará do amor de Cristo (este amor que realiza o plano de nossa salvação)? A tribulação, ou a angústia, ou a perseguição? ... (Paulo conhece por experiência isso sobre que está falando). "Mas nós saímos vencedores de tudo isso, por aquele que nos amou... Confio que nada do que é criado nos poderá separar do amor de Deus, que se realizou em Cristo Jesus nosso Senhor" (Rm 8.35-39).

---

[797] Note-se, tanto num como noutro lugar, o ágape, a eleição, a predestinação, a qualidade de filhos, a glorificação.

## III - A PARTICIPAÇÃO NA MORTE E NA VIDA DO CRISTO RESSUSCITADO

Precisamos lembrar-nos mais uma vez da concepção paulina da salvação cristã. Deus, pela mensagem apostólica, nos deu a conhecer sua vontade de nos salvar, e de nos salvar pela própria mensagem, cujo objeto essencial é a morte de Cristo por nossos pecados, e sua ressurreição que nos dá a vida. Pois a mensagem vem acompanhada do poder divino, e produz em nós, desde que seja recebida com fé, os mesmos efeitos da morte e da ressurreição de Cristo: a morte ao pecado e uma vida nova.

De Paulo, o teólogo por excelência, esperamos um aprofundamento teológico desta eficácia da mensagem, sobretudo da própria noção de participação em Cristo pela união profunda existente entre o cristão e a morte e a vida do ressuscitado. Quatro pontos, quatro aspectos desta união se oferecem à nossa consideração: a comunhão em Cristo pelo batismo, depois pela Ceia, a participação na sua Paixão e enfim na sua vida de ressuscitado[798].

---

[798] Paulo emprega o termo κοινωνία, "comunidade" ou "comunhão", falando da qualidade de filhos que nós compartilhamos com o Cristo (1 Co 1.9), quando da união todo especial que contraímos com o Cristo (1 Co 10.16) e para caracterizar nossa participação nos sofrimentos de Cristo em sua Paixão (Fp 3.10; cf. 2 Co 1.7 (κοινωνός). Acreditamos ter o direito de estender a aplicação à união produzida em nós pelo rito batismal, que pode ter condicionado a ampliação do tema da união aos sofrimentos de Cristo. O uso do termo κοινωνία. poderia provir da comunidade primitiva. Entretanto, ele é raro no Novo Testamento fora das Cartas de Paulo. O Livro dos Atos só o emprega uma vez, mas num trecho onde se descreve a vida da Igreja apostólica. Josefo designa por esta palavra a estreita coesão que existia entre os membros da comunidade judaica. Paulo emprega-a numa medida relativamente importante (At 1 vez; Epístolas paulinas, 13 vezes; Hb 1 vez; 1 Jo 3 vezes), ora no sentido normal de relação, de comunidade (2 Co 6.14; Gl 2.9), ora com aplicações especiais que podem originar um sentido técnico (a coleta para os santos de Jerusalém), ou pelo menos um aprofundamento teológico. É este o caso quando o termo se aplica excepcionalmente ao Espírito Santo (2 Co 13.13) ou mais freqüentemente ao Cristo. Neste último caso, somos às vezes tentados a traduzir κοινωνία por união mística. Examinaremos mais adiante esta questão.

## 1. A comunhão pelo batismo[799]

1. Segundo a prática das primeiras comunidades, o cristão "fez penitência", renunciou à sua vida de pecado para receber o dom do Espírito Santo[800]. Seu batismo consagrou esta vontade de conversão; muitas vezes Deus intervém neste momento milagrosamente, por meio de carismas que lembram a Pentecostes.

Paulo traduz na sua própria teoria a eficácia do rito, dedicando-lhe um trecho bastante denso, Rm 6.3-13. Ele está respondendo a uma objeção que sua teologia pode suscitar. Afirma que a abun-

---

[799] W. HEITMÜLLER, *Taufe und Abendmahl bei Paulus*, Göttingen, 1903; O. CULLMANN, *Le culte dans l'Église primitive*, 4ª ed., Neuchâtel, 1945; FR.-J. LEENHARDT, *Le Baptême chrétien*, Paris, 1954; W. F. FLEMMINGTON, *N. T. Doctrine of Baptism*, Londres, 1948; R. SCHNACKENBURG, *Das Heilsgeschchen bei der Tauch nach dem Apostel Paulus. Eine Studie zur paulinischen Theologie (Münch. Theol. Studien*, I, 1), München, 1950; A. GRAIL, "Le baptême dans l'Épître aux Galates", em *Rev. Bibl.*, 58 (1951), pp. 503-520; O. KUSS, "Zur paulinischen und nachpaulinischen Tauflehre im Neuen Testament", em *Theol. u. Glaube*, 52 (1952), pp. 401-425; R. SCHNACKENBURG, "Er hat uns mitauferweckt. Zur Tauflehre des Epheserbriefes", em *Lit Jahrb.*, 2 (1952), pp. 158-183; J. GIBLET, "Summarium doctrinae baptismi apud S. Paulum, em *Coll. Mechl.*, 38 (1953), pp. 549-551; E. STOMMEL, "'Begraben mit Christus' (Rm 6.4) und der Taufritus", em Rm. *Quartalschr. f. Christl. Altertumskunde U. Kirchengesch.*, 49 (1954), pp. 1-20; V. WARNACH, "Taufe und Christusgeschehen nach Rm 6", em *Arch. f. Liturgiewiss.*, 3 (1954), pp. 284-366; R. SCHNACKENBURG, "Todes – und Lebensgemeinschaft mit Christus", em *Münch. Theol. Zeitschr.*, 6 (1955), pp. 32-53; P. BONNARD, "Mourir et vivre avec Jésus-Christ selon Saint Paul", em *Rev. Hist. Phil. Rel.*, 36 (1956), pp. 101-112; J. KREMER, *Was an den Leiden Christi noch mangelt* (*Bonner Bibl. Beiträge*, 12). Bonn, 1956; G. BORNKAMM, "Herrenmahl und Kirch bei Paulus", em *Zeitschr. Theol. Kirch*, 53 (1956), pp. 312-348; H. SCHLIER, *Die Zeit der Kirch. Exegetische Aufsatze und Vortrage*, Friburg in Br., 1956, pp. 47-56; 107-129; 244-264; E. FASCHER, "Zur Taufe des Paulus", em *Theol. Literaturzeit.*, 80 (1955), CC. 643-648; J. GIBLET, "Le baptême, sacrement de l'incorporation à l'Église selon st. Paul", em *Lum. et Vie*, 27 (1956), pp. 53-80; J KÜRZINGER, "Τύπος διδαχῆς und der Sinn von Röm 6,17 ff.", em *Biblica*, 39 (1958), pp. 156-176; V. WARNACH, "Die Tauflehre des Römerbriefes in der neueren theologischen Diskussion", em *Arch. f. Liturgiewiss.*, 5 (1958), pp. 274-332; L DE LA POTTERIE, "L'onction du chrétien par la foi", em *Biblica*, 40 (1959), pp. 12-69; A. OEPKE, art. βάπτω, em *Theol. Wörterbuch*, I, pp. 527-544.

[800] At 2.38.

dância da graça corresponde à multiplicidade dos pecados; por que então, não continuar a pecar, a fim de que o dom seja mais superabundante? Certos gnósticos licenciosos, mais tarde, apoiaram-se neste princípio. Escutemos o Apóstolo. O batismo colocou-nos numa situação nova, digamos mesmo num estado de existência real que muda totalmente nosso relacionamento antigo, – que se tornou como que uma natureza, – com o pecado. Somos doravante separados da vida antiga que se caracterizava pela sua propensão ao mal. Tal é a significação profunda do batismo. Somos batizados para o Cristo Jesus e, se quisermos explicitar, para sua morte. O batismo é considerado por Paulo como uma iniciação ou uma consagração ao Mestre, a uma religião, a uma instituição[801]; o batismo na morte de Cristo submete-nos, prende-nos a uma esfera religiosa definida par este mesmo acontecimento em que Deus está presente. O sentido do batismo cristão, realmente, é indicado pela cerimônia; mergulha-se o batizado na água numa espécie de sepultamento, imagem da sepultura de Cristo; o símbolo é eficaz e nos transmite o efeito que Deus tinha em vista pela morte de seu Filho. As noções de simbolismo e de eficácia dos ritos religiosos eram de tal forma espalhadas no mundo antigo, que é inútil procurar aí a influência determinante das religiões de mistério ou da magia[802].

A sepultura do Cristo estava ordenada à ressurreição que a força de Deus haveria de operar; assim o batismo tem por finalidade

---

[801] Daí vêm as expressões "batizar em nome de alguém" (1 Co 1. 13.15), batizar para Moisés (na nuvem e no mar) (1 Co 10.2).

[802] Com certeza, bem cedo foi feita a aproximação entre as duas expressões da fé cristã: o batismo perdoa os pecados, a morte de Cristo é expiatória. Daí se concluía que o batismo "inicia" à morte de Cristo. Feito isto, era normal ver nas cerimônias do batismo gestos simbólicos significando que o batizado morre com o Cristo. A explicação de R. SCHNACKENBURG ("Todes und Lebensgemeinschaft mit Christus. Neue Studien zu Röm 6,1-11", em *Münch. Theol. Zeitschr.*, 6 [1955], pp. 32-53) pela teoria da personalidade representativa dum povo ou duma raça não nos parece de modo algum sugerida por este trecho de Romanos, onde não se fala do Novo Adão. Mesmo se a gente quisesse ver já uma alusão a este último tema na expressão "o velho homem que está em nós" do v. 6 (onde a oposição é antes simplesmente com a novidade de vida do batizado), a alusão seria de tal forma secundária e longínqua, que não deveria influenciar a explicação duma passagem onde entram imagens totalmente diversas. Cf. A. OEPKE, *art. cit.*, p. 539.

definitiva uma mudança completa, vida "nova", realidade ontológica que se acompanhará de novos costumes, em harmonia com ela, excluindo necessariamente o pecado. Participamos, pois, na morte de Cristo para chegar a uma vida que destruiu nosso corpo mortal, votado ao pecado, e nos faz viver em comunhão com Cristo ressuscitado, aquele que não pode mais morrer e nos fez morrer com ele uma vez por todas ao pecado, para vivermos para Deus. Morremos para o pecado, vivemos para Deus em Cristo Jesus: tal é a nossa condição real de cristãos.

A resposta à objeção é peremptória. O cristão está separado do pecado como um morto está separado da sua vida anterior; esta separação é obra de Deus pelo batismo, e por conseguinte é eficaz. Seguindo as leis da "sobrenatureza" que ele recebe de Deus, o homem não pode mais pecar.

A Epístola aos colossenses retoma a exposição de Romanos, acrescentando que o batismo, a verdadeira circuncisão, nos tira nosso "corpo de carne", explicando; "tendo sido sepultados com ele (Cristo) pelo batismo, ao mesmo tempo vós ressuscitastes com ele, pela fé no poder de Deus que o ressuscitou dos mortos" (Cl 2.11-12).

2. Segundo a tradição primitiva[803], o Espírito Santo intervém no momento do batismo cristão[804]. O Apóstolo mantém esta conexão: "Em um só e mesmo Espírito fomos batizados todos nós, para formar um só corpo, judeus ou gregos; e todos fomos impregnados do mesmo Espírito" (1 Co 12.13)[805]. Sabemos que Paulo coaduna a eficácia da mensagem e a do batismo. Há textos que parecem sintéticos. Citemos 1 Co 6.11: "Fostes lavados, santificados, justificados em nome do Senhor Jesus Cristo, e no Espírito de nosso

---

[803] O Espírito Santo se tinha manifestado no batismo de Jesus: os quatro Evangelhos insistem numa visão do Espírito, concedida seja a Jesus (os sinóticos), seja ao Batista. Este último anunciava uma efusão do Espírito para o batismo cristão (Mt 3.11 e par.). Lucas recorda a profecia no começo do Livro dos Atos, condensando-a na expressão: "sereis batizados no Espírito Santo" (At 1.5). Ele a vê realizada na efusão do Espírito no Pentecostes; além disso, o batismo cristão, para ele, é regularmente acompanhado de carismas que manifestam a efusão do Espírito (At 19.5s.).
[804] Cf. J. COPPENS, art. Baptême, em *Dict. Bible, Suppl.*, I, cc. 895-902.
[805] Cf. Gl 3.28.

Deus"[806]. O nome do Senhor Jesus Cristo liga o sacramento à mensagem, cf. Rm 10.9. Mais claro a este respeito é 2 Ts 2.13s, onde o Apóstolo faz uma ação de graças pela escolha que Deus fez dos tessalonicenses: "porque Deus vos escolheu como primícias da salvação, santificando-vos pelo Espírito e concedendo-vos que crêsseis na Verdade[807]; é por isso que ele vos chamou por meio de nossa evangelização, a fim de conseguirdes a glória de nosso Senhor Jesus Cristo". A santificação pelo Espírito refere-se ao batismo.

No texto de Rm 6.3-13, o batismo não poderia ser considerado como uma dramatização da mensagem, representando a sepultura do Cristo, entre sua crucifixão e sua ressurreição, e sugerindo ambas? Paulo lembrava aos gálatas, falando da sua primeira pregação (Gl 3.2), que Jesus Cristo tinha sido pintado ao vivo ante seus olhos como crucificado (Gl 3.1). Não teria ele em vista a cerimônia do batismo? Foi neste momento que eles receberam o Espírito Santo e que se produziram na comunidade manifestações milagrosas (Gl 3.5)[808].

---

[806] O ritmo da frase nos convida a fazer reagir os sentidos concretos de ἀπελούσασθε e de ἡγιάσθητε sobre o verbo δικαιόω; concretamente, justificação identifica-se com a santificação pelo Espírito.

[807] Ἐν ἁγιασμῷ πνεύματος καὶ πίστει ἀληθείας. A santificação do Espírito deve, como em 1 Tessalonicenses, Cor e Gálatas, representar a manifestação da presença do Espírito nos carismas. Mas esta presença "santificou"; provavelmente tem-se em vista o batismo que produziu a santificação subjacente aos carismas.

[808] Para uma síntese dogmática católica, leia-se J. COPPENS, art. *Baptême*, em *Dict. Bible, Suppl.*, I, cc. 901s. Ele relembra as conclusões ponderadas de Tobac: "Os católicos sempre defenderam que a fé, ato da inteligência e da vontade pelo qual o homem adere à revelação divina, é o fundamento da salvação; que a fé justificante é aquela da qual o amor é a forma e que opera pelo amor; esta justiça alcançada pela fé é interior e real e provém da união ao Cristo glorificado; que este amor, enfim, que aperfeiçoa a fé sem entrar na sua essência como parte integrante, é o dom do Espírito normalmente comunicado no batismo e garantia de que pertencemos ao Cristo. Mas como pode Paulo atribuir os mesmos efeitos ora à fé, ora ao batismo? A fé permanece sempre a adesão intelectual e livre do homem aos desígnios salvíficos de Deus em Cristo. Mas quando Paulo atribui à fé a justiça e a vida, será que ele entende isso unicamente no sentido duma persuasão firme e divina? Parece que não. A fé dá origem à humildade, ao arrependimento, ao desejo da conversão, à confiança e ao amor; a fé conduz ao batismo onde se realiza a reconciliação; onde a

## 2. A comunhão na Ceia[809]

A Ceia apresenta-se em 1 Coríntios sob dois aspectos principais; Paulo compara-a aos sacrifícios do mundo antigo, depois interpreta-a num sentido análogo ao que ele atribuía ao rito batismal.

O Apóstolo quer afastar definitivamente os coríntios da idolatria e fazê-los abominar os sacrifícios pagãos. É neste contexto que ele insiste, em 1 Co 10.16-22, sobre o aspecto sacrifical da Ceia: "O cálice de ação de graças, sobre o qual pronunciamos a bênção, não é uma comunhão no sangue de Cristo? O pão que partimos, não é uma comunhão no corpo de Cristo?" Ele pede que se reflita nas palavras repetidas na hora da celebração da ceia comemorativa: "Este é meu sangue; este é meu corpo", palavras "eficazes", depois das quais os cristãos bebem e comem. A refeição cristã, por conseguinte, do ponto de vista da noção de sacrifício, está em pé de igualdade com as práticas judaicas[810] e pagãs[811]. No pensamento dos antigos, a ceia sacrifical estabelece os homens em comunhão com os deuses;

---

justiça, a adoção, a vida divina tornam-se bens nossos. E pergunta-se se a fé justificante de Paulo não será antes a economia cristã nova, baseada na fé em Cristo e oposta à economia da Lei fundada sobre as próprias obras.

[809] Para uma bibliografia geral sobre a Ceia, cf. *Theol. Wörterbuch*, III, p. 726 (até 1937); VI, p. 135; W. GOOSSENS, *Les Origines de I'Eucharistie. Sacrament et Sacrifice* (Univ. Cath. Lov. Dissert. ad gradum Magistri in Fac. Theol.), Louvain, 1931; P. NEUENZEIT, *Das Herrenmahl. Studien zur paulinischen Eucharistieauffassung* (Stud. z. A. u. N. Test., Bd. I), München, 1960.

[810] Paulo diz aqui: "Israel segundo a carne", porque estes sacrifícios assemelham-se curiosamente ao paganismo. Ele não insiste, mas seu pensamento poderia prosseguir facilmente nos caminhos que conhecemos graças à Epístola aos gálatas: assim como as festas e observâncias judaicas apresentam estranhas analogias com os cultos dos duses cósmicos, assim também seus sacrifícios; os sacrifícios sangrentos constituem uma só e mesma instituição religiosa.

[811] Paulo verbera o espírito dos coríntios, referindo-se à Ceia com os mesmos modos de eles se exprimirem quando falavam dos sacrifícios pagãos; cf. v. 21: ποτήριου Κυρίου πίνειν, τραπέζης Κυρίου μετέχειν. Cf. A. DEISSMANN, *Licht vom Osten. Das Neue Testament und die neuendeckten Texte der hellenistisch-römischen Welt*, 4ª ed., Tübingen, 1923. Ver também Ml 1.7-21. Até mesmo uma passagem do Cântico de Moisés, Dt 32.17-22, fornece a Paulo duas fórmulas: δαιμπνίοις καὶ οὐ Θεῷ θύουσιν (1 Co 10.20) e παραζηλοῦμεν τὸν Κύριον (1 Co 10.22).

mas, fiel à tradição do Antigo Testamento e do judaísmo, Paulo identifica os deuses do paganismo aos demônios[812]; os sacrifícios pagãos colocam seus fiéis em contato com o mundo demoníaco e este contato os contamina. Trata-se, pois, duma comunhão profunda. Esta concepção nos ajuda a compreender quão íntima é a união entre o cristão que participa da Ceia e o Cristo. Uma outra comparação de Paulo nos fornece um paralelo: como a união sexual faz do homem e da prostituta um só corpo, a união com o Cristo faz de nós um Espírito junto com ele (1 Co 6.16-17)[813].

Um outro aspecto da Ceia aparece em 1 Co 11.17-34. Desta vez, o Apóstolo recorda explicitamente que ela se celebra mediante a repetição dos gestos de Cristo e de suas palavras; e conclui no v. 26: "Todas as vezes que comerdes deste pão e beberdes deste cálice, anunciais (καταγγέλλετε) a morte do Senhor, até que ele venha". O contexto nos obriga a pensar num anúncio dramatizado da mensagem da morte, análogo ao que descobrimos no batismo[814]. Mas não passa de analogia, pois desta vez evidentemente vamos além da idéia simbólica[815]. A repetição é de tal modo "realista", que o que comemos e bebemos não é mais um alimento material; achamo-nos perante o corpo e o sangue do Senhor, colocados diante de sua morte real, diante da qual nos é forçoso tomar uma posição: se cremos e manifestamos em todo o nosso comportamento que ela prepara a glória e a vinda do Senhor, temos já parte na glória; se ignoramos voluntariamente a realidade da fé, se comemos "materialmente", o contato com a morte do Senhor produz o efeito oposto: comemos e bebemos nossa própria condenação no último juízo (v. 29). Os coríntios podem ver um sinal precursor desta condenação que os ameaça nas enfermidades e nas mortes que enlutaram a comunidade; Deus

---

[812] Cf. J. WEISS, *Der erste Korintherbrief (Krit.-exeg. Kommentar)*, Göttingen, 1910, pp. 261s.

[813] Em ambos os casos, Paulo serve-se da fórmula ἓν σῶμα (1 Co 6.16; 10.17).

[814] Não sendo a água do batismo o sepulcro, Paulo não se apoiava na identidade, como o faz no nosso contexto.

[815] O próprio Paulo fez uma aproximação entre a refeição da Ceia e o batismo, cf. 1 Co 10.1-4. Todo o trecho de 1 Co 10.1-13 introduz o grande contexto em que o Apóstolo, valorizando a Ceia, procura afastar os coríntios da freqüência às cerimônias religiosas pagãs.

os castiga e admoesta agora, para que evitem sua reprovação final
(1 Co 11.30-32)[816].

A união ao Senhor, na Ceia, é pois uma realidade de ordem religiosa duma importância primordial. Aí temos um contato real, físico mesmo, poder-se-ia dizer, com o corpo e o sangue do Senhor; e unimo-nos pessoalmente a ele como os hebreus se uniam a Deus em seus sacrifícios; como o Deus do Antigo Testamento, nosso Senhor exige nossa fidelidade absoluta, chegando a castigar-nos se abusarmos de seu dom[817].

### 3. *Comunhão na Paixão de Cristo*[818]

A idéia da morte do Cristo ou da cruz exerce uma pressão inegável sobre a teologia paulina. Isso se deve em parte às dificuldades que o Apóstolo enfrenta. O otimismo baseado na ressurreição é contestado por múltiplas constatações: fraquezas de sua vida apostólica, ataques dos judaizantes para defender a Lei, atitude dos coríntios que bem merecem uma humilhação, pecados nas igrejas. Tentamos neste parágrafo determinar o lugar ocupado pela comunhão na Paixão na teoria mais genérica da união aos atos salvíficos do Cristo. A teologia paulina encontra em seu ponto de partida o tema escatológico judaico das tribulações messiânicas; daí se passa aos temas cristãos.

1. O tema das tribulações messiânicas foi preparado no Antigo Testamento; o fim do mundo presente, muitas vezes anunciado pelos profetas, acompanha-se de cataclismos pavorosos. Os Apocalipses comparam às dores do parto o nascimento da época nova, ou do novo *"éon"*. O vocabulário se firma no Livro de Daniel: tribulações e perseguições caracterizam os acontecimentos dos últimos dias.

---

[816] Parece que Paulo inspira-se no Cântico de Moisés, Dt 32.17-22, utilizado quando ele insistia no caráter sacrifical da Ceia.

[817] A crítica fica admirada ao constatar que Paulo, em 1 Co 10.16-22 conservou até o fim (cf. v. 21) uma ordem que inverte o lugar do pão e do cálice. Teria ele conhecido duas tradições diferentes para a celebração eucarística? Cf. L. CERFAUX, "La multiplication des pains dans la liturgie de la Didachè", em *Studia Bibl. et Orientalia,* II, Roma, 1959, pp. 377s.

[818] Cf. *acima,* pp. 59-61.

Isso se encontra de novo nos Apocalipses cristãos, e já no Apocalipse sinótico; os cristãos têm consciência de viverem estes últimos dias do mundo antigo. O Livro dos Atos faz Paulo dizer, para fortificar a fé dos fiéis de Listra, Icônio e Antioquia da Pisídia: "É passando por muitas tribulações que devemos entrar no reino de Deus" (At 14.22). O Apóstolo recorda, na sua Carta aos tessalonicenses, que ele os advertia, enquanto estava entre eles, da necessidade imposta a todo cristão de suportar tribulações (1 Ts 3.2-3); seu caráter escatológico é sublinhado: "As perseguições e as tribulações que suportais – escreve – são o presságio do justo juízo de Deus" (2 Ts 1.5). Com relação a estas tribulações, Paulo se ufana da "paciência" dos cristãos, pede que sejam vigilantes, "consola", confirma.

Este tema, inspirado diretamente na apocalíptica judaica[819], se esclarece na tradição cristã. As tribulações e as perseguições principiaram na Paixão do Cristo e se terminam na Igreja[820]. Paulo declara que elas tornam os cristãos imitadores do Cristo: "Vós vos comportastes como imitadores nossos e do Senhor, acolhendo a palavra por entre muitas tribulações com a alegria do Espírito Santo" (1 Ts 1.6; cf. 2.15)[821]. Os sofrimentos são uma constante que atingiu sucessivamente o Cristo, as igrejas da Judéia, o Apóstolo, os cristãos de Tessalonica. Eles têm uma necessidade escatológica e sucedem para realizar as Escrituras, por vontade divina[822].

2. O tema da tribulação, porém, vai orientar-se para a participação nos sofrimentos do Cristo; à necessidade escatológica junta-se uma outra lei, que exige que se participe dos sofrimentos do Cristo para chegar à ressurreiçãão. É esta participação que em breve vai dominar o tema: "Filhos (de Deus) e portanto herdeiros; herdeiros

---

[819] Cf. P. PARRÉ, Θλῖψις *et le concept des tribulations dans les Épîtres pauliniennes*. Univ. de Louvain. Mémoire de licence Philos. et Lettres, Philol. class., 1954, pp. 14-16.
[820] Cf. Lc 24.26; At 17.3.
[821] Cf. L. CERFAUX, *Le Christ dans la Théologie de saint Paul*, 2ª ed. (*Lectio divina*, 6), Paris, 1954, p. 97; P. PARRÉ, *op. cit.*, p. 29.
[822] Perseguições (διωγμός), tribulações, sofrimentos são termos mais ou menos concretamente sinônimos. Cf. 2 Ts 1.4-5; 1 Ts (sofrer pelo Cristo); 1 Co 12.26.

de Deuus e co-herdeiro de Cristo, se no entanto sofrermos com ele[823], para sermos glorificados com ele" (Rm 8.17-18)[824].

Primeiramente, é como simples cristão, sujeito à lei comum, que Paulo participa nos sofrimentos do Cristo. At 3.10-11: "para conhecer (a Cristo) e o poder ressurreição e assim em Filipenses a comunhão em seus sofrimentos, tornando-me semelhante à sua morte, na esperança de chegar à ressurreição dos mortos" (Fp 3.10-11). É normal, como no trecho que citamos, que o tema dos sofrimentos se una ao tema da morte e se identifique com ele[825].

---

[823] Único emprego de συμπάσχω neste tema, e cf. 1 Co 12.26.

[824] Cf. L. CERFAUX, *Le Christ dans la Théologie* de Saint Paul, 2ª ed. (*Lectio divina*, 6), Paris, 1954, pp. 51-52.

[825] Os verbos compostos com συν são freqüentes na linguagem paulina e não são usados apenas quando se fala da união, da Paixão. Pode-se formar a lista seguinte:
1° Tratando-se da escatologia (às vezes antecipada):
  σύνζάω: Rm 6.8; 2 Co 7.3; 2 Tm 2.11.
  συνζωοποιέω: Ef 2.5; Co 2.13.
  συνγείρω: Ef 2.6; Cl 2.12; 3.1.
  συνκαθίζω: Ef 2.6.
  συβασιλεύω: 1 Co 4.8; 2 Tm 2.12.
  συνδοξάζω: Rm 8.17.
2° Falando da morte de Cristo:
  συνπασχω: Rm 8.17; 1 Co 12.26.
  συνσταυρόω: Rm 6.6; Gl 2.20.
  συναποθνήσκω: 2 Co 7.3; 2 Tm 2.11.
  συνθάπτομαι: Rm 6.4; Cl 2.12.
A maior parte dos verbos destas duas séries pertencem à língua grega comum. Podem ser usados metaforicamente; Bauer aponta para συνθάπτομαι Licurgo (séc. IV a. C.): συνετάφη τοῖς τούτων σώμασιν ἡ τῶν Ἑλλήνων ἐλευθερία.
3° Outras formações análogas nas passagens cristológica:
  συμμορφίζομαι: Fp 3.10; cf. σύμμορφος: Rm 8.29; Fp 3.21.
  σύμφυτος: Rm 6.5.
  συνκληρονόμος. Rm 8.17, Ef 3.6.
  συνοικοδομέω: Ef 2.22.
  συνμέτοχος: Ef 3.6; 5.7.
Em certos casos, como para συνοικοδομέω, deve-se excluir qualquer verossimilhança de significação mística.
4° Outras palavras compostas segundo o mesmo modelo: συνστενάζω, συμπολίτης, συνκοινωνέω (συνκοιωνός), συνστρατιώτης.

3. Paulo desenvolve de preferência a idéia de que sua vida apostólica como tal, para produzir frutos de salvação, deve participar dos sofrimentos do Senhor[826]. Este tema "apostólico" vai combinar naturalmente com as antíteses "morte-ressurreição", "sofrimentos-glória". Ele está subjacente às declarações de 1 Co 2.1-5. Paulo pregou aos coríntios na fraqueza (ligação de idéias como escândalo da cruz): "Nada eu quis saber entre vós, a não ser Jesus Cristo, e este crucificado" (v. 2). Sua intenção é que a fé cristã se estabeleça sobre o poder de Deus.

O trecho de 2 Co 4.7-12 está ligado por suas idéias ao escândalo da cruz: "Trazemos este tesouro (da glória apostólica) em vasos de argila, para que a grandeza do poder que possuímos venha visivelmente de Deus e não de nós... Por toda parte e sempre trazemos em nosso corpo os sofrimentos de morte (τὴν νέκρωσιν) de Jesus, a fim de que também a vida de Jesus seja manifesta em nosso corpo", (2 Co 4.7-10). O Apóstolo experimenta a morte de Jesus (em relação com a glória, que aqui se torna poder apostólico): "Nós que vivemos – continua ele – somos entregues à morte por causa de Jesus, a fim de que também a vida de Jesus se manifeste na nossa carne mortal" (2 Co 4.11). E termina com uma frase lapidar: "em nós a morte faz sentir o seu pader, em vós a vida" (v. 12). Observamos um ligeiro desvio do tema em 2 Co 13.3-10: "Somos fracos nele, mas, em relação a vós, viveremos com ele pela virtude de Deus" (v. 4). O poder apostólico, que gera a vida, poderia destruir (cf. v. 10). O v. 9 retoma o tema ordinário: "Alegramo-nos quando nós somos fracos e vós fortes" (quando podemos praduzir em vós os frutos positivos de nosso apostolado)[827].

---

5ª σύσσωμα é um caso especial. Cf. L. CERFAUX, *La Théologie de l'Église suivant saint Paul*, 2ª ed. (Unam Sanctam, 10), Paris, 1948, p. 251; B. McGRATH, "'Συν" Words in St. Paul", em *Cath. Bibl. Quart.*, 14 (1952), pp. 219-226. A própria variedade de todos esses exemplos basta para demonstrar que não se pode tirar conclusão alguma da forma lexicográfica como tal.

[826] Cf. L. CERFAUX, "L'antinomie paulinienne de la vie apostolique", em *Rech. Sc. Rel.*, 39-40 (1951-52), pp. 231-235 (= *Recueil Lucien Cerfaux*, II, Gembloux, 1954, pp. 455-467).

[827] Cf. L. CERFAUX, *Le Christ dans la Théologie de saint Paul*, 2ª ed. (Lectio divina, 6), Paris, 1954, pp. 25-26; 88-89; "L'antinomie paulinienne de la vie apostolique", em *Rech. Sc. Rel.* 39-40 (1951-52), pp. 221-235 (= *Recueil Lucien Cerfaux*, II, Gembloux, 1954, pp. 455-467).

Na ação de graças da mesma Epístola (2 Co 1.3-11), o tema se enriquece com o recurso a elementos tradicionais vizinhos. Paulo vive nas tribulações e experimenta a "consolação" do Espírito Santo; à recrudescência dos sofrimentos corresponde a abundância da consolação. A própria "consolação" torna-se "apostólica", pois ela se transmite aos cristãos; e os ajudará a suportar os mesmos sofrimentos que o Apóstolo suporta; à comunhão nos sofrimentos corresponde a partilha das consolações[828].

O tema apostólico atinge um ápice nas Epístolas do cativeiro[829]. Paulo apresenta-se em Cl 1.24-29 como o ministro encarregado de promulgar aos gentios os mistérios do Cristo: "Eu me alegro nos sofrimentos que suporto por vós, e completo na minha carne o que resta a cumprir das tribulações (θλίψεων) do Cristo por seu corpo, que é a Igreja, da qual me tornei ministro, em virtude do encargo que me foi confiado, de realizar a Palavra de Deus, o mistério oculto..., isto é, o Cristo entre vós, a esperança da glória..." (Cl 1.24-27). Cristo sofreu para cumprir a profecia do Servo de Deus. Se se pensa que Paulo tem consciência de ser seu suplente nesta função de Servo[830], não causa admiração vê-lo afirmar que completa o que falta de sofrimentos para suportar.

Na Carta aos efésios (3.1-19), Paulo reivindica a tarefa que lhe foi confiada de fazer conhecer o Cristo aos gentios e de exercer assim um papel de primeiro plano na economia do mistério de Deus:

---

[828] Sobre a consolação, sinônimo ou pelo menos paralelo da alegria no Espírito Santo, cf. P. PARRÉ, Θλῖψις *et le concept des tribulations dans les Épîtres pauliniennes*. Univ. de Louvain. Mémoire de licence Philos. et Lettres, Philol. class., 1954, p. 74. Alegria e consolação estão ligadas antiteticamente a tribulação, perseguição, sofrimento. Aí está um tema e uma experiência cristãos. Cf. J. DUPONT, *Les Béatitudes*, Bruges, 1954, p. 135, nº 1; R. BULTMANN, art. ἀγαλλιάομαι em *Theol. Wörterbuch*, I, pp. 19-20; W. NAUCK, "Freude im Leiden. Zum Problem einer urchristlichen Verfolgungstradition", em *Zeitschr. Neut. Wiss.*, 46 (1955), pp. 68-80. (A alusão ao tema da alegria nos sofrimentos em *Bar. syr.* remontaria às perseguições dos Macabeus).

[829] Consideramos provisoriamente como provada a autenticidade das Epístolas do cativeiro. Cf. Livro IV.

[830] Cf. L. CERFAUX, "Saint Paul et le 'Serviteur de Dieu' d'Isaïe", em *Miscellanea Biblica et Orientalia A. Miller = Studia Anselmiana*, fasc. 27-28 (1951), pp. 351-365 (= *Recueil Lucien Cerfaux*, II, Gembloux, 1954, pp. 439-454).

"É por isso, acrescenta ele, que vos peço que não vos deixeis abater pelas tribulações que sofro por vós, pois elas são a vossa glória"[831] (v. 13).

A Epístola aos filipenses volta a falar da identificação com o Servo sofredor. Paulo aplica a si próprio a palavra de Is 49.4 e 65.23 (LXX), declarando que não correu em vão, não "penou em vão" (Fp 2.16). Esta comparação implícita com o Servo de Deus lhe traz à mente uma fórmula litúrgica: suas dores e seus trabalhos apostólicos são como que uma libação derramada sobre o sacrifício da fé dos gentios. Isso faz lembrar Rm 15.16: "ele executa, como uma liturgia sagrada, sua missão do Evangelho de Deus, tornando a oferta dos pagãos agradável a Deus, santificada no Espírito Santo".

*Conclusão:* – O tema que viemos seguindo acomoda-se a contextos de idéias assaz diversas: a apocalíptica, as antíteses cristológicas e as preocupações apostólicas de Paulo. Talvez seja isto uma razão para desconfiarmos de alguma síntese global a que se pretendesse dar o título de "mística da Paixão".

O que chamaríamos de fundo teológico da união aos sofrimentos de Cristo é constituído de fato pelo Apocalipse (tribulações do fim dos tempos, tribulações e perseguições messiânicas) e pela noção mais genérica da união à morte e à vida do Cristo ressuscitado, tal como no-la oferece a eficácia da mensagem, ou a do batismo e da Ceia.

Não há dúvida que este fundo teológico fundamenta toda uma experiência do Apóstolo, as primeiras perseguições, a necessidade de superar as tentações de seus cristãos, seus sucessos apostólicos e as humilhações duma vida tão possante em Deus, e permanecendo sempre exposta às humilhações, às fraquezas e às contradições de sua carreira. Tal experiência, em si, não se deve chamar de mística, se com isso supomos a consciência duma união misteriosa com o Cristo sofredor, nascida do sentimento do amor e duma graça todo

---

[831] É provável que devamos compreender isto em paralelo com Cl 1.27: "O Cristo em vós, a esperança da glória". Os sofrimentos de Paulo, que estão ligados a seu apostolado entre os gentios, representam para eles uma certeza da glória celeste.

especial. Sem ter a pretensão de negar a existência desta mística, contudo não vemos como se possa afirmá-la baseando-se em textos precisos[832]. Preferimos ficar com a explicação que propusemos até aqui. A teologia de Paulo não parece voltada para uma introspecção de seus estados de alma. Descreve antes, servindo-se da filosofia da época, estados reais, o que chamaríamos a condição cristã. Um dos componentes desta condição é nossa participação nos sofrimentos e na morte de Cristo. Digamos que esta participação continua misteriosa; e isso duplamente: primeiro, enquanto ela atinge o próprio íntimo de nós mesmos e o transforma, assimilando-o a um acontecimento que se deu na existência do Cristo Salvador; segundo, porque Deus não se contenta com criar em nós uma semelhança, mas vai mais longe, até querer que a transformação seja mais do que à imagem do Cristo e que ela continue em nós a "realidade" de vida que foi primeiro criada no Cristo morto e ressuscitado. Assim a semelhança aproxima-se da identidade.

### 4. *A comunhão na "vida" de Cristo*

1. Voltamos assim ao tema fundamental derivado da mensagem apostólica, que foi primeiro a ressurreição de Cristo, fonte para nós da salvação futura, penhor de nossa ressurreição, e em breve comunicando-nos já sua vida "espiritualizada". A própria teologia paulina, com efeito, corrige a preponderância que nossos três primeiros parágrafos parecem atribuir à morte do Cristo. Dissemos de propósito "parecem atribuir", pois realmente, a união à morte de Cristo, de onde quer que provenha, é sempre coroada por uma união à vida do Cristo, seu verdadeiro termo.

A "vida" significaria para Paulo, se por um momento ele se esquecesse de ser teólogo, o que ela significa ainda para o vulgo, e o que significava no mundo grego e no Antigo Testamento: uma dilatação de nosso ser na alegria: "Agora nós vivemos, pois vós permaneceis firmes no Senhor" (1 Ts 3.8). Mas para Paulo este sentimento já é "cristão", e poderíamos comentar mais ou menos seu pensamento profundo, que não se exprime, pelos textos que proclamam

---

[832] Certamente não bastam os compostos com συν. Cf. *supra*, pp. 349s.

seu entusiasmo pela vida cristã e mais ainda por sua vida de apóstolo de Cristo: "Para mim, viver, é Cristo (a doação ao Cristo na totalidade de seu devotamento) e morrer (neste mesmo ponto de vista) é um lucro. Mas se viver na carne (a vida efêmera e banal com as "tribulações") representa ainda para mim resultados para o trabalho, não sei mais o que escolher..." (Fp 1.21-22).

Deixemos, pois, esta pista, para entrarmos de novo na teologia. O tom de alegria é ainda perceptível em 1 Ts 5.10: "a fim de que, em estado de vigília ou de sono, vivamos unidos a ele (nosso Senhor Jesus Cristo)". Descobriremos esta mesma nota de alegria, marcando a vida cristã profunda, na Epístola aos gálatas. Paulo descreve como ele deixou o judaísmo para abraçar a fé em Cristo. Depois de exprimir sua conversão em termos da teologia judaica da justificação, seu estilo se inflama e ele transpõe as mesmas idéias no vocabulário da "vida": "Pela Lei, eu morri para a Lei, a fim de viver para Deus. Estou crucificado com Cristo; eu vivo, mas não sou mais *eu*, em mim vive o Cristo. Quando vivo agora na carne, de fato, eu vivo na fé do Filho de Deus que me amou e se entregou por mim" (Gl 2.19-20). Esta recordação apaixonada do amor de Cristo, que se entregou por nós, sublinha uma nota de emoção subjacente a todas estas declarações. Paulo se coloca em cena em vez e em lugar de todos os cristãos, e este "eu", embora seja representativo de toda a categoria dos cristãos, dá uma vitalidade singular à teologia.

Interpretaremos na mesma atmosfera 2 Co 5.15: "(o Cristo) morreu por todos nós a fim de que os que vivem, não vivam mais para si mesmos, mas por aquele que por eles morreu e ressuscitou".

Uma experiência assim pode ser feita por todos os cristãos. Trata-se menos duma experiência mística à maneira de João da Cruz, que duma união ao Cristo expressa nas categorias normais do amor, ou da afeição duma pessoa por outra.

"Viver" traduz igualmente o poder que Paulo possui em virtude de sua missão apostólica[833]; a vida do Cristo aparece "em seu corpo", isto é, na sua atividade pelos cristãos, acompanhada de

---

[833] 2 Co 6.9; 13.4. Cf. L. CERFAUX, "L'antinomie paulinienne de la vie apostolique", em *Rech. Sc. Rel.*, 39-40 (1951-52), pp. 231-235 (= *Recueil Lucien Cerfaux*, II, *Gembloux*, 1954, pp. 455-467).

sofrimentos e humilhações[834]. Em geral, a experiência do amor do Cristo não sendo mais perceptível, o termo "viver" limita-se a significar uma vida religiosa profunda, que é a do cristão, com mudança do centro de gravidade de todo o ser e do comportamento. Deve-se entender assim: "viver pelo Espírito", Gl 5.25; "o justo vive da fé", Gl 3.11: Rm 1.17; "a novidade de vida", Rm 6.4; "viver para Deus", Rm 6.10; "viver para Deus em Cristo Jesus", Rm 6.11[835]; "vida em Cristo Jesus", Rm 8.2; "a vida de Deus", Ef 4.18; "esta vida é obra do Espírito", Rm 8.2-10. Do outro lado se encontra a vida no pecado, segundo a carne.

2. Nota-se imediatamente a conexão freqüente duma vida em função da do Cristo com as operações do Espírito Santo. Pode-se afirmar que o Espírito, – e só ele, – faz-nos experimentar a vida do Cristo que está em nós. É o caso dos carismas, da sabedoria cristã, do amor e dos frutos do Espírito, de nossa situação de filhos de Deus. Ora a experiência se exerce mais sobre as manifestações exteriores da vida cristã, os carismas e as virtudes ordinárias, ora ela atinge o próprio íntimo desta vida, nas três virtudes teologais, na sabedoria que nos faz conhecer a Deus, na consciência de que somos filhos de Deus.

3. A definição teológica desta vida se constrói a partir de duas fórmulas principais, a ressurreição (lembremo-nos de que ela é, sob certo aspecto, sua antecipação) e a criação.

Ela é participação na vida do Cristo ressuscitado, ressuscitado para se tornar a fonte, a origem de todas as vidas dos cristãos, sendo estas imaginadas como prolongações e reproduções da dele. Podemos vê-las situadas como pontos num halo luminoso que parte do corpo glorioso do Cristo ressuscitado[836]. O halo representa o conjunto dos cristãos, Igreja e plenitude do Cristo[837].

Uma variante do tema chama a atenção para a novidade da vida cristã; pode-se defini-la como uma criação, novidade absoluta[838].

---

[834] 2 Co 4.10-12.
[835] Ct. Rm 8.13; 2 Co 2.16 (vida).
[836] Ct. L. CERFAUX, *Le Christ dans la Théologie de saint Paul*, 2ª ed. (*Lectio divina*, 6), Paris, 1954, pp. 69-171.
[837] Cf. *ibid.*, pp. 274-277.
[838] Como aliás na teologia joanina. O tema remonta à pregação de Jesus (veja em particular as controvérsias).

Tudo é renovado no Espírito depois da ressurreição do Cristo. O Cristo segundo a carne, naquele instante, se tornou o Cristo segundo o Espírito, e daí em diante, participamos dum imenso movimento de renovação: "Todo aquele que está em Cristo, é uma nova criatura" (2 Co 5.17).

Estar em Cristo, aqui, significa ser cristão em toda a força do termo; é receber, da nova situação em que nos coloca nosso ato de fé, uma transformação interior, uma renovação que nos cria de novo. Recordemos Rm 8.10: "Se o Cristo está em vós, o corpo está morto pelo pecado, mas o Espírito está vivo por causa da justiça". Este contexto mostra bem como se deve entender a criação nova. Esta nova vida, do Espírito, é ao mesmo tempo nossa, e presença do Espírito em nós. A Epístola aos gálatas repete, como se fosse habitual em Paulo, a expressão "nova criação" (Gl 6.15).

Conforme 2 Co 4.16, pela renovação contínua do homem interior, prepara-se o peso eterno de glória. O homem exterior é destruído pela tribulação, o homem interior é construído pelo dom de Deus. Em outras palavras, a "vida" criada no cristão é já a vida eterna com sua glória. Agora ela é invisível, mas tornar-se-á visível (cf. 2 Co 4.18).

O tema da nova criação é exposto nas Epístolas do cativeiro paralelamente à função do Cristo na primeira criação. O Cristo é imagem de Deus[839]. Somos destinados a trazer em nós uma semelhança com ele e a refletir assim a própria imagem de Deus[840]. Há, em toda criação, uma intervenção do Filho de Deus[841] e, para os cristãos, uma predileção divina que os destinou a trazer uma semelhança duma outra ordem, que lhes permite o acesso à vida divina. A idéia, que vemos desenvolvida especialmente em Cl 1.18-20, já foi anunciada em Rm 8.29[842], e é sugerida por 1 Co 15.20[843].

---

[839] Cl 11.7; 2 Co 4.4; Cl 1.15. Cf. L. CERFAUX, *op. cit.*, pp. 324-328. Cristo é imagem de Deus independentemente de sua ressurreição; ele o é em seu ser preexistente. Sua ressurreição permite ao poder ligado à sua pessoa divina manifestar-se através de sua humanidade e de exercer sua eficácia sobre nós.

[840] Rm 8.29.

[841] Cl 1.17.

[842] Aos que ele conheceu de antemão, ele os destinou a serem conformes à imagem de seu Filho.

[843] Fazendo de Cristo ressuscitado as primícias dos mortos ressuscitados, e opondo Adão, autor da morte, ao Cristo, autor da vida, 1 Co 15.21; cf. Rm 5.12-18.

A afirmação de 1 Co 15.49 era clara: "trouxemos a imagem do homem terrestre em nós; traremos também a imagem do homem celeste". Mas os textos das grandes Epístolas visavam a ressurreição futura. O que é próprio às Epístolas do cativeiro, é que este tema da semelhança profunda com o Cristo se ligue agora à nossa condição atual de cristão.

A expressão "o homem novo"[844] marca um desenvolvimento dos temas nas Epístolas do cativeiro. Líamos já em 2 Co 4.16: "nosso homem interior se renova de dia para dia (como numa nova criação)"; mas não se pensava em comparar este homem interior com o homem que é o Cristo, imagem de Deus. Ao contrário, a aproximação é explicitamente sugerida nas Epístolas do cativeiro. O homem novo que nós revestimos é como que interior a nós, é o Cristo: "Abandonai vosso modo de viver anterior, o velho homem que se vai corrompendo segundo as concupiscências enganosas, e renovai-vos no Espírito da vossa inteligência e revesti-vos do homem novo, que foi criado por Deus na justiça e na santidade da verdade" (Ef 4. 22-24). Nos bastidores insinua-se o contraste Adão-Cristo, tal como foi expresso em 1 Co 15.44-49, onde, no entanto, repetimos, nós não devíamos assumir a semelhança com o homem celeste senão no dia da ressurreição dos mortos.

A passagem da Epístola aos colossenses paralela a Ef 4.22-24, é ainda mais significativa para revelar a nova concepção paulina na fase das Epístolas do cativeiro. Escutamos, junto com um som fundamental, outras tonalidades de temas que têm cada um sua individualidade e se reúnem por meio de trabalhos da imaginação ou de aproximações verbais: "Não mintais mais uns aos outros. Sede realmente despojados do homem velho com suas obras, e revestidos do homem novo, que se renova no conhecimento à imagem daquele que o criou, para o qual cessam as distinções: grego e judeu, circuncisão e incircuncisão, bárbaro, cita, escravo, homem livre, para o qual não há doravante senão o Cristo, tudo em todos" (Cl 3.9-11).

O homem velho com suas obras, é o homem que vive segundo a carne e faz as obras de seu corpo (Rm 8.13), seguindo a herança do primeiro homem Adão (1 Co 15.45). O homem novo é o homem

---

[844] J. BEHM, art. καινός, em *Theol. Wörterbuch*, III, pp. 450-452.

interior que se renova de dia para dia (2 Co 4.16). Ele se renova agora pelo conhecimento (conforme o tema que estudaremos mais tarde)[845]. A gente reveste-se do homem novo, o Cristo (Gl 3.27), o que leva todos os homens a uma unidade primitiva onde todas as distinções desaparecem (Gl 3.28) na unidade do Cristo (Gl 3.28).

*Conclusão:* – Lançamos um olhar para trás. O batismo e sobretudo a Ceia puseram em evidência o caráter "realista" de nossa participação na morte e ressurreição do Cristo. Os dois termos, morte e ressurreição, são na realidade inseparáveis e acarretam a indissolubilidade do laço que une os dois termos correspondentes da existência cristã: morte e vida. O cristão morre para viver. Ele vive duma vida nova que renova seu ser em suas profundezas e depois de tê-lo separado do pecado, lhe permite expandir-se numa esfera de santidade.

Em nosso caminho notamos a conexão estreita que existe entre a vida que vem do Cristo e as atividades do Espírito Santo. Esta conexão iria até identificar o Cristo com o Espírito? Precisamos encarar com seriedade este problema, pois uma resposta afirmativa abalaria perigosamente nossa síntese.

Recusamo-nos a pronunciar a palavra mística a respeito da participação do cristão na Paixão do Cristo. Já que se fala, mais genericamente, de uma mística de Cristo, que estaria na base da teologia paulina, não podemos fugir a este outro problema.

Resta-nos, pois, neste capítulo consagrado à teologia da união do cristão com o Cristo, tratar por fim duas questões: o Espírito e o Cristo na "vida" dos cristãos; a mística paulina.

## IV - A EFICÁCIA DO ESPÍRITO SANTO E DO CRISTO SOBRE A "VIDA" DOS CRISTÃOS[846]

1. Nossas análises fizeram aparecer como a teologia paulina diferencia as funções do Espírito e do Cristo. Contudo, ao lado de

---

[845] Cf. *infra*, pp. 516-524.
[846] E. FUCHS, *Christus und der Geist bei Paulus,* Leipzig, 1932; R. STÄHLIN, "Der Herr it der Geist", em *Kosmos und Ekklesia, Festschr. f. W. Stahlin,* Kassel, 1953, pp. 40-54; W. LUCK. "Historische Fragen zum Verhältnis von Kyrios und Pneuma bei Paulus", em *Theol. Literaturzeit.*, 85 (1960), CC. 845-848.

temas bem distintos, há outros que são paralelos e tendem a se aproximar e se fundir. Atingimos mesmo uma realidade cristã profunda na qual as duas forças, do Cristo e do Espírito, coincidem.

## 1. *Temas próprios ao Espírito e temas do Cristo*

A intervenção do Espírito Santo define o cristianismo em face das religiões pagãs e do judaísmo. Os privilégios que possuía a religião do Antigo Testamento e que tinham valor simbólico têm seu cumprimento e são "espiritualizados". Ao mesmo tempo a religião nova responde às necessidades do mundo grego, especialmente graças aos conhecimentos que vão dos carismas à penetração do mistério de Deus. Isso é obra do Espírito, como também a possibilidade, à qual agora o cristão tem acesso, de levar uma vida de moralidade superior. Vê-se nascer assim a antítese carne-Espírito, e a fórmula "os frutos do Espírito"[847]. Por outro lado, o cristão caracteriza-se pela sua pertença ao Cristo. Estabelece com ele relações pessoais que supõem a encarnação, a morte e a ressurreição do Filho de Deus.

## 2. *Temas relacionados*

O cristão é chamado a participar da qualidade de filho de Deus, acessível doravante devido à presença do Filho único de Deus numa natureza humana. Mas é o Espírito Santo que nos auxilia a exprimir nossos sentimentos de filhos. O tema da inabitação do Espírito Santo, em nossas almas e corpos, como num templo, corresponde ao tema cristológico de nossa pertença ao Senhor, que nos "resgatou" por sua morte. A aproximação é feita em 1 Co 6.19-20 e retomada em Rm 8.9. A pertença ao Senhor implica na necessidade de nossa ressurreição, e de novo a atividade do Espírito é invocada a este respeito: "uma vez que o Espírito, que ressuscitou Jesus, habita em nós, ele nos ressuscitará, também a nós, no nosso dia" (Rm 8.11)[848].

---

[847] Para respeitar a síntese da Epístola aos romanos, preferimos reservar o estudo destes temas para o capítulo dedicado à "justiça".

[848] Este trecho (Rm 8.9-11) permite-nos apreciar a arte, quase um virtuosismo, com que Paulo une os temas, sem contudo confundi-los. "Quanto a vós, não estais na carne, mas no Espírito, pois o Espírito de Deus habita em vós".

## 3. Expressões comuns

É evidente que simples palavras, de sentido teológico, mas de significação bastante ampla, embora estejam relacionadas mais especialmente seja ao Cristo, seja ao Espírito, não ficam absolutamente limitadas a este uso. Assim, os vocábulos "vida", "viver", fazem persar em Cristo, e a inabilitação refere-se ao Espírito, mas este uso não é exclusivo[849].

As mesmas preposições, sobretudo ἐν, poderão formar expressões correntes, seja com πνεῦμα, seja com Χριστός, κύριος, etc.[850].

Acreditou-se poder tirar algum argumento destes exemplos e de outros semelhantes para identificar o Espírito e o Cristo. Uma análise um pouco mais profunda do estilo de Paulo dissipa imediatamente o equívoco.

## 4. Convergência de efeitos

Nossa vida profunda está ao mesmo tempo sob o impulso da ressurreição do Cristo e sob o do Espírito Santo. A atividade é unificada no mistério de Deus. Ela se revelou primeiro em Cristo ressuscitado,

---

A antítese "carne-Espírito" trouxe portanto o tem da inabitação do Espírito Santo. A reflexão de que o Espírito é o Espírito de Cristo, evoca a idéia da pertença do cristão ao Cristo: "Se alguém não tem o Espírito de Cristo, esse não lhe pertence (οὐκ ἔςτιν αὐτοῦ)". Depois continua-se com a idéia de que a propriedade de Cristo ressuscitado sobre o cristão produz a "vida de justiça" (a justiça intervém aqui por causa do contexto de Romanos): "E se o Cristo está em vós, (entendamos: se a vida de Cristo está em vós), vosso corpo está morto para o pecado, mas vosso espírito (no sentido de "vossa alma") é vida para a justiça". A palavra "vida" pertence ao tema da ressurreição e Paulo vai desenvolver um novo paralelo entre o Espírito e o Cristo: "Se habita em vós o Espírito daquele que ressuscitou Jesus dos mortos, esse que dos mortos ressuscitou Jesus, vivificará também vossos corpos mortos, por seu Espírito que habita em vós".

[849] A palavra "vida" pode aliar-se com o Espírito, cf. Rm 8.6; Gl 5.25. O verbo "habitar" pode referir-se a Cristo (Ef 3.17); há, porém, diferença de matiz: o Espírito habita como num templo, e Cristo habita em virtude da fé.

[850] Cf. A. WIKENHAUSER, *Die Christusmystik des Apostels Paulus*, 2ª ed., Friburg in Br., 1956, p. 50; F. NEUGEBAUER, "Das pautinische 'In Chrito'", em *New Test. Stud.*, 4 (1957-1958), pp. 124-138.

que se tornou Espírito vivificante (1 Co 15.45; cf. Rm 1.4) e depois atinge nossas vidas íntimas e até nossos corpos.

Na unidade do monoteísmo, duas pessoas divinas revelam a diferenciação de suas atividades. Tal é, a nosso ver, a interpretação que se recomenda à primeira vista a quem estuda a história das doutrinas, como ao teólogo. A escola da história das religiões, ao contrário, mergulhando o cristianismo no oceano duma mística helenística panteísta, identifica o Senhor ressuscitado com o Espírito, concebendo este à maneira do "pneuma" estóico ou do "mana" das religiões primitivas. Desta esfera unicamente proviriam as forças espirituais que, como se pensa, constituem a vida cristã. Esta teoria, na realidade, não é mais que uma outra forma da "mística do Cristo" que será o assunto de nosso último artigo.

2. Os resultados desta rápida pesquisa confirmam as conclusões a que chegamos estudando *ex-professo* a teologia do Espírito e a cristologia paulina[851].

O Antigo Testamento fornece pressupostos importantes para a distinção entre o Cristo e o Espírito. Os cristãos explicitaram as doutrinas messiânicas judaicas. O Filho de Deus preexistia na "forma" de Deus, feito um homem como nós, filho de Davi, morto e ressuscitado para receber sua soberania espiritual. É realmente uma pessoa em todo seu realismo. Quanto ao Espírito de Deus, ou Espírito Santo, o judaísmo desenvolvia já sua noção na direção dum poder, substituto de Deus. O cristianismo primitivo crê, ao mesmo tempo, em Cristo Jesus, seu senhor e rei glorioso, e na intervenção do Espírito Santo, enviado por Deus e pelo Cristo ressuscitado. A identificação do Espírito-pessoa com o Filho, se opõe a todo o movimento do pensamento primitivo. Paulo fez frutificar a herança. É permanecendo pessoal que seu Cristo se tornou, pela ressurreição, Espírito vivificante, fonte de santificação[852]. Não se tornou o Espírito de Deus, nem o Espírito Santo. Entrou na esfera do divino, recebeu o direito

---

[851] A flexibilidade das especificações do termo "pneuma", em particular, permite empregá-la, ora falando do Espírito-pessoa, ora duma realidade espiritual da qual podem participar o Cristo ressuscitado e os cristãos. Cf. L. CERFAUX, *Le Christ dans la Théologie de saint Paul*, 2ª ed. (Lectio divina, 6), Paris, 1954, pp. 216-222.

[852] Cf. 1 Co 15.45; Rm 1.4.

de exercer suas atividades, tornou-se o centro de sua irradiação sobre os cristãos; mas não as monopolizou, se assim podemos dizer, a ponto de reduzir a nada a ação do Espírito; menos ainda teria suprimido a pessoa do Espírito identificando-se com ela.

Pode-se constatar facilmente nas Epístolas a exatidão desta tese, Paulo opõe ou justapõe as duas pessoas, a do Cristo e a do Espírito, em 1 Co 12.3: "Ninguém, falando no Espírito de Deus, diz: 'Anátema a Jesus' e ninguém pode dizer 'Senhor Jesus', senão no Espírito Santo". Nesta frase, as expressões "Espírito de Deus", "Espírito Santo" sublinham, sob seu aspecto pessoal, o Espírito que inspira os "espirituais" de Corinto; a pessoa de "Jesus" ou "o Senhor Jesus" é o sujeito desta revelação carismática. Assim claramente se manifestam duas pessoas. Poderíamos também citar, com o mesmo valor, as passagens "trinitárias" das Epístolas: 1 Co 12.4-6; 2 Co 13.13 etc. Rm 15.18 é também significativo: Paulo relembra toda a atividade (κατειργάσατο) que o Cristo exerceu por sua pregação "no poder do Espírito"[853]. Portanto, ele se vê debaixo da influência do Cristo Jesus, que dirige sua missão, e debaixo da influência do Espírito Santo, que o sustenta com seus poderes milagrosos.

Às vezes o Apóstolo indica as relações do Cristo com o Espírito. Em particular, em Rm 8.9, fala sucessivamente do "Espírito de Deus" e do "Espírito do Cristo" para designar o Espírito Santo. Nossa pertença ao Cristo nos assegura da posse do Espírito que se pode chamar seu Espírito[854]. Este texto, somado aos que precedem, basta para demonstrar que entram por mau caminho os que procuram identificar Espírito e Cristo ou Senhor, apoiando-se sobre a declaração de 2 Co 3.17: ὁ δὲ κύριος τὸ πνεῦμά ἐστιν. Todo o contexto é o de um *midrash* e Paulo quer dizer que κύριος de Ex 34.34, que ele está comentando, deve ser compreendido como sendo o Espírito, "o Espírito do Senhor" que se revelou na comunidade cristã[855].

---

[853] O manuscrito B é o único que dá este texto; os manuscritos lêem, ou Espírito Santo, ou Espírito de Deus. Seja qual for a lição que se deve aceitar, é claro que a antiga tradição compreende este texto, – e com razão, – do Espírito pessoal.

[854] Cf. L. CERFAUX, *Le Christ dans la Théologie de saint Paul*, 2ª ed. (*Lectio divina*, 6), Paris, 1954, pp. 216-222.

[855] Cf. *ibid.*, pp. 220-221. Os comentários de Qumran fazem reviver esta maneira de *explicar* os textos do Antigo Testamento, *aplicando-os* aos acontecimentos contemporâneos.

## V - A MÍSTICA PAULINA

A "mística de Cristo, eis o grande enigma da doutrina de Paulo" [856]. Esta declaração, feita trinta anos atrás, permanece ainda verdadeira. Para discutir um pouco menos, não se está mais de acordo nem sobre a existência duma mística paulina, nem sobretudo sobre sua definição.

Até aqui, quando já atingimos os três quartos de nossa caminhada, viemos considerando Paulo como teólogo e é nessa hipótese que perscrutamos sua doutrina. Mas se ele era antes de tudo um místico, para quem as construções teológicas não são mais que simples acessórios, não teríamos perdido nosso trabalho? De fato, raros são os críticos que não se interessariam pela teologia paulina. Contudo, fala-se muito da "mística do Cristo". Poderia ser por causa da imprecisão da fórmula, pois ela exprime teorias mui diversas, desde uma interpretação quase tão grosseira como o animismo primitivo, até aquelas que se inspiram na mística de João da Cruz.

As sínteses de A. Schweitzer ou de A. Wikenhauser estão nas mãos de todos. Nós nos contentaremos com recordar brevemente as teorias que, de um ou outro modo resumem a doutrina paulina do cristão nas fórmulas: "estar (viver) em Cristo", ou "o Cristo está (vive) em nós"; faremos a seguir uma crítica de seu fundamento e uma exposição de nosso modo de ver, sem aliás pretender ter encontrado a solução definitiva do enigma. Nós nos contentaremos com uma noção comum, que fica sempre bem provisória, de toda "mística". Chamaremos de "mística" aquilo que, não somente supera os modos comuns de falar, de pensar, de sentir, mas provém duma intuição privilegiada da divindade. Pode-se dizer que o próprio

---

[856] A. SCHWEITZER, *Die Mystik des Apostels Paulus*, Tübingen, 1930, p. 3. Cf. V. GRONBECH, *Paulus und die Mystik*, München, 1941; F. BÜCHSEL, "'In Christus 'bei Paulus'", em *Zeitschr. Neut. Wiss.*, 42 (1949), pp. 141-158; O. GERT, *Die mit Synverbundene Formulierungen im paulinischen Schriftum*, Dis. r., Berlin, 1952; O. KUSS, "Die Formel 'durch Christus' in den paulinischen Hauptbriefen", em *Trierer Theol. Zeitschr.*, 65 (1956), pp. 193-201; F. NEUGEBAUER, "Das paulinische 'In Christo'", em *New Test. Studies*, 4 (1957-58), pp. 124-138; J. A. ALLAN, "The 'In Christo' Formula in Ephesians", em *New Test. Studies*, 5 (1958-59), pp. 54-62.

Paulo teria tido esta intuição, e que ele supõe que alguns cristãos, excepcionalmente, ou então por definição, tenham acesso a este mesmo privilégio? Os estudos modernos giram em torno daquilo que convencionalmente se chama "mística do Cristo"; esta seria a grande contribuição paulina à religião de seu tempo.

Depois de um rápido ensaio para compreendê-la, criticaremos esta teoria; em seguida estudaremos a existência, no paulinismo, duma mística "experimental", que teria talvez maiores direitos de receber este nome.

## 1. A "mística do Cristo"

**A.** *A teoria da história das religiões*

Primeiramente se destacam os trabalhos célebres de A. Deissmann, de R. Reitzenstein e de W. Bousset. Há menor interesse por construções teológicas que pela experiência religiosa fundamental que as provoca. Seria uma experiência de ordem "mística", de caráter panteísta, permitindo ao homem apropriar-se do divino, seja que o fluxo da divindade difusa penetra nele, seja que ele se imerge numa esfera muito concreta e material duma realidade supramaterial[857]. O cristianismo, sob o impulso de Paulo, teria simplesmente substituído o *mana* dos primitivos ou o πνεῦμα estóico pelo Cristo, feito "espírito" por sua ressurreição. As expressões "em Cristo" ou "no Senhor", ou "no Espírito" estariam a confirmar esta concepção, indicando grosseiramente a presença local do cristão numa atmosfera divina. Insiste-se que se trataria duma verdadeira mística, correspondendo à definição fundamental que se dá de todas as místicas, caracterizadas pelas duas concepções fundamentais da penetração do homem no divino ou da penetração da divindade no homem[858]. Paulo, com os cristãos que ele se representa à sua

---
[857] Cf. L. CERFAUX, *Le Christ dans la Théólogie de saint Paul*, 2ª ed. (*Lectio divina*, 6), Paris, 1954, pp. 242s.
[858] Cf. A. WIKENHAUSER, *Die Christusmystik des Apostels Paulus*, 2ª ed., Friburg in Br., 1956, p. 4, apoiando-se em R. REITZENSTEIN, *Die Hellenistischen Mysterienreligionen*, 3ª ed., Leipzig, 1927, pp. 7.3; .381.

imagem, teria consciência de se imergir nesta esfera divina que ele chama Cristo ou o Espírito (identificados).

Esta teoria reagia vantajosamente contra a doutrina da "fé unicamente" dos protestantes. Recolocava em lugar de honra os sacramentos, estes canais por onde penetra no cristão a "força" espiritual misteriosa que é o Cristo. Chamava a atenção para um aspecto quase esquecido da religião paulina, pois o paulinismo é a Salvação esperada e vivida intensamente nas primeiras cristandades. Mas ela é pelo menos unilateral, e Paulo continuará sendo sempre o pensador e o teólogo por excelência do cristianismo. Só a mística, e sobretudo sob esta forma, não pode explicar a imensa influência que ele exerceu, pois ele é antes de tudo, para citar uma palavra de A. Schweitzer, "o patrono do pensamento no cristianismo"[859].

**B.** *As retificações*

Paulo se apaixona por temas teológicos determinados e não uma mística vaga. Seu cristianismo não é como qualquer uma religião de mistérios do mundo helenístico; seu Cristo que nos salva não é desprovido, nem de sua substância humana, nem de suas relações transcendentais com o Deus monoteísta judeu. Contudo, a simplicidade da teoria e a ressonância profunda das fórmulas "Cristo em nós", "estar em Cristo" seduzem os espíritos religiosos. Com o risco de espiritualizar mais a "mística", continuou-se, pois, a sublinhar todos os textos onde se acreditava ler, seja uma presença de Cristo nos cristãos, seja uma inserção do cristão em Cristo "espiritualizado", sem cuidar, aliás, de justificar o termo "mística" por seu caráter de intuição.

*a) A mística escatológica*

Podemos chamar assim, depois do seu autor, a explicação da mística paulina segundo A. Schweitzer. O autor, de visão clara, conserva todos os direitos à teologia. Rejeita tanto a explicação helenística de Bousset como a explicação judeu-helenística de A. Deissmann;

---

[859] *Die Mystik des Apostels Paulus*, Tübingen, 1930, p. 366.

a mística paulina tem por base a teologia: ela é essencialmente escatológica, em dependência estreita do judaísmo. Por sua presença em Cristo, o cristão se encontra, desde esta vida, engajado numa situação de ressuscitado e na posse do Espírito; propriamente falando, a justificação não tem sua origem na fé; ela é "real", primeiro resultado da "existência em Cristo", proveniente da presença em Cristo produzida pelo batismo[860]. Esta redenção mística é realista, e contudo possui uma significação espiritual e moral. Aí estão intuições de valor, que nosso estudo aproveitou.

*b) A mística ontológica*

A melhor definição seria provavelmente a de A. Wikenhauser: "uma união misteriosa da própria pessoa de Paulo e dos cristãos em geral com a pessoa do Cristo elevado à glória"[861] ou então "uma união de existência e de vida do cristão com o Cristo espiritual"[862], ficando bem entendido que se trata não de uma experiência mas dum estado objetivo de todos os cristãos[863].

Evidentemente aceitamos estas fórmulas no que elas têm de positivo. A teologia de Paulo não cessa de salientar as relações que se estabelecem entre o Cristo e os cristãos. Tais relações são objetivas, penetrando a própria constituição do ser cristão. Antes de tudo, Paulo sabe que a ressurreição do Cristo exerce uma influência real e preponderante sobre toda a vida cristã. Que o Cristo ressuscitado viva doravante no Espírito, isso é para ele a mais verdadeira realidade, diante da qual as realidades do mundo presente se eclipsam; os cristãos, também eles, vivem duma vida nova, a verdadeira vida e a realidade verdadeira. Como o sopro da vida natural se transmite dos vivos aos vivos e constitui a unidade do gênero humano,

---

[860] Cf. A. SCHWEITZER, *Die Mystik des Apostels Paulus*, Tübingen, 1930, pp. 201-202.
[861] A. WIKENHAUSER, *Die Christusmystik des Apostels Paulus, 2ª ed.*, Friburg in Br., 1956, p. 4.
[862] *Ibid.*, p. 57.
[863] *Ibid.*, pp. 58s. Seria preciso, no entanto, para fixar o pensamento exato do autor, levar em conta outros trechos, especialmente *op. cit.*, pp. 32-34.

a ressurreição de Cristo nos infunde a vida "segundo o Espírito" própria ao mundo futuro e celeste. Esta mesma vida une todos os cristãos entre si e com o Cristo numa espécie de unidade de existência. Se se observa o caráter ao mesmo tempo profundo e misterioso desta unidade, que supera nossas categorias ordinárias de causalidade e de semelhança, a gente é tentado a empregar a palavra "mística". Fala-se então numa mística "ontológica", para caracterizar estas realidades "sobrenaturais", como preferimos chamá-las, que constituem a existência cristã.

Mas continua verdade que Paulo descreve o estado em que se acham os cristãos, e de modo algum pretende traduzir por suas expressões experiências psicológicas. De todos os cristãos, seja qual for a intensidade de sua vida religiosa, vale dizer que eles vivem em Cristo e que o Cristo vive neles: isto é verdade pela realidade mesma de sua existência na ordem da graça.

Contudo, temos de fazer algumas reservas. Em primeiro lugar, tem sido exagerado o alcance das expressões paulinas que fundamentariam a existência desta "natureza cristã". Além disso, o termo "mística" empregado por analogia, não é sugerido pelo vocabulário paulino e até mesmo o contradiz parcialmente. Enfim, definir a mística paulina por este caráter "ontológico" da vida cristã, não seria fazer crer que o Apóstolo não conhece outra, e assim privá-lo de toda experiência mística verdadeira? A nosso ver, Paulo é um verdadeiro místico, no sentido próprio do termo. Acreditamos mesmo, de bom grado, que, entre os filhos dos homens, não houve maior místico que ele.

## C. *Crítica do fundamento filológico da teoria*

1. Nossa posição é bastante delicada. De um lado, concordamos com A. Schweitzer, como também com A. Wikenhauser e a maioria dos católicos, em manter a noção duma vida "sobrenatural" que seja nos cristãos uma "natureza", ou melhor uma "sobrenatureza"; esta transforma realmente o ser humano, desde agora envolvido pelo ímpeto da ressurreição do Cristo e por uma criação especial que participa da espiritualização do Filho de Deus. Somos contrários também a toda explicação do "ser cristão" que o limitasse à fé e

a estados de consciência[864]. Entretanto, de outro lado, achamos que se exagera o valor das expressões "em Cristo" etc. Não apenas, como o admite Wikenhauser, elas não criaram a mística paulina[865], mas elas a traduzem muito mais raramente do que se pensa; é o caso de se levantar contra uma tentação natural de *hineininterpretierung*.

Seria preciso retomar em mãos todo o elenco das expressões susceptíveis, à primeira vista, dum sentido "místico". Na nossa opinião, elas exprimem relações de caráter muitas vezes vago e, em todos os casos, muito variadas, sendo insuficientes para apoiar uma teoria mística[866].

*a) As imagens*

São conhecidas as grandes comparações ou imagens paulinas, tais como o corpo do Cristo, a construção, a plantação. Geralmente elas têm um significado teológico, que procuramos destacar[867]. Poderíamos citar metáforas menos solenes, como a que se exprime pelo verbo "revestir-se". Paulo fala de revestir-se de armas (couraça da fé, da justiça, armas da luz), de revestir-se de entranhas de misericórdia etc. No meio destas expressões aparecem "revestir-se do Cristo Jesus" (Gl 3.27, em ligação com o batismo) ou "revestir-se do Senhor Jesus Cristo" (Rm 13.14). Neste segundo caso, nada sugere a união ontológica com o Cristo. O contexto é o das exortações morais. Paulo acaba de dizer: "rejeitemos as obras das trevas e revistamo-nos

---

[864] Pode-se encontrar em A. WIKENHAUSER, *Die Christusmystik des Apostels Paulus*, 2ª ed., Friburg in Br., 1956, pp. 59-66, uma breve análise das posições de P. FEINE, H. E. WEBER, K. DEISSMANN, E. V. DOBSCHÜTZ, F BÜCHSEL.

[865] *Die Christusmystik des Apostels Paulus*, 2ª ed., p. 34. Sobre a origem das fórmulas, cf. *ibid.*, pp. 34s. O autor pensa que Paulo é o "criador" da fórmula "em Cristo".

[866] Cf. L. CERFAUX, *Le Christ dans la Théologie de saint Paul*, 2ª ed. (*Lectio divina*, 6), Paris, 1954, pp. 242-258; F. BÜCHSEL, "'In Christus' bei Paulus", em *Zeitschr. Neut. Wiss.*, 42 (1942), pp. 141-158; F. NEUGEBAUER, "Das paulinische 'In Christo'", em *New Test. Stud.*, 4 (1957-58), p. 125, nº 1.

[867] Cf. L. CERFAUX, *La théologie de l'Église suivant saint Paul*, 2ª ed. (*Unam Sanctam*, 10), Paris, 1948, pp. 184-187.

das armas de justiça" (v. 12). Revestir-se das armas de justiça é uma pura metáfora. Quando ele acrescenta, paralelamente: "revesti-vos do Senhor Jesus Cristo e não sigais os desejos da carne para satisfazer suas concupiscências" (v. 14), isto significaria outra coisa, senão penetrar-se da doutrina do Cristo e assumir seus sentimentos? Ele repetirá a mesma coisa, sem metáfora, na exortação de Fp 2.5: "Tende em vós os devidos sentimentos diante do exemplo do Cristo Jesus".

*b) As regências gramaticais (preposições e genitivos)*

As expressões "o Senhor", ou "o Cristo", ou "o Senhor Jesus Cristo", podem unir-se a um verbo por diversas preposições. Entre essas, por sua freqüência, ἐν está em primeiro lugar. Na sua famosa brochura de 1892[868], A. Deissmann contava 164 empregos da fórmula "em Cristo etc." (incluindo as Pastorais). O número não é tão impressionante, quando se consideram os múltiplos usos desta preposição na *Koiné,* e especialmente nos escritos influenciados pelo hebraico ou o aramaico. É o caso da Versão dos Setenta, em particular. Para as Epístolas paulinas, ele intervém aproximadamente uma vez em cada dois versículos; só a Epístola aos romanos oferece mais ou menos 170 casos. O uso com substantivos como ἐν δυνάμει etc., é muito freqüente; as Epístolas do cativeiro gostam destas expressões (colocadas de preferência no fim das frases). Não são raras nas outras Epístolas. São encontradas em quase todo o Novo Testamento e nos Setenta, especialmente nas partes poéticas. Têm muitas vezes um caráter litúrgico[869]. É claro que as expressões "no Espírito Santo", "em Cristo", "no Senhor" se multiplicarão no enlevo duma linguagem oratória e tendem a tornar-se ornamento de estilo[870].

---

[868] A. DEISSMANN, *Die neutestamentliche Formel "in Christo Jesu",* Marburg, 1892.
[869] E. Percy dedicou uma nota extremamente interessante a este assunto. Também ele atribui esta particularidade da literatura neotestamentária à influência dos Setenta (e através deles, dos originais hebraicos e aramaicos) *(Die Probleme der Kolosser – und Epheserbriefe,* Lund, 1946, pp. 7-32.
[870] Como é que uma simples preposição como ἐν poderia sustentar o peso duma significação tão profunda como a mística ontológica? Os autores do Novo Tes-

Seria preciso ainda colocar na balança os casos mui freqüentes em que Paulo constrói os nomes próprios do Cristo ou o título "Senhor" com outras preposições que não ἐν sem que se possa distinguir bem claramente as razões da escolha. Isto se dá especialmente com a preposição διά. Encontramos cerca de 25 exemplos nas Epístolas (sem contar as Pastorais); muitos poderiam ser colocados em paralelo com as fórmulas "em Cristo" ou "no Senhor"[871]. A preposição εἰς, sem ser tão freqüente, entra também em combinação com os nomes Cristo ou Senhor. As preposições σύν, πρός, ἔμπροσθεν etc. guardam mais as exigências de sua significação própria. A respeito de σύν, poder-se-ia afirmar, baseando-se em raros casos em que aparece com "o Cristo" ou "o Senhor", que geralmente é escatológico o sentido da expressão? Cf. Rm 8.32; 1 Co 5.4; e a hesitação manuscrita em 2 Co 13.4, entre σύν e ἐν. O estudo lingüístico sério destes fenômenos exigiria uma exegese gramatical e teológica das Epístolas muito profunda.

E. Percy interessou-se pela sobrevivência da expressão "em Cristo" na literatura cristã primitiva depois de Paulo[872]. Não apenas a fórmula é relativamente rara, mas o autor se admira de constatar que ela perdeu a ressonância "mística" que possuía na linguagem paulina[873]. Talvez ela não a perdeu propriamente: nunca a possuiu.

---

tamento utilizavam a preposição com um sentido vago e indeterminado, como nós fazemos com nossa preposição "em". Quando dizemos, por exemplo, "viver em comunidade", só a significação concreta das palavras "viver" e "comunidade" pode decidir sobre a relação estabelecida pela preposição. O sentido propriamente local de ἐν é excepcional em toda língua mais ou menos abstrata. É este certamente o caso quanto a nossas expressões "em Cristo", "no Senhor"; nove vezes, em cada dez casos, o sentido local propriamente dito está excluído com certeza; só pelo contexto pode ele ser estabelecido.

[871] Cito exemplos. 1 Ts 3.9; 4.2 ("recomendações dadas pelo Senhor Jesus Cristo"); 1 Co 4.10; 15.57; 2 Co 1.5; 3.4; 5.18 ("Deus... que nos reconciliou consigo pelo Cristo", cf. 5.19 "Deus estava em Cristo reconciliando consigo o mundo" e Rm 3.24 "a redenção em Cristo"); Rm 5.1, 11.17 ("eles reinarão por meio de um só, Jesus Cristo"). 21; 7.25; 15.30 ("eu vos exorto por nosso Senhor Jesus Cristo", cf. 1 Ts 4.1: "nós vos exortamos no Senhor Jesus"); Ef 1.5; Fp 1.11; 3.7. As diferenças entre as duas preposições são muitas vezes insignificantes.

[872] *Die Probleme der Kolosser – und Epheserbriefe*, Lund, 1946, pp. 292-295.

[873] Cf. especialmente *ibid.*, p. 295: não se encontra em Inácio nenhum vestígio bastante claro da concepção tipicamente paulina que lhe está ligada.

Que um homem como Inácio, tão entusiasta por Paulo e tão próximo dele, não tenha conseguido assimilar a inteligência da "mística do Cristo", não é de modo algum argumento favorável para sua existência.

No meio do acúmulo de genitivos, sobretudo nas Epístolas do cativeiro [874], ninguém admira ao encontrar combinações com "Cristo" ou "Senhor". Este genitivo, objetivo ou subjetivo, nem sempre é fácil decidir, e será preciso decidir? – marca as mais diversas relações. R. Reitzenstein e O. Schmitz descobriram nele ainda a relação fundamental dos cristãos com o Cristo; falou-se mesmo dum genitivo "místico". A tese suscita protestos compreensíveis[875]. Entre os 61 casos destes genitivos, A. Wikenhauser pretende apresentar como expressão da mística ontológica fórmulas como "o amor de Cristo" (2 Co 5.14; Ef 3.19); "a paciência do Cristo" (2 Ts 3.5); "a obra do Cristo" (Fp 2.30; 1 Co 15.58; 16.10); "prisioneiro de Cristo" (Ef 3.1; Fm 9). Sem dúvida o relacionamento com Cristo que se exprime fica mais ou menos indeterminado e é claro que muitas vezes se poderia traduzir "na esfera do Cristo". Mas "a esfera do Cristo" por sua vez, não é senão uma metáfora que só o contexto poderá explicar. Sem boas razões, não se vai admitir que esta "esfera" seja a que a mística ontológica supõe ter estado continuamente no pensamento de Paulo. Pois Paulo poderia igualmente pensar na categoria quase jurídica da pertença dos cristãos ao Cristo[876].

*c) Abreviações metonímicas*

Sujeitos ou complementos de um verbo, usados no genitivo ou com preposições, "Cristo" e "Senhor" etc. muitas vezes não são senão abreviações metonímicas. Assim se introduzem na semântica dos termos "Cristo" ou "Senhor" certas diversidades de sentido que a gente acaba não percebendo mais e que no entanto são muito reais.

---

[874] Cf. E. PERCY, *Die Probleme der Kolosser – und Epheserbriefe*, Lund, 1946.
[875] Cf. A. WIKENHAUSER, *Die Christusmystik des Apostels Paulus*, 2ª ed., Friburg in Br., 1956.
[876] E. VON DOBSCHÜTZ em *Th. St. Kr.*, 95 (1923-24), pp. 3265 (citado por A. WIKENHAUSER, *Die Christusmystik des Apostels Paulus*, 2ª ed., Friburg in Br., 1956, p. 15).

Quando, por exemplo, lemos: "anunciar o Cristo", trata-se efetivamente do anúncio da mensagem que tem por objeto o Cristo. A tendência para essas mudanças de sentido facilmente se explica. O Apóstolo colocou o Cristo no centro de suas preocupações. Desde sua vocação, toda a sua vida pessoal, inteligência, afetos, vontade, voltou-se para Deus, presente no Cristo glorificado que lhe apareceu. Sua atividade não é senão o serviço do Senhor Jesus. As igrejas que funda são o povo do Cristo na terra. No governo de seus cristãos, ele possui a autoridade do Senhor; o crescimento de sua vida religiosa, do amor sobretudo, vem de Deus pelo Cristo. O Cristo é, simultaneamente um ponto de referência e um centro de irradiação para toda a sua obra. Ele exprime por esta referência os modos de pensar e de agir próprios aos cristãos. Por outro lado, ele não quis criar um substantivo que significasse "o cristianismo"[877] e jamais consentiu em servir-se do adjetivo "cristão". Quando quer fortalecer e aprofundar a vida "cristã" de seus fiéis, ele o faz, no estilo incisivo e concreto que ele aprecia, graças aos empregos repetidos dos nomes próprios e títulos do Cristo. O costume se estabiliza bem depressa e torna-se rotina[878]. Mais tarde, quando este estilo se dilui um pouco, a repetição de frases em que certas preposições são seguidas dos termos Cristo ou Senhor, e a multiplicação dos genitivos "do Cristo", "do Senhor", ajuntam-lhe um colorido hierático e litúrgico (certamente proposital nas Epístolas do cativeiro).

Os temas teológicos, de fato, são responsáveis por estas elipses e metonímias. É primeiramente *a mensagem:* "anuncia-se" o Cristo (crucificado) (1 Co 1.23), o Cristo Jesus etc. (2 Co 4.5; 11.4; Fp 1.15-17); correlativamente, o Cristo é "ouvido" (Ef 4.20), é "recebido" (Cl 2.6). "Estar firme" no Senhor significará a firmeza de adesão dos crentes à mensagem (1 Ts 3.8; cf. Ef 6.10). As *relações recíprocas* dos chefes e dos fiéis, de Paulo e seus colaboradores, dos cristãos entre si, são regidas por suas várias referências ao Cristo: os chefes presidem

---

[877] Ele possui Ἰουδαϊσμός para indicar o gênero de vida judaico (Gl 1.13-14. Cf. ἰουδαΐζειν Gl 2.14; ἰουδαϊκῶς, *ibid.;* Tt 1.14). Para o um cristianismo ele se serve muitas vezes da palavra πίστις, uma outra metonímia.

[878] "Cristo" aparece em construções desta espécie 10 vezes em 1 Tessalonissenses (em 7 páginas de texto na edição de Nestle) e 37 vezes em Gálatas (em 10 páginas de texto).

no Senhor (1 Ts 5.12); Paulo tem confiança "no Senhor" quanto à obediência de seus cristãos (2 Ts 3.4; Gl 5.10; Fp 2.24. Cf. 1 Co 4.17; Ef 4.1; 1 Co 16.19; Rm 16.2; Fp 2.29). Os cristãos, as igrejas são *a obra* que Paulo executou no Senhor ou em Cristo (Rm 16.8.11.12.13.22; Ef 6.21; Cl 4.7. 17; 1 Co 9.1-2). – A influência do Antigo Testamento faz-se sentir na história destas fórmulas. Assim, "glorificar-se em Cristo Jesus" (Fp 3.3) foi longamente preparada no judaísmo, como o mostram as expressões" glorificar-se em Deus" (Rm 2.17), "na Lei" (Rm 2.23), "glorificar-se diante de Deus" (1 Co 1.29); insensivelmente se passa ao uso cristão por intermédio dum texto de Jeremias (1 Co 1.31; 2 Co 10.17), e pela fórmula sintética: "glorificar-se em Deus por nosso Senhor Jesus Cristo" (Rm 5.11).

*d) Os verbos de significação indeterminada*

Assim como tiram argumento das preposições, insistem também com verbos de significação imprecisa. O verbo "viver" é susceptível de toda uma gama de significados. Nas nossas línguas ele se "interiorizou" e ficou carregado de muita psicologia; falamos de vida em plenitude, de vida consciente, de vida interior, de vida espiritual etc. Quando lemos a célebre frase: "Eu vivo, mas não sou eu quem vive, é o Cristo que vive em mim" (Gl 2.20), introduzimos no verbo "viver" toda a experiência de consciência que uma alma moderna atribui a este termo, e mesmo, se temos inclinação para a mística, toda a nossa experiência religiosa. O exegeta precisa ser mais prudente e reservado, lembrando-se de que os antigos eram menos inclinados que nós a se analisar e a exprimir seus "estados de alma"; eles "vivem" muito mais fora de si mesmos, nos objetos mais que no "sujeito" que eles constituem. O estoicismo está longe do existencialismo.

A expressão "estar em Cristo" foi fortemente valorizada. Contudo é necessário recordar que ela é muito excepcional na linguagem paulina e que os verbos "estar", "achar-se" etc., exercem muitas vezes a função de simples auxiliares, bem como "em Cristo" possui toda uma gama de significados[879].

---

[879] Cf. L. CERFAUX, *Le Christ dans la Théólogie de saint Paul*, 2ª ed., Paris, 1954, p. 247.

## 2. A mística "experimental"[880]

Nossa crítica não quis visar senão a pretensão da teologia do "ser" cristão de trazer o nome de "mística". Ela peca, com isso, ao mesmo tempo contra o sentido ordinário do termo "mística" e contra a linguagem paulina, que ocasionalmente emprega expressões vizinhas deste mesmo termo, mas num contexto diametralmente oposto à "mística do Cristo".

É provável que a religião de Paulo, enquanto ele ficou no judaísmo, não conheceu fenômenos extraordinários. Nada nos autoriza a dizer que ele teria percebido a Deus em modos fora do comum. Seu zelo de fariseu certamente se alimentava duma convicção profunda, mas ele próprio a haveria de atribuir a um exercício de "sua própria justiça", excluindo o dom de Deus. Sua entrada no cristianismo fez dele uma nova criatura. Teve acesso ao mundo próprio da criatura nova, àquele "reino de Deus" que é, como ele mesmo o definiu, "justiça e paz e alegria no Espírito Santo" (Rm 14.17). Aqui começa uma vida nova, uma vida de intimidade com Deus que nos associa à sua própria vida íntima.

Temos de ocupar-nos de três temas: o conhecimento, a atividade "apostólica" e enfim a realidade do "ser cristão". Seguiremos uma ordem que se justifica não só pelas confidências do Apóstolo, mas também pelas conclusões que tiramos de sua teologia. Não vamos fazer distinção entre os cristãos e o místico que foi Paulo. Ele falou em línguas mais do que ninguém, foi "místico" mais que qualquer outro. A cada um o seu quinhão. Mas o Apóstolo desejava que todos fossem como ele; e assim, guardadas todas as proporções, sua vida mística profunda é acessível a todos. Deixamos de lado a expressão "mística do Cristo". Cremos que a experiência da divindade que Paulo fez, foi ao mesmo tempo experiência do Pai, do Filho e do Espírito Santo. Por que então não nos contentar com falar duma experiência de Deus?

### a) A experiência mística do "ser cristão"

Negamos que, por elas mesmas, as fórmulas ontológicas possam chamar-se "místicas". Mas se elas tiverem como corolário uma

---

[880] J. BONSIRVEN, L'Évangile de Paul (Théologie, 12), Paris, 1948, pp. 17-19.

"experiência", não nos recusaremos mais a dar-lhes lugar numa descrição da mística paulina[881].

Primeiramente, poder-se-ia imaginar que a mística ontológica exprime em tese teológica o que foi antes de tudo uma experiência mística de Paulo. Isto não parece representar o processo de seu pensamento: foi menos a "experiência" do que as afirmações da fé cristã que o levaram a desenvolver sua teologia da vida cristã.

Seja como for, na hora de ele alinhar suas proposições teológicas sobre a vida cristã, ele não tenciona, nem exprimir uma experiência de sua vida, nem apoiar-se sobre ela. Se estas fórmulas estão na primeira pessoa, o "eu" que aí aparece é o "eu" exemplar ou genérico: "Não sou eu que vivo" representa a "situação" de todos os cristãos, enquanto "cristãos". Todos, e Paulo não é senão um exemplo da regra, – são pessoas "na fé do Cristo", "em que vive o Cristo". Paulo não pensa numa experiência. O que o interessa é precisamente a "situação" dos cristãos, com as conclusões práticas que daí se tiram: libertação da Lei antiga, substituição da justiça da Lei por uma justiça interior, obrigação para os cristãos de conformar sua conduta com a "natureza" espiritual desta vida que está neles.

Com isso ainda não adquirimos o direito de negar que as fórmulas de mística ontológica possam ter um sentido de experimentação. Sem dúvida, por si mesma, elas não permitem introspecção alguma de estados de consciência místicos. Mas se estes estados existem, se podemos provar, de um ou de outro modo, sua existência, não seria legítimo associar em consonância, à mística ontológica, uma mística experimental? Em outras palavras, poderia Paulo dizer "Cristo vive em mim" sem que esta frase exprima o sentido duma presença divina de que todo ele seria ponetrado?

---

[881] A. Wikenhauser levou em consideração o que ele chama de lado "humano subjetivo" da mística paulina. O cristão "místico" é naturalmente aquele que transforma a união objetiva que o batismo produziu nele em comunidade atual de vida de caráter religioso e moral, isto é, que se dá com toda a sua alma ao Cristo pessoal e o deixa agir em si mesmo. Paulo foi um cristão místico desta natureza, no pleno sentido da palavra, e para ele todo verdadeiro cristão tem acesso a esse privilégio (*Die Christusmystik des Apostels Paulus*, 2ª ed., Friburg in Br., 1956, pp. 66-69). O que nos separa é uma questão de ênfase e de vocabulário.

Esta seria, a nosso ver, uma concessão razoável. Em suma, Paulo teria sido o primeiro a sentir o encanto das fórmulas místicas que se exercerá sobre a tradição. Teria sido ele o primeiro, como que sem querer e apesar da significação clara e imediata de suas frases, a sentir, ao pronunciá-las, um estremecimento desta presença do Cristo nele, que elas afirmavam em princípio e teoricamente. Orígenes e todos os que depois dele lerão Gl 2.20 teriam, pois, razão, de fato, de citar Paulo como exemplo da vida "espiritual" profunda. Escutemos o grande Alexandrino: "De que te serve, efetivamente, que Cristo tenha outrora vindo na carne, se ele não veio também à tua alma? Rezemos para que sua vinda se realize cada dia para nós e que possamos dizer: 'Eu vivo, mas não sou eu que vivo, é o Cristo que vive em mim' (Gl 2.20). Se, de fato, Cristo vive em Paulo, mas não vive em mim, que vantagem eu tenho? Mas quando ele tiver vindo a mim e quando eu tiver gozado de sua presença, como Paulo, então também eu poderei dizer como Paulo: 'Já não sou eu que vivo, mas é o Cristo que vive em mim'"[882].

Em seguida, cada um vai ler no texto de Paulo a expressão de sua experiência da vida interior, mesmo e sobretudo se ela se orienta no sentido místico. A história da exegese dum texto desta espécie não deixaria de ser instrutiva; a diversidade das interpretações deverá acautelar-nos para não impormos a Paulo uma fórmula preconcebida de mística experimental, sobretudo a da escola à qual pertencemos.

Os sacramentos cristãos foram igualmente ocasião de "experiências" espirituais. Eram acompanhados, nestes primeiros dias da Igreja, de manifestações carismáticas. O Livro dos Atos guarda a recordação das efusões visíveis do Espírito no batismo cristão: profecias, dom das línguas, milagres exteriores. A liturgia da Ceia prolongava-se em carismas; ela mesma já era "carismática": pronunciava-se a ação de graças no dom da profecia e toda a multidão cristã respondia no mesmo "espírito" o seu *Amen* e aclamava: *Maranatha*.

As cerimônias sacramentais eram portadoras duma espécie de experiência. O batismo simbolizava o sepultamento com o Cristo; é

---

[882] *Hom. in Lc.*, 22 (cf. M. RAUER, *Griech. Christl. Schrift.*, 35, p. 144); cf. F. BERTRAND, *Mystique de Jésus chez Origène*, Paris, 1951, p. 41.

fácil imaginar que este simbolismo vivido e contemplado agia sobre alma para uni-la intimamente ao Cristo. O efeito "real" era acompanhado duma percepção de ordem intuitiva. Se admitimos que as expressões paulinas "morrer com o Cristo", "ressuscitar com ele", tenham sua origem na cerimônia batismal, poder-se-ia crer que elas traziam na sua esteira uma reminiscência do batismo, entretendo ao redor da vida cristã uma zona de experiência, um contato profundo, "vivido" e pensado, com o Cristo morto e ressuscitado.

A Ceia age dum modo mais real ainda, análogo, contudo, ao do batismo: nós "recordamos" a morte do Senhor, unimo-nos com toda nossa alma ao corpo "dado por nós" e ao sangue derramado e esta "comunhão" ao corpo e ao sangue estabelece uma comunidade com o Cristo que deve ser entendida no mais extensivo sentido; limitaria indevidamente este sentido quem se recusasse a aceitar que a celebração da Ceia incluía uma percepção consciente e carismática da união dos fiéis ao mistério da morte e da ressurreição. Estas primeiras comunhões cristãs tornavam o Cristo verdadeiramente presente, duma presença "mística", antecipando a parusia, na comunidade e na alma dos fiéis.

b) *A experiência da vocação (visão de Damasco)*

1. A primeira visão de Paulo, a do caminho de Damasco, apresentou um caráter único: Paulo foi chamado ao apostolado. Doravante ele se sabe segregado por Deus para um destino único na história: tornar-se apóstolo de Jesus Cristo no mundo dos gentios. Quando chegou a hora, nos diz ele, Deus interveio na sua vida e lhe revelou seu Filho (Gl 1.16); ele viu o Cristo na glória divina. Se existe alguma experiência privilegiada da divindade, foi certamente esta.

Esta visão não foi um simples fenômeno exterior. O Cristo ressuscitado se impôs a ele; a pessoa do Ressuscitado, a idéia da ressurreição e todas as conseqüências teológicas do fato o abalam e o penetram até no íntimo. Sentiu-se mudado e continua sabendo-se e sentindo-se mudado.

Na visão exterior, que se acompanhava duma "intuição" do ressuscitado, ele percebeu uma iluminação de sua vida íntima que o conformava ao Cristo, com um novo destino de toda a sua atividade humana. Ele é "transformado" em Apóstolo, enviado por Deus para revelar o Cristo Jesus de que foi feito a imagem.

A visão não foi tampouco um fenômeno passageiro. O que subsiste, passada a visão, não é uma simples condição jurídica dum homem obrigado em consciência a cumprir uma missão recebida do Senhor. Sua transformação foi transformação do ser íntimo e ela permanece, ao esvair-se a visão.

2. Paulo sabe e percebe, – continua aperceber, – numa intuição, o novo relacionamento que o une a Deus e ao Cristo, em conseqüência de seu chamado: vê que nada lhe falta para cumprir sua missão; que Deus coloca na sua inteligência e na sua vontade, a cada momento, dum modo contínuo, os recursos e a disposição necessários para cumprir sua missão. Recursos que não são uma certeza abstrata, mas aptidão ("capacidade") permanente de sua alma. Disposição que não se pode separar, – sob pena de se destruir, – do conhecimento imediato de que Deus age nele e por ele, a ponto de ele, Paulo, ser "incapaz", psicologicamente, de falar de outra forma, senão na verdade de Deus; de falsear sua mensagem; de querer outra coisa fora do cumprimento de sua missão, porque sua inteligência e sua vontade estão fixas em Deus, da qual recebem moção direta e imediata.

Tal consciência inclui necessariamente um contato com Deus, com Deus percebido dum modo imediato, embora na sua ação. Paulo percebe a Deus na ação que ele exerce sobre sua inteligência e sua vontade, pois esta ação é Deus agindo. Não se poderia falar, a este respeito, duma "mística apostólica", entendendo com isso que o cumprimento da missão se faz num contato permanente e consciente com Deus?

A transformação de Paulo inclui igualmente uma relação permanente com o Cristo. Seu pensamento foi iluminado pelo Cristo, foi alterado, tornou-se luz e glória de Cristo. Não nos enganaremos se levarmos a sério, e não considerando como simples figuras de estilo, as fórmulas que Paulo utiliza a este propósito.

Precisamos reler a notável apologia de 2 Co 3.1-4.6, onde ele compara com a de Moisés a glória do apóstolo cristão e até mesmo a de todos os cristãos. Aí ele fala por duas vezes da iluminação que transforma. Depois de ter feito uma alegoria sobre o véu de Moisés com o qual Moisés cobria o rosto e que simboliza a cegueira dos judeus diante do significado da Lei antiga, ele conclui: "Mas nós todos, com o rosto descoberto, refletimos a glória do Senhor e esta imagem de Deus nos transforma de glória em glória, segundo o poder espiritual do Senhor" (2 Co 3.18). No parágrafo seguinte, continuando a servir-se da idéia do véu, faz discretamente uma alusão à visão de sua conversão: "o Deus que disse: que a luz resplandeça a luz, fez brilhar sua luz em nossos corações, para que façamos conhecida nesta claridade a glória de Deus que se reflete na face do Cristo" (2 Co 4.6).

Passagens complementares: o Apóstolo foi iluminado pela aparição da glória do Cristo, esclarecido e doravante transformado à imagem deste Cristo resplandecente de glória, a tal ponto que ele vai fazer brilhar sobre os gentios a luz que o iluminou a ele mesmo. Esta luz que um dia o iluminou, continua a iluminá-lo; não se pode separá-la de sua fonte e quem a recebe percebe nela o Cristo que é o seu centro imediato.

Nesta elevação teológica, Paulo confunde, sem dúvida propositadamente, ou de acordo com a propensão do seu pensamento, a glória e a luz de seu apostolado com a glória e a luz que constituem o horizonte da vida cristã. Se o apostolado significa um contato íntimo com Deus e com o Cristo, este contato privilegiado deve transmitir-se aos cristãos. O Apóstolo é iluminado por Deus para iluminar os cristãos com a própria luz que é o Cristo.

Sem dúvida, no caso do Apóstolo, o contato se produziu num fenômeno todo especial, a visão do ressuscitado, privilégio reservado aos apóstolos e que os constitui apóstolos; foi desta visão que a luz se espalhou neles. Mas também a mensagem, que eles devem transmitir no poder e na luz que persistem neles depois da visão, é recebida também pelos cristãos, no poder e na luz. É o mesmo Deus que age, na mensagem, sobre o apóstolo e sobre os cristãos. A ação divina poderá ser percebida, se a fé que recebe a mensagem for bastante intensa.

Efetivamente, glória e luz cristã são aspectos da grande realidade cristã que todas as fórmulas de união a Cristo exprimem. Paulo sugere que à presença em nós da vida do Cristo corresponde um conhecimento de sua glória, presente na vida da alma cristã. Quem percebe em si esta glória, tem contato místico com o Cristo. Os cristãos devem tender a este conhecimento, que não supera sua vocação sobrenatural de cristãos. Com estas expressões, falando de luz e de contato, em lugar de "visitas" na alma, reencontramos o pensamento de Orígenes.

c) *Visões e revelações*

A vocação de Paulo constitui sua entrada triunfal no mundo da familiaridade divina, das "visões e revelações do Senhor". Entre estas, ele enaltecerá particularmente a graça que o "arrebatou" ao terceiro céu (2 Co 12.1-4). Lá ele ouviu palavras "inefáveis" que o homem não pode pronunciar.

Compreende-se toda a série de argumentos que certas correntes místicas mais extáticas ou mais intelectuais tiraram da confidência paulina. Aqui também valeria a pena retomar prudentemente, de um lado, as exegeses sucessivas de nosso texto, e de outro, os paralelos da literatura cristã. Entre estes, pensamos especialmente nas revelações de Inácio de Antioquia, tão próximas ainda da idade apostólica: "E eu mesmo, embora esteja em cadeias e possa 'conhecer' as coisas celestiais e as hierarquias dos anjos e as organizações dos principados, as coisas visíveis e as coisas invisíveis, nem por isso eu já sou um discípulo"[883]. Cremos sentir em Inácio, como em Paulo, a confiança de penetrar os segredos do céu. Não estamos muito longe das visões apocalípticas. Precisamos pensar, ao mesmo tempo, que este gênero de conhecimento superior celeste inclui sempre, mais ou menos, uma mudança de natureza. Ao conhecimento das coisas do céu corresponde aquilo que se chama em certos meios pagãos uma apoteose, uma divinização.

Aqui, novamente, colocar-se-ia a questão de saber se estas visões deixam depois de si um sinal, uma disposição de alma que favoreça novos contatos com as realidades celestes.

---

[883] Cf. IGNACE D'ANTIOCHE, *Lettres*, trad. P. Th. Camelot, (*Sources Chrétiennes*, 10), *Aux Tralliens*, 5, 2, p. 73.

*d) Mística do conhecimento*

O conhecimento dos segredos divinos tem, pois, uma grande função na vida mística de Paulo e dos cristãos que o imitarão. As visões são um aspecto apenas. Mais freqüentes são os carismas de conhecimento, dons das línguas e de profecia. Os carismas, com efeito, pertencem às experiências religiosas extraordinárias e, se fazemos questão de servir-nos do termo, seria difícil recusar-lhes o caráter "místico".

O carismático cristão guarda consciência de si, e portanto também de ser movido pelo Espírito Santo. Percebe, presente nele, uma atividade divina que o supera, esclarece sua inteligência, domina-o, fá-lo exprimir idéias ou palavras alheias aos procedimentos normais de suas faculdades de inteligência e de imaginação. Mas perceber diretamente esta atividade, é atingir ainda, dum certo modo, Deus ou o Espírito agindo. Haverá, portanto, lá também, um contato imediato com Deus, transitório aliás, sobretudo se se trata dos dons de conhecimento. Ainda aqui, dever-se-ia perguntar se a freqüência dos estados de conhecimento carismático não cria uma espécie de estado de alma em que o cristão viveria numa consciência da proximidade de Deus e na espera contínua de suas visitas e de seus dons.

A crítica que fizemos, à imitação de Paulo, dos carismas, tais como os que se produziam na Igreja de Corinto, pareceria diminuir o que chamamos de mística do conhecimento. Mas outros dons a exaltam. Procuramos descrever a experiência que todo cristão deve fazer, na vida da qual o Espírito faz sua alma palpitar, de sua qualidade de filho de Deus. Próxima a esta graça, ou confundindo-se com ela, acha-se "a sabedoria" concedida pelo Espírito, pela qual conhecemos desde já os bens que Deus nos reserva, nossa herança celeste. Nós o conheceremos face a face, e esta familiaridade começa desde esta vida. A doutrina se amplia nas Epístolas do cativeiro.

*e) Conclusão*

Desde seu "apostolado" até a mais humilde das emoções cristãs, passando pelas revelações do mistério e a experiência dos sacramentos, toda a vida de Paulo supõe um contato profundo com Deus. O Apóstolo construiu uma teologia das realidades sobrenaturais, segundo a qual estas nos fazem participar da vida do Cristo ressuscitado; são em nós "criação", dons e moções do Espírito Santo; a esta teologia corresponde sua vida íntima. As realidades sobrenaturais expurgaram sua alma dos sentimentos puramente humanos. Ele já não pensa, não quer, não ama "segundo o homem", de maneira carnal. Exprimindo-se assim, ele nos entreabre uma janela para sua nova vida psicológica. Sem dúvida, ele não nos fez verdadeiras confidências formais sobre seus estados de alma. Mas sobre isso sabemos o bastante para pressentir o que foi daí por diante sua vida íntima de oração a Deus, de devoção ao Cristo, e de conhecimento recebido do Espírito Santo.

Se a realidade sobrenatural é verdadeira realidade, e se a psicologia nova de Paulo não opera no vazio, devemos dizer que esta mesma realidade sobrenatural, misteriosamente conhecida, fez vibrar suas faculdades humanas dum modo proporcionado; e como seria isso senão por uma moção e um contato imediato?

Seria vão pretender reduzir esta experiência tão rica e tão una, no entanto, a uma classe única de fenômenos carismáticos; seria também vão extrair disso um sentimento de contato ou de presença ou de visita, para fazer dele "a experiência" mística fundamental. Bem inútil é também o dilema "mística de Deus" ou "mística do Cristo". Paulo lembraria que Deus lhe revelou sua própria glória no rosto do Cristo ressuscitado.

Paulo viveu sua teologia diante de nós. Ele nos disse os segredos de seu pensamento. Procuramos adivinhar os segredos de sua vida íntima, que ele não revelava do mesmo modo. Todos os cristãos devem viver a sua vida conforme a teologia dele, e modelar seus sentimentos pelos dele. Uma vida "mística" se entreabre igualmente diante deles, com seus abismos e o Apóstolo lhes pede que o imitem até este ponto.

## VI - CONCLUSÃO

O cristão se define justamente por sua união ao Cristo. Esta união manifesta-se na nossa atividade pessoal por nosso amor, nosso devotamento e nossa pertença total ao Cristo que nos salva, a nosso Senhor, nosso Mestre e nosso Soberano.

A teologia paulina apodera-se desta idéia de união ao Cristo para aprofundá-la em diversos pontos de vista que notamos sucessivamente. Foi assim que primeiro consideramos nossa participação na qualidade de filhos, própria ao Filho de Deus, e à qual sua encarnação nos permite ter acesso. O influxo, sobre o cristão, da morte e da vida do Cristo ressuscitado, esta concepção fundamental da salvação, conduz Paulo a descrever uma união profunda, ontológica, do cristão com a morte e a vida do Cristo ressuscitado. Nós acabamos de esboçar suas diversas expressões: união pelo batismo e pela Ceia em primeiro lugar; depois, distinguindo morte e ressurreição, participação na Paixão e enfim na vida, sendo a participação na vida do ressuscitado o termo final insubstituível.

A esta altura de nossa pesquisa quisemos comparar e harmonizar a eficácia do Espírito Santo com os aspectos de nossa união ao Cristo, para chegar a esta conclusão: as atividades pessoais do Espírito Santo e do Cristo Salvador, Filho de Deus, morto e ressuscitado por nós, são fundamentalmente diferenciadas, mas suas eficácias conjugadas produzem em nós uma realidade sobrenatural única.

Restava-nos tratar uma questão final: a de saber se a teologia limita nossos horizontes, ou se Paulo entreabre diante de nós uma perspectiva de união "mística". Acreditamos discernir que ele próprio conheceu dois modos de atividade, uma teológica, outra mística, e que ele nos prometeu a mesma expansão da nossa existência cristã.

## Capítulo III
# O DOM DA JUSTIÇA

1. *Influência decisiva das polêmicas sobre o nascimento do vocabulário.* As grandes controvérsias e sua influência (a emboscada de Jerusalém, Gl 2.1-10; a crise da Galácia). – As antíteses com a Lei. – Conclusão.
2. *O vocabulário e os temas teológicos.* Prospecção semântica (o uso de δικαιοσύνη; o uso de δικαιόω; os outros termos). A síntese teológica de Rm 1-8 (a revelação da justiça de Deus; nova vida religiosa dos homens justificados).
3. *A justiça de Deus e a justificação.* A humanidade pecadora (a história do pecado; uma definição do pecado). – A justiça de Deus. – A justificação. – O "realismo" da justificação. – O papel da fé. – Conclusão.
4. *A ab-rogação da Lei antiga.* O caráter transitório da Lei. – O cumprimento da Lei por Cristo. – As imperfeições da Lei. – A doutrina de Rm 7.5-23. – Impotência do homem debaixo da Lei. –Condição do homem, depois de ab-rogada a Lei.
5. *A Lei do Espírito da vida.* A vontade do homem. – A carne e o Espírito (a vitória do Espírito; a antítese "carne-espírito"). – A condição cristã de liberdade (o vocabulário; servidão da Lei e liberdade cristã; servidão da carne e do pecado, servidão da justiça ou liberdade; liberdade da consciência cristã). – A "colheita" do Espírito.
6. *Conclusão*

Antes de nos adentrar numa nova pesquisa[884], precisamos ver onde estamos.

---

[884] E. GAUGLER, *Der Brief an die Römer*, 2 vol., Zürich, 1945 e 1952; A. SCHLATTER, *Der Brief an die Römer*, Stuttgart, 1948; W. G. ZÜRICH, "Πάρεσις und ἔνδειξις. Ein Beitrag zum Verständnis der paulinischen Rechtfertigungslehre", em *Zeitschr. Theol. Kirch*, 49 (1952), pp. 154-167; A. SCHLATTER, *Gottes Gerechtigkeit. Ein Kommentar zum Römerbrief*, 2ª ed., Stuttgart, 1952; L. FENDT, "Anmerkungen zur Interpretation des Römerbriefes", em *Theol. Literaturzeit.*, 77 (1952), cc. 75-80; A. OEPKE, "ΔΙΚΑΙΟΣΥΝΗ ΘΕΟΥ bei Paulus in neuer

Primeiro ouvimos Paulo expor o regime atual do cristão em função da presença e da ação do Espírito Santo em nós. Esta concepção lhe vinha da experiência do cristianismo primitivo; contentou-se com traduzi-la em fórmulas teológicas. A fé dos cristãos – que se exprimiu na confissão: o Cristo morreu por nossos pecados, e res-

---

Beleuchtung", em *Theol. Literaturzeit.*, 78 (1953), cc. 257-263; P. ALTHAUS, *Der Brief an die Römer (Das Neue Testament deutsch*, 6), 7ª ed., Göttingen, 1953; R. BULTMANN, *Theologie des Neuen Testaments (Neue Theologische Grundrisse)*, Tübingen, 1953, pp. 183-348; J. GIBLET, "De theologia; justitiae dei apud S. Paulum", em *Colt, Mechl.*, 39 (1954), pp. 50-55; J. MUNCK, *Paulus und die Heilsgeschichte (Acta Jutlandica*, XXVI, 1). Kopenhagen, 1954; G. FRIEDRICH, "Das Gesetz des Glaubens, Rm 3.27", em *Theol. Zeitschr.*, 10 (1954), pp. 401-417; O. KUSS, "Die Heiden und die Werke des Gesetzes (nach Rm 2.14-16)", em *Münch. Theol. Zeitschr.*, 5 (1954), pp. 77-98; K. GUTBROD, *Der Römerbrief*, 2ª ed., Stuttgart, 1954; A. NYGREN, *Der Römerbrief*, 2. Trad. do sueco por J. Nygren, Göttingen, 1954; J, GIBLET, "De iustificatione per lidem Christi iuxta Gal., III, 1-14", em Coll. Mechl., 41 (1956), pp. 472-474; K. BARTH, *Kurze Erklärung des Römerbriefes*, München, 1956; V. TAYLOR, *The Epistle to the romans*, Londres, 1956; C. K. BARRETT, *A Commentary on the Epistle to the romans (Black's N. T. Comm.)*, Londres, 1957; FR.-J. LEENHARDT, *L'Épître de saint Paul aux romains*, Neuchâtel, 1957; O. MICHEL, *Der Brief an die Römer (Krit.-exeg. Kommentar)*, Göttingen, 1955; J. HUBY, *Saint Paul. Épître aux romains*, Paris, 1957; G. LAFONT, *Sur l'interprétation de romains*, V, 15-21, em *Rech. Sc. Rel.*, 45 (1957), pp. 481-513; M. DIDIER, "La Justification par la foi dans l'Épître aux galates", em *Rec. dioc. Namur*, 11 (1957), pp. 463-476; C. HAUFE, *Die sittliche Rechtfertigungslehre des Paulus*, Halle, 1957; J. KÜRZINGER, "Τύπος διδαχῆς und der Sinn von Rm 6.17 f.", em *Biblica*, 39 (1958), pp. 156-176; A. STÖGER, *Osterliche Menschen. Eine Deutung des Römerbriefes 1-8*, München, 1958; W. BARCLAY, *The Letter to the Romans*, Filadélfia, 1958; ST. LYONNET, "La Lettera ai Romani nell attuale controversia con i protestanti", em *Civ. Catt.*, 4 (1958), pp. 141-152; S. SCHMIDT, "S. Pauli 'iustitia Dei notione iustitiae, quae in V. T. et apud S. Paulum habetur dilucidata", em *Verbo Dom.*, 37 (1959), pp. 97-106; K. BARTH, *Christ et Adam d'aprés Romains 5*, Genebra, 1959; R. BULTMANN, "Adam und Christus nach Rom. 5", em *Zeitschr. Neut. Wiss.*, 50 (1959), pp. 145-165; H. RIDDERBOS, *Aan de Romeinen*, Kampen, 1959; J. M. GONZÁLEZ RUIZ, "Muerto por nuestros pecados y resucitado por nuestra; justificación (Rom. 4,25)", em *Biblica*, 40 (1959), pp. 837-858; ST. LYONNET, "La notion de Justice de Dieu en Romanos, III, 5 et l'exégèse paulinienne du 'Miserere'", em *Sacra Pagina*, 2, Gembloux (1959), pp, 342-356; P. BENOIT, "Qumran et le Nouveau Testament", em *New Test. Studies*, 7 (1960-61), pp. 276-296, especialmente pp. 292-295.

suscitou para nos salvar da cólera de Deus – fornece a Paulo uma outra série de considerações. Nestas duas exposições de sua doutrina, constatamos uma estrutura idêntica: ele traduz em teologia a fé da Igreja apostólica.

Agora nossa atenção vai voltar-se para certos textos que até aqui temos negligenciado, e que nos revelam a existência, no pensamento paulino, de uma outra corrente, que se refere à "justiça" e à "justificação". Poderemos manter a mesma estrutura: uma base fornecida pelo cristianismo primitivo, com construções teológicas que nela se fundamentam?

Efetivamente apresentam-se duas hipóteses de trabalho. Desenvolveremos assim a primeira: poderia ser que uma noção de justiça cristã, ou melhor talvez, que uma definição do justo por excelência que é o cristão, se tenha imposto, antes de Paulo, ao cristianismo. Sem dúvida, não era mais que uma aplicação nova do ideal do judaísmo e assim ela expunha os cristãos a equívocos. Paulo, sob a pressão de controvérsias que surgiram a seu redor sobre sua atividade, teria desejado corrigi-la. Ou então – segunda hipótese – ele teria entrado no cristianismo com uma nova concepção da justiça, ou antes, da justificação pela fé, opondo-se ao sistema das obras requeridas pelo farisaísmo para a salvação. Esta concepção teria nascido duma crise espiritual eminentemente pessoal, em reação contra a religião legalista dos fariseus; ela seria duma importância capital, a ponto de fundamentar sua teologia e dirigir todo o seu pensamento.

As linhas que até aqui seguimos por nosso estudo não nos deram plena liberdade diante destas duas hipóteses. Em primeiro lugar, interpretamos o acontecimento de Damasco como uma vocação. Foi o apelo de Deus e não um protesto contra o regime da Lei, que lançou Paulo no caminho do cristianismo[885]. Em segundo lugar,

---

[885] Paulo protesta, na Epístola aos filipenses, sua fidelidade ao ideal dos fariseus. Isso equivale a dizer que a justificação não estava em jogo quando ele foi chamado. Vivia bem à vontade no seu farisaísmo. Por outro lado, a exegese já deixou de considerar Rm 7 como uma descrição psicológica. Se bem compreendemos sua vocação, a idéia cristã irrompeu na sua consciência graças a uma aparição de Cristo, destinada, não a resolver uma crise de alma, mas a chamá-lo a uma grande missão, a mais alta em que poderia sonhar uma alma como a

a idéia fundamental que o Apóstolo se faz de sua missão, e com ela do cristianismo, é esta: ele é encarregado por Deus de levar aos pagãos as riquezas divinas contidas na ressurreição de Jesus, o Filho de Deus, e as manifestações do Espírito. Sendo assim, sua psicologia de cristão não nasce duma oposição de princípio ao judaísmo dos fariseus; antes, achamos que ele estava convencido de que permanecia fiel à sua religião e a seu partido. Se ele lutou contra as tendências judaizantes que se infiltravam no cristianismo, foi para salvar o que ele pensava ser a própria essência do movimento espiritual ao qual tinha consagrado todas as suas forças e todos os recursos de seu gênio.

Tal será nosso modo de proceder neste capítulo. Consideramos demonstrados os pontos que acabamos de indicar: "vocação" de Paulo, mensagem da morte e da ressurreição de Cristo, donde nasce uma vida nova, caráter "espiritual" do cristianismo primitivo. Dedicaremos um primeiro artigo a provar a influência decisiva das polêmicas sobre a formação do vocabulário paulino da justiça e da justificação. Cremos que assim poderemos transformar em tese sólida o que acabamos de chamar de primeira hipótese de trabalho.

O segundo artigo, por meio duma prospecção que desejamos livre de preconceitos no vocabulário e nas exposições teológicas sobre a justiça, preparará uma definição das noções que se condensam em torno do tema da "justificação". Estas noções se agruparão em torno de três centros: justiça de Deus dada aos homens, justificação pela fé, antítese da carne e do Espírito.

---

sua. A introspecção não estava muito em voga naquela época. Agostinho ainda não tinha entrado na história. Pode-se imaginar que Paulo se tenha preocupado com um estado de alma, a ponto de perceber sua "fé" pura como dado primeiro de sua consciência, constitutivo de sua nova personalidade de cristão? Sem dúvida, estados de alma e crises podem ter existido num tempo em que não se tinha ainda um vocabulário apto para exprimi-los, ou mesmo que se era incapaz de controlar um drama interior. Pode-se pensar que Paulo tivesse chegado a exprimir o conflito psicológico em fórmulas, apenas quando ele evoluiu no campo duma polêmica objetiva. Mas, qual risco não corre o historiador, decidido a se servir, custe o que custar, da introspecção, – sem indicação nos textos, – de projetar sobre o passado sua própria consciência e de pagar tributo a uma filosofia ou teologia modernas!

# I - INFLUÊNCIA DECISIVA DAS POLÊMICAS SOBRE O NASCIMENTO DO VOCABULÁRIO

As expressões referentes ao Espírito Santo e à vida em Cristo se repartem uniformemente através de toda a literatura paulina. O mesmo não acontece com o vocabulário de justiça e de justificação. Totalmente ausente das duas Epístolas aos tessalonicenses[886], este se concentra nas Epístolas aos romanos e aos gálatas; não aparece mais senão esporadicamente no resto das Epístolas[887]. Seria por acaso que tais palavras estão ligadas à grande controvérsia sobre as observâncias legais e que elas de fato opõem, ao sistema judaico, um sistema cristão da justiça?

Uma hipótese óbvia se apresenta: não teria a polêmica feito triunfar momentaneamente este vocabulário? Seria difícil admitir que este vocabulário tenha nascido duma crise de conversão e que a polêmica o tenha provocado.

## 1. As grandes controvérsias e sua influência

A Epístola aos gálatas nos fornece uma documentação de valor inapreciável, corroborada pelo Livro dos Atos (sobretudo At 15).

*a) A emboscada de Jerusalém* (Gl 2.1-10)

Catorze anos depois de sua entrada no cristianismo, impelido por uma revelação, Paulo subiu a Jerusalém com Barnabé, acompanhado de Tito. Expôs "seu Evangelho", isto é, a maneira como ele ensinava a viver a vida cristã no mundo greco-romano; em particular, que ele deixava os pagãos na sua incircuncisão. Tito certamente estava nestas condições. As colunas de Jerusalém, Tiago, Cefas e João, não desaprovam este modo de agir. Mas há os "falsos irmãos", que ingressaram na assembléia para "espionar a liberdade

---

[886] Não levamos em conta o advérbio δικαίως usado em 1 Ts 2.10, ao lado de ὁσίως e de ἀμέμπτως. Qualquer grego religioso o faria do mesmo modo.
[887] Ele é representado um pouco melhor em Filipenses porque Paulo faz alusão à sua vida passada no judaísmo.

cristã" (liberdade perante a circuncisão). Paulo, a esta lembrança, reagiu ainda como um grego a defender sua cidade. A liberdade é o bem supremo. Todo ataque inimigo ameaça reduzir os cidadãos ao estado de escravos. Paulo levantou-se nesta ocasião para defender a liberdade dos cristãos da gentilidade, pois a circuncisão[888] seria para eles uma escravidão. Falsos irmãos são estes judeus que entraram no cristianismo, mas ficaram judeus de coração e de mentalidade[889].

A verdade do Evangelho comporta a liberdade perante a Lei. Talvez precisamos dizer mais: a pedra de toque dum verdadeiro cristão (vindo da gentilidade), é ele reivindicar esta liberdade. Isto vai influir na interpretação da Epístola aos gálatas.

*b) A questão de Antioquia[890] (Gl 2.10-21)*

Encontramos um pouco mais tarde em Antioquia estes adversários da liberdade cristã. Paulo lutou de novo em prol da liberdade do Evangelho. Tratava-se sempre da mesma questão fundamental. Aqui, entretanto, a circuncisão não parecia mais estar diretamente em jogo. Manobra digna dos "falsos irmãos" de Jerusalém: fingem respeitar a liberdade dos gentios e não criticam mais o "Evangelho de Paulo". Limitam-se a recordar aos judeus da comunidade seu dever de observar a Lei. A Lei de Moisés continua a obrigá-los, Cristo não a ab-rogou. Em Jerusalém eles a observam; por que em Antioquia não? Pedro fica impressionado com este raciocínio e mais ainda pelo que ele sabe das disposições de Jerusalém e em particular

---

[888] Sem dúvida esta liberdade poderia degenerar em licenciosidade gnósrica. Paulo, porém, não pretende renunciar ao privilégio da liberdade. Contra W. SCHMITHALS, "Die Häretiker in Galatien", em *Zeitschr. Neut. Wiss.* 47 (1956), pp. 25-67.

[889] A identificação com os fariseus se impõe de acordo com o Livro dos Atos.

[890] A. OEPKE, *Der Brief del Paulus an die galater* (Theol. Handkomm. z. N. T., 9), Leipzig, 1937, pp. 49s.; H. SCHLIER, *Der Brief an die galater* (Meyer's Kom., VII) II, Göttingen, 1951, pp. 47-66; P. BONNARD, *l'Épître de St. Paul aux galates* (Commentaire du N. T., X), Neuchâtel, 1953, pp. 48-50; O. BAUERNFEINE, "Die Begegnung zwischen Paulus und Kephas, Gal., I, 18-20", em *Zeitschr. Neut. Wiss.*, 47 (1956), pp. 268-276 e *Theol. Literaturzeit.*, 81 (1956), cc. 343-344; W. SCHMITHALS, "Die Häretiker in galatien", em *Zeitschr. Neut. Wiss.*, 47 (1956), pp. 25-67.

da circunspecção de Tiago, o chefe dos cristãos da Cidade Santa. Pois todo mundo concorda, mesmo Paulo, em dizer que a Igreja de Jerusalém continua sendo a metrópole, a Igreja dos santos.

Paulo precisou de toda a sua dialética para encontrar as fórmulas aceitáveis pelos partidos. Resume a questão e sua própria réplica em Gl 2.11-21[891]. É bem possível que seu discurso não seja uma estenografia exata. Exaltado pela consciência de estar com a razão e pela visão clara do impasse em que se quer lançar a missão cristã, certamente terá improvisado fórmulas decisivas e peremptórias que lhe permitissem salvar tudo preservando o futuro. Por que o texto de Gálatas não seria um reflexo direto disso?

Não há apenas duas atitudes perante a Lei; há três realmente. Há primeiro a posição dos gentios. Estes são salvos pura e simplesmente por sua fé em Cristo. Não têm motivo algum para recorrer à Lei judaica. Há em seguida a posição que se observa em Jerusalém: os cristãos, mesmo se observam as obras da Lei, contam com a fé para serem justificados e obterem a salvação. Foi assim que Paulo compreendeu o cristianismo, bem como todos os que vieram sinceramente ao Cristo. Ele exprime magnificamente esta idéia: "Nós, que somos judeus de nascimento, e não 'pecadores' à maneira dos pagãos (as taras do paganismo são admitidas por todo mundo, inclusive os pagãos), tomamos consciência deste princípio: que o homem não é justificado pelas obras da Lei, senão graças à fé do Cristo Jesus"[892]. Enfim, há uma terceira categoria de cristãos, os que hoje chamaríamos missionários (intermediários entre o judaísmo e os pagãos); entre estes estão Cefas, Barnabé, Paulo e a maioria dos judeu-cristãos de Antioquia. Estamos lembrados de que lá a Igreja

---

[891] O que Paulo aí nos diz deve ser um relatório suficientemente conforme à realidade. Judeus e gentios viviam em perfeita harmonia em Antioquia. Em todo este trecho, Paulo entende por "judeus" os judeu-cristãos. Ceias, Barnabé e ele próprio são judeus. A comunidade de Antioquia tem um bom número deles. Chegam judeus vindos de Jerusalém, onde Tiago é o líder e onde o judaísmo predomina (os da circuncisão, v 12, dirá Paulo com certas intenções).

[892] Não se pode traduzir de outro modo οὐ δικαιοῦται ἄνθρωπος ἐξ ἔργων νόμου ἐὰν μὴ διὰ πίστεως Χριστοῦ Ἰησοῦ (Gl 2.16); a fórmula pretende reservar a posição desta segunda categoria de cristãos que continuam fiéis à Lei e a consideram como obrigatória.

foi fundada primeiro entre judeus, depois por helenistas herdeiros do pensamento de Estêvão e que fizeram pregação diretamente entre os pagãos; estes judeus, para levarem sua vida de missionários cristãos e para melhor atingir os gentios, assimilaram-se a eles; é o caso do próprio Cefas que, em país de missão, vivia à moda grega e não observava mais os costumes judaicos. Quanto a Paulo, sabe-se que ele foi grego com os gregos. Esta atitude não é simplesmente pragmática. Desde que se admite que o poder de Deus opera a salvação pelo Cristo, reconhece-se que a Lei é inútil e supererrogatória; o judeu sincero deve formular para si sua fé cristã segundo este princípio fundamental: ele obtém a "justificação" pela fé do Cristo e não mais pelas obras da Lei[893]; tal é, aliás, a doutrina da Escritura[894].

Na questão de Antioquia há inconseqüências que Paulo sublinha para o bem do cristianismo. Inconseqüência de atitude: Cefas, que nunca conheceu as subtilezas do judaísmo farisaico e que, desde que se fez cristão, jamais se preocupou com as práticas da Lei, ei-lo agora, de fato, a obrigar os pagãos a "viver à moda judaica": pois um instinto de unidade agrupa os cristãos em torno de seus chefes, de Cefas em particular; iriam até aceitar a circuncisão se fosse necessário. Segunda inconseqüência: Cefas e Barnabé condenam implicitamente seu comportamento anterior no cristianismo; parecem reconhecer que transgrediram a Lei ao se libertarem dela, e que, portanto, rebaixaram-se tornando-se como pecadores do paganismo; a pertença ao Cristo e o serviço de Cristo conduziriam ao pecado, o Cristo serviria ao pecado (e não à justiça!). Como teólogo que Paulo era, podia proclamar bem alto sua fé, clara e triunfante. Em uma peroração em forma de confissão pessoal que se desenvolve a partir do v. 11, exprime sua convicção profunda: "Quanto a mim, pela Lei, – aquela que crucificou o Cristo, – estou morto para a Lei para viver para Deus; estou crucificado com Cristo; eu vivo, mas não sou eu que vivo, é o Cristo que vive em mim. A vida verdadeira que vivo agora em minha carne, eu a vivo na fé do Filho de Deus,

---

[893] Assim é que as duas expressões do v. 16: οὐ δικαιοῦται etc., εἵνα δικαιωθῶμεν não são sinônimas. Há entre as duas a passagem duma convicção que surge pouco a pouco.
[894] Cf. Gl 3.8.

que me amou e se entregou por mim. Não quero tornar ineficaz o dom de Deus. Se a justiça vem da Lei, então o Cristo morreu em vão" (Gl 2.19-21). Se a morte do Cristo tem valor, se ela é eficaz a Lei perdeu toda sua eficácia e não pode produzir a "justiça". Desta vez, os termos "justiça", "justificar" traduzem o essencial da controvérsia.

*c) A crise da Galácia*

É bem arriscado introduzir na Galácia outros adversários de Paulo, diferentes destes mesmos judeu-cristãos, com os quais o Apóstolo entrou em choque em Jerusalém e Antioquia[895]. Se assim não fosse, como é que sua argumentação, dirigida contra o judeu-cristianismo e baseada sobre a Escritura, haveria de atingi-los?

As comunidades judaicas da diáspora eram bastante poderosas para que os judaizantes cristãos se sentissem moralmente apoiados por este movimento que preparava os caminhos ao cristianismo; o interesse duma parte da população pagã por certos costumes judaicos, como a observância do sábado, pendia igualmente em favor duma ofensiva como a dos judeu-cristãos[896].

Facilmente podemos descobrir as grandes linhas da polêmica. As obras da Lei são inúteis ao sistema cristão. Paulo vai mesmo acrescentar, uma vez que se dirige a pagãos: elas são prejudiciais. A moderação que usou em Jerusalém e em Antioquia não tem mais vez. Quando se trata de pagãos, o sistema da Lei e o do cristianismo são pura e simplesmente opostos. O primeiro está superado. Paulo vai mais longe. O sistema da Lei estava viciado pelos mesmos vícios que as religiões pagãs. Aceitar as observâncias da Lei, é voltar às

---

[895] Tese de J. MUNCK, *Paulus und die Heilsgeschichte* (*Acta Jutlandica*, XXVI, 1), Kopenhagen, 1954; W. SCHMITHALS, "Die Haretiker in Galatien", em *Zeitschr. Neut. Wiss.*, 47 (1956), pp. 25-67. Sem dúvida, a propaganda dos judeu-cristãos encontrou conivências no temperamento dos pagãos orientais; pode ser que da acompanhou um movimento que anunciasse a gnose, um sincretismo que aproximava as idéias religiosas do mundo oriental e certas crenças judaicas; veremos que casualmente Paulo faz alusão a estas correntes secundárias.
[896] Cf. A. STUIBER, art. *Diaspora*, em *Reallexikon f. Antike und Christentum*, III, cc. 976-982.

práticas do paganismo. A justificação, pois, se obterá simplesmente pela fé em Cristo.

Seguem-se as provas. A primeira é tirada das experiências carismáticas dos gálatas; já que eles receberam estes dons ouvindo a mensagem, à qual responderam pela fé, é sinal que as obras da Lei estão eliminadas (Gl 3.1-5). Além disso, a própria Escritura anuncia que Deus justificará as nações pela fé (Gl 3.8). As bênçãos prometidas a Abraão, ou, em outros termos, o objeto das promessas solenes e do testamento, a herança dos bens divinos (Gl 3.8-18), que é, senão a justiça cristã? Somos nós os verdadeiros filhos de Abraão, segundo a promessa e não segundo a carne e temos de expulsar, – como Abraão fez com a escrava e seu filho, – a Lei e aqueles que no-la quereriam impor (Gl 4.21-5.1).

## 2. As antíteses com a Lei

O vocabulário referente à justiça é profundamente marcado por antíteses, ao mesmo tempo reais e verbais, entre o sistema de salvação imaginado pelo judaísmo tardio e a salvação cristã. Notamos aqui as principais.

1. Distingamos primeiro a antítese simples:

*a) Justiça de Deus – justiça humana (legal)*

Esta primeira antítese está explícita em Rm 10.3: τὴν τοῦ θεοῦ δικαιοσύνην... τὴν ἰδίν ζητοῦντες στῆσαι. Muitas vezes está ela subentendida na expressão "justiça de Deus", que pode tornar-se" justiça que vem de Deus" (sugerindo também neste caso a fé da parte do homem, cf. Fp 3.9).

*b) Justiça que vem da Lei – justiça que vem da fé*

Explicitamente em Rm 10.5-6: τὴν δικαιοσύνην τὴν ἐκ νόμου ... ἡ δὲ ἐκ πίστεως δικαιοσύνη. Em vez de ἐκ πίστεως Paulo emprega o genitivo πίστεως em Rm 4.13. A justiça que vem da Lei pode ser especificada como vinda das obras da Lei (Rm 4.2; Gl 2.16); obtém-se então a antítese Χριστοῦ Lei (Rm 42, Gl 216) obtém-se então a antítese ἐκ πίστεως Χριστοῦ καὶ οὐκ ἐξ ἔργων νόνου (Gl 2.16).

c) *Justiça na Lei – justiça em Cristo*

A antítese está subentendida na frase "procurando ser justificados em Cristo" (Gl 2.17) ou quando o Apóstolo escreve "ser justificado na Lei" (Gl 3.11; 5.4): trata-se do regime da Lei, oposto ao regime cristão; cf. Gl 5.4: τῆς χάριτος ἐξεπέσαε? (vós vos separastes do dom de Deus, o regime cristão). O sentido é igual em Fp 3.6: a justiça na Lei é a que Paulo procurava quando vivia sob a Lei.

2. Paulo combina as antíteses, por exemplo em Fp 3.9, falando de sua justiça que vem da Lei e da justiça que vem de Deus, que tem seu fundamento (ἐπί) na fé. Este jogo de antíteses lhe é próprio. Lucas tem consciência disso e o pôs em seus lábios em At 13.38s; pode ser até que o uso do verbo δικιόω em seu Evangelho, 16.15; 18.14, tenha sofrida influência do vocabulário paulino.

## 3. Conclusão

Os termos δικαιόω, δικαιοσύη, são mais usados no momento em que Paulo defronta com os judeu-cristãos (Epístola aos gálatas sobretudo, Epístola aos romanos); os principais argumentos teológicos relativos à justiça encontram-se nas partes polêmicas destas Epístolas, e o movimento das idéias depende ele próprio do estado de espírito de Paulo no momento de suas controvérsias. Acreditamos mesmo poder determinar em que momento Paulo descobriu a necessidade de mostrar que o cristianismo tornou superado o sistema judaico da justificação: foi quando de sua oposição à política que Cefas e Barnabé seguiam em Antioquia. Seu vocabulário ficará profundamente marcado pela antítese do cristianismo com o sistema legalista dos fariseus. Nossa conclusão adquire todo o seu valor se levamos em conta a ausência, em nossas Epístolas, de qualquer indicação favorável à hipótese de que foi uma crise de alma que fez brotar no pensamento de Paulo sua teoria da justificação pela fé. Pensamos que um estudo do vocabulário e das noções de justiça e justificação fortificará nossa afirmação.

## II - O VOCABULÁRIO E OS TEMAS TEOLÓGICOS

Nossa intenção é preparar uma definição teológica da justiça paulina pelo exame de seus componentes essenciais. Nosso método consistirá, neste artigo preliminar, em seguir primeiro o vocabulário, através das Epístolas, evitando qualquer tomada de posição precipitada, mesmo correndo o risco de faltar a ordem em nossa exposição. Com referência aos temas teológicos, parece melhor fazer uma análise rápida da Epístola aos romanos, inserindo nela certas partes paralelas da Epístola aos gálatas.

### 1. *Prospecção semântica*

O vocabulário sobre a "justiça" revela um parentesco mui acentuado com a língua da versão dos Setenta (LXX); é essencialmente religioso e técnico, possuindo os mesmos vocábulos principais.

A proporção dos usos de δίκαιος e de δικαιοσύνη dos LXX não é imitada por Paulo. Ao passo que, nas concordâncias de Hatch-Redpath, δίκαιος ocupa sete colunas e δικαιοσύνη cinco, no vocabulário paulino, a 53 usos de δικαιοσύνη correspondem apenas 14 de δίκαιος. O fenômeno merece uma explicação, que não se precisa buscar muito longe. Os fariseus monopolizaram o título de "justos"; sua doutrina comporta características que repugnam ao espírito profundo do cristianismo, uma certa auto-suficiência, e a propensão para identificar a santidade com o cumprimento das obras exteriores prescritas pela Lei. Jesus protestou com todas as suas forças e Paulo também rejeitou esta forma de piedade; os cristãos não devem chamar-se "justos": "Não vim chamar os justos, mas sim os pecadores"[897]. Paulo repetirá a palavra do Salmo: "Não existem justos, nem um sequer" (Rm 3.10, citando Sl 14.1). Quanto ao verbo δικαιόω seu uso é relativamente muito mais freqüente em Paulo que nos LXX; o que se deve explicar pela influência dos temas polêmicos.

---

[897] Cf. A. DESCAMPS, *Les justes et la justice dans les évangiles et le christianisme primitif hormis la doctrine proprement paulinienne*, (Univ. Cath. Lov. Dissert. ad gradum Magistri in Fac. Theol.), Louvain, 1950, pp. 98-120.

Termos secundários dos LXX encontram-se igualmente em Paulo, tais como δίκη (punição) e δικαίως. Enquanto o grego profano gosta muito de compostos como δικαιοδότης, δικαιοκτόνος, δικαιολογέω, δικιονομέω etc., que bem se enquadram numa civilização onde as regras da eqüidade, respeitadas em princípio, são o fundamento da sociedade, os LXX são mui parcos no uso de termos desta espécie; Paulo o é mais ainda, pois emprega só uma vez δικαιοκρισία, referindo-se a Deus (Rm 2.5)[898].

Para além dos LXX, Paulo pode assemelhar-se ao grego profano. Nos LXX não aparece senão uma vez δικαίωσις (Lv 24. 22), ao passo que Paulo usa o termo duas vezes em Romanos (Rm 4.25; 5.18)[899]. A palavra δικαίωμα é muito freqüente nos LXX (duas colunas na concordância), ordinariamente no plural, com o sentido de prescrições da Lei. Paulo não usa tal palavra neste sentido e no plural, senão uma só vez (Rm 2.26); alhures, como no grego normal, a palavra significa decisão do juiz (Rm 1.32), justificação (Rm 5.16; 8.4), reparação duma falta ou cumprimento duma vontade divina (Rm 5.18).

Abordaremos o exame semântico de δίκαιος e de δικαιόω partindo duma leitura de Romanos. Já que esta Epístola é a melhor síntese das doutrinas sobre a justiça, temos chance de descobrir nela a vida do vocabulário.

*a) O uso de* δικαιοσύνη

1. Encontramos no começo de Romanos a expressão solene δικαιοσύνη Θεοῦ. Os LXX falam muitas vezes da "justiça de Deus"; Deus deve julgar seu povo com justiça; sua justiça é ao mesmo tempo misericórdia e eqüidade para com o povo escolhido; é objeto de louvor e de súplica. Este vocabulário é particularmente freqüente nos Salmos. Na linguagem profética, a justiça de Deus aparece como uma riqueza celeste (Is 33.6). Ou então ela é personificada: está no céu (Sl 84.10), aproxima-se diante de Deus; está assentada no seu

---

[898] Os LXX empregam δικαιολογία (2 Mac 4.44) e δικαιοκρίτης (2 Mac 12.41).
[899] A palavra tem o sentido de condenação nos LXX e o de justificação em Romanos, ambos confortnes com o uso.

trono etc.⁹⁰⁰. Concretizada e materializada, a justiça é um bem celeste que Deus espalha sobre a terra. As metáforas são numerosas: as nuvens a derramam como a chuva, ela é luz (Sl 36.6), ela se inclina para a terra (Sl 84.11), Deus a faz germinar (Is 61.11). O vocabulário paulino parece bem pobre em face desta pletora do Antigo Testamento e dos apócrifos, contentando-se com fórmulas com ἀποκαλύπτεται (Rm 1.17), ou πεφανέρωται (Rm 3. 21) ou com formas abstratas (ἔνδειξις, Rm 3.25-26).

A noção da justiça retributiva de Deus, a justiça que se impõe como que do exterior, deixou traços em Rm 3.24-26, onde ela por acaso está ligada com a redenção.

A expressão "justiça de Deus" sofre um eclipse em Romanos depois do capítulo 3; ela não reaparece senão em 10,3, onde Paulo quer insistir na oposição da justiça farisaica à noção cristã. Ela é retomada em 2 Co 5.21 (cf. 9.9). Fp 3.9 opõe a justiça que veio de Deus (τὴν ἐκ Θεοῦ) à que o Apóstolo tinha adquirido no judaísmo.

2. Insensivelmente se passa da justiça divina, celeste, bens e propriedade de Deus, ao dom que dela é feito aos homens. As imagens do Antigo Testamento, que acabamos de lembrar, a que se ajuntam as da apocalíptica, exprimem esta conseqüência essencial: a justiça de Deus e sua misericórdia se distribuem em benefícios divinos. Assim a justiça de Deus se revela (Rm 1. 17), ela se manifesta (Rm 3.21), anunciada pela Lei e os Profetas e ela é concedida a todos os que crêem (Rm 3.21-22). Ela é dom (χάρις, δωρεά) de Deus (Rm 5.15-17). Por ela o "dom" reina para a vida eterna (Rm 5.21). A participação atual no reino de Deus é "justiça, paz e alegria no Espírito Santo" (Rm 14.17). Nós recebemos no Espírito a promessa (que constitui) a justiça (Gl 5.5). Um trecho de Tit sintetiza as relações entre a fé, o batismo, a justiça e o Espírito Santo: uma justiça que não vem de nossas obras, mas da misericórdia, nos salvou pelo batismo, renovou-nos no Espírito Santo, que Deus derramou sobre nós por Jesus Cristo, nosso Salvador, de sorte que, justificados em e por seu dom, tornamo-nos seus herdeiros, segundo a esperança da vida eterna (Tt 3.5-7).

---

⁹⁰⁰ Paralelos na apocalíptica. Cf. A. DESCAMPS-L. CERFAUX, art. *Justice et justification*, em *Dict. Bible, Suppl.*, IV, cc. 1448-1460.

3. A dependência do vocabulário paulino para com o Antigo Testamento é manifestada de diversos modos. O dom por excelência, no Antigo Testamento, é a "vida", primeiramente a vida atual que se queria sem fim e que Deus, na sua onipotência, pode tornar eterna. A justiça de Deus vivifica (Sl 118 [119],40[901]; 142 [143], 11)[902]. A ligação entre a justiça e a vida se indica igualmente (com uma noção mais precisa de vida eterna): o dom reina pela justiça para a vida eterna (Rm 5.21); o Espírito é vida pela justiça (Rm 8.10). Paulo parafraseia um texto do Pentateuco: "Moisés escreve a propósito da justiça que vem da Lei, que, aquele que a pratica, viverá por ela" (Rm 10.5). A justiça é apresentada como um equipamento bélico do justo, ordinariamente sua couraça, Sab 5.18; Is 11.5; 59.17; Bar 5.2; retoma-se a mesma imagem em Ef 6.14[903].

O Apóstolo acusa ainda sua dependência empregando, de acordo com Gn 15.6, a expressão ἐλογίσθη αὐτῷ εἰς δικαιοσύνην (Rm 4.3; Gl 3.6). O mesmo texto de Gn tinha sido citado por 1 Mac 2.52; a expressão fora utilizada igualmente no Sl 105 (106), 31. Este texto de Gênesi concretiza no vocabulário a relação entre a justiça e a fé. Deus responde à fé de Abraão concedendo-lhe a justiça. Assim, a fé se torna a atitude cristã que condiciona o dom da justiça. Pode-se observar que a relação entre a "fé" e a "justiça" não é freqüente na Bíblia grega. A confiança em Deus é um sentimento primordial da religião judaica e, por este motivo, ela é evidentemente uma caraterística do justo; mas esta atitude, que Paulo traduz pela fé, é mais ordinariamente expressa pelos vocábulos ἐλπίζειν e ἐλπίς. Assim, sobretudo no Saltério, o justo e o piedoso tudo esperam de Deus, nesta vida e depois da morte. Contudo, a "fé" mereceu destaque em algumas passagens marcantes do Livro de Isaías e no Livro da Sabedoria.

Paulo recordou-se da frase de Hb 2.4: "o justo vive da fé" (Rm 1.17; Gl 3.11)[904], para dela fazer um dos fundamentos escriturísticos de

---

[901] Ἐν τῇ δικαιοσύνῃ σου ζῆσόν με.
[902] Cf. Pv 11.30; 12.28; Sab 1,15. Os justos herdarão a terra (Sl 36, [37], 29); viverão para a eternidade (Sab 5.15).
[903] É patente o contato literário com Is 11.5; 59.17: Paulo retoma as duas imagens de Isaías, a do cinturão (Is 11.5) e a da couraça (Is 59.17).
[904] Citação quase literal dos LXX, chegando até a copiar a partícula δέ. Paulo deixa de lado μου (LXX: ἐκ πίστεως μου) para que a ênfase fique sobre a fé,

sua teologia da justiça. Aliás, ele exprime com o auxílio de diversas proposições a proporção entre a fé e a justiça. A variedade delas indica que ele não dá importância senão à relação, seja ela qual for: a fé toma o lugar das obras sobre as quais se apóia a justiça judaica. A expressão ἐκ πίστεως significa que a justiça tem sua origem na fé: talvez na sua base devamos colocar precisamente Hb 2.4; ela é usada em Rm 1.17[905] para introduzir esta citação; depois, em Rm 9.30; 10,6; Gl 5.5. Conforme o texto de Gn 15.6, o termo (εἰς) da fé é a justiça (Rm 4.5,22; 10.4,10). A preposição ἐπί indicará que a fé é o fundamento sobre o qual se apóia a justiça cristã, dom de Deus (Fp 3.9). A preposição διά com o genitivo indica que a fé humana atrai sobre o homem a justiça de Deus (Rm 3.22). Todas estas relações são sintetizadas no genitivo: "justiça da fé" (Rm 4.11-13). Sente-se por toda parte latente a antítese da justiça de Deus com aquela na qual as obras do homem são preponderantes, a justiça da Lei e das obras. A antítese é explícita em Rm 3.27-28.

4. A justiça cristã garante ao homem o meio de vencer a inclinação ao pecado. Os membros dos cristãos são como que armas da justiça (Rm 6.13; cf. 2 Co 6.7). O bom combate será travado para produzir doravante as obras santas (cf. Rm 6.19). Expressão equivalente: o cristão, libertado do pecado, passou para a escravidão da justiça, isto é, está obrigado a submeter-se ao que ela exige, e é capaz desta submissão na obra da sua santificação (Rm 6.17-19). Assim é que a justiça presente no homem produzirá seu fruto para uma santificação imediata, conduzindo à vida eterna (Rm 6.22). O amor com todas as virtudes cristãs e a santidade serão "o fruto da justiça" (Fp 1.9-11; cf. 2 Co 9.10). O amor pode-se chamar indiferentemente fruto da justiça ou fruto do Espírito. É sempre o mesmo dom divino.

A noção da justiça cristã desenvolve-se assim dum modo contínuo a partir de sua característica essencial de ser "justiça de Deus",

---

princípio técnico no seu sistema teológico. O mesmo texto é retomado em Gl 3.11. É pouco provável que Paulo seja influenciado pelo comentário de Habacuc de Qumran.

[905] Ἐκ πίστεως εἰς πίστιν. Sobre o sentido desta expressão, cf. A. FRIDRICHSEN, "Aus Glauben zu Glauben, Rom., I, 17", em *Coniectaenea neotestamentica*, 12 (1948), p. 54 (expressão pleonástica e enfática para dizer que a justiça tem a ver com a fé).

dom de Deus. Nada ela pode pedir ao homem, a não ser sua fé; ela lhe dá tudo, tornando-o capaz de viver na santidade e de atingir a vida eterna. Tudo está no dom; a economia cristã pode, pois, chamar-se a justiça (2 Co 3.9; 11.15); o cristão é nova criatura na justiça (Ef 4.24).

Doravante Paulo não verá mais a justiça da Lei senão na sua oposição à justiça cristã, sendo que esta exprime para ele toda a perfeição exigida pela Escritura. Os judeus não perceberam a significação profunda de sua Lei. Procuraram uma justiça que não é a de Deus, mas a deles mesmos, Rm 10.3; pensaram que sua Lei fizesse da justiça uma recompensa pelo cumprimento de seus preceitos.

5. Paulo toma um cuidado extremo em fundar sobre a Escritura a oposição entre a justiça cristã, proveniente da fé, e a justiça das obras[906]. Nós o vimos comentar o caso de Abraão (Rm 4.1-8), segundo o texto: "Abraão creu em Deus e sua fé lhe foi imputada como justiça" (Gn 15.6). E explica: a fé em Deus exclui as obras, a tal ponto que, se se trata dum pagão ímpio, ele recebe a justiça só pelo fato de ter confiança em Deus que justifica[907]; não é, pois, por suas obras, mas por sua fé, pois o ímpio não tem, para apresentar, obras a que corresponda a justiça (Rm 4.2-5). A mesma tese se prova pela bem-aventurança que Davi pronuncia a respeito dos pecadores perdoados: "Bem-aventurados aqueles, cujas iniquidades foram apagadas e os pecados esquecidos; bem-aventurado o homem a quem o Senhor não quer imputar o pecado" (Sl 32[31],1s). Paulo explica seu texto pela fórmula positiva consagrada no caso de Abraão: Deus lhe imputou sua fé como justiça, independentemente das obras (Rm 4.4-8).

A oposição reaparece em Rm 9.30-31: os pagãos obtiveram a justiça que vem da fé; Israel, buscando a Lei de justiça, não a atingiu (isto é, não obteve a justiça), porque não se apegou à fé, mas acreditou que Deus exigia obras (ao passo que a verdadeira Lei exigia a fé). Do uso da expressão "buscar a justiça", própria dos LXX, pode-se deduzir que Paulo continua a referir-se ao Antigo Testamento.

---

[906] Cf. as antíteses, *supra,* pp. 394s.
[907] O objeto da fé, segundo o contexto, pode ser indiferentemente seja a redenção pelo sangue de Cristo (Rm 3.24), seja o poder de Deus que ressuscita os mortos (Rm 4.17), seja a misericórdia que justifica o ímpio (Rm 4.5).

Aliás, ele vai citar explicitamente um dos mais importantes textos de Isaías, sobre a fé: "Aquele que crê nele não será confundido" (Is 28.16, citado em 9.33). Os judeus criaram uma falsa imagem da Lei de Moisés: não compreenderam que ela anunciava em muitos pontos a justiça cristã[908].

A Epístola aos gálatas retoma a antítese; Note-se como Paulo passa da posse do Espírito à justiça; os gálatas receberam o Espírito não por haverem cumprido as obras da Lei, mas terem crido: "Aquele que vos confere o Espírito e opera milagres entre vós, fá-lo pela vossa prática da Lei, ou por causa da vossa fé na mensagem?" (Gl 3.5). "Vossa situação, acrescenta ele imediatamente, é a mesma de Abraão, que 'creu em Deus e isso foi-lhe imputado à conta de justiça'" (Gl 3.6). Todo o cristianismo, nascido do Espírito ou dom da justiça de Deus, rege-se pela fé, e não mais pelas obras. No decurso de sua polêmica, Paulo invoca uma prova escriturística inédita, a conclusão das maldições de Dt 27.14-26: "Maldito aquele que não adere a todas as palavras da Lei, para pô-las em prática" (Gl 3.10)[909]. Até parece uma ironia a citação de Lv 18.5: "Aquele que as executar (as obras da Lei) viverá por elas" (Gl 3.12). Volta de novo a antítese, com a equivalência bem marcada entre a "justiça" e o "Espírito" em 2 Co 3.8-9[910].

Seria injusto afirmar que Paulo desconhecia a antiga aliança. Sob certo aspecto, ela é realmente religião das obras, regida pela Lei. É mais que isto, sem dúvida, e a grandeza de Cristo está em tê-lo afirmado, como a glória de Paulo está em ter suscitado uma polêmica contra um judaísmo decadente, para fazer prevalecer a religião profunda da confiança absoluta no poder de Deus.

Pois foi exatamente esta oposição que Paulo descreve em Filipenses. Antes de seu ingresso no cristianismo, ele apresentava-se irrepreensível na prática da justiça da Lei; feito cristão, ele não tem mais sua própria justiça, derivada da observância da Lei, mas sim a

---

[908] Cf. *supra*, 279-281.
[909] Provavelmente Paulo fez uma glosa, para insistir na "letra" da Escritura, escrevendo "a tudo o que está escrito no Livro da Lei".
[910] Πῶς οὐχὶ μᾶλλον ἡ διακονία τοῦ πνεύματος ἔσται ἐν δόξῃ; εἰ γὰρ ἡ διακονία τῆς κατακρίσεως δόξα, πολλῷ μᾶλλον περισσεύει ἡ διακονία τῆς δικαιοσύνης δόξῃ.

que vem da fé em Cristo, conhecendo doravante o Cristo no poder de sua ressurreição e na comunhão nos seus sofrimentos (Fp 3.6-10). A confiança na obra de Deus através de Cristo é, pois, a experiência fundamental de Paulo. Esta confiança submerge toda aquisição de mérito por meio de obras[911].

*b) O uso de* δικαιόω

1. Passaremos da Epístola aos romanos às outras Epístolas. O verbo δικαιόω era relativamente pouco usado pela Versão dos Setenta; contam-se 44 casos na concordância (contra 24 nas Epístolas paulinas). O sentido na LXX é antes de tudo profano; o juiz faz justiça ao justo, o mau juiz "justifica" o ímpio (declara-o inocente)[912]. O uso religioso (em que o julgamento é o de Deus) concentra-se em Is, Salmo e Eclo[913].

Em Rm 2.13, o juízo escatológico é focalizado. Os judeus e os pagãos que possuem a lei natural, são de certo modo iguais perante Deus: não são os homens que ouviram a Lei que são justos diante dele, mas só "os que tiverem obedecido à Lei serão justificados". O contexto nos convida a pensar na decisão divina do juízo final, ct. v. 12: ἀπολοῦνται... κριθήσονται e v. 15-16. Mais adiante, em Rm 3.19-20, Paulo cita o Sl 143.1-2: "Não entreis em juízo com o vosso servo, porque nenhum mortal será justificado diante de vós (δικαιωθήσεται)". Como o contexto não se refere mais ao juízo final, mas trata-se antes do estado de pecado generalizado, o sentido é que ninguém, atualmente, é capaz de suportar o julgamento divino. A justificação do homem é posterior ao exame de suas obras por Deus – daí o futuro. Mas Deus perscruta os rins e os corações desde a vida presente. Paulo esclarece o texto do Salmo acrescentando "pelas obras da Lei". Sua exegese é correta, pois o salmista vive sob

---

[911] Πεποίθησις, καύχησις.
[912] Ex 23.7: οὐ δικαιώσεις. Cf. Eclo 42.2; Is 5.23. Compare-se esta expressão com Rm 4.5.
[913] A passagem do sentido profano ao sentido religioso é bem marcada em Lucas: os fariseus querem passar por justos diante dos homens (Lc 16.15); o publicano volta para casa justificado (Lc 18.14). Para o sentido paulino, cf. At 13.39.

a Lei. Diante da carência da Lei, o próprio Deus deverá conceder ao homem o dom da justiça.

Assim chegamos à expressão do v. 24: justificados gratuitamente, por seu dom (δικαιούμενοι δωρεὰν τῇ αὐτοῦ χάριτι), em virtude da redenção. Se alguém pretendesse atribuir a δικαιούμενοι o sentido de "declarados justos", pelo menos seria preciso compreender que "o dom" é a realidade da vida cristã, o sinal de que Deus já deu o seu decreto. Mas é provável que o sentido "realista" que tem a noção de "justiça" dada por Deus, reaja sobre o verbo δικαιόω. Deus declara justo, mas sua palavra produz o que ela exprime, e o homem torna-se de fato justo; uma vez que ele recebe o dom positivo de Deus, ele é justo por este mesmo dom, – que é sua justiça. Por outro lado, o presente indica que o estado do homem justificado existe desde esta vida. Esta conclusão é reforçada pela expressão "no tempo presente" e por δικαιοῦντα do v. 26.

Introduz-se, portanto, uma evolução na semântica cristã do verbo δικαιόω; normalmente ele significava tornar justo, considerando como justo, reconhecendo a inocência; doravante ele significará tornar justo (sendo Deus aquele que "justifica") concedendo a justiça, o dom do Novo Testamento. Como entender este dom como se fosse uma simples sentença declarando justo (sentido "forense")? À mudança da realidade interior do cristão (a justiça, o dom do Espírito etc.) corresponde também uma mudança na sua psicologia; o homem não se considera mais como culpado, pois Deus lhe perdoa visivelmente. A expressão "justificando o ímpio" (Rm 4.5) não se pode evidentemente entender no sentido de que a impiedade coexistiria com a justiça: a fórmula cristã deriva dos LXX: Deus torna justo aquele que era ímpio, o qual se torna justo (como o juiz iníquo inocenta juridicamente quem era culpado). Sem dúvida, a consciência da falta passada permanecerá no justo, mas ela será submergida pela certeza do perdão. Uma realidade psicológica corresponderá à realidade ontológica que é o dom do Espírito que transforma o homem e o cria de novo.

Não se pode argumentar com o futuro δικαιώσει de Rm 3.30, para pretender que Paulo teria em vista uma sentença escatológica. Neste momento, ele já está pensando na justificação de Abraão, tema que vai expor no capítulo 4. A justificação de Abraão pela fé é o modelo da justificação que se realiza em todos os cristãos; tendo justificado Abraão pela fé, ele justificará judeus e incircuncisos pela fé. Nossa exegese é confirmada por Gl 3.8: a Escritura – afirma Paulo – previu que Deus justificaria os pagãos pela fé e anunciou de antemão a Abraão: "em ti serão abençoadas todas as nações". Poder-se-ia dizer igualmente: "todas as nações serão justificadas em ti", e aí encontramos de novo nosso futuro de Rm 3.30, futuro de modo algum escatológico, mas indicando o porvir com relação ao passado da promessa. Este porvir é o presente cristão.

Os aoristos começam pelo caso de Abraão (Rm 4.2). A afirmação é clara: Abraão foi justificado pela fé. Nada, no contexto, leva a pensar no juízo, com um decreto antecipado. A justiça de Abraão foi uma realidade presente. A expressão de Gn 15.6: "Abraão creu em Deus e isto lhe foi imputado para justiça", sublinha a gratuidade do dom divino; gratuidade, quer dizer, independência das obras da Lei, se elas pretendem fundar um direito; a fé exclui o relacionamento do "do ut des"[914]. Aplicados agora à justificação dos cristãos, os aoristos reaparecem a partir de Rm 5.1. A fé nos introduziu num estado em que nós possuímos "a paz" (Rm 5.1). Temos acesso a um dom, somos estabelecidos nele e nós nos apoiamos doravante na esperança da glória de Deus (cf. Rm 8.30). A glória é futura, a justificação corresponde a um acontecimento que se passou em nós, por uma participação na redenção de Cristo, e que nos garante a salvação futura (Rm 5.9). Este acontecimento significa também nossa reconciliação com Deus (Rm 5.10). A paz, a alegria e o amor são realidades celestes infusas em nós, produzidas por Deus em nossas almas, estáveis e permanentes, com o fim de nos manter acima da vida corporal; a justificação é como que a raiz de tudo isso e aparece como elas, desde este momento, como realidade em nós nascida da vontade divina.

Em Rm 8.33 Paulo cita Is 50.8: "É Deus quem justifica (ὁ δικαιῶν), quem haverá para condenar?" Trata-se, propriamente, muito mais duma alusão que duma citação. Isaías escreveu, segundo a Versão

---

[914] A fé, confiança em Deus e aceitação de sua mensagem, obtém a justiça, não na qualidade de ação do homem (atividade "meritória"), mas como submissão total à misericórdia.

dos Setenta: "Está perto aquele que me absolveu". "Aquele que me absolverá", assim está no texto hebraico. O presente é uma espécie de compromisso entre os dois textos; a expressão do v. 33: "quem se tornará acusador dos eleitos de Deus?" cria a atmosfera escatológica. Esta envolve igualmente a citação de Isaías; o presente δικαιῶν deve indicar que a justificação é permanente, estendendo-se da vida presente ao juízo futuro.

2. A Epístola aos gálatas não nos ensina nada de realmente novo. Em Gl 2.16 Paulo escreve: "sabendo que o homem (o judeu) não é justificado por causa das obras da Lei, a não ser graças à (διά) fé do Cristo Jesus". A situação do judeu não é idêntica em todos os pontos à do pagão. Para que o judeu possa continuar a praticar as obras da Lei buscando a justificação, é preciso que as obras sejam vivificadas pela fé. O que vale dizer que, em última análise, Deus justifica em consideração da fé: "nós fizemos o ato de fé (ἐπιστεύσαμεν) em Cristo Jesus, a fim de sermos justificados (δικαιωθῶμεν) em razão da fé de Cristo e não em razão das obras da Lei, porque 'ninguém será justificado' pelas obras da Lei"[915]. Paulo havia exposto longamente este tema da incapacidade da Lei em Rm 3.9-20, e havia-o resumido energicamente na sentença derivada de Sl 143.2: "nenhum mortal será justificado diante de Deus pelas obras da Lei" (Rm 3.20). O futuro que há nesta citação não é o futuro escatológico, mas exprime a necessidade derivada necessariamente de todas as afirmações da Escritura.

Salientemos no mesmo trecho de Gálatas: "se procurando ser justificados em Cristo, nós nos colocamos na situação de pecadores" (2.17). "Em Cristo" é uma expressão elíptica equivalente a "na fé de Cristo". A justificação está no oposto da situação do pecador. Trata-se de dois estados da vida presente. Neste contexto da justificação, note-se que Paulo se põe, sem transição, a falar da vida na fé em Cristo e da vida de Cristo no cristão. Para ele, estas expressões são concretamente sinônimas, significando uma mesma realidade de vida.

---

[915] Gl 2.16; cf. pp. 279-281; pode-se contudo duvidar desta exegese, que realça a diferença no uso das preposições ἐκ e διά. Cf. Rm 3.30, onde Paulo usa ἐκ falando da justificação dos circuncisos e διά tratando-se de pagãos.

O tema da justificação recomeça em Gl 3.8. A Escritura profetizou que Deus justificaria os pagãos pela fé (ἐκ πίστεως); ora, a profecia revestia-se desta forma: "todas as nações serão abençoadas em ti". São, pois, as bênçãos divinas, isto é, bens divinos presentes, que justificam, ou pelo menos são o sinal da justiça concedida por Deus. No v. 11 Paulo quer provar que "ninguém é reconhecido como justo diante de Deus pela Lei"; para isso apóia-se no texto de Habacuc: "o justo viverá da fé": a vontade de Deus é que o justo viva da fé e não das obras da Lei. Concretamente se faz uma equivalência entre a justificação e a vida. Podemos concluir do v. 14, sempre no mesmo contexto da justificação, uma outra equivalência, a do Espírito Santo: "o Cristo nos resgatou da maldição da Lei, tornando-se por nós maldição... a fim de que a bênção de Abraão chegue aos pagãos em Cristo Jesus, a fim de recebermos pela fé a promessa do Espírito". Concretamente, justificação, vida em Cristo, bênção dada por intermédio de Abraão, Espírito Santo concedido em virtude desta bênção ou desta promessa, tudo isso sem distinção, é alcançado pela fé.

"A Lei, como um 'pedagogo conduziu-nos ao Cristo, para sermos justificados (δικαιωθῶμεν) pela fé; ao chegar a fé, deixamos de viver sob o pedagogo; pois todos nós somos filhos de Deus pela fé em Cristo Jesus; vós todos, que fostes batizados em Cristo, revestistes-vos do Cristo" (Gl 3.24-270). Eis aqui, novamente, uma série de equivalências que se sucedem: a fé (com a justificação que é seu corolário), o efeito do batismo, a unidade de vida adquirida em Cristo Jesus (v. 28).

Os cristãos que recorriam à Lei para serem justificados (οἵτιν ες ἐν νόμῳ δικαιοῦσθε) privar-se-iam de Cristo e renunciariam ao dom de Deus: "Pois nós (os cristãos), no Espírito, em virtude da fé, aguardamos a esperança da justiça" (Gl 5. 4-5)[916]. Reaparecem as mesmas equivalências: justificação cristã, vida com Cristo (da qual são excluídos os que buscam a justiça da Lei), presença do Espírito Santo, criando a esperança e dando as primícias da glória.

---

[916] Por analogia com Rm 8.30. A justiça desta vida é como que uma antecipação da glória celeste; é assim que ela funda a esperança e nos garante a posse da salvação (cf. Rm 5.9).

3. Δικαιόω é usado duas vezes em 1 Coríntios. Seu primeiro contexto (1 Co 4.3-5) é o do juízo escatológico ao qual os próprios apóstolos serão submetidos. Embora não tenha consciência de nenhuma falta, Paulo não está certo de ser reconhecido inocente (δεδικαίωμαι, v. 4) no tribunal do Senhor. Este caso não deve ser incluído entre os textos que tratam da justificação cristã pela fé; o julgamento geral terá em vista as obras.

O segundo texto dá grande peso à hipótese das equivalências. Paulo pensa no batismo e declara aos cristãos de Corinto que doravante eles nada têm a ver com as taras do paganismo: "vós fostes lavados, fostes santificados, fostes justificados no nome do Senhor Jesus Cristo e no Espírito de nosso Deus" (1 Co 6.11). Seu batismo os lavou, santificou, justificou: o efeito é idêntico em seus diversos aspectos[917]. A Epístola a Tito, numa frase mais ou menos paralela, identifica ainda mais claramente a justificação com o dom do Espírito, penhor de nossa herança celeste: "Quando apareceram a benignidade de Deus nosso Salvador e seu amor para com os homens, não foi em virtude das obras que tínhamos feito vivendo na justiça[918], mas foi segundo a sua misericórdia que ele nos salvou, pelo banho de regeneração e renovação pelo Espírito Santo que ele derramou abundantemente sobre nós por Jesus Cristo nosso Salvador, a fim de que, justificados por seu dom, nós nos tornássemos herdeiros segundo a esperança da vida eterna" (Tt 3.4-7). A pletora e a redundância da frase, que faz lembrar das Epístolas do cativeiro, faz brilhar sucessivamente sob seus aspectos diversos uma mesma realidade, o efeito do batismo cristão.

O verbo δικαιόω reaparece, mas aplicado ao Cristo, no hino do mistério de 1 Tm 3.16:

> Ele foi manifestado na carne,
> foi justificado no Espírito.
> Apareceu aos anjos,

---

[917] Cf. 1 Co 1.30, com a enumeração de equivalências: "justiça, santificação, redenção".

[918] Podemos entender mais ou menos assim: quando nós nos submetíamos aos preceitos da Lei, cf. Fp 3.6.

foi anunciado aos gentios.
Foi aceito na fé pelo mundo,
foi elevado à glória.

O paralelismo entre o primeiro dístico e o último insinua que a "justificação" do Cristo efetuou-se no momento da sua ressurreição[919]. Esta "justificação" outra coisa não é senão sua glorificação, ou a revelação de sua "natureza" espiritual. Pode ser que o uso paulino ajudou a evolução de δικαιόω para esta significação bem "realista". Os escritos herméticos nos dão notável indício dum movimento semântico em que este verbo, num ambiente helenístico não-cristão, evolui paralelamente para uma aplicação análoga[920]. Queremos falar do tratado XIII do *Corpus*, que descreve uma iniciação do gnóstico como uma purificação e uma regeneração nele produzidas pela vinda dos poderes divinos. São estes: a gnose, a alegria, a continência, a paciência, a justiça, a comunhão de bens, a verdade[921]. O vocabulário, como se vê, é ao mesmo tempo próximo do cristianismo e do estoicismo. A justiça hermética, fundamentalmente virtude cardeal da filosofia grega, sofre uma evolução no sentido "realista"; a "justiça" (como a "justiça de Deus" de Paulo) desce de Deus sobre os iniciados; é um poder de Deus e sua presença toma justo: "Nós fomos feitos justos (ἐδικαιώθημεν), filhos, agora que a injustiça não está mais aqui" (XIII, 9)[922]. Um pouco adiante (§ 10), o Misto explica: "tu conheces agora, meu filho, o modo da regeneração. Pela vinda da Década[923], meu filho, a geração espiritual foi formada em nós, e ela expulsa a Dúzia, e nós fomos divinizados (ἐθεώθημεν) por este nascimento". Uma tal evolução semântica,

---

[919] Seria útil comparar com At 3.14-15 e Rm 1.4.
[920] O problema da influência do cristianismo sobre estes diversos escritos é atualmente insolúvel.
[921] C. *Herm.*, § 8-9. Este parece ser o setenário primitivo, transformado depois em década. Cf. A. D. NOCK e A.-J. FESTUGIERE, *Corpus hermeticum*, II, Paris, 1945, p. 213, nº 46.
[922] Cf. *ibid.*, p. 204 (texto) e p. 213, nº 45; C. H. DODD, *The Bible and the Greeks*, 2ª ed., Londres, 1935, p. 58; W. SCOTT, *Hermetica*, I, Oxford, 1924, p. 244 (texto) e II, Oxford, 1925, p. 387s. (comentários).
[923] A justiça faz parte da Década, cf. nota 38.

no plano da filosofia sincretista do helenismo, lança certa luz sobre o "realismo" paulino.

4. O verbo δικαιόω, como o substantivo δικαιοσύνη, são marcados por uma antítese fundamental. O judeu é o agente de suas obras e estas fundamentam a estima de Deus[924]; o cristão, ao contrário, tudo espera de Deus, a justificação bem como o resto. A oposição está perfeitamente expressa em Rm 10.3: desconhecendo a justiça de Deus (que Deus dá) e procurando criar a justiça que lhes seria própria, (os judeus) não se submeteram à justiça de Deus (a justiça que está em Deus e em nós ao mesmo tempo, como uma salvação que se realiza). O judeu falará, pois, de justiça sua; o cristão, da justiça de Deus. O judeu age, o cristão de preferência submete-se ao dom e à ação de Deus, sem que seja, aliás, dispensado de colaborar com a ação divina eficaz. Abraão foi justificado não por suas obras, mas por sua fé naquele que justifica o pecador. Por ser dom divino, a justiça torna-se um estado, uma maneira de ser, uma qualidade permanente.

Quando ele designa a justificação cristã, o verbo δικαιόω, que traduzimos então por "tornar justo", supõe a ação divina. É Deus o sujeito do verbo, o ato de justificação é seu. Assim, Rm 3.26: Deus demonstra sua justiça realizando-a no tempo presente "para ele mesmo ser justo e o justificador daquele que tem fé em Jesus". Deus justifica, a fim de manifestar sua justiça e porque ele é justo. O mesmo Deus justificará (tornará justo) por fé o circunciso, e mediante a fé o incirconciso (Rm 3.30). Paulo analisou o caso de Abraão, de acordo com o texto de Gn 15.6, e interpreta: o Patriarca não praticou obras, mas creu naquele que justifica o ímpio. É Deus quem justifica, é dele que se espera a justiça. É ainda Deus o sujeito de todos os verbos de Rm 8.29-30; a justificação é uma etapa para a glorificação. Deus justifica, como também glorifica.

Quando o verbo não está mais na voz ativa e sim na passiva, o homem é o sujeito da ação posta por Deus. Assim em Rm 3.24: "justificados (δικαιούμενοι) gratuitamente por seu dom, graças à redenção em Cristo Jesus": é Deus quem dá a justificação; em Rm 3.28:

---

[924] O fariseu do Evangelho agradece a Deus por não ser como os outros e louva-se por suas obras.

"temos por certo que o homem é justificado (δικαιοῦσθαι) pela fé sem as obras da Lei"; no pensamento está implícito que é Deus quem justifica, pois se diz depois: "Deus é apenas o Deus dos judeus? Não é também o das nações? Sim, também das nações, visto que Deus é um só, que justifica judeus e pagãos". Onde o contexto não for explícito, só se pode explicá-lo em função dos textos claros: mais ou menos explicitamente, Deus (ou seu dom) é sempre o verdadeiro agente de justificação. O homem não é mais que o beneficiário. O agente não será nunca a fé. Geralmente πίστις encontra-se precedida das preposições ἐκ ou διά, indicando a origem ou a razão pela qual Deus concede a justificação.

Seja no presente, seja no aoristo subjuntivo (Gl 2.16), seja no indicativo, o verbo δικαιόω supõe uma situação permanente. Ao contrário, o aoristo indicativo significará um ato instantâneo, criando uma nova situação. Assim em Rm 4.2, falando de Abraão: Abraão creu, fez um ato de confiança, e isto lhe foi imputado (por Deus) para justiça. Do ato de Deus nasce um estado permanente. O mesmo se dá em Gl 2.16-17: "Sabendo que o homem não é justificado pelas obras da Lei, a não ser graças à fé ao Cristo Jesus (para obter o dom da justiça, de modo que realmente não são as obras que justificam, mas Deus, que vê a fé), nós mesmos (os judeus) fizemos o ato de fé em Cristo Jesus, a fim de sermos justificados em razão da fé do Cristo, e não em razão das obras da Lei, pois pelas obras da Lei homem algum é justificado" (v. 16). "Ser justificados" indica um estado; como se deduz do v. 17: "Se, procurando tornar-nos justos em Cristo, nós mesmos caímos no estado de pecadores..." Nossa justiça será doravante um estado oposto ao do pecado. É a justificação concreta, que não é outra senão a "justiça de Deus", o dom concedido como um bem da salvação.

Quando se trata da justificação judaica, o verbo δικαιόω usa-se normalmente com a negação. Proclama-se que Deus, que justifica sob o regime da fé, não justifica pela Lei, não ratifica a justificação que os homens atribuem a si mesmos. Cf. Rm 4.2: se Abraão houvesse sido justificado pelas obras da Lei, sua vanglória seria diante dos homens, não diante de Deus; ou ainda Rm 3.20; Gl 2.16; 3.11, em que Paulo repete a afirmação da Escritura: homem algum é justificado diante de Deus sob o regime da Lei. Pode-se tentar fazer sua própria justificação, mas Deus não está de acordo.

Em Rm 2.13, Paulo emprega o verbo δικαιόω na esfera de pensamento do juízo final: "Não são os ouvintes da Lei que são justos diante de Deus, mas os que praticam a Lei é que serão justificados". Ele havia dito no v. 12: os que pecaram fora do regime da Lei, perecerão fora do regime, e os que pecaram sob a Lei, serão julgados segundo a Lei. Para ser "justo diante de Deus" é preciso praticar a Lei, quer a lei escrita, quer, como hoje dizemos, a lei natural inscrita nos corações. A concordância de nossa vida presente com a vontade divina prepara nossa sentença de justificação quando Deus nos pedir contas de nossos atos. É esse o sentido que igualmente atribuímos a δεδικαίωμαι (ser reconhecido como inocente no tribunal do Senhor) em 1 Co 4.4.

De maneira totalmente diversa deve-se entender Gl 5.4: "vós que procurais ser justos (δικαιοῦσθε) segundo a Lei". Os gálatas se aplicariam a fazer eles mesmos sua justiça, ao passo que os cristãos aguardam em esperança a glória que Deus lhes concederá e que é preparada pelo dom atual de sua justiça[925].

*c) Os outros termos*

No sentido técnico rigoroso, o adjetivo δίκαιος só aparece cinco vezes em nossas Epístolas; mas na Versão dos Setenta ele é extremamente freqüente e designa em geral o homem religioso típico, fiel a Deus em todos os detalhes de sua vida. O ideal do justo do Antigo Testamento acabou concentrando-se na fidelidade à Lei. O justo é o oposto do ímpio (ἀσεβής); é inocente (ἀθῷος), santo (ὅσιος), irrepreensível (ἄμεμπτος) etc. Suas qualidades e seus merecimentos são reais; se ele é justo diante de Deus, aos olhos de Deus, é porque Deus o conhece já tal como ele é, sem ser necessário, por isso, antecipar um juízo escatológico.

---

[925] A justiça presente, dom de Deus, primícias do Espírito, é um penhor da glória prometida por Deus. A antítese com a justiça pessoal é duplamente indicada. A justiça pessoal é objeto de vaidade (cf. Rm 4.2); enquanto o cristão só se pode gloriar de esperar a glória de Deus (Rm 5.2).

Paulo usa muito menos que Mateus ou Lucas a palavra "justo": deve-se evitar confundir o cristão com uma elite religiosa do judaísmo que pretendia monopolizar a qualidade de justo. Paulo emprega o termo citando Hb 2.4, para provar a tese de que a justiça vem da fé (Rm 1.17; Gl 3.11). Ou então, apóia-se em Sl 14.1, para afirmar que não há justos sob a Lei (Rm 3.10). Em Rm 2.13, afirma que não basta ser ouvinte da Lei para ser justo diante de Deus. "Justo" não adquire o sentido cristão concreto senão em Rm 5.19; pela obediência de um só, a multidão será constituída justa (δίκαιοι κατασταθήσονται οἱ πολλοί)". Esta expressão equivale à que precede imediatamente: "por meio da observância da Lei por parte de um só (o Cristo), produz-se para todos os homens a justificação que dá vida (εἰς δικαίωσιν ζωῆς) (Rm 5.18). Os dois modos de falar se esclarecem mutuamente: ser constituído justo, obter a justificação que é vida (a vida prometida em Habacuc), é achar-se de posse duma *realidade* de "vida" que Paulo chama de justiça.

O advérbio δικαίως não é usado no sentido técnico. Em 1 Ts 2.10 Paulo declara que comportou-se em Tessalonica ὁσίως καί δικαίως καὶ ἀμέμπτως é o estilo da Versão dos Setenta.

A palavra δικαίωσις correspondia bastante exatamente ao substantivo "justificação", que adquiriu direito de cidadania em nosso vocabulário teológico. *Só o encontramos duas vezes* na pena de Paulo. Primeiro em Rm 4.25, numa fórmula curta que repete o símbolo da fé cristã, fundamento de nossa justiça: prestamos nossa fé àquele que ressuscitou dos mortos, Jesus nosso Senhor, "o qual foi entregue por nossas transgressões, e ressuscitou para nossa justificação (διὰ τὴν δικαίωσιν)". Neste contexto, a justificação está relacionada com a ressurreição, como a remissão dos pecados com a morte. A justificação aparece como o efeito da "ressurreição", uma espécie de comunicação da vida de ressuscitado. A antítese "entregue por nossas transgressões, ressuscitado para nossa justificação" é provavelmente sugerida por Is 53. O texto de Isaías: διὰ τὰς ἁμαρτίας αὐτῶν παρεδόθη (Is 53.12; cf. 53.6), fornece com efeito o primeiro membro da antítese paulina; a ressurreição, de que fala o segundo membro, encontra seu correspondente na glória do servo; διὰ τὴν δικαίωσιν de Romanos seria como que um eco de δικαιῶσαι δίκαιον εὖ δουλεύοντα πολλοις (Is 53.11), que se pode entender:

(O Senhor quer) "justificar" o justo que sofreu por muitos (e sua justificação, que é uma glorificação, traz consigo a nossa). Em segundo lugar, a palavra reaparece em Rm 5.18: "pela observância da Lei (δικαίωμα) por parte de um só (o Cristo), produz-se para todos os homens a justificação de vida (δικαίωσιν ζωῆς)". Esta expressão concisa deve ser entendida à luz de Rm 4.25: a justificação é o fruto da ressurreição de Cristo, e assim ela é concretamente uma vida.

O substantivo δικαίωμα, já o observamos, é muito usado pelos Setenta para significar as prescrições da Lei; só aparece excepcionalmente nos escritos de Paulo. Duas passagens apenas é que nos interessam para o sentido preciso de "justificação". Em Rm 8.4, o Apóstolo fala do δικαίωμα da Lei, que se cumpre nos cristãos conduzidos pelo Espírito. Pode-se entender o termo como sendo o cumprimento da Lei. Os preceitos da Lei jamais eram observados a fundo segundo a vontade de Deus; é o que Paulo chama de impossibilidade da Lei (ἀδύατον), sua "fraqueza" (ἠσθένει) por causa da carne (v. 3); doravante, graças à morte expiatória e redentora de Cristo, o que a Lei pretendia, seu δικαίωμα, é acessível aos cristãos conduzidos pelo Espírito. Assim sendo, a observância das prescrições da Lei obtém-se realmente na justiça cristã, que poderá chamar-se também δικαίωμα. É o sentido que se deverá atribuir ao vocábulo em Rm 5.16: a "justificação" (δικαίωμα) é o dom (δώρημα ou χάρισμα) de Deus que possuímos por Jesus Cristo (v. 15).

## 2. A síntese teológica de Rm 1-8

Nossa pesquisa teológica será guiada pela Epístola aos romanos[926]; para completar recorreremos a Gálatas e às outras Epístolas.

A Epístola aos gálatas tinha sido escrita no auge da controvérsia: Paulo acabava de ouvir que estes cristãos, com quem contava e que lhe tinham manifestado tanta confiança e devotamento, tinham-se deixado enganar por judeu-cristãos vindos de Jerusalém[927]. Ele é

---

[926] Cf. J. DUPONT, "Le Problème de la structure littéraire de l'Épître aux romains", em *Rev. Bibl.*, 62 (1955), pp. 365-397; C. K. BARRETT, *A Commentary on the Epistle to the Romans (Black's N. T. Comm.)*, Londres, 1957.
[927] Não podemos aceitar a tese de J. MUNCK, cf. *supra*, p. 359.

levado a repetir os tópicos de suas discussões com esta fração da Igreja. Teve de enfrentar mais de uma ofensiva, mas esta última sobretudo era inesperada. Discute ponto por ponto, armado com seu conhecimento da Lei e do Antigo Testamento, para provar aos gálatas que a aceitação da circuncisão por parte deles equivaleria a um retorno atrás; voltariam ao culto das potências astrais, a uma religião inferior, doravante ultrapassada; perderiam a grande luz de sua vida, o monoteísmo e a mediação do Cristo.

A Epístola aos romanos retomará a mesma argumentação como que em tom menor, sem esta nota de desapontamento que transparece em Gálatas. A situação é completamente outra, efetivamente. Paulo não tem outra intenção senão a de apresentar à Igreja fundada na capital do Império, e que já se torna influente, a doutrina que ele está pregando no mundo dos gentios. É mais um manifesto que um escrito de controvérsia. O tema da justificação, depois de atingir seu pleno desenvolvimento, atrai ao seu redor as construções teológicas essenciais sobre a vida por Cristo, o Espírito Santo, a santificação, o pecado, a Lei, o estado da humanidade pagã etc.

Uma síntese desta espécie supõe que Paulo meditou longamente sobre a grandeza atual do cristão pela realização atual da salvação. Esta etapa de seu pensamento alimentou-se antes de tudo das experiências da Macedônia e sobretudo da Acaia.

*a) A revelação da "justiça de Deus"*

1. O tratado assume de início o caráter de um grande afresco histórico onde se vê o mundo passar do estado de pecado ao da "justiça".

O homem foi criado para conhecer a Deus. A criação fez sair do nada o mundo visível, pelo qual se manifestam seu poder e sua "divindade" (beleza, transcendência, natureza), e o homem, sua obra-prima. Contemplada pela inteligência (νοούμενα Rm 1.20), a criação deve produzir a admiração e a adoração de Deus (tema da *theologia naturalis*).[928] Mas em lugar de seguir fielmente seu caminho, o homem divinizou a criação (cf. Sab etc.) e como por um impulso para trás,

---
[928] Cf. *supra*, pp. 24-45; 301.

castigo por ter adorado a criatura em vez do criador, a desordem nasceu no mundo.

Reencontra-se uma alusão a este tema na polêmica de 1 Coríntios sobre "a mensagem da cruz" (1 Co 1.18-21), onde a filosofia (acusada muito indiretamente em Rm 1.21-22) é o objeto da invectiva. Para Romanos o homem, degradando sua própria natureza, fez fracassar o primeiro plano divino da criação. A inteligência humana estava e permanece orientada para Deus, dele partiu para a ele voltar pelo exercício normal de seu conhecimento. A desordem do paganismo é uma constante que se verifica em todos os momentos da história, mas os indivíduos conservam sempre uma certa liberdade de fugir a ela, a consciência é capaz de fazer o bem: conforme nossa Epístola, Rm 2. 12-16, entregues a si mesmos, até os pagãos encontram em si próprios uma lei da natureza (φύσει, v. 14) que lhes dita, normas e lhes permite realizar (ποιῶσιν, v. 14) as obras da Lei, as boas obras.

A eleição dos judeus não os subtrai à condição universal. Seu privilégio é real, pois eles são os guardiães da Palavra de Deus. Mas esta mesma Palavra de Deus lhes declara, especialmente a eles próprios, que eles são pecadores... É por isso que a cólera de Deus pesa atualmente sobre todo o gênero humano; ela se "revela" sobre toda a impiedade humana, tempestade prestes a desencadear-se (Rm 1.18).

2. Um recurso está preparado: a fé em Jesus Cristo, possibilidade aberta a todos indiferentemente, a todos os que pecaram e que estão "privados da glória de Deus". A fé permite à salvação exercer-se e atingir todos os homens (Rm 2.21-22).

Certos elementos tradicionais do judaísmo e do cristianismo, tais, como justiça de Deus, morte do Cristo, expiação, são a seguir atraídos para dentro da órbita da salvação pela mensagem recebida na fé. A síntese provisória da primeira Epístola aos tessalonicenses, era mais simples. À mensagem da ressurreição, respondia-se pela fé, e assim estava assegurada a salvação escatológica. Quando a Epístola aos efésios (2.8-10) retomar a mesma idéia, ela só falará da salvação realizada no presente (σεσῳσένοι) pela fé e do dom de Deus (Θεοῦ τὸ δῶρον). É também esta a posição de Romanos. Embora se fale da fé em contraste com as obras (οὐκ ἐξ ἔργων) e da gratuidade, o pensamento cristão conservou-se a igual distância do otimismo duma religião naturalista grega, e do dualismo oriental, para o qual as naturezas são predeterminadas[929]. Paulo supõe na consciência profunda do homem a possibilidade de inclinar-se para o lado de Deus ou para o lado da morte e do pecado. Esta capacidade de escolha é constitutiva de seu ser.

Os trechos que expõem um pensamento grego são contrabalançados pela perspectiva fornecida pelo Antigo Testamento. As origens do gênero humano são concebidas em função do povo de Deus. A predominância do pecado começou por uma falta inicial. O primeiro homem, Adão, pecou, introduzindo no mundo a morte e a corrupção (Rm 5.12-21). Este primeiro pecado pesa sobre toda a humanidade.

Em qualquer hipótese, os judeus estão imersos na corrente imensa de pecado que atravessa a humanidade. Todos podem constatá-lo: apesar de seus princípios, apesar de sua repulsa diante das taras do paganismo, eles cometem os mesmos pecados que os pagãos. A revelação da justiça de Deus torna-se, pois, necessária. Paulo já anunciava no início de sua Carta: "a justiça de Deus se revela por ele (pelo Evangelho) na medida da fé" (Rm 1.17); em outras palavras: "a força de Deus (se exerce) para a salvação de todo crente" (Rm 1.16). A justiça que se revela é o poder de Deus ordenado à salvação. O Antigo Testamento apresentava a noção duma vontade de Deus exercendo-se para salvar seu povo. Nesta ordem de idéias, a justiça provém sobretudo da eficiência da ressurreição, cf. Rm 4.25. Entretanto, Paulo vai manter a relação da justificação com a morte do Cristo, cf. Rm 5.9 etc.

Este aspecto da justiça de Deus não oblitera totalmente a idéia normal duma justiça "distributiva" própria dos "juízes": os juízos de Deus são eqüitativos, evidentemente à maneira de Deus. Este segundo aspecto não aparecia em Rm 1.17, por causa do paralelismo com $\delta\acute{u}\nu\alpha\mu\iota\varsigma\ \Theta\epsilon o\tilde{u}$; em compensação, no trecho que começa em Rm 3.21, ele passa ao primeiro plano. Deus possui em si uma justiça, que imaginamos à maneira da que têm os juízes humanos (a

---

[929] O homem ter-se-ia tornado mau por natureza, ou mesmo teria sido criado assim (gnose); ele teria em si, mas totalmente intrínseca a ele, uma semente boa, divina, separável da natureza má.

"moralidade" sobre a qual os profetas do Antigo Testamento tanto insistiram): ele será justo nos seus julgamentos, será justo justificando aquele que crê em Jesus (Rm 3.26)[930].

O que torna possível esta união um tanto paradoxal duma justiça-graça, puramente gratuita, concedida à fé, com uma justiça que é o respeito duma convenção de justiça no sentido humano (e grego) da virtude da justiça, é a introdução na argumentação da idéia da redenção (ἀπολύτρωσις) e da expiação (ἱλαστήριον) devida ao sangue (αἷμα) de Cristo. Deus absolve (πάρεσις) as faltas que ele havia suportado (ἀνοχή) e que daí em diante são expiadas, apagadas (Rm 3.24-26). E assim ele permanece justo justificando o pecador (Rm 4.5)[931] segundo sua fé (Rm 3.26).

A concessão duma justiça tão universal como o foi o pecado, é conforme à doutrina do Antigo Testamento. Deus é a um tempo o Deus dos judeus e o dos pagãos, ele é o Deus uno (εἷς ὁ Θεός), que justificará os circuncisos por causa de sua fé e os incircuncisos pela fé (Rm 3.30)[932].

3. O judaísmo procurava refutar esta argumentação em nome de seu privilégio. Não era a Lei o meio dado para que o homem possa ser justo? Ela "significava" a vontade de Deus. Paulo retruca: a Lei, se o termo designa toda a instituição divina do Antigo Testamento, está ordenada à justificação entendida como Deus a entende, isto é, à justificação pela fé.

O Apóstolo desenvolveu na Epístola aos gálatas, – sem repetir todo o seu aparato em Romanos – uma série impressionante de provas em apoio desta tese. A principal lhe é fornecida pela própria base do judaísmo. Abraão é o ancestral do qual os judeus se orgulham, o hebreu por excelência, como dizia Filon. Ora, Abraão, como testemunha a Escritura, foi justificado por sua fé, quando ele ainda

---

[930] Ἐις τὸ εἶναι αὐτὸν δίκαιον καὶ δικαιοῦτα τὸν ἐκ πίστεως: ele é justo no próprio ato em que ele justifica quem crê. Cf. também 2 Ts 1.6.

[931] Nada nos pode fazer pensar que o pecador continue pecador. Era pecador e doravante ele é justo, como o próprio Deus, da justiça de Deus, de certo modo, pois ele recebe a justiça como dom, no exercício da justiça de Deus, poder de Deus.

[932] Sobre o sentido do futuro δικαιώσει, cf. *supra*, p. 406.

não era circunciso; e é ainda a Escritura que faz dele o pai dos gentios. Tal é o argumento essencial de Romanos. Em Gálatas desenvolve-se uma prova tirada da aliança com o Patriarca: Deus, sob forma de testamento, lega a Abraão e à sua posteridade a terra de Canaã, representando os bens divinos. A posteridade herdeira é o Cristo e os que a ele vão aderir pela fé e o batismo. A Lei, portanto, não intervém de modo algum na concessão dos bens divinos (que a justificação à maneira judaica pretende "merecer"): o testamento de Deus não pode perder seu valor, por causa duma instituição posterior; mais ainda: nesta houve a intervenção do mediador e dos anjos; A argumentação de Gálatas, como se vê, volta-se contra a Lei. Em Romanos, onde Paulo não tem interesse algum em diminuir a instituição, bastar-lhe-á manter sua afirmação positiva referente ao papel da fé.

Numa sinopse de Romanos e Gálatas deveríamos inserir, pois, atrás do capítulo 4 de Romanos, os argumentos pelos quais Gálatas demonstra como são infundadas as pretensões de restabelecer a autoridade da Lei. Paulo conclui com o argumento abraâmico, em Rm 5.1: "Justificados, como somos, pela fé".

O que se segue não descreve fenômenos posteriores à justificação, como se toda a vida cristã fosse uma superestrutura acrescentada a uma justificação, seja forense, seja real. Ser justificado (δικαιωθέντες) significa a entrada na "justiça" num estado estável: εἰς τὴν χάριν ταύτην ἐν ᾗ ἑστήκαμεν (Rm 5. 2). Nesta síntese de Romanos, a justificação é a concessão do dom e não a antecipação dum decreto futuro que seria dado no julgamento. Ela nos concede realmente participação em nossa herança em Cristo, e isso desde já. O que é antecipado, são os próprios bens.

A entrada na posse da justiça nos faz comprometidos com o futuro. Nós temos paz (εἰρήνη) com Deus (Rm 5.1), temos acesso (προσαγωγή) a Deus. Firmados neste dom (χάρις) temos confiança (não em nós), na esperança da glória (δόξα) de Deus. Temos confiança, mesmo no meio de nossas tribulações (θλῖψις) e por causa delas (Rm 5.2-5). A justificação, que nos foi concedida por causa da morte de Cristo, a nós, pecadores, assegura-nos que, justificados, seremos salvos (Rm 5.9-11). A justiça é segurança, realidade, penhor da salvação.

O paralelo Adão-Cristo é introduzido em confirmação. Assim como o pecado de Adão causou a morte, o ato de obediência de Cristo nos levará, através da justificação presente, à vida eterna, por Jesus Cristo. O movimento é como que necessário. Iniciado pela obediência de Cristo, ele não pára, enquanto não chegar a seu termo. Este modo de pensar é familiar a Paulo, cf. Rm 8.28-30: a justificação prepara a glória (ἐδόξασεν), e Rm 5.21: o dom (χάρις) passa pela "justiça" para expandir-se na vida eterna futura.

Paulo aplica, pois, à justiça e à justificação um tema mais geral. Todos os bens presentes, carismas ou dons do Espírito, vida em Cristo, vida de ressurreição antecipada, santificação, são penhores, primícias dos bens futuros. A "justiça de Deus", bem futuro, antecipa-se aqui na terra numa "justiça" real; a glória começa já em mistério na "justificação".

*b) A nova vida religiosa dos homens justificados*

A partir do capítulo 6, entra-se numa controvérsia que não é de todo inesperada. Se a Lei está supressa, não é toda a moral que está caduca? De onde virá a obrigação ao bem? O Apóstolo, ao se defender, lança as bases duma moral cristã e mais que de uma moral, uma vida superior, espiritual, duma qualidade que não podiam atingir nem pretender os que viveram sob a Lei.

Eis-nos agora numa encruzilhada em nossa síntese. A Lei formulava as regras, o justo as praticava, a sentença de Deus ratificava os comportamentos do homem. O cristão, segundo Paulo, não tem mais Lei. Paulo enuncia audaciosamente o princípio condizente com a existência cristã; o cristão viverá em conformidade com aquilo que ele é. As fórmulas se sucedem. Primeiro, a argumentação essencial: Rm 6.1-14. No pensamento de Paulo, morte e pecado são quase sinônimos. A sinonímia remonta ao pecado de Adão. A "vida", por conseguinte, será uma novidade contrária ao pecado (καινότης ζωῆς, Rm 6.4). O batismo cristão simboliza a passagem da vida de pecado a uma vida digna de ressuscitados, tal como é vivida no céu (no reino onde não são recebidos os "pecadores"). A argumentação se baseia na cerimônia do batismo. O rito simboliza, à moda antiga. Efetua "realmente" no cristão uma morte conforme o modelo da morte de Cristo, produz uma vida à imagem da ressurreição de Cristo. O vocabulário de "justiça" está bem em seu lugar aqui: "Apresentai vossos membros como armas de justiça (ὅπλα δικαιοσύνης), isto é, como instrumentos para exercer a justiça" (Rm 6.13). Mas esta é uma norma de moralidade que se pode considerar como um ideal novo (cf. Rm 6.17: εἰς ὃν παρεδόθητε τύπον διδαχῆς). Em última análise, este é já o ensinamento da Igreja, através da doutrina de Paulo. O ensinamento cristão fundamenta a moral.

Paulo forja uma outra fórmula: deixar a servidão do pecado para se colocar a serviço da justiça (Rm 6.18). "Servidão da justiça"; esta linguagem, continua ele, leva em conta a fraqueza da carne (Rm 6.19). Pois de fato, para os que compreendem, uma tal servidão é liberdade de vida, já é vida eterna (v. 23).

No capítulo 7.1-4 vem uma comparação: a morte de Cristo dissolveu um primeiro matrimônio da humanidade com a Lei mosaica. Paulo tira as conseqüências: morremos para a Lei, supressa pela morte de Cristo, passamos a uma outra união, que é novidade do Espírito (Rm 7.6: ἐν καινότητι πνεύματος). A teologia paulina não insiste tanto assim na ab-rogação da Lei, senão para nos abrir ao Espírito. No momento em que estamos, era impossível distinguir, na Lei, as práticas "materiais" das práticas puramente morais. Os judeus não o faziam, nem os judeu-cristãos. Era mister, portanto, resignar-se a uma supressão radical, para vivermos segundo o Espírito. A Epístola aos gálatas insistirá num outro ponto de vista: os pagãos veriam na Lei sobretudo suas cerimônias, as festas anuais, as regras de pureza; inevitavelmente comparariam isso com suas práticas anteriores e descambariam novamente no paganismo (Gl 4.8-11).

De Rm 7.5 a 8.14 Paulo traça um paralelo dramático entre duas situações: o homem sob o regime da Lei e o cristão. A Lei estabelecia o catálogo dos pecados e das transgressões possíveis. Seu poder detinha-se por aí. E não só isso: psicologicamente, ela despertava no homem a idéia do pecado, que, encontrando a cumplicidade da carne, conduzia ao pecado. O pecado habita no homem, em seus membros, e uma luta se trava entre duas "leis", duas forças, a da "carne" e a da inteligência (νοῦς) ou do homem interior (ὁ ἔσω ανθρωπος). Sob a Lei, o pecado triunfa. No cristão introduz-se um elemento novo, o Espírito Santo, que vem em socorro do νοῦς, e de certo modo assume seu lugar (8.9: πνεῦμα Θεοῦ οἰκεῖ ἐν ὑμῖν). Eis, pois, o efeito da "justiça": coloca no homem o meio de viver segundo o Espírito, fá-lo filho de Deus desde agora, herdeiro de Deus.

A justiça não pode deter-se nas realizações atuais na vida cristã: ela se lança em direção às esperanças futuras. Vai ser dito que ela constitui as primícias do Espírito (Rm 8.23), a antecipação da salvação futura (Rm 8.24). Doravante, Paulo tem em vista toda a condição da salvação cristã, desde a predestinação até a glória, e de seu coração eleva-se o hino magnífico em que ele canta o mistério da sabedoria divina (Rm 8. 31-39)[933]. É o ápice da sua teologia e da sua religião. Nada nos pode separar do Ágape que está em Cristo (Rm 8.35). É a vitória de Deus, o otimismo espiritual integral no plano do dom da "justiça".

A síntese dogmática propriamente dita termina aqui. O que vem depois na nossa Epístola coloca-nos primeiro em face do problema criado pela vocação dos gentios e a rejeição momentânea dos judeus. A seguir, vem a seção moral, onde o Apóstolo resume os ensinamentos que ele costuma prescrever a suas comunidades.

Os dois primeiros artigos já nos orientaram para uma teologia da justiça. Esta se desenvolverá em três artigos: o primeiro procura definir as noções de "justiça de Deus" e de "justificação"; o segundo constata a supressão da Lei com suas conseqüências; o terceiro mostra as vantagens do regime instaurado pela "justiça de Deus".

## III - A JUSTIÇA DE DEUS E A JUSTIFICAÇÃO[934]

Nosso plano nos é fornecido pela Epístola aos romanos. Só se compreende a intervenção da justiça de Deus em função do estado

---

[933] Ver sobre isso E. NORDEN, *Die antike Kunstprosa vom VI. Jahrhundert v. Chr. bis in die Zeit des Renaissance* 2, II, Leipzig-Berlin, 1918, p. 509, que faz a comparação com Platão.

[934] Cf. J. WOBBE, *Der Charis-Gedanke bei Paulus* (Neutest. Abh., XIII, 3), Münster in W., 1932; H.-D. WENDLAND, *Die Mitte der paulinischen Botschaft. Die Rechtfertigungslehre del Paulus im Zusammenhange seiner Theologie*, Göttingen, 1935; E. KASEMANN, "Zum Verständnis von Römer 3, 24-26", em *Zeitschr. Neut. Wiss.*, 43 (1950-51), pp. 150-154; J. DUPONT, *La réconciliation*

da humanidade pecadora quando da proclamação da salvação. Neste cenário vai adquirir toda a sua significação a "revelação" da justiça de Deus. A justiça de Deus é uma realidade escatológica que se introduz no mundo e permanece presente nas almas remidas e salvas.

A Epístola, desde seu prólogo, nos estabelece sólidamente na escatologia realizada. Vivemos os últimos tempos do mundo. O mal chegou a um paroxismo; a cólera de Deus prepara-se para se desencadear sobre o mundo; mas é também o tempo da misericórdia que salvará os homens que aceitarem sua mensagem.

Pois a salvação se oferece à humanidade inteira, sem distinção. Todos são pecadores, a todos é oferecida a salvação. A prioridade reservada aos judeus é de pura forma.

## 1. *A humanidade pecadora*[935]

O pecado da humanidade condiciona a doação da justiça de Deus. Pode-se considerá-lo na história, e depois em sua essência.

---

dans la *Théologie de saint Paul* (*Anal. Lov. Bibl. et Orient.*, Sér. II, 32), Bruges, 1953; K. H. SCHELKLE, *Paulus, Lehrer der Väter. Die altkirchliche Auslegung von Römer*, 1-11, Düsseldorf, 1956; St. LYONNET, "Notes sur l'exégèse de l'Épître aux Romains", em *Biblica*, 38 (1957), pp. 35-61; W. GRUNDMANN, "Die Übermacht der Gnade. Eine Studie zur Theologie des Paulus", em *Zeitschr. Neut. Wiss.*, 48 (1957), pp. 50-72; R. BULTMANN, "Adam und Christus nach Rm 5", em *Zeitschr. Neut. Wiss.*, 50 (1959), pp. 144-165; H. BRAUN, "Rm 7.7-25 und das Selbstverständnis der Qumran-Frommen", em *Zeitschr. Theol. Kirch*, 56 (1959), pp. 1-18; S. SCHULZ, "Zur Rechtfertigung aus Gnaden in Qumran und bei Paulus. Zugleich ein Beitrag zur Form – und Überlieferungsgeschichte der Qumrantexte", em *Zeitschr. The pl. Kirch*, 56 (1959), pp. 155-185; W. GRUNDMANN, "Der Lehrer der Gerechtigkeit von Qumran und die Frage nach der Glaubensgerechtigkeit in der Theologie des Apostels Paulus", em *Rev. Qumran*, II, 2, nº 6 (1960), pp. 237-259; K. PRÜMM, *Diakonia Pneumatos. Der zweite Korintherbrief als Zugand zur apostolischen Botschaft*, II, I, Roma, 1960, pp. 457-613.

[935] K. L. SCHMIDT, "Der Apostel Paulus und die antike Welt", em *Vortr. Bibl. Warburg*, IV (Vortr. 1924-1925), 1927, pp. 38-64; J. FREUNDORFER, *Erbsünde und Erbtod beim Apostel Paulus*, Münster in W., 1927; J. BONSIRVEN, *Le péché et son expiation selon la théologie du judaïsme palestinien au temps de Jésus-Christ. Le traité des Actes humains, ibid.*, pp. 32-37; *L'Évangile de Paul*, Paris, 1948, p. 114; W. MICHAELIS, *Versohnung des Alls. Die frohe Botschaft*

*a) A história do pecado*

**1ª perspectiva**

Rm 1.18 serve de prelúdio a uma descrição histórica das desordens morais da humanidade: "A cólera de Deus se revela do céu, sobre toda a impiedade e injustiça dos homens, que fizeram obstáculo à verdade por sua injustiça".

A história toda será a de uma degradação progressiva. O primitivo plano de Deus ficou frustrado em sua finalidade; os homens recusaram a iniciativa divina, deixaram-se seduzir pela beleza das criaturas (Sab); "seu coração insensato se obscureceu", diz Paulo (Rm 1.21)[936]. Assim nasceu a idolatria, recusa da verdade (quer dizer da verdade religiosa, identificada com o conhecimento de Deus), do culto devido a Deus (impiedade) e oposição à sua vontade (injustiça).

Os grandes profetas e Estêvão, em seu discurso perante o Sinédrio, recordaram aos judeus a idolatria de seus antepassados no deserto; Paulo se inspira na mesma crítica, repetindo, ao descrever o paganismo, os termos com os quais o Sl 105 estigmatizava o culto do bezerro de ouro: trocaram a glória de Deus pela imagem dum animal (Rm 1.23).

A idolatria acarretou a multiplicação dos pecados, o desregramento dos costumes. Paulo modifica profundamente o tema judaico. O Livro da Sabedoria, mais primitivo sob este ponto de vista,

---

*von der Gnade Gottes*, Gümligen (Bern), 1950; St. LYONNET, "Le sens de ἐφ'ᾧ en Rom., 5,12 et l'exégèse des Perès grecs", em *Biblica*, 36 (1955), pp. 430-456; A.-M. DUBARLE, "Le péché originel dans les suggestions de l'Évangile", em *Rev. Sc. Phil. Théol.*, 39 (1955), pp. 603-614; *Le Péché origineol dans saint Paul*, ibid., 40 (1956), pp. 213-254; CH. BOYER, *Le Péché originel* em *Théologie du péché*, Tournai, 1960, pp. 243-291.

[936] O Livro da Sabedoria é mais grego, escrevendo a propósito dos pagãos que adoram os astros e os "elementos": "Eles não merecem mais que uma leve censura; com efeito, talvez eles só se desviam ao buscar a Deus e procurar encontrá-lo" (Sab 13.7). Esta última expressão é paralela ao discurso do Areópago: os atenienses procuram de tal modo a divindade, que elevaram um altar a um Deus desconhecido (At 17.22-23).

fazia exceção para Israel. Israel não é idólatra, evita normalmente o pecado:

> Mas tu, nosso Deus, és bom, fiel, lento para a ira
> e governas todas as coisas com misericórdia.
> Mesmo se pecássemos, somos ainda teus,
> pois conhecemos o teu poder,
> mas não pecaremos, sabendo que te pertencemos.
> Com efeito, conhecer-te é a perfeita justiça,
> saber teu poder é a raiz da imortalidade (Sab 15.1-3).

Os judeus, ensina o autor, permanecendo fiéis à sua vocação, são, no meio dos pagãos, os representantes do monoteísmo e da moral.

A tese de Paulo é mais pessimista. Nada escapa ao vírus da degradação duma humanidade feita para conhecer a Deus e entregue doravante à idolatria (mal estão isentos dela os judeus) e à imoralidade (que se estende ao judaísmo).

A apreciação exata duma tese assim depende de diversos elementos. Estamos no final dos tempos e Paulo, como profeta apocalíptico, carrega nas cores. Além disso, um judeu sente um profundo horror pela idolatria e os vícios do paganismo, especialmente as desordens sexuais; e o estilo da diatribe, que Paulo sabe manejar com perfeição, permite negligenciar as nuanças. Mais: sua afirmação refere-se à totalidade do gênero humano, englobando todos os indivíduos na massa incriminada. O Apóstolo não pensa em negar que uma honestidade natural, de fundo religioso, através da qual fica em jogo o destino de cada indivíduo, persista sob a capa exterior da idolatria, da desordem dos costumes e da infidelidade do judaísmo: pois ele proclama, no próprio decurso de sua exposição, que todos serão julgados por Jesus Cristo de acordo com seus atos, no dia do justo juízo de Deus (Rm 2.5-16). Como o proclamam os profetas, o julgamento será dia de cólera (Rm 2.5), mas ele "dará a cada um segundo suas obras" (Rm 2.6); esta promessa de salvação foi válida (e continua válida) para o paganismo e o judaísmo.

Deixando de lado estas reservas, sem contudo esquecê-las, podemos ouvir a ameaça terrível da mensagem paulina: "Todos os homens se encontram sob o domínio do pecado, tanto judeus como gregos" (Rm 3.9); e ele insiste: a Escritura, que pronuncia este requisitório, longe de querer excetuar os judeus, visa-os especialmente (Rm 3.10-20). Assim foi preparada a grande afirmação de Rm 3.21: "Agora, sem o concurso da Lei, a justiça de Deus se manifestou".

O resumo histórico que demonstra a universidade do pecado tem como ponto de partida a *theologia naturalis;* percorre as etapas da idolatria. Este tema, judeu-helenista, foi construído sobre motivos vindos do mundo grego, em grande parte. Ao longo desta exposição, nenhuma alusão se fez ao tema bíblico do pecado original[937]; à depravação da humanidade é explicada por uma recusa geral, desde o início, de ouvir o apelo de Deus que se faz ouvir nas obras da criação.

Segundo esta análise, é a idolatria e a imoralidade, tais como aparecem aos contemporâneos do Apóstolo, que foram a ocasião da intervenção divina, escatológica; Deus teria de castigar todos os homens, mas poupou-os e os reconciliou consigo pela redenção de

---

[937] Temos de esperar Rm 3.23 para encontrar uma primeira alusão ao tema do Gênesis: o primeiro pecado causa a perda da glória de Deus. Esta referência ao tema do judaísmo é passageira; pode-se mesmo perguntar se Paulo não a modera em 1 Co 15.46-48, afirmando que, propriamente, é Cristo o homem celeste, o espírito vivificante, ao passo que o primeiro homem era da terra, terrestre. Pelo menos, é Cristo que possui a verdadeira glória de Deus, e nos trará sua própria glorificação. Lembrando-nos dos trechos que falam da glória de Moisés, seria talvez necessário supor que a glória de Adão, de que o pecado nos privou, não era mais que uma pálida imagem da de Cristo e que ela pertencia à ordem perecível. Só Cristo é espiritual no pleno sentido da palavra, ele ressuscitou na glória que é a verdadeira glória, incriada, participação na natureza divina. Paulo dirá mais: a ressurreição de Cristo concedeu-lhe o poder de espiritualizar. Mas a glória que transparece na sua ressurreição lhe era conatural. Ele a possuía na qualidade de Filho de Deus. E todos nós, os cristãos, é como irmãos de Cristo, participantes de sua qualidade de Filho, que receberemos a glória na nossa ressurreição e que possuímos agora as primícias, em nossa justiça. Diante da que nos é concedida por nossa justificação, a glória que perdemos não era nada. Adão foi criado, ser vivo natural (1 Co 15.45); e isso ele continuava sendo, mesmo com seus privilégios. A morte que puniu seu pecado o restitui à sua vida natural.

Jesus Cristo; "sua justiça" misericordiosa, que ele havia anunciado, manifestou-se.

## 2ª perspectiva

É num contexto totalmente diverso que Paulo relembra o pecado do primeiro homem (Rm 5.12-21)[938]. Nós obtemos a "justiça" e uma justiça superabundante, pela redenção de Jesus Cristo. A redenção nos dá a vida, pois o ato de obediência de Cristo reparou o primeiro pecado; a morte, que foi seu castigo, foi substituída por uma vida; a obra da redenção é uma "justificação de vida" (Rm 5.18), reparação do pecado (justificação) e doação da vida do Cristo ressuscitado.

O tratado paulino gira em torno da história da queda (Gn 3). Seus dois elementos, pecado e morte, são a antítese da justiça (justificação) e da vida. A obra de Cristo manifesta o poder de Deus, cuja vontade de salvar no fim dos tempos passa por cima do acontecimento de nossas origens e das desordens que o acompanharam. Dos dois binômios antitéticos, é o segundo, "morte-vida", que rege o movimento do pensamento, como o indica bastante bem o uso

---

[938] O caso de Adão abre o Gênesis e a história do mundo. Os relacionamentos entre Adão e o Cristo são diretos, imediatos, estabelecidos sem o intermédio da Lei; são antitéticos. Adão é o protótipo dos pecadores (Rm 5.14) e o pai dos pecadores. Sua desobediência arrasta todos os homens para o pecado (Rm 5.20). Esta proposição fundamental é justificada por Paulo no início do parágrafo consagrado a Adão, Rm 5.12. A morte, conseqüência do pecado, existe depois do pecado de Adão, mesmo nos que não cometeram um verdadeiro pecado formal, posto que a lei não existe mais: prova de que é o pecado de Adão que é imputado a toda a raça. Cristo é diametralmente oposto a Adão. O pecado vem de Adão, a justiça, de Cristo. A desobediência de Adão se opõe a obediência de Cristo, fonte da justiça. A antítese é resumida no versículo que encerra a seção: "assim como o pecado reinou na morte (a morte que atinge todos os homens desde Adão, efeito de seu pecado), assim o dom reina pela justiça, até a vida eterna, por Jesus Cristo, nosso Senhor" (v. 21). A morte reina em conseqüência do efeito do pecado de um só; todos os pecados, graças ao efeito do dom em Cristo, dão lugar à justificação, e os homens, recebendo esta plenitude do dom da justiça, são chamados a reinar na vida (v. 16-17). Cf. R. BULTMANN, "Adam und Christus nach Röm 5", em *Zeitschr. Neutest. Wiss.*, 50 (1959), pp. 145-165.

do verbo "reinar" (Rm 5.17,21). O pecado entrou no mundo por culpa de Adão; a sanção do pecado era a morte (a morte corporal, enquanto símbolo da perda de outros privilégios). Todos os homens pecaram por causa de Adão[939], pois todos morriam, já, desde quando ainda não existia a Lei, que promulga de novo a sanção do pecado. Além disso, todos pecavam pessoalmente: "o pecado estava no mundo, diz Paulo, mas não era imputado" (Rm 5.13); isto quer dizer que Deus ainda não havia legislado oficialmente, como o fará pela Lei judaica, que repetia a sanção do paraíso terrestre. Devemos distinguir, pois o pecado cometido por Adão, que se estende sobre nós, pois trazemos sua sanção, e os pecados cometidos sob a Lei, sancionados com a ameaça de morte.

### b) Uma definição do pecado[940]

Essas duas exposições sobre a origem do pecado provêm de ambientes de pensamento diferentes. Elas dão origem a noções diferentes do pecado.

Se olhamos o desenrolar da história, começando pelo chamado de Deus que se faz ouvir na criação, o pecado aparece como uma recusa de aceitar a verdade, isto é, a manifestação evidente do poder e da pessoa misteriosa de Deus, e por isso, como uma revolta, recusa de adorar a Deus e desordem introduzida na vida moral.

A segunda perspectiva nos fornece do pecado uma noção mais complicada. Percebe-se claramente, como que na superfície de sua realidade complexa, a transgressão duma ordem de Deus (παράβασις e παράπτωμα). A ordem de Deus tinha uma sanção, a morte (corporal e, ao mesmo tempo, a privação do privilégio da glória de Deus e da imortalidade). A primeira transgressão teve lugar nos primórdios da humanidade, por obra do primeiro homem. Toda a humanidade participa da falta (pecado original) e da sua sanção. A mesma teoria da transgressão se aplicará à violação da Lei.

---

[939] Cf. L. CERFAUX, *Le Christ dans la Théologie de saint Paul*, 2ª ed. (*Lectio divina*, 6), Paris, 1954, pp. 176-187.
[940] A. DESCAMPS, "Le Péché dans le Nouveau Testament", em *Théologie du Péché*, Tournai, 1960, pp. 49-124; A. LEMONNYER, *Théologie du Nouveau Testament* (*Bibl. catho Sciences rel.*), Paris, 1928, pp. 80-85.

A Lei renova a primeira sanção, e suas transgressões tornam-se de novo formais, acarretando conseqüências análogas às do primeiro pecado.

Nesta perspectiva, debaixo das transgressões, como origem, causa e agente, percebe-se "o pecado" (ἡ ἁμαρτία). À este indiscutivelmente o termo mais freqüente na pena de Paulo; seu uso está como que concentrado nos capítulos 5-8 da Epístola aos romanos, onde se trata, seja do primeiro pecado (capítulo 5), seja das relações entre a Lei e o pecado (capítulos 6-8). Em ambos os casos, "o pecado" é colocado à base das transgressões da vontade divina. Nós o vemos vagamente como uma força personificada, oposta a Deus: ele entrou no mundo (Rm 5.12); el está no mundo (Rm 5.13); ele reina (em vez de Deus) (Rm 5.21; 6.12; 6.14); ele nos reduziu à escravidão (Rm 6. 17-22; 7.14); ele habita em nós (Rm 7.17-20). Sua sede é a carne e a Lei parece fazer-se seu veículo; a seguir, tornaremos a encontrar estes temas. A origem do pecado aparece envolta em obscuridade. Dependeria ele da criação de Deus e de sua vontade? Sem dúvida. Mas ele oculta certos agentes pessoais. A narração da queda faz pensar na serpente e em Satan; por outro lado, não ousaríamos excluir as potências cósmicas[941]. Os bastidores do pensamento são bíblicos e orientais.

## 2. A justiça de Deus

A mensagem da justiça de Deus, derivada da escatologia[942], orienta-se pela força das coisas para a concepção duma realidade celeste que se introduz no mundo presente. Esta realidade, como vimos, exprime-se tão bem pela noção do Espírito Santo, penhor da glória futura, como pela da "vida" cristã, participação na vida de Cristo, ressuscitado e situado na glória escatológica. O Antigo Testamento e a apocalíptica tinham preparado uma outra fórmula, a da misericórdia de Deus ou de sua justiça descendo sobre a

---

[941] Estas intervêm na morte de Cristo, opondo-se à obra da cruz, tomando partido em favor da Lei judaica, instrumento dos preceitos e das transgressões.
[942] Cf. Rm 1.17. A palavra ἀποκαλύπτεται identifica a origem escatológica, sobretudo se comparada com a expressão antitética de 1.18: "a cólera de Deu se revela".

terra[943]. A "justiça de Deus" é objeto de esperança, salvação para o povo eleito.

1. Uma fórmula tipicamente paulina abre a grandiosa síntese de Rom: "(O Evangelho) é a força de Deus para a salvação de todo crente, primeiro o judeu, depois o grego. Pois nele a justiça de Deus se revela (desce do céu, operante) à medida da fé, conforme está escrito: 'o justo vive da fé...'" (Rm 1.16-17).

A mensagem propõe a morte do Cristo e sua ressurreição, frisando ora uma ora outra, segundo as circunstâncias; ambas, aliás, são inseparáveis. O poder de Deus acompanha a proposição da mensagem, ele está contido nesta, ele a carrega e exerce por meio dela sua eficácia. A morte e a ressurreição, pela virtude de Deus, agem em quem crê nelas. Nesta eficácia está contida a justiça de Deus que, exatamente assim, desce sobre a terra. De escatológica que ela era no início (1 Ts 1.10), a mensagem se torna anúncio dos bens presentes[944]. Paulo habituou-se a constatar a obra atual de Deus e a fazer-se seu arauto. Desde então, a realidade cristã, primeiro considerada como futura, define-se cada vez mais como uma presença atual da salvação, na participação no poder do Cristo; presente e "revelada", é a "justiça de Deus" que se manifesta na "salvação de todo crente" (Rm 1.16). Assim também, a cólera de Deus, que é a antítese da salvação, era ainda inteiramente futura na mensagem aos tessalonicenses (1 Ts 1.10); para a Epístola aos romanos, ela se revela desde agora, na impiedade e na injustiça dos homens que recusaram a verdade de Deus[945].

Estamos acostumados com esta antecipação progressiva das realidades escatológicas na sua presença atual. O reino de Deus escatológico realizava-se na pregação de Jesus; é este, pode-se dizer, o segredo fundamental da religião de Cristo; Deus faz descer na terra, em mistério, os bens do céu, os tempos escatológicos já começaram, a eternidade, para falar mais conforme os gregos, torna-se presença

---
[943] Cf. L. CERFAUX-A. DESCAMPS, art. "Justice et justification", em *Dict. Bible, Suppl.*, IV, cc. 1417-1510.
[944] Cf. *supra*, pp. 149-151.
[945] O prólogo do quarto Evangelho desenvolve de fato o *mesmo* contraste e da mesma maneira: o Verbo se revela luz, salvação para os que o recebem; os outros estão nas trevas, o afastamento de Deus.

temporal na alma salva. A justiça de Deus significará a própria chegada da escatologia.

As relações entre a fórmula paulina e a do Cristo são, pois, estreitas, apesar da atmosfera um pouco diferente. A mensagem de Cristo, na sua expressão, depende do Livro de Daniel e floresce num ambiente claramente apocalíptico. A expressão paulina da justiça de Deus, ao contrário, formou-se mediante o ensinamento profético do Antigo Testamento, repetido, aliás, pelos Apocalipses; estes nada ajuntaram, senão a cor especial de sua fórmula: a justiça de Deus "se revela".

Uma outra semelhança é digna de nota. No Evangelho, o reino se revela na Palavra de Jesus. Para Paulo, a justiça de Deus se revela no "Evangelho", isto é, na mensagem apostólica. Num e noutro caso, trata-se da mensagem da Palavra de Deus. Esta palavra, por si mesma, é operante, ela é o poder criador de Deus.

E no entanto, hesitamos em falar de dependência literária propriamente dita. As Palavras de Jesus e as de Paulo, como toda a estrutura de seus pensamentos, são por demais diferentes. Cristo revela em suas parábolas os segredos do reino dos céus; Paulo constrói sobre um tema paralelo uma teoria teológica grandiosa. Se sua teologia é sabedoria inspirada, ela não se revela em "parábolas", explicadas aos que são chamados a entendê-las. Devemos, pois, dizer simplesmente que um esquema profético, adotado pelos Apocalipses, inspira fórmulas paralelas. Mas a estrutura profunda é idêntica; o mesmo movimento de revelação, que partiu de Cristo, continuou-se por meio de Paulo e de toda a mensagem apostólica.

2. Quando Paulo retoma a exposição da mensagem da justiça de Deus (Rm 3.21-31), constata-se uma mudança de perspectiva, preparada, ao que parece, desde Rm 3.5. O Apóstolo tinha sido levado a opor à verdade divina a mentira humana, e a injustiça humana à justiça de Deus. O pecado, a injustiça, a mentira pertencem ao homem como coisas próprias dele. Surge uma objeção: Deus quis o mal para fazer ressaltar sua verdade, sua santidade, sua justiça. Um homem profundamente religioso não encontra nada para retrucar: a criatura está no seu lugar. Mas se medimos a Deus com a medida humana (κατὰ ἄνθρωπον, Rm 3.5), tropeçamos no mistério desconcertante de ver Deus procurar a manifestação (εἰς τὴν δόξαν αὐτοῦ)

de sua verdade no contraste com a mentira humana (Rm 3.7); nós nos perguntamos como é que o juiz do mundo, que deve punir a mentira, terá o direito de julgar o homem e de condenar como pecado uma mentira da qual ele próprio, Deus, é o responsável[946]. Ora, passo a passo chegaremos assim naturalmente a uma concepção da justiça de Deus, que o Antigo Testamento também conhece, mas que é mais acessível aos gregos. Deus, se é justo, deve manifestar uma justiça que respeite as regras humanas da eqüidade no governo e nos juízos. Se não estamos enganados, esta noção substituiu momentaneamente a noção semítica que transparecia na formulação da mensagem no começo da Epístola.

Talvez teríamos um primeiro indício de alteração na tonalidade desde Rm 3.21. Paulo escreve agora: "a justiça de Deus se manifestou (πεφανέρωται)". O termo apocalíptico ἀποκαλύπτω foi abandonado. Insiste-se no fato de que a justiça de Deus é acessível a todos, com a condição de eles serem justificados em Cristo, e necessária a todos, pois todos pecaram, todos estão irremediavelmente privados (ὑστεροῦνται) da glória de Deus. Todos vão ser justificados sem nenhuma contribuição de sua parte, justificados por dom, graças à redenção que encontram em Cristo Jesus. Aqui parece surgir o interesse oculto que guia o teólogo. Como pode a teoria dum dom gratuito, concedido a todos, contanto que tenham fé, concordar com a idéia dum Deus justo que recompensa ou pune conforme as regras? Como pode um justo juiz agir desta maneira? Mas o dom só é gratuito para os indivíduos; a justiça de Deus foi respeitada, pois o pecado da humanidade recebeu sua sanção. Sucedem-se as duas grandes imagens simbólicas que permitem reconduzir a morte de Cristo ao plano jurídico. A morte de Cristo paga o resgate da libertação; seu sangue expia, como o que se derramava em propiciação pelos pecados no Antigo Testamento. Desta forma, Deus pode provar, diante dos homens, sua justiça (concebida na medida deles), perdoando

---

[946] A dificuldade tem um outro prisma. Do lado do homem, esta justiça de Deus, nós a obtemos "graças a" nossos pecados (pois eles a fazem abundar). Expomo-nos à crítica que se nos dirige: se fôssemos lógicos, haveríamos de multiplicar nossos pecados para fazer abundar o dom da justiça, faríamos o mal para obter o bem (Rm 3.8; 6.1s), Paulo considera por duas vezes esta objeção, que ele ouviu no decurso das controvérsias teológicas.

deste jeito (graças à morte de Cristo) os pecados cometidos no período em que ele os suportava. Pois este período existiu, foi desejado por ele, preparando o tempo cristão, em que ele daria a prova de "sua justiça", isto é, que ele é justo ao máximo quando justifica aquele que se confia à fé em Jesus.

3. Agora já estamos em condições de definir a justiça de Deus. É em primeiro lugar a misericórdia de Deus, sua vontade de fazer "justiça" conforme suas promessas. Esta misericórdia e esta vontade são nele uma realidade escatológica, oposta à cólera que se exercerá no juízo; ela se torna o bem que Deus concede aos homens, isto é, a salvação concreta. Em segundo lugar, a justiça de Deus observa regras objetivas, porque ele deve ser e é a fonte de nossas virtudes humanas. Dum modo como do outro, o dom da justiça está ligado à redenção pelo Cristo. A justiça de Deus, concedida por dom, torna-se a justiça cristã. Os cristãos não possuem outra justiça, não se podem gloriar a não ser dela. Ela anula a Lei judaica: é o que veremos mais demoradamente.

## 3. A justificação

1. Para deixar a este parágrafo seu valor proporcional, devemos lembrar-nos de que nosso termo abstrato "justificação" pode induzir em erro. Efetivamente, Paulo não usa mais que duas vezes o substantivo δικαίωσις que representaria "justificação" e, cada vez, é para designar bem concretamente a vida do Cristo em nós, pela qual somos justos[947]. O verbo δικαιόω é mais freqüente[948] mas relativamente raro ainda para designar o ato pelo qual Deus "justifica", isto é outorga a justiça cristã; nestes últimos casos, seu valor positivo e sua equivalência com o dom da justiça são manifestos[949]. Será, pois, de bom alvitre, metodologicamente, colocar a justificação na esfera da "justiça" tal como acabamos de definir, deixando aberta a questão de saber se ela não reveste certas nuanças especiais.

---

[947] Cf. *supra*, p. 414.
[948] Descobrimos na literatura paulina, incluindo as Pastorais, 27 usos de δικαιόω contra 57 de δικαιοσύνη.
[949] Rm 3.24 (justificados gratuitamente por seu dom); Rm 5.1; 8.30; 1 Co 6.11.

2. A "justificação", mais facilmente que a "justiça", pode indicar uma relação precisa com o pecado. "Deus justifica o ímpio" (Rm 4.5)[950]. É isto aliás, o que acontece desde que o verbo se aplique à observância dos preceitos da Lei. A justificação não poderia indicar senão a ausência das transgressões.

Somos, portanto, autorizados a distinguir no conceito dois aspectos, ou dois momentos; aquele em que Deus perdoa ao pecador e o reconcilia consigo, e aquele em que ele lhe concede a plenitude da vida cristã. O próprio Paulo frisa estes dois atos: "(Jesus nosso Senhor) foi entregue por nossas transgressões e ressuscitou para nossa justificação (δικαίωσιν, Rm 4.25)". Uma justificação mais positiva, que dá a vida[951], é precedida da remissão dos pecados, sendo que esta já participa da justificação.

A justificação (indicada pelo verbo δικαιόω) parece visar principalmente o perdão dos pecados num texto como Rm 3. 23-24: "todos pecaram e estão privados da glória de Deus; são justificados gratuitamente por seu dom, graças à redenção em Cristo Jesus". Todo o andamento do prólogo de Romanos permite-nos afirmar que os dois momentos estão reunidos na transição em forma de resumo que se exprime em Rm 5.1: "Assim, pois, justificados pela fé, temos paz com Deus...". O aoristo δικαιωθέντες refere-se ao passado de pecado em que toda a humanidade estava mergulhada sem esperança, e ao mesmo tempo está voltado para o bem da paz, que é o dom que Deus nos concede e que desce do céu.

Justificar significará, pois, dar o dom da justiça, mas nesse termo será salientada uma nuance de reconciliação, de perdão dos pecados e de expiação (graças à eficácia da morte do Cristo)[952]. Remissão dos pecados e reconciliação etc. não serão simplesmente atos jurídicos. O pecador sabe pela fé que suas relações com Deus estão mudadas. Ele era objeto da ira de Deus, agora é objeto de sua amizade, e esta

---

[950] Cf. Rm 6.7; 1 Co 4.4; Gl 2.17.
[951] Cf. *supra*, p. 414.
[952] Cf. sobre as noções que constituem "a redenção": ST. LYONNET, *De peccato et redemptione. II. De vocabulario redemptionis (Theologia bibl. N. T.)*, Roma, 1960; J. DUPONT, *La réconciliation dans la théologie de saint Paul*, Bruges, 1953; L. CERFAUX, *Le Christ dans la Théologie de saint Paul*, 2ª ed. (*Lectio divina*, 6), Paris, 1954, pp. 107-110.

condição nova é nele uma realidade. Ele não é mais pecador por natureza, diria Paulo (cf. Gl 2.15), é, por conseguinte, justo por natureza, pertencente a uma "raça" nova. É não apenas uma "condição" nova, mas uma transformação real de seu ser profundo[953].

3. A justificação não é escatológica de outro modo que a própria "justiça". É só por exceção, por causa do contexto do juízo universal, que δικαιόω tem algo a ver com um decreto divino escatológico, declarando justos os que responderam às exigências da lei divina, sejam eles judeus ou pagãos[954]. Em geral, a "justificação" não é "forense": os cristãos que são "justificados" são justos por dom de misericórdia, e não em conseqüência dum juízo ou duma antecipação do juízo final[955].

Com base no sentido declarativo de δικαιόω em grego, especialmente no grego dos Setenta, alguns o traduzem por "dar um veredicto de inocência"[956]. Quando é Deus o sujeito do verbo, facilmente se admitirá que seu veredicto é eficaz e torna justo. Mas achamo-nos de fato perante um termo que Paulo acomoda à sua teologia; a exegese deverá contar com a possibilidade de ele ter criado uma nova acepção, a de tornar justo por dom, de criar no cristão uma participação na justiça de Deus. Um paralelo desta acomodação de sentido de δικαιόω a este contexto religioso nos é fornecido pela literatura hermética[957]. Certo hino, composto nos meios cristãos, ao que parece independentemente de Paulo, mostra-nos que se atribui a δικαιόω um sentido bem realista, equivalente à transformação espiritual do Cristo quando da sua ressurreição: ἐδικαιώθη ἐν πνεύματι (1 Tm 3.16)[958].

---

[953] Dedicaremos ao realismo da justiça um parágrafo especial, *infra*, pp. 436-439.
[954] Cf. *supra*, pp. 412s.
[955] Cf. *supra*, pp. 220-227 quanto à teoria de Paulo: os cristãos estão destinados ao triunfo da parusia, sem julgamento; e no entanto eles serão julgados individualmente. Mas a noção de justificação pertence a uma corrente de idéias totalmente diferente da deste julgamento.
[956] Cf. A. SANDAY-A. HEADLAM, *A Critical and Exegetical Commentary on the Epistle to the Romans*, 3ª ed. (Intern. Cristo Comm.), Edimburgo, 1898, pp. 30s.
[957] Cf. *supra*, p. 410.
[958] Cf. *supra*, pp. 409s.

## 4. O "realismo" da justificação

Deixamos de lado a distinção entre justiça e justificação, pois, concretamente, Deus nos justifica pelo dom de sua justiça. Nosso ponto de partida serão considerações sobre a justificação, uma vez que muitas vezes é aí que se procura o nó da questão[959].

---

[959] Apesar das numerosas semelhanças de vocabulário, a justiça dos membros de Qumran difere fundamentalmente da de Paulo. A origem primeira da justiça, segundo Dam, é o dom, feito por Deus, da Lei e da Aliança aos Padres do deserto (cf. 4.7-8; 6.2; 8.14s, par. 19,27s): é a obra suprema de Deus, que se precisa conhecer e recordar sempre (cf. 6.4; 16.2). No tempo da apostasia, tanto a do Exílio como a dos tempos atuais, de que a do Deserto havia sido a profecia (cf. 3.10-13; 6.2-11), Deus preservou para si um resto de arrependidos, que se mantiveram voltados (convertidos) para a Lei, apesar da revolta de todo Israel (1.5-12). A estes Deus enviou o Mestre de justiça para lhes dar a conhecer, em vista da Visita escatológica (cf. 1.12; 7.9, par. 19,6), a conduta que eles devem ter: é a revelação das faltas ignoradas contra a Lei, do verdadeiro calendário, do caminho de justiça e de fidelidade, em suma, um conhecimento vivo e completo da Lei (cf. 3.14-16; 20.7,31-33), que realiza a aliança nova e definitiva (cf. 20.10-13). Aderir por juramento a esta lei de Moisés, e .observar seu juramento na comunidade, é ser um justo, um perfeito na santidade, é servir a Deus (cf. 15.8-10; 16.5). É a estes que Deus concede seu perdão, a paz eterna, a salvação (cf. 20.21s,32-34). A justiça consiste, do lado de Deus, no dom da Lei, e, no tempo da apostasia, no envio aos arrependidos do Mestre de justiça para explicar a Lei. Da parte do homem, a justiça é adesão a esta Lei, exatamente conhecida e praticada com perfeição, graças à atividade do Mestre de justiça. Isto só se realiza na comunidade, que é o estado atual, e definitivo, da Aliança (cf. 20.10,12). Para os Hinos de louvor (Hod 1, e 10-18) a justiça vem de Deus (1.6,26; 11.7; 12.34; 13.17, 19), que a dá tornando conhecida a sua vontade (11.17; 14.15-16; 17.20-22) e purificando deste modo o homem (11.10,31). O homem recebe esta justiça penetrando a vontade de Deus (2.18; 10.21; 12.33s; 14.24; 17.21s) e cumprindo-a com fidelidade: isto é a Aliança (15.15,18; 16.7; 18.24,28). – Portanto, a justiça em Qumran é a exata observância da Lei. A Lei vem de Deus, bem como seu conhecimento perfeito, pelas revelações que se sucederam; com elas são dados o perdão, a purificação, a participação na Aliança e a salvação final. O homem deve aceitar a Lei e sua justiça, deve converter-se. Isso não se pode fazer concretamente, a não ser que ele se consagre à comunidade, única depositária das revelações dos segredos, conhecimento perfeito da Lei e observância exata e consciente das tradições. Assim ele é purificado, justo, perfeito em sua conduta, pois esta corresponde ao que Deus quer. A justiça é uma legislação, bem conhecida graças às revelações, e, não obstante

1. Paulo exprime em Rm 5.1-3 os sentimentos dos cristãos justificados: "tendo sido justificados graças à fé, temos paz[960] com Deus por nosso Senhor Jesus Cristo, por quem obtivemos acesso a este dom no qual estamos estabelecidos; nós nos gloriamos na esperança da glória de Deus".

O resultado da justificação é a paz. Podemos acrescentar "a paz e a alegria", conforme Rm 14.17: "O reino de Deus não é comida e bebida, mas justiça e paz e alegria no Espírito Santo". Vemos imediatamente que a justiça se identifica com a paz e a alegria, isto é, com os dons do Espírito. A justificação concreta, por outro lado, não é outra coisa senão o dom no qual estamos estabelecidos (Rm 5.2), isto é, a justiça de Deus presente em nós. Daí decorrem os sentimentos cristãos ordinários, tomando como centro este dom: a paciência, a esperança, a confiança no amor de Deus por nós, manifestada na morte de Cristo. Somos imediatamente mergulhados no concreto da experiência cristã e na realidade do dom sobre o qual "somos estabelecidos".

A vinda da justiça e sua permanência em nós acompanham-se duma transformação profunda, que não é simplesmente uma atitude nova para com Deus, mas é ontológica, como os antigos compreendem uma mudança de natureza. Uma justificação "forense", decorrente duma declaração, antecipada ou não, do juízo escatológico, que Deus fizesse de nossa justiça, deixando-nos tais como éramos, pecadores, além de não ser realmente apoiada por texto algum, não corresponde às fórmulas realistas multiplicadas sob a pena do Apóstolo.

Os semitas representavam-se as realidades do mundo religioso dum modo muito concreto; elas estavam presentes no céu, depois desciam sobre a terra. A justiça é uma destas realidades escatológicas outorgadas por Deus. A filosofia vulgar do mundo ao qual Paulo dirigia sua mensagem, em particular o estoicismo, concebia o espiritual dum modo muito material. O movimento religioso do helenismo,

---

as eventuais perseguições, cuidadosamente observada nas ações, interiores e exteriores, do homem, e em toda a vida.

[960] Pouco importa que leiamos o indicativo ou o subjuntivo "tenhamos paz (gozemos de nossa paz)". Preferimos o indicativo. Os manuscritos se repartem entre as duas leituras.

ao qual aludimos falando do hermetismo, era também concreto na sua metafísica. Como escapar à evidência de que a primeira tradição cristã, sendo também muito "realista", permanecia fiel ao pensamento de Paulo? Estamos conscientes, como qualquer outro, de estar abordando categorias abandonadas pela filosofia hodierna. Mas a tarefa primeira e essencial da exegese não será a de primeiro compreender a mensagem apostólica encerrada no seu invólucro temporal? Depois virão as outras tarefas.

2. Estas considerações gerais têm seu valor, mas é mais seguro recorrer a indicações de ordem exegética imediata. O tema da revelação da justiça de Deus no tempo cristão, numa justiça concedida como dom aos homens, situa-nos em terreno bem conhecido. A justiça de Deus, que nos é concedida, concebe-se como uma riqueza divina dada gratuitamente. Distinta da justiça, a justificação só poderia ser o ato mesmo pelo qual Deus introduz em nós esta riqueza. Sem dúvida, Deus nos concede a riqueza de sua justiça, depois de haver perdoado nossos pecados; o dom é precedido duma expiação e duma reconciliação. Não se poderia, contudo, pretender que este aspecto mais jurídico constitua toda a justificação e que o "justo" seja simplesmente aquele em cujo favor Deus decidiu não fazer caso do seu pecado. O justo, a "justiça" é mais que isto: não só o pecado foi expiado por Cristo, não só esta expiação nos é aplicada na eficácia da cruz, realizada pela mensagem e no sacramento do batismo, mas Paulo denomina a justificação uma "justificação de vida"[961]; a ação da morte de Cristo não foi mais que uma preparação à ação de sua ressurreição, que se manifesta na justiça.

Apontamos, em nossas análises preparatórias, inúmeras fórmulas sintéticas, nas quais Paulo une à justiça certas expressões que designam a vida ou os dons do Espírito[962]. Baste-nos recordar Rm 14.17; 1 Co 1.30; 6.11. A exegese nos mostra, por outro lado, como ele pode passar sem transição, como se nem notasse, duma noção a outra: a vida em Cristo, os dons do Espírito, a justiça de Deus são para ele realidades, sem dúvida "formalmente" distintas, mas exprimindo concretamente, cada qual a seu modo, a mesma realidade

---

[961] Rm 5.18; 4.25. Cf. *supra*, p. 414.
[962] Cf. *supra*, pp. 408s;422s.

fundamental. O mesmo dom de Deus é justiça, vida em Cristo e santificação pelo Espírito. Para nos contentar com um só exemplo, em Rm 8. 30-31, onde o Apóstolo, por causa do contexto de toda a Epístola, coloca a justificação (ἐδικαίωσεν) como intermediário, em nossa existência cristã atual, entre nossa vocação (para sermos filhos de Deus) e nossa glória (que é nossa herança celeste), nada ficaria alterado na doutrina, se substituíssemos a justificação, seja pelas primícias do Espírito, seja pela vida que nos é dada desde já pelo Cristo ressuscitado; o próprio contexto convida-nos a pensar nestas equivalências[963].

## 5. *O papel da fé*[964]

Independentemente das teorias sobre a justiça e a justificação, a fé, resposta do homem à mensagem da salvação, exerce um papel muito importante no sistema teológico paulino.

Vamos pôr a questão essencial: a fé que entra em cena quando se fala da justificação, é algo diferente da fé que submete o homem à eficácia da mensagem apostólica, peça essencial na economia da salvação? Uma afirmação se impõe. A fé paulina é sempre resposta à mensagem divina; é por ser ela aceitação da mensagem, submissão de nossa vida total ao poder de Deus, que se pode atribuir-lhe uma espécie de eficiência com relação à justiça[965].

1. Não é apenas em alguns textos isolados, mas sim em passagens essenciais, com o valor de definições, que Paulo faz a equiparação

---

[963] No hino de 1 Tm 3.16, a expressão ἐδικαιώθη ἐν πνεύματι aplica-se à ressurreição de Cristo. A glória é essencialmente celeste: ἀνελήμφθη ἐν δόξῃ (*ibid.*).

[964] Cf. R. BULTMANN, art. πισεύω em *Theol. Wörterbuch*, VI, 218-230, com bibliografia. Cf. nota 1, p. 351.

[965] Por sucessivas reduções, Bultmann chega a fazer coincidir sua definição da fé com? intuição fundamental da filosofia existencialista: eliminação do psicológico (no sentido normal) da fé; a *fides historica* refere-se não à ação externa da morte de Cristo, mas à sua aplicação ao cristão; a mensagem limita-se à cruz; daí o paradoxo que chega a condenar a consciência que o homem toma de si mesmo. Cf. art. πιστεύω, πίστις em *Theol. Wörterbuch*, VI, pp. 218s. Barth fez uma crítica bem fundada deste papel da filosofia na exegese bultmaniana, cf. K. BARTH, *Rudolf Bultmann. Ein Versuch ihn zu verstehen* (*Theol. Studien*, 34), Zollikon-Zürich, 1952. Sobre nossa noção de fé, cf. *supra*, 131-138.

entre a fé que justifica e a que aceita a mensagem da salvação. Podemos citar Rm 1.15-17, onde o ouvimos declarar que o Evangelho ou a mensagem é (traz consigo) a força de Deus para garantir "a salvação" a todo aquele que "crê" (quer dizer, ouve a mensagem na fé, aceita-a como vinda de Deus e submete-se à força operante de Deus); para terminar, ouvimos que, nesta mensagem, "revela-se" a justiça de Deus, sob a condição de se ter fé. O mesmo tema é retomado e esclarecido em Rm 10.6-17. Vemos aparecer sucessivamente "a palavra da fé" (à qual se responde pela fé), "anunciada" pelos apóstolos; o objeto da mensagem e da fé, isto é, a ressurreição de Cristo; a fé que recebe "a justiça"; "a confissão (desta fé) que obtém a salvação"; a necessidade da mensagem e dos mensageiros (os enviados que são os apóstolos) para que os cristãos possam "crer".

A fé é, portanto, a resposta do homem à mensagem, com seu conteúdo objetivo e o poder que o acompanha. A justiça é dom de Deus; a única eficiência que existe é a de Deus. Depois de Deus, na realidade humana, a mensagem é portadora da eficácia da salvação; a fé é necessária para afinar nossa inteligência e nossa vontade com a mensagem, e abrir-nos assim à força divina.

No caso de Abraão, que anuncia e realiza já a justiça cristã, lemos em filigrana a mesma teoria: a mensagem objetiva se descobre no anúncio feito ao patriarca, por aquele que possui o poder de realizá-lo (Rm 4.20-21); a fé tinha por objeto a vivificação dos mortos, simbolizada no milagre do nascimento de Isaac, e portanto concretamente a ressurreição de Cristo.

O poder de Deus que produz a justiça harmoniza-se melhor com a fé na ressurreição. Contudo a mensagem cristã é também mensagem da morte redentora, e vemos esta mencionada em segundo lugar, ao lado da ressurreição. Neste caso, a remissão dos pecados é apresentada como efeito do dom da justiça e da justificação (Rm 3.21-26)[966].

---

[966] Os dois objetos da mensagem e portanto da fé se justapõem em particular no trecho de Rm referente a Abraão. Paulo afirma a este respeito que a fé crê em Deus que "justifica" o ímpio (Rm 4.5) e cita, como paralelo de Gn 15.6 (Abraão creu em Deus, sendo esta fé explicada no contexto como fé na ressurreição) uma frase de Sl 32.1s. onde se fala da remissão dos pecados com o macarismo: "feliz o homem cujo pecado Deus não leva em conta" (paralelo à fórmula usada

2. Diversos elementos da doutrina paulina dificultaram a exata compreensão do papel da fé. Primeiro foi a importância exagerada (acreditamos permanecer no ponto de vista da teologia do Apóstolo) atribuída na síntese à "mensagem da cruz", sobre a qual se baseia uma *theologia crucis*.

Depois foi a famosa antítese paulina "fé e Lei" ou fé e obras. A antítese é parcialmente verbal: Paulo já nos habituou às elipses. Lei é uma palavra que sintetiza todo o sistema de pensamento do judaísmo posterior; a fé lhe opõe uma outra síntese, o sistema cristão fundado na mensagem apostólica da morte e da ressurreição de Cristo. Fé e mensagem formam uma só coisa. A fé como tal não exerce eficiência alguma; ela nem é tampouco a demissão de nossa própria personalidade, se com isso se entende uma verdadeira condição, uma antítese necessária, exigida do homem, seja ela ou não um ato ontológico[967].

Duas ou três expressões ambíguas também não bastam para dissolver o realismo paulino. É em citações do Antigo Testamento

---

a respeito de Abraão: esta fé foi contada como justiça). Mais adiante, Paulo comenta esta expressão: "isto lhe foi imputado", dizendo: "isto não foi escrito só para Abraão, mas também para nós, para quem 'isto será contado', para nós que cremos naquele que ressuscitou dos mortos Jesus nosso Senhor, aquele que foi entregue por causa de nossas transgressões e ressuscitou por causa de nossa justificação (δικαίωσιν)" (Rm 4.23-25).

[967] Dizem hoje que o homem que acolhe a mensagem é o homem alienado, que desesperadamente descambou para o nada do ser que ele se apropriou, uma natureza humana totalmente corrompida e que, pelo pecado original, perdeu seu livre arbítrio; uma natureza não apenas incapaz do que quer que seja de bem, mas o *cor incurvatum in se ipsum*, não apenas afastado de Deus, mas positivamente inimigo de Deus (cf. E. BRUNNER, *Der Mensch im Widerspruch*, Berlin, 1937, p. 276: "Der innerste Kern der Person, das Gottesverhältnis, ist verderbt, verkehrt, gotdos, *cor incurvatum in se ipsum*"). Não reconhecemos nesta filosofia a teologia paulina. A humanidade que acolhe a mensagem, é uma humanidade não ontologicamente má, mas que por si mesma afastou-se de Deus voluntariamente, por seus pecados pessoais, pela idolatria com toda a corrupção dos costumes que daí deriva. O mal de que a humanidade tem consciência, e que a faz esperar pelo Cristo libertador, não é somente o pecado original, de que ela não é responsável senão em Adão, mas também esta avaliação de pecados que os pagãos cometeram e cometem, conseqüência da recusa voluntária que eles opuseram e que continuam a opor à verdade.

que Paulo emprega as expressões: (A fé) foi "imputada para justiça" (Rm 4.3) e o Senhor "não imputará o pecado" (Rm 4.8), mas o contexto dissipa um possível equívoco, pois esta justiça que se diz "imputada" é identificada com a "promessa" que é a do Espírito (Rm 4.13). Assim também, que Deus "justifique" o ímpio (Rm 4.5) entende-se muito naturalmente na hipótese imposta pelo conjunto dos textos onde se diz que Deus "torna justo" o que era ímpio.

## 6. Conclusão

A "justiça de Deus", que é misericórdia e salvação, comunica-se aos homens num dom. Tal é a afirmação essencial sobre a justificação. Por conseguinte, as obras da Lei não devem mais intervir. A Lei está excluída do sistema cristão. Se a justiça de Deus é uma justiça que tem o dever de castigar os culpados, Cristo ofereceu-se em nosso lugar.

A justiça comunica-se num instante privilegiado de nossas existências, quando Deus nos "justifica". Isto significa que neste momento, ele apaga nossos pecados, levando em conta a redenção de Cristo que nos é aplicada, e nos concede o dom da justiça, a "justificação da vida". A justificação, com significação concreta, será o dom da justiça.

Este dom, ou a justificação concretamente concedida, é compreendido por Paulo segundo todo o realismo do pensamento contemporâneo, escatologia judaica ou estóica. Chegamos ao "realismo" já constatado duas vezes na teologia paulina, o dos dons do Espírito e o da "vida" que participa na ressurreição de Cristo. As três noções, justiça, dons do Espírito, vida em Cristo, convergem para nos transformar num novo ser.

Deus justifica o ímpio ou o pecador numa atividade de misericórdia que nos é anunciada, e que a mensagem coloca a nosso alcance e nos aplica. Basta-nos submeter-nos à mensagem apostólica pela fé. A fé comporta um aspecto intelectual; é mister crer e mesmo confessar oralmente que Cristo morreu e que Deus o ressuscitou; então, na cerimônia batismal, realiza-se em nós o mistério de nossa transformação.

## IV - A AB-ROGAÇÃO DA LEI ANTIGA

Revelando sua justiça, Deus condena a justiça da Lei e a própria Lei. As instituições do povo antigo preparavam os tempos escatalógicos. Elas eram essencialmente imperfeitas e transitórias. Desde que chegou o Cristo, deve produzir-se a grande mudança. O Templo, os sacrifícios, a legislação mosaica, estão condenados a desaparecer.

Em outro lugar, já falamos da Lei como livro sagrado dos judeus[968]. A Lei propriamente dita, o Pentateuco foi antes de tudo carta constitutiva do povo eleito; mas a obediência à legislação transformou-se em sistema de salvação[969]. É sob este aspecto que a consideramos neste artigo. Teremos de focalizar sucessivamente o caráter transitório da legislação e sobretudo do sistema religioso que sobre ela se funda, o cumprimento de toda a Lei por Cristo, a imperfeição do regime antigo. Demorar-nos-emos no tema de sua impotência para garantir a salvação.

### 1. *O caráter transitório da Lei*

O essencial da antiga economia e o que lhe dá seu valor religioso profundo, é a promessa ou o testamento pelo qual Deus legava a Abraão os bens espirituais. Entendemos que Abraão recebia a promessa, que ele era o detentor do testamento, mas que um outro, o Cristo, seria o herdeiro; e por este, um novo povo haveria de nascer, povo de filhos, com a propriedade da herança.

---

[968] Sf. *supra*, pp. 277-283.
[969] Em geral, Paulo considera a Lei como sistema de legislação religiosa, e portanto de salvação, imposto por Moisés. Seu modo de falar não é constante. A Lei pode significar o Pentateuco (Gl 4.21). Parece ser este também seu modo de falar em Rm 3.31; depois de haver falado que estabelecemos a Lei sobre suas verdadeiras bases (Rm 3.31), ele parece provar sua afirmação pelo caso de Abraão. As controvérsias criaram violenta oposição entre a justiça cristã, obtida pela fé, e a justiça pelas obras da Lei. Na realidade, este conflito tem em mira o judaísmo tardio; o farisaísmo poderia ser interpretado como um sistema religioso fechado a toda revelação e a toda intervenção da fé em Deus. O cristianismo colocava a religião do Antigo Testamento numa perspectiva toda nova, conduzindo-o a seu desenvolvimento e à sua plenitude.

A Lei nada podia alterar no testamento de Deus. Ela seria, pois, um episódio intermediário e transitório; não poderia ter sentido, a não ser que ela estivesse subordinada ao testamento e preparasse os herdeiros para receberem a herança. Sobre a própria herança, nenhum poder ela possuía (Gl 3.18). Não podia dar nem os bens, nem suas primícias; concretamente estava excluído que ela vivificasse ou concedesse a justiça, o dom divino (Gl 3.21).

Seu papel reduzia-se pois a prever as transgresões posssíveis e a proibi-las. De fato, como explicaremos adiante, ela despertava o pecado e multiplicava estas transgressões. Paulo compara-a com o carcereiro que mantém o judaísmo na prisão dos preceitos, ao pedagogo que conduz os homens para Cristo (Gl 3.22-25). Estas comparações equivalem a dizer que a Escritura "encerra tudo sob o pecado" (Rm 3.10-20), que ela não vai além deste papel perfeitamente negativo.

Podemos evidentemente salientar um outro aspecto da missão atribuída ao regime mosaico. Conforme nossa perspectiva de evolução, ele fazia a humanidade ascender para Cristo. Os carcereiros e os pedagogos[970] têm sua utilidade para formar os homens. Mas Paulo, preocupado com sua polêmica, e além disso, não raciocinando com categorias de evolução, contenta-se com insinuar esta perspectiva otimista indicando que a Lei é espiritual, santa e boa.

## 2. O cumprimento da Lei por Cristo

Cristo cumpre as profecias contidas no Pentateuco e que anunciavam sua carreira e a vinda da justiça cristã[971]. Se consideramos a Lei como economia religiosa, devemos repetir que ela conduzia a Cristo, no qual se cumpririam as promessas. Sua verdadeira finalidade, sua tendência profunda, era a justiça que Cristo nos alcançaria. "O termo da Lei é Cristo, visando a justiça (prometida) a todo aquele que crê" (Rm 10.4). É assim que entenderemos as comparações do carcereiro e do pedagogo. A Lei mantinha a humanidade numa

---

[970] Esta palavra "pedagogo", que agora significa aquele que conhece a arte de educar, faz-nos procurar na Lei um valor educativo.
[971] Cf. p. 443.

dignidade de costumes ao menos exterior, enquanto aguardava aquele que traria o amor, e embora de modo um tanto rude, ela nos conduzia ao Mestre único. Neste sentido, a Lei está realizada quando chega o Cristo.

Por outro lado, Cristo pôs fim à Lei cumprindo o conjunto de seus preceitos num só ato de perfeita obediência[972], resgatou-nos de suas maldições, – pois ela tinha também este aspecto ameaçador, – tornando-se maldição por nós na cruz (Gl 3.13). Daí a imagem: ele cravou no madeiro de sua cruz aquele terrível documento de dívida da humanidade, incapaz de pagar, e assim suprimiu a Lei com suas normas impossíveis de observar (Cl 2.14). Assim Cristo se tinha feito homem entre os judeus, para submeter-se à Lei, a fim de resgatá-los de sua servidão (Gl 4.4-5).

## 3. As imperfeições da Lei

A Lei não se interessa senão pelas transgressões, ela não pode senão ordenar sem dar a força de cumprir o preceito. Aí está, por certo, sua imperfeição radical. Na Epístola aos gálatas, Paulo insiste neste aspecto desconcertante da instituição judaica[973]; na Epístola aos romanos, que comentaremos longamente, ele explica a pedagogia divina[974].

Neste ponto, apontamos, com Gálatas, onde Paulo se mostrou particularmente severo para com a economia antiga, duas censuras dirigidas à Lei antiga (Gl 3.19-20)[975]. Estão relacionadas com alguns dados fornecidos pela história, Antigo Testamento e comentários judaicos, sobre sua promulgação. Lá Moisés interveio, como mediador entre Deus e os israelitas. Estes não ousaram escutar eles próprios a Palavra de Deus e Moisés traduziu-a nos preceitos da Lei. Deus, vendo antes de tudo a promessa do futuro, falava para os tempos cristãos perfeitos, na sua majestade de Deus único, e sem

---

[972] Rm 5.19; διὰ τῆς ὑπακοῆς τοῦ ἑνός.
[973] Gl 3.21-4.11, sobretudo 3.22.
[974] Rm 7.7-25; veja abaixo, pp. 447-451.
[975] Διαταγεὶς δι' ἀγγέλων, ἐν χειρὶ μεσίτου ὁ δὲ μεσίτης ἑνὸς οὐκ ἔστιν ὁ δὲ Θεὸς εἷς ἐστιν (Gl 3.19).

intermediário. O mediador estava presente para recordar a Deus a fraqueza dos homens daquele tempo e Deus consente; haverá na Lei um caráter de menor valor religioso, concessões feitas à fraqueza, traduzidas por seu mediador, o que permitiria aos homens receber uma Palavra que muito os superava.

Uma teoria de Filon convida-nos a interpretar do mesmo modo a intervenção dos anjos na promulgação da Lei. Eles fizeram ouvir sua voz, mais adaptada à fraqueza humana que a Palavra de Deus[976]. Este tema foi desenvolvido em terreno judaico, à medida que a idéia de Deus se purificava e se tornava mais exigente em perfeição moral, em parte também sob o impulso da filosofia grega. A Lei não correspondia mais ao ideal[977]. Sem resolvê-la claramente, Paulo se põe a pergunta se os anjos que promulgaram a Lei não seriam aqueles poderes cósmicos que regem o mundo, segundo teorias do judaísmo posterior, dos apocalipses e das gnoses[978]. Isto o leva a uma crítica mais acerba da legislação mosaica: estes poderes teriam, por assim dizer, tomado o lugar de Deus. No calor da polêmica e por uma imprecisão voluntária, ele sugere a possibilidade de que os poderes tenham introduzido na Lei práticas paralelas àquelas pelas quais o paganismo honrava as divindades cósmicas e astrais. Seria simplesmente um modo de colocar os gálatas de sobreaviso? uma sugestão que visa apenas a espicaçar a imaginação dos gálatas? Ele se faz o porta-voz de idéias que estão no ar, não deseja que eles as adotem, e contudo ele as propõe[979].

Seja como for, tudo isso lhe permite rebaixar a Lei judaica. As observâncias da Lei, sacrifícios e cerimônias, festas, observâncias dos dias e observâncias sobre alimentos, apresentam pontos de semelhança, e mesmo de contato real na história das civilizações, com práticas pagãs correspondentes. Não é mais segredo para nós: a religião de Israel tem suas raízes na região oriental do Mediterrâneo

---

[976] Cf. FILON, *De Somniis*, I, 141-143.
[977] A teologia judeu-cristã e as gnoses vão trabalhar sobre o mesmo problema. Muitas vezes vão distinguir na obra de Moisés algumas partes caducas, graças a ensaios de crítica dos elementos constitutivos do Pentateuco.
[978] Cf. *supra*, pp. 67-72 e H. SCHLIER, *Der Brief an die Galater* II (*Krit.-exeg. Komm.*, VII), Göttingen, 1951, *ad loc.*
[979] Compare-se Gl 3.19-20 e 4.9-11.

e ela cresceu paralelamente com as antigas religiões. O sábado, as neomênias, a festa do Ano Novo etc. fazem pensar em cultos onde a luz, o sol, os planetas, são divinizados. O próprio Paulo conhece ambientes sincretistas onde se presta culto aos anjos do judaísmo, identificados com divindades astrais, honradas com o nome de poderes[980]; declara aos gálatas que sua aceitação da Lei judaica equivale a um retorno à idolatria. Pode-se perguntar se se trata duma mera interpretação nascida da controvérsia, ou duma espécie de adivinhação profética, baseada aliás num conhecimento de vagas tendências religiosas ou de doutrinas já divulgadas, que entrevia o aparecimento das gnoses sincretistas. Poder-se-ia mesmo imaginar que Paulo já tem ante os olhos idéias concretas deste tipo. É inútil tomarmos posição.

## 4. A doutrina de Rm 7.5-23

Paulo não deseja atribuir a Deus as imperfeições da Lei. Estas provêm de sua origem, de sua posição entre o testamento e seu cumprimento, do mediador, dos anjos. Sua incapacidade para garantir ao homem a justiça não vem de Deus tampouco. Sua fraqueza vem da "carne" (Rm 8.3). Paulo resume assim o essencial de Rm 7.5-23. Temos de analisar esta passagem tão importante. Isso nos ajudará a compreender a situação do homem perante a obrigação moral, sob o regime da Lei, ou mesmo sob a da lei escrita nas consciências, pois, no decorrer da nossa reflexão, seremos levados a superar a problemática do judaísmo.

1. Paulo começa resumindo vigorosamente sua doutrina, opondo mais uma vez o regime antigo ao novo. "Quando estávamos na carne (isto se entende no contexto da vida sob a Lei, mas de fato se aplica a toda a humanidade, pagãos e judeus), as paixões dos pecados (estas concupiscências humanas da carne, pelas quais os pecados nos dominam), pela Lei, agiam em nossos membros para produzir seus frutos de morte; mas agora (sob o regime cristão) deixamos a Lei, estando mortos com relação àquela que nos agrilhoava, de tal modo que nós somos agora escravos na novidade do Espírito e não

---

[980] Cf. *infra*, pp. 490-493.

mais segundo a velhice da letra" (Rm 7.5-6). O mesmo tema foi ventilado em Rm 6.19-20, opondo já a servidão sob a Lei e a servidão sob a justiça: "Eu falo, escrevia Paulo, uma linguagem convencional (de homem) por causa da fraqueza de vossa carne (a experiência que tendes vos ajudará a compreender): assim como oferecestes vossos membros à servidão da impureza e da iniqüidade, para cometer a iniqüidade, assim agora oferecei vossos membros à servidão da justiça, para vossa santificação. Pois quando éreis escravos do pecado, usáveis de liberdade diante da justiça". Em Rm 7.5-6, a frase antitética enriqueceu-se com expressões que resumem em particular a comparação que precede imediatamente, Rm 7.1-4.

A antítese entre a justiça e a Lei coloca esta última do lado do pecado e da carne[981]. Paulo ouviu esta objeção e compreende todo o seu alcance: a Lei que, apesar das restrições que acabamos de fazer, foi sempre uma instituição divina fundamental, não pode ser aliada do pecado. Paulo vai explicar com clareza em que sentido a Lei parece ser conivente com o pecado, embora na realidade ela não o seja. É o conteúdo de Rm 7.5-23.

Muitas vezes se procurou neste trecho, por causa do emprego da primeira pessoa, uma confissão, a confidência duma experiência pessoal; recordação da infância, ou luta de consciência preparando a crise da conversão. Admite-se hoje em dia, geralmente, que não é esta a explicação melhor. Como em outros lugares das Cartas de Paulo, tratar-se-ia duma mera figura de retórica, conhecidíssima no período helenístico, tanto na literatura grega como entre os latinos e que penetrou no ambiente judaico. W. G. Kümmel fez uma lista impressionante de exemplos[982]. Paulo se coloca no lugar duma categoria de homens. O eu que se imagina passando por uma experiência, é de fato uma humanidade abstrata, o homem como tal, submetido à Lei. Cremos que a hipótese está no bom caminho. Mas não será exagerado o medo de encontrar, apesar de tudo, indiretamente, conotações psicológicas concretas? O saltério de Qumrân

---

[981] A expressão "carne", com este sentido pejorativo, bem como "os membros", com alusão ao pecado de impureza, foi usada pela primeira vez em Rm 6.19-20 e reaparece agora.

[982] W. G. KÜMMEL, Röm. 7 *und die Bekehrung des Paulus*, Leipzig, 1929.

(os Hodayôt), nos dá a conhecer paralelos onde o autor generaliza e aplica à comunidade inteira uma experiência que ele teve primeiro pessoalmente; a autobiografia torna-se liturgia; em Paulo, ela se torna teologia[983].

2. O trecho divide-se claramente em duas seções; a primeira indicada pela proposição da objeção, Rm 7.7: "Que diremos? que a Lei é pecado? Longe de nós este pensamento"; a segunda, pela afirmação contrária, Rm 7.14: "Sabemos que a Lei é espiritual".

*a*) Na primeira etapa da exposição, onde os verbos estão no passado (o que indica uma referência a um acontecimento histórico), Paulo se deixa guiar pelo capítulo 3 do Gênesis, a história da queda no paraíso terrestre, onde se encontram os elementos de sua descrição, o "mandamento", a "concupiscência", a "morte", a "tentação", com a palavra-chave: "enganar".

O homem, descendente de Adão, só foi capaz de cometer verdadeiras transgressões, a exemplo do primeiro pecado, quando a Lei foi promulgada com seus mandamentos e suas sanções. Até então, o pecado, esta tendência profunda oposta a Deus e que encontra uma aliada na concupiscência, estava como que adormecido; o mandamento "não cobiçar" o desperta: "(ele) recobrou vida, e eu (o homem) morri" (Rm 7.9-10a). O Apóstolo pode concluir: a culpabilidade deve ser imputada ao pecado (a tendência nativa para o mal) e à concupiscência consciente, ao passo que a lei é santa e o mandamento santo, justo e bom (Rm 7.11-12).

*b*) Na segunda etapa da exposição (Rm 7.14-23) intervém "a carne", e insinua-se a antítese carne-Espírito. "A Lei é espiritual; mas eu (o homem) sou carnal, vendido ao pecado" (Rm 7.14). O homem que agora está no palco não é mais o judeu histórico, sob a experiência da Lei. É simplesmente o homem. Os verbos estão no presente. Descreve-se o conflito entre o bem e o mal, instalado em toda vida humana. Paulo busca sua fonte de inspiração num meio literário mais psicológico que a literatura do Antigo Testamento.

---

[983] H. BRAUN, "Rm 7.7-25 und das Selbstverständnis der Qumranfrommen", em *Zeitschr. Theol. Kirch*, 56 (1959), pp. 1-18; P. BENOIT, "La Loi et la croix d'après saint Paul, Rm 7.7-8.4", em *Exégèse et Théologie*. II, Paris, 1961, pp. 9-40.

O pensamento está concentrado em Rm 7.15: "Não me reconheço mais: não faço o que eu quero, faço o que aborreço". Pensamento grego em embalagem grega: o homem, apesar de seus remorsos, deixa-se arrastar por uma paixão mais forte que ele. Br. Snell esboçou a história deste tema literário da fraqueza do homem em face do dever[984]. Eurípides havia impresso nele seu selo genial. Cito apenas um texto, em Medéia (431 a.C.): "Sucumbo sob o mal; conheço o mal que vou fazer, mas o desejo intenso (θυμός) é mais forte que meu querer e é isso o que causa a desgraça dos mortais". Em vão Sócrates se dedicou ao treinamento das inteligências, pensando que uma vontade bem ordenada seria a conseqüência duma inteligência esclarecida; o tema épico permaneceu vivo e, vulgarizado pelo estoicismo; nos é ainda familiar graças a Ovídio: *Sed gravat invitam nova vis: aliudque cupido, Mens aliud suadet: video meliora proboque, deteriora sequor* (*Metam.*, VII, 19s). Este tema havia penetrado no judaísmo helenístico e Filon o conhece. Com que direito se poderia negar que Paulo nele se inspirou? Que dificuldade existe em confrontar o conflito interior que ele focaliza, com o da psicologia grega, a *cupido* e o θυμός grego com a inclinação ao pecado que Paulo indica, o νοῦς de Eurípides e a *mens* de Ovídio com o νοῦς paulino (v. 23)[985]?

Efetivamente, Paulo retomou esta "forma de pensamento" que nós acompanhamos no começo da Epístola aos romanos, na descrição do estado de pecado. Duas problemáticas se justapõem diante dele, a do judaísmo com a Lei, e a do helenismo. A duas concepções da história do pecado correspondem duas descrições da fraqueza humana.

O tema helenístico é, entretanto, traduzido de novo em termos judaicos e é dominado pela noção de carne, o poder mau enraizado no fundo de nossos membros e do pecado que mora nela: "Sei que

---

[984] *Die Entstehung des Geistes. Studien zur Entstehung des europäischen Denken bei den Griechen*, 2ª ed., Hamburg, 1948.

[985] Quisemos indicar um contato de Paulo com a psicologia grega num ponto que atinge a própria constituição do pensamento. De resto, é evidente que Paulo, mesmo no trecho que estudamos, exprime-se como pode fazê-lo um semita, e encremeia sua exposição de termos bíblicos ou semíticos.

o bem não habita em mim, isto é, na minha carne" (v. 18). "Se faço o que não quero, não sou eu quem age, mas sim o pecado que habita em mim" (v. 20). Chegamos assim a uma antítese em que fórmulas helenísticas e judaicas se misturam: "Eu me comprazo na lei de Deus segundo o homem interior, mas vejo uma outra lei[986] em meus membros, lutando contra a lei de minha inteligência e fazendo-me prisioneiro da lei do pecado que está nos meus membros" (v. 21-23). A "lei de Deus" não é simplesmente a Lei judaica, mas antes a vontade divina que se estende a todo o gênero humano, e da qual a Lei judaica não era mais que a formulação precisa (μόρφωσις, Rm 2.20).

Assim estava preparada a exclamação do v. 24-25a: "Infeliz humanidade que eu sou[987], quem me livrará deste corpo de morte? Graças a Deus, isto se dará por Jesus Cristo nosso Senhor".

Não é mister grande esforço para ouvir debaixo deste pessimismo um eco da doutrina pitagórica, vulgarizada por Platão, do corpo prisão da alma, que se tornou, na linguagem paulina, o "corpo de morte", o corpo ligado ao pecado, à concupiscência e à morte.

## 5. *Impotência do homem debaixo da Lei*

A Lei é incapaz de dar a justiça[988]. Seria contrário à ordem querida por Deus. "Se fosse dada uma Lei capaz de 'vivificar' (no sentido

---

[986] Facilmente se passa a este sentido de obrigação: a Lei de Deus ordena, mas um outro mandamento, uma outra obrigação, um poder mau me arrasta. Agora escreveremos "lei" sem maiúscula.

[987] Ταλαίπωρος ἐγὼ ἄνθρωπος. O "eu" é o da espécie humana, não o da pessoa de Paulo.

[988] A frase, no contexto de Gálatas, donde a extraímos, não significa diretamente que as obras da Lei, mesmo se elas fossem cumpridas, não justificariam o homem diante de Deus. Elas não são realizadas segundo a intenção divina, dada a interpretação judaica da Lei. O homem, por suas obras, por causa delas, não pode ser proclamado justo por Deus, reconhecido como justo em razão de sua própria excelência. O pensamento dominante de Paulo é este: o regime das obras, que é o da Lei, não levou o mundo a um estado de justiça, em que os homens fazem a vontade de Deus. Cf. Gl 2.16: uma pessoa que faz as obras da Lei não é justificado por causa de suas obras, mas por sua fé, sua confiança que o submete a Deus. Há, pois, dois elementos no pensamento. Um proclama que de fato o pecado reina sobre a humanidade, sendo que possíveis exceções

forte, pensando na vida que recebemos da ressurreição de Cristo), então ela daria realmente a justiça (como os judeus a esperavam)" e neste caso ela estaria em contradição com as promessas de Deus (Gl 3.21). Não se pode, pois, pedir-lhe o que ela não podia dar, não se pode censurá-la por ela ser o que Deus quis que ela fosse.

Se a Lei encerra tudo sob o pecado, se tudo, com ela, acaba em proibições, em maldições, isto é normal. Na medida em que é excelente o ideal do homem religioso que ela traçou, e que ela chega a anunciar o homem cristão, em particular quando ela ordena o amor[989], ela é espiritual e seus preceitos são santos, justos e bons (Rm 7.12).

Ela não é responsável pela recusa que o homem opõe a suas exigências. A responsabilidade está em outro lugar, no pecado e na carne. No pecado, onde forças contrárias a Deus manejam a humanidade; na carne, que foi criada por Deus numa fraqueza contra a qual a Lei é impotente.

Para chegar a culpar a Lei neste terreno de sua fraqueza, seria preciso exigir dela o que os fariseus muitas vezes exigiram: que ajudasse o homem para ele mesmo produzir sua justiça, atribuindo a suas próprias forças suas observâncias legais. Mas esta posição do farisaísmo, estigmatizada igualmente por nosso Senhor, frustra a intenção profunda de Deus, que desejava que a Lei fosse simplesmente uma preparação imperfeita, com deficiências, boa no entanto para o essencial, além de acrescentar um erro doutrinal, a capacidade do homem para fazer o bem por si mesmo. O homem acreditava-se capaz de atingir a Deus por sua atividade pessoal e de obrigá-lo a salvá-lo. Era colocar-se em pé de igualdade com Deus[990].

Aplicaremos à lei inscrita nos corações o que dizemos da Lei judaica. Também ela, – menos ainda que a Lei de Moisés, não podia bastar ao homem religioso, cuja boa vontade estava asfixiada por uma malícia nativa e pelos hábitos do paganismo.

---

só servem para confirmar a regra geral. Uma vida exteriormente irrepreensível não faz mais que camuflar um abismo de fraqueza, de iniqüidade, que o homem encontra no fundo de si mesmo. O segundo elemento é absoluto: Deus não pode declarar justo, digno de sua amizade, um homem por suas observâncias exteriores. Só a fé que tudo espera de Deus é agradável ao criador.

[989] Rm 13.8-10: ὁ γὰρ ἀγαπῶν τὸν ἕτερον νόμον πεπλήρωκεν (v. 8).
[990] Cf. *infra*, p, 453.

## 6. Condição do homem, depois de ab-rogada a Lei

1. Dos parágrafos precedentes se deduz o verdadeiro sentido da ab-rogação da Lei judaica.

Por Lei entendemos a legislação promulgada por Deus e sobre a qual se funda uma economia religiosa transitória. Sua finalidade era conduzir o povo judeu até Cristo. Para tanto, ela lhe impunha numerosos preceitos, com sanções; por si mesma, ela não lhe dava a força de levar a vida santa que ela prescrevia (esta força não se podia obter, na economia antiga, senão pela fé nas promessas feitas a Abraão, conforme o modelo da fé do Patriarca). A Lei cessou de vigorar na morte de Cristo, que a "cumpriu", – e assim a ab-rogou, – por um ato de obediência perfeita e que consentiu em levar sozinho todo o peso dos castigos mortais merecidos por suas transgressões.

A Lei, que foi promulgada por um "mediador", Moisés, e pelos anjos, era imperfeita, não só por causa da sua incapacidade de alcançar a "justiça" que ela prescrevia, mas também porque permanecera ao nível das religiões nacionais contemporâneas, e impregnada de costumes que não se elevavam bastante acima do paganismo.

Se se entende por Lei o sistema religioso tal como os fariseus o desenvolveram, para fazer "sua própria justiça", isto é, para se apresentar diante de Deus com suas boas obras, excluindo a humildade que é essencial ao homem, – pois a misericórdia é essencial a Deus, – temos de considerá-la como uma caricatura da instituição divina, estigmatizada com razão por Cristo e por Paulo.

A teologia de Paulo soube ir além da problemática do judaísmo. Por sobre a Lei de Moisés, a vontade de Deus se manifesta às consciências; a fraqueza do homem e o ambiente em que ele vive inibem rapidamente as boas vontades. A ab-rogação da Lei antiga suprime o privilégio – bem mais aparente que real – do judaísmo: o homem se reencontra, em toda a sua fraqueza, *sozinho* diante de Deus, e a misericórdia poderá intervir.

2. É pois toda a humanidade que, depois de ab-rogada a Lei, é colocada diante de Deus numa situação toda nova (Rm 7.24-8.4).

O alargamento de perspectiva que constatamos analisando a segunda seção de Rm 7.5-23 continua a fazer-se sentir. O Apóstolo fala na hipótese imediata do judaísmo, mas seu pensamento foge continuamente para uma problemática mais geral. A Lei de Moisés não era mais que uma manifestação particular, uma graça dada a um povo; a vontade de Deus abrangia todos os povos. A "lei" significará ora a lei de Moisés, – e neste caso usaremos letra maiúscula, – ora a lei de Deus (a vontade divina), à qual corresponde um instinto profundo de nossa inteligência (a lei de nossa inteligência), – e nesse último caso, escreveremos "lei" com letra minúscula.

Ab-rogada a Lei, o homem conserva o instinto de sua carne (Rm 8.5-8). Em Gl 5.17 Paulo pode, portanto, usar de novo, falando dos cristãos, os temas helenísticos que descreviam o conflito das consciências sob a Lei (Rm 7.15-23). Mas a novidade do Espírito vai se manifestar.

3. O Apóstolo define a situação do cristão: "Eu, de mim mesmo, com a mente sou escravo da lei de Deus, mas, segundo a carne, da lei do pecado. Mas agora (a novidade do cristianismo), não há mais condenação para os que estão em Cristo Jesus. Pois a lei do Espírito da vida em Cristo Jesus te libertou da lei do pecado e da morte. Porque o que era impossível para a Lei, o que fazia sua fraqueza por causa da carne, tendo enviado seu próprio Filho na semelhança da carne do pecado e no tocante ao pecado, Deus condenou o pecado na carne, a fim de que a justificação da Lei fosse cumprida em nós que não agimos mais segundo a carne, mas segundo o Espírito" (Rm 7.25-8.4).

O homem está dividido em si mesmo, dilacerado entre duas leis, duas tendências, a tendência superior e a do pecado. Este íntimo de sua pessoa não fica suprimido. Mas ao passo que, no regime da Lei judaica, sua "condenação" era inevitável, pois ele não podia escapar (τὸ ἀδύνατον) à atração da carne e da concupiscência, e sofria o constrangimento da carne (ἠσθένει διὰ τῆς σαρκός), o que era impossível tornou-se possível; a morte do Cristo, a morte que em seu corpo atingiu a "carne", ao mesmo tempo condenou o pecado que habitava na carne. Removido o obstáculo, o Espírito que é força de Deus nos é dado para que vivamos segundo ele, e aquela justiça que a Lei levava a procurar sem ser possível realizá-la, nós, os cristãos, a cumprimos.

O texto é extremamente conciso. Havemos de compreendê-lo melhor estudando tudo o que ele implica: a concepção paulina do dinamismo da vontade; a antítese da carne e do Espírito; as atividades morais do homem submetidas ao Espírito. Tal será o assunto de nosso artigo V.

## V - A LEI DO ESPÍRITO DA VIDA[991]

A obrigação que nós nos impomos de respeitar, na medida do possível, os quadros nos quais Paulo explana sua teologia, fez-nos deixar para este último parágrafo deste capítulo X dedicado à justiça, certos temas referentes ao Espírito.

O próprio título que escolhemos nos desculpa[992]. Com efeito, Paulo situa agora o cristianismo em antítese com o regime da Lei. A verdadeira justiça, que é dom do Espírito, era o termo para o qual tendia o sistema da Lei. Os sistemas se sucedem; a Lei, que não possuía a força de vencer a carne, é substituída por um novo regime que assegura a vitória do Espírito e torna possível enfim a aquisição da justiça. Nós viveremos sob o domínio, ou na servidão, da justiça de Deus.

### 1. *A vontade do homem*[993]

Supomos feita a análise de Rm 7. Pensamos ter distinguido na antropologia paulina duas correntes básicas: uma mais semítica,

---

[991] Cf. E. G. GULIN, "Die Freiheit in der Verkündigung des Paulus", em *Zeitschr. Syst. Theol.*, 18 (1941), pp. 458-481; K. G. KUHN, πειρασμoχς-ἀμαρτία, σάρξ *im* "Neuen Testament und die damit zusammenhängenden Vorstellungen", em *Zeitschr. Theol. Kirch*, 49 (1952), pp. 200-222; F. BÜCKLE, *Die Idee der Fruchtbarkeit in den Paulusbriefen*, Friburgo (Suíça), 1953; A. VIARD, "Le fruit de l'Esprit", em *Vie Spir*, 88 (1953), pp. 451-470; C. H. DODD, "ΕΝΝΟΜΟΣ ΧΡΙΣΤΟΥ", em *Studia paulina. In honorem J. de Zwaan*, Haarlem, 1953, pp. 96-110; E. SCHWEIZER, Röm. "I, 3 f. und der Gegensatz von Fleisch und Geist vor und bei Paulus", em *Evang. Theol.*, 15 (1955), pp. 563-571; "Die hellenistische Komponente im Neutestamentlichen σαρξ – Begriff", em *Zeitschr. Neut Wiss.*, 48 (1957), pp. 237-253.

[992] A expressão é a mesma de Rm 8.2: "a lei (a obrigação que nasce) do Espírito da vida em Cristo Jesus te libertou da lei do pecado e da morte".

[993] H. LÜDEMANN, *Die Anthropologie des Apostels Paulus und ihre Stellung innerhalb seiner Heilslehre*, Kiel, 1872; P. JOÜON, "Les verbes βούλομαι et

apoiando-se numa psicologia rudimentar, onde as faculdades e suas tendências aparecem sob expressões figuradas, e a outra, grega. O pensamento semita fornece as noções de pecado, de carne, de concupiscência; o pensamento grego, a de "inteligência", um princípio superior presente no homem.

A noção de "inteligência" acarreta determinadas perspectivas. Se Paulo admite no homem, ao lado das tendências inferiores, um princípio constitutivo superior, ele é necessariamente otimista diante da humanidade. Ele crê que o homem é ontologicamente capaz de conhecer a Deus, de tender para ele e de fazer o bem.

Nossa exegese opõe-se conscientemente a certa exegese protestante que está em voga (Bultmann, Kümmel, Mehl-Köhnlein). Resumiremos bem rapidamente a posição deles[994]. O νοῦς de Paulo não seria um princípio superior presente no homem, que se deva imaginar segundo o νοῦς platônico; ele representaria, ao contrário, uma noção fundamentalmente religiosa, significando o homem colocado diante de Deus (Bultmann). As representações da inteligência são incapazes de dispor a vontade para as realizações práticas: o homem pode pensar em Deus e no bem, mas não tem o poder de realizar coisa alguma; o impulso para a ação lhe virá somente dum poder externo. Em outras palavras, a personalidade do homem é alienada; o "eu" o nosso "eu", está ontologicamente orientado para o Bem, mas ele é ao mesmo tempo uma inteligência pervertida.

Enquanto ele é ontologicamente, "trans-subjetivamente" (Bultmann) orientado para a verdadeira vida superior, religiosa, ele é, seja "historicamente", seja ainda ontologicamente e "trans-subjetivamente", inclinado ao mal. Para sua desgraça, o homem escolheu (mas o que é uma escolha ontológica?) o caminho contrário a Deus, tornou-se totalmente carnal. O homem se acha oposto à vontade de Deus, culpado nas profundezas de seu ser.

---

θέλω dans le Nouveau Testament", em *Rech. Sc. Rel.*, 30 (1940), pp. 227-238; H. MEHL-KOEHNLEIN, *L'homme selon l'apôtre Paul*, Neuchâtel, 1951; CL. TRESMONTANT, *Essai sur la pensée hébraïque*, Paris, 1953; Th. BOMAN, *Das hebräische Denken in Vergleich mit dem Griechischen*, Göttingen, 1954; L. CERFAUX, "La volonté dans la doetrine paulinienne", em *Qu'est-ce que vouloir?*, Paris, 1958, pp. 13-23.

[994] H. MEHL-KÖHNLEIN, *L'homme selon l'apôtre Paul*, Neuchâtel, 1951, pp. 23s.

W. Gutbrod já observou que esta exegese trai o texto e que θέλω (Rm 7.15-21) não significa uma tendência transubsjetiva⁹⁹⁵. É a própria evidência. O pensamento de Paulo está condicionado pela filosofia ou a teologia de seu tempo e não por circunstâncias psicológicas modernas.

Sustentamos, pois, que o homem executa atos conscientes, sob o controle de sua inteligência, e que esta inteligência foi criada por Deus com o fim de conhecê-lo e de tender para ele. Sem dúvida, Paulo acumula as expressões que sublinham a fraqueza do homem "natural", tal como ele existia ante seus olhos e existe ainda hoje, quando ele se acha colocado diante da alternativa de fazer o bem ou o mal. Mas ficaria excluída toda e qualquer capacidade de fazer o bem? Mostramos alhures que a noção de juízo final supõe que o homem pode fazer a vontade de Deus sem ter sido atingido pela mensagem apostólica. A teologia católica sempre manteve que o homem continuava bom em seu íntimo, sua natureza; este otimismo corresponde à tendência dominante do Antigo Testamento e ao pensamento grego, as duas fontes donde Paulo extraía suas noções antropológicas. Em vão se buscaria aí esta idéia de que o homem não é mais que sua relação com Deus, que ele não existe senão na sua resposta atual ao apelo de Deus, depois de ter sido afastado de Deus numa opção fundamental viciada.

## 2. *A carne e o Espírito*⁹⁹⁶

**A.** *A vitória do Espírito*

1. A Lei exaspera o conflito entre a carne e a inteligência, esta ficando em consonância com a vontade de Deus; a carne, ao contrário, entregando-se por natureza e malícia ao domínio do pecado.

---

[995] *Die paulinische Anthropologie*, Stuttgart, 1934, pp. 45-47.
[996] Cf. W. SCHAUF, *Sarx. Der Begriff "Fleisch" beim Apostel Paulus unter besonderer Berücksichtigung seiner Erlösungslehre*, Münster, 1924; E. FUCHS, *Christus und der Geist bei Paulus*, Leipzig, 1932; E. BRUNNER, *Der Mensch im Widerspruch*, Berlin, 1937; E. TOBAC, *Le probleme de la justification dans saint Paul*, Gembloux, 1941; R. BULTMANN, *Theologie des Neuen Testaments (Neue theologische grundrisse)*, Tübingen, 1953, pp. 228-249.

Quando Deus concede ao homem o dom de sua justiça, ou do Espírito, depois que Cristo venceu o pecado, o triunfo da inteligência está garantido. Entretanto, teologicamente certo do lado de Deus, este triunfo, nos cristãos individuais, continua ligado à sua vontade de viver segundo o Espírito. Ainda são capazes de viver segundo a carne.

Teologicamente, o Espírito domina a carne. O conflito não pode mais existir, pois dum lado está a força de Deus, e do outro uma simples fraqueza, que encontrava conivências no mundo demoníaco agora derrotado por Cristo. Vitória real, contanto que os cristãos se entreguem a esta força e aceitem triunfar.

2. Qual é, pois, a situação do cristão, sob o reino do Espírito?[997]. A carne permanece, mas entrou em cena um elemento novo. Sozinha a lutar, a vontade do homem estava vencida de antemão. Era seu destino sob a Lei. Graças ao Espírito Santo ela é vitoriosa e capaz de vencer. Vitoriosa, isto é, já interveio uma decisão, que provoca uma nova proporção das forças em conflito. Com ou sem a Lei, a carne prevalecia sem dificuldade. Com o poder do Espírito Santo, aliado da parte superior da alma, a proporção fica invertida. A vitória que Cristo obteve na cruz promete já todas as vitórias dos cristãos; cumpriremos certamente a justiça que tinha sido proposta e ordenada pela Lei (Rm 8.3).

Esta vitória, dom do Espírito Santo, realiza-se entretanto com a nossa colaboração. O mais simples será, sem dúvida, traduzir a doutrina de Paulo em termos de "natureza". O Espírito Santo, unido ao nosso νοῦς, cria em nós uma natureza renovada e lhe dá novas possibilidades. A idéia teológica que assim tentamos exprimir é insinuada pela expressão: a colheita do Espírito[998]. O Espírito Santo está em nós como sementes; as sementes são a causa da colheita, mas esta não se faz sem o trabalho do homem[999].

---

[997] Tomamos como base Rm 8.1-11 e Gl 5.16-25, que descrevem o conflito permanente na existência cristã.

[998] Gl 5.22: ὁ καρπὸς τοῦ πνεύματος Cf. *infra*, pp. 472-477.

[999] O contato com a parábola da semente não é casual. A terra produz seus frutos, colaborando com a Palavra de Deus (eficaz, que se tornou o Espírito na teologia paulina). O novo povo dá seus frutos, ao passo que o povo antigo recusou-os a Deus.

A experiência revela que não cessou por completo todo o conflito interno. A carne não está completamente transformada sob a influência do Espírito. Isso se dará na ressurreição, quando os corpos serão "espiritualizados". Enquanto aguarda esta reviravolta total, o homem continua ainda dividido. No corpo parcialmente espiritualizado, a carne continua sendo uma força que leva ao pecado. O Espírito, que é também uma força, aliou-se com a inteligência (ou o homem interior); ele "informa" a inteligência – diríamos em linguagem escolástica[1000] – e leva-a ao bem, mas não de modo irresistível. Duas forças continuam, por conseguinte, opondo-se: "a carne tem desejos contrários aos do Espírito e o Espírito aos da carne; estas duas forças permanecem em conflito, de modo que vós não fazeis o que quereis" (Gl 5.17). Paulo retomou, para aplicá-las aos cristãos, as expressões usadas em Rm 7[1001]. Mas todo o trágico é posto de lado. A libertação está realizada; se ele o desejar sinceramente, o homem não precisa mais temer a carne e suas concupiscências. Basta que ele se deixe conduzir pelo Espírito que está nele. Capaz de se deixar conduzir, ele é, porém, capaz de seguir ainda os instintos da carne. Sua vontade permanece livre; ela não é mais "necessitada", se assim podemos dizer, pela carne, e o Espírito lhe devolve sua autonomia, atraindo-a suavemente para o bem.

3. Paulo jamais consentiu em colocar realmente em comparação, para seus cristãos, os dois ritmos de vida, um segundo a carne, o outro segundo o Espírito. O ritmo cristão é vida segundo o Espírito. A vida segundo a carne é a vida sob a Lei ou no paganismo. O cristão, pela realidade de seu ser, passou dum ritmo ao outro. Ele está obrigado, pela sua nova natureza, a viver segundo seu próprio ritmo (cf. Rm 8.5-11). "Alguns dentre vós foram tudo isso (viveram em todos os vícios do paganismo), mas fostes lavados, santificados, justificados..." (1 Co 6.11). É mister entender bem esta "obrigação". A vontade natural persiste (mas fortificada) quando o Espírito está presente; este fortificante não a altera radicalmente.

4. A posição do cristão na justiça não é inabalável. Daí a sucessão, quando Paulo fala da atividade humana, dos indicativos e

---

[1000] Cf. *supra*, pp. 314-319.
[1001] Cf. Rm 7.15.23.

dos imperativos. Nós estamos na santidade, nossas atividades são fé, amor; e portanto devemos ser santos e responder à expectativa de Deus. Os Padres que pensavam em categorias de natureza e de liberdade não tiveram nunca a curiosidade de investigar este fenômeno gramatical.

Ao lado da teologia, há a pastoral, como dizemos hoje. Como bom educador, Paulo fala sempre como se os costumes pagãos estivessem definitivamente abolidos nas suas igrejas. Mas suas exortações bem indicam que ele sabe a distância existente entre o ideal e a prática. Poderíamos alegar diversos detalhes das Epístolas. Para citar só um exemplo, em 1 Co 5.11, ele aplica a certos cristãos, – indignos deste nome[1002], mas cristãos apesar de tudo, – a lista corrente dos vícios: pessoas de má vida etc.

O cristianismo foi, pois, desde o começo o que ele é hoje: um grande entusiasmo com momentos de fraqueza, uma sociedade de santos, em teoria, com muitos pecadores na prática. Paulo descrevia regularmente o cristão ideal, teologicamente cristão, parecendo admirar-se de que alguns fossem indignos de sua vocação. É provável que seja só este o significado concreto da passagem dos indicativos e dos imperativos.

## B. A antítese carne-espírito

A antítese "carne-espírito" foi preparada no Antigo Testamento. Paulo pôde ler como nós Gn 6.3: "meu espírito (τὸ πνεῦμά μου) não permanecerá sobre estes homens para sempre, porque eles são carne (σάρκας)", e na profecia de Ezequiel (37.10) sobre os ossos secos estas palavras do Senhor: "Eis que faço oprar sobre vós um sopro de vida (πνεῦμα ζωῆς)... e vos recobrirei de carne (σάρκας)". A antítese caracteriza agora a oposição entre o estado dos cristãos antes de sua conversão e o estado atual[1003], entre aquilo que eles poderiam voltar a ser e o que eles são na realidade[1004] Ela pode também exprimir o dualismo do composto humano na sua concepção

---

[1002] Ἐάν τις ἀδελφὸς ὀνομαζόμενος...
[1003] Rm 7.5-6; 8.4.9.
[1004] Rm 8.13; Gl 5.19-22; 6.8.

cristianizada[1005]. Ela se fixa em diversas aplicações que nós recordamos.

*a) O povo carnal e o povo espiritual*

Em Gl 3.3, Paulo opõe a prática da Lei às manifestações carismáticas dos cristãos: "Vós começastes pelo Espírito e agora acabeis pela carne?" Será muito natural generalizar a antítese: a Lei é uma religião κατὰ σάρκα (a fórmula faria uma alusão discreta à circuncisão, que é como que por excelência κατὰ σάρκα), enquanto que o cristianismo é segundo o Espírito.

A antítese se desenvolve dum outro modo, mas para chegar ao mesmo ponto final, em Gl 4.21-31. É feita uma oposição entre a antiga economia e a nova, segundo a alegria dos dois filhos de Abraão. Um dos filhos nasceu da escrava, o outro da mulher livre. O que nasce da escrava nasceu κατὰ σάρκα, isto é, simplesmente segundo as leis da geração carnal. O que nasceu da mulher livre, ao contrário, nasceu da promessa (διὰ τῆς ἐπαγγελίας). Mas "segundo a promessa", equivale a κατὰ πνεῦμα pois não foi a carne que interveio, mas o milagre, o poder de Deus. A promessa tinha em mira o Cristo; nascer segundo a promessa, em vista do Cristo, é nascer κατὰ πνεῦμα. A mulher livre simboliza, aliás, a Jerusalém celeste, livre, porque celeste, desta liberdade que o Espírito dá. As noções de liberdade, de Espírito, de filiação, estão ligadas no vocabulário paulino[1006]. O povo antigo é, por conseguinte, escravo, nascido da mulher escrava "segundo a carne". Ele é duplamente "segundo a carne", sob a escravidão da Lei e privado da herança do Cristo. A escravidão da Lei equivale à escravidão dos "elementos" do mundo, os elementos que regem as religiões pagãs (Gl 4.8-11)[1007].

1 Co 10.18 testemunha o costume de Paulo de falar de Israel segundo a carne. "Israel" significa sem mais, para ele, o povo eleito, mas no sentido forte e ideal. O povo antigo não realizou o ideal de Deus e permaneceu "segundo a carne"; descendência carnal (embora

---

[1005] 1 Co 5.5; cf. *supra*, pp. 319-321.
[1006] Cf. Gl 4.7.30.
[1007] Cf. *infra*, pp. 466-468.

trazendo a promessa!) de Abraão. Paulo realmente não se contradiz afirmando de Jacó (Israel) que ele nasceu segundo a promessa, segundo o Espírito. A noção é ambivalente. O patriarca pertence à genealogia que resultará no povo judeu; sob este aspecto, ele teria nascido segundo a carne, mas ele representava, no pensamento de Deus, o herdeiro que será Cristo[1008].

O verdadeiro Israel segundo o Espírito, o Israel de Deus (Gl 6.16), começa com Cristo e os cristãos. Os patriarcas pertencem por antecipação ao verdadeiro Israel, participando do testamento que Abraão recebeu e que o santificava para situá-lo ao nível da promessa. Judeus e pagãos estão agora reunidos, pelo Cristo, na unidade do Espírito, para terem acesso ao Pai[1009]. O cristianismo é κατὰ πνεῦμα. A expressão κατὰ σάρκα, nesta aplicação, não significa simplesmente um povo que permanece na ordem natural. Nem os pagãos, nem os judeus não estão simplesmente na ordem natural. A religião dos pagãos sujeita-os às tendências da carne, isto é, às concupiscências inferiores, pois a idolatria gerou estas concupiscências e estes vícios. A religião da Lei chega ao mesmo resultado, pois também ela, a seu modo, fomenta as paixões e provoca transgressões.

Contudo, Paulo não quereria que se levasse longe demais a analogia. Sem dúvida, em estilo de controvérsia, ele consente em aproximar pagãos e judeus, por este κατὰ σάρκα, como também por sua comum submissão aos "elementos" do mundo, e sua participação como num estado geral de pecado. Todavia, os pagãos são nominalmente ameaçados pela cólera de Deus; são privados dos privilégios de Israel, das alianças, das promessas, da esperança do Cristo, do conhecimento do verdadeiro Deus (Ef 2.12). A Lei prescreve a circuncisão na carne, mas ela não é de per si "segundo a carne". Ao contrário, ela é espiritual (πνευματικός), enquanto representa a

---

[1008] Paulo desenvolve esta teoria em Rm 9.6-13, a propósito de Isaac e de Jacó. No Israel segundo a carne, uma linhagem espiritual conduz ao Cristo. Ela desponta cada vez que a vontade de Deus, por uma escolha particular, transcende a geração carnal.

[1009] Δι' αὐτοῦ ἔχομεν τὴν προσαγωγὴν οἱ ἀμφότεροι ἐν ἑνὶ πνεύματι πρὸς τὸν πατέρα (Ef. 2.18).

vontade de Deus, indica a direção que os costumes devem tomar e traz em si a promessa do Cristo; a justiça de Deus já faz ouvir nela a sua voz. A intenção divina não chegou a expandir-se plenamente, por causa da fraqueza do povo ao qual a Lei fora confiada, e também porque Deus admitia esta fraqueza e dela se servia para preparar o caminho para Cristo. Mas também, é preciso acrescentá-lo, porque a Lei não foi compreendida. Ela permaneceu a "letra", ao passo que na intenção divina, ela devia ser compreendida segundo seu "espírito", Talvez tocamos aqui o verdadeiro e profundo pensamento de Paulo. A antítese que convém ao povo não convém à Lei. O povo é "carnal", "segundo a carne", em vez de ser "segundo o Espírito", porque ele não se submeteu à Lei tal como Deus a tinha querido, aberta para o Cristo. A Lei era espiritual, mas nela havia a "letra" e o "espírito". O povo viveu a "letra" da Lei e não seu" espírito".

O pagão, sem ter a "letra", pode praticar os preceitos da Lei (neste caso, ele a pratica segundo seu espírito, segundo a vontade de Deus); o judeu, embora possua a "letra" e a circuncisão, transgride a Lei (Rm 2.27), tanto em sua letra como em seu espírito. De modo análogo, há uma circuncisão do "coração" quer dizer, no Espírito, acessível aos pagãos, enquanto que os judeus não querem senão a circuncisão da carne (Rm 2.28-29)[1010].

*b) O Cristo segundo a carne e o Cristo segundo o Espírito*[1011]

A antítese se impõe pela cristologia paulina, A ressurreição constituiu o Cristo κατὰ πνεῦμα (Rm 1.4); portanto, antes ele não era "segundo o Espírito", sua existência estava desprovida do poder que ele devia exercer. Ele era "segundo a carne". Esta primeira exitência, a encarnação do Filho de Deus, fazia-o filho da mulher, da raça de Davi. A mesma antítese está latente em Rm 9.5: do povo judaico surgiu o Cristo "segundo a carne", quer dizer, enquanto ele é filho de Davi e da raça judaica.

---

[1010] Cf. *supra*. pp. 50s.
[1011] Cf. L. CERFAUX, *Le Christ dans la Théologie de saint Paul*, 2ª ed. (*Lectio divina*, 6), Paris, 1954, pp. 209-236.

O Cristo não deve ser considerado segundo a carne; um messianismo nacional, tal como Paulo o teria vivido antes de sua vocação[1012] não pode servir de base ao cristianismo. O cristão não é o súdito de um messias régio, mas o homem que se deixa transformar totalmente pelo Cristo Jesus morto e ressuscitado por ele. O cristão é uma nova criatura[1013]. A salvação cristã, vitória do Cristo segundo o Espírito, produz em todo cristão a vitória do Espírito sobre a carne.

## 3. A condição cristã de liberdade[1014]

"Onde está o Espírito do Senhor, aí há liberdade" (2 Co 3.17). Com isso Paulo quer dizer que o cristão, uma vez livre dos empecilhos religiosos do regime da Lei, é capaz de contemplar, sem o véu que obscurece o olhar dos judeus, a glória de Deus visível sobre a face do Cristo. A "justiça" nos prende ao Espírito e nos liberta das formas inferiores da religião judaica.

É-nos mister, desde o começo deste parágrafo, esquecer uma definição de liberdade baseada no "livre arbítrio". A liberdade humana, como nós a entendemos hoje, nunca foi problema para Paulo. Como todos os judeus, ele acreditava possuir a iniciativa da autonomia em suas iniciativas e permanecer responsável perante Deus de todos os seus atos, bons ou maus. Com certeza, como todos os judeus também, ele sabia que toda a ordem criada, e especialmente a ordem humana, o desenrolar da história e a atividade das consciências, dependem deste Deus diante do qual o homem e o mundo nada são. Estava bastante a par dos interesses de seu tempo para perceber que o governo divino, que se confundia com a ordem

---

[1012] Poder-se-ia interpretar neste sentido a afinnação, sem dúvida obscura para nós, de 2 Co 5.16.
[1013] 2 Co 5.15-17.
[1014] St. LYONNET, *Liberté chrétienne et loi de l'Esprit*, Roma, 1954; L. CERFAUX, "Condition chrétienne et liberté selon saint Paul", em *Structures et liberté (Études carmélitaines)*, Bruges, 1958, pp. 244-252. Bibl. geral em *Theol. Wörterbuch*, II, p. 484; W. BAUER, *Wörterbuch z. N. T.*, 5ª ed., Berlin, 1958, cc. 496s; R. BULTMANN, *Theologie des Neuen Testaments (Neue theologische Grundrisse)*, Tübingen, 1953, pp. 326-348; M. POHLENZ (trad. J. GOFFINET), *La Liberté grecque: nature et évolution d'un idéal*, Paris, 1956.

cósmica, podia parecer estorvar a liberdade humana, mas forte por sua fé num Deus pessoal na sua transcendência e presente ao mundo e às almas com todo o seu poder, denegava ao homem o direito de discutir os mistérios da providência. Não se pedem razões a Deus do que ele faz (Rm 9.19-24). Por conseguinte, Paulo jamais pôs em dúvida a liberdade fundamental do homem e não pôs o problema duma graça de Deus que se tornasse constringente. A liberdade do homem é tão segura para ele quanto a autoridade absoluta de Deus que rege a salvação dos homens.

*a) O vocabulário*

Paulo é o único dos autores do Novo Testamento que se serve com freqüência do vocabulário que gira em torno do substantivo "liberdade". Usa o adjetivo ἐλεύθερος 16 vezes, o substantivo ἐλευθερία 6 vezes, o verbo ἐλευθερόω 5 vezes e ἀπελεύθερος uma vez[1015].

No sentido primário, estas palavras designam uma realidade social, a liberdade em oposição à escravidão, ou então uma realidade mais interior, a liberdade das consciências, a independência diante dum constrangimento externo e o acesso a um mundo de atividades em que as energias humanas têm campo aberto. Estas acepções fundamentais, que são ainda mais ou menos as da linguagem corrente, foram de início tipicamente gregas. Refletiam a experiência social das pequenas cidades, as da "democracia", da luta contra os tiranos, e depois, da guerra contra o déspota persa. "Liberdade" significava o orgulho da independência, do direito de fazer o que quiser, de participar nos governos do Estado e em suas honras: παρρησία, fraqueza, ἰσότης, igualdade, são quase sinônimos seus.

O semita quase não usa os termos deste vocabulário, – uma pesquisa no Antigo Testamento hebraico e grego é ilustrativa, – e Paulo usa muito. Portanto, ele se vê forçado a utilizar temas do mundo

---

[1015] Cf. H. SCHLIER, art. ἐλεύθερος, em *Theol. Wörterbuch*, II, pp. 484-500; O. SCHMITZ, *Der Freiheitsgedanke und das Freiheitszeugnis des Paulus. Ein religionsgeschichtl. Vergleich*, Gütersloh, 1923; W. BRANDT, *Freiheit im N. T*, München, 1932; B. RAZZOTTI, "La libertà cristiana", em *Riv. Bibl.*, 6 (1958), pp. 50-82.

grego. Este é um dos pontos mais interessantes e mais instrutivos de seu vocabulário, uma das melhores ocasiões para investigar o segredo de sua estrutura mental.

A experiência citadina forjou a idéia e mais o vocabulário da liberdade; ela continua na base de todo o desenvolvimento posterior, que será aprofundamento, interiorização, mas não cessará jamais de referir-se ao ponto de partida.

Os filósofos gregos, os cínicos, depois os estóicos, terão orgulho em adquirir ou manter sua "liberdade"; eles a entendem como a plena posse de si mesmos. Os tiranos que tentarão subjugar seu "eu" serão os males da existência, as paixões e até o destino. Como na experiência fundamental e na noção comum, a liberdade apresentará um aspecto negativo, fugir à coação, e um aspecto positivo, atingir uma esfera em que se goza dos bens da libertação. Filon de Alexandria renunciará aos bens inferiores que escravizam para buscar a liberdade na união mística com Deus. Paulo fará uma experiência muito pessoal de liberdade interior, paralela à dos estóicos e à de Filon[1016]; mas como no caso destes, seu vocabulário referir-se-á constantemente à experiência grega. Certos temas teológicos interessam-nos especialmente.

### b) Servidão da Lei e liberdade cristã

Toda a vida e todo o pensamento de Paulo são remodelados pelo acontecimento de Damasco, de que a Epístola aos gálatas sintetiza exatamente a interpretação: Deus revelou a Paulo seu Filho glorioso, com a missão de pregá-lo aos gentios. É uma profunda reviravolta religiosa: a busca duma certeza de agradar a Deus, através das práticas da Lei, é substituída por uma iluminação divina centralizada em Cristo e garantindo a salvação.

A libertação da Lei é o aspecto negativo da experiência. Se nos deixarmos conduzir pelas indicações dos textos, constataremos que é precisamente através deste aspecto negativo que o vocabulário de liberdade vai introduzir-se na teologia paulina. Coloquemo-nos

---

[1016] A experiência paulina termina na noção de sua liberdade como apóstolo do Cristo ressuscitado (1 Co 9.1.19).

no momento crítico em que os judaizantes de Jerusalém imaginam impor aos pagãos o jugo da Lei (Gl 2.4). Paulo refere o acontecimento: "eles infiltraram-se em nossas fileiras para espionar a liberdade que possuímos em Cristo Jesus, a fim de submeter-nos à escravidão". As metáforas evocam a imagem duma cidade que até então gozasse de liberdade e que os inimigos sitiam para subjugá-la. Paulo defende o bem essencial de todos os seus cristãos da gentilidade, a liberdade. Esta liberdade comporta antes de tudo (aspecto negativo) a independência com relação à Lei, a toda a Lei, insiste Paulo (Gl 5.3). Esta é um regime religioso superado, uma escravidão que tomou o lugar do outro regime, o da liberdade.

A situação de escravidão sob a Lei, considerada segundo nossa ótica moderna, pode-se exprimir mais ou menos assim: a Lei, como regime de vida religiosa, obriga a observâncias aviltantes. Umas revestem um caráter grosseiro, que se percebia na civilização contemporânea de Paulo: a circuncisão, os sacrifícios sangrentos, as abstinências alimentares. Seria preciso acrescentar todo o ritual das festas, – as festas tais como ressoam nas consciências das multidões judaicas, – que apresentam demasiadas analogias com os rituais grosseiros das religiões orientais. Sem dúvida, dentro do judaísmo, sobretudo em Alexandria, tentava-se legitimar todas estas práticas pelo método alegórico, mas os melhores espíritos não se iludiam. A Lei, por outro lado, multiplicava as regras puramente morais que se misturavam com proibições arcaicas. Um regime assim podia impedir o ímpeto das almas interiores e imobilizar a vida na letra e nas práticas materiais, as "obras".

Esta visão, que é a nossa, percebe-se já no fundo do processo que Paulo move contra a Lei. Mas o Apóstolo dramatiza suas acusações, sobretudo na Epístola aos gálatas, para mais aproximar as práticas legalistas judaicas das crenças e práticas religiosas do paganismo.

E aqui está o aspecto positivo da liberdade cristã. O Cristo nos libertou. Somos seus libertos (1 Co 7.22)[1017]. Graças a ele, conhecemos o verdadeiro Deus, não dependemos mais senão dele. Esta

---

[1017] Cf. A. DEISSMANN, *Licht vom Osten. Das Neue Testament und die neuentdeckten Texte der hellenistisch-römischen Welt*, 4ª ed., Tübingen, 1923, p. 277, nº 3; 323.

dependência, esta vassalagem imediata, não é mais uma escravidão, pois Deus transcende as realidades humanas. De fato, não somos mais escravos, mas filhos de Deus. Assim exprime Paulo um pensamento original e fundamental do cristianismo. Os textos das Epístolas aos romanos e aos gálatas sobre a liberdade dos filhos de Deus (particularmente Gl 4.26-31) assemelham-se às declarações de Jesus, em Mt 17.25-26: "Os filhos são livres", e Jo 8.33-36: "Se permaneceis na minha palavra (participando da minha qualidade de filho de Deus), a verdade vos libertará".

O tema da liberdade cristã está ligado à alegoria de Sara e de Agar. Agar é a escrava e representa a nação judaica, escrava da Lei. Sara, a mulher livre, representa a Jerusalém celeste; ela gera os filhos a quem está prometida a herança (Gl 4.21-31). Por falta de análise metódica dos temas, houve quem dissesse que esta alegoria deu origem à noção de liberdade cristã, e que esta representa, portanto, um bem essencialmente futuro e escatológico. Toda a dialética paulina supõe, ao contrário, as noções gregas, e para estas últimas, a liberdade é um bem da vida presente, liberdade das cidades, dos homens livres, dos sábios, dos místicos de Filon.

c) *Servidão da carne e do pecado; servidão da justiça ou liberdade*

1. À servidão da Lei une-se a da carne e do pecado. No cristianismo, a alma goza, desde a vida presente, dos bens divinos, e estes a estabelecem num sentimento consciente e saboroso de liberdade: a vida que nos torna reis (Rm 5.17), o dom por excelência, o reino da justiça ou da santidade, e acima de tudo a certeza adquirida no Espírito de nossa qualidade de filhos. O Espírito ajuda-nos a nos dirigir a Deus no mesmo sentimento que seu Filho, dizendo-lhe como ele: *Abba Pater*. Faz-nos suspirar pela nossa glória futura, esperar a libertação de nossos corpos e a de toda a ordem material que também deve participar da glória dos filhos de Deus; mas nós sabemos que esta glória coroará nossa situação atual.

A liberdade cristã é ainda uma maneira de exprimir a espiritualidade de nossas vidas: onde está o Espírito do Senhor, aí há liberdade (2 Co 3.17). Espírito, glória, liberdade, filiação de Deus são conceitos que mutuamente se implicam.

O Apóstolo poderá falar da lei do Espírito, da "vida em Cristo Jesus que o libertou da lei do pecado e da morte" (Rm 8.2), ou ainda da lei do Cristo (Gl 6.2); vai dizer que ele é "sem Lei", como os pagãos, mas não estando realmente sem a lei de Deus, pois está ligado pela lei do Cristo (1 Co 9.21). A liberdade é uma nova escravidão, mas da justiça (Rm 6.18-20). Mas expressões deste gênero são raras na literatura paulina; Paulo não considera o cristianismo como um novo "nomismo", nem mesmo sob a capa duma lei espiritual.

2. A doutrina paulina adquire uma nova dimensão à luz do ambiente grego. O problema "fatalismo e liberdade" angustiava as consciências[1018]. A servidão da Lei, apoiada pela tirania da carne e do pecado e pela dos poderes cósmicos, exerce uma função análoga à do destino regido pelos astros. Assim como as filosofias, as religiões e a magia conservam a doutrina da liberdade humana, cada qual procurando a seu modo uma solução para a evidente antinomia que as questionam, o Apóstolo propõe a sua a liberdade, dom de Deus em Cristo, pelo Espírito, paralela de certa forma à das religiões de mistério e de gnose[1019].

O confronto de certos temas dispersos em suas Epístolas dá a sensação de que Paulo percebia a analogia de sua posição com a do problema grego. Os próprios judeus, pela Lei, estavam sujeitos aos "elementos do mundo", confundidos com os poderes astrais (Gl 4.3-5.8-11). A libertação do corpo de morte (pelo qual o pecado se

---

[1018] D. AMAND, *Fatalisme et Liberté dans l'antiquité grecque* (Université de Louvain. Recueil de travaux d'Hist. et de Philol., 3e série, 19e fasc.), Louvain, 1945; A. D. NOCK e A.-J. FESTUGIÈRE, *Corpus Hermeticum*, I, Paris, 1945, pp. 193-195 (apêndice).

[1019] Pode-se comparar a função do Espírito com a do "intelecto" (νοῦς) nos escritos herméticos. O intelecto, dom de Deus, garante a vitória sobre a fatalidade e estabelece o homem na liberdade: "Tu, por conseguinte, presta atenção nisto e aplica esta doutrina à pergunta que há pouco me fazias, quero dizer, sobre a fatalidade < e > o intelecto. Com efeito, se retiras tua argumentação capciosa, descobrirás, meu filho, que de fato, é sobre todas as coisas que o intelecto domina, a saber, o eu (ψυχή) de Deus, sobre a fatalidade, sobre a lei e sobre todo o resto; que nada lhe é impossível (ἀδύνατον, cf. Rm 8.3), nem estabelecer a alma humana acima da fatalidade, nem, se ela foi negligente, como acontece, colocá-la sob o jugo da fatalidade" (*C. Herm.*, XII, § 9, tradução de A.-J. FESTUGIERE).

apresenta como um poder introduzido em nós, nos domina) é o dom de Deus por Jesus Cristo (Rm 7.25), ou o efeito do Espírito (Rm 8.2): compare-se com o texto hermético citado em nota a expressão de 2 Co 3.17: "onde se acha o Espírito do Senhor (que exerce a função do νοῦς hermético), aí existe liberdade". A dificuldade dos gregos em combinar, com o fatalismo, a responsabilidade humana e a teoria dos castigos do além[1020], encontra seu correspondente na objeção que Paulo faz a si próprio em Rm 3.5-8.

3. Paulo vislumbrou os perigos reais de seu sistema; poder-se-ia não querer seguir as sugestões mais altas do Espírito, enquanto se imagina abandonar-se a seus apelos. Ele adivinhou os desvios que experimentarão certos gnosticismos e certa mística. Ele coloca os gálatas de sobreaviso: "Postes chamados à liberdade; mas cuidado! não aproveiteis desta liberdade para a libertinagem da carne; sede escravos uns dos outros pelo amor do Espírito" (Gl 5.13). Ele não deixou de preconizar a grande liberdade do Espírito e do amor; o amor é liberdade e não escravidão, ela é fruto do Espírito (Gl 5.22s), não submissão a uma lei; suas manifestações não se podem determinar e fixar nos artigos duma lei, pois ela é abertura para o infinito do Amor de Deus que nos amou por primeiro.

*d) Liberdade da consciência cristã*[1021]

A supressão da Lei e de sua casuística liberou nos cristãos um vasto campo de decisões, em matéria de culto (consumo de carnes consagradas aos ídolos), em matéria de abstinências etc. Paulo se recusa a trocar uma casuística por uma outra; deseja formar consciências esclarecidas. Pois, para seu comportamento, o cristão goza do "conhecimento" espiritual que penetra as incidências religiosas das realidades que o rodeiam, e possui uma consciência, o direito e a capacidade de se decidir. "Conhecimento" e consciência são realidades que a civilização grega aprecia com razão, mas que Paulo

---

[1020] Cf. D. AMAND, *op. cit.*, pp. 9-11.
[1021] Bibl. em W. BAUER, *Wörterbuch z. N. T.*, 5ª ed., Berlin, 1958, c. 1557; J. DUPONT, "Syneidèsis aux origines de la notion chrétienne de conscience morale", em *Studia hellenistica*, 5 (1948), pp. 119-153.

elevou, graças à sua experiência cristã, a alturas que o mundo pagão não podia conhecer. "Conhecimento" e consciência serão unidas ao Amor.

O vocabulário revela-nos um momento decisivo na adaptação da experiência cristã ao mundo greco-romano. Não somente ele é especificamente grego, mas ele está acompanhado duma gama de ressonâncias gregas, provenientes da vida das cidades ou da reflexão filosófica. Acolhendo estas fórmulas, o cristianismo voltava-se resolutamente para o mundo greco-romano e contava com ele para realizar o ideal revelado por Cristo. A vinha será dada a novos vinhateiros, que produzirão fruto.

Compreendemos um pouco melhor por que Paulo não Podia suportar para seus cristãos a idéia duma submissão à Lei. A Lei era incompatível com o regime da liberdade, como a tirania não podia ser aceita pela democracia grega.

Vimos a própria dialética mover-se no meio de expressões gregas e fundir em seu molde todos os ímpetos da jovem religião cristã, entusiasta, empreendedora, admiravelmente feita para o mundo em que ela entrava. Pois, assim como as idéias religiosas de Cristo haviam encontrado pouca vibração entre os seus, assim, pelo contrário, mediante certas adaptações, elas Podiam seduzir os gregos. Paulo foi o homem providencial, capaz de fazer os gregos entenderem a noção de Filho de Deus, capaz de transpor em fórmulas gregas a idéia do reino dos céus e da herança celeste e de exprimir pateticamente a necessidade que todos nós temos do dom de Deus para viver um ideal humano, hábil para transpor em sensibilidade estóica o apelo profético.

Juntamente com o vocabulário grego, amoldaram-se ao cristianismo certas atitudes da alma grega, modos de pensar, um determinado comportamento perante o mundo e a divindade. Quando os cristãos de língua grega, os cristãos de Paulo, deram à Epístola do Apóstolo o nome de "Carta da liberdade", sabiam muito bem o que estavam dizendo. Tratava-se de coisa bem diversa do que de libertar-se da circuncisão. Era toda a riqueza de vida humana da civilização grega que recebia sua expansão num mundo religioso até então fechado para ela, mas para o qual ela aspirava e para o qual ela havia sido estabelecida providencialmente sobre a terra.

Sem dúvida, a adaptação do cristianismo ao meio grego ia suscitar problemas que o judaísmo mal conhecia ou de todo não conhecia. O furacão espiritual dos carismas descambaria em delírio no montanismo e nas gnoses intelectuais; a libertação da Lei judaica arrastaria ao amoralismo certas seitas excêntricas. Mas estes perigos e estes desvios previstos foram largamente compensados pela corrente de liberdade espiritual e de contato direto com Deus. Paulo foi o homem predestinado e chamado por Deus para permitir aos gregos, mediante um mínimo de regras legítimas, terem acesso à liberdade espiritual prometida pela revelação aos filhos de Deus.

## 4. A "colheita" do Espírito

O cristão, pois, não está mais sujeito à carne como ele o era sob a Lei ou no paganismo. Sua liberdade foi conquistada por Cristo e é assegurada pela presença do Espírito; ela se realiza na "justiça". Mas assim como a carne não o obrigava fisicamente ao mal, o Espírito não o obrigará ao bem. No regime antigo, o homem continuava concretamente capaz de fazer o bem[1022]. Em sentido contrário, no regime cristão, será possível abandonar o Espírito para aderir de novo à carne[1023]. O cristão é sempre capaz de desligar-se do Cristo e do Espírito e de tornar-se uma só carne com a prostituta, se ele renunciar a permanecer um só Espírito com o Senhor (1 Co 6.18). O cristão é um homem que cultiva um campo. O campo é ou sua carne, ou o Espírito: "Quem semeia em sua carne, colherá de sua carne a corrupção; quem semeia no Espírito colherá a vida eterna"[1024].

Após algumas considerações de ordem literária, passaremos a uma exposição teológica.

---

[1022] Esta possibilidade não é pura abstração; senão, ela seria verbal e não real.

[1023] 1 Co 6.11: "Há entre vós quem era tudo isso (impudicos etc.) mas fostes lavados, santificados, justificados no nome do Senhor Jesus Cristo, e no Espírito de nosso Deus".

[1024] Gl 6.7-8. Mesma comparação ou metáfora em Rm 6.21-23, mas aplicada ao contraste entre a vida dos cristãos antes de sua conversão e sua vida cristã.

1. Do ponto de vista literário, note-se que a metáfora do fruto, ou melhor, da colheita[1025], pode readquirir vida na pena de Paulo[1026]. Em geral, tanto no Antigo como no Novo Testamento, não se vê mais em καρπός senão um sentido metafórico, para designar o produto, o resultado. É também este o uso paulino, por exemplo em Rm 6.21-22: o resultado da vida de pecado, no paganismo (estado anterior dos cristãos convertidos), era a vergonha e a morte; o resultado da submissão a Deus é a santificação e a vida eterna. No v. 23 encontram-se, como equivalentes de καρπός o salário (ὀψώνια) quando se trata do pecado e o dom (καρπός) quando se trata da submissão a Deus. O vacabulário manifesta, além disso, a vontade de opor aos efeitos morais da tendência carnal os da presença eficiente do Espírito Santo. Com efeito, Paulo vai reservar, regularmente, o termo καρπός para a atividade do Espírito[1027] e escolherá para a carne[1028] a expressão ἔργα, própria às obras da Lei, talvez para insinuar que esta e as "obras" da carne não são sem relação entre elas[1029]. A relação parece, em todo caso, intencional no trecho Gl 5.19-24, onde Paulo promulga o catálogo das virtudes cristãs em oposição ao dos vícios pagãos: "São manifestas as obras da carne, que são

---

[1025] O confronto de Gl 5.22 com 6.8 convida-nos a pensar antes no produto dos campos do que no fruto das árvores. Se Paulo tivesse pensado nos "frutos", nesta frase que anuncia as diferentes virtudes nascidas do Espírito, ele teria de preferência empregado o plural. Ver o comentário de M.-J. LAGRANGE, *Saint Paul, Épître aux galates, (Études bibliques)*, Paris, 1942, p. 151s., que explica o singular pelo desejo de sublinhar a "unidade das boas disposições que se irradiam da alma regenerada". Cf. 2 Co 9.10 (τὰ γενήματα).

[1026] Cf. notas 163 e 1164.

[1027] Rm 6.22; Gl 5.22; Ef 5.9 (καρπὸς τοῦ φωτός).

[1028] As "obras" são postas em relação com as trevas em Rm 13.12 (τὰ ἔργα τοῦ σκότους) e Ef 5.11 (τοῖς ἔργοις τοῖς ἀχάρπος τοῦ σκότους) sob a influência da alegoria do dia e da luz. Esta mesma alegoria tinha aduzido em Ef 5.9 a expressão "colheita da luz". As obras das trevas são as que se fazem de noite, e que são por isso mesmo improdutivas. O Espírito exerce sua eficácia nas obras.

[1029] Ver a exegese mais teológica de M.-J. LAGRANGE, *Saint Paul, Épître aux galates (études Bibliques)*, Paris, 1942, pp. 151s., que cita Jerônimo no mesmo sentido: *sed et illud eleganter, quod in carne opera possuit, et fructus in spiritu; quia vitia in semetipsa finiuntur et pereunt, virtutes frugibus pullulant et redundant.*

a fornicação etc... A colheita (καρπός) do Espírito é o amor etc..." O contexto mostra que os gálatas nada têm a ganhar fazendo-se circuncidar; sua liberdade cristã os submete ao amor, e aí está toda a Lei, a verdadeira Lei que os judeus não puderam praticar, sendo, como os pagãos, escravos de suas concupiscências[1030].

É, pois, com muita convicção que a Apóstolo conserva regularmente a uso de ἔργα para "as obras da carne" e de χαρπός para a colheita do Espírito. Efetivamente, ele quer que nós os oponhamos como nova aplicação da antítese σάρξπνεῦμα e extensão da antítese Lei e Espírito. Sua intenção é ensinar aos gálatas que sua circuncisão significaria uma volta às "obras da carne" e portanto ao paganismo; tendo começado pelo Espírito, eles acabariam sua conversão na carne[1031].

---

[1030] A explanação começa efetivamente em Gl 5.13 com uma advertência: os cristãos não devem transformar em licença carnal sua libertação da Lei, mas pelo amor do Espírito submeter-se uns aos outros. A lição de nossa Vulgata *per caritatem spiritus* que vem do texto ocidental (com a saídica), é provavelmente uma explicação teológica harmonizante: o Espírito constitui uma nova lei, a da único amor que abrange todos os preceitos e, além disso e sobretudo, é uma força para os cumprir. Paulo portanto não diz simplesmente que a Lei resume-se no preceito do amor, mas que ela se cumpre perfeitamente, nos cristãos, pelo amor (que só o Espírito nos pode dar). A Vulgata provavelmente corrige o texto grego em Gl 5.17, suavizando a expressão da impotência da vontade, concordando com Rm 7.15; em lugar de ἵνα μὴ ἃ ἐὰν θέλητε ταῦτα ποιῆτε, ela escreve *ut non quaecumque vultis, illa faciatis*. A Lei pôde enunciar o preceito (Paulo cita Lv 19.18), mas não pôde fazer praticá-lo. Paulo continua (Gl 5.16), fazendo oposição entre "caminhar segundo o Espírito" e deixar-se arrastar à concupiscência da carne", entre as tendências do Espírito e as da carne, para concluir no v. 18: "se sois conduzidos pelo Espírito, não estais sob a Lei". Quer dizer, portanto, que ele estava constantemente pensando na Lei enquanto falava da carne. Depois de ter recitado os dois catálogos, ele acrescenta ao segundo este comentário (v. 23-24): "Para tais coisas (as virtudes cristãs, sobretudo o amor), a Lei é muda. Mas os que pertencem ao Cristo Jesus crucificaram a carne com suas paixões e suas concupiscências". É o grande tema paulino: a morte de Cristo põe termo à Lei, à concupiscência triunfante da carne, e aniquila as potências. Tudo isso está unido no seu pensamento.

[1031] Gentios e judeus são, pois, segundo a carne; cf. Ef 2.3; sua vida consiste em seguir seus instintos, em fazer a vontade da carne. Em Ef 2.11 de novo Paulo reúne os pagãos e os judeus sob o epíteto "segundo a carne". Os pagãos são τὰ ἔθνη ἐν σαρκί (eles não despojaram a carne pela circuncisão); os judeus,

O catálago das virtudes (a "colheita" do Espírito) de Gl 5.22 é uma peça rara nas nossas Epístolas. Ele começa pelo amor, que comanda a vida moral cristã e abrange antes de tuda as virtudes anexas do amor: longanimidade, bondade etc.[1032] Estas foram precedidas da alegria e da paz, que, na tradição cristã, são obra da Espírito Santo. O catálago termina com a continência (ἐγκράτεια). Esta palavra é um *hapax* nas Epístolas paulinas. Terá ela alga de estoicismo?[1033] Quanto ao fundo, o catálogo de Gálatas faz lembrar o hino ao amor de 1 Co 13.1-7[1034].

O trecho das Epístolas, literariamente mais próximo, Ef 5.9, indica, como "colheita da luz", a bondade (como em Gálatas), a justiça e a verdade. Nesta tríade, a justiça provavelmente se aproxima da virtude cardeal grega, e a verdade indica uma regra de conduta, a lealdade diante de Deus e dos homens[1035].

Em suma, diremos que o comportamento cristão é antes de tudo amor. As raras enumerações de virtudes desenvolvem o pensamento fundamental do cristianismo: amar o próximo não é uma realização humana, mas um dom do Espírito Santo, superior a todos os carismas.

Os catálogos dos vícios nos interessam igualmente pela luz que eles trazem para o problema da moral cristã. Todos vizinhos um do outro, descrevem antes de tudo e imediatamente os costumes do paganismo[1036]. É a tradição judaica que aí se exprime. A idolatria

---

apesar da circuncisão, são "segundo a carne", situação simbolizada pela circuncisão que se faz por uma operação material na carne (περιτομῆς ἐν σαρκὶ χειροποιήτου, Ef 2.11).

[1032] É provável que a "fé" (πίστις) neste contexto, deva-se traduzir por confiança (cf. 1 Co 13.7: πάντα πιστεύει).

[1033] Cf. W. GRUNDMANN, art. ἐγκράτεια, em *Theol. Wörterbuch*, II, pp. 338-340. O mais simples, porém, será pensar no πάντα ὑπομένει que conclui também o hino ao amor em 1 Co 13.7.

[1034] Voltamos a encontrar μακροθυμεῖ, χρηστεύεται, πάντα πιστεύει, πάντα ὑπομένει (quatro convergências precisas em seis palavras).

[1035] Cf. 1 Co 13.6. Cf. J. DUPONT, *Gnosis*, pp. 379-417.

[1036] Cf. A. VÖGTLE, *Die Tugend-und Lasteskatologe im Neuen Testament* (Neutest. Abh., XVI, 4,5), Münster in W., 1936; S. WIBBING. *Die Tugend-und Lasterkataloge im Neuen Testament* (Beih. z. Zeitschr Neut. Wiss., 25), Berlin, 1959.

gerou todos os vícios (Rm 1.18-32). Esta passagem de Romanos, paralela à do Livro da Sabedoria, nos fornece o catálogo mais extenso (Rm 1.29-31). Compare-se com 1 Co 6.9-11, Ef 5.3-5 (contexto próximo de Rm 1), Cl 3.5-8[1037]. A repetição da fórmula: os que cometem estes pecados não herdarão o reino de Deus (1 Co 6.9-10; Gl 5.21; Ef 5.5) basta para indicar que Paulo utilizou um tema da propaganda cristã primitiva, que remontava ao judaísmo[1038].

2. Por conseguinte, a atividade cristã se produz normalmente sob o impulso do Espírito. O que fazemos de bem, é o Espírito que o produz em nós. Poderíamos dizer, de modo equivalente, que o amor, que Deus derramou em nossos corações (Rm 5.5) comanda todas as nossas atividades (cf. 1 Co 13.4s); ela é o instrumento de que se serve a fé, isto é, nossa vida entregue à justiça de Deus (Gl 5.5-6)[1039]. Paulo não fala em "obras nossas" para evitar o erro de orientação do farisaísmo, que se atribui o mérito de sua justiça.

Contudo, no fato psicológico de nosso querer, permanecemos com a liberdade de frustrar o Espírito das atividades que ele normalmente exerce em nós. Neste caso, recaímos num regime que pode ser pior que o da Lei, que afinal se define como uma nova escravidão, e nós fazemos "as obras da carne".

Ao impulso do Espírito correspondem as afirmações de tese que Paulo não cessa de repetir: somos santos, filhos de Deus, templos do Espírito; segundo esta doutrina, nossa vida cristã se realiza no otimismo duma situação privilegiada, assegurada, da parte de Deus, pela esperança. O impulso do Espírito, de que podemos ter a experiência, os privilégios dos cristãos afirmados por nossa fé, são coisas bem reais, inscritas no âmago de nossa nova natureza; em outras palavras, "a colheita do Espírito" é garantida; o amor se expande em nós naturalmente, por sua própria força e produz as virtudes do cristão. Pode-se e deve-se sustentar como tese que o cristão possui o amor e todas as virtudes, e que ele disse adeus para sempre aos vícios do paganismo, às obras da carne. Daí os indicativos e as ações de graças.

---

[1037] Outros catálogos de vícios, mas com outro caráter em 1 Tm 1.8-11; 6.4-5; 2 Tm 3.2-5; 1 Pd 4.3.
[1038] Cf. 1 Ts 2.12; 2 Ts 1.5.
[1039] Πίστις δι' ἀγάπης ἐνεργουμένη.

Há, infelizmente, outros dados. É a experiência pessoal de nossa fraqueza e a experiência que fazem os apóstolos da fraqueza de seus convertidos. Garantida sob certo aspecto, nossa salvação não o está sob outro; assegurada em tese e em princípio, nossa fidelidade ao Espírito não o é na hipótese das vidas concretas. Daí as objurgações das Epístolas, as advertências, as exortações e todos os imperativos e subjuntivos. O cristianismo nos deu a força espiritual e cria o entusiasmo que nos eleva; mas não nos arrancou da terra: "Vós ressuscitastes com Cristo, buscai, pois, as coisas do alto, lá onde o Cristo está assentado à direita de Deus; buscai as coisas do alto, não as terrestres" (Cl 3.1-2).

3. A "moral", tal como a veremos segundo Paulo, se construirá por conseguinte a partir de dois grandes princípios: o primeiro, que a vontade eficaz de Deus faz o cristão produzir a "colheita" do Espírito, desabrochamento do amor; o segundo, que o homem conserva sempre a possibilidade de se furtar à ação do Espírito e, neste caso, produz as "obras da carne", Esses dois princípios regularão o comportamento humano. A graça de Deus, a oração que a obtém, a formação da fé pela mensagem apostólica, nos são acessíveis no mistério da ação divina. A colaboração com a graça permite-nos desenvolver nossa vida moral sob a eficácia do Espírito; em particular, nossa inteligência humana nos ajudará a tomar uma consciência precisa das exigências do Espírito.

Os costumes cristãos, "colheita" do Espírito, são os de um homem engajado em toda a realidade de sua existência concreta, vivendo em igreja com outros cristãos, obrigado a dar testemunho de sua fé e a praticar o amor no seio dos grupos diversos a que ele pertence tanto por sua natureza como por sua história. Paulo guardou maravilhosamente o equilíbrio entre as exigências heróicas da vocação cristã e as obrigações da existência num mundo "cuja figura passa" sem cessar de nos atrair a seus ideais, uns desejados por Deus, os outros, inaceitáveis. Ele formou os cristãos à sua imagem.

## Capítulo IV
# CONCLUSÃO DA TERCEIRA PARTE

O fim desta parte, o artigo V do último capítulo, nos reconduz ao tema do capítulo VIII, o dom do Espírito. A negligência na composição, se é que houve, é culpa nossa e de Paulo. Ela é antes de tudo a marca da unidade na atividade divina, diversificada na aparência no dom do Espírito, na participação na vida do Cristo ressuscitado e na presença em nós da "justiça de Deus".

A atividade do Espírito Santo foi uma manifestação essencial da operação divina na Igreja primitiva; a teologia paulina se fez dela uma representação conceitual segundo categorias judaicas e parcialmente helenísticas. A entrada em cena do Espírito Santo transformava o judaísmo em religião "espiritual"; em diferentes pontos de vista, ele correspondia à espera universal, à do paganismo e à do judaísmo; criava uma humanidade nova, "sobrenatural", capaz enfim de cumprir a "justiça" da "Lei", capaz de fornecer ao mundo greco-romano este conhecimento profundo, a "verdade" de que sua "inteligência" tinha sede.

O Espírito Santo trabalhou sobre o plano da "vida" que nasceu da ressurreição de Cristo e se propaga em todos os cristãos que aderem a seu Senhor pela fé e pelo batismo. Esta vida, reproduzindo em nós sua ressurreição, nos une primeiro à sua morte para destruir o pecado, e em seguida à sua vida gloriosa e espiritual. O Espírito e a vida do Cristo ressuscitado são inseparáveis no mistério de Deus, e sua eficiência em nós é uma só e mesma coisa, proveniente dum único princípio, pois a vida do Cristo ressuscitado é poder "espiritual". Pelo Espírito, o Pai realiza o plano que ele concebeu no início da criação:

>  possuir nos homens imagens múltiplas daquele que é sua imagem e sua glória numa Pessoa divina, seu Filho.

A síntese da Epístola aos romanos, em última análise, deve sua forma atual à polêmica contra o judeu-cristianismo, aquela degeneração do pensamento cristão autêntico. Paulo sentia profundamente a diferença entre as duas concepções religiosas, e quis salvaguardar a "liberdade" dos cristãos vindos do paganismo. Ele portanto demonstrou aos romanos, num documento magistral, que o cristianismo, oferecendo-nos a "justiça de Deus", selava definitivamente a sorte da Lei judaica; repetiu-lhes como teólogo inspirado o que afirmava aos judeus de Antioquia da Pisídia: "daquilo do qual vos foi impossível ser justificados pela Lei de Moisés, de (todas estas impurezas), em Cristo, todo o que crê é justificado" (At 13.38-39).

A nova "justiça" é produzida pelo poder da mensagem apostólica e, igualmente, o dom do Espírito e a vida do Cristo; ela é, exatamente, esta própria realidade do dom e da vida, mas expressa em termos que fazem antítese com o sistema religioso da Lei judaica, baseada nas "obras". Tanto quanto a justiça cristã é real, porque a mensagem contém a força de Deus, tanto era impossível o cumprimento das múltiplas observâncias sobre as quais se hipnotizava o judaísmo decadente; a vinda do Cristo condenava a Lei.

O "realismo" dos dons espirituais, da vida em Cristo e da justiça cristã, não seria uma corrupção do pensamento cristão autêntico, – acusação que nos é feita, – a não ser que esquecêssemos que o Espírito e o Cristo são "pessoas" divinas, que suas atividades são "pessoais" e que nossa participação na sua eficácia não é ontológica senão pela própria necessidade de sua existência. Para sermos nova criatura, para a "existência" cristã ser realmente nossa, pessoal e individual, encarnada no ser humano dotado de inteligência e de vontade, é preciso que este ser seja transformado no fundo de si mesmo, lá onde se acha o próprio princípio de sua vida consciente.

**Quarta Parte**

# O CRISTÃO DIANTE DO MISTÉRIO DE DEUS

Uma noção domina as Epístolas do cativeiro. Não só, pela fé, o cristão aceita a mensagem e esta o transforma pelo poder de Deus, mas ele conhece e penetra o mistério do plano divino. Salvo algumas passagens onde o "conhecimento" já era sublinhado, as grandes Epístolas anunciavam o cristianismo como a Boa-nova da salvação recebida na fé; o Evangelho é agora proposto como um "mistério" que se deve perscrutar e penetrar. Mudou-se o centro de interessse. Teremos de anexar uma nova definição ao documentário da teologia de Paulo? Quer dizer que antes de prosseguir nosso estudo, temos de resolver o problema crítico da autenticidade das Epístolas do cativeiro[1040].

Isso já está feito com relação a Filipenses, pois os autores concordam em atribui-la a Paulo. Cada vez mais se inclinam também para a autenticidade da Epístola aos colossenses. Nesta hipótese, a autenticidade de Efésios estaria em jogo sobretudo quanto a suas relações com Colossenses. O autor de Efésios conhece admiravelmente Colossenses e a utiliza de preferência às grandes Epístolas. Apesar de algumas expressões que parecem um decalque material de Colossenses, um plágio parece inverossímil. No mínimo dever-se-ia dizer que o autor de Efésios viveu num círculo de discípulos íntimos de Paulo.

Pelo momento, contentar-nos-emos com essa concepção. Mesmo se a carta não é paulina senão desta forma, sua teologia continuaria sempre dentro do espírito de Paulo e apresentaria um grande interesse. Mas por outro lado a melhor tática para provar a autenticidade de Efésios seria talvez mostrar que a carta é "paulina" no mesmo grau que as Epístolas que mais o são.

Seja como for, eis o método que pensamos adotar. Num primeiro capítulo, supondo somente o caráter vagamente "paulino" da teologia de Efésios-Colossenses, com a vontade de seu autor de tomar

---

[1040] *Supra*, pp. 32-34.

o lugar de Paulo, estudaremos a etapa que elas fazem a teologia do "cristão" avançar. Num segundo capítulo, equipados para comparar mais de perto sua teologia com a das grandes Epístolas, tiraremos delas argumentos em favor de sua autenticidade; estando quites com a crítica, poderemos terminar nossa tarefa de teólogo.

## Capítulo I
# O CONHECIMENTO DO MISTÉRIO DE DEUS

1. *As origens do mistério das Epístolas do cativeiro.* Mistério e apocalíptica. – Relação com o "mistério" dos Evangelhos. – O mistério paulino e os "mistérios" gregos (o sincretismo da Asia e os mistérios; a resposta de Paulo).
2. *A revelação do mistério.* O privilégio dos apóstolos. – O acesso dos pagãos ao mistério (o privilégio de Paulo; a iniciação dos pagãos). – O conhecimento do mistério (vocabulário e estilo; definição do conhecimento cristão: "conhecimento" progressivo, relações com a fé, o amor, a mística).

O Evangelho se torna, nas Epístolas do cativeiro, objeto duma "revelação" e portanto dum conhecimento de segredos, ou antes, de "um segredo" divino, o plano de salvação de Deus. Esta noção não é realmente nova, pois sempre esteve subentendido no pensamento de Paulo que os caminhos divinos eram admiráveis.

É portanto a atitude do cristão diante da mensagem que vai mudar; será este o tema de nossa pesquisa. Em dois artigos sucessivos, examinaremos as origens deste novo centro de interesse que é o mistério e o que se refere à sua revelação (o privilégio dos apóstolos, o acesso dos pagãos ao mistério, o conhecimento cristão).

## I - AS ORIGENS DO MISTÉRIO DAS EPÍSTOLAS DO CATIVEIRO

### 1. *Mistério e apocalíptica*

Sabemos que a apocalíptica é a forma na qual se exprimem normalmente as revelações escatológicas. Ora, aconteceu na teologia das Epístolas do cativeiro um fenômeno um tanto desconcertante: uma recrudescência das *fórmulas* apocalípticas coincide com a tendência a dar ao "conhecimento" a primazia sobre a escatologia. O uso do termo μυστήριον é significativo quanto a isso[1041].

O termo aparece em todos os escalões da literatura paulina. Os "mistérios" são o objeto de revelações concedidas aos carismáticos (1 Co 13.2; 14.2; 15.51). Em Rm 11.25 Deus revelou a Paulo o mistério referente à conversão dos judeus no final dos tempos[1042].

Muda-se visivelmente o tema quando, em vez de empregar a palavra no plural, ou de falar dum "segredo" particular, Paulo não se interessa mais senão pelo "mistério" por excelência[1043]. Seu pensamento concentrou-se no conhecimento do plano divino. Talvez também o singular marque uma oposição a outros mistérios dos quais ele denuncia a inanidade[1044]. Doravante o plano divino abrange um panorama único. Não se trata mais simplesmente dum elemento parcial do fim dos tempos, mas do conjunto constituído pelo começo e o fim[1045], a inteligência do mundo presente e de sua significação religiosa.

Quando o modo da revelação do mistério é indicado, fala-se normalmente de "revelação", com sentido técnico: "por uma revelação, o mistério me foi dado a conhecer" (Ef 3.3; cf. 3.5; Rm 16.25)[1046].

---

[1041] O enfraquecimento da escatologia, nas grandes Epístolas, era menos condicionada pelo "conhecimento". Como referência para os problemas que abordamos, veja-se J. DUPONT, *Gnosis, La connaissance religieuse dans les Épîtres de saint Paul*, Louvain, 1949.

[1042] Em 2 Ts 2.7 falava-se dum "mistério da iniqüidade" já em ação no mundo. Este "mistério" faz parte do cenário do fim do mundo revelado por Deus: a iniqüidade desencadeia-se segundo a permissão da vontade divina.

[1043] Ef 1.9; 3.3.4.9; 6.19; Cl 1.26-27; 2.2; 4.3; Rm 16.25; 1 Co 2.7.

[1044] Inácio de Antioquia, *ad Eph.*, 19,1-3, opõe o mistério da iniqüidade ao mistério de Deus. É esta também a posição da gnose valentiniana.

[1045] Compare-se com a revelação nos mistérios de Elêusis: "Feliz aquele que viu estas coisas antes de descer para debaixo da terra; ele conhece o fim da vida; conhece também seu começo, dado por Zeus" (PÍNDARO, citado por CLEM. AL., *Strom.*, III, 3,17; cf. P. FOUCART, *Les mysteres d'Éleusis*, Paris, 1914, p. 362).

[1046] Ἐφανερώθη é usado em Cl 1.26. Sobre o sentido dos "Apocalipses", cf. A.-M. DENIS, "L'investiture de la fonction apostolique par 'Apocalypse'", em *Rev. Bibl.*, 64 (1957), pp. 335-362; 492-515.

O mistério está oculto em Deus, ele pertence exclusivamente a Deus, que o revela do céu[1047].

Não há dúvida, a escatologia continua sempre no horizonte das Epístolas do cativeiro. O emprego do termo ἐλπίς[1048] e sobretudo a expressão ἐλπὶς τῆς κλήσεως (Ef 1.18) não nos podem enganar. Além disso, a "realização" da salvação não deixa de ter algo da espera escatológica; os dias são maus (Ef 5.16), é preciso revestir-se da armadura de Deus para lutar contra os poderes do mal (Ef 6.10-17)[1049]; o termo do combate será retardado até o fim do mundo. O anúncio da cólera de Deus sobre os filhos da infidelidade (Ef 5.6) evoca igualmente uma situação escatológica.

A Epístola aos colossenses apresenta traços mais decisivos. A esperança é a da glória (Cl 1.27) que nos é reservada no céu (Cl 1.5). Há um trecho que situa bem o problema e nos permite precisar o que é realização já adquirida e o que permanece espera escatológica: "Vós estais mortos e a vossa vida está oculta com o Cristo em Deus; quando aparecer o Cristo, nossa vida, então também nós, com ele, apareceremos na glória" (Cl 3.3-4). Este pequeno apocalipse faz eco às passagens escatológicas das Epístolas aos tessalonicenses e de 1 Co 15. A morte do Cristo causou nossa própria morte ao pecado, sua ressurreição nos comunicou sua vida, mas esta permanece oculta, gloriosa somente em "mistério"; é preciso aguardar a parusia para sermos revelados tais como somos, vivendo na glória[1050]. A ressurreição, pois, é antecipada, a tal ponto que possuímos já a glória; mas esta continua invisível[1051]. Cl 1.5 propõe uma outra fórmula de síntese: Paulo, na sua oração, alegra-se com a esperança reservada aos colossenses no céu, que eles de antemão ouviram na palavra de verdade do Evangelho.

Quanto à parusia, a Carta aos filipenses permanece arcaica, não indo além do nível de 1 e 2 Tessalonicenses e de 1 Coríntios[1052].

---

[1047] Acrescentamos esta noção "espacial", pois ela é mais concreta, mais imaginativa do que o permitiria supor o nosso verbo "revelar". Cf. A.-M. DENIS, *art. cit.*, pp. 359-361.
[1048] Ef 1.18; 2.12; 4.4.
[1049] Cf. *supra*, pp. 172s.
[1050] Cf. 1 Ts 2.12; 2 Ts 2; 9-10; 1 Co 15.43.
[1051] Cf. 2 Co 4.17.
[1052] Cf. *supra*, p. 171.

Em Colossenses e sobretudo Efésios a escatologia é "realizada", dum modo mui sistemático, pela existência cristã atual. As fórmulas escatológicas podem designar os bens presentes. Estes estão contidos principalmente no conhecimento do segredo divino, participação nos tesouros de sabedoria e de ciência ocultos em Deus, tomada de posse, por este conhecimento, do que nos está reservado para o futuro[1053]. A gnose, no mundo grego, tenderia a suprimir a escatologia, sendo ela mesma uma espécie de divinização. Não sucede o mesmo no "conhecimento" paulino. A revelação e o gozo do "mistério" não suprimem a espera escatológica; pois continua-se a esperar, para o fim dos tempos, a realização do que é imperfeito e a manifestação pública do que ainda não existe senão em segredo.

Outrora, o tempo cristão intermediário tinha pouca importância porque esperava-se que seria muito breve. Agora ele existe como não existindo mais, pois os cristãos são transportados simbolicamente ao céu, ressuscitados com o Cristo, presentes no céu como Igreja. Eles são o templo que se eleva até o céu, tendo o Cristo por cabeça. O céu e a terra estão reunidos. É um passo dado para a noção grega de eternidade. Entretanto, a distinção continua bem patente entre o tempo presente e o tempo futuro. Se o mundo futuro invade o mundo presente, enriquecido de mistério, o presente conserva no seu horizonte o acontecimento escatológico.

Ainda que tenham desaparecido as grandes descrições escatológicas, o mistério paulino continua inscrito no movimento apocalíptico. O vocabulário revela apenas que um novo componente se mistura às fórmulas apocalípticas propriamente ditas; uma vida intelectual intensa faz-nos participar, desde já, do conhecimento (escatológico) que nos está reservado na futura contemplação[1054].

---

[1053] Deve-se notar, muito particularmente, que o νῦν do tempo cristão (Ef 3.5.10; 5.8; Cl 1.26) é o da gnose e da revelação.

[1054] Poder-se-ia interpretar o fenômeno dizendo que, em circunstâncias que anunciam já o movimento gnóstico, a "gnose" (cristã) interroga-se sobre seu próprio conteúdo. Certos termos estão ligados aos do mistério e seu uso é muito mais acentuado nas duas Epístolas. Pensamos especialmente na palavra πλήρωμα, que volta com insistência, em relação com uma antítese estabelecida entre o Cristo e as potências celestes. Assim também σοφία e γνῶσις. Provavelmente também certas fórmulas como καταλαβέσθαι... τί τὸ πλάτος καὶ μῆκος καὶ ὕψος καὶ βάθος (Ef 3.18).

## 2. Relação com o "mistério" dos Evangelhos

Cristo anunciava sua volta e a vinda em glória do reino dos céus. Nossos Evangelhos sinóticos agruparam estas revelações do Cristo sobre o futuro (discurso escatológico). Mas Jesus revelou igualmente que o reino começa desde já, numa presença que se manifesta aos olhos da fé. Esta revelação está contida em parábolas, que seus discípulos escolhidos devem perscrutar: "A vós, é dado conhecer os mistérios (os segredos) do reino dos céus" (Mt 13.11; cf. Mc 4.11; Lc 8.10). A fórmula é semelhante à das Epístolas do cativeiro (Cl 2.2; Ef 6.19) mas as diferenças são notáveis. Lá onde Jesus diz "os mistérios"[1055], as Epístolas dizem "o mistério". Lá onde ele diz ("o reino dos céus", as Epístolas falam do Cristo ou do Evangelho. O *logion* sinótico tem raízes profundas na apocalíptica judaica tradicional (Daniel)[1056], o que não se pode dizer das Epístolas. A presença, em ambos os casos, da expressão "conhecer os segredos (ou o segredo)" não basta para significar um contato literário, pois ela é por demais geral. Resta-nos, pois, concluir que houve um ambiente escatológico comum, essencialmente cristão.

---

[1055] A fórmula de Marcos merece uma análise: "A vós é dado o mistério do reino dos céus". Mas Marcos parece secundário com relação à redação do *logion* de Mateus, apoiada por Lucas.

[1056] A escatologia dos Evangelhos traz as marcas duma origem judaica palestinense; ela está impregnada da influência de apocalipses judaicos e muito especialmente do Livro de Daniel. Rejeitar que ela remonte ao Cristo seria uma incoerência. Sem dúvida, após a ressurreição e o Pentecostes, e quando irromperam as primeiras perseguições, viveu-se em *Jeru*salém e na Palestina toda num clima apocalíptico, e certos traços podem provir da comunidade, mas o Cristo estava ele próprio obrigado a encontrar fórmulas que exprimissem o trágico de sua missão, e o movimento apocalíptico era o primeiro que se apresentava a ele, no meio das profecias do Antigo Testamento. Agora sabemos que o Livro de Daniel era muito lido desde a perseguição de Antíoco Epifânio. Aí Jesus encontrou formas essenciais de sua doutrina, sobretudo "reino dos céus" e "Filho do homem". Cf. L. CERFAUX, "Les sources scripturaires de Mateus, 11.25-30", em *Eph. Theol. Lov.*, 31 (1955), pp. 740-746; 32 (1956), pp. 331-342; "La Connaissance des Secrets du Royaume d'après Mt., 13,11 et par.", em *New Test. Studies*, 2 (1955.56), pp. 238.249.

## 3. O mistério paulino e os "mistérios" gregos

De qualquer forma, não se trataria senão duma semelhança perfeitamente superficial, um contato de vocabulário e não um influxo verdadeiro entre o mundo grego do mistério e a teologia das Epístolas do cativeiro. Não vamos aqui, de modo algum, ressuscitar as teorias que acusavam Paulo de haver transposto o cristianismo para o mistério grego[1057], mas toda constatação de semelhança de vocabulário necessita de explicação.

O problema mereceria ser colocado, ao menos por causa das circunstâncias mais gerais do encontro do cristianismo com o mundo religioso grego. Os mistérios locais como Elêusis e Samotrácia, bem como a religião dionisíaca com o orfismo, exercem uma grande sedução no mundo grego e especialmente na Ásia Menor[1058]. As religiões orientais que penetravam neste meio faziam questão, portanto, de se munirem de "mistérios" a moda grega. O termo "mistério" era daqueles que faziam impressão. Um incidente do apostolado de Paulo em Colossos – notemos logo que, para os defensores da autenticidade de Colossenses é o próprio Apóstolo que entra em cena, – permite-nos passar das generalidades a um caso específico. Os próprios cristãos estavam ameaçados na pureza de sua fé por um sincretismo que havia contaminado os judeus da Ásia Menor, e podia parecer uma forma decadente de religião de mistérios. Procuraremos primeiro ter uma idéia deste culto, e depois ouviremos a resposta de Paulo.

*a) O sincretismo da Ásia e os mistérios*

Esta formação sincretista que conhecemos por meio de Colossenses – como também, em certos detalhes, pelo Apocalipse joanino e as Epístolas pastorais, – anuncia as gnoses futuras, e sabe-se que este movimento parasitário das grandes religiões apóia-se como que

---

[1057] Mesmo se, como R. REITZENSTEIN, fala-se de mistério referindo-se à mística, magia ou gnose.
[1058] Ver especialmente CH. PICARD, *Éphèse et Claros. Recherches sur les sanctuaires et les cultes de l'Ionie du Nord*, Paris, 1922.

naturalmente sobre as fórmulas e as concepções dos mistérios; uma de suas características, aliás, é esta de angariar elementos de todos os lados[1059].

Além do mais, como todos os orientais, os judeus que entravam em contato com o mundo grego sentiram muitas vezes o fascínio do mistério. Possuindo eles próprios Escrituras inspiradas, contavam com o caráter sagrado de sua religião para impressionar os gregos. Apontamos antigamente este fenômeno entre os judeus alexandrinos antes de Filon, e o próprio Filon manipula constantemente o vocabulário mistérico[1060]. Como é que os judeus da Asia haveriam de resistir à tentação e à moda? Eles eram ricos, numerosos, fortemente helenizados[1061]. Como fizeram antes deles os judeus alexandrinos, mas dum outro modo, pois estavam engajados num ambiente religioso totalmente outro, eles apresentaram o judaísmo como um mistério; chegaram até, ao que parece, a instituir cerimônias de iniciação aos anjos do judaísmo, equiparados sem nenhum problema às divindades astrais do paganismo oriental[1062]. Achamos que não se pode furtar à evidência das epressões de Cl 2.18: ἐν ταπεινοφροσύνῃ καὶ θρηκείᾳ τῶν ἀγγέλων, ἅ ἑόρακεν ἐμαβατευων, ἐικῇ φυσιούμενος ὑπὸ τοῦ νοὸς τῆς σαρκὸς αὐτοῦ. Com toda certeza, o texto fala dum culto dos anjos do judaísmo (θρησκείᾳ τῶν ἀγγέλων). O uso de θρησκεία (hapax nas Cartas paulinas) designa um culto inferior, estigmatizado dum modo antipático[1063]; toda a

---

[1059] Cf. U. BIANCHI, Il dualismo religioso, Roma, 1958, pp. 13-25.

[1060] Cf. L. CERFAUX, "Influence des Mystères sur le Judaïsme alexandrin avant Philon", em Le Muséon, 37 (1924), pp. 29-88 (= Recueil Lucien Cerfaux, I, Gembloux, 1954, pp. 65-112). O assunto foi retomado por K. PRÜMM, art. "Mysteres", em Dict. Bible, Suppl., VI, cc. 175-178, que admite globalmente nossas posições.

[1061] Cf. infra, pp. 542s.

[1062] Sobre o sincretismo de Colossenses, cf. G. BORNKAMM, "Die Häresie des Kolosserbrief", em Theol. Literaturzeit, 73 (1948), cc. 11-20; M. DIBELIUS, An die Kolosser, Epheser. An Philemon, 3ª ed. (Handb. z. N. T., 12), edição revista por H. GREEVEN, Tübingen, 1953, Cf. K. PRÜMM, art. cit., cc. 218-222. Sobre a colocação do problema quanto à exegese de Colossenses, cf. K. PRÜMM, ibid.

[1063] J. VAN HERTEN, Θρησκεία, Εὐλάβεια, Ἱκέτης. Bijdrage tot de kennis der religieuze terminologie in het grieksch., Diss., Utrecht, 1934, pp. 2-17; 95s.; K. L. SCHMIDT, art. θρησκεία, em Theol. Wörterbuch, III, pp. 155-159. Pode-se

frase μηδείς ύμᾶς καταβραβευέτω (2.18) indica aliás o desprezo e a reprovação do judeu ortodoxo e do cristão por um culto desta espécie. A expressão ἃ ἑόρακεν ἐμβατεύων deve fazer alusão ao que, neste culto, leva o fiel a se orgulhar de modo ímpio: εἰκῇ φυσιούμενος ὑπὸ τοῦ νοὸς τῆς σαρκὸς αὐτοῦ. Só pode ser uma iniciação à maneira dos mistérios.

É inútil esconder que a fórmula que, neste contexto, tem tudo para designar a iniciação, ἃ ἑόρακεν ἐμβατεύων, oferece dificuldades particulares; a tradição textual e as correções conjeturais o testemunham bastante. Mas antes de tudo parece-nos que o acordo da testemunha P[46] com a tradição alexandrina, D e Marcião, deve conduzir à adesão à lição escolhida por Nestle e que acabamos de reproduzir. O verbo ἐμβατεύειν pertence sem contexto à língua dos mistérios e aplica-se no sentido próprio e técnico a uma iniciação, por epopsia, do Misto que atravessa o limiar sagrado dum telesterion[1064]. Se ele estivesse só, poder-se-ia, rigorosamente falando, entendê-lo duma simples penetração intelectual da revelação secreta (cf. 2 Mac 2.30); mas unido a ἑόρακεν, que quadra perfeitamente para designar uma visão de epópcia[1065], seria inverossímil que ele não comportasse ao menos uma alusão a alguma iniciação de mistério. As visões de anjos são, aliás, muito bem atestadas demais no judaísmo e no cristianismo, especialmente na apocalíptica, para que a gente se admire de encontrá-las em Colossos, incorporadas por uma liturgia misteriosa. Mas se a menção de visões, com este verbo ἐμβατεύειν, é normal, a relação sintática que se esperava está invertida: a entrada no santuário deveria preceder as visões e não é o que se dá. A linguagem

---

comparar com Sab 14.16 que usa da mesma forma o verbo θρησκύειν. Cf. L. CERFAUX, "L'inscription funéraire de Nazareth à la lumière de l'histoire religieuse", em *Archives d'Histoire du Droit Oriental et International des Droits de l'Antiquité*, 7 (1958), pp. 526s.

[1064] Inscrição de Claros; cf. M. DIBELIUS, *An die Kolosser, Epheser. An Philemon*, 3ª ed. (*Hndb. z. N. T.*, 12), Tübingen, 1953, p. 35; S. EITREM, "ΕΜΒΑΤΕΥΩ, Note sur Col II, 18", em *Stud. Theol.*, 2, 1 (1949), pp. 90-94. As inscrições de Claros impõem a ἐμβατεύω um sentido técnico: trata-se duma iniciação num santuário secreto: παραλαβὼν τὰ μυστήρια (cf. M. DIBELIUS-H. GREEVEN). A expressão recorda Apuleu: *calcato Proserpinae limine*.

[1065] Cf. 1 Co 9.1; o passivo ὤφθη é muito freqüente para significar uma visão.

de Paulo apresenta provavelmente um caso especial de braquilogia com confusão e justaposição, numa fórmula muito concisa, das duas idéias de iniciação e de penetração do sentido duma visão (sendo esta explicada pelo mistagogo no momento em que se efetua); toda a sua atenção concentra-se no binômio ἐμβατεύων... φυσιούμενος; o iniciado se orgulha de penetrar o significado das visões com que foi favorecido ao achegar-se ao santuário[1066]. Concluamos. Os anjos revelaram ao Misto, numa cerimônia de iniciação, uma doutrina secreta[1067] que constitui o começo duma gnose, e esta vai arvorar-se em filosofia humana[1068].

É muito natural, num ambiente assim carregado de "mistério", que os judeus da Asia tenham feito alegoria sobre suas práticas religiosas, inserindo-as num sistema teológico semi-religioso, semi-racional. A circuncisão poderia ser explicada como um rito apotropaico, destinado a proteger os fiéis contra a influência nefasta dos principados astrais ou dos "elementos" do mundo[1069]. Da mesma forma, a celebração das festas, neomênias, sábados e as prescrições alimentares puderam contribuir para uma construção com ares de "gnose", em que explicações místicas e efeitos mágicos podiam se mesclar. Não se deve esquecer que os ritos dos mistérios forneciam matéria a alegorizações do mesmo gênero.

O caráter judaico do sincretismo da Asia fez outrora pensar nos essênios. Sabatier exprime claramente a associação de idéias que leva a esta teoria: faz-se a oposição entre as novas tendências das igrejas da Asia (na hipótese plausível, mas não certa, que o sincretismo teria já penetrado nestas igrejas) e o judeu-cristianismo dos primeiros dias: "Este, escreve Sabatier, parecia continuar o farisaísmo na

---

[1066] O orgulho dos Mistos é bem conhecido; recorde-se a devoção apaixonada de Apuleu por Isis. Em Elêusis, o iniciado sabe que é objeto da predileção das duas deusas; as cerimônias provocavam uma excitação física e moral que se transformava em fervor religioso e confiança; cf. P. FOUCART, *Les mystères d'Éleusis*, Paris, 1914, pp. 385-388.

[1067] Cf. 2 Co 12.4.

[1068] Cl 2.3.8-9. O mesmo fenômeno aconteceu em Corinto, onde os cristãos identificaram o ensinamento de Paulo com uma filosofia.

[1069] Cl 2.15. Paulo escreve a propósito da morte de Cristo sobre a cruz: ele se despojou (ἀπεκδυσάμενος) dos principados e das dominações. O rito judaico

Igreja cristã; aquelas, como muito bem o fizeram notar Ritschle e Mangold, parecem ser a evolução do essenismo"[1070]. Alguns autores recentes, sem dúvida por outras razões, tendem a admitir infiltrações qumranianas[1071]. Não é útil negar a possibilidade delas, mas é infinitamente provável que, se existiram, vieram enriquecer um terreno de cultura sincretista bem mais próximo, aquele centro da Asia Menor onde as religiões orientais, apaixonadas pelo mistério, lançavam-se nos braços largamente abertos do helenismo.

*b) A resposta de Paulo*

Seja que os colossenses cederam ou não à sedução destas práticas e doutrinas judaicas, certo é que Paulo os exorta a permanecerem fiéis à tradição cristã que receberam. Cristo é o único intermediário entre Deus e os homens, e só ele assegura a salvação; os cristãos possuem uma doutrina muito mais profunda que a dos mistos da Ásia; praticam um batismo, cuja eficácia nem se pode comparar com a da circuncisão deles.

Nós nos deteremos particularmente na palavra "mistério" e na concepção de mistério cristão própria das nossas Epístolas. Em que sentido se poderia falar de influências, – entendidas aliás ao modo mais amplo possível, – dos mistérios gregos?

A nosso ver, a insistência de Paulo sobre o mistério de Cristo e sobre a revelação que os apóstolos dele receberam, seria muito secundariamente condicionada pelo desejo de barrar o caminho às especulações místicas dos judeus da Ásia. Isso não quer dizer nem

---

da circuncisão, ao qual ele acaba de aludir (Cl 2.11-13), simbolizaria com muita propriedade a rejeição mística do corpo de carne, sobre o qual tem poder a tirania das potências. Compare-se com *Evangelium Veritatis*, pp. 20, 30s. (cf. M. MALININE, H.-CH. PUECH, G. QUISPEL).

[1070] A SABATIER, *L'apôtre Paul. Esquisse d'une histoire de sa pensée*, 4ª ed., Paris, 1912, p. 226.

[1071] Cf. S. ZEDDA, "Il carattere gnostico e giudaico dell' lerrore colossese nella luce del manoscritti del Mar Morto", em *Riv. Bibl.*, 5 (1957), pp. 31-56; A. PENNA, *L'Ascetismo dei Qumranici*, ibid., 6 (1958), p. 22; P. BENOIT, "Qumran et le N. T.", em *New Test. Stud.*, 7 (1960-61), pp. 287s.; K. G. KUHN, *Der Epheserbrief im Lichte der Qumrantexte*, ibid., pp. 334-346.

mesmo que ele empreste dos gregos o termo μφστήριον; mas sem emprestar, pode-se colocar no seu emprego alguns subentendidos.

Será que ele, além disso, percebe uma vaga analogia entre a forma de sua doutrina, o que ele chama o mistério de Cristo, e o mistério grego? Certamente não se pode negar que ele foi capaz de fazer a aproximação. Em todo caso, excluir de seu horizonte o conhecimento do mistério grego seria uma heresia histórica[1072]; pode-se fazer sem dificuldade a aproximação de certas formas literárias que ele emprega em Efésios-Colossenses com as do orfismo ou do hermetismo. Mais ainda: o sentimento de Inácio de Antioquia, tão próximo de Paulo sob vários aspectos, merece consideração. Escrevendo aos efésios e fazendo alusão à correspondência do Apóstolo com esta Igreja, Inácio chama os cristãos de Éfeso de Παυλοῦ συμμύσται, isto é, os que receberam de Paulo uma iniciação a seu mistério[1073]. Ele compreendeu os termos da Epístola paulina com um matiz que forçava a aproximação com o mistério grego; e não será ele um juiz melhor que nós?

Fora disso, se se trata, independentemente da iniciação, do objeto particular do "mistério" paulino, devemos dizer que ele não tem nenhuma analogia nos mistérios gregos. Com efeito, ele se refere aos caminhos misteriosos seguidos por Deus desde o começo dos tempos até o cumprimento de seu desígnio no fim do mundo. O paralelo imediato não se deve procurar no mistério grego em geral, nem mesmo, sem dúvida, no mistério de Colossos, e sim, antes de mais nada, na apocalíptica judaica e nos livros sapienciais.

Contudo, não se deve concluir apressadamente que Paulo foi buscar em Qumrân o tema fundamental que lhe permitirá enfrentar o sincretismo da Ásia[1074]. A noção de mistério e esta noção precisa

---

[1072] Basta pensar em seus compatriotas judeus, helenistas como ele, Filon de Alexandria e o autor do Livro da Sabedoria.
[1073] *Ad. Ephes.*, 12,12. Não entendamos συμμύσται como sendo os iniciados ao mesmo tempo que Paulo, mas sim como o grupo daqueles que foram iniciados συμμύσται os juntos por Paulo. Cf. *infra,* pp. 504-506.
[1074] O conhecimento que pretendem ter os autores de 1 Qumran é sempre um dom de Deus, como aliás tudo o que Israel possui. Ele é devido quase sempre a uma revelação nova, termo de todas as que Deus fez a seu povo no decurso dos tempos, e refere-se exclusivamente à Lei (aos profetas nos Comentários),

do mistério que revela o plano do governo divino é anterior à seita de Qumrân. Ela existe, já praticamente elaborada, no Livro de Daniel, desenvolvida na efervescência religiosa provocada pela perseguição de Antíoco Epifânio e se implantou, como uma concepção

> compreendida doravante com exatidão, a fim de ser aplicada perfeitamente, em vista dos tempos escatológicos mais ou menos próximos. O modo da revelação é às vezes uma visão sobre o mundo profético (cf. Hod 2 e 4); mais comumente, ao que parece, é uma inteligência ou um estudo regular da Lei (cf. Dam e sobretudo S). Esta é o critério último da vontade de Deus, e o tesouro de seus segredos, confiado ao Israel ideal, constituído na comunidade. – Dam começa por uma exortação a compreender as obras de Deus (1.2), tais como se manifestam na história, tanto dos homens, como (e principalmente) na das alianças concluídas por Deus com Israel (2.17-4.2). Com efeito, o juízo está diante dos olhos (1.2,12; 6.10; 7.9 e par. 19,6,20,14-15) e Deus, como fazia com os profetas, "suscitou" um Mestre de justiça para anunciar o castigo dos traidores e guiar os justos na perfeição do proceder (1.11-12; 20.32). Este é o Perscrutador da Lei (6.7), e graças a ele, os membros do grupo podem cavar o Poço de águas vivas da Lei (3.16; 6.3-9), isto é, receber as revelações supremas que, principalmente sobre o calendário (6.18-19) e os pecados ignorados (3.14), fazem conhecê-la com exatidão (1.11; 5.5) e aplicar perfeitamente (4.8; 6.14). É a verdadeira preparação à Visita escatológica (6.10-11) e a realização da Aliança perfeita e definitiva (3.13). Em suma, um conhecimento novo e revelado da Lei permite adotar a conduta moral própria da época escatológica. O comentário de Habacuc afirma a existência de dois degraus de conhecimento: o dos profetas, que conheceram todos os acontecimentos da história de Israel e o do Mestre de justiça, que penetra os segredos de Deus contidos nas profecias, segredos ignorados até pelos seus próprios autores (7.2-5). Eles dizem respeito à sucessão dos acontecimentos, principalmente sobre os últimos, e sobre os castigos escatológicos (2.5-10). O Manual de Disciplina apresenta as regras de conduta daqueles que, por juramento (5.8), fazem voto na comunidade (1.2; 3.7). Para agir segundo a vontade de Deus tal qual ela se manifesta na Lei e nos profetas (1.3), é necessária uma purificação completa, particularmente da inteligência (1.12). Para tanto, é preciso receber a instrução dos costumes estabelecidos (3.1,6). Estes foram descobertos graças às revelações feitas por Deus na comunidade, sobre a Lei (5.9; 8.1) e sucedendo às de Moisés e dos profetas (8.15-16). Estas revelações prosseguem na pesquisa e no estudo da Lei (6.6-7; 8.12), na leitura do Livro (6.7), instituições importantes, pois elas realizam, no presente, a estadia no Deserto (8.14; 9.19-20) e o Israel ideal (8.5-6; 9.6). Obtido sem dúvida em vista do julgamento (1.23; 2.15; 5.12; 9.11), este conhecimento se exerce sobre a Lei (5.11; 6.6) e nela distingue as causas ignoradas de pecado (5.11), como também o ritmo

de base, em todo o judaísmo apocalíptico. Nós tornamos a encontrá-la, mas fortemente helenizada, no Livro da Sabedoria. Ela ultrapassa a literatura qumraniana e se impõe a ela do exterior. A perseguição ligada ao nome do Mestre de Justiça causou sem dúvida na seita um novo despertar da expectativa escatológica, ao mesmo tempo que um novo surto das especulações sobre o plano divino misterioso. O cristianismo achou-se em situação idêntica e se apego, também às fontes do mistério escatológico, mas com toda certeza em completa independência com relação a Qumrân. Quanto a Paulo, ele não viveu no ambiente de Qumrân, mas no do começo do cristianismo, que era escatológico. Como se deduz de seu vocabulário, Efésios e Colossenses retomaram contato com o Antigo Testamento, o judaísmo e os Apocalipses. Algumas vezes demonstram uma consonância com as especulações do sincretismo oriental; é o que se dá com os éons, os "elementos" do mundo, o pleroma, e poderemos então apontar semelhanças com o gnosticismo. Contudo, o cerne do pensamento paulino é coisa bem diversa de uma gnose.

## II - A REVELAÇÃO DO MISTÉRIO[1075]

O tempo cristão é o tempo da revelação do mistério. Agora (νῦν) os homens conhecem o plano divino de salvação e as riquezas que ele continha.

---

dos tempos (9.13-14), também o curso geral da história humana fixada por Deus (cf. 3.13 e a "Doutrina dos dois Espíritos"; 3.13-4.26). A iluminação assim adquirida da inteligência se consumirá, no além, numa participação na ciência do Altíssimo e na sabedoria dos filhos dos céus (4.12). Em resumo, a observação perfeita da Lei é possível, na comunidade, graças à compreensão dela dada por Deus por revelações especiais e pelo estudo. – A revelação, nos hinos de louvor, é a manifestação da sabedoria divina no universo; a das col. 2 e 4 descobre os segredos da Lei, ao passo que o segredo do Germe, nas col. 5 e 8, é a Lei melhor compreendida, e ao mesmo tempo a realidade vivificante de que ela faz possuidores os que a receberam.

[1075] Cf. D. DEDEN, "Le mystère paulinien", em *Eph. Theol. Lov.*, 13 (1936), pp. 405-442; R. BULTMANN, "Ignatius und Paulus", em *Studia paulina. In hon. J. de Zwaan*, Haarlem, 1953, pp. 37-51; H. SCHLIER, "Das Denken der frühchristlichen Gnosis", em *Neutest. Studien f. R. Bultmann*, Berlin, 1954, pp. 67-82; O. MICHEL, "Spatjüdisches Prophetentum", em *Neutest. Studien f. R. Bultmann,*

1. Os apóstolos são os privilegiados neste plano. Foram escolhidos para receber a primeira revelação dele e comunicá-la aos homens.

2. O mistério não é reservado aos judeus. Ao contrário, postas de lado as primícias prelibadas pelo povo eleito, doravante são os pagãos que serão com ele contemplados. O nome de Paulo está ligado a este novo período da mensagem apostólica.

3. O vocabulário paulino se transforma; aparecem novos modos de designar os cristãos e formas literárias novas ou profundamente modificadas: o cristão se define por sua penetração do mistério.

## 1. *O privilégio dos apóstolos*

1. Temos de resolver duas questões de vocabulário antes de tratar o problema principal.

Fora dos endereços das Epístolas (Ef 1.1; Cl 1.1) o termo "apóstolo", – que não volta mais em Colossenses – é empregado três vezes em Efésios. Como de costume, nos endereços, ele recebe uma certa ênfase. Como nas Epístolas anteriores, Paulo aí é assimilado ao grupo restrito dos apóstolos por excelência[1076]. Juntaremos aos três textos de Efésios um paralelo de Colossenses.

Ef 3.5. "(O mistério de Cristo) nas outras gerações, não foi dado a conhecer aos filhos dos homens, como foi revelado agora (νῦν) a seus santos apóstolos[1077] e profetas em Espírito (τοῖς ἁγίοις ἀποστόλοις αὐτοῦ καὶ προφήταις ἐν πνεύματι)".

Cl 1.26. "O mistério oculto aos séculos (αἰώνων) e às gerações, – e agora (νῦν δέ) foi manifestado (ἐφανερώθη) a seus santos".

---

Berlin, 1954, pp. 60-66; K. PRÜMM, "Zur Phänomenologie des paulinischen Mysterion und dessen seelischen Aufnahme. Eine Übersicht", em *Biblica*, 37 (1956), pp. 135-161; E. VOGT, "'Mysteria' in textibus Qumran", em *Biblica*, 37 (1956), pp. 247-257; B. RIGAUX, "Révélation des mystères et perfection à Qumran et dans le Nouveau Testament", em *New Test. Studies*, 5 (1957-58), pp. 237-262; R. E. BROWN, "The Semitic Background of the N. T. MYSTERION", em *Biblica*, 39 (1958), pp. 426-448.

[1076] *Cf. supra*, pp. 125-127.
[1077] Variante: B deixa de lado "apóstolos".

Ef 2.19-20. "Vós sois os concidadãos dos santos e os familiares de Deus, colocados no edifício sobre o fundamento dos apóstolos e profetas (τῶν ἀποστόλων καὶ προφητῶν), tendo como chave-de-abóbada o Cristo Jesus, ... templo santo no Senhor... habitação de Deus em Espírito".

Ef 4.11. "Ele mesmo concedeu de um lado (μέν) os apóstolos, do outro (δέ) os profetas, os evangelistas (τοὺς μέν ἀποστόλους, τοὺς δέ προφήτας, τοὺς δὲ εὐαγγελιστάς)" ...

Um primeiro problema refere-se ao modo de entender a ligação sintática entre os dois termos "apóstolos" e "profetas". O caso é claro no tocante a Ef 4.11, que foi preparado por 1 Co 12.28, onde, numa enumeração dos carismáticos, Paulo começava pelos apóstolos: πρῶτον ἀποστόλους, δεύτερον προφήτας, κ. τ. λ. Ao menos precisamos colocar, entre estes últimos, os "apóstolos" no sentido forte, como Paulo geralmente entende o termo em 1 Coríntios. Os apóstolos são ao mesmo tempo as testemunhas da ressurreição, os fundadores das igrejas e os primeiros em autoridade dos carismáticos. Efésios, reproduzindo quase mecanicamente a construção de 1 Coríntios separa ainda mais "apóstolos" e "profetas"; os "profetas" são os profetas carismáticos da igreja primitiva; os "apóstolos", quase certamente os grandes apóstolos.

Sublinhando com tanta força a distinção entre apóstolos e profetas no último de nossos textos de Efésios, parece-nos que Paulo (ou seu substituto) salientou o sentido da expressão bem diferente de que ele se serve em Ef 3.5 e 2.20. Desta vez ele suprime as partículas adversativas, e até mesmo o artigo antes de "profetas"; em Efésios, além disso, ele chama a atenção para os "apóstolos", pelo adjetivo solene ἅγιοι e a combinação "seus santos apóstolos", e acrescentando à προφήταις, como compensação, a explicação πνεύματι. Desta forma, προφήταις se coloca perfeitamente na zona de influência literária de ἀποστόλοις, e deve-se identificar os profetas aos apóstolos; os grandes apóstolos são também os profetas por excelência, criando o Novo Testamento, pois foi-lhes reservado nos últimos tempos, no grande período cristão, o que foi recusado às outras épocas, a revelação do mistério[1078].

---

[1078] A exegese de Crisóstomo, que pensa nos profetas do Antigo Testamento parece-nos impossível. O νῦν não se justificaria. O tema de Rm 16.21 que fala

Um segundo problema versa sobre o significado do termo "santo", que ora é adjetivo, ora substantivo. Ele possui em nossas Epístolas um sentido técnico escatológico. Isso parece concluir-se do paralelo entre Ef 3.5 e Cl 1.26: a expressão de Efésios "revelado a seus santos apóstolos e profetas em Espírito" parece ser uma explicação de Colossenses: "manifestado a seus santos".

Os santos de Colossenses não podem ser cristãos ordinários, já que Paulo, na mesma frase, lhes opõe estes últimos (a quem Deus quis tornar conhecida a riqueza de glória deste mistério presente entre os pagãos) (Cl 1.27). Podia-se ainda pensar em identificar "os santos" aos cristãos de Jerusalém. Mas esta hipótese, em nosso caso, diminui demais a dignidade daqueles que receberam a revelação. Na suposição de que a Carta seja apócrifa, a fórmula de Ef 3.8 adquire até maior relevo: "a mim, o menor dos santos, foi dada esta graça, de anunciar aos gentios a inesgotável riqueza do Cristo". Ela está calcada sobre 1 Co 15.9: "eu sou o menor dos apóstolos", e deve possuir o mesmo significado. Outras passagens de nossas Epístolas favorecem esta interpretação: Cl 1.12: "a sorte dos santos na luz"; Ef 1.18: "a riqueza da glória de sua herança entre os santos".

Assim nossas Epístolas retomaram uma especificação muito antiga do título "santo". Os "santos" são os anjos e os homens que foram chamados primeiro para a glória da parusia de nosso Senhor (2 Ts 1.10; 1 Ts 3.13). Esta honra foi prometida aos apóstolos em Mt 19.28 e Lc 22.30. O Evangelho, como também nossas Epístolas, une na pessoa deles estas duas dignidades: a de ter um lugar especial entre os "santos" da escatologia e a de ter recebido aqui na terra o privilégio da revelação dos mistérios (Mt 13.11 e par.; Mt 11.25-27 =

---

sobre o mistério das Escrituras proféticas não se poderia aplicar aqui. Uma outra hipótese goza da simpatia de numerosos exegetas (cf. H. SCHLIER, *Der Brief an die Epheser. Ein Kommentar*, Düsseldorf, 1957, *ad. loc.*). Os "profetas" seriam os profetas carismáticos do Novo Testamento. Além da dificuldade de subtrair a "profetas" sua função gramatical de aposição, a teologia das Epístolas do cativeiro, para as quais a revelação do mistério faz parte da mensagem apostólica, nos impede de pensar em simples carismáticos. O gênero literário de Ef permite-nos não insistir no paralelismo para explicar Ef 3.5 por Ef 4.11. Ef justapõe regularmente concepções novas às concepções das grandes Epístolas. Cf. *infra*, pp. 529-534.

Lc 10.21-22). O Apocalipse concorda com Ef 2.20, ao colocar os doze como fundamentos da muralha da Jerusalém celeste (Ap 21.14); em 18.20 ele usa uma expressão que faz lembrar as de Efésios: οἱ ἅγιοι καὶ οἱ ἀπόστολοι καὶ οἱ προφῆται[1079].

Mas é preciso reconhecer que este sentido técnico de ἅγιοι não entrou sem dificuldade no uso corrente. Seria difícil mantê-lo na casa de Ef 3.18, onde se fala de compreender o mistério "com *todos* os santos". Não se falaria assim pensando no grupo apostólico[1080]. A expressão "os santos" designa neste caso os primeiros cristãos de Jerusalém, que constituíam a primeira igreja apostólica, e que Paulo designa alhures como o resto de Israel, a "escolha" (ἐκλογή) que Deus fez no começo no povo eleito, para constituir o núcleo do novo povo eleito (Rm 11.7), portanto um grupo mais amplo que os apóstolos e menos amplo que os judeu-cristãos posteriores, nos quais, ao que parece, se pensa em outros lugares de Efésios[1081].

2. As Epístolas do cativeiro, portanto, estão na mesma linha deste trecho apocalíptico dos sinóticos, onde, sob a influência literário do Livro de Daniel, os primeiros discípulos, isto é, os apóstolos, são representados como recebendo o privilégio da revelação dos segredos do reino dos céus, bem como o encargo de os comunicar aos que virão depois. Tal é a função dos "profetas"[1082]. Nossas Epístolas nos recordam assim que o Evangelho não é somente anúncio da Boa-nova da salvação, mas revelação das riquezas celestes concedidas pela misericórdia divina.

Os "apóstolos" foram os primeiros "santos", isto é, os que, antes de todos os demais, por causa da escolha do Cristo, obtiveram a certeza de serem incorporados ao Cristo na glória de sua parusia. Esta dignidade incluía o privilégio de receber, desde já, as revelações dos mistérios do reina dos céus, do mistério de Cristo, como

---

[1079] A semelhança foi percebida por numerosas testemunhas que suprimem καὶ οἱ antes de ἀπόστολοι: a lição foi conservada pela nossa Vulgata: *et sancti Apostoli et prophetae*.
[1080] O recurso a 1 Co 15.7 nos parece fora de propósito.
[1081] Cf. a antítese ἡμεῖς – ὑμεῖς em Ef 1.11-14; 2.1-10; e sobretudo 2.11-12. Podemos igualmente recordar os quinhentos irmãos de 1 Co 15.6 e o uso de ἀρχαῖος em At 15.7.
[1082] Cf. Mt 13.17; 23.34.

dirá Paulo. Como apóstolo, eles tinham o encargo de proclamar a salvação; como profetas, eles revelaram os segredos aos primeiros cristãos. Seu prestígio irradiava-se sobre a comunidade primitiva; isto parece já resultar da história da denominação "os santos" (independentemente das Epístolas do cativeiro)[1083].

Entretanto, a situação mudou com os primeiros grandes sucessos do cristianismo no mundo greco-romano. A comunidade primitiva guardou o nimbo com que suas origens apostólicas a haviam aureolado, mas tornou-se também algo longínquo, inacessível, separada do presente. Os próprios grandes apóstolos apareciam como os fundadores de outrora, colocados por Deus na base do edifício que estava sendo construído, e cujo material provinha agora, na sua totalidade, do mundo greco-romano; podia-se facilmente confundir, no epíteto, a santa comunidade e os apóstolos, seus fundadores[1084].

## 2. *O acesso dos pagãos ao mistério*

Saberemos apreciar, com seu justo valor, a revolução que foi para o mundo judaico ver os pagãos, em massa, ter acesso às suas próprias riquezas religiosas? Os judeus eram ciosos de seus privilégios. Paulo mesmo é testemunho disso em termos comoventes na Epístola aos filipenses: "Se algum outro pode apoiar-se nos privilégios humanos, eu o posso com maior razão: circuncidado no oitavo dia..." (Fp 3.4-6).

O Livro dos Atos conserva a lembrança da resistência dos judeucristãos à evidência que se impunha cada vez mais: Deus concedia aos pagãos a grande naturalização cristã. De seu lado, os pagãos experimentavam a plenitude espiritual que se oferecia à sua expectativa. Seu entusiasmo traduziu-se em imagens: ora a duma primavera

---

[1083] Cf. L. CERFAUX, "'Les Saints' de Jérusalem", em *Eph. Theol. Lov.*, 2 (1925), pp. 510-529 (= *Recueil Lucien Cerfaux*, II, Gembloux, 1954, pp, 389-413).

[1084] Estas considerações nos parecem atenuar muitíssimo a dificuldade crítica que, na hipótese da autenticidade, se encontra, ao ver Paulo dar o título de "santos" aos apóstolos de Jerusalém, e colocar-se a si mesmo no meio deles, situar-se portanto ele próprio nas fundações da Igreja que ele continua a construir. Ele pertencia ao passado, mesmo fazendo a obra do presente.

que aquece e reanima um mundo gelado[1085], ora a dum cântico novo que seduz os homens[1086], ora a da aparição dum astro cujo brilho novo revoluciona o velho mundo astral[1087]. A palavra de Inácio de Antioquia é exata; é a revolução de toda uma civilização[1088].

A função de Paulo adquire um novo aspecto, em relação com o mistério, e a entrada dos pagãos na Igreja vai traduzir-se numa linguagem nova.

*a) O privilégio de Paulo*

Lemos em Ef 3.2-13 como que uma nova edição da carreira de Paulo. Vai se transformar e subordinar ao mistério as antigas fórmulas de Gl 1.15-16 e agora se dirá: "Vós ouvistes a economia do dom de Deus que me foi concedida com relação a vós, os pagãos (3.2). Por um Apocalipse, o mistério me foi revelado (ἐγνωρίσθη)" (3.3). O Filho de Deus que aparecia na visão de Damasco continha, aliás, em sua glória todo o mistério do plano divino. Assim se explicará o sentido do envio de Paulo aos pagãos: "Os pagãos são co-herdeiros, participantes do mesmo corpo, têm acesso à promessa em Cristo Jesus pelo Evangelho, do qual me tornei o servidor..." (3.6-7). Único e preponderante aparece o papel de Paulo na economia do mistério cristão[1089]: "A mim, o menor dos santos, foi dado este dom, de anunciar aos gentios a Boa-nova da riqueza incompreensível do Cristo e de colocar em evidência-a-economia do mistério..." (3.8-9). "O menor dos santos" faz lembrar de 1 Co 15.9-10: "eu sou o último dos apóstolos... mas pelo dom de Deus sou o que sou, e o dom que ele

---

[1085] Ps CLEM., *Recognitiones*, I, 1-8. A expressão de I, 6 *sumpto a tempore veris exordio* poderia ser alegoria.
[1086] CLEM. ALEX., *Protrept.*, I, 1-10.
[1087] INÁCIO DE ANTIOQUIA, *ad Eph.*, 19,3: "Toda a magia é dissolvida, todos os laços da malícia são cortados, a ignorância é abolida, o velho império é destruído pela manifestação humana de Deus, que traz a novidade da vida eterna".
[1088] Ταραχή, *ad Eph.*, 19,2.
[1089] "A economia do dom" consiste nesta função de revelador do mistério, atribuído a Paulo na economia da salvação. A expressão ἡ οἰκονομία τῆς χάριτος de Ef 3.2 corresponde a οἰκονομία τοῦ μυστηρίου de Ef 3.9.

me deu não ficou perdido". Ef 3.8 diz exatamente, no novo plano, a mesma coisa, contanto que atribuamos a "santos" esta especificação precisa que designa os apóstolos.

As Epístolas do cativeiro, portanto, permanecem nas po. sições que Paulo defendeu em Gálatas e 1 Coríntios: ele é apóstolo com o mesmo título que os outros. Mas isto é considerado sob um outro ângulo. Ele é apóstolo porque recebeu a revelação do mistério de Cristo. Nesta revelação do mistério ele ocupa um lugar privilegiado, tendo sido encarregado de comunicar aos pagãos sua vocação (Gálatas) e de fazê-los entrar na inteligência do "mistério" da Sabedoria divina que preparou seu privilégio. Esta missão é um verdadeiro dom, com uma vocação especial no seio da vocação de todos os apóstolos. É em virtude deste dom que ele trabalhou mais que os outros (1 Co 15.10). Agora, deve-se reconhecer ao lê-lo sua penetração no mistério de Cristo (Ef 3.4).

E agora, seu sofrimento lhe assegura a consagração última de seu título de apóstolo dos pagãos[1090]. Ele é prisioneiro "por eles", no lugar deles. Seus sofrimentos têm caráter sagrado, não somente como todos sofrimentos, mas porque eles o unem com o Cristo e o constituem seu representante. É na qualidade de representante e continuador do Cristo que ele é prisioneiro e sofre: ele completa "o que falta aos sofrimentos do Cristo" (Cl 1.24).

A figura do Servo sofredor se projeta na do prisioneiro de Cristo pelos pagãos[1091].

b) *A iniciação dos pagãos*

O cristianismo fala a linguagem dos mistérios escatológicos, mas os gregos a entendem com ressonâncias próprias a seu ambiente religioso. É o que nos desculpa por falarmos de iniciação[1092].

---

[1090] Assim o Servo de Deus de Isaías, luz das nações, sofre pela multidão.
[1091] O hierofante de Eleusis teria jamais pensado que ele devesse juntar às desventuras das deusas seus próprios sofrimentos, que ele assumiria volutariamente para fazer conhecido seu culto? Nada faz sentir melhor a originalidade do cristianismo.
[1092] A única palavra com a mesma raiz que μυστήριον na linguagem paulina é o verbo μυέομαι (sentido atenuado) em Fp 4.12.

Uma palavra de Inácio de Antioquia merece nossa atenção. Fazendo alusão ao alcance da Carta de Paulo, o bispo prisioneiro dá aos efésios o título de συμμύσται Παυλοῦ: eles constituíram o grupo dos iniciados de Paulo[1093]. Sem desvirtuar as intenções de Inácio, podemos explicitar a comparação: Paulo foi o revelador do "mistério" do Cristo; sua obra consistiu em iniciar os gentios no mistério cristão.

Inácio pensa na morte do Cristo[1094], à qual ele une a virgindade de Maria e o nascimento de Jesus, chamando estes três acontecimentos de "os três mistérios do clamor (κραυγῆς)"[1095]. A paixão é o centro do drama. É sabido o papel que o martírio e o sofrimento têm no seu ideal religioso. O martírio é a verdadeira perfeição, da qual participam todos os cristãos. No endereço de Efésios, o título glorioso que ele dá a seus correspondentes é de terem sido chamados, pela vontade divina, ao verdadeiro sofrimento, o que salva: ἐν πάθει ἀληθινῷ. Os cristãos de Éfeso são iniciados, pelo ensinamento de Paulo e por seus exemplos, a introduzir em suas vidas a ação misteriosa que Deus realiza no silêncio de sua eternidade[1096].

---

[1093] *Ad Eph.*, 12,2. A explicação de Funk é parcialmente errônea: *isto é, cum s. Paulo initiati estis mysteriis divini consilii et christianae veritatis*. Para corrigir esta colocação, pode-se consultar umas linhas de W. BAUER, *Wörterbuch z. N. T.*, 4ª ed., Berlin, 1958, c. 1542; trata-se daqueles que foram iniciados juntos ao mistério que Paulo lhes comunicava (*miteingeweihte des Paulus*, trad. de F. POLAND, *Geschichte des Griechischen Vereinswesen*, Leipzig, 1909, p. 39). Cf. DITT., *Or.*, 541, 9: οἱ τῶν τοῦ Θεοῦ μυστηρίων συμμύσται. Isto corresponde ao composto grego. Funk apóia-se no uso de μυστήριον na Carta de Paulo aos efésios para explicar a expressão συμμύσται Παυλοῦ.

[1094] *Ad Magn.*, 9,1; *ad Trall.*, 2,3, Inácio chama os diáconos de διακόνους μυστηρίων ᾽Ι. χ., lembrando-se de 1 Co 4.1 e 1 Tm 3.9.

[1095] *Ad Eph.*, 19,1. Uma proclamação (κραυγή) do Verbo procedente de Deus, é aposta ao "silêncio" no qual Deus realizou os três mistérios. Pensa-se no anúncio do Evangelho (cf. a nota de FUNK, *ad loc.*). Mas seria normal também fazer a relação com o tumulto (ταραχή) que acolhe no mundo dos astros o astro novo que manifestou (ἐφανερώθη) os três mistérios aos éons (19,2). Κραυγή é talvez inspirado por Mt 25.6 ou então por Mt 27.46 (ἀνεβόησεν), 50 (κράξας φωνῇ μεγάλῃ), os gritos que anunciam a morte de Cristo. Cf. igualmente Lc 1.42 e, sob um horizonte bem diverso, Sab 18.14-16.

[1096] Cf. Ef 3.1-13. As tribulações de Paulo são a glória dos efésios. Sem dúvida, Paulo parece monopolizar os sofrimentos e as tribulações: é o estado de espírito do "mártir" que sofre em nome dos outros e por eles.

Inácio conduz assim a seu termo o movimento começado pela teologia paulina. A morte do Cristo adquiriu um relevo cada vez mais acentuado. A mensagem de 1 Coríntios difere muito, sob este ponto de vista, da de 1 Tessalonicenses e mesmo da de Romanos. Ela sofre uma última alteração nas Epístolas do cativeiro, no momento em que Paulo prisioneiro, entrevê o martírio[1097]. Inácio empresta sua própria voz a Paulo para proclamar que seu martírio foi a última inciação ao mistério de Cristo[1098]. De uma vez, a morte de Cristo torna-se o centro do mistério. O sacramento do batismo e a Ceia ganham todo o seu significado; a hierarquia da Igreja, os ministros dos sacramentos do Cristo, ocupam o lugar que lhes compete; o caráter "sacerdotal" é fortemente acentuado.

Meio século separa a Carta de Inácio aos efésios da do Apóstolo. Este período é um dos mais obscuros na história do cristianismo. Contudo, o Bispo de Antioquia continuava um intérprete fidedigno do pensamento paulino, por seu parentesco quanto ao temperamento e sua familiaridade com os escritos do Apóstolo[1099]. Ser-nos-á preciso

---

[1097] Cf. *infra*, pp. 546s.

[1098] Pode-se notar, no entanto, que Inácio vai além do pensamento expresso pelo Apóstolo em Fp 3.12-14, "não é que eu tenha já recebido o prêmio ou seja 'iniciado' (τετελείωμαι); eu continuo a correr na esperança de atingir aquilo, para o que fui conquistado pelo Cristo Jesus..." e 2 Tm 4.6: "Quanto a mim, estou sendo já oferecido por libação, e o tempo da minha partida é chegado. Combati o bom combate, 'completei' a minha carreira, guardei a fé". Paulo pensa menos no seu martírio do que no conjunto de seus sofrimentos por Cristo. Ao contrário, Inácio pensa expressamente no martírio como tal, ele o espera para ser verdadeiramente "discípulo" de Cristo, *ad Eph.*, 1,2; *ad Magn.*, 9,1; *ad Trall.*, 5,2; *ad Rm* 4.2,53. Inácio inspira-se particularmente no pensamento de Paulo e no seu vocabulário em *Trall.*, 5,2; este texto abre alguma pista para se entender o caráter das visões que Paulo podia receber: "não é porque eu sou prisioneiro e eu posso compreender (νοεῖν) as coisas celestes, as ordens angélicas e as organizações dos principados, as coisas visíveis e as invisíveis, não é por isso que eu sou já um discípulo: muitas coisas nos faltam, para que não nos falte Deus".

[1099] Inácio é familiarizado com as Cartas de Paulo. ua Carta aos efésios em particular conhece a descrição do mistério tal como Paulo a dá em Ef 2.20-22 (*cf. ad Eph.*, 9), onde destacamos não só a comparação da construção, mas os termos ναός e οἰκοδομή), e onde ἀναφερόμενα. poderia recordar αὔξει: cf. FUNK; H. SCHLIER, *Der Brief an die Epheser. Ein Kommentar*, Düsseldorf, 1957, *ad loc.*

frisar que as Epístolas do cativeiro receberam audiência entre os cristãos da Ásia Menor, em parte devido à importância que davam à iniciação aos "mistérios" de Deus. As observações sobre o vocabulário que agora faremos reforçam esta sugestão.

## 3. O conhecimento do mistério

O "mistério" é realmente o centro das Epístolas do cativeiro. No sentido de apresentação global do plano de salvação do mundo, revelado por Deus, este termo propriamente não apareceu senão uma ou duas vezes nas Epístolas anteriores[1100]. Ao contrário, encontramo-lo 5 vezes em Efésios e 4 vezes em Colossenses. Essas duas Epístolas são explanações sistemáticas do "mistério", e seu "conhecimento" torna-se centro de interesse principal da vida cristã. O cristão dessas Epístolas se poderia definir: aquele que recebeu o dom do conhecimento do mistério[1101]. Depois de uma pesquisa sobre o vocabulário e as formas literárias, esclareceremos o sentido desta definição.

**A.** *Vocabulário e estilo*

O vocabulário de nossas Epístolas e seu estilo (formas literárias) demonstram de maneira suficiente que o conhecimento exerce agora uma função capital.

*a) Vocabulário*

1. Observa-se, porém, que o uso dos termos γινώσκω γνῶσις diminui com relação a 1 e 2 Coríntios[1102]. Em compensação, ἐπίγνωσις,

---

[1100] 1 Co 2.7, na fórmula Θεοῦ σοφίαν ἐν μυστηρίῳ, que bem parece ser equivalente a μυστήσιον σοφίας Θεοῦ. Depois, Rm 16.25, no final litúrgico da Carta. De ambos os lados, há contato com o vocabulário das Cartas do cativeiro, mas este contato é muito limitado. O centro de interesse principal das outras Cartas de Paulo não está na revelação da sabedoria de Deus.

[1101] O adjetivo πνευματικός, em 1 Co 2.13, corresponde mais ou menos a esta descrição.

[1102] Γνῶσις não aparece senão uma só vez em Efésios; em Coríntios é a mesma coisa; ao passo que este termo (com o sentido genérico de conhecimento religioso) encontra-se 6 vezes em 2 Coríntios.

que pode indicar um aprofundamento do conhecimento e que estas duas Epístolas não usam, encontra-se respectivamente 2 e 3 vezes em Efésios e Colossenses; Cl 2.2 fala explicitamente do conhecimento (ἐπίγνωσις) do mistério de Deus[1103].

2. O verbo φωτίζω, no sentido de "iluminar" (fazer conhecer), está em relação com o mistério. É usado duas vezes em Efésios. Primeiro, na oração do início: "que o Deus de nosso Senhor Jesus Cristo, o Pai da glória, vos conceda o Espírito de sabedoria e de revelação no seu conhecimento, sendo os olhos de vossa inteligência (καρδίας) iluminados (πεφωτισμένους) a fim de conhecerdes qual é a esperança do seu chamamento, qual a riqueza da glória da sua herança com os santos e qual a suprema grandeza do seu poder em vós, os crentes, segundo a eficácia da força ativa que ele exerceu em Cristo" (Ef 1.17-19). Comparemos logo com Rm 1.16: "(O Evangelho) é a força de Deus para a salvação de todo aquele que crê, primeiro do judeu, depois também do grego". Um longo trajeto separa as fórmulas. O Evangelho é agora mistério, e o anúncio do Evangelho torna-se proclamação ou explicação do mistério. Com isso é colocada em evidência a noção de "conhecimento". É isso o que importa daí para frente. Sem dúvida Paulo não diz que é ele que salva. Ele insiste com ênfase no poder que se exerce sobre os crentes e aí nos encontramos exatamente no mesmo ponto que Romanos. Mas ao mesmo tempo ele deseja antes de tudo que os cristãos "conheçam" este poder que se exerce sobre eles. Não basta que eles se lhe submetam. Ou antes, eles se lhe submetem exatamente conhecendo-o e querendo aprofundar seu conhecimento. Lembramo-nos também de Fp 3.9-10. Aí Paulo fala da justiça da fé, que ele deseja possuir, "a fim de conhecê-lo (o Cristo) com o poder da sua ressurreição e a comunhão nos seus sofrimentos". De novo introduziu-se o elemento do conhecimento. Dir-se-ia que o conhecimento é o canal pelo qual vai chegar até Paulo o poder da ressurreição.

O verbo φωτίζω reaparece uma segunda vez em Ef 3.9. Paulo recebeu a missão toda especial "de anunciar aos gentios a Boa-nova da riqueza incompreensível do Cristo e de esclarecer (φωτίσαι) a economia do mistério oculto..." O verbo parece um termo técnico

---

[1103] Cf. *infra*, pp. 516-520.

para indicar uma revelação que abre a inteligência aos segredos do mistério[1104]. Podemos juntar-lhe o verbo ἐπιφαύσκω dum hino batismal arcaico citado em Ef 5.14[1105], e que devia ser familiar aos fiéis da Ásia[1106]. O batismo é representado como uma iluminação. Os numerosos paralelos que se podem indicar[1107] convergem todos para iniciações ou fórmulas derivadas de práticas aparentadas. Devemos lembrar-nos, aliás, de que o sacramento cristão tomará em breve o nome de φωτισμός, uso anunciado já em Hb 6.4; 10,32[1108].

O hino batismal de Ef está inserido numa exortação (5. 7-20, recomeçando em seguida em 6.10-20) paralela ao trecho sobre o dia do Senhor, cuja história seguimos a partir de 1 Tessalonicenses[1109]. Em Efésios a antítese "dia-noite" é absorvida por esta outra "luz-trevas": "outrora vós éreis trevas, agora vós sois luz no Senhor" (5.8). Nossa Epístola, por conseguinte, entendeu a iluminação no sentido duma penetração do mistério de Cristo.

3. O horizonte semântico do termo "perfeito" (τέλειος) não fica alheio às cerimônias de iniciação aos mistérios (τελεταί)[1110]. Quando, nas Epístolas Paulinas, ele está ligado a um contexto de mistério ou de conhecimentos secretos, a tradução "perfeito" é por demais vaga e neutra; mas não se ousa chegar até à palavra "iniciado"[1111].

O adjetivo faz sua aparição em 1 Co 2.6. As rivalidades infantis e a paixão dos coríntios pela filosofia faziam perceber claramente a imper-

---

[1104] Digno de nota o emprego deste verbo na literatura hermética. Cf. *Poim.*, § 32; C. *Herm.*, XIII, §§ 18-19. Ver W. BAUER, *Worterbuch z. N. T.*, 5ª ed., Berlin, 1958, s. V.; FILON, de *Fuga*, 139 etc. Recorde-se também o papel importante que tem no mistério a passagem das trevas à luz (APULEU, *Metamorph.*, XII, 23; P. FOUCART, Les *mystères d'Éleusis*, Paris, 1914, pp. 407s; Platão aplica a imagem ao aparecimento das Idéias à inteligência, *Phaedr.*, 30; cf. P. FOUCART, *op. cit.*, p. 396).

[1105] E. PETERSON fala de fórmula cultual. Cf. sobre isso tudo H. SCHLIER, *Der Brief an die Epheser. Ein Kommentar*, Düsseldorf, 1957, ad. loc.

[1106] Cf. διὸ λέγει, Ef 5.14. Esta frase foi aplicada a uma citação da Escritura, Ef 4.8, mas pode introduzir qualquer palavra conhecida.

[1107] Cf. H. SCHLIER, *op. cit.*, p. 241.

[1108] Cf. JUSTINO, *Apol.*, 1, 61; *Dial.*, 122; *Act. Thomae*, 132.

[1109] Cf. *supra*, pp. 156-159.

[1110] Τελετή é conhecido por Sab 12.4; 14.15.23.

[1111] Sobre a significação de τέλειος, ver W. BAUER, *Worterbuch z. N. T.*, 5ª ed., Berlin, 1958, CC. 1601s.

feição de seu cristianismo. Mas nós também, escreve Paulo, revelamos uma sabedoria, quando estamos entre "perfeitos". Esta sabedoria é o conhecimento do mistério do plano divino. O termo voltará em 1 Co 14.20: "Irmãos, não sejais meninos no juízo; na malícia, sim, sede crianças; quanto ao juízo, sede 'homens amadurecidos'" (τέλειοι).

O tema da maturidade da inteligência reaparecerá enfim nas Epístolas do cativeiro. Em Ef 4.12-13 Paulo espera dos carismáticos que eles aperfeiçoem[1112] os santos por seus diversos ministérios e que eles construam o corpo de Cristo "até que todos nós cheguemos à unidade da fé e do conhecimento do Filho de Deus, à maturidade viril (εἰς ἄνδρα τέλειον), à medida da estatura da plenitude do Cristo, para que não sejamos mais como meninos..." O cristão deve chegar a uma perfeição que o eleve à estatura do Cristo. Entenda-se: aprofundamento da fé, comparável à passagem da infância à maturidade. A perícope correspondente de Cl (1.28) fala explicitamente da revelação do mistério: Deus fez os apóstolos conhecer a riqueza de glória concedida aos pagãos, que têm acesso ao Cristo "que nós vos anunciamos, instruindo todo homem e ensinando a todo homem toda a sabedoria, a fim de tornarmos todo homem maduro em Cristo"[1113]. No fim de Colossenses se diz que Epafras "combate" em suas orações pelos colossenses: "a fim de que sejam perfeitos e cheguem à sua plenitude em toda a vontade de Deus" (Cl 4.12)[1114].

Por detrás da maturidade da vida cristã (obtida por um conhecimento aprofundado do plano divino referente aos cristãos) perfila-se esta maturidade de juízo de que os gregos com razão se orgulham: eles não são mais crianças, mas homens que refletem, capazes de se criticar e de criticar os outros. Paulo transporta esta experiência ao plano espiritual (1 Co 2.15)[1115]. O substantivo τελειότης é usado

---

[1112] Καταρτισμός. Cf. Gl 6.1: Vós, os espirituais, reconduzi ao bom comportamento (καταρτίξετε) (o pecador).
[1113] Ἵνα παραστήσωμεν πάντα ἄνθρωπον τέλειον ἐν Χριστῷ. Sobre ἐν Χρισῷ, cf. o trecho correspondente de Ef 4.13.
[1114] Este texto só já basta para sugerir um aspecto importante do conhecimento cristão perfeito: ele é inseparável do amor e da submissão ao ideal de perfeição moral.
[1115] A respeito de πνευματικοί: nas Epístolas do cativeiro, τέλειος substituiu πνευματικός. Todos os cristãos são "espirituais", mas devem viver segundo a perfeição.

por Cl 3.14 num contexto claramente grego. Paulo recomenda o amor, que ele chama de vínculo da perfeição (σύνδεσμος τῆς τελειότητος). Pensa-se nas fórmulas pitagóricas relembradas por Simplicius[1116]. As Epístolas do cativeiro teriam, pois, sofrido alguma influência dos moralistas gregos. Filipenses confirma esta impressão: "Quanto, pois, somos perfeitos, tenhamos esses sentimentos (φρονῶμεν); e se pensais de outra maneira, Deus vos revelará estes mesmos sentimentos" (Fp 3.15); a frase completa um trecho bem grego (Fp 3.12-14) onde Paulo referiu-se à imagem da corrida e onde ele usou, – coisa única em suas Epístolas, – o verbo τελειόω, com o sentido de ter chegado ao termo da corrida (e ter recebido o prêmio)[1117].

*b) Formas literárias*

As formas epistolares normais de ação de graças e de oração tomam uma feição apropriada, tornam-se agora ações de graças litúrgicas ou preces para obter a inteligência do mistério. Mais que isso, aparecem formas novas: visões, alegorias, hinos etc.

1. O hino de Ef 1.3-14 desenvolve o tema introduzido por Rm 8.29-30: nossa predestinação à qualidade de filhos de Deus nos conduz até à glória escatológica. Fomos predestinados à santidade, à filiação por Jesus Cristo, para a manifestação da glória de Deus em seu dom. Desta forma obtivemos o resgate no seu sangue, e fomos enriquecidos com o conhecimento do mistério de sua vontade, que é de recapitular tudo em Cristo. Fomos escolhidos para ser a mani-

---

[1116] *In Epict. Ench.*, p. 208. Cf. L. SANDERS, *L'hellénisme de saint Clément de Rome et le paulinisme* (Studia Hellenistica), 2, Louvain, 1943. Os Pitagóricos, segundo Simplicius, apreciam φιλία a acima de todas as outras virtudes e a chamam de σύνδεσμος de todas as outras. Ou ainda: pela amizade (φιλία) e a união (κοινωνία) as almas atingem a perfeição (τελειότης) dos costumes virtuosos. As fórmulas pitagóricas foram vulgarizadas numa adaptação estóica, cf. L. SANDERS, *ibid.*, pp. 97s.

[1117] É ainda Filipenses que contém uma das passagens mais helenizantes de suas Cartas, digna dum moralista grego muito distinto, e escrito numa linguagem castigada, à qual o Apóstolo menos nos acostumou: ὅσα σεμνά, ὅσα δίκαια (no sentido estóico!), ὅσα ἁγνά, ὅσα προσφιλῆ, ὅσα εὔφημα εἴ τις ἀρετὴ καὶ εἴ τις ἔπαινος, ταῦτα λογίζεσθε (Fp 4.8).

festação da sua glória. Esta expressão, a manifestação da sua glória, volta como um refrão através de toda esta peça litúrgica. Não se trata tanto do futuro escatológico, e sim da glória de Deus manifestada desde o tempo presente, nos dons da existência cristã[1118].

A *ação de graças epistolar* (Ef 1.15-21) desenvolve-se em oração pedindo que se realize nos cristãos a iluminação de suas inteligências no espírito de sabedoria e de revelação (v. 17), que consiste em "saber qual seja a esperança de nossa vocação, qual a riqueza da glória de nossa herança entre os santos, qual a grandeza supereminente de seu poder em favor de nós, os crentes etc." (vv. 18-19). O conhecimento do futuro escatológico, portanto, não está excluído (a esperança da vocação), mas ele fica perdido no deslumbramento dos dons presentes. Pelo menos não se sabe exatamente se a glória da herança não é a de ser já atualmente herdeiros e filhos de Deus.

Uma oração solene (Ef 3.1-19) é colocada nos lábios do revelador. Suas fórmulas têm paralelos em todas as literaturas de mistério. Iniciador e iniciado dão graças. O revelador ensina ao iniciado a orar como convém e ao mesmo tempo lhe fornece modelos[1119]. O estilo da liturgia dos mistérios propagou-se amplamente. Ninguém devia estranhar, na Ásia, ao ver Paulo, o revelador do mistério de Deus, tomar este tom e pronunciar ações de graças, hinos e outras preces solenes[1120], como ninguém estranhará o conhecimento profundo que ele possui do mistério, ele que foi escolhido por Deus para revelá-lo aos iniciados. Na sua qualidade de revelador do mistério

---

[1118] Sobre o modelo literário desta passagem, cf. H. SCHLIER, *Der Brief an die Epheser. Ein Kommentar,* Düsseldorf, 1957, *ad loc.*

[1119] Cf. na literatura hermética, o hino de ação de graças que termina o Poimandres com a oração do revelador para obter a estabilidade na gnose e a força para poder, graças ao dom (Χάρις), esclarecer (φωτίζειν) os que estão na ignorância (§ 32), cf. W. SCOTT, *Hermetica,* I, Oxford, 1924, p. 130; o hino do livro XIII (γνῶσις ἅγια, φωτισθεὶς ἀπὸ σοῦ, § 18, *ibid.*, p. 250) e a ação de graças que ilumina o Misto [διὰ] τῆς σῆς εὐλογίας ἐπιπεφώτισταί μου ὁ νοῦς) (§ 21, *ibid.*, p. 252); ou ainda a ação de graças que termina o Asclepius latino (*cf. Papo Mag. Mimaut*). *Gratias tibi summe exsuperantissime; tua enim gratia tantum sumus cognitionis tuae lumen consecuti* (§ 41b, *ibid.*, p. 374).

[1120] Ele recomenda a seus correspondentes que se ensinem e se edifiquem mutuamente por meio de trechos estilizados da mesma forma e carismáticos, Cl 3.16; Ef 5.19.

às nações pagãs, ele pede a Deus que fortifique, segundo a riqueza de sua glória, "o homem interior" de todos os novos cristãos (v. 16).

2. Ef 1.20-22 retoma dois textos apocalípticos já reunidos em 1 Co 15.25-27: Sl 110,1[1121] e Sl 8.7. O que era escatológico em 1 Coríntios torna-se realização no reino atual do Cristo ressuscitado e colocado acima dos principados e potências etc.; a Igreja, pleroma daquele que é pleroma (cf. Ef 4.10), é incluída nesta glória. As fórmulas escatológicas se aplicam, portanto, ao tempo presente. O combate escatológico já está sendo travado, é hora de revestir-se da armadura de Deus, de lutar contra os principados e as potências, de vigiar e orar; os dias são maus.

Talvez deveríamos ver um reflexo das visões apocalípticas propriamente ditas (bem conhecidas pelo Apocalipse joanino) em certas imagens de nossas Epístolas. Contudo nelas a imaginação visual tem menor atuação que a construção teológica ou simbólica e esta é muito mais artificial.

O vidente do Apocalipse joanino contemplou a Jerusalém celeste, futura, a um tempo cidade celeste e esposa do Cordeiro. Tratava-se da Igreja após a parusia. Em 2 Co 11.2, a apresentação da noiva estava reservada para a parusia. Em Ef 5.22-33, a Igreja aparece como a esposa do Cristo. Cristo é seu chefe, o Salvador de seu corpo; ela lhe é submissa. Ele a ama, a nutre, envolve-a em cuidados, deseja-a pura. O texto do Gênesis, instituindo o matrimônio, é interpretado simbolicamente: o sentido profundo (o mistério) da Escritura visa o Cristo e a Igreja.

Deve-se comparar com a imagem da cidade celeste a da construção, onde a Igreja aparece como um templo santo (εἰς ναὸν ἅγιον ἐν κυρίῳ), celeste, que se identifica de certa forma com o Cristo ressuscitado (Ef 2.19-22; cf. Cl 2.7); onde a Igreja atual já está no céu, entronizada, ressuscitada como o próprio Cristo.

Ao passo que elas não tinham mais que um papel secundário nas Epístolas anteriores, as potências, junto com o Cristo ressuscitado e a Igreja celeste, fazem parte dum drama que inclui todo o cosmos.

---

[1121] 1 Coríntios cita a 2ª parte do versículo "até que ele ponha todos os seus inimigos debaixo de seus pés" e Efésios a primeira parte: "assenta-te à minha direita".

Sua ignorância aparece primeiro como o reverso da revelação do mistério aos cristãos: este está "oculto aos séculos em Deus que tudo criou..." (Ef 3.9)[1122]; ele permaneceu "oculto aos séculos e às gerações e agora foi manifestado aos santos" (Cl 1.26)[1123], "ele foi guardado em silêncio σεσιγημένος)[1124] nos tempos eternos" (Rm 16.25). Assistimos ao nascimento duma semântica que vai dar aos αἰῶνες um sentido concreto, identificando-os às potências cósmicas.

Nas grandes Epístolas, as potências vão a caminho de sua destruição[1125]. Cristo conquista a vitória, aniquilando-as (1 Co 15.24). Em Efésios e Colossenses Cristo triunfa delas sobre a cruz (Cl 2.15); não se diz que ele as destrói[1126]. Ressuscitado, ele é colocado "no céu à direita de Deus, acima de todo principado, dominação, potências, domínio, e todo nome que se possa referir não apenas neste mundo, mas também no vindouro" (Ef 1. 20-21). A afirmação é mais clara. As potências não são aniquiladas. São submetidas. Subsistirão elas no mundo futuro? Se subsistem, quaisquer que sejam, serão submissas ao Cristo. Uma outra passagem precisa: a Igreja está no céu com os principados e as dominações; sua presença lhes ensina a "sabedoria multiforme de Deus" (Ef 3.10-11). A expressão é tão colorida e figurada que seria preciso pensar numa espécie de visão. Senão, o que seria esta Igreja presente no céu?[1127]

Uma passagem da Carta aos efésios de Inácio de Antioquia (19.1-3) ilustra a forma literária, cuja análise acabamos de tentar.

---

[1122] Ef 3.9: H. SCHLIER traduz: oculto aos éons. A idéia, em todo caso, é inegável e há antítese entre esta ignorância e a revelação que será feita aos éons (v. 10). Sobre o sentido de éon, ver H. SCHLIER, *Der Brief an die Epheser. Ein Kommentar*, Düsseldorf, 1957, *ad loc*.

[1123] O paralelismo parece exigir para Efésios o sentido de " séculos". Mas a idéia de éons não está longe. Os séculos são o tempo dos éons, as gerações, o tempo humano.

[1124] Uma influência grega é possível: pense-se no sucesso do silêncio" religioso.

[1125] O tema καταργέω em 1 Co 2.6; 15.24 (no conflito escatológico). O tema é transposto para a Lei em Ef 2.15; cf. Cl 1.22; 2.14.

[1126] Ἀπεκδυσάμενος não significa uma destruição. Cf. *supra*, p. 493, nº 30.

[1127] Das imagens e da linguagem simbólica próprias das visões, concluiremos que a glorificação antecipada da Igreja manifestou às potências o plano divino que elas ignoravam. O conhecimento do plano divino lhes traz participação nas riquezas espirituais próprias de Cristo. Se explicamos neste contexto

Encontramo-nos também entre a visão propriamente dita e um ensinamento didático. Inácio é um visionário[1128]; a fórmula: "os três mistérios (τρία μυστήρια) realizados no silêncio de Deus e proclamados ao mundo" e todo o estilo da perícope, fazem pensar numa visão celeste que se tornou matéria de ensinamento[1129]. Trata-se da manifestação do mistério (da Encarnação) às potências celestes[1130].

3. Outros hinos louvam o Cristo e descrevem sua obra de salvação. A evolução do cosmos e das potências e a história humana estão ligadas à grande tragédia divino-humana do Salvador. Podemos citar sob esta rubrica: Cl 1.15-23; Fp 2.5-11; 1 Tm 3.16 (sob o título μυστήριον); Ef 5.14 (hino batismal).

Ef 4.7-16 pode-se considerar como uma espécie de *midrash* sobre Sl 68.19, consagrado ao dom de Cristo. Sobre o mesmo tema poderíamos lembrar igualmente a perícope sobre a armadura do cristão para o combate escatológico (Ef 6.13-17). Os sincretistas de Colossos construíram alegorias sobre a circuncisão e suas abstinências

---

Ef 3.11, ser-nos-ia preciso admitir uma espécie de predestinação dos éons a participar da ordem de Cristo graças à revelação da Igreja. κατὰ πρόθεσιν τῶν αἰώνων ἥν ἐποίησεν ἐν τῷ Χριστῷ Ἰησοῦ τῷ κυρίῳ ἡμῶν. É possível, como vimos, tomar αἰῶνες no sentido concreto de Potências cósmicas. Assim como os cristãos foram predestinados para serem a imagem de seu Filho, as potências (todas?) foram predestinadas em Cristo para reconhecê-lo na Igreja. Assim aparece de uma vez nossa superioridade sobre as potências. É nossa Igreja que lhes permite o acesso a Deus, ao passo que nós, tivemos acesso imediato na Igreja, pela fé. Não se poderá, pois, dizer que o Cristo é a cabeça das potências, nem que elas. são seu corpo ou seu pleroma. Seu acesso à esfera de Cristo é indireto. Sua função foi explanada por Paulo por causa da situação que se revelou nas igrejas da Asia. No cristianismo, elas permanecem claramente subordinadas ao Cristo e mesmo à Igreja (isto é, aos cristãos). A gnose da Asia lhes atribui, ao contrário, a função de intermediário entre Deus e a humanidade. Irão mais adiante, colocando-as num pleroma, imediatamente abaixo do Deus supremo, como éons emanados dele. Será preciso sempre levar em conta este elemento para determinar o valor absoluto das afirmações doutrinárias das Epístolas. Deveremos também permitir a Paulo, precisamente por causa das necessidades da polêmica, introduzir na sua doutrina modificações ou precisões.

[1128] Cf. *ad Eph.*, 20,2; etc.
[1129] Cf. *ibid.*, 20, 1.
[1130] Inácio os chama de os αἰῶνες.

alimentares. Paulo responde pagando com a mesma moeda. O batismo é a verdadeira circuncisão. Só ele é eficaz; ele nos liberta da escravidão das potências celestes[1131].

**B.** *Definição do conhecimento cristão*

A característica fundamental deste conhecimento nos parece ser sua capacidade ilimitada de progresso. *a*) Ele é uma penetração cada vez mais profunda no mistério da sabedoria divina e, por isso mesmo, uma ascensão, um crescimento para a realidade celeste, cuja posse prepara. *b*) Em conseqüência, ele vai transmitir à fé, que seria de preferência estática, suas possibilidades infinitas. *c*) Ele não se opõe ao amor, ao contrário, inclui esta no seu progresso. *d*) Para completar nossa definição, colocaremos o conhecimento perante a "gnose" e depois perante a mística.

### 1. *"Conhecimento" progressivo*

O mistério oculto na vontade divina comunica-se e se cumpre pela revelação. Quando Paulo declara que sua missão consiste em "cumprir" a Palavra de Deus (Cl 1.25), isto é, o mistério, deve-se compreender, não que ele anuncie a Palavra em plenitude, mas que ele a "cumpre". Sua pregação à medida que amplia e aprofunda o conhecimento do segredo, realiza-o neste mundo.

Duas imagens exprimem a idéia do crescimento do mistério. A primeira é a da construção, uma fórmula tradicional. Paulo a utiliza para descrever a introdução dos pagãos no organismo da salvação. Eles são colocados no edifício sobre o fundamento dos apóstolos e profetas. A chave-de-abóbada[1132] é o Cristo. Toda a construção encontra nele sua coesão; ela cresce para ser sempre mais o verdadeiro templo santo no Senhor. Os pagãos são material da construção, para se tornarem o santuário de Deus no Espírito (Ef 2.20-22). Pela fé, que temos nele e pela vida que vem dele[1133], Cristo determina

---

[1131] Cf. p. 493.
[1132] Cl 2.7 seria mais favorável à tradução "pedra angular".
[1133] Cf. Ef 3.17: ἐν ἀγάπῃ ἐρριζωμένοι καὶ τεθελιωμένα.

o plano do edifício e assegura sua coesão; ele é a santidade dele, pois o edifício é um templo. A idéia de crescimento aparece: toda a construção sobe, a fim de realizar este ideal do templo santo no Senhor, que é a comunidade cristã (v. 21); e os pagãos se associam a este ritmo de crescimento espiritual. Não trairemos o pensamento de Paulo, pensando neste momento na inteligência do mistério. A inteligência profunda é o termo da revelação.

1 Coríntios unia já a imagem da plantação com a da construção (1 Co 3.9). Mais naturalmente que o edifício, a planta desperta a idéia de crescimento. Paulo faz alusão a este tema em Cl 2.7 e Ef 3.17[1134].

A imagem do corpo de Cristo vai desenvolver-se paralelamente à da construção. Lembremo-nos do que ela era nas grandes Epístolas. Segundo o tema helenístico corrente, simples alegoria, ela ilustrava a necessidade da unidade num organismo. A Igreja cristã é um organismo "em Cristo", o corpo do Cristo. Esta aplicação é conservada em Ef 4.1-16. Paulo[1135] recorda aos cristãos a obrigação de conservar a unidade do Espírito, no vínculo da paz. Dir-se-ia que ele se colocou de novo no ambiente de pensamento grego, talvez mais precisamente estóico, para exprimir seu desejo de ver a unidade reinar na comunidade. Ele recomenda as virtudes anexas do amor, humildade, a doçura, a longanimidade, a tolerância mútua. É preciso guardar a unidade do Espírito[1136], no vínculo da paz, fórmula estóica[1137]. Em seguida Paulo enumera palavras-chaves do cristianismo, todas elas lembrando, cada uma melhor que a outra, as exigências da unidade. A frase é polida, com preocupação pelas assonâncias nas repetições e pelos artifícios gramaticais[1138]: um corpo e um Espírito, segundo a unidade da vocação, na mesma esperança;

---

[1134] Cl 2.7: ἐρριζωμένοι καὶ ἐποικοδομούμενοι ἐν αὐτῷ; Ef 3.17: ἐν ἀγάπῃ ερριζωμένοι καὶ τεθεμελιωμένοι.
[1135] Inútil relembrar ainda, que, por enquanto, não queremos decidir a questão da autenticidade paulina no sentido próprio.
[1136] Assim se deverá traduzir τὴν ἑνότητα τοῦ πνεύματος (Ef 4.3).
[1137] Ἐν τῷ συνδέσμῳ τῆς εἰρήνης. Cf. L. SANDERS, L'hellénisme de saint Clément de Rome et te paulinisme, Louvain, 1943, pp. 96s.
[1138] Ἐν αῶμα καὶ ἕν πνεῦμα: binômio que resume 1 Co 12.12-13. O binômio recebeu o acréscimo de μία ἔλπίς (poderia ser também, com o mesmo efeito,

um Senhor, uma fé, um batismo; um Deus e Pai de todos, que está acima de todos, age por todos, vive em todos. Como primeira palavra desta mensagem de unidade, comandando o conjunto, encontra-se "o corpo". Trata-se do corpo de Cristo, provavelmente no sentido em que Paulo o entendia em 1 Coríntios e Romanos, tendo como ponto de partida, ao mesmo tempo, o apólogo de Menênio Agripa e a noção cristã do "corpo" eucarístico do Cristo, na unidade dum único pão.

Sempre paralelamente a 1 Coríntios, enumerando os carismas, Efésios relaciona-os com o dom de Cristo; mas talvez muito intencionalmente, além disso, introduz um elemento novo, a entronização do Cristo no céu, após sua Encarnação no nosso mundo (segundo o ritmo do hino cristológico de Fp 2.6-11). Assim Cristo foi exaltado acima de todos os céus e portanto de todas as potências[1139]. Por este título, ele concede os carismas espirituais, que permitem edificar o corpo de Cristo (o uso do verbo edificar liga-se à imagem da construção), até nossa maturidade espiritual[1140], sempre em crescimento na unidade da fé e do conhecimento do Filho de Deus. No fim, vem a descrição deste crescimento: "nós crescemos para ele de todo modo, de que é a cabeça, o Cristo, de quem todo o corpo, respeitando a medida de cada um dos membros, faz o crescimento corporal para se edificar no amor" (Ef 4.15-16)[1141]. A idéia do crescimento, portanto, superou pouco a pouco a da unidade.

A imagem volta em Cl 2.19, em ligação, como em Efésios, com as falsas doutrinas humanas (o que mostra claramente que é preciso

---

μία κλῆσις evocando a Igreja unida). Vem depois um tríptico com jogo gramatical εἷς, μία, ἕν. Este novo trecho desenvolve a partir de εἷς Κύριος, pela fé e o batismo. Depois vem a fórmula clássica εἷς Θεός com a aposição em três frases por um jogo de preposições ἐπί, διά, ἐν. O trecho é assim calcado sobre o de 1 Co 12.4-6: τὸ... αὐτὸ πνεῦμα... ὁ αὐτὸς Κύριος... ὁ αὐτὸς Θεός Este paralelismo em profundidade entre as duas passagens Efésios e 1 Coríntios é quase uma prova da unidade de autor. Um só e mesmo espírito pode reproduzir com esta liberdade total, ficando preso por seus próprios artifícios.

[1139] A predileção de Efésios por ἐπουράνιος não estaria ligada ao fato de que se pode perceber neste adjetivo, quando aplicado a Cristo ou aos cristãos, uma idéia de superioridade sobre as potências (Ef 1.3.20; 2.6)?

[1140] Εἰς ἄνδρα τέλειον, εἰς μέτρον ἡλικίας τοῦ πληρώματος τοῦ Χριστοῦ (Ef 4. 13).

[1141] Voltaremos a falar desta ligação proposital entre o conhecimento e o amor.

acentuar a idéia de conhecimento). Os falsos doutores de Colossos não se unem à cabeça, da qual o corpo inteiro, recebendo, por suas juntas e ligamentos, força e coesão, cresce do crescimento divino. O crescimento dos cristãos, em conjunto e em particular, na vida que vem do Cristo, amor e inteligência do mistério de Deus – eis aí, portanto, aquela que vai ser agora a preocupação constante de Paulo. Para dizer a verdade, não é uma preocupação nova: ocasionalmente ele exprimia seu desejo de ver a fé, o amor e a esperança de seus cristãos ir sempre aumentando. Doravante, porém, o crescimento do amor e da inteligência, às vezes unicamente da inteligência do mistério de Deus, é como que sua idéia fixa. Ele ora, ele dá graças, ele pede, tendo este objetivo sob os olhos.

O hino de louvor de Efésios visa sobretudo, entre os outros benefícios da salvação, o conhecimento que Deus nos concede do mistério de sua vontade (Ef 1.8-9). A oração de súplica concentra-se no dom do "Espírito de sabedoria e de revelação", que concederá a penetração do mistério (1.17-23). A prece solene do "revelador" retoma o mesmo tema: que os cristãos recebam a força do Espírito e a inabitação do Cristo neles, pela fé, a fim de poderem compreender as profundezas do mistério e o inefável amor de Cristo, e assim receber toda a plenitude à qual Deus os predestinou (Ef 3.14-19).

Em Colossenses, a ação de graças normal (que foi parcialmente substituída em Efésios pelo hino de louvor) faz alusão ao progresso (certamente em profundidade) da palavra de verdade do Evangelho (Cl 1.5-6). A oração de súplica exprime tão claro quanto possível, e desta vez sem imagens, a preocupação apostólica de Paulo: que os colossenses sejam "repletos do conhecimento da vontade (de Deus) em toda sabedoria e inteligência espiritual" (1.9); que eles cresçam no conhecimento de Deus (1.10)[1142].

"Àquele que tem, Deus dará e ele ficará na abundância" (Mt 13.12). Esta palavra que Jesus dizia a propósito do mistério do reino dos céus, Paulo pode repeti-la, pois seu mistério não é diferente. Ele dá graças pelo conhecimento que possuem já seus cristãos,

---

[1142] Fp 1.9 (embora esta Epístola não tenha como centro o mistério) pede na ação de graças que o amor dos cristãos aumente cada vez mais em todo conhecimento (ἐπιγνώσει) e em toda delicadeza de sentimentos (αἰσθήσει).

deseja o crescimento de sua "gnose" e suplica a Deus para que o conceda a eles.

## 2. "Conhecimento" e fé

Dom divino, o conhecimento do mistério é objeto da oração. Ele não pertence à categoria dos conhecimentos humanos, mas é fruto do Espírito de sabedoria e de revelação, participação no Espírito Santo (Ef 1.17)[1143]. É o Espírito que ilumina as inteligências dos cristãos (Ef 1.18). Este caráter sobrenatural do "conhecimento" não lhe retira seu caráter de verdadeiro "conhecimento". A mesma inteligência que assimilaria uma ciência profana, recebe os dons do conhecimento sobrenatural. Recebe-os dum modo vital, não como formas que lhe seriam impostas do exterior, mas como uma atividade que procede dela mesma, embora seja recebida, produzida imediatamente por Deus[1144]. A inteligência encontra seu fim e sua alegria no seu desabrochar pelo "conhecimento", dom do Espírito.

Para evitar toda confusão, é-nos mister recordar a distinção estabelecida entre o conhecimento profundo das Epístolas do cativeiro e a "gnose" dos coríntios. Só o conhecimento superior e profundo (poderemos chamá-lo de "epignose")[1145], identificado com a "sabedoria" e explicado pela "penetração espiritual" (Cl 1.9) é verdadeiro desabrochamento da inteligência movida por Deus. A "gnose", ao contrário", está submetida aos desvios humanos.

A "epignose" é da mesma natureza espiritual que a fé. Ela se desenvolve sobre o terreno desta. O "mistério" não é mais que um aspecto do Evangelho (Ef 6.19); a "epignose" é o desabrochamento

---

[1143] Estaria enganado quem interpretasse σοφία e ἀποκάλυψις como aqueles carismas transitórios de que fala Paulo em 1 Coríntios. A sabedoria já tinha duas acepções em 1 Coríntios: carisma e sabedoria cristã, isto é, conhecimento essencial à "perfeição" dos cristãos. Aqui ἀποκάλυψις e σοφία formam hendíadis. A "revelação" tem por objeto a sabedoria.

[1144] A mesma inteligência humana conhece natural e sobrenaturalmente; temos de dizer que a cooperação da inteligência na atividade divina, em ambos os casos, exige fidelidade e submissão, o que corresponde à verdadeira natureza da inteligência.

[1145] Ἐπίγνωσις, segundo o vocabulário de nossas Epístolas, cf. *supra*, p. 507.

da fé. A diferença entre as duas consiste em que a fé é estática[1146], ao passo que a "epignose" é essencialmente progresso e crescimento. Este caráter da fé é bem sublinhado em nossas Epístolas, talvez mesmo com uma certa antítese com o "conhecimento" propriamente dito, essencialmente "progressivo". Enquanto que este pode introduzir entre os cristãos diferenças acessórias, a fé é "una" como o batismo (Ef 4.15); ela é o fundamento (Cl 1.23), é firmeza e estabilidade (Cl 2.5.7).

O problema da fé e da "gnose" não afeta a "epignose". Paulo encontrou em seu caminho os começos daquele movimento que se tornará a "gnose". Mas tratava-se então de desvios da mensagem cristã autêntica, confundida, seja com a filosofia, seja com um antilegalismo ou um laxismo moral que descambaria para a licenciosidade dos costumes. O que chamamos "epignose" é cristianismo autêntico.

### 3. *Epignose e ágape*

Poderíamos recompor facilmente, com o auxílio das Epístolas do cativeiro, um novo hino ao amor. Na ação de graças pelo fervor dos cristãos, seu amor está unido à sua fé, Ef 1.15; à sua fé e à sua esperança (segundo a tríade clássica), Cl 1.4[1147]. Este tema é transportado para a imagem da plantação e da construção (Ef 3.18) e para a do crescimento do corpo (Ef 4.16). Por sua natureza o amor deve aumentar-se[1148].

O tema do amor está em seu lugar normal nas exortações[1149]. Deus manifestou-se em sua obra de "amor" para com os homens (Ef 2.4; cf. Jo 1.12; 1 Jo 3.1). O amor já estava em ação na nossa predestinação (Ef 1.4-5); ela nos conduzirá até a nossa glorificação: "Deus, que é rico em misericórdia, por causa do grande amor com que nos amou, quando estávamos mortos pelas nossas transgressões,

---

[1146] Diz-se que a fé está em progresso, à medida que os cristãos desenvolvem a prática cristã começada na fé (Fp 1.25; d. 1.27; 2.17).
[1147] Cf. Fp 1.9, que centraliza a oração no amor.
[1148] Ef 4.16; Fp 1.9.
[1149] Ef 4.15; 5.2; Cl 2.2; 3.14; cf. Fp 2.1-2.

nos vivificou com o Cristo" (Ef 2.4-5). Cristo revelou o amor dando-se por nós[1150].

O fato de o tema do crescimento do amor se misturar com o dos progressos do verdadeiro "conhecimento" nos convida à prudência, quando se falar em opor conhecimento e amor, e reservar ao amor uma primazia (rebaixando a inteligência). A exaltação do amor, em 1 Coríntios, visava certamente degrada a gnose, tal qual os coríntios a entendiam. Não se pode transportar o tema para a "epignose", preservada dos defeitos humanos. O cristão perfeito, o homem interior, está fundado na fé e no amor (Ef 3.17-18); estas o colocam em condições de penetrar, com todos os santos, nas profundezas de Deus. Ele aí encontra de novo o amor de Cristo, que supera tudo o que podemos imaginar[1151]; assim ele se une ao Cristo para chegar à plenitude de Deus (Ef 3.19).

É verdade que o amor é colocado no ápice de todas as virtudes e intitula-se o vínculo da perfeição (Cl 3.14). Ela é o "ambiente" no qual se processa o crescimento do corpo (Ef 4.15-16). A verdade parece-nos simples. Unidas na vida espiritual dos cristãos, o amor e a penetração do mistério são inseparáveis. É com razão que Cl 2.2 as aproxima: os cristãos estão "unidos (συμβιβασθέντες) no amor e em toda a riqueza da plenitude da inteligência (σύνεσις), no conhecimento (ἐπίγνωσις) do mistério de Deus, o Cristo".

Na tríade fé, esperança, amor, Paulo quer que os cristãos dêem importância maior ao amor (1 Co 13.13). Ainda que isto seja dito para os coríntios, aplica-se a todos os cristãos. Mas onde intercalar, nesta tríade, a "epignose?" Sobre o fundamento da fé, ela fez sua ascensão, paralela à do amor. "Epignose" e amor encontram-se no

---

[1150] Cf. Ef 5.2.25; Gl 2.20; Rm 8.37.
[1151] Fórmula análoga em Fp 4.7: a paz de Deus supera toda inteligência (πάντα νοῦν). Em Ef 3.19, a repetição das palavras de mesma raiz (γνῶναι, γνώσεως) é intencional para reforçar a idéia. Se Paulo tivesse querido dizer o que se lhe atribui, que o amor está acima do "conhecimento", teria escrito, conforme o vocabulário de Efésios-Colossenses, ἐπίγνωσις e não γνῶσις. Cf. H. SCHLIER, *Der Brief an die Epheser. Ein Kommentar*, Düsseldorf, 1957, p. 175. Schlier reconhece também que a gnose como tal não fica rebaixada por este inciso. Os alexandrinos, que procuram o amor por um desenvolvimento do conhecimento, nem por isso estão fora do bom caminho cristão.

ponto supremo da vida cristã, no amor de Deus e sua sabedoria, este mesmo Deus que, no amor e na sabedoria, concebeu o plano de nossa salvação, o "mistério" que nos dá a conhecer. Não podemos penetrar no abismo de sua própria vida sem encontrar o Amor e a Sabedoria.

### 4. *"Epignose" e mística*

Chegou o momento de retomar, no ponto em que o deixamos, o problema da mística paulina (mística "ontológica" ou "mística do Cristo")[1152]. Nossa pesquisa sobre o "mistério" das Epístolas do cativeiro ainda não acabou com nossos preconceitos. Mas estamos mais conscientes de que a linguagem paulina se opõe ao emprego, embora vago, do termo "mística" falando da realidade ontológica que nos faz cristãos.

Por outro lado, etimologica e historicamente, mística e mistério estão ligados. A linguagem "mística" formou-se a partir dos mistérios. Já que o conhecimento religioso paulino, em certo momento, concentra-se sobre o "mistério" e que este, embora dum modo muito pouco definível, toca no mundo comum dos mistérios do mundo antigo, não seria melhor guardar a propriedade dos termos e não usar "mística" senão em relação com o "mistério" paulino? Seria vantajoso também assegurar a este termo um sentido suficientemente tradicional, ao passo que a mística "ontológica", é preciso confessá-lo, é exatamente o contrário duma experiência privilegiada de contato com a divindade.

No caso do conhecimento do mistério (a "epignose"), tal como o definimos, este contato existe. Paulo, o revelador do mistério aos pagãos, foi também ele instruído por uma visão, sobre o plano divino da salvação. Ele viu a glória de Deus sobre a face do Cristo

---

[1152] Cf. *supra*, pp. 363-382. O adjetivo "místico" está ausente da literatura apostólica. O único termo aparentado que aparece no Novo Testamento é o substantivo μυστήριον. Em grego clássico μυστικός refere-se aos "mistérios"; τὰ μυστικά designa as cerimônias dos mistérios. O termo entrará no cristianismo por ocasião dos "sacramentos", o batismo e a Ceia. (Paulo emprega μυέσμαι em Fp 4.12, mas sem perceber a afinidade com o mistério).

ressuscitado e, dum modo inefável, Deus tomou posse de sua inteligência e de toda a sua vida consciente; a visão inaugural de sua carreira apostólica apoderou-se de todo o seu ser. Se há uma atitude mística da criatura, certamente foi esta de Paulo, "apóstolo e profeta".

Para falar da iniciação dos pagãos ao "conhecimento" do mistério, Efésios emprega fórmulas altamente significativas. Paulo pede na sua oração: "que o Pai de nosso Senhor Jesus Cristo, o Pai da glória, vos conceda o Espírito de sabedoria e de revelação (ἀποκαλύψεως) no seu conhecimento (ἐν ἐπγνώσει), os olhos da vossa inteligência (καρδίας) sendo iluminados (πεφωτισμένους), a fim de conhecerdes qual é a esperança da vossa vocação..." (Ef 1.17-18). Como não pensar numa experiência que os modernos chamariam de mística? De mais a mais, toda a vida destes iniciados do mistério está cheia de experiências desta espécie, pois eles são" carismáticos". Em semelhante meio, mesmo as graças de iluminação simples, que hoje hesitaríamos em considerar como tais, são certamente "místicas". E, segundo as exortações de nossas Epístolas, toda a vida de oração destes cristãos deve se passar na contemplação do mistério e nas ações de graças que brotam da alma diante da grandeza do benefício divino.

A mística de hoje seria incapaz de seguir caminhos assim traçados? Não cabe a nós responder. Mas a teologia, ainda hoje, tem como tarefa, contemplar o mistério de Cristo.

Uma mística assim é "intelectual", o que não é uma condenação. Ela não é, propriamente falando, "mística do Cristo" mas simplesmente mística de Deus, pois é Deus que se atinge na sabedoria admirável de seu plano de salvação. Se se contempla a sabedoria sobre a face do Cristo, é porque o Cristo é o mediador, como o Espírito Santo é aquele que ilumina as inteligências.

## 5. Conclusão

Sobre a formação do vocabulário do "mistério", a influência de terminante foi exercida pela apocalíptica. Esta influência não significa que as Epístolas do cativeiro mergulhem de novo numa atmosfera escatológica propriamente dita: conserva-se simplesmente a atitude ordinária de expectativa da parusia de Cristo. Mas o conhecimento do mistério é uma nova forma de escatologia realizada. Embora Paulo tenha sido levado a tomar posição em Colossos contra um sincretismo judeu-pagão que sofria um certa influência dos mistérios gregos, o "mistério" das Epístolas do cativeiro permaneceu fundamentalmente cristão, revelação do plano da sabedoria de Deus. É por isso que ele retoma a linguagem apocalíptica, familiar ao cristianismo primitivo como ao judaísmo.

A economia do mistério, paralela à do Evangelho, consagra de novo a importância do grupo apostólico. Os apóstolos recebem a comunicação do grande segredo que até então foi recusado à humanidade e aos anjos (as potências das Epístolas do cativeiro). O acesso dos pagãos ao conhecimento do mistério, – e portanto ao gozo das riquezas divinas, – é um elemento essencial do plano divino; por ele, Paulo, apóstolo dos gentios, ocupa um lugar necessário no grupo dos apóstolos.

Doravante, os cristãos serão de algum modo definidos por seu conhecimento do mistério. Para opor este "conhecimento" à "gnose" dos coríntios, que é uma atitude religiosa imperfeita, fizemos a proposta de designá-lo pela palavra "epignose", usada nas Epístolas do cativeiro com o significado de um conhecimento superior, penetração sobrenatural do mistério de Cristo. A "epignose" se caracteriza por sua tendência a um crescimento contínuo sob a moção do Espírito. Esta nota a diferencia da fé, fundamento estável da vida cristã; ela aproxima-a do amor.

"Conhecimento" e amor vão de mãos dadas numa vida cristã que quer realizar aqui na terra o "mistério", este plano de amor que Deus concedeu para fazer a humanidade subir até ele.

CAPÍTULO II
# ÚLTIMA ETAPA NA TEOLOGIA DO CRISTÃO

    1. *A autenticidade das Epístolas do cativeiro*. O argumento da homogeneidade doutrinal *com as grandes Epístolas* (centro doutrinal; temas secundários: a Igreja, a ressurreição, o corpo e a construção, os apóstolos). – A unidade de autor.
    2. *O último manifesto teológico de Paulo*. As sínteses anteriores. – As circunstâncias da última síntese. – A síntese.
    3. *Conclusão*.

Preferimos até aqui ficar provisoriamente num certo equívoco quanto à autenticidade das Epístolas do cativeiro. Este método nos era aconselhado pela crítica[1153]. Por outro lado, estávamos persuadidos de que, mesmo assim, nós estávamos fazendo uma obra útil, pois as Epístolas do cativeiro dão a impressão de continuar, no seu estilo especial, o movimento do pensamento de Paulo.

---

[1153] Um artigo de H. I. CADBURY, "The Dilema of Ephesians", em *New Test. Studies*, 5 (1958-59), pp. 91-102, fez um balanço da crítica. O autor constata a carência dos argumentos literários apresentados a favor e contra a autenticidade paulina. Limita-se ao exame do vocabulário da Epístola, crendo que, se se abordasse a doutrina que se oculta por detrás das fórmulas, a incerteza só podia aumentar: não se lê no pensamento de um autor. Em todo caso, ele indicou dum modo particularmente feliz os pontos sobre os quais defensores e adversários da autenticidade concordam. Enumera sete. No fundo, todos os críticos conhecem e admitem os mesmos dados do problema. É um progresso substancial: a história do pensamento está conquistando terreno sólido. Graças a este *consensus* que só é negativo aparentemente, as teses opostas se aproximam tanto, que apenas a personalidade de Paulo está ainda em jogo. Duas proposições sublinham a convergência das pesquisas: 1º) se Paulo viveu até o momento em que foi escrita a Carta aos efésios, – o que de modo algum o teria obrigado a chegar aos 100 anos, nem mesmo aos 80, – imagina-se sem

Chegou a hora, neste último capítulo, de propor uma solução precisa e positiva ao problema. Feito isto, poderemos abordar a síntese de Efésios na perspectiva dum coroamento da teologia do Apóstolo.

## I - A AUTENTICIDADE DAS EPÍSTOLAS DO CATIVEIRO[1154]

Nosso capítulo XI já forneceu indicações sérias em favor duma autenticidade estrita de Efésios-Colossenses[1155]. A importância dada ao tema do "mistério", bem como seu desenvolvimento com o auxílio de fórmulas apocalípticas, explicam-se bem pela situação criada em Colossos, no tempo do Apóstolo, quando uma formação religiosa sincretista judeu-pagã ameaçava a Igreja. Se, por outro lado, o vocabulário de Efésios-Colossenses separa-se com freqüência do das grandes Epístolas, lembremo-nos de que a estadia de Paulo em Éfeso fê-lo aprender a língua na qual devia falar a seus cristãos da Ásia. Se se insiste na oposição fundamental entre a "epignose" de Efésios-Colossenses e a "gnose" de Corinto, recordaremos que já as Cartas aos coríntios faziam prever esta ruptura: a "gnose" religiosa dos coríntios estava contaminada pela filosofia e pela confiança que colocavam em si mesmos e não em Deus[1156]; ao contrário, Deus revela

---

dificuldade que ele tenha chegado a se exprimir nas categorias doutrinais de Efésios; 2º) se foi um discípulo de Paulo que compôs Efésios, este assimilou primeiro com perfeição a teologia das Epístolas anteriores, sobretudo Romanos e 1 Coríntios; além disso, sua memória estava fortemente impregnada da Epístola aos colossenses, seja porque ele próprio a escreveu um ou dois dias antes, seja porque ele aderiu muito especialmente à sua mensagem a fim de dela viver. Adivinha-se que neste momento estamos plagiando a hipótese de E. J. GOODSPEED (*The Meaning of Ephesians*, Chicago, 1933).

[1154] Cf. G. SCHILLE, "Der Autor des Epheserbriefes", em *Theol. Literaturzeit.*, 82 (1957), CC. 325-334; H. CHADWICK, "Die Absicht des Epheserbriefes", em *Zeitscher. Neut. Wiss.*, 51 (1960), pp. 145-153; E. KÄSEMANN, "Das Interpretationsproblem des Epheserbriefes", em *Theol. Literaturzeit.*, 86 (1961), CC. 1-8; P. BENOIT, "L'horizon paulinien de l'Épître aux Éphésiens", em *Exégèse et Théologie*, II, Paris, 1961, pp. 53-96 (artigo publicado na *Revue Biblique*, 1937).

[1155] Filipenses não está realmente em jogo, pois a crítica, em geral, é hoje em dia favorável à sua autenticidade.

[1156] Paulo gostaria de fazê-lo entender a palavra de Jeremias: "quem se gloria, glorie-se no Senhor" (1 Co 1.31).

uma sabedoria, uma inteligência profunda de seu mistério, toda espiritual (1 Co 2.6-16).

De fato, portanto, propondo uma prova da autenticidade, baseada na homogeneidade da teologia das Epístolas do cativeiro com a das Epístolas anteriores, nós estamos continuando a análise iniciada no capítulo precedente.

## 1. *O argumento da homogeneidade doutrina com as grandes Epístolas*

Esta homogeneidade doutrinal funda uma prova sólida. Vamos examinar sucessivamente o centro doutrinal das duas Epístolas e os temas secundários.

**A.** *O centro doutrinal*

Efésios constitui uma nova síntese paulina, marcada por idéias e modos de pensar que o contato freqüente com as grandes Epístolas já nos tornou familiares[1157]. Estas, aliás, permitem extrair uma síntese construída conceitualmente sobre um esboço de religião revelada. Uma mensagem de salvação, enviada por Deus, vem acompanhada de seu poder. O objeto desta "revelação" cristã pode-se definir brevemente como a obra de "salvação" realizada na terra por Jesus Cristo; sua ressurreição antecipa as realidades escatológicas; sua morte apaga o pecado e suprime a Lei judaica.

Conservando esta direção geral, as Epístolas do cativeiro precisam: um ser divino se encarnou em Jesus; sua obra de salvação é objeto de mistério e o mistério é revelado aos homens que são chamados a penetrá-lo cada vez mais profundamente. Mistério, revelação, conhecimento, substituem Evangelho, tradição da mensagem e fé, fórmulas que correspondiam aos centros de interesse da síntese das grandes Epístolas.

---

[1157] Fica bem entendido que falamos de sínteses doutrinais como delas se fala entre historiadores. Suas linhas mestras são traçadas pelos documentos. Não se trata de sínteses pré-fabricadas que nós lhes imporíamos ou de respostas que solicitaríamos segundo um questionário forjado de antemão, resultando de interesses modernos.

As realidades das duas sínteses, no fundo, são muito mais semelhantes do que o vocabulário o permitiria adivinhar. Além disso, a transposição de uma à outra não é tão radical, pois as grandes Epístolas anunciam os temas de mistério das Epístolas do cativeiro, e estas, por sua vez, conservam as fórmulas da síntese precedente. Vamos abordar esses problemas.

*a) As grandes Epístolas anunciam os temas de mistério de Efésios*

A semelhança é tão flagrante que, em seu comentário de Efésios, H. Schlier escolheu a expressão de 1 Coríntios, "sabedoria revelada", para caracterizar toda a síntese nova. Ele escreve textualmente: "Nossa Carta (isto é, Efésios) é uma mensagem de sabedoria, um discurso de Sophia, um σοφίαν λαλεῖν no sentido de 1 Co 2.6ss. Pode-se aplicar este texto à nossa Carta"[1158]. As expressões de 1 Coríntios, com efeito, antecipam as explanações de Efésios[1159].

Uma comparação entre Romanos e Colossenses é também muito esclarecedora: Rm 11.33: ὦ βάθος πλούτου καὶ σοφίας καὶ γνώσεως θεοῦ = Cl 2.3: πάντες οἱ θησαυροὶ τῆς σοφίας καὶ γνώσεως ἀπόκρυφοι[1160].

A doxologia litúrgica solene de Rm 16.25-27 entrelaça uns com os outros, como se fosse de propósito, os temas fundamentais de Romanos e Efésios. Condizentes com o vocabulário normal de Romanos são as expressões: "o Evangelho de Paulo", a mensagem (τὸ κήρυγμα) de Jesus Cristo para a obediência da fé (pregada) a todos os gentios; condizentes com Efésios: "a revelação do mistério guardado em silêncio durante os séculos eternos, manifestado agora...". A sutura é tão hábil e tão profunda, e ao mesmo tempo

---

[1158] Cf. H. SCHLIER, *Der Brief an die Epheser. Ein Kommentar*, Düsseldorf, 1957, p. 21.

[1159] Notemos alguns parentescos: σοφίαν δὲ λαλοῦμεν ἐν τοῖς τελείοις (1 Co 2.6) =: λαλῆσαι τὸ μυστήριον (Cl 4.3); Θεοῦ σοφίαν ἐν μυστηρίῳ (1 Co 2.7) = πολυποίκιλος σοφα τοῦ Θεοῦ (Ef 3.10;) τὴν ἀποκεκρυμμένην (1 Co 2.7) = τοῦ μυστηρίου του ἀποκεκρυμμένου (Ef 3.9); ἣν οὐδεὶς τῶν ἀρχόντων τοῦ αἰῶνος τούτου ἔγνωκεν (1 Co 2.8) = ἀπὸ τῶν αἰώνων (Ef 3.9).

[1160] Βάθος e ἀπόκρυφοι correspondem-se mutuamente; o mesmo se dá com πλούτου e θησαυροί.

tão artificial, que ela cria um problema à parte. Nada faz suspeitar que ela seja da pena do autor de Efésios (se este é distinto de Paulo). Se ela é de Paulo, marcaria uma vontade deliberada de unificar as duas perspectivas, respectivamente características das grandes Epístolas e de Efésios[1161]. Se se trata de um discípulo, este, conhecendo perfeitamente o ambiente da Ásia, teria querido fazer os romanos aproveitarem dos enriquecimentos da doutrina do mestre.

*b) Efésios conserva os temas das Epístolas anteriores*

Por outro lado, Efésios retoma, assimilando-os a si, temas essenciais das grandes Epístolas paralelos aos seus. Assim é que o do "Evangelho", com suas coordenadas, reencontra-se em Ef 1.13: "Tendo ouvido a mensagem da verdade, o Evangelho da vossa salvação, no qual crestes para serdes marcados com o selo do Espírito Santo da promessa etc.". Cf Ef 3.6. Um inciso, cuja construção une "Evangelho" e "mistério"; "para tornar conhecido (γνωρίσαι, no sentido de 'revelar') o mistério do Evangelho" (Ef 6. 19)[1162]. Ef 1.3-14 (o hino litúrgico) faz lembrar da grande meditação de Rm 8.28-30 sobre o mistério da predestinação. "A ação de graças propriamente epistolar que se segue (Ef 1.15-23), começa normalmente como nas grandes Epístolas: "tendo ouvido falar de vossa fé no Senhor Jesus e de vosso amor para com todos os santos...", depois aborda uma prece de súplica referente aos bens da graça e o gozo da "riqueza da glória da herança entre os santos etc." (mesma ligação da fé e do amor com a inteligência das profundezas do mistério em Ef 3.17-19).

O tema da recapitulação no final dos tempos (Ef 1.10) evoca Gl 4.4. Usa-se de novo no mesmo contexto (Ef 1.13s) a alusão à obra do Espírito, segundo Gl 3.2; 2 Co 1.23 etc. A função de Cristo na sua parusia permite retomar os temas desenvolvidos a respeito disso nas Epístolas aos tessalonicenses e 1 Coríntios. A descrição do estado

---

[1161] Em 1 Coríntios e no corpo da Carta aos romanos (11,25) o mistério é explicitamente oposto ao Evangelho.
[1162] Pode-se notar que os vocábulos κηρύσσω, κήρυγμα, não aparecem em Efésios; mas cf. Cl 1.23.

dos pagãos antes de sua vocação (Ef 2.1-10) corresponde ainda a Romanos (começo da Epístola e Rm 7).

Assim, pois, o tema do mistério de Cristo, fundamental em Efésios, funde-se freqüentemente com o do Evangelho, característico das grandes Epístolas; por outro lado, estas preanunciaram as explanações do mistério.

**B.** *Temas secundários*[1163]

*a) A Igreja*

Por um lado, somos forçados a constatar constantes progressos nesta noção desde as grandes Epístolas. Geralmente (com exclusividade, se se trata de Efésios), o termo ἐκκλησία emprega-se agora no singular e designa a Igreja universal. A Igreja não é mais simplesmente a sociedade concreta dos crentes; ela é universal não apenas de fato, mas de direito; é uma realidade desejada por Deus, existente no pensamento divino e, por isso, superando totalmente a Igreja empírica[1164]. Possui uma existência celeste, ou melhor talvez, uma presença no céu, manifestada mesmo às potências. Suas relações com o Cristo glorificado multiplicam-se nesta esfera celeste. Ela revela com ele a glória de Deus (Ef 3.21), ela é sua esposa, é seu pleroma, seu corpo, depende dele como o corpo depende da cabeça (Ef 1.22-23). A Igreja concreta e terrestre das grandes Epístolas permanece sempre o sujeito das novas concepções, e as novas fórmulas traduzem idéias que surgiram nas Epístolas anteriores. Assim é que o

---

[1163] Cf. F. MUSSNER, *Christus das All und die Kirch. Studien zur Theologie des Epheserbriefes*, Trier, 1955; P. BENOIT, "Corps, tête et plérôme dans les Épîtres. de la captivité", em *Rev. Bibl.*, 63 (1956), pp. 5-44 (= *Exégèse et Théologie*, Paris, 1961, pp. 107-153); H. SCHLIER, *Die leit der Kirch. Exegetische Aufsätze und Vortrage*, Friburg in Br., 1956, pp. 159-186; 287-307; J. REUSS, "Die Kirch als "Leib Christ" und die Herkunft dieser Vorstellung bei dem Apostel Paulus", em *Bibl. Zeitschr.*, N. F., 2 (1958) pp. 103-127; P. L. HAMMER, "A comparison of Klêronomia in Paul and Ephesians", em *Journ. Bibl. Lit.*, 79 (1960), pp. 221-238.

[1164] Cf. H. SCHLIER, *Der Brief an die Epheser. Ein Kommentar*, Düsseldorf, 1957, pp. 94s; 279s.

endereço das Cartas aos coríntios, "à Igreja de Deus que está em Corinto", contém virtualmente a noção da Igreja universal, desejada idealmente por Deus, e que 2 Co 11.2-3 insinua já o matrimônio sagrado[1165].

*b) A ressurreição*

Nas Epístolas anteriores, Paulo sempre evitou falar expressamente duma ressurreição antecipada. A ressurreição futura, bem como a parusia, são os objetos vivos de sua esperança; não lhe seria natural a psicologia que uma antecipação faz supor. Seu vocabulário não sugere que já vivamos como ressuscitados. Quando ele fala duma vida em Cristo, nunca é com referência explícita ao Cristo celeste ressuscitado; chega até a excluir esta referência (cf. 1 Co 4.8), desconfiando das confusões da "mística" grega. Em Efésios as comportas se abriram. A Igreja é universal e gloriosa; os cristãos, como Igreja, já estão ressuscitados, colocados no céu: "quando estávamos mortos em conseqüência de nossos pecados, (Deus) deu-nos a vida juntamente com Cristo, – é por graça que fostes salvos[1166], – ele nos ressuscitou e nos entronizou no céu em Cristo Jesus, para manifestar pelos séculos futuros a riqueza superabundante de seu dom..." (Ef 2.5-7).

*c) O corpo e a construção*

A transformação do tema da Igreja tem sua repercussão sobre as imagens do corpo e da construção. Em 1 Coríntios e Romanos, a

---

[1165] H. SCHLIER, *op. cit.*, p. 265, fala de preparação. Ele é de opinião que Efésios e a gnose posterior têm um substrato comum, sobre o qual reagem independentemente, empregando um vocabulário preexistente (p. 268).

[1166] Este parêntese poderia relembrar as reservas anteriores com relação a uma ressurreição atual (cf. *supra*, pp. 195-198). Se esta interpretação for exata, teríamos aqui uma daquelas chancelas que Paulo colocaria nas novas explanações, como se quisesse atestar que, apesar das aparências, elas são bem autênticas e não traem seu pensamento. No v. 8, na seqüência da explanação, ele insistirá no mesmo sentido: Fostes salvos, mas foi por graça, isto é, pela fé, independentemente das obras.

primeira se aplica às igrejas particulares; avizinha-se do uso helenístico, embora o tema helenístico se una aos temas cristãos (corpo do Cristo crucificado, corpo eucarístico); há também interferência com o texto do Gênesis sobre o matrimônio (eles serão dois numa só carne). Uma combinação desta espécie corresponde ao temperamento imaginativo semita. O trabalho de fusão dos temas continua e se amplia na síntese de Efésios e Colossenses[1167]. A Igreja, que é agora personificada, pode, conforme uma linha, tornar-se a noiva de Cristo (o que já era a igreja particular em 2 Co 11.2) e por este motivo chamar-se seu corpo. Conforme uma outra linha, incluído neste movimento, o "corpo" também se desliga de certa forma do Cristo real e identifica-se com o pleroma. Mas não é só isso. O tema da cabeça, que nas grandes Epístolas era autônomo, pode combinar-se com o tema do corpo.

Substituindo o apólogo clássico de Menênio Agripa, um tema fisiológico explicará as relações entre o Cristo, que é a cabeça, e o "corpo". A unidade derivará daí em diante da influência do Cristo; de unidade de caridade que era, torna-se cósmica. Paulo segue o mesmo caminho que o estoicismo. A exortação sobre a unidade (e o amor), em Ef 4.1-16, associa à figura do corpo a lembrança dos carismas, exatamente como 1 Co 12 e Rm 12. com a diferença que, em Efésios, Paulo cita Sl 68.19, a fim de sugerir que o Cristo, que dá os carismas, está exaltado acima dos céus (e das potências, portanto), consagrando assim a superioridade do cristianismo; o tema do corpo modifica-se segundo este centro de interesse (Ef 4.15-16). A alegoria da construção obedece a um movimento análogo, embora muito mais simples.

*d) Os apóstolos*

A nova luz, que ilumina o apostolado primitivo e a função especial de Paulo na revelação do mistério, ilustra singularmente a homo-

---

[1167] Cf. *supra*, pp. 517-519; L. CERFAUX, *Le Christ dans la théologie de saint Paul*, 2ª ed. (*Lectio divina*, 6), Paris, 1954, pp. 264-266; *En faveur de l'authenticité del'Épîtres de la captivité. Homogénéité doctrinale entre éphésiens et les grandes Épîtres*, em *Littérature et théologie pauliniennes* (*Recherches Bibliques*, 5), Paris-Bruges, 1960, pp. 60-71.

geneidade que procuramos definir; os apóstolos, anunciadores do Evangelho, tornam-se os reveladores do mistério. O mistério inclui, na unidade do cosmos, a solução do problema judeus-gentios[1168]. Isto é para Paulo ocasião de desenvolver certos temas esboçados sobretudo em Gálatas. Não vemos como a auréola de glória que envolve doravante os doze e por extensão todo o grupo apostólico, inclusive Tiago de Jerusalém e Paulo, possa ser uma objeção válida contra a autenticidade estritamente paulina de Colossenses-Efésios. É certo que o cristianismo nascente, em Jerusalém e em Antioquia, idealizou bem cedo, mesmo quando vivia Paulo, os "apóstolos", escolhidos pelo Cristo, testemunhas da ressurreição, fundadores da Igreja. Por que Paulo haveria de se opor a este movimento?

## 2. *A unidade de autor*

A homogeneidade é certa. O desenvolvimento da teologia se produziu sem descontinuidade. Basta isso para concluirmos que um mesmo autor, Paulo no caso, escreveu Efésios-Colossenses como as Epístolas anteriores?

Bem considerado tudo, ousamos crê-lo.

1. Mas não vamos ocultar as dificuldades. Estranhamos a mudança de clima ao passar das grandes Epístolas para a leitura de Efésios-Colossenses. Ao lado das semelhanças de vocabulário e de temas, as diferenças se acumulam. A toda hora significações inéditas são atribuídas aos termos costumeiros e familiares, como ἐκκλησία ou σῶμα; termos que mal eram empregados nas primeiras Epístolas, como μυστήριον, tornam-se termos-chaves da teologia; temas desconhecidos entram no lugar de temas antigos correspondentes; e estas mesmas diferenças caracterizam uma síntese nova. A surpresa diminui, entretanto, se observarmos que todas estas diferenças provêm duma tendência idêntica e que a sinfonia doutrinal paulina transpõe-se globalmente dum teclado inferior a um teclado superior: o Evangelho torna-se o mistério, a fé se aprofunda

---

[1168] Não achamos que a concepção do mistério de Colossenses difere da de Efésios (contra M. DIBELIUS, *An die Kolosser, Epheser. An Philemon*, 3ª ed. [*Handb. z. N. T,* 12], Tübingen, 1953, p. 84).

em "epignose", o centro da teologia, que era a morte e a ressurreição do Cristo, será agora o Cristo exaltado na glória, sabedoria de Deus, que, manifestando-se, restabelece a unidade do cosmos; em vez de igrejas locais, aparece a Igreja universal já elevada com Cristo à glória celeste. Toda a teologia é assim dominada por um mesmo ritmo que se desenvolve a partir do mistério de Cristo celeste.

2. As doutrinas não evoluem ordinariamente por si mesmas (αὐτομάτως), conforme leis cegas; elas são conduzidas por inteligências relativamente autônomas. Certas personalidades exercem uma influência decisiva; introduzem-se opções durante a caminhada. Um espírito lúcido, dotado de uma vontade perseverante e trazendo em si mesmo os princípios duma síntese, pode se impor à evolução e dirigi-la. Provavelmente é este o nosso caso, dada a maneira orgânica pela qual a doutrina paulina foi tranposta. O responsável pessoal pela evolução, seria o próprio Apóstolo?

Nada lhe é desfavorável, ao que parece, quanto à possibilidade duma evolução das doutrinas e de sua rapidez. Bastaram alguns anos para facilmente se passar de 1 Tessalonicenses às Epístolas aos coríntios, aos romanos e aos gálatas. O salto de 1 Tesalonicenses a Gálatas ou 1 Coríntios não é menos surpreedente que o de Romanos a Efésios.

Há uma reflexão que nos parece particularmente digna de atenção. Graças a 1 Coríntios, sabemos que Paulo, no fim de sua estadia em Éfeso, conhecia o essencial do tema do mistério cristão; em 1 Co 2.6-16, com efeito, sua utilização é patente, embora ocasional. Como polemista, Paulo exagera um pouco talvez, declarando aos coríntios que sua imperfeição foi o único impedimento, quando da fundação da igreja, que não o deixou expor-lhes a "sabedoria" de Deus. Seria preciso acrescentar que ele não estava preocupado com esta teoria, latente em seu espírito, quando lhes pregou o Evangelho, mas podemos concluir com certeza, de sua polêmica, que ele possuía realmente os rudimentos dela na hora em que lhes escrevia, e que ele estava cônscio que ela superava a teologia da fé no Evangelho, sobre a qual tinha baseado sua primeira evangelização.

3. O parentesco de concepção e execução entre Romanos e Efésios parece-nos igualmente notável. Não se multiplicam os indivíduos bem dotados, num ambiente muito limitado, como se fossem

folhas de árvore, e, sobretudo, não se multiplicam os gênios quase idênticos. Ora, a construção teológica de Efésios é tão impressionante quanto a de Romanos. Ela é marcada, como esta última, pelo cunho dum espírito superior, ao mesmo tempo tradicional e audacioso em suas concepções, capaz de impor a toda a teologia cristã um vocabulário apropriado, e de forjar expressões penetrantes, densas, nunca banais, inesquecíveis, numa língua enérgica como a de Gálatas e de 1 Coríntios e das excelentes páginas de Romanos[1169].

Sem dúvida, a síntese de Ef é nova[1170]. Mas ela é muito coerente, solidamente organizada em torno da idéia de mistério, culminando nela assim como Romanos tinha como centro o Evangelho e a fé. Em ambos os casos, há a mesma força e a mesma originalidade construtiva. Além disso, a nova síntese está cheia de reminiscências da antiga. Um imitador de Paulo teria pensado em chegar tão longe, disfarçando, ou teria podido herdar tanto assim do gênio de seu mestre? Qual Onésimo, qual Tíquico conseguiria semelhante façanha?

4. O argumento da tradição é convincente. Que historiador ousaria, por exemplo, desprezar o testemunho, tão próximo dos fatos, de Inácio de Antioquia? Só mesmo o caráter de nosso estudo é que nos convidava a concentrar nossa atenção no argumento interno fornecido pela teologia das Epístolas.

## II - O ÚLTIMO MANIFESTO TEOLÓGICO DE PAULO

A Epístola aos efésios tem a aparência duma síntese composta com a mente repousada. Aí Paulo apresenta sua mensagem dum modo solene, como o fez na Epístola aos romanos. Se Ef não tem a mesma envergadura, é porque o aspecto sob o qual ele considera desta vez o cristianismo é menos essencial. Outras Epístolas do Apóstolo apresentam igualmente trechos de síntese. Começaremos falando das sínteses anteriores a Efésios. E depois de recordarmos

---

[1169] O caráter mais pletórico da linguagem de Efésios-Colossenses explica-se por uma tonalidade litúrgica.
[1170] A existência do tema do mistério em 1 Coríntios e Romanos não dá origem automaticamente a uma nova teológica.

as circunstâncias que motivaram a publicação deste escrito, seguiremos seu desenvolvimento lógico.

## 1. As sínteses anteriores

1. 1 Tessalonicenses pode ser tida como um primeiro ensaio, construído em torno da mensagem da ressurreição e da parusia.

Paulo havia anunciado em Tessalonica a mensagem do monoteísmo, Deus criador e juiz da humanidade que, pela ressurreição dum homem designado para ser o juiz dos vivos e dos mortos, anuncia sua "visita" iminente. O Apóstolo não fazia outra coisa, senão explicitar assim o velho discurso de propaganda do judaísmo helenístico, tal como ele nos está conservado no III Livro dos Oráculos Sibilinos. É a mesma mensagem monoteísta: εἶς Θεός ἐστι[1171] e o mesmo reino que é anunciado, o do Messias, τότε δὲ βασιλεα...[1172]. Em seu ensinamento, Paulo tinha dado um destaque especial à parusia de Cristo; ele a tinha descrito para aqueles cristãos simples, revestindo-a das cores das entradas festivas dos soberanos helenistas. Os tessalonicenses, maravilhados, esperavam com impaciência a vinda do rei-celeste.

Em sua Carta, o Apóstolo resume sua mensagem e retoma a descrição da parusia. Mas ele alarga o contexto doutrinal e nos fornece como que uma primeira síntese de seu pensamento. Recorda a mensagem com seu conteúdo (1 Ts 1.9-10), as circunstâncias concretas da vocação daqueles cristãos, seu devotamento que não é qualidade humana, seu trabalho apostólico (1 Ts 2.9) que realiza a profecia do servo de Deus (1 Ts 3.5)[1173], os sinais extraordinários que marcaram a fundação da igreja dos tessalonicenses com seu poder apostólico, sinais interpretados agora como prova da eleição deles (ἐκλογή) para a salvação (1 Ts 1.4; cf. 5.19). Imediatamente se desenvolveram na comunidade as virtudes cristãs, a fé, o amor, a esperança.

---

[1171] Orac. Sib., III, IIs.
[1172] Ibíd., III, 64-66.
[1173] Cf. L. CERFAUX, "Saint Paul et le "serviteur de Dieu" d'Isaïe", em Miscellanea Bibl. et Orientalia A. Miller = Studia Anselmiana, fasc. 27-28 (1951), p. 361 (= Recueil Lucien Cerfaux, II, Gembloux, 1954, p. 449).

Acreditam estar nas vésperas da aparição de Cristo: as manifestações extraordinárias do Espírito, o entusiasmo apostólico, as perseguições que oprimem os cristãos, com as alegrias do Espírito (1 Ts 1.6) (perseguições estas que continuam aquelas por que passaram Cristo, Paulo e os cristãos de Jerusalém), tudo é concebido como sinal do fim dos tempos (escolha dos eleitos e prelúdio do juízo). Paulo volta então a descrever a parusia de Cristo, mas acrescenta o seguinte detalhe: que os irmãos mortos, – adormecidos no Senhor, – a respeito dos quais havia inquietação em Tessalonica, ressuscitarão ao ser dado o sinal da chegada do Rei.

A apaixonante espera da parusia fornece aos cristãos sua melhor razão para se santificar. Só os "santos" formarão o cortejo do Cristo. É preciso agradar a Deus (1 Ts 4.1), e Paulo recorda os costumes que distinguem os cristãos dos pagãos (1 Ts 4.4s). A presença do Espírito Santo na Igreja funda uma obrigação atual de pureza (1 Ts 4.7-8). Uma alegoria fornece um novo argumento: já que aguardamos o dia do Senhor, somos filhos da luz (1 Ts 5.5), e temos de fazer as obras do dia da luz e não as das noites de orgia.

Mensagem do monoteísmo e da salvação, expectativa e preparação da parusia, vida cristã em conformidade com os dons espirituais recebidos – são estes os pontos da síntese. O último já anuncia as explanações das grandes Epístolas. Constata-se a ausência duma teorida elaborada sobre a morte do Cristo, que aparece como um fenômeno de perseguição, próprio da tribulação dos últimos dias.

2. 1 Coríntios encerra um ensaio de síntese, que se poderia chamar a "pregação da cruz". Esta se funda na falência da "sabedoria" (filosofia) grega e na do messianismo tal como os judeus o conceberam. Deus quis salvar o mundo pela loucura e pela fraqueza, a cruz de Cristo e a pregação que a anuncia. Não nos deixemos, todavia, enganar pelas antíteses paulinas. A cruz de Cristo não é pura fraqueza, mas está revestida da força da ressurreição; esta assegura a eficácia da mensagem. Também a pregação não é pura loucura, pois esta loucura está destinada a tornar-se a sabedoria cristã; novo paradoxo e nova antítese. Este tema estava destinado ao futuro brilhante que conhecemos.

O conteúdo do discurso, unilateral, nasce duma reação contra a tentação dos cristão de Corinto de se acreditarem, desde a vida presente, "de posse" da salvação, repletos dos bens divinos de tal modo que o homem, como o vemos por exemplo na literatura hermética, seja divinizado, igual a Deus. É a tentação da religião grega e do paganismo. É por isso que Paulo insiste tanto na morte do Cristo e na cruz. Uma vez achado o tema, ele será utilizado ao máximo. A cruz significará a vitória sobre o pecado, e depois o fim da Lei. Esta última expressão se ampliará: com a Lei foram vencidas as potências celestes.

A pregação da cruz, de fato, não é senão a metade dum díptico. Após o anúncio da salvação futura e da parusia, a mensagem colocava ante os olhos dos cristãos o espetáculo da morte e da ressurreição: também a ressurreição merecia ter sua "pregação". Paulo não a escreveu *in extenso,* e nós somos forçados a recompô-la com o auxílio de indicações esparsas. Talvez possamos considerar, todavia, como um esboço da página eloqüente que se teria esperado, o capítulo 15 de 1 Coríntios. A ressurreição de Cristo acarreta a nossa ressurreição; age desde agora sobre nossas vidas, e mesmo sobre nossos corpos. Assegura nosso triunfo integral, absoluto, sobre a morte, e tudo o que se põe a seu lado: o pecado, a carne, a Lei, as potências. Tudo isso está condenado a desaparecer. A morte de Cristo venceu a morte e sua ressurreição é o triunfo da vida.

3. Uma frase eloqüente de 1 Co deixa-nos entrever como Paulo podia dirigir a pregação da cruz contra os judeus. Para eles, a cruz significava apenas desonra, condenação das pretensões do Cristo Jesus e de seus discípulos[1174]. Eram incapazes de compreender que ela condenava sua recusa de se submeter ao poder exclusivo de Deus. Realmente, toda a Epístola aos romanos vai desenvolver este tema, mas focalizando-o sob um outro ângulo. Os judeus jamais consentiram em deixar a Deus a honra de salvá-los ele mesmo, ele apenas, pelo meio que só ele escolheria e para o qual ele não admite conselho (1 Co 2.16; Rm 11.34). Procuraram fazer, eles mesmos, a sua justiça; perderam assim a justiça de Deus. Não podemos retornar a estas páginas grandiosas, a nossa Epístola aos romanos[1175]. A fé não

---

[1174] 1 Co 1.22-24: "Os judeus pedem milagres e os gregos pedem filosofia, mas nós anunciamos um Cristo crucificado".
[1175] Cf. *supra,* pp. 414-420.

pode repousar sobre a sabedoria dos homens, mas sobre a força de Deus. A justiça não pode depender das obras, mas somente da misericórdia; não deve acontecer que o homem possa atribuir-se o que quer que seja diante de Deus.

E no entanto, o homem "estará" diante de Deus, mas somente em Cristo Jesus (1 Co 1.30). Participará dos conselhos de Deus, mas por uma revelação em que o fará conhecer seus planos. Este será o grande manifesto teológico da Epístola aos efésios.

## 2. *As circunstâncias da última síntese*

Estas duas Epístolas, aos colossenses e aos efésios, constituem, na literatura paulina, uma unidade muito característica. Embora Filipenses esteja no mesmo grupo que elas, neste sentido que foi escrita também durante um cativeiro, provavelmente durante o mesmo cativeiro romano, ela difere das outras profundamente sob o ponto de vista literário e teológico. Ela se assemelha, ao mesmo tempo, às Epístolas aos tessalonicenses (a parusia é aí evocada diversas vezes, como nestas últimas) e às grandes Epístolas (notemos a noção de evangelização, a importância atribuída à fé, à esperança e ao amor, a advertência contra os judaizantes). Em Efésios-Colossenses a revelação do mistério tomou o lugar da pregação do Evangelho. Circunstâncias excepcionais impressionaram profundamente o Apóstolo. Com efeito, parece-nos impossível imaginar que ele tivesse trazido dentro de si, claramente formuladas em seu espírito e desde sua vocação no caminho de Damasco, duas sínteses tão diferentes como Romanos e Efésios.

1. A composição de nossas Epístolas durante o cativeiro romano explica muita coisa da nova síntese. No momento de sua prisão em Jerusalém, Paulo, rodeado de discípulos delegados pelas suas igrejas, veio oferecer à comunidade judeu-cristã uma considerável soma de dinheiro. Tiago havia aceitado este dom, mais importante ainda por sua significação simbólica que pelo alívio que trazia à Igreja-mãe. Paulo viu neste acontecimento o sucesso definitivo de sua carreira de apóstolo dos pagãos, selando definitivamente a sorte da Igreja cristã na unidade, sob a hegemonia ideal de Jerusalém e na liberdade das comunidades pagãs perante a Lei. Pois a liberdade

concedida pelo decreto apostólico era uma espada de dois gumes; as igrejas paulinas corriam o risco de se separar completamente do mundo judaico; privadas deste ponto de apoio, elas haveriam de sofrer a atração das formações religiosas sincretistas que pululavam naquele momento, fenômeno de decomposição das religiões nacionais. Para guardar a unidade, sentia-se a necessidade de um princípio tangível; a união com Jerusalém, símbolo eloqüente da unidade duma grande religião, era o único princípio suficientemente sólido. O elemento judaico, numeroso em todas as igrejas paulinas, conservaria a unidade do conjunto, graças ao exemplo de seu devotamento tradicional a Jerusalém; os próprios pagãos seriam seduzidos pela glória duma religião antiga, comparável, se não superior, às antigas civilizações do Egito, da Caldéia ou da Pérsia. Mas sobretudo, ligadas a Jerusalém, as igrejas cristãs conservariam naturalmente as tradições judaicas do monoteísmo e da pureza moral[1176].

Assim, pois, a carreira apostólica de Paulo estava terminada e a primeira concordata de Jerusalém se renovava depois de tantas peripécias: Tiago, a coluna ainda de pé em Jerusalém, reconhecia a todas as igrejas pagãs o direito de se tornarem benfeitoras dos cristãos de Jerusalém; a Igreja-mãe lhes legava, com pleno direito de propriedade e sem condições, suas próprias riquezas espirituais. A unidade, a *koinonia* tão notável que caracterizava – o universo judaico, *koinonia* da Lei, do culto e dos recursos materiais, transmitia-se ao Israel de Deus, o mundo cristão. Paulo, sempre judeu, exulta de alegria. Contempla a obra apostólica sob uma nova luz. A palavra "Igreja" adquire agora todo o seu valor; é a Igreja universal; a auréola de glória que envolvia a nação eleita e que permitia aos profetas e aos "sábios" judeus personificá-la como a esposa de Deus, esta auréola pertencia à Igreja cristã.

---

[1176] A história deu à "política" geral do Apóstolo uma aprovação magnífica. O cristianismo, dotado do entusiasmo e da força de expansão que faltava ao judaísmo helenista, implantou-se no império romano. Paulo pode ter tido ou não a intuição disso, mas certo é que as relações amigáveis que ele conseguiu despertar entre a Igreja-mãe de Jerusalém e suas filiais greco-romanas, iriam permitir que se guardassem intatas as tradições históricas da existência humana de Jesus e da fundação da Igreja.

O impacto de semelhante acontecimento, seguido da solidão de intermináveis cativeiros em Cesaréia e em Roma, com a longa viagem, cujas peripécias o Livro dos Atos nos conta, não seria o bastante para exaltar o gênio de Paulo?

2. As experiências da longa estadia que Paulo fez em Éfeso, antes de empreender sua última peregrinação à cidade santa, alimentaram igualmente suas meditações de prisioneiro. Ele se tinha familiarizado com um ambiente dominado pelas tendências religiosas dos mistérios. Para a Ásia Menor convergiam numerosas religiões orientais, trazendo consigo especulações irano-babilônicas. As divindades astrais e os "elementos" materiais divinizados tinham nelas um lugar importante. Os mistérios de Mitra formavam como que a aristocracia desta invasão oriental. Eles vêm encontrar os mistérios autóctones de Cibele, de Átis, de Sabásios etc. Éfeso, Claros etc. possuíam seus grandes santuários. Nenhum ambiente seria mais propício para formações sincretistas. Mais acima mencionamos uma seita judaica sincretista, que ameaçava contaminar as igrejas da Ásia, em particular a de Colossos. Paulo percebeu o perigo. Epafras, Tíquico, Onésimo, cristãos da Ásia que vieram encontrá-lo em Roma, trouxeram-lhe informações precisas sobre a situação angustiante de suas igrejas. O judaísmo era possante e empreendedor[1177], e sua influência inquietava Paulo não sem razão. Os judeus haviam criado um mistério que tinha como centro o culto dos anjos, identificados com as potências astrais. O influxo dos mistérios pareceu-nos concluir-se com evidência do emprego do termo ἐμβατεύειν[1178]. O que sugere as especulações astrais é o vocabulário de polêmica usado por Paulo.

---

[1177] Possuímos informações indiretas sobre a importância dos grupos judeus de Apaméia e de Laodicéia, graças a Cícero, *Pro Flacco*, 28, § 68. Cf. M. DIBELIUS, *An die Kolosser, Epheser. An Philemon*, 3ª ed. (*Handb. z. N. T.*, 12), Tübingen, 1953, p. 39. Quanto à verossimilhança de formações religiosas heteróclitas, pense-se na seita, derivada também ela do judaísmo, conhecida através do Apocalipse de João: a "doutrina de Balaão" ou dos nicolaítas, onde uma mulher, que o profeta chama simbolicamente de Jezabel, exerce uma função equívoca, tanto para a religião como para os costumes (cf. Ap 2.20-22); isto nos faz pensar nas gnoses sob a forma cristã que elas revestem no "gnosticismo".

[1178] Cf. *supra*, pp. 490-493.

O termo πλήρωμα poderia ter estado em uso. Diga-se a mesma coisa dos στοιχεῖα τοῦ κοσμοῦ e dos αἰῶνες. A alusão que Paulo faz à circuncisão (Cl 2.11s), sugere que a seita, a exemplo das religiões da época, tecia alegorias sobre as festas, abstinências e cerimônias. Foi ela que, para explicar este primeiro rito de iniciação, conservado do judaísmo ortodoxo, terá falado de "despojar-se da carne". Talvez possamos encontrar em "despojar principados e potências" (Cl 2.15) uma alusão a suas doutrinas secretas. Ela entendia com isso, provavelmente, uma libertação da influência maléfica exercida pelos "elementos do mundo". Conservava as festas e as abstinências judaicas e punha-as também em relação em suas alegorias com os "elementos do mundo" (cf. Cl 2.16-17).

Em Cl 2.8 Paulo fala de "filosofia". O termo não pode designar neste contexto uma filosofia no sentido próprio. Ele é tomado no sentido pejorativo de doutrina religiosa impenetrável e faz lembrar a linguagem dos sectários da Ásia. Sublinhemos ainda o termo ἐθελοθρησκία (Cl 2.23). É traduzido por "culto pessoal"[1179]. Podemos fazer a aproximação com ἐθελοδουλεία, a escravidão voluntária; e mesmo com ἐθελόπορνος, que se diz duma prostituição voluntária, ou ainda com ἐθελόξενος, hóspede voluntário. Esta religião "voluntária" entender-se-ia, pois, de uma doação que os fiéis fazem de si próprios a um poder que pertence ao "pleroma" (o termo que eles gostam de usar). Sem querer, a gente é levada a pensar nas teorias valentionianas da união com os anjos do pleroma. Seria uma espécie de transposição dos matrimônios sagrados das religiões de mistérios.

Apesar de tudo quanto há de problemático e de conjectural nos ensaios que se fazem para imaginar estas doutrinas, parece-nos que podemos ter certeza quanto a alguns pontos. A inquietação de Paulo não era sem motivo: seus cristãos da Ásia corriam um verdadeiro perigo. Muito justa também era sua resolução de se opor, por meio duma carta de caráter solene, uma carta "encíclica", a estas tendências sincretistas que ameaçavam suas igrejas. O melhor meio era mostrar-lhes que a revelação cristã continha infinitamente mais que

---

[1179] Cf. M. DIBELIUS, *An die Kolosser, Epheser. An Philemoll*, 3ª ed. (*Handb. z. N. T.*, 12), Tübingen, 1953, *ad loc.*

estas doutrinas obscuras; ela é a mensagem de Deus e nos dá acesso aos segredos insondáveis do "mistério" da sabedoria de Deus.

Paulo se opunha às "novidades" da Ásia como se tinha oposto aos desvios que a igreja de Corinto introduzia na sua doutrina. Em Corinto o problema era mostrar que o cristianismo era mais que uma filosofia; na Ásia, que ele era superior a todos os mistérios. A resposta às pretensões dos gregos podia ser breve, pois o cristianismo deixa às filosofias humanas o exercício de sua função. A que Paulo vai opor às tendências da Ásia será mais longa: ela mostrará, ponto por ponto, que a revelação cristã oferece aos homens, da parte de Deus, tudo o que em vão se procura em doutrinas ou práticas humanas (Cl 2.22).

### 3. A síntese

A Epístola aos efésios divide-se em duas partes quase equivalentes quanto à importância: uma seção mais dogmática, e a seção das exortações, que começa em Ef 4.1. É sobretudo a primeira que nos interessa. Ela começa, após o endereço da Carta, por um hino litúrgico, seguido duma ação de graças e duma oração de súplica; termina com uma doxologia.

*a) O hino (Ef 1.3-14)*

O hino louva a Deus (εὐλογητὸς ὁ Θεός) por toda a sua obra da salvação e da revelação de seu mistério. Paulo esboça a predestinação dos cristãos a se tornarem filhos de Deus (Ef 1.3-6), em fórmulas que recordam particularmente Rm 8.28-30. Vem em seguida a redenção (Ef 1.7-8), quando, por meio de termos como ἀπολύτρωσις, ἄφεσις τῶν ἁμαρτίων, sente-se o contato com Rm 3.24-26. Depois disso aparece menção da revelação (γνωρίσαι) do mistério e sua definição pela recapitulação (ἀνακεφαλαιώσασθαι) de todas as coisas, celestes, terrestres, em Cristo (Ef 1.9-10).

Toda a economia (οἰκονομία) da plenitude dos tempos (πλήρωμα τῶν καιρῶν) está assim apresentada desde o começo da Epístola: predestinação, redenção, recapitulação de todas as coisas em Cristo (em vista de realização), e por outro lado, revelação do mistério.

Os dois pontos de vista, o mistério e sua revelação, desenvolvem-se conjuntamente. A gente vai de um ao outro, eles se confundem. A realização do mistério vem acompanhada de seu conhecimento, a obra objetiva completa-se no conhecimento e por ele. A expressão εἰς ἔπαινου τῆς δόξης αὐτοῦ sublinha as divisões principais do hino de louvor e, por seu tom litúrgico, mantém até o fim o gênero literário deste prefácio solene da proclamação do mistério.

Na economia da revelação, dois tempos permanecem distintos com duas classes de personagens: os primeiros chamados e os que sua mensagem atingirá (Ef 1.11-14). Sem dúvida, isto não é novidade no pensamento paulino; entretanto, o papel do apóstolo é engrandecido. Os apóstolos possuem como que uma proximidade maior com relação ao mistério de Deus e ao Cristo[1180]; recebem a revelação (ἀποκάλυψις) graças a um contato imediato com Cristo, objeto do mistério. Os cristãos recebem o conhecimento por seu intermédio. A prioridade do ofício inclui uma primazia no conhecimento. A teologia primitiva conservou esta doutrina paulina em sua teoria da plenitude do conhecimento apostólico[1181].

O conhecimento do mistério é, pois, essencial nesta síntese. É por isso que ela ultrapassa a síntese de Romanos. A diferença não está propriamente no objeto do mistério, que sempre foi anunciado na mensagem apostólica, mas na acentuação da idéia de conhecimento, graças a uma luz espiritual (πεφωτισμένος τοὺς ὀφθαλμοὺς τῆς ὑμῶν, Ef 1.18), que nos faz penetrar nos arcanos da sabedoria de Deus.

b) *Ação de graças e oração (Ef 1.15-3.19)*

O estilo epistolar normal recomeça imediatamente depois do hino (Ef 1.15). Mas continuamos sob a impressão do mistério: contemplação e oração irão de mãos dadas, dando o Apóstolo graças a Deus pelo conhecimento recebido e suplicando a Deus que o

---
[1180] O Cristo, para Paulo, não é o revelador, ele é o objeto do mistério.
[1181] O desnível no conhecimento do mistério devia se conservar; o grupo apostólico, encarregado de comunicar aos outros o mistério, se perpetuará por via de sucessão (*Pastorais*; 1 Clem.).

aumente indefinidamente. Sua oração não será senão ação de graças quando se trata dele mesmo, pois ele possui a plenitude do dom (χάρις) da revelação e da inteligência (δόνσεις) do mistério. Em virtude do seu cargo apostólico, ele pede para seus cristãos o aumento do conhecimento. Tal será a economia literária de toda esta segunda seção.

*a*) A oração de súplica é esboçada no começo (Ef 1.17-18) quando Paulo pede para seus fiéis o Espírito de sabedoria e de revelação (ἀποκαλύψεως). É bastante natural que ao termo desta primeira oração, ele descreva o mistério. Ele o faz sob a forma dum hino ao Cristo, que lembra tudo o que o poder de Deus realiza a partir da ressurreição; a Igreja, que é seu corpo e seu pleroma, é o termo da obra de sua exaltação (Ef 1.20-23).

A mesma oração será recomeçada mais adiante (Ef 3.1-19) dum modo solene: o revelador do mistério, prisioneiro de Cristo, consagrado pelo sofrimento suportado por causa dos gentios, dobra os joelhos diante do Pai e implora para seus cristãos a inteligência do mistério que deve enraizar-se numa vida de comunhão com Cristo.

*b*) O próprio Paulo é, portanto, o revelador, aquele que comunica a "epignose". Um longo parêntese da oração litúrgica (Ef 3.2-18) define sua função. Sua vocação ao apostolado se identificou com a revelação do mistério (ἐγνωρίσθη μοι τὸ μυστήριον) (Ef 3.3) e ele recebeu, de uma vez, a plenitude de seu conhecimento[1182]. Ao mesmo tempo, este conhecimento o colocou no rol "dos santos apóstolos e profetas no Espírito", no grupo dos primeiros apóstolos[1183], aqueles aos quais foi revelada a admissão dos gentios nos bens da salvação (εἶναι τὰ ἔθνη συγκληρονόμα καὶ σύσσωμα καὶ συμμέτοχα τῆς ἐπαγγελίας) (Ef 3.6). Assim Paulo dá testemunho da unidade do grupo apostólico. Contudo, no seio da revelação, ele ocupa um lugar privilegiado. Foi ele o encarregado de anunciar aos gentios a Boa-nova (εὐαγγελίσαθαι, Ef 3.8) e de lhes fornecer a luz (φωτίσαι, Ef 3.9) sobre a economia do mistério. Isto inclui um

---

[1182] O que não significa que ele não terá de desenvolver suas expressões intelectuais, e nem meditar todas as suas conseqüências.
[1183] Supra, pp. 498-502; 503-504.

acréscimo de penetração (σύνεσις, Ef 3.4), segundo a regra constante de que o conhecimento é proporcional à obra apostólica a ser cumprida.

c) Ao lado do mistério, o chamado dos gentios ocupa um lugar essencial no pensamento de Paulo. Sua entrada na Igreja é descrita sem que se recorra explicitamente ao tema do mistério, em dois longos trechos. O primeiro (Ef 2.1.10), paralelo ao começo de Romanos, estabelece um contraste entre o estado dos gentios no paganismo e sua situação presente. Paulo se recorda do que ele escreveu a este respeito em Romanos, como o indica claramente a alusão à sua doutrina sobre a justificação (Ef 2.8-10). Contudo, o trecho é completamente diferente, manifestando extrema liberdade na escolha e no manejo dos materiais. No paganismo, os cristãos estavam "mortos em suas transgressões e seus pecados" (Ef 2.1), vivendo sob a influência "do espírito deste mundo, segundo o príncipe da potestade do ar, o espírito que agora atua nos filhos da infidelidade" (Ef 2.2). Mas este estado estendia-se a todos os homens; mesmo os judeus, por causa de seus pecados, eram filhos da cólera (τέκνα... όργῆς) como os outros (Ef 2.3). Quanto a nós, cristãos, Deus nos deu vida juntamente com Cristo (συνεζωοποίησεν τῷ Χριστῷ), nos ressuscitou, nos entronizou no céu em Cristo Jesus, a fim de mostrar aos séculos futuros a riqueza de sua glória (Ef 2.4-7). Trata-se realmente de nossa condição presente, dom divino, pois Paulo identifica-a com a justificação pela fé; todos os termos clássicos deste tema reaparecem, exceto a palavra justificação, substituída por "a salvação" já presente (σεσῳσμένοι Ef 2.8-10).

Por conseguinte, pode-se dizer que a síntese da Epístola aos efésios incorpora a si conscientemente a de Romanos, mas modifica-a, aplica-a a uma situação nova, a um ambiente que se exprime doravante por outras palavras e expressões. Mas no fundo o pensamento de Paulo ficou inalterado. O cristianismo nos traz uma segurança de salvação, e esta possibilidade real de nos santificar, que estava inibida no paganismo e no judaísmo. Daqui para frente, cristãos, nós antecipamos nossa ressurreição; pelo dom de Deus, somos criaturas novas (ποίημα), fundadas em Cristo Jesus, sobre as boas obras que Deus nos predestinou para que as cumpramos (Ef 2.10).

O segundo trecho, Ef 2.11-22, paralelo ainda, quanto à intenção geral, à Epístola aos romanos, estabelece em contraste a situação dos pagãos antes e depois de sua entrada no cristianismo. Antes, eles estavam "sem o Cristo", privados de todos os direitos que o judaísmo possui, sem esperança, ateus neste mundo (Ef 2.12). Agora, resgatados por Cristo, eles estão em paz. A Lei foi supressa pela cruz e não há mais que um só povo reconciliado com Deus (Ef 2.16-18). Chegamos assim à visão do templo celeste, onde os pagãos estão num bom lugar: "Doravante, não sois mais desconhecidos e estrangeiros, mas sois os concidadãos dos santos e sois da família de Deus, colocados no edifício sobre o fundamento dos apóstolos e profetas, tendo como chave-de-abóbada o próprio Cristo Jesus, no qual todo edifício, bem ajustado, cresce para ser santuário dedicado ao Senhor, no qual também vós juntamente estais sendo edificados para habitação de Deus no Espírito" (Ef 2.19-22).

*c) Doxologia (Ef 3.20-21)*

A doxologia resume admiravelmente as idéias mestras da síntese centralizada no mistério: "Àquele que possui poder para fazer infinitamente mais do que tudo quanto pedimos, ou pensamos, conforme o seu poder que opera em nós, a ele seja a glória, na Igreja e em Cristo Jesus, por todas as gerações, para todo o sempre. Amém".

A Epístola aos colossenses, paralela à Epístola aos efésios, não acrescenta nada de essencial, à síntese que acabamos de esboçar. Materiais muitas vezes idênticos[1184] são trabalhados de modo diferente. Contudo, a intenção de incorporar as fórmulas das grandes Epístolas aparece menos clara e o caráter de síntese é muito menos marcante; por outro lado, multiplicam-se os traços peculiares a esta única Igreja.

O grande cântico de bênção de Efésios não tem paralelo literário; Colossenses começa imediatamente pela ação de graças epistolar que relembra a fundação da Igreja por Epafras. Paulo implora para seus correspondentes o conhecimento do mistério, o que traz consigo alusões ao conteúdo do mistério. Aqui se situa um texto

---

[1184] A identidade pode estender-se até às palavras. Pode acontecer também que haja dissociação entre os temas e as palavras, e que palavras idênticas sejam transportadas para temas diferentes.

próprio de Colossenses, um hino cristológico que expõe em antítese a função de Cristo na criação, e a recapitulação de sua obra salvífica. Paulo expõe, desta vez diretamente, – em vez do longo parêntese inserido na oração de Efésios, – seu papel na economia do mistério, insistindo em seus sofrimentos e particularmente no combate que ele trava atualmente por causa de seus cristãos. Um começo de exortação à fidelidade às doutrinas cristãs provoca uma nova descrição do Cristo do mistério e da união dos cristãos à sua morte e ressurreição pelo batismo (tema que corresponde, modificando-o, ao de Rm 6. e não se encontra em Efésios). Colossenses nos informa aqui sobre a existência dum judaísmo sincretizante.

## Capítulo III
# CONCLUSÃO DA QUARTA PARTE

1. Por ter levado em conta certas dúvidas críticas quanto a Colossenses e sobretudo quanto a Efésios, complicamos a construção desta última parte. No primeiro capítulo, abstraindo da questão da autenticidade, expusemos a teologia dessas duas Epístolas, tão próximas uma da outra e tão diferentes das outras Cartas paulinas. Constatávamos entretanto que esta teologia era paulina no sentido lato; ela é como que um ponto de chegada dum movimento que começa a se definir nas grandes Epístolas, especialmente em 1 Coríntios. O progresso consiste num enriquecimento do tema da revelação, com seus dois pólos, o mistério da sabedoria de Deus, e seu conhecimento pelos cristãos. No segundo capítulo, quisemos nos situar, justificando nossa posição, na hipótese da autenticidade paulina estrita.

2. Foi nesta perspectiva que empreendemos o exame da teologia do cristão no último estádio de sua evolução. A mudança não nos deve surpreender. Como resultado de seu longo contato com os fiéis da Acaia, o Apóstolo tinha desenvolvido sua teologia num sentido que sua mensagem aos tessalonicenses mal deixava suspeitar. 1 Coríntios e Romanos, com um mínimo de hipóteses, já nos permitiam constatar que a estadia de Paulo em Éfeso o havia impressionado fortemente. Em particular, um trecho inteirinho de 1 Coríntios (1 Co 2.6-16) trata da "sabedoria em mistério", do aprofundamento de nosso conhecimento religioso pela iluminação do Espírito Santo; as potências intervêm aí dum modo inesperado. Quando se constata que estes temas constituirão precisamente a base da teologia de Colossenses-Efésios, como não suspeitar que foi na Ásia, durante uma estadia de vários anos antes da composição das grandes Epístolas, – que Paulo se familiarizou com uma teoria do mistério?

Muitos detalhes da teologia de Colossenses-Efésios se esclarecem pelas circunstâncias da vida do Apóstolo: a experiência do ambiente de Éfeso, apaixonado pelo "mistério", o sucesso que coroa toda a sua política de aproximação entre as igrejas pagãs e Jerusalém, quando Tiago, a única "coluna" que permanece ainda na Cidade Santa, concede sua "comunhão" à delegação das igrejas do mundo greco-romano e aceita para seus pobres a coleta dos cristãos da Galácia, da Ásia, da Macedônia e da Acaia; a longa inatividade de seu cativeiro em Cesaréia, depois em Roma, tão fecunda, para um espírito como o seu, em reflexões e em construções teológicas.

3. A situação dos pagãos, – livres com respeito à Lei, – na Igreja cristã aparece agora bem segura. Eles não se contentarão com as migalhas que caem da mesa dos donos; é para eles que os doze levaram os restos da multiplicação dos pães. Deus preparou tudo para a entrada deles em massa na Igreja a que Paulo previa e já anunciava em Romanos é agora uma realidade que se impõe a todos. Sobre o fundamento dos apóstolos que representam o judaísmo, – eles o representam quase simbolicamente, – a construção do templo celeste se eleva, e os pagãos são o seu material. Existe a grande Igreja, ecumênica, pois ela reúne os dois povos que estavam separados pela Lei e que não formam mais senão um Israel ideal, celeste; ela é o corpo do Cristo ressuscitado, seu pleroma.

4. A vocação dos pagãos foi prevista e querida pela sabedoria de Deus. Ela é uma peripécia essencial do mistério, este drama começado na criação do mundo pelo Cristo e revelado agora aos "apóstolos e profetas" que levam seu conhecimento aos homens. Paulo ocupa um lugar privilegiado na revelação do mistério. Ele é encarregado de tornar conhecido aos pagãos o acesso deles a todas as riquezas espirituais preparadas por Deus. O mistério se resume em Cristo, que recapitula em si toda a criação natural e sobrenatural. A Igreja tem aí também sua função: colocada já na glória de Deus ao lado do Cristo, ela revela o plano divino da salvação às potências angélicas e prepara assim a "recapitulação" integral a mistério cristão, pela expressão temporal de que é revestido, insere-se no quadro apocalíptico, mas é um criação original do Apóstolo.

5. O conhecimento do mistério pertence à definição do cristão. Pode-se atribuir a este conhecimento uma dupla característica. Ele

é conhecimento aprofundado, por revelação do Espírito Santo, sem passar pelas formas carismáticas ordinárias (dom das línguas ou profecias) os segredos da sabedoria divina; ele está submetido a um ritmo de crescimento perpétuo que terminará somente em nosso conhecimento da eternidade. Este conhecimento não é a "gnose" de Corinto; fizemos a proposta de chamá-lo (atribuindo um sentido técnico ao termo com o qual Paulo o designa) de "epignose", "conhecimento" superior. É impossível que ele se oponha à caridade (o que acontecia com a "gnose"), pois sendo de essência" espiritual" pura, ele não pode tomar outro caminho que não sejam as virtudes teologais. "Epignose" e amor são duas ampliações da vida cristã perfeita, produzidas pelo mesmo movimento espiritual, sendo um a iluminação do Espírito (a "epignose"), o outro o seu fruto (o amor). Epignose e amor partem juntas da mesma "fé", sem que se possa dissociá-las.

# CONCLUSÃO GERAL

Nosso escopo era reencontrar, graças às Cartas de Paulo, as primeiras pulsações da vida teológica, naquele momento privilegiada em que a revelação se traduzia para a língua da civilização greco-romana. Aquele judeu helenista escolhido por Deus, preparado por seus dons de espírito e de imaginação, foi o executor da tarefa providencial. Se sua educação de fariseu ortodoxo, bem como seu conhecimento do Antigo Testamento, predispunham-no para se tornar o defensor das tradições cristãs, uma profunda originalidade, seu temperamento de profeta enriquecido pelos dons do Espírito Santo, sua sensibilidade as correntes de pensamento do mundo mediterrâneo, abririam diante dele, o que equivale a dizer, diante da Igreja nascente, o mundo novo a ser conquistado.

## I - O MOVIMENTO DA TEOLOGIA

1. Nossa tarefa requeria um estudo preliminar. Todo cristão realiza o plano divino sobrenatural; era-nos preciso conhecer este plano que deve atingir a glorificação do homem. Por isso, tivemos a primeira parte, consagrada à economia da revelação cristã.

No centro está a mensagem apostólica. O Cristo, na majestade da sua ressurreição, dava esta ordem aos doze: "Ide, fazei de todas as nações, discípulos meus... ensinando-lhes a observar tudo quanto vos mandei" (Mt 28.18-20). O "doutor das nações", acolhido pelo grupo, depois de receber uma vocação que, aparentemente, corrigia as disposições primitivas, foi encarregado especialmente de levar o nome do Cristo aos povos do império, até Roma.

A mensagem apostólica tem por objeto a salvação pela morte e ressurreição de Cristo. Reduzi-la à redenção pela cruz apenas, é mutilá-la. Ela é objetiva, isto é, inclui necessariamente a realidade dos acontecimentos salvíficos e de sua eficácia sobre o mundo. Ela é o canal desta eficácia. Os cristãos são os que, através do "Evangelho", discerniram o chamado de Deus e responderam por uma adesão total.

O ato integral da fé, que impulsiona a inteligência e a vontade do cristão, inclui, portanto, dois aspectos. Ele abrange os fatos da salvação com todas as suas implicações: a teologia, a de Paulo em primeiro lugar, é antes de tudo a elucidação do aspecto intelectual da fé. Além disso, ele possui um aspecto subjetivo, a submissão integral das inteligências e das vontades à obra de Deus. Reunidas, estas duas atitudes da fé entregam o cristão ao poder divino que o transformará, "de fé em fé".

A importância que Paulo concede à mensagem apostólica e à fé é a conseqüência da maneira como a Igreja fez sua entrada no mundo. Foi a mensagem que a fundou. Ela veio em primeiro lugar, embora se soubesse, desde o começo, que ela devia se completar pelos sacramentos: "Ide, fazei de todas as nações, discípulos meus, batizando-os em nome do Pai, do Filho e do Espírito Santo" (Mt 28.19). Os apóstolos, como arautos, percorreram o mundo, "conforme está escrito: como é belo o caminhar daqueles que anunciam a Boa-nova dos bens (da salvação)" (Rm 10.15). Manifestos contínuos da evangelização, as Epístolas paulinas seguiram naturalmente os cumes da economia cristã. Nossa síntese amoldou-se a uma situação de fato.

2. Embora fixada desde o início quanto à sua essência, a mensagem devia definir-se rapidamente. Primeiramente, a atenção se voltara para a escatologia. A morte e a ressurreição de Cristo realizaram-se num clima apocalíptico: a aparição do mundo novo marcava também o fim de um mundo. Tudo se passou sem os cataclismos cósmicos anteriormente previstos; e a colheita dos predestinados, a messe de Deus, descrita no Antigo Testamento e anunciada por Jesus e seus apóstolos, devia ser preparada por semeaduras terrestres; o cristianismo primitivo, contudo, interessou-se primeiro pela colheita, quando o Cristo viria na glória, com seus anjos, colher os eleitos.

Paulo participou do entusiasmo dos cristãos, esperando a parusia. Foi assim que a teologia foi escrita, antes de tudo, sob o ângulo da "esperança" cristã. É o assunto da nossa segunda parte.

3. Todavia, estava sendo preparada uma evolução derivada da própria ressurreição de Cristo. Considerada inicialmente como uma condição ou um primeiro ato anunciando a parusia, de fato, nas circunstâncias históricas em que ela se efetuou, destacava-se dos últimos acontecimentos para tornar-se o começo dum "tempo cristão". O Cristo ressuscitado exerce desde já uma eficiência de vida e de santificação sobre os que são salvos, dos quais ele é o "Senhor". No pensamento cristão estavam separadas a parusia e a ressurreição. A parusia e o juízo universal são situados no futuro escatológico. O presente cristão, que se poderá chamar de "escatologia realizada", vai tornar-se o centro de interesse primordial. É nesta atmosfera que Paulo escreverá suas "grandes Epístolas": a condição atual do cristão será o objeto das controvérsias, das revelações, das ações de graças e das exortações duma atividade apostólica que atingiu seu apogeu. Foi por isso que nossa terceira parte, que procurou descrever este movimento teológico, chegou a uma tal extensão.

Ela se compõe de três capítulos, porque as realidades cristãs atuais correspondem a três direções do pensamento paulino. O dom do Espírito Santo e a "comunhão" com o Cristo constituem as duas "experiências" essenciais do cristianismo primitivo. O "dom da justiça", embora ligado estreitamente a expressões do Antigo Testamento e da apocalíptica, desenvolveu-se na controvérsia contra um movimento "judaizante". Vejam-se as conclusões parciais que concluem nossos capítulos I, II e III da terceira parte.

Poderemos legitimar nosso método de vivissecção? As sínteses paulinas são mais semíticas que gregas; em vez de fundir logicamente seus elementos, elas conservam os contornos e a cor deles: o historiador não resiste à tentação de isolá-los para lhes restituir seu caráter original. Tomemos como exemplo uma frase como Rm 8.1-2: "Agora, já não há condenação para os que estão em Cristo Jesus; pois a lei do Espírito da Vida do Cristo Jesus o livrou da Lei do pecado e da morte". O Espírito e a Vida do Cristo Jesus, isto é, o dom do Espírito Santo e a comunhão na vida do Cristo, foram tomados como títulos dos nossos capítulos I e II da terceira parte. A "condenação" não é mais que o reverso do tema da justificação e a alusão final à Lei do pecado está bem na linha desta doutrina de polêmica que nos fez escrever nosso capítulo III da terceira parte.

Aplicamos a receita que Paulo nos colocava nas mãos e destacamos as peças reunidas. Seria isso fazer obra de iconoclasta? Depois disso descrevemos mais livremente as três perspectivas paralelas, dom do Espírito, união ao Cristo, justiça de Deus, no termo das quais aparece a única e mesma realidade da existência cristã "sobrenatural".

Na nossa caminhada, se nos apresentaram constatações importantes.

1º) A realidade única da vida cristã é "ontológica". Ela exclui uma "justiça" cristã que se limitaria a uma simples "declaração" sem realidade "objetiva".

2º) A conexão mais regular da fé com o tema da justiça explica-se como resultante duma controvérsia a respeito da justificação. A expressão "justiça da fé" é escolhida para formar antítese literária com a "justiça da Lei", ou as "obras da Lei". De fato, porém, a fé que funda a justiça é a que está à base de toda a vida cristã em Cristo e no Espírito.

3º) Esta "fé" única, é aquela que definimos na primeira parte como atitude de submissão do homem diante da mensagem apostólica. Ela não "justifica", isto é, não produz a justiça, como também não produz a santificação ou a participação em Cristo. Justiça, santificação, união com Cristo, tudo isso é a eficiência do Evangelho: a fé permite que a vida nos invada.

4º) A eficiência que se produz através da fé, ou mais exatamente pelo canal da mensagem recebida na fé, não se opõe de modo algum à dos sacramentos. Mensagem e sacramentos nos oferecem simultaneamente a força divina. A ação do sacramento ratifica a submissão ao Evangelho.

4. Ao abordar a quarta parte, nossa situação era delicada, pois desejávamos salvaguardar os direitos da crítica, ainda hesitante quanto à autenticidade de Efésios. Começamos expondo a teologia de Efésios-Colossenses. Reconhecemos que ela significava, perante as outras Epístolas, uma mudança de importância: a mensagem da Boa-nova tornava-se revelação do mistério de Deus; o "conhecimento" aprofundado, que propusemos chamar "epignose", tomava o lugar, ao lado da fé, da esperança e do amor, para definir a atitude do verdadeiro cristão. Refletindo bem, as novas fórmulas não eram tão revolucionárias; significam sobretudo uma mudança de interesse.

O Evangelho sempre anunciou o plano divino: insiste-se agora sobre seu aspecto de mistério, mas este sempre foi subentendido. A fé que Paulo exigia dos cristãos nunca foi passiva; Pede-se agora a colaboração dos fiéis com a força esclarecedora do Evangelho.

A mudança, entretanto, é bastante profunda para exigir explicação, se se pretende, como é o nosso caso, aceitar a hipótese da autenticidade das Epístolas. Procuramos fixar a direção do pensamento paulino. A nova teologia se preparava já nas grandes Epístolas. O gênio de Paulo era capaz – talvez fosse o único capaz – de transpor, sem desvirtuá-la, a teologia da mensagem para a teologia do mistério. As circunstâncias exteriores pesam sobre o pensamento. Recordamo-nos da inquietação que causaram no Apóstolo as infiltrações, nas suas igrejas asiáticas, duma formação religiosa sincretista judeu-pagã, baseada num culto misterioso dos anjos; da mudança na atitude de Tiago de Jerusalém, que favoreceu a união de todas as igrejas cristãs, fossem elas obedientes ao Apóstolo ou da região da Siria e Palestina; das aventuras dramáticas da prisão de Paulo e da inatividade forçada de seu longo cativeiro.

Não convinha ao Apóstolo dos gentios, depois de ter garantido a liberdade deles com relação à Lei judaica e determinado seu status na Igreja universal, proclamar agora, num testamento espiritual, sua visão do novo Israel de Deus e da unidade de todo o cosmos, inclusive os anjos, enfim restabelecida pela mediação do Cristo?

## II - COMPONENTES DA TEOLOGIA E PARALELOS; SINCRETISMO LITERÁRIO

1. Foi através da expressão teológica que a revelação seguiu seu caminho. As fórmulas de Paulo têm três fontes: o cristianismo da Igreja apostólica, o Antigo Testamento com o judaísmo, o helenismo (no sentido bem lato do termo).

1º) o elemento cristão primitivo está nos próprios fundamentos da teologia paulina. Ele fornece a idéia essencial da eficácia, graças à mensagem apostólica, da morte e da ressurreição do Cristo. Um bom número de outros traços que nos parecem essenciais ao paulinismo pertencem de fato a toda comunidade cristã, particularmente o reconhecimento da soberania de Cristo, a espera de sua parusia, a participação na sua qualidade de Filho de Deus, as conseqüências da sua morte e ressurreição.

No que tem de essencial, o tema do mistério, embora dependa de tendências muito gerais, – poder-se-iam multiplicar os paralelos no mistério grego, no judaísmo alexandrino, na apocalíptica, nas gnoses de toda espécie, nas seitas dos essênios ou de Qumrân, – e embora use um vocabulário amplamente difundido, manifesta aspectos especificamente cristãos. Sua grande semelhança de expressão e de pensamento com os Evangelhos em particular, sem que nos permita concluir uma verdadeira dependência literária, convidanos a recolocá-lo no ambiente da escatologia cristã.

2º) Ao lado da influência do cristianismo comum está o do Antigo Testamento e do judaísmo. Direta ou indiretamente, ele se manifesta, no que tange à escatologia, à ressurreição geral dos mortos, ao juízo, à "vida eterna". A transposição espiritual dos privilégios judaicos é feita sobre um plano fornecido pelo próprio judaísmo. A antítese com o regime da Lei marca profundamente todas as fórmulas que falam de justiça e justificação; a linguagem do judaísmo sincretista de Colossos, junto com a influência muito maior da apocalíptica e dos Livros Sapienciais, cria o vocabulário de mistério das Epístolas do cativeiro. As noções de pecado e carne devem muito ao mesmo ambiente do Antigo Testamento e do judaísmo.

3º) Nós insistimos na influência do helenismo. Este elemento anuncia as grandes transformações produzidas pela assimilação progressiva do cristianismo à civilização greco-romana. Paulo deu o exemplo cedendo a certas necessidades de seu apostolado entre os gregos, e não foi o traço menos genial de sua atividade intelectual o ter tirado do helenismo certos modos de expressão mais adequados.

Demos exemplos. Um dos mais notáveis é a sua noção de liberdade. Como em Filon de Alexandria, a terminologia tão especificamente grega da liberdade introduz-se na síntese religiosa. O cristianismo participa do movimento semântico que envolve os velhos vocábulos: a liberdade das cidades é transposta para a vida intelectual; chega-se à liberdade da pessoa humana, seja pela filosofia, seja pela mística filoniana ou as "gnoses", seja, para Paulo, pela vida profunda que o Espírito Santo põe em nós.

A psicologia cristã se esclarece graças ao "dualismo" platônico. As expressões de Rm 7.25 "Quem nos livrará deste corpo de morte?" deixam ainda entrever uma herança pitagórica. Para descrever a fraqueza da vontade diante do cumprimento do dever, Paulo recorre às fórmulas feitas pelos trágicos gregos.

A semelhança das fórmulas denota neste caso uma verdadeira influência. Os gregos chegaram à noção duma inteligência humana espiritual (no sentido filosófico) distinta do corpo, sede duma vida superior, e mesmo destinado à imortalidade. Estas bases filosóficas, o Apóstolo vai levá-las a sério. Atribuirá à inteligência o privilégio de conhecer a Deus pelas obras da criação, e assim preparar à humanidade o acesso à vida divina. O cristianismo irá de encontro às necessidades da inteligência; uma sabedoria, um conhecimento aprofundado de caráter sobrenatural, sem eliminar a filosofia natural, abrirá a inteligência a verdades superiores reveladas, ao mistério de Deus.

Paulo adotará a noção do νοῦς platônico e modificará o conceito do πνεῦμα estóico para pô-lo em harmonia com sua fé. Fundará assim uma psicologia cristã. A união ao Cristo e a presença do Espírito Santo serão as verdadeiras bases da imortalidade, mas o "espiritualismo" religioso obterá seu *status* de "natureza".

2. No decurso de nossas pesquisas, geralmente negligenciamos os simples paralelos, distintos dos temas literários ou das idéias que exerceram uma real influência sobre a teologia. Poderíamos ter multiplicado os contatos com Filon de Alexandria. Mas renunciamos a isso, por necessidade de nos limitar e também porque estamos persuadidos de que Paulo, se é que ouviu falar de seu grande contemporâneo, não trazia consigo os opúsculos dele e não consultava as bibliotecas. Com mais razão, nada leu, ele que era judeu helenista, dos escritos de Qumrân. A seita não o interessava absolutamente, pois estava convicto de que o Espírito Santo orientava sua atividade apostólica e seu pensamento para certos caminhos que os anacoretas do mar Morto jamais conheceriam. Enfim, multiplicando as comparações literárias, prejudicaríamos aquilo que considerávamos como nossa tarefa primordial: descobrir os caminhos secretos de um espírito original e as articulações duma síntese teológica solidamente estruturada do interior. Nem é preciso dizer que, para

conhecer os movimentos das idéias duma época, os paralelos são indispensáveis.

3. O poder intelectual de Paulo e sua originalidade, com a luz de Deus, dominaram os elementos desconexos que se ofereciam a ele. Sua época é aquela para a qual a história das religiões das instituições e das idéias, criou o termo "sincretismo". O "sincretismo" combina todas as formas de vida e de pensamento numa vasta "unidade"; houve tantas espécies dele, que nada se arrisca empregando a palavra mais uma vez e falando, a propósito de Paulo, dum "sincretismo literário".

Ficamos desconcertados perante algumas de suas concepções, em particular no tocante à angelologia. Sem escrúpulos, ele fala indiferentemente dos anjos do judaísmo, dos "elementos do mundo" ou daquelas "potências" que têm o caráter de deuses astrais adotados, mediante retoques, pelo monoteísmo judaico. As noções provêm de horizontes muito diversos. Não pensamos que Paulo as tenha realmente identificado.

Trata-se dum fenômeno comparável ao que acontece aos nossos olhos quando línguas diferentes se encontram. Os poliglotas se exprimem indiferentemente, à primeira vista, em idiomas diferentes. De fato, a escolha da expressão dependerá de seus interlocutores e do assunto que abordam. Paulo se diz judeu com os judeus, gregos com os gregos. A fórmula será tão simples como nós pensamos? Ele pertencia a diversos mundos de pensamento e passava de um a outro sem se obrigar a escolhas ou precisões impossíveis e que não o interessavam. Bastava-lhe saber que existia, no fundo, uma verdadeira concordância. Se voltamos ao exemplo da angelologia, ele sabia que o Deus dos judeus, rodeado de suas legiões de anjos, é também o Deus que governa o universo, como se acredita também lá onde as potências cósmicas são personificadas. Nada o obrigava a pôr tudo isso às claras. Que Fílon de Alexandria continuasse a esboçar sínteses eruditas; o Apóstolo obedece a interesses mais urgentes.

Quando Paulo foi forçado pelas circunstâncias a precisar a noção duma sobrevivência do homem após a morte e uma parusia que se adiava para um futuro indeterminado, ele teve de escolher seus modos de expressão. O judaísmo liga a sobrevivência à noção de ressurreição; Paulo adota a idéia grega duma inteligência subsistente, suficientemente distinta do corpo para que o "eu" consciente possa, após a morte, continuar a gozar da presença de seu Senhor. A revelação escolheu para si a linguagem literária que melhor poderá exprimi-lo.

O caso se complicou ao tratar da ressurreição. Obrigado a pôr-se ao alcance dos gregos inclinados ao platonismo e que zombariam facilmente ao ouvirem falar de ressurreição corporal, Paulo recorre aos temas judaicos e gregos que tem à disposição, e cria a noção duma ressurreição corporal espiritualizada; fala indiferentemente de incorrupção e de espiritualidade à moda grega, de glória e de força segundo o vocabulário do Antigo Testamento. Qualquer palavra lhe serve, contanto que inculque a idéia cristã. Quando fala de eternidade, os temas helenísticos alternam com os do judaísmo. Se este último fornece as expressões tradicionais de vida eterna, de paraíso, terceiro céu, herança, reino de Deus ou de glória, duas expressões têm mais o caráter grego: face a face e sobretudo "Deus tudo em todos".

A perspectiva histórica traçada no começo de Romanos é concebida segundo as características gregas (embora a descrição da idolatria se inspire parcialmente no Antigo Testamento). O Livro da Sabedoria fornece-nos um excelente paralelo, se não for uma fonte: o homem, tendo recusado conhecer a Deus que se revelava a ele pela criação, entraram no mundo a idolatria e todos os desregramentos dos costumes. Uma visão teológica inspira-se na narração da queda no paraíso terrestre; a doutrina do pecado original, ao qual fazem seqüência todos os pecados pessoais, imputados ou não, ilustra a afirmação de que o pecado reina sobre o mundo atual. Ao primeiro homem se opõe Cristo, como se opõem os dois reinos, o do pecado e o da justiça de Deus. Esta sucessão de temas repercute na teoria conexa da fraqueza da vontade humana diante do bem a praticar. Duas explicações se misturam em Rm 7. O judeu que está sob a Lei reage diante da tentação do pecado como o primeiro homem Adão, e sua concupiscência arrasta-o a transgredir a ordem de Deus. Depois Paulo generaliza o tema; segundo as concepções comuns da civilização grega, a paixão arrasta o homem contra a sua vontade, e ele comete o mal que sua consciência condena. Mais ainda: quando se tratar de caracterizar a posição do cristão diante das sugestões do mal, o Apóstolo retomará os temas helenísticos: o homem, doravante libertado pelo Espírito da tirania de seu corpo, é capaz de se submeter ao desejo profundo de sua inteligência, e de querer efetivamente o bem conforme à lei divina que ressoa nele.

A formulação literária do mistério cristão pode fornecer-nos um outro exemplo. Ao sincretismo religioso dos judeus da Ásia, que deturpa profundamente o caráter do Antigo Testamento, Paulo opõe um sincretismo "literário" que conserva o valor fundamental do cristianismo. Sem dúvida, pode ser comparado com o mistério judeu-pagão o mistério cuja revelação os apóstolos têm a missão de fazer. Vão ser comparadas iniciação com iniciação, "epignose" com gnose. Vão ser comparados com aqueles anjos que não são senão deuses inferiores, aos quais se faziam iniciar os mistos da Ásia, os seres angélicos do cristianismo, todos, seja que nome tiverem, dirá o Apóstolo, reunidos sob o Cristo na unidade do pleroma do único Deus, vivo e verdadeiro. O sincretismo literário pode parecer muito avançado. Mas toda comparação se interrompe, desde o momento em que, em presença do plano divino da salvação, objeto do mistério cristão, fosse preciso colocar as iniciações das noites do paganismo, as "genealogias" de abstrações divinizadas, ou as aventuras escabrosas dos deuses e deusas da mitologia clássica.

## III - ALGUNS TRAÇOS CARACTERÍSTICOS DO CRISTÃO

Escolhemos agora certos traços que se harmonizam e compõem, à imagem de Paulo, o verdadeiro cristão, o homem ideal que chegou à estatura de Cristo. Como, cônscio de seu destino, o cristão deve pensar a sua condição? Qual será sua psicologia?

Ele é cristão, sem dúvida, mas ele permanece homem, e um homem que não pode sair deste mundo; a perfeição de sua vida religiosa está engajada numa humanidade e em realidades temporais. Como realizará ele a síntese de suas duas vocações, a de cristão e a de homem?

1. Após ouvir a mensagem apostólica vinda de Deus e acompanhada de um apelo individual, o cristão recebe-a na sua inteligência e fá-la passar para sua vida. Ele entra no plano de Deus, que, desde

o começo do mundo, tendo elaborado o projeto de multiplicar as imagens de seu Filho, predestinou-o para este destino misterioso.

A ação divina exerce-se pelo Evangelho e funda a salvação cristã, assim como a criação, que devia, também ela, terminar numa disposição de salvação, deu origem à primeira humanidade. O "cristão" não é uma novidade absoluta, ele era homem antes de ser cristão, e continua homem depois de seu chamado.

2. A vocação do cristão o introduz nesta economia religiosa em que determinados "apóstolos" receberam o encargo oficial de proclamar a salvação e de revelar o mistério do plano divino. É por isso que todos os cristãos estão unidos entre si pelo ensino e pela revelação apostólicos.

3. A humanidade criada por Deus era "boa". Boas eram particularmente a inteligência e a vontade humanas. No desígnio de Deus, a inteligência era capaz de "conhecê-lo" contemplando as obras criadas, a fim de entrar em relação com ele; e a vontade estava orientada para seu culto e a submissão à sua lei. .

Sem poder destruir a criação, pois os homens, individualmente, conservavam uma natureza "boa" e orientada para Deus, o pecado afastou a humanidade do seu criador. O testamento que Deus fez em favor de Abraão pressagiava uma reviravolta.

4. Pela morte do Cristo e por sua ressurreição, promessa e antecipação de sua vinda na glória, a criação retoma seu primeiro destino. Da vida do Cristo glorioso, realizada no Espírito Santo, nasce o povo novo dos crentes, a Igreja. O cristão é restabelecido na claridade de sua inteligência para contemplar seu criador, e na força de sua vontade para se submeter à lei divina. O Espírito Santo lhe revela os segredos do Antigo Testamento, aqueles oráculos que os judeus guardaram sem poder penetrá-los. O mesmo Espírito Santo o ilumina diretamente, em união com a revelação apostólica, para penetrar sempre mais profundamente no mistério de Cristo.

5. A psicologia do cristão se resume em três virtudes fundamentais: a fé, a esperança e o amor. A fé é uma resposta de submissão inteligente e ativa à pregação apostólica. A esperança nos assegura quanto às realidades futuras da ressurreição dos mortos e orienta para elas a vida presente. O amor é em nós o fruto do Espírito Santo; governa toda a nossa atividade.

As três virtudes "teologais" devem, entretanto, abrir suas fileiras para acolher uma virtude conexa: o dom da sabedoria ou do conhecimento superior, pelo qual o cristão consagra sua inteligência humana à penetração do mistério de Deus. Assim como o mistério é um desenvolvimento da mensagem apostólica, o conhecimento superior é uma ampliação da fé. A oposição que Paulo demonstrava contra uma certa "gnose" desaparece diante da sabedoria cristã; esta se une ao amor, a virtude teologal por excelência.

# ÍNDICE DOS AUTORES MODERNOS

## A

ALLAN, J. A. - 323, 363
ALLEGRO, J. M. - 35
ALLO, - 206, 294
ALLO, E.-B. - 48, 200, 294
ALMQUIST, H. - 32
ALTHAUS, P. - 220, 386
AMAND, D. - 469, 470
AMIOT, F. - 19
ANDERSON SCOTT - 29
AUDET, J.-P. - 123
AUVRAY, P.-STEINMANN - 175

## B

BACON, B. W. - 23
BAKER, A. E. - 247
BALDENSPERGER, W. - 88, 165
BAMMEL, E. - 124
BARACOLDO, R. - 238
BARCLAY, W. - 386
BARNIKOL, E. - 114
BARRETT, C. K. - 118, 130, 386, 414
BARTH, K. - 250, 386, 439
BAUER, W. - 69, 159, 260, 286, 464, 470, 505, 509
BAUERNFEINE, O. - 390
BEHM, J. - 256, 357
BENOIT, P. - 335
BENZ, E. - 86
BERTRAND, F. - 376
BERTRANGS, A. - 78
BIANCHI, U. - 491
BIETENHARD, H. - 200, 218
BLÄSER, P. - 50, 250
BOMAN, Th. - 456

BONNARD, P. - 323, 341, 390
BONSIRVEN, J. - 31, 209, 234, 374, 423
BORNKAMM, E. - 43, 48
BORNKAMM, G. - 300, 341, 491
BOUSSET, W. - 29, 364
BOUYER, L. - 87
BoYER, Ch. - 424
BRANDT, W. - 329, 465
BRAUN, F.-M. - 123
BRAUN, H. - 220, 423, 449
BRINTMANN, B. - 170
BROWN, R. E. - 498
BRÜCKNER, M. - 29
BRUNNER, E. - 250, 441, 457
BRUNOT, A. - 19
BÜCHSEL, F. - 220, 252, 363, 368
BÜCKLE, F. - 455
BULTMANN, R. - 23, 62, 63, 155, 197, 232, 351, 386, 423, 427, 439, 457, 464, 497
BUONAIUTI, L. - 252

## C

CADBURY, H. I. - 527
CAIRD, G. B. - 49, 68, 88
CAIRNS, D. - 157
CAMBIER, J. - 63, 89, 98
CAMELOT, P. Th. - 380
CARMIGNAC, J. - 232
CERFAUX, L. - 52, 54, 64, 77, 91, 92, 93, 94, 110, 118, 125, 126, 128, 131, 133, 135, 145, 146, 150, 168, 173, 176, 195, 234, 253, 264, 284, 287, 292, 297, 300, 306, 324, 325, 329, 330, 336, 337, 347, 348, 349, 350, 351, 354, 355, 356, 361, 362, 364, 368, 373, 398, 428, 430,

434, 456, 463, 464, 489, 491, 492, 502, 534, 538
CHADWICK, H. - 528
COGGAN, F. - 238
COHN, L. - 234
COPPENS, J. - 343, 344
COSSMANN, W. - 220
CULLMANN, O. - 29

D

DACQUINO, P. - 323
DAVIES, A. P. - 19
DAVIES, J. - 323
DAVIES, W. D. - 29, 154
DAXER, H. - 43
DE FRAINE, J. - 95
DE LA POTTERIE, I. - 287
DE LEEUW,V. - 60, 94
DE VISSCHER, F. - 64
DE WITT BURTON, E. - 29
DEDEN, D. - 497
DEISSMANN, A. - 29, 31, 326, 364, 365, 369
DEISSNER, K. - 194
DELCOR, M. - 186
DELLING, G. - 73, 75, 174
DENIS, A.-M. - 86, 89, 93, 94, 99, 106, 108, 110, 291, 332, 486, 487
DESCAMPS, A. - 396, 398, 428, 430
DEWAILLY, L. M. - 133
DIBELIUS, M. - 68, 491, 492, 535, 543, 544
DIDIER, M. - 386
DIETZEL, A. - 252
DINKLER, E. - 333
DODD, C. H. - 19, 78, 149, 455
DUBARLE, A.-M. - 424
DUESBERG, H. - 186
DUPONT, J. - 118, 135, 200, 202, 204, 209, 213, 269, 351, 414, 422, 434, 470, 475, 486

E

EGER, O. - 32
EITREM, S. - 492

ELLIS, E. E. - 200
ELTESTER, F. W. - 272
EPSTEIN, L. M. - 31
EULER, K. F. - 109
EVERLING, O. - 68

F

FARNELL, L. R. - 189
FASCHER, E. - 19, 43, 86, 106, 186, 262, 341
FEINE, P. - 23, 368
FENDT, L. - 385
FESTUGIÈRE, A.-J. - 469
FEUILLET, A. - 59, 200
FITZMYER, J. A. - 279, 294
FLEMMINGTON, W. F. - 341
FOUCART, P. - 109, 167, 232, 486, 493, 509
FRAEYMAN, A. - 289
FREUNDORFER, J. - 423
FREY, J.-B. - 104, 200
FRIDRICHSEN, A. - 99, 112, 128
FRIEDRICH, G. - 134, 139, 141, 257, 386
FUCHS, E. - 329, 358, 457

G

GAECHTER, P. - 118
GAUGLER, E. - 385
GERHARDSSON, B. - 23
GERT, O. - 363
GIBLET, J. - 98, 341, 386
GILS, F. - 254
GOGUEL, M. - 23
GONZÁLEZ RUIZ, J. M. - 386
GOODSPEED, E. J. - 34, 528
GOOSSENS, W. - 345
GRAIL, A. - 341
GREEVEN, H. - 133, 146, 182, 252, 266, 491, 492
GRONBECH,V. - 363
GROSSOUW, W. - 165, 323
GRUNDMANN, W. - 118, 423, 475
GULIN, E. G. - 324
GUNKEL, H. - 252
GUNTERMANN, F. - 186, 193, 234

GÜNTERT, H. - 256
GUTBROD, K. - 386
GUTBROD, W. - 457
GUY, H. A. - 165

## H

HAENCHEN, E. - 97, 98
HAERENS - 230
HAMILTON, N. Q. - 252
HAMMER, P. L.- 532
HAUFE, C. - 386
HAUPT, E. - 118
HEITMÜLLER, W. - 23, 341
HÉRING, J. - 215, 229, 298
HERMANN, R. - 323
HOLL, K. - 125, 126
HOYLE, R. B. - 109
HUBY, J. - 51, 68, 386
HUGEDÉ, N. - 252

## I

ILDEFONSE (AYER) - 234
INGLIS, G. J. - 85

## J

JANSEN, L. - 93
JEREMIAS, JOACH. – 199, 200, 234
JERVELL, J. - 157
JOÜON, P. - 455

## K

KABISCH, K. - 165
KARNER, K. - 63
KÄSEMANN, E. - 133
KASSING, A. - 59
KENNEDY, H. A. - 29
KITTEL, G. - 31, 69, 237, 238, 289, 324, 326
KITTEL, H. - 237
KLAUSNER, J. - 86
KLEIN, G. - 120
KLEINKNECHT, H. - 257, 263, 275
KNOX, W. L. - 29
KOCH, G. - 54
KRÄMER, H. - 257

KREMER, J. - 341
KUHN, K. G. - 455, 494
KÜMMEL, W. G. - 193, 218, 219, 448
KÜRZINGER, J. - 333, 386
KUSS, O. - 42, 158, 341, 363, 386

## L

LAFONT, G. - 386
LAGRANGE, M.-J. - 186, 216, 223, 260, 289, 473
LAKE - 118
LE DÉAUT, R. - 272
LEBRETON, J. - 91
LEENHARDT, FR.-J. - 341, 386
LEMONNYER, A. - 428
LIETZMANN, H. - 43, 125, 186, 193, 205
LINDBLOM, J. - 174
LOEWE, H. - 329
LOEWE, R. - 98
LOHMEYER, E. - 29, 123
LOHSE, E. - 59, 133, 241
LOISY, A. - 97
LOMBARD, E. - 256
LÖWINGER, L. - 215
LUCK, W. - 358
LÜDEMANN, H. - 28, 455
LYONNET, St. - 51, 68, 186, 200, 423, 424, 434, 464

## M

METZGER, B. M. - 34
MACGREGOR - 29, 68
MACHEN, J. - 19, 61, 113
MACKIE, A. - 256
MALININE, M.-PUECH, H.Ch.-QUISPEL - 494
MANSON, T. W. - 133
MASSON, Ch. - 299
MAURER, Chr. - 106
McGRATH, B. - 323, 350
MEHL-KoEHNLEIN, H. - 456
MENOUD, PH. H. - 165, 229
MEYER, R. - 257
MICHAELIS, W. - 324, 326, 423
MICHEL, O. - 43, 79, 386, 497

MOE, O. - 23
MOLITOR, H. - 186
MOLLAND, E. - 143
MONNIER, H. - 118
MOSBECH, H. - 118, 126, 129
MOSIMAN, E. - 256
MOUROUX, J. - 72
MÜLLER, J. - 139, 140
MUNCK, J. - 29, 87, 88, 95, 110, 414
MUNDLE, W. - 19, 91
MUSSNER, F. - 532

## N

NAUCK, W. - 145, 351
NETTER, G. P. - 171
NEUENZEIT, P. - 345
NEUGEBAUER, F. - 360, 363, 368
NOCK, A. D. e FESTUGIERE, A.-J. - 409
NORDEN, E. - 31
NÖTSCHER, F. - 186, 187
NYGREN, A. - 386

## O

OEPKE, A. - 186, 199, 217, 341, 342, 385, 390
OSTY, E. - 205
OWEN, H. P. - 43

## P

PARISIUS, H. L. - 323
PARRÉ, P. - 96, 348, 351
PENNA, A. - 494
PÉPIN, J. - 58
PERCY, E. - 369, 370
PETERSON, E. - 299
PFAFF, Ed. - 85
PICARD, Ch. - 490
POHLENZ, M. - 29, 464
POLAND, F. - 505
PRAT, F. - 87, 215
PROCKSCH, O. - 94, 142, 292
PROKULSKI, W. - 98
PRÜMM, K. - 133, 423, 491, 498
PURDY, A. - 29
PUUKKO, A. F. - 31

## Q

QUMRÂN - 34, 58, 69, 95, 104, 136, 156, 170, 181, 183, 186, 227, 232, 255, 278, 294, 296, 362, 386, 400, 423, 436, 448, 494, 495, 498, 560, 561

## R

RABIN, C. - 136
RAZZOTTI, B. - 465
REICKE, B. - 43, 158
REINHARD, W. - 252
REITZENSTEIN, R. - 29, 364, 371, 490
RENARD, P. - 43, 44
RENDTORFE, R. - 257
RENGSTORF, K. H. - 54, 117, 118, 129, 130, 143, 326, 329, 331
REUSS, J. - 532
RICHARD, L. - 59
RIDDERBOS, H. - 386
RIESENFELD, H. - 47, 267
RIGAUX, B. - 33, 89, 103, 165, 168, 171, 173, 174, 179, 189, 209, 227, 498
ROBINSON, H. W. - 29
ROBINSON, J. A. T. - 165
ROHDE, E. - 189
RUST, H. - 256

## S

SABATIER, A. - 19
SALLES, A. - 132
SANDAY W.-HEADLAM, A. - 316
SANDERS, J. A. - 281
SANDERS, L. - 511, 517
SASS, G. - 98, 118, 123
SASSE, H. - 73, 232
SCHAUF, W. - 457
SCHELKLE, K. H. - 423
SCHILLE, G. - 528
SCHILLING, O. - 165
SCHLATTER, A. - 385
SCHLIER, H. - 33, 514, 530
SCHLINK, E. - 43
SCHMIDT, K. L. - 47, 93, 252, 423, 491
SCHMIDT, S. - 386

SCHMITHALS, W. - 33, 189, 299, 390, 393
SCHMITT, J. - 150
SCHMITZ, O. - 371
SCHNACKENBURG, R. - 158, 323, 341
SCHNEIDER, G. - 27, 312
SCHNEIDER, J. - 227, 237
SCHOEPS, H.-J. - 19, 22, 28, 31, 33, 50, 56, 62, 86, 94, 100, 114, 118, 126
SCHRENK, G. - 159, 203, 281
SCHUBERT, K. - 232
SCHULZ, S. - 423
SCHÜRER, E. - 61
SCHÜTZ, R. - 187
SCHWEITZER, A. - 29, 363, 365, 367
SCHWEIZER, E. - 59, 133, 311, 455
SCOTT, W. - 409, 512
SEESEMANN, H. - 333
SEIDENSTICKER, PH. - 272
SEUFERT, W. - 117
SEVENSTER, J. N. - 200, 229
SNELL, Br. - 450
SPADAFORA, F. - 165
SPICQ, C. - 179
STACEY, W. D. - 28, 31, 307, 314, 315, 316
STÄHLIN, R. - 358
STANLEY, D. M. - 54, 325
STAUFFER, E. - 87, 215
STENDAHL, K. - 255
STÖGER, A. - 386
STOMMEL, E. - 341
STRACK H.-L.BILLERBECK - 165, 190, 193, 200, 239, 271
STRATHMANN, H. - 142, 143, 147
STRAUB, W. - 32
STUIBER, A. - 393
SWETE, H. B. - 105

## T

TAYLOR,V. - 386
TEICHMANN, E. - 215
THACKERAY, H. ST. J. - 29
TOBAC, E. - 457
TONDRIAU, J. - 330

TRESMONTANT, Cl. - 456

## V

VAN HERTEN, J. - 491
VAN UNNIK, W. C. - 30
VERBEKE, G. - 192
VERHEUL, A. - 121
VIARD, A. - 455
VOGT, E. - 498
VÖGTLE, A. - 475
VOLZ, P. - 186
VON CAMPENHAUSEN, H. - 124, 128
VON DOBSCHÜTZ, E. - 371
VON GALL, A. - 237
VON RAD, G. - 69, 237, 289

## W

WAANING, N. - 310
WAGENMANN, J. - 118
WALKER, R. - 220
WARNACH,V. - 341
WATHELET, MARIE-CHRISTINE - 234
WEINEL, H. - 111
WEISS, J. - 48, 346
WEISS, K. - 108
WENDLAND, H.-D. - 306, 422
WENDLAND, P. - 31, 234
WENDT, H. H. - 97
WENNEMER, K. - 252, 266
WENSCHKEWITZ, H. - 289
WETTER, G. P. - 252
WIBBING, S. - 475
WIENCKE, G. - 59
WIKENHAUSER, A. - 363, 366, 367, 371, 375
WILCKENS, U. - 86, 300
WINDISCH, H. - 96, 98, 207
WOBBE, J. - 422
WOOD, H. G. - 98
WREDE, W. - 29

## W

ZEDDA, S. - 323, 494
ZERWICK, M. - 90

# ÍNDICE ANALÍTICO

## A

A participação na morte e na vida de Cristo - 323
Ab-rogação da Lei - 385, 421, 453
Abraão - 44, 48, 50, 51, 52, 53, 54, 82, 83, 93, 99, 156, 157, 234, 235, 236, 279, 282, 283, 284, 285, 286, 288, 394, 399, 401, 402, 404, 405, 407, 410, 411, 418, 440, 443, 453, 461, 462, 565
Ação de graças - 77, 148, 172, 256, 259, 334, 344, 345, 351, 376, 511, 512, 519, 521, 531, 545, 547, 549
Adão - 44, 46, 185, 195, 196, 217, 219, 271, 283, 311, 312, 342, 356, 357, 417, 420, 426, 427, 428, 441, 449, 563
Adão-Cristo - 197, 357, 420
Agar - 283, 468
Alegoria - 79, 183, 235, 283, 298, 379, 468, 473, 493, 503, 517, 534, 539
Alegoria da oliveira - 82
Alegria - 144, 147, 148, 158, 167, 173, 176, 178, 204, 222, 237, 238, 310, 331, 348, 351, 353, 354, 374, 398, 405, 409, 437, 461, 475, 520, 542
Alegrias - 58, 170, 234, 274, 539
Aliança - 50, 76, 83, 100, 103, 109, 157, 234, 272, 291, 296, 298, 299, 402, 419, 436
Alianças - 47, 462, 496
Ameaça - 150, 346, 390, 426, 428
Ameaças - 20, 104, 111, 177, 224, 327
Amor - 80, 84, 102, 148, 157, 180, 182, 260, 266, 267, 270, 271, 308, 310, 325, 332, 344, 355, 372, 400, 405, 437, 445, 452, 460, 474, 475, 476, 477, 485, 510, 511, 516, 517, 518, 519, 521, 522, 525, 531, 538, 541, 558, 565, 566
Ananias - 107, 112
Andrônico - 121
Angelologia - 22, 68, 562
Anjo de Javé - 69
Anjos - 49, 51, 54, 68, 69, 70, 71, 72, 129, 171, 173, 181, 182, 210, 222, 226, 256, 304, 333, 380, 408, 419, 446, 447, 453, 491, 492, 500, 525, 543, 544, 556, 559, 562, 564
Anjos de luz - 69
Antigo Testamento - 30, 43, 44, 47, 48, 51, 53, 54, 63, 69, 72, 75, 77, 78, 79, 81, 82, 83, 89, 91, 92, 93, 94, 95, 97, 100, 104, 107, 110, 114, 116, 142, 153, 156, 157, 162, 171, 182, 186, 187, 192, 202, 211, 221, 223, 226, 230, 233, 236, 237, 239, 240, 244, 250, 253, 257, 262, 263, 264, 265, 269, 272, 274, 278, 280, 281, 282, 285, 289, 292, 293, 299, 300, 316, 317, 319, 321, 331, 346, 347, 353, 359, 361, 362, 373, 398, 399, 401, 412, 415, 417, 418, 429, 431, 432, 441, 443, 445, 449, 457, 460, 465, 489, 497, 499, 555, 556, 557, 559, 560, 563, 564, 565
Antíoco Epifânio - 104, 143, 144, 173, 489, 496
Antioquia da Pisídia - 96, 114, 115, 300, 348, 480
Antioquia da Síria - 115
Antítese - 47, 48, 78, 79, 141, 150, 180, 183, 191, 195, 197, 203, 217, 219, 224, 227, 232, 239, 267, 269, 279, 281, 285, 288, 307, 318, 336, 359, 360, 385, 388,

394, 395, 400, 402, 410, 412, 413, 427, 430, 441, 448, 449, 451, 455, 460, 461, 463, 474, 480, 488, 501, 509, 514, 521, 539, 550, 558, 560
Antropologia - 22, 30, 165, 189, 190, 191, 196, 209, 307, 313, 315, 319, 455
Aparições - 26, 27, 66, 69, 119, 125, 136, 149, 230, 255
Apocalipses - 69, 169, 185, 347, 431, 486, 497
Apocalíptica - 43, 55, 56, 78, 99, 144, 161, 169, 171, 172, 173, 175, 176, 204, 220, 237, 276, 278, 302, 334, 348, 352, 398, 429, 485, 489, 492, 495, 524, 557, 560
Apolo - 122
Apostolado - 23, 25, 65, 85, 87, 112, 113, 115, 117, 122, 123, 128, 130, 131, 134, 136, 137, 140, 200, 221, 224, 254, 258, 265, 350, 352, 377, 379, 381, 490, 534, 547, 560
Apostolado de Paulo de carismático - 136
Apóstolo - 20, 21, 22, 24, 25, 26, 28, 32, 39, 48, 50, 53, 55, 58, 60, 63, 66, 84, 85, 87, 92, 94, 96, 97, 98, 99, 102, 106, 107, 109, 112, 113, 115, 129, 131, 140, 146, 148, 149, 150, 157, 168, 172, 176, 177, 178, 183, 184, 185, 188, 189, 190, 192, 197, 200, 203, 205, 206, 208, 210, 218, 220, 226, 227, 234, 238, 243, 247, 249, 251, 252, 254, 257, 261, 264, 265, 267, 272, 277, 278, 282, 283, 287, 298, 299, 304, 307, 314, 324, 325, 327, 330, 331, 333, 336, 338, 339, 342, 343, 345, 346, 347, 348, 350, 351, 352, 362, 367, 372, 374, 378, 379, 382, 388, 393, 395, 398, 399, 414, 418, 420, 422, 425, 426, 431, 437, 439, 441, 449, 453, 454, 467, 469, 471, 474, 490, 495, 506, 511, 528, 536, 537, 538, 541, 542, 546, 551, 552, 559, 561, 562, 564
Apóstolo dos Gentios - 106
Apóstolos - 19, 26, 28, 39, 41, 52, 54, 56, 63, 64, 66, 79, 81, 82, 88, 89, 97, 104, 107, 110, 117, 119, 120, 121, 122, 123, 124, 125, 126, 127, 128, 129, 130, 131, 133, 134, 135, 136, 137, 140, 147, 149, 152, 187, 201, 225, 253, 255, 258, 259, 264, 265, 270, 276, 284, 291, 299, 379, 408, 440, 477, 485, 494, 498, 499, 500, 501, 502, 503, 504, 510, 516, 525, 527, 534, 535, 546, 547, 549, 552, 556, 564, 565
Apóstolos e profetas - 110
Apóstolos missionários - 117, 121
Arábia - 89, 113
Arcontes - 151
Arras - 197, 204, 249, 266
Ascese - 179, 180
Asclépios - 189
Ásia Menor - 490, 507, 543
Atividade apostólica - 80, 113, 140, 141, 152, 184, 557, 561
Autenticidade das Epístolas do cativeiro - 351, 483, 527
Autenticidade das Epístolas Paulinas - 33

**B**

Banquete - 93, 159
Banquetes - 48
Barnabé - 96, 114, 120, 121, 122, 130, 131, 389, 391, 392, 395
Batismo - 22, 23, 60, 66, 101, 102, 103, 155, 158, 159, 189, 197, 255, 256, 274, 287, 312, 313, 320, 323, 336, 340, 341, 342, 343, 344, 346, 352, 358, 366, 368, 375, 376, 377, 383, 398, 407, 408, 419, 420, 438, 479, 494, 506, 509, 516, 518, 521, 523, 550
Belial - 69
Bíblia - 31, 54, 70, 73, 77, 79, 234, 244, 278, 279, 284, 296, 299, 300, 315, 399

**C**

Caridade - 534, 553
Carismas - 23, 26, 27, 76, 77, 101, 102, 106, 134, 147, 148, 152, 155, 167, 183, 189, 231, 249, 251, 252, 253, 254, 256, 257, 258, 260, 261, 262, 263, 265, 266,

267, 268, 269, 270, 271, 272, 282, 301,
304, 308, 309, 321, 341, 343, 344, 355,
359, 376, 381, 420, 472, 475, 518, 520,
534
Carne - 42, 47, 48, 52, 53, 62, 67, 84, 127,
128, 175, 177, 183, 188, 191, 193, 196,
201, 203, 204, 206, 212, 223, 261, 268,
272, 275, 283, 286, 288, 292, 306, 307,
308, 310, 314, 317, 318, 327, 328, 331,
335, 343, 345, 350, 351, 354, 355, 356,
357, 359, 369, 376, 385, 388, 392, 394,
408, 414, 421, 429, 447, 448, 449, 450,
452, 454, 455, 456, 457, 458, 459, 460,
461, 462, 463, 468, 469, 470, 472, 473,
474, 476, 477, 494, 534, 540, 544, 560
Carne e espírito - 103
Carreira terrestre - 41, 62
Catálogo das virtudes - 473
Cefas - 27, 47, 65, 66, 120, 121, 125, 127,
130, 389, 392, 395
Cegueira - 81, 379
Ceia - 25, 27, 345
Cesaréia - 255, 543, 552
Circuncisão - 47, 52, 80, 81, 84, 103, 120,
278, 283, 292, 343, 357, 390, 391, 392,
415, 461, 462, 463, 467, 471, 474, 493,
494, 515, 544
Ciro - 93
Citações bíblicas - 278, 279, 296
Colégio apostólico - 27, 57, 117, 127, 136
Colégio dos doze - 131, 132
Cólera - 48, 167, 222, 225, 227, 230, 387,
416, 423, 424, 429, 430, 433, 462, 487,
548
Cólera de Deus - 20, 48, 222, 230, 387,
416, 423, 424, 430, 462, 487
Cólera do juízo - 225
Cólera escatológica - 167
Cólera iminente - 167
Coleta - 122, 279, 331, 340, 552
Colheita - 310, 385, 458, 472, 473, 474,
475, 476, 477, 556
Colheita do Espírito - 310, 458, 474, 476
Combate escatológico - 69, 71, 167, 173,
175, 176, 183, 213, 219, 222, 513, 515

Comunhão com Cristo - 323
Comunidade - 23, 25, 26, 27, 28, 56, 64,
67, 80, 86, 95, 101, 103, 104, 111, 119,
120, 125, 128, 130, 133, 136, 141, 153,
168, 169, 181, 208, 243, 253, 255, 260,
261, 262, 264, 284, 290, 297, 298, 306,
309, 340, 344, 346, 362, 370, 375, 377,
390, 391, 436, 449, 489, 496, 502, 517,
538, 541, 559
Comunidade primitiva - 26, 27, 67, 80,
119, 128, 130, 141, 255, 340, 502
Concílio de Jerusalém - 111
Conclusão geral - 555
Conclusões - 92, 344, 361, 374, 375, 557
Conclusões parciais - 557
Condenação - 48, 49, 199, 208, 222, 226,
227, 304, 346, 397, 454, 524, 540, 557
Condição do homem - 385, 453
Confiança - 20, 24, 51, 64, 66, 81, 146, 148,
149, 153, 155, 156, 157, 202, 207, 224,
263, 276, 294, 303, 333, 339, 344, 373,
380, 399, 401, 402, 403, 405, 411, 414,
419, 437, 451, 475, 493, 528
Conhecer a Deus pelas obras da criação - 561
Conhecimento - 21, 33, 44, 45, 48, 71, 76,
90, 112, 136, 151, 156, 176, 241, 244,
258, 261, 267, 268, 269, 270, 276, 300,
301, 302, 303, 304, 305, 308, 310, 311,
321, 322, 323, 335, 336, 357, 358, 374,
378, 380, 381, 382, 415, 416, 424, 436,
447, 462, 470, 479, 483, 485, 486, 488,
495, 507, 508, 510, 511, 512, 514, 516,
518, 519, 520, 521, 522, 523, 524, 525,
529, 544, 546, 547, 549, 551, 552, 555,
558, 561, 566
Conhecimento (do mistério) - 321
Conhecimento de Deus - 21, 44, 45, 48,
151, 176, 244, 270, 303, 305, 424, 519
Conhecimento do mistério - 485, 495,
507, 520
Conhecimento dos bens prometidos -
249, 310
Conhecimento e amor - 522
Conhecimento e fé - 520

Conhecimento progressivo - 485, 516
Consciência - 24, 25, 26, 68, 80, 85, 87, 102, 103, 104, 111, 112, 114, 143, 151, 154, 161, 171, 175, 198, 202, 223, 250, 276, 287, 292, 310, 316, 322, 336, 348, 351, 352, 355, 365, 368, 373, 375, 378, 381, 385, 387, 391, 395, 404, 408, 416, 417, 439, 441, 448, 470, 477, 563
Consolação - 147, 177, 239, 259, 351
Construção - 63, 78, 90, 102, 125, 158, 203, 216, 218, 219, 228, 257, 287, 291, 295, 297, 298, 320, 368, 493, 499, 506, 513, 516, 517, 518, 521, 527, 531, 533, 534, 537, 551, 552
Controvérsias - 119, 127, 187, 196, 355, 385, 387, 389, 395, 432, 443, 557
Conversão - 61, 82, 85, 86, 87, 90, 92, 105, 113, 117, 255, 328, 344, 354, 379, 389, 448, 460, 472, 474, 486
Coríntios - 19, 26, 59, 63, 66, 70, 77, 95, 101, 109, 120, 134, 157, 159, 177, 180, 184, 185, 188, 189, 190, 194, 196, 201, 209, 224, 243, 254, 256, 257, 259, 261, 263, 266, 267, 268, 271, 293, 298, 299, 303, 304, 309, 345, 346, 347, 350, 509, 520, 522, 525, 528, 533, 536
Corinto - 21, 95, 97, 103, 120, 122, 148, 165, 179, 185, 188, 196, 225, 235, 243, 249, 258, 259, 260, 261, 262, 263, 266, 267, 271, 301, 302, 304, 309, 318, 330, 362, 381, 408, 493, 528, 533, 539, 545, 553
Cornélio - 255
Corpo de Cristo - 194, 198, 290, 345, 510, 517, 518
Cosmos - 41, 67, 68, 73, 76, 250, 329, 334, 339, 513, 515, 535, 536, 559
Culto - 30, 48, 49, 50, 53, 72, 78, 79, 81, 83, 88, 108, 141, 144, 181, 202, 249, 273, 289, 291, 292, 299, 300, 301, 303, 308, 318, 321, 322, 331, 332, 415, 424, 447, 470, 490, 491, 504, 542, 543, 544, 559, 565
Culto espiritual - 79, 83, 108, 249, 289, 291, 292, 299, 318, 332
Cumprimento da Lei - 385, 414, 444

# D

Damasco - 20, 25, 34, 55, 57, 66, 85, 87, 88, 89, 91, 92, 98, 99, 105, 106, 111, 112, 113, 115, 126, 128, 131, 168, 271, 377, 387, 466, 503, 541
Decreto apostólico - 133, 542
Definição do pecado - 385, 428
Demoníacos - 49
Demônios - 48, 69, 70, 77, 103, 346
Demóstenes - 31
Destino eterno - 199
Deus tudo em todos - 241, 563
Deus vivo e verdadeiro - 49, 167, 169
Dia de cólera - 425
Dia de nosso Senhor Jesus Cristo - 225
Dia do juízo - 102
Dia do justo juízo de Deus - 425
Dia do Senhor - 56, 168, 169, 171, 173, 183, 226, 509, 539
Didaqué - 27, 123, 124, 255
Discípulos galileus - 128
Discurso de missão - 123, 145, 265
Divinização - 189, 190, 380, 488
Dom do espírito - 249
Dualismo - 30, 70, 190, 196, 203, 212, 243, 314, 316, 417, 460, 491, 561
Dualismo antropológico - 30
Dualismo platônico - 203, 314
Dualismo primordial - 70
Duração temporal - 103

# E

Éfeso - 123, 201, 255, 302, 495, 505, 528, 536, 543, 551, 552
Eleição - 41, 42, 50, 52, 75, 81, 222, 273, 339, 416, 538
Eleitos - 75, 81, 148, 170, 181, 234, 253, 338, 406, 539, 556
Embaixador - 109
Ensinamento - 23, 24, 25, 41, 63, 65, 102, 132, 134, 185, 187, 210, 226, 284, 291, 293, 421, 431, 493, 505, 515, 538
Ensinamentos de Jesus - 116
Entre a morte e a parusia - 199

Entronização de Cristo - 101
Epifania - 169, 214
Epignose - 520, 521, 522, 523, 525, 528, 536, 547, 553, 558, 564
Epignose e ágape - 521
Episódio de Damasco - 20, 87, 112
Epístolas do cativeiro - 19, 20, 22, 34, 109, 116, 152, 162, 175, 226, 230, 259, 260, 265, 351, 356, 357, 369, 371, 372, 381, 408, 483, 485, 486, 487, 489, 490, 500, 501, 502, 504, 506, 507, 510, 511, 520, 521, 523, 524, 525, 527, 529, 530, 560
Epoptas - 31
Escatologia - 55, 56, 58, 76, 100, 103, 144, 162, 165, 168, 173, 179, 180, 199, 200, 210, 212, 217, 220, 235, 236, 237, 249, 271, 292, 333, 349, 423, 429, 431, 442, 486, 487, 488, 489, 500, 525, 556, 557, 560
Escravidão - 32, 326, 327, 334, 336, 337, 390, 400, 429, 461, 465, 467, 468, 469, 470, 476, 516, 544
Escritura - 78, 81, 82, 95, 97, 116, 152, 172, 186, 231, 250, 255, 277, 278, 280, 281, 282, 283, 298, 392, 393, 394, 401, 402, 405, 406, 407, 411, 418, 426, 444, 509, 513
Escrituras - 26, 59, 60, 97, 114, 145, 280, 281, 284, 348, 491, 500
Espelho - 268, 269, 270, 277
Esperança - 21, 33, 47, 65, 68, 88, 91, 101, 102, 148, 155, 156, 165, 167, 168, 176, 177, 178, 179, 182, 189, 206, 208, 210, 216, 221, 222, 224, 225, 226, 238, 243, 262, 266, 270, 271, 274, 313, 334, 335, 339, 349, 351, 352, 398, 405, 407, 408, 412, 419, 430, 434, 437, 462, 476, 487, 506, 508, 512, 517, 519, 521, 522, 524, 533, 538, 541, 549, 556, 558, 565
Esperança cristã - 33, 216, 222, 226, 339
Esperança escatológica - 21
Esperança messiânica - 88
Espírito de Deus - 110, 192, 253, 262, 275, 276, 280, 281, 289, 292, 305, 306, 315, 318, 320, 321, 322, 337, 359, 361, 362
Espírito dos filhos - 249, 287, 288, 335, 337
Espírito profético - 51
Espírito Santo - 20, 26, 58, 63, 79, 89, 100, 106, 108, 114, 115, 131, 132, 133, 139, 144, 146, 147, 148, 150, 162, 176, 179, 197, 198, 222, 225, 236, 247, 249, 250, 251, 253, 254, 255, 258, 260, 262, 263, 272, 274, 275, 280, 281, 283, 284, 285, 286, 287, 289, 290, 291, 292, 293, 298, 299, 300, 303, 306, 307, 308, 309, 310, 311, 312, 313, 318, 319, 320, 321, 322, 323, 333, 336, 340, 341, 343, 344, 348, 351, 352, 355, 358, 359, 360, 361, 362, 369, 374, 381, 382, 383, 386, 389, 398, 407, 408, 415, 422, 429, 437, 458, 473, 475, 479, 520, 524, 531, 539, 551, 553, 555, 556, 557, 560, 561, 565
Espirituais - 23, 27, 43, 52, 61, 70, 76, 77, 79, 83, 100, 101, 103, 108, 135, 136, 144, 148, 184, 196, 249, 250, 251, 254, 258, 259, 261, 267, 268, 269, 271, 272, 273, 309, 312, 320, 324, 361, 362, 376, 443, 480, 510, 514, 518, 539, 542, 552
Espiritualismo - 194, 561
Espiritualismo religioso - 561
Essênios - 147, 493, 560
Estêvão - 99, 123, 147, 168, 255, 392, 424
Estilo - 31, 32, 41, 89, 94, 168, 172, 182, 298, 354, 360, 369, 372, 378, 413, 425, 462, 485, 507, 512, 515, 527, 546
Estoicismo - 49, 79, 235, 250, 251, 275, 317, 373, 409, 437, 450, 475, 534
Eternidade - 73, 76, 198, 199, 206, 214, 221, 227, 229, 238, 239, 240, 241, 244, 267, 268, 270, 271, 399, 430, 488, 505, 553, 563
Eu - 192, 193, 194, 202, 203, 209, 211, 212, 316, 322, 354, 375, 451, 456, 466, 563
Eurípides - 450
Eva - 283, 330

Evangelho - 19, 24, 41, 64, 65, 66, 88, 96, 108, 113, 120, 121, 130, 134, 135, 141, 142, 143, 145, 148, 150, 152, 154, 155, 162, 171, 183, 222, 223, 225, 249, 280, 287, 305, 352, 389, 390, 395, 410, 417, 430, 431, 440, 483, 485, 487, 489, 500, 501, 503, 505, 508, 519, 520, 525, 529, 530, 531, 532, 535, 536, 537, 541, 556, 558, 559, 565
Evangelhos - 24, 26, 41, 89, 119, 129, 132, 145, 254, 324, 325, 343, 485, 489, 560
Evolução da mensagem - 139, 151
Exegese - 31, 49, 58, 90, 91, 126, 127, 180, 185, 193, 194, 196, 199, 201, 207, 214, 215, 216, 217, 218, 219, 265, 267, 268, 277, 280, 282, 285, 318, 326, 370, 376, 387, 403, 405, 406, 435, 438, 439, 456, 457, 473, 491, 499
Exortações - 167, 168, 170, 175, 181, 184, 224, 279, 334, 368, 460, 477, 521, 524, 545, 557

# F

Face a face - 241, 244, 269, 270, 271, 336, 381, 563
Farisaísmo - 24, 50, 92, 187, 387, 443, 452, 476, 493
Fatalismo - 469, 470
Fé - 139, 158, 441
Fé e Lei - 441
Filho do homem - 64, 89, 99, 105, 145, 165, 168, 169, 170, 187, 333, 489
Filhos de Deus - 25, 53, 205, 221, 239, 240, 241, 285, 287, 288, 310, 323, 332, 333, 334, 336, 337, 355, 407, 439, 468, 472, 476, 511, 512, 545
Filiação - 22, 78, 229, 236, 249, 266, 274, 333, 335, 336, 339, 461, 468, 511
Filiação atual - 339
Filiação escatológica - 333, 334, 339
Filipos - 122, 238, 254
Filon - 30, 48, 118, 204, 232, 234, 235, 236, 239, 263, 273, 274, 293, 295, 316, 418, 446, 450, 466, 468, 491, 495, 560, 561, 562

Filosofia - 21, 30, 32, 43, 45, 48, 49, 58, 69, 70, 78, 150, 151, 152, 180, 188, 190, 199, 207, 209, 210, 211, 235, 243, 244, 273, 275, 300, 301, 302, 303, 304, 305, 316, 334, 353, 388, 409, 416, 437, 439, 441, 446, 457, 493, 509, 521, 528, 539, 540, 544, 545, 560, 561
Fim do mundo - 55, 75, 100, 101, 165, 179, 180, 200, 347, 486, 487, 495
Frutos do Espírito - 22, 278, 310, 355, 359
Função apostólica - 117
Função sacerdotal - 108

# G

Galácia - 88, 261, 385, 393, 552
Gálatas - 21, 59, 88, 90, 92, 111, 113, 126, 130, 134, 148, 254, 261, 279, 286, 288, 309, 336, 344, 345, 354, 356, 389, 390, 394, 395, 396, 402, 406, 412, 414, 418, 421, 445, 446, 447, 466, 467, 468, 470, 474, 536
Galiléia - 23, 41, 65, 66, 119, 123, 127, 129, 136, 145
Gemidos - 199, 204, 205, 293
Gentios - 23, 24, 27, 32, 39, 41, 47, 51, 53, 66, 76, 77, 78, 79, 80, 81, 82, 84, 85, 87, 89, 90, 93, 94, 95, 97, 98, 107, 108, 109, 111, 112, 113, 115, 116, 123, 130, 131, 135, 141, 222, 231, 279, 293, 325, 351, 352, 377, 379, 390, 391, 409, 415, 419, 422, 466, 500, 503, 505, 508, 525, 530, 535, 547, 548, 559
Glória - 20, 25, 52, 53, 55, 57, 62, 63, 65, 68, 75, 76, 83, 89, 93, 107, 158, 169, 171, 175, 179, 182, 191, 192, 194, 196, 197, 198, 199, 201, 203, 204, 206, 207, 214, 221, 227, 231, 233, 235, 237, 238, 239, 240, 241, 243, 249, 267, 270, 271, 273, 274, 275, 276, 280, 289, 291, 299, 301, 302, 305, 306, 308, 310, 312, 319, 321, 325, 334, 336, 344, 346, 350, 351, 352, 356, 366, 377, 378, 379, 382, 402, 405, 407, 409, 412, 413, 416, 419, 420, 422, 424, 426, 428, 429, 432, 434, 437,

439, 464, 468, 479, 487, 489, 500, 501,
503, 505, 508, 510, 511, 512, 513, 523,
524, 531, 532, 535, 536, 542, 548, 549,
552, 556, 563, 565
Glossolália - 256
Gnose - 54, 162, 189, 255, 257, 261, 266,
267, 284, 300, 304, 393, 409, 417, 469,
486, 488, 490, 493, 497, 512, 515, 516,
520, 521, 522, 525, 528, 533, 553,
564, 566
Gnosticismo - 497, 543
Gnosticismos - 470
Gnósticos - 69, 342
Gregos - 30, 31, 32, 47, 50, 61, 66, 70, 74,
109, 150, 151, 185, 188, 189, 193, 202,
204, 207, 211, 229, 230, 233, 238, 243,
244, 262, 263, 281, 300, 302, 303, 313,
314, 316, 322, 324, 343, 392, 426, 430,
432, 466, 470, 471, 472, 485, 490, 491,
494, 495, 504, 510, 525, 540, 545, 560,
561, 562, 563

## H

Habitação celeste - 199, 203, 204
Habitação do Espírito - 198, 290, 306, 307
Habitação terrestre - 199, 203
Helenistas - 27, 58, 109, 111, 114, 168, 186, 392, 495, 538
Herança - 82, 92, 198, 199, 205, 222, 234, 235, 236, 238, 249, 274, 276, 284, 285, 286, 287, 288, 308, 310, 311, 313, 327, 333, 335, 357, 361, 381, 394, 408, 419, 439, 443, 444, 461, 468, 471, 500, 508, 512, 531, 561, 563
Herança de Deus - 199, 234
Hermetismo - 300, 316, 319, 438, 495
Hinos - 35, 86, 259, 436
História do pecado - 385, 424, 450
História universal - 28
Homem celeste - 193, 239, 357, 426
Homem interior - 196, 198, 199, 202, 203, 204, 206, 207, 212, 307, 320, 356, 357, 358, 421, 451, 459, 513, 522
Homem livre - 84, 326, 327, 357

Homem novo - 203, 252, 283, 312, 320, 321, 357
Humanismo - 180

## I

Idolatria - 21, 42, 44, 45, 46, 49, 69, 70, 151, 169, 222, 262, 279, 301, 303, 345, 424, 425, 426, 441, 447, 462, 475, 563
Ignorância das potências - 69
Igreja - 22, 23, 24, 25, 26, 27, 52, 56, 60, 63, 64, 66, 67, 71, 77, 79, 80, 81, 82, 85, 88, 92, 95, 100, 101, 102, 103, 106, 110, 111, 114, 115, 116, 117, 119, 120, 121, 122, 124, 125, 128, 130, 131, 132, 133, 134, 135, 136, 137, 152, 153, 154, 157, 159, 167, 175, 187, 188, 196, 221, 226, 228, 237, 240, 257, 258, 259, 278, 284, 291, 298, 303, 329, 330, 340, 348, 351, 355, 376, 381, 387, 391, 415, 421, 479, 488, 494, 495, 502, 503, 506, 513, 514, 517, 518, 527, 528, 532, 533, 535, 536, 539, 541, 542, 547, 548, 549, 552, 555, 556, 559, 565
Iluminação - 20, 377, 378, 466, 497, 509, 512, 524, 551, 553
Imagem - 21, 25, 30, 77, 93, 109, 157, 176, 192, 193, 196, 197, 203, 205, 207, 212, 239, 241, 268, 269, 276, 277, 287, 288, 290, 295, 312, 320, 321, 330, 334, 335, 338, 339, 342, 353, 356, 357, 365, 378, 379, 399, 402, 421, 424, 426, 445, 467, 477, 479, 509, 511, 513, 515, 517, 518, 521, 564
Imanência do Espírito - 249, 313, 319
Imitação - 67, 95, 154, 323, 324, 325, 326, 381
Imortalidade - 165, 172, 186, 191, 192, 193, 211, 212, 213, 219, 233, 243, 301, 317, 320, 425, 428, 561
Imperativos e subjuntivos - 477
Império - 146, 329, 503, 542, 555
Inácio de Antioquia - 380, 486, 495, 503, 505, 514, 537
Incorruptibilidade - 68, 172, 191, 192, 194, 212, 219, 235, 320, 334

Incredulidade dos judeus - 82, 84, 112
Indicativos - 459, 460, 476
Indicativos e dos imperativos - 460
Iniciação - 91, 224, 256, 342, 409, 485, 491, 492, 495, 504, 507, 509, 524, 544, 564
Iniciação dos pagãos - 485, 504, 524
Instituição mosaica - 50, 51, 54
Instituições - 43, 48, 101, 102, 103, 136, 152, 258, 443, 496, 562
Intelectualismo - 21, 192, 249, 263, 303, 304
Intelectualismo grego - 21, 192, 263
Inteligência. *Consulte* Consulte
Irmãos do Senhor - 66, 120, 125, 126, 128, 131
Isaac - 52, 60, 283, 286, 288, 440, 462
Israel - 29, 41, 47, 51, 52, 63, 78, 80, 81, 82, 83, 86, 87, 92, 93, 95, 100, 104, 107, 136, 144, 221, 235, 250, 263, 272, 277, 293, 321, 345, 401, 425, 436, 446, 461, 462, 495, 501, 542, 552, 559
Israel de Deus - 41, 52, 80, 82, 83, 86, 462, 542, 559

## J

Jacó - 93, 283, 286, 462
Jeremias - 89, 114, 263, 272, 373, 528
Jerusalém - 19, 26, 27, 30, 31, 52, 60, 66, 88, 89, 107, 110, 111, 112, 113, 119, 120, 121, 122, 124, 127, 128, 130, 131, 132, 134, 135, 149, 167, 175, 181, 187, 194, 254, 255, 288, 290, 331, 340, 385, 389, 390, 391, 393, 414, 461, 467, 468, 489, 500, 501, 502, 513, 535, 539, 541, 542, 552, 559
Jerusalém celeste - 288, 461, 468, 501, 513
Jesus Cristo - 25, 41, 59, 88, 95, 108, 134, 173, 182, 183, 192, 223, 229, 240, 251, 266, 305, 312, 313, 329, 331, 333, 334, 335, 343, 344, 350, 354, 368, 369, 370, 373, 377, 398, 408, 414, 416, 420, 425, 427, 437, 451, 470, 472, 508, 511, 524, 529, 530

Jesus de Nazaré - 23, 25
João Batista - 23, 100, 102, 104, 158, 262
Judaísmo - 22, 28, 29, 30, 31, 43, 44, 47, 48, 49, 50, 52, 58, 60, 61, 68, 69, 72, 73, 77, 79, 80, 82, 86, 88, 92, 104, 106, 113, 114, 118, 120, 143, 144, 145, 147, 150, 151, 155, 162, 168, 179, 186, 187, 202, 209, 211, 212, 216, 218, 221, 222, 226, 227, 232, 233, 234, 235, 239, 249, 250, 251, 253, 255, 261, 269, 272, 273, 278, 280, 288, 289, 291, 292, 300, 301, 317, 321, 346, 354, 359, 361, 366, 373, 374, 387, 388, 389, 391, 392, 394, 398, 402, 413, 416, 418, 425, 426, 441, 443, 444, 446, 447, 450, 453, 454, 467, 472, 476, 479, 480, 491, 492, 497, 525, 538, 542, 543, 548, 549, 550, 552, 559, 560, 562, 563
Judaísmo e do helenismo - 28, 168
Judas Matias - 147
Judeu-cristãos - 19, 24, 28, 54, 88, 113, 120, 131, 157, 299, 391, 393, 395, 414, 421, 501, 502
Judeu-heleno - 47
Judeus da Ásia - 490, 494, 564
Juízo final - 199, 213, 215, 220, 403, 412, 435, 457
Julgamento segundo as obras - 199, 222, 223
Júnias - 121
Justiça - 51, 60, 75, 80, 84, 105, 132, 145, 151, 156, 157, 171, 173, 181, 197, 222, 237, 275, 276, 277, 279, 282, 283, 285, 292, 318, 344, 356, 357, 359, 360, 368, 374, 375, 385, 387, 388, 389, 392, 394, 395, 396, 397, 398, 399, 400, 401, 402, 403, 404, 405, 407, 408, 409, 410, 411, 412, 413, 414, 415, 416, 417, 418, 419, 420, 421, 422, 423, 425, 426, 427, 429, 430, 431, 432, 433, 434, 435, 436, 437, 438, 439, 440, 441, 442, 443, 444, 447, 448, 451, 452, 453, 454, 455, 458, 459, 463, 464, 468, 469, 472, 475, 476, 479, 480, 496, 508, 540, 557, 558, 560, 563
Justiça de Deus - 84, 151, 156, 157, 197,

278, 282, 385, 388, 394, 397, 398, 399,
400, 402, 409, 410, 411, 415, 416, 417,
418, 420, 422, 423, 426, 429, 430, 431,
432, 433, 435, 437, 438, 440, 442, 455,
463, 476, 479, 480, 540, 558, 563
Justiça distributiva - 417
Justificação - 60, 62, 81, 157, 181, 225, 230,
250, 278, 279, 283, 339, 344, 354, 366,
385, 387, 388, 389, 392, 394, 395, 397,
403, 404, 405, 406, 407, 408, 409, 410,
411, 412, 413, 414, 415, 417, 418, 419,
420, 422, 426, 427, 433, 434, 435, 436,
437, 438, 439, 440, 441, 442, 454, 548,
557, 558, 560

## K

Kenose - 25
Kyrios - 65, 324, 329, 358

## L

Lei - 22, 24, 27, 49, 50, 51, 53, 54, 60, 61,
62, 69, 71, 74, 76, 78, 80, 83, 84, 87,
88, 103, 111, 120, 151, 152, 155, 156,
223, 231, 273, 277, 278, 279, 280, 281,
282, 285, 288, 305, 307, 328, 331, 336,
345, 347, 354, 373, 375, 379, 385, 387,
390, 391, 392, 393, 394, 395, 396, 397,
398, 399, 400, 401, 402, 403, 405, 406,
407, 408, 411, 412, 413, 414, 415, 416,
418, 419, 420, 421, 422, 426, 427, 428,
429, 433, 434, 436, 441, 442, 443, 444,
445, 446, 447, 448, 449, 450, 451, 452,
453, 454, 455, 457, 458, 459, 461, 462,
463, 464, 466, 467, 468, 469, 470, 471,
472, 473, 474, 476, 479, 480, 495, 514,
529, 540, 541, 542, 549, 552, 557, 558,
559, 560, 563
Letra-espírito - 281
Liberdade - 22, 30, 34, 48, 50, 51, 52, 80,
90, 111, 154, 158, 176, 180, 225, 239,
261, 263, 264, 273, 279, 285, 286, 288,
326, 329, 334, 338, 339, 385, 387, 389,
390, 416, 421, 448, 460, 461, 464, 465,
466, 467, 468, 469, 470, 471, 472, 474,
476, 480, 518, 541, 548, 559, 560

Línguas - 105, 255, 256, 257, 258, 259,
260, 267, 269, 309, 314, 318, 373, 374,
376, 381, 553, 562
Liturgia - 25, 27, 63, 77, 101, 108, 150,
258, 259, 292, 328, 331, 332, 352, 376,
449, 492, 512
Livro de Daniel - 73, 75, 105, 145, 146,
168, 169, 181, 186, 218, 333, 347, 431,
489, 496, 501
Loucura da cruz - 304
Lucas - 24, 26, 27, 30, 92, 96, 97, 98, 107,
112, 114, 119, 120, 123, 126, 128, 129,
141, 145, 189, 193, 255, 257, 284, 285,
343, 395, 403, 489
Luz das nações - 96, 98, 504

## M

Marcionismo - 54
Mártir - 505
Matrimônio - 64, 284, 293, 298, 330, 331,
421, 513, 533, 534
Mediador - 53, 109, 229, 419, 445, 447,
453, 524
Mensagem - 19, 20, 21, 23, 25, 26, 28,
32, 39, 41, 46, 51, 56, 57, 59, 60, 65,
66, 68, 74, 78, 80, 81, 85, 88, 96, 101,
102, 103, 105, 107, 117, 124, 132,
134, 136, 137, 139, 140, 141, 143,
144, 146, 147, 148, 149, 150, 151,
152, 153, 154, 155, 157, 158, 159,
161, 162, 167, 171, 175, 180, 188,
189, 219, 221, 222, 243, 253, 262,
264, 273, 284, 302, 304, 305, 311,
339, 340, 343, 344, 346, 352, 353,
372, 378, 379, 388, 394, 402, 405,
416, 423, 426, 429, 430, 431, 437,
438, 439, 440, 441, 442, 457, 477,
480, 483, 485, 498, 500, 506, 518,
521, 528, 529, 530, 531, 537, 538,
539, 540, 545, 546, 551, 555, 556,
558, 559, 564, 566
Mensagem da cruz - 21, 151, 416, 441
Mensagem e Espírito Santo - 139
Mensagem e perseguições - 139, 144
Messianismo apocalíptico - 105

Messianismo real - 173
Messias - 56, 60, 61, 63, 88, 101, 110, 173, 174, 187, 325, 538
Método - 20, 84, 113, 115, 272, 280, 283, 396, 467, 483, 527, 557
Metonímias - 372
Milenarismo - 58, 213, 214
Misericórdia - 52, 64, 79, 80, 82, 84, 222, 227, 260, 279, 291, 301, 325, 332, 333, 368, 397, 398, 401, 405, 408, 423, 425, 429, 433, 435, 442, 453, 501, 521, 541
Missão - 23, 24, 39, 41, 43, 49, 50, 53, 72, 89, 90, 91, 92, 93, 94, 95, 98, 99, 102, 103, 106, 107, 109, 110, 111, 112, 114, 115, 119, 122, 123, 124, 126, 127, 129, 130, 131, 134, 135, 136, 140, 143, 144, 145, 146, 150, 151, 153, 158, 176, 187, 221, 228, 231, 240, 264, 325, 326, 352, 354, 362, 378, 387, 388, 391, 392, 444, 466, 489, 504, 508, 516, 564
Missão apostólica - 117
Missionário escatológico - 85, 98
Missionários - 23, 66, 102, 115, 119, 120, 121, 122, 123, 127, 129, 130, 141, 391
Mistério do reino dos céus - 489, 519
Mistérios - 49, 79, 109, 144, 162, 167, 230, 250, 258, 267, 275, 276, 280, 310, 321, 322, 351, 365, 465, 485, 486, 489, 490, 491, 492, 493, 494, 495, 500, 501, 504, 505, 507, 509, 512, 515, 523, 525, 543, 544, 545
Mistérios (os segredos) do reino dos céus - 489
Mística - 29, 62, 77, 91, 106, 202, 236, 266, 267, 323, 324, 340, 349, 352, 354, 358, 361, 363, 364, 365, 366, 367, 368, 369, 370, 371, 373, 374, 375, 376, 377, 378, 381, 382, 383, 466, 470, 485, 490, 494, 516, 523, 524, 533, 560
Mística da Paixão - 352
Mística de Cristo - 323, 358, 363
Mística escatológica - 365
Mística ontológica - 366, 369, 371, 375
Mística paulina - 91, 323, 358, 363, 365, 367, 368, 375, 523

Místicas - 21, 364, 374, 376, 380, 493, 524
Monoteísmo - 44, 49, 53, 54, 151, 229, 240, 263, 278, 304, 361, 415, 425, 538, 539, 542, 562
Montanismo - 472
Moral - 21, 50, 53, 61, 63, 151, 157, 183, 223, 225, 293, 307, 310, 327, 366, 375, 420, 421, 422, 425, 428, 446, 447, 475, 477, 493, 496, 510, 521, 542
Morte - 21, 22, 23, 25, 26, 32, 41, 46, 54, 56, 57, 59, 60, 61, 62, 63, 65, 66, 68, 71, 74, 76, 80, 95, 100, 117, 122, 146, 150, 152, 153, 158, 159, 161, 162, 171, 172, 174, 176, 177, 188, 195, 197, 198, 199, 201, 205, 206, 208, 209, 210, 211, 212, 214, 217, 218, 219, 223, 228, 231, 232, 240, 243, 259, 275, 276, 281, 283, 301, 305, 325, 326, 328, 331, 332, 340, 342, 343, 346, 347, 349, 350, 352, 353, 356, 358, 359, 377, 383, 388, 393, 399, 413, 414, 416, 417, 419, 420, 421, 426, 427, 428, 429, 430, 432, 434, 437, 438, 439, 440, 441, 447, 449, 451, 453, 454, 455, 469, 473, 474, 479, 487, 493, 505, 506, 529, 536, 539, 540, 550, 555, 556, 557, 559, 561, 562, 565
Morte de Cristo - 22, 41, 59, 60, 61, 62, 71, 80, 100, 146, 153, 159, 161, 342, 343, 349, 353, 419, 421, 429, 432, 437, 438, 439, 453, 474, 493, 505, 506
Morte e ressurreição - 21, 23, 54, 60, 62, 63, 76, 162, 358, 383, 550, 555, 560
Mundo - 19, 22, 23, 26, 28, 32, 41, 42, 43, 44, 46, 47, 49, 50, 51, 53, 54, 56, 58, 61, 67, 68, 69, 70, 71, 72, 73, 74, 75, 76, 77, 78, 79, 80, 82, 88, 95, 97, 100, 101, 102, 103, 105, 107, 110, 111, 113, 114, 115, 117, 118, 119, 131, 144, 149, 150, 151, 152, 158, 161, 167, 174, 175, 176, 179, 180, 188, 191, 210, 219, 230, 231, 232, 235, 236, 237, 247, 249, 251, 252, 253, 255, 257, 261, 265, 266, 267, 272, 275, 281, 285, 291, 299, 301, 302, 316, 321, 322, 326, 328, 329, 332, 334, 336, 338, 342, 345, 346, 348, 353, 359,

365, 366, 370, 374, 377, 380, 389, 391, 393, 409, 415, 417, 423, 426, 427, 428, 429, 432, 437, 446, 451, 458, 461, 462, 464, 465, 466, 469, 471, 477, 479, 486, 488, 490, 491, 493, 496, 497, 502, 503, 505, 507, 514, 515, 516, 518, 523, 539, 542, 544, 548, 549, 552, 555, 556, 562, 563, 564, 565
Mundo celeste - 22, 191, 286
Mundo grego - 23, 26, 118, 188, 231, 247, 249, 255, 272, 301, 316, 326, 353, 359, 426, 466, 488, 490, 491
Mundo helênico - 19
Mundo material - 41, 67, 74, 100
Mundo novo - 26, 77, 334, 555, 556
Mundo presente - 74, 77, 179, 231, 329, 366, 429, 486, 488
Mundo vindouro - 144, 329

# N

Nabucodonosor - 86, 146
Nestle - 223, 372, 492

# O

Obstáculo - 19, 178, 212, 264, 424, 454
Oração - 109, 256, 257, 287, 318, 335, 382, 477, 487, 508, 511, 512, 519, 520, 521, 524, 545, 546, 547, 550
Oráculos - 51, 77, 81, 83, 99, 105, 249, 250, 277, 278, 281, 282, 284, 285, 288, 299, 565
Ordem cristã - 41, 67, 76, 77, 339
Ordem da criação - 41, 42, 45, 46, 76, 268
Os grandes apóstolos - 120, 121, 499
Ovídio - 450

# P

Paciência - 147, 179, 310, 348, 371, 409, 437
Paganismo - 27, 41, 43, 46, 47, 48, 69, 72, 77, 100, 114, 151, 167, 183, 229, 250, 263, 266, 267, 269, 301, 345, 346, 391, 392, 394, 408, 416, 417, 421, 424, 425, 446, 452, 453, 459, 467, 472, 473, 474, 475, 476, 479, 480, 491, 540, 548, 564
Pagãos - 25, 45, 46, 47, 49, 53, 61, 70, 72, 78, 79, 80, 81, 82, 83, 84, 85, 86, 92, 100, 103, 106, 107, 109, 110, 111, 112, 115, 116, 120, 131, 144, 147, 151, 168, 169, 233, 262, 277, 278, 285, 298, 300, 324, 329, 345, 352, 380, 388, 389, 391, 392, 393, 401, 403, 405, 406, 407, 411, 416, 417, 418, 421, 424, 425, 435, 441, 447, 460, 462, 463, 467, 469, 473, 474, 485, 498, 500, 502, 503, 504, 510, 516, 523, 525, 532, 539, 541, 549, 552
Pagãos e judeus - 447, 462
Paixão - 25, 71, 105, 323, 340, 347, 348, 349, 358, 383
Paixão de Cristo - 105, 323, 347
Palavra - 31, 73, 75, 79, 88, 119, 123, 129, 141, 142, 143, 148, 149, 154, 155, 172, 182, 186, 190, 193, 198, 203, 228, 231, 232, 251, 254, 258, 259, 280, 286, 295, 306, 309, 312, 314, 316, 317, 319, 320, 324, 330, 331, 335, 336, 340, 348, 352, 358, 360, 365, 367, 372, 375, 396, 397, 404, 413, 426, 429, 431, 440, 441, 444, 449, 468, 475, 486, 487, 488, 494, 503, 504, 505, 509, 518, 519, 525, 528, 542, 548, 562, 563
Parábola - 24, 86, 93, 171, 458
Paraíso - 199, 209, 234, 239, 314, 428, 449, 563
Participação nos sofrimentos de Cristo - 340
Parusia - 20, 21, 26, 27, 33, 42, 54, 55, 56, 59, 61, 65, 68, 71, 72, 75, 76, 78, 89, 99, 101, 102, 103, 153, 165, 167, 168, 169, 170, 171, 172, 173, 174, 177, 178, 179, 180, 181, 182, 183, 184, 185, 187, 188, 189, 192, 194, 198, 199, 200, 201, 205, 206, 207, 208, 209, 210, 212, 213, 214, 215, 216, 217, 218, 219, 220, 221, 222, 223, 225, 226, 227, 228, 230, 231, 234, 237, 238, 240, 243, 266, 267, 305, 308, 319, 330, 334, 377, 435, 487, 500, 501, 513, 524, 531,

533, 538, 539, 540, 541, 556, 557, 559, 562
Parusia do Cristo - 20, 214, 243, 524, 538, 539
Patriarcas - 47, 50, 52, 82, 86, 110, 273, 299, 462
Paulo, apóstolo - 525
Paz - 42, 76, 109, 146, 148, 173, 182, 233, 237, 296, 310, 331, 374, 398, 405, 419, 434, 436, 437, 475, 517, 522, 549
Pecado - 21, 41, 42, 45, 46, 57, 60, 61, 73, 74, 87, 151, 159, 195, 215, 219, 275, 279, 281, 282, 283, 292, 305, 318, 328, 340, 341, 342, 343, 355, 356, 358, 360, 385, 392, 400, 401, 403, 411, 415, 417, 418, 420, 421, 423, 425, 426, 427, 428, 429, 431, 432, 434, 438, 440, 441, 442, 444, 448, 449, 450, 451, 452, 454, 455, 456, 457, 458, 459, 462, 468, 469, 473, 479, 487, 496, 529, 540, 557, 560, 563, 565
Pecado original - 42, 45, 426, 428, 441, 563
Penhor - 102, 109, 144, 187, 197, 205, 211, 224, 235, 249, 266, 285, 286, 287, 290, 306, 308, 311, 353, 408, 412, 419, 429
Pentecostes - 26, 133, 256, 285, 341, 343, 489
Permanência junto do Senhor - 199, 206
Perseguições - 92, 101, 139, 144, 145, 146, 147, 171, 177, 179, 186, 222, 330, 347, 348, 351, 352, 437, 489, 539
Pessoas divinas - 252, 361
Plano do Pai - 323
Plantação - 368, 517, 521
Platão - 31, 180, 189, 202, 207, 257, 316, 422, 451, 509
Plenitude - 74, 81, 133, 183, 206, 236, 271, 336, 355, 373, 427, 434, 443, 502, 510, 516, 519, 522, 545, 546, 547
Pneumatismo - 250
Povo eleito - 52, 83, 84, 86, 173, 221, 226, 273, 274, 288, 292, 430, 443, 461, 498, 501
Povo novo - 83, 157, 565

Praxe cristã - 309
Predestinação - 222, 339, 422, 511, 515, 521, 531, 545
Preposições - 171, 360, 369, 370, 371, 373, 406, 411, 518
Primícias - 55, 102, 172, 185, 197, 204, 205, 214, 216, 217, 218, 249, 266, 275, 285, 286, 308, 311, 335, 344, 356, 407, 412, 420, 422, 426, 439, 444, 498
Primogênito dentre os mortos - 55
Principado - 174, 218, 514
Principados - 70, 71, 72, 174, 175, 231, 380, 493, 506, 513, 514, 544
Privilégio de Paulo - 485, 503
Privilégios do judaísmo - 53, 321
Profecia cristã - 105, 262, 264
Profeta apocalíptico - 85, 104
Profetas - 24, 51, 60, 77, 79, 82, 89, 91, 92, 93, 94, 95, 97, 99, 100, 104, 105, 107, 110, 114, 123, 124, 136, 151, 153, 221, 250, 251, 255, 258, 259, 261, 262, 263, 264, 265, 269, 280, 282, 288, 291, 317, 347, 418, 424, 425, 495, 498, 499, 500, 501, 502, 516, 542, 547, 549, 552
Profetas do Antigo Testamento - 89, 264, 265, 269, 280
Progresso - 19, 58, 93, 95, 109, 177, 209, 289, 301, 305, 516, 519, 521, 527, 551
Promessa - 47, 285, 286
Propaganda - 47, 120, 125, 139, 143, 150, 151, 180, 252, 393, 476, 538

**Q**

Queda - 45, 49, 70, 305, 427, 429, 449, 563

**R**

Raça nova - 272
Recompensas - 224
Regências gramaticais - 369
Reino de Cristo - 144, 213, 214, 229, 247, 329
Reino de Deus - 60, 61, 63, 67, 78, 99, 100, 101, 102, 144, 145, 146, 147, 150, 187, 189, 191, 197, 199, 213, 235, 237,

286, 330, 331, 348, 374, 398, 430, 437, 476, 563
Reino do pecado - 41, 42
Reis da terra - 55, 145, 333
Ressurreição - 20, 21, 22, 26, 27, 32, 41, 42, 46, 51, 52, 53, 54, 55, 56, 57, 58, 59, 60, 61, 62, 65, 66, 68, 72, 74, 76, 79, 82, 99, 100, 101, 105, 117, 119, 123, 126, 127, 128, 131, 132, 134, 143, 144, 149, 150, 153, 156, 159, 161, 162, 165, 167, 168, 170, 172, 173, 175, 177, 178, 185, 186, 187, 188, 189, 191, 192, 193, 194, 195, 196, 197, 198, 199, 201, 204, 205, 206, 207, 208, 209, 210, 211, 212, 213, 214, 215, 216, 217, 218, 219, 220, 223, 228, 232, 233, 234, 237, 238, 240, 241, 243, 244, 250, 255, 259, 264, 266, 274, 283, 284, 305, 307, 308, 311, 314, 317, 320, 322, 332, 333, 334, 336, 339, 340, 342, 344, 347, 349, 350, 353, 355, 356, 357, 358, 359, 360, 361, 364, 366, 367, 377, 388, 403, 409, 413, 416, 417, 420, 421, 426, 430, 435, 438, 439, 440, 441, 442, 452, 459, 463, 479, 487, 489, 499, 508, 527, 529, 533, 535, 536, 538, 539, 540, 547, 548, 555, 556, 557, 559, 560, 563, 565
Ressurreição corporal - 21, 185, 187, 189, 195, 215, 243, 563
Ressurreição de Cristo - 21, 26, 32, 41, 46, 54, 55, 56, 57, 58, 59, 60, 61, 66, 72, 74, 76, 105, 117, 134, 143, 144, 156, 159, 161, 162, 167, 168, 172, 177, 186, 188, 194, 195, 197, 202, 214, 216, 217, 220, 243, 255, 274, 283, 284, 353, 388, 414, 421, 426, 439, 440, 441, 442, 452, 479, 555, 556, 557
Ressurreição dos cristãos - 57, 172, 185, 195, 214, 215, 219, 220
Ressurreição dos mortos - 20, 55, 56, 57, 58, 82, 101, 165, 170, 185, 188, 189, 195, 199, 214, 215, 216, 217, 218, 219, 220, 228, 232, 243, 349, 357, 565
Ressurreição espiritual - 185, 188
Resto - 81, 217, 218

Revelação - 20, 30, 41, 42, 44, 46, 49, 54, 65, 66, 71, 72, 80, 81, 85, 88, 109, 110, 112, 113, 115, 116, 132, 134, 152, 172, 187, 207, 222, 223, 227, 236, 244, 251, 256, 258, 259, 263, 266, 269, 274, 278, 282, 283, 300, 302, 304, 323, 334, 344, 362, 385, 389, 409, 415, 417, 423, 431, 436, 438, 443, 472, 485, 486, 488, 489, 492, 494, 495, 497, 498, 499, 500, 501, 504, 507, 508, 509, 510, 512, 514, 515, 516, 517, 519, 520, 524, 525, 529, 530, 534, 541, 544, 545, 546, 547, 551, 552, 553, 555, 558, 559, 563, 564, 565
Revelação dos mistérios - 258
Revelador - 30, 67, 109, 192, 249, 280, 284, 503, 505, 512, 519, 523, 544, 547
Roma - 54, 77, 85, 90, 115, 133, 165, 261, 302, 347, 423, 434, 464, 491, 543, 552, 555

## S

Sabedoria - 21, 48, 70, 73, 75, 151, 207, 226, 232, 249, 253, 257, 258, 261, 269, 275, 280, 284, 300, 301, 302, 303, 304, 309, 321, 322, 355, 381, 422, 431, 488, 497, 507, 508, 510, 512, 514, 516, 519, 520, 523, 524, 525, 529, 530, 536, 539, 541, 545, 546, 547, 551, 552, 553, 561, 566
Sacerdócio - 108, 249, 289, 291, 298, 299
Sacerdócio espiritual - 108
Sacramentos - 83, 139, 158, 159, 162, 365, 376, 382, 506, 523, 556, 558
Sacrifícios - 24, 70, 103, 108, 249, 273, 289, 291, 301, 332, 345, 347, 443, 446, 467
Salvação - 20, 32, 39, 41, 45, 52, 61, 62, 65, 71, 74, 75, 79, 80, 81, 82, 84, 87, 93, 94, 95, 96, 98, 99, 107, 109, 110, 115, 116, 117, 132, 134, 140, 143, 147, 150, 151, 153, 154, 155, 156, 158, 161, 162, 165, 167, 177, 178, 179, 182, 183, 184, 197, 199, 212, 220, 221, 222, 225, 226, 227, 228, 230, 231, 233, 249, 253, 259, 287, 292, 293, 301, 303, 335, 338,

339, 340, 344, 350, 353, 383, 387, 391, 394, 405, 407, 410, 411, 415, 416, 417, 419, 422, 423, 425, 430, 433, 436, 439, 440, 442, 443, 464, 465, 466, 477, 483, 485, 487, 494, 497, 501, 502, 503, 507, 508, 515, 516, 519, 523, 524, 529, 531, 538, 539, 540, 545, 547, 548, 552, 555, 556, 564, 565
Santidade - 20, 69, 102, 167, 170, 181, 182, 224, 225, 237, 249, 289, 290, 292, 293, 294, 298, 299, 301, 311, 312, 318, 357, 358, 396, 400, 401, 431, 436, 460, 468, 511, 516
Santos - 26, 50, 102, 105, 110, 135, 176, 181, 182, 188, 209, 235, 238, 293, 313, 331, 333, 340, 391, 452, 460, 476, 498, 499, 500, 501, 502, 503, 508, 510, 512, 514, 522, 531, 539, 547, 549
Sara - 51, 283, 285, 468
Satanás - 92, 146, 175
Século cristão - 42, 72, 74
Século futuro - 72, 199, 231, 232
Segredos - 69, 269, 300, 304, 380, 381, 382, 431, 436, 485, 489, 496, 501, 502, 509, 545, 553, 565
Selo - 155, 196, 208, 220, 222, 249, 266, 285, 286, 287, 308, 450, 531
Senhor - 20, 21, 25, 41, 62, 64, 65, 66, 95, 96, 97, 101, 112, 121, 123, 127, 130, 131, 132, 133, 142, 148, 155, 159, 167, 170, 171, 172, 173, 176, 178, 182, 183, 192, 195, 198, 205, 206, 207, 208, 210, 211, 213, 223, 225, 227, 229, 233, 238, 240, 241, 243, 251, 258, 264, 266, 269, 277, 280, 291, 305, 308, 311, 312, 313, 318, 323, 324, 326, 327, 328, 329, 330, 331, 332, 333, 334, 335, 339, 343, 346, 347, 348, 350, 353, 354, 359, 361, 362, 364, 368, 369, 370, 371, 372, 377, 378, 379, 380, 383, 401, 408, 412, 413, 427, 434, 437, 441, 442, 451, 452, 460, 464, 468, 470, 472, 479, 499, 500, 508, 509, 516, 518, 524, 528, 531, 539, 549, 557, 563
Senhorio - 55, 57, 150, 237

Ser cristão - 323, 356, 366, 367, 374, 565
Servo de Deus - 78, 85, 94, 96, 97, 98, 99, 259, 351, 352, 504
Setenta e dois discípulos - 123
Silvano - 121
Simbólica - 346, 513, 514, 541
Símbolos - 51, 77, 169, 170, 244, 269
Sincretismo da Ásia - 495
Sínteses paulinas - 557
Soberania - 56, 146, 329, 331, 361, 559
Sócrates - 207, 208, 302, 450
Sofista - 31, 147
Sofrimentos - 60, 75, 95, 146, 177, 204, 208, 251, 334, 340, 348, 349, 350, 351, 352, 353, 355, 403, 504, 505, 506, 508, 550
Sucessão - 73, 130, 137, 155, 181, 218, 338, 459, 496, 563

# T

Tarso - 21, 27, 31, 330
Templo espiritual - 289, 297
Tempo cristão - 42, 74, 76, 77, 78, 175, 433, 438, 488, 497, 557
Tempo presente - 32, 74, 75, 101, 167, 183, 204, 267, 280, 334, 404, 410, 488, 512, 513
Tempos - 42, 51, 56, 68, 71, 74, 75, 82, 86, 93, 94, 95, 99, 100, 105, 110, 125, 144, 168, 172, 173, 176, 177, 184, 185, 199, 218, 219, 220, 231, 247, 266, 278, 280, 282, 285, 288, 336, 352, 423, 425, 427, 430, 436, 443, 445, 486, 488, 495, 499, 514, 531, 539, 545, 546
Tentação - 62, 70, 145, 283, 321, 368, 449, 491, 539, 557, 563
Teologia - 22, 527, 555, 559
Terceiro céu - 199, 234, 380, 563
Tessalonica - 56, 169, 178, 180, 243, 254, 305, 334, 348, 413, 538, 539
Testamento - 30, 77, 79, 81, 90, 95, 105, 129, 142, 156, 157, 193, 201, 218, 230, 233, 257, 258, 261, 262, 269, 270, 271, 274, 276, 278, 280, 284, 295, 299, 324,

325, 340, 369, 370, 399, 404, 465, 473, 499, 500, 523, 560
Testemunhas da ressurreição - 149, 499, 535
Tiago - 27, 28, 66, 121, 125, 127, 128, 130, 132, 389, 391, 535, 541, 542, 552, 559
Timóteo - 121
Tipos - 282
Tradição - 19, 25, 28, 32, 44, 56, 60, 62, 63, 64, 65, 66, 79, 102, 106, 119, 125, 126, 129, 131, 132, 134, 137, 139, 145, 149, 150, 152, 154, 158, 169, 173, 176, 188, 192, 194, 213, 215, 216, 236, 249, 251, 254, 255, 264, 265, 284, 293, 303, 333, 343, 346, 348, 362, 376, 438, 475, 492, 494, 529, 537
Transformação - 187, 192, 194, 199, 202, 204, 207, 243, 277, 312, 320, 322, 353, 356, 378, 435, 437, 442, 533
Tribulação - 60, 105, 144, 145, 146, 148, 167, 176, 177, 178, 179, 180, 184, 203, 227, 238, 339, 348, 351, 356, 539
Tribulação escatológica - 176
Tricotomia - 319

## U

Unção - 266, 287
Unidade - 28, 61, 77, 82, 83, 84, 134, 135, 157, 229, 263, 267, 279, 291, 296, 334, 358, 361, 366, 392, 407, 462, 473, 479, 510, 517, 518, 527, 534, 535, 536, 541, 542, 547, 559, 562, 564
Universalismo - 79

## V

Vida - 19, 20, 21, 22, 24, 25, 26, 27, 33, 34, 44, 45, 49, 57, 58, 60, 62, 63, 65, 66, 67, 73, 74, 75, 80, 95, 97, 102, 105, 108, 113, 114, 116, 119, 128, 131, 132, 135, 136, 139, 144, 152, 153, 155, 156, 157, 159, 161, 162, 170, 172, 177, 178, 179, 180, 181, 183, 185, 186, 189, 190, 191, 193, 194, 195, 196, 197, 198, 199, 201, 203, 204, 205, 207, 208, 210, 212, 215, 216, 219, 220, 223, 224, 225, 228, 231, 232, 233, 235, 236, 237, 239, 247, 249, 253, 254, 266, 268, 269, 270, 274, 275, 276, 278, 281, 283, 287, 289, 291, 292, 293, 296, 298, 307, 308, 309, 310, 311, 312, 313, 314, 315, 316, 317, 318, 319, 323, 324, 325, 326, 328, 329, 331, 332, 335, 339, 340, 341, 342, 343, 344, 347, 350, 352, 353, 354, 355, 356, 358, 359, 360, 361, 366, 367, 372, 373, 374, 375, 376, 377, 379, 381, 382, 383, 385, 388, 389, 392, 397, 398, 399, 400, 401, 403, 404, 405, 406, 407, 408, 412, 413, 415, 419, 420, 421, 422, 426, 427, 428, 429, 433, 434, 437, 438, 439, 442, 447, 449, 452, 453, 454, 455, 456, 459, 460, 466, 467, 468, 469, 471, 472, 473, 474, 475, 476, 477, 479, 480, 486, 487, 488, 503, 507, 510, 516, 519, 522, 523, 524, 525, 533, 539, 540, 547, 548, 552, 553, 555, 557, 558, 560, 561, 562, 563, 564, 565
Vida apostólica - 114, 177, 201, 347, 350
Vida cristã - 20, 22, 108, 139, 153, 155, 156, 157, 159, 162, 177, 183, 185, 186, 195, 196, 202, 224, 249, 253, 266, 268, 274, 275, 287, 291, 292, 308, 331, 332, 339, 354, 355, 361, 366, 367, 375, 377, 379, 389, 404, 419, 422, 434, 472, 476, 507, 510, 523, 525, 539, 553, 558
Vida eterna - 45, 75, 115, 170, 191, 197, 199, 220, 232, 233, 235, 239, 356, 398, 399, 400, 401, 408, 420, 421, 427, 472, 473, 503, 560, 563
Visão do Cristo ressuscitado - 131, 136, 153
Visões - 57, 92, 105, 115, 125, 147, 230, 234, 254, 264, 380, 381, 492, 506, 511, 513, 514
Visões e revelações - 380
Vitória do Espírito - 385, 455, 457, 464
Vocação - 24, 27, 39, 48, 65, 80, 81, 85, 86, 87, 88, 89, 90, 91, 93, 94, 97, 106, 107, 108, 112, 113, 114, 115, 119, 127, 128, 131, 152, 157, 182, 221, 222, 224, 263, 264, 279, 293, 323, 325, 335, 372,

377, 380, 387, 388, 422, 425, 439, 460, 464, 477, 504, 512, 517, 524, 532, 538, 541, 547, 552, 555, 565
Vocação de Paulo - 27, 85, 88, 91, 93, 94, 106, 112, 115, 128, 380
Vontade - 20, 30, 41, 44, 48, 66, 67, 73, 79, 83, 90, 91, 107, 132, 155, 158, 159, 171, 221, 223, 226, 256, 257, 281, 283, 290, 300, 303, 313, 316, 327, 328, 332, 338, 340, 344, 348, 372, 378, 385, 387, 397, 405, 407, 412, 414, 417, 418, 424, 427, 429, 433, 436, 440, 450, 451, 452, 453, 454, 455, 456, 457, 458, 459, 462, 463, 473, 474, 477, 480, 483, 486, 496, 505, 510, 511, 516, 519, 531, 536, 556, 561, 563, 565

# ÍNDICE DE REFERÊNCIAS BÍBLICAS

## 1. ANTIGO TESTAMENTO

**Gênesis**
| | |
|---|---|
| 2.24 | 283 |
| 3 | 427, 449 |
| 6.3 | 460 |
| 15.6 | 285, 399, 400, 401, 405, 410, 440 |
| 32.31 | 241 |
| 37.10 | 460 |

**Êxodo**
| | |
|---|---|
| 13.12 | 89 |
| 15.17 | 235 |
| 19.23 | 89 |
| 19.5-6 | 235 |
| 23.7 | 403 |
| 24.17 | 276 |
| 28.2 | 233 |
| 29.26 | 89 |
| 33.18-23 | 292 |
| 34.1.29 | 276 |
| 34.29-35 | 276 |
| 34.34 | 277 |
| 34.34 | 362 |

**Levítico**
| | |
|---|---|
| 18.5 | 402 |
| 19.18 | 474 |
| 19.19b | 295 |
| 20.25s | 89 |
| 24.22 | 397 |
| 26.11s | 296 |

**Números**
| | |
|---|---|
| 21.18 | 95 |

**Deuteronômio**
| | |
|---|---|
| 22.10 | 295 |
| 25.4 | 295 |
| 27.14-26 | 402 |
| 32.17 | 70 |
| 32.17-22 | 345, 347 |
| 32.21 | 79 |
| 9.26 | 235 |

**Juízes**
| | |
|---|---|
| 6.22 | 241 |

**1 Samuel**
| | |
|---|---|
| 26.19 | 235 |

**2 Samuel**
| | |
|---|---|
| 7 | 297 |
| 7.1 | 298 |
| 7.14 | 297 |
| 7.8 | 297 |

**1 Reis**
| | |
|---|---|
| 7.39,40,45,51 | 289 |

**2 Reis**
| | |
|---|---|
| 23.2,6 | 289 |

**Provérbios**
| | |
|---|---|
| 11.30 | 399 |
| 12.28 | 399 |

## Salmos

| | | | |
|---|---|---|---|
| 2-110 | 173 | 30.15 | 156 |
| 6.3 | 136 | 33.6 | 397 |
| 8 | 218 | 34.1 | 93 |
| 8.1 | 136 | 40.13 | 275, 315 |
| 8.6 | 233 | 41.10 | 97 |
| 8.7 | 174, 213, 228, 513 | 41.9 | 93, 97 |
| 14.1 | 396, 413 | 42.4.6 | 98 |
| 14.10 | 235 | 42.6 | 93 |
| 17.23-27 | 173 | 43.5 | 97 |
| 32,1s | 401, 440 | 43.6 | 297 |
| 36,29 | 399 | 45.23 | 96 |
| 36.6 | 398 | 45.3 | 93 |
| 52,9 | 156 | 47.6 | 235 |
| 61-62 | 223 | 48.12-13 | 93 |
| 68.19 | 515, 534 | 49 | 96 |
| 72 | 173 | 49.1 | 89, 93, 94 |
| 84.10 | 397 | 49.18 | 96 |
| 84.11 | 398 | 49.2 | 98 |
| 105 | 424 | 49.4 | 96, 352 |
| 105,31 | 399 | 49.6 | 96, 98, 115 |
| 105.37 | 70 | 49.6,9 | 96 |
| 110 | 169, 174, 218 | 49.8 | 95 |
| 110,1 | 174, 228, 513 | 50.2 | 93 |
| 143.1-2 | 403 | 50.33 | 406 |
| 143.2 | 406 | 50.8 | 405 |
| 143.24 | 404 | 51.2 | 93 |
| 143.26 | 404 | 52.11 | 296 |
| | | 52.4 | 296 |
| **Isaías** | | 53 | 413 |
| 5.14 | 147 | 53.11 | 296, 413 |
| 5.23 | 403 | 53.12 | 413 |
| 7.9 | 156 | 53.15 | 96 |
| 9.1 | 96 | 53.3 | 98 |
| 9.33 | 402 | 53.4-5 | 297 |
| 9.5 | 173 | 53.6 | 413 |
| 11.10 | 79 | 53.7 | 148 |
| 11.1-5 | 173 | 55.10-11 | 147 |
| 11.4 | 174 | 59.17 | 399 |
| 11.5 | 399 | 60.21 | 95, 237 |
| 20.34 | 297 | 61.11 | 398 |
| 24.21-23 | 175 | 61.1s | 96 |
| 24-27 | 175 | 65.23 | 352 |
| 25.8 | 174, 219 | **Jeremias** | |
| 28.16 | 156, 402 | 1.5 | 89, 94 |
| | | 2.7 | 235 |

| | | | |
|---|---|---|---|
| 12.7 | 235 | 7.9-12 | 169 |
| 17.5 | 156 | 7.18.21.25 | 181 |
| 31.31-33 | 272 | 7.21 | 181 |
| 31.33 | 276, 307 | 7.21-25 | 176 |
| 31.9 | 297 | 7.22,25,27 | 105 |
| | | 7.27 | 181 |
| | | 11.36 | 173 |
| **Ezequiel** | | 12.2 | 186, 232 |
| 8.14 | 289 | 13 | 145 |
| 10.18 | 289 | | |
| 11.19 | 276 | | |
| 11.22 | 289 | **Oséias** | |
| 36.27 | 309 | 1.10-2.1 | 93 |
| 36.36 | 276 | 2.1 | 79, 297 |
| 37.14 | 309 | 2.1-2 | 297 |
| 37.15-28 | 296 | 13.14 | 219 |
| 37.26-27 | 296 | 13.9 | 87 |
| 41.5,6 | 289 | | |
| | | **Joel** | |
| | | 3.1 | 262 |
| **Daniel** | | | |
| 2.24-35 | 73 | **Sofonias** | |
| 2.37 | 233 | 1.7 | 93 |
| 2.44-45 | 173 | | |
| 2-7 | 145 | **Zacarias** | |
| 4.27 | 233 | 9.9s – 173 | |

## 2. NOVO TESTAMENTO

| | | | |
|---|---|---|---|
| **Mateus** | | 11 | 145 |
| 1.7-21 | 345 | 11.25-27 | 500 |
| 3.11 | 343 | 11.27 | 65 |
| 5.11s | 147 | 12.1 | 69 |
| 5.5 | 235, 237, 286 | 13,2.4.11 | 69 |
| 5.9.45 | 333 | 13.11 | 489, 500 |
| 7.6 | 69 | 13.12 | 519 |
| 9,37-38 | 122 | 13.14 | 115 |
| 10.11 | 69 | 13.17 | 265, 501 |
| 10.13 | 148 | 14.9 | 69 |
| 10.17-20 | 147 | 17.25-26 | 468 |
| 10.17-23 | 176 | 17.26 | 333 |
| 10.20 | 337 | 19.16 | 235 |
| 10.22 | 75 | 19.28 | 500 |
| 10.23 | 102 | 19.29 | 235 |
| 10.40-41 | 265 | 23.34 | 255, 265, 501 |

| | | | |
|---|---|---|---|
| 24.14 | 102 | 24.25-47 | 97 |
| 24.21 | 176 | 24.26 | 348 |
| 24.6,13-14 | 75 | 24.49 | 284 |
| 25.6 | 505 | | |
| 27.46 | 505 | **João** | |
| 28.18 | 65 | 1.12 | 521 |
| 28.18-20 | 555 | 1.18 | 25 |
| 28.19 | 556 | 4.12ss | 251 |
| 28.19s | 65 | 4.47 | 212 |
| | | 8.33-36 | 468 |
| **Marcos** | | 12.40 | 115 |
| 2.10 | 64 | 32.18s | 251 |
| 4.11 | 489 | 37.22 | 233 |
| 4.12 | 115 | 39.6ss | 251 |
| 10.17 | 235 | 40.10 | 233 |
| 13.11 | 147 | 45.5 | 233 |
| 16.17-18 | 252 | | |
| | | **Atos** | |
| **Lucas** | | 1 | 340 |
| 1.42 | 505 | 1.14 | 126 |
| 2.32 | 97 | 1.16 | 280 |
| 2.7 | 55 | 1.1s | 128 |
| 4.17-21 | 96 | 1.4 | 284 |
| 6.13 | 129 | 1.5 | 343 |
| 6.35 | 333 | 1.9 | 302 |
| 8.10 | 489 | 2.3-11 | 255 |
| 9.31 | 274 | 2.4 | 252 |
| 10,21-22 | 501 | 2.17 | 262 |
| 10.24 | 265 | 2.33,39 | 284 |
| 10.25 | 235 | 2.36 | 132 |
| 11.49 | 255 | 2.38 | 132, 341 |
| 11.49-51 | 265 | 3.10-11 | 349 |
| 12.12 | 147 | 3.14-15 | 409 |
| 12.20 | 193 | 3.25 | 333 |
| 16.8 | 333 | 5.17 | 92 |
| 17.30 | 99 | 7.52 | 147 |
| 18.14 | 24, 403 | 7.55-56 | 99 |
| 18.18 | 235 | 9.4-6 | 92 |
| 19.12 | 167 | 9.15 | 107 |
| 20.36 | 333 | 9.15 | 112 |
| 21.14-15 | 147 | 9.15 | 92 |
| 22.28 | 145 | 8.21 | 296 |
| 22.30 | 500 | 10.44-46 | 252 |
| 23.43 | 234 | 10.46 | 255 |
| 24.25-27 | 285 | 11.22 | 131 |

| | | | |
|---|---|---|---|
| 13.1-3 | 114 | 26.6 | 284 |
| 13.1-4 | 131 | 26.14 | 92 |
| 13.2 | 331 | 26.14-16 | 92 |
| 13.32 | 284 | 26.16-18 | 92, 98 |
| 13.38-39 | 480 | 26.17 | 112 |
| 13.38s | 395 | 28.22 | 92 |
| 13.39 | 403 | 28.25-28 | 115 |
| 13.46 | 115 | 28.26-67 | 115 |
| 13.46-47 | 112 | | |
| 13.47 | 96, 97 | **Romanos** | |
| 14.14 | 120 | 1 | 476 |
| 14.15-17 | 300 | 1.1 | 110, 331 |
| 14.22 | 348 | 1.2 | 262, 280, 284 |
| 15 | 389 | 1.4 | 55, 57, 58, 195, 273, 274, 305, 311, 361, 409, 463 |
| 15.5 | 92 | | |
| 15.7 | 141, 501 | | |
| 15.22 | 133 | 1.5 | 108, 140, 153 |
| 15.25-26 | 130 | 1.8 | 73, 159 |
| 16.15 | 395 | 1-8 | 385, 414 |
| 17.3 | 348 | 1.9 | 108, 318 |
| 17.5-8 | 146 | 1.15-16 | 108 |
| 17.18 | 32 | 1.15-17 | 440 |
| 17.22-23 | 424 | 1.16 | 47, 153, 162, 231, 265, 417, 430, 508 |
| 17.22-31 | 300 | | |
| 17.27-28 | 300 | 1.16.17 | 151, 430 |
| 17.28 | 253 | 1.17 | 355, 398, 399, 400, 413, 417, 429 |
| 17.32 | 188 | | |
| 18.14 | 395 | 1.18 | 46, 48, 416, 429 |
| 18.5-7 | 112 | 1.18-2.10 | 43 |
| 18.9-10 | 97 | 1.18-32 | 222, 476 |
| 19.5s | 343 | 1.19 | 90 |
| 19.6 | 252, 255 | 1.20 | 43, 49, 300, 415 |
| 20.10 | 193 | 1.20-21 | 303 |
| 20.24 | 141 | 1.21 | 45, 48, 151, 315, 424 |
| 21.10 | 262 | 1.21-22 | 49, 416 |
| 21.40 | 31 | 1.21-23 | 70 |
| 22.3 | 30 | 1.22 | 303 |
| 22.7-10 | 92 | 1.23 | 424 |
| 22.15 | 112 | 1.24 | 315 |
| 22.17-21 | 111, 112, 115 | 1.25 | 50 |
| 22.18 | 112 | 1.28 | 315 |
| 23.6 | 189 | 1.29-31 | 476 |
| 23.21 | 284 | 1.32 | 49, 397 |
| 24.5 | 92 | 2 | 223 |
| 26.5 | 92 | 2.3 | 49 |

| | | | |
|---|---|---|---|
| 2.5 | 397, 425 | 3.23 | 239, 312, 426 |
| 2.5-16 | 425 | 3.23-24 | 434 |
| 2.6 | 425 | 3.24 | 370, 401, 410, 433 |
| 2.6-11 | 220 | 3.24-26 | 60, 418 |
| 2.6-16 | 223 | 3.25-26 | 398 |
| 2.7 | 191, 232, 233 | 3.26 | 75, 410, 418 |
| 2.7 | 300, 301 | 3.27-28 | 400 |
| 2.7-16 | 45 | 3.28 | 410 |
| 2.8 | 223 | 3.29 | 47 |
| 2.8-10 | 416 | 3.30 | 404, 405, 406, 410, 418 |
| 2.9-10 | 47 | | |
| 2.10 | 191, 265 | 3.31 | 443 |
| 2.12 | 223, 403, 412 | 3.5 | 431 |
| 2.12-16 | 48, 416 | 3.5-8 | 470 |
| 2.13 | 403, 412, 413 | 3.7 | 432 |
| 2.14 | 416 | 3.8 | 432 |
| 2.14-15 | 223 | 3.9 | 47, 426 |
| 2.15-16 | 403 | 3.9-20 | 151, 406 |
| 2.17 | 373 | 4 | 279, 404 |
| 2.18-20 | 278 | 4.1-8 | 401 |
| 2.20 | 451 | 4.2 | 394, 405, 411, 412 |
| 2.21-22 | 416 | 4.2-5 | 401 |
| 2.23 | 373 | 4.11-13 | 400 |
| 2.24-25a | 451 | 4.13 | 235, 283, 285, 394, 442 |
| 2.26 | 397 | | |
| 2.27 | 52, 463 | 4.13-16 | 285 |
| 2.27-29 | 281 | 4.17 | 197, 282, 401 |
| 2.28-29 | 463 | 4.19-21 | 51 |
| 2.29 | 306, 315 | 4.20-21 | 440 |
| 3 | 279 | 4.21 | 51, 282 |
| 3.2 | 142 | 4.23-24 | 283 |
| 3.10 | 396, 413 | 4.23-25 | 441 |
| 3.10-18 | 279 | 4.24-25 | 62 |
| 3.10-20 | 426, 444 | 4.25 | 397 |
| 3.1-2 | 277, 278 | 4.25 | 413, 414, 417, 438 |
| 3.19 | 282 | 4.3 | 156, 399, 442 |
| 3.19-20 | 403 | 4.5 | 401, 403, 404, 418, 434, 440, 442 |
| 3.20 | 282, 406, 411 | | |
| 3.21 | 262, 398, 417, 426, 432 | 4.5,22 | 400 |
| | | 4.8 | 442 |
| 3.21-22 | 398 | 4.25 | 434 |
| 3.21-26 | 440 | 5 | 274, 429 |
| 3.21-31 | 431 | 5.1 | 370, 405, 419, 433, 434 |
| 3.21s | 151 | | |
| 3.22 | 400 | 5.1-3 | 437 |

| | | | |
|---|---|---|---|
| 5.2 | 179, 274, 275, 412, 419, 437 | 6.10 | 355 |
| | | 6.11 | 355 |
| 5.2-5 | 276, 419 | 6.12 | 429 |
| 5.3-4 | 179 | 6.13 | 400, 421 |
| 5.5 | 224, 275, 306, 308, 310, 315, 476 | 6.14 | 429 |
| | | 6.17 | 155, 421 |
| 5.5-8 | 429 | 6.17-19 | 400 |
| 5.8-9 | 325 | 6.17-22 | 429 |
| 5.9 | 230, 275, 405, 407, 417 | 6.18 | 421 |
| | | 6.18-20 | 469 |
| 5.9-11 | 419 | 6.19 | 292, 400, 421 |
| 5.10 | 232, 405 | 6.19-20 | 448 |
| 5.10-21 | 60 | 6.21-22 | 473 |
| 5.11 | 75, 275, 373 | 6.21-23 | 472 |
| 5.12 | 427, 429 | 6.22 | 400, 473 |
| 5.12-18 | 356 | 6.22-23 | 232 |
| 5.12-21 | 197, 283, 417, 427 | 6.23 | 233, 260, 421, 473 |
| 5.13 | 428, 429 | 7 | 387, 459, 532 |
| 5.14 | 427 | 7.1 | 73 |
| 5.15 | 260, 275, 414 | 7.4 | 331 |
| 5.15-17 | 398 | 7.5-23 | 385, 447, 448, 453 |
| 5.16 | 397, 414 | 7.5-6 | 448, 460 |
| 5.16-17 | 427 | 7.5-8.14 | 421 |
| 5.17 | 197, 468 | 7.6 | 281, 331, 332, 421 |
| 5.17,21 | 428 | 7.7 | 449 |
| 5.18 | 62, 397, 413, 414, 427, 438 | 7.7-12 | 87 |
| | | 7.7-25 | 423, 449 |
| 5.19 | 413, 445 | 7.7-8.4 | 449 |
| 5.20 | 427 | 7.9-10a | 449 |
| 5.21 | 197, 232, 370, 398, 399, 420, 427, 429 | 7.1-4 | 331, 421, 448 |
| | | 7.10-12 | 449 |
| 5.23 | 275 | 7.11 | 283 |
| 5.12.19 | 195 | 7.12 | 452 |
| 6.1s | 432 | 7.14 | 280 |
| 6.3-13 | 341, 344 | 7.14 | 429, 449 |
| 6.3-5 | 159 | 7.14-23 | 449 |
| 6.3-8 | 197 | 7.15 | 450, 474 |
| 6.4 | 60, 349, 355, 420 | 7.15.23 | 459 |
| 6.5 | 197, 349 | 7.15-21 | 457 |
| 6.6 | 342, 349 | 7.15-23 | 454 |
| 6.7 | 434 | 7.17-20 | 429 |
| 6.8 | 197, 349, 429 | 7.18 | 451 |
| 6.9-10 | 57 | 7.20 | 451 |
| 6.1-11 | 159, 342 | 7.21-23 | 451 |
| 6.1-14 | 420 | 7.22 | 316 |

| | | | |
|---|---|---|---|
| 7.23 | 450 | 8.31ss | 31 |
| 7.24-8.4 | 453 | 8.32 | 370 |
| 7.25 | 370, 470, 561 | 8.33 | 405 |
| 7.25-8.4 | 454 | 8.34 | 169 |
| 8 | 334 | 8.35 | 177 |
| 8.1-2 | 557 | 8.35-39 | 339 |
| 8.1-11 | 458 | 8.37 | 522 |
| 8.1.22 | 75 | 8.37-39 | 210 |
| 8.10 | 318, 356, 399 | 8.38s | 200 |
| 8.11 | 59, 195, 197, 198, 307, 359 | 8.4 | 397, 414 |
| | | 8.4.9 | 460 |
| 8.13 | 310, 355, 357, 460 | 8.5-11 | 459 |
| 8.14 | 310 | 8.5-8 | 454 |
| 8.14-16 | 337 | 8.6 | 360 |
| 8.15 | 270, 308, 335, 336 | 9.4 | 53, 273, 277, 284 |
| 8.15-16 | 288 | 9.4-5 | 272, 273 |
| 8.15-17 | 311 | 9.5 | 53 |
| 8.1-6 | 197 | 9.6 | 142 |
| 8.16 | 311, 318 | 9.6-13 | 462 |
| 8.17 | 95, 235, 349 | 9.6-9 | 286 |
| 8.17-18 | 238, 349 | 9.8 | 52, 337 |
| 8.18 | 75, 205, 275 | 8.9 | 306, 318, 359, 422 |
| 8.18-23 | 334 | 8.9-11 | 290, 291, 359 |
| 8.18-30 | 204 | 9.10-13 | 286 |
| 8.19 | 334 | 9.11 | 279 |
| 8.19-22 | 68 | 9.14-22 | 279 |
| 8.2 | 355, 469, 470 | 9.19-24 | 465 |
| 8.2-10 | 355 | 9.23 | 238 |
| 8.21 | 238 | 9.24 | 47 |
| 8.22 | 275 | 9.25 | 280 |
| 8.23 | 198, 205, 206, 266, 286, 422 | 9.25-26 | 79 |
| | | 9.25-29 | 280 |
| 8.24 | 179, 271, 422 | 9.26 | 79 |
| 8.24-39 | 225 | 9.30 | 400 |
| 8.26 | 311 | 9.30-31 | 401 |
| 8.27 | 293 | 10 | 279 |
| 8.28-30 | 221, 222, 239, 338, 339, 420, 531, 545 | 10.1.10 | 231 |
| | | 10.3 | 394, 398, 401, 410 |
| 8.29 | 55, 333, 349, 356, 356 | 10.4 | 444 |
| | | 10.4,10 | 400 |
| 8.29-30 | 196, 410, 511 | 10.5 | 282, 399 |
| 8.3 | 414, 447, 458, 469 | 10.5-18 | 279 |
| 8.30 | 405, 407, 433 | 10.5-6 | 394 |
| 8.30-31 | 439 | 10.6 | 400 |
| 8.31-39 | 422 | 10.6-15 | 282 |

| | | | |
|---|---|---|---|
| 10.6-17 | 440 | | 332 |
| 10.8 | 151 | 12.1-2 | 332 |
| 10.8-15 | 140 | 12.11s | 331 |
| 10.8-9 | 142 | 12.12 | 178 |
| 10.9 | 344 | 12.17-21 | 279 |
| 10.10 | 315 | 12.2 | 50, 292, 307, 315, |
| 10.12 | 47 | | 320, 328 |
| 10.13 | 230 | 12.3 | 108, 284 |
| 10.14.15 | 140, 117 | 12.3.6 | 157 |
| 10.14s | 155 | 12.6-8 | 258 |
| 10.15 | 129, 140, 141, 148, | 12.7 | 258 |
| | 556 | 12.8 | 258 |
| 10.16 | 153, 155 | 12.9-13 | 177 |
| 10.16-21 | 81 | 13.8 | 452 |
| 10.18 | 81 | 13.8-10 | 452 |
| 10.19-21 | 79, 81 | 13.11 | 75, 153, 178, 231 |
| 11.1 | 53 | 13.11-14 | 183, 184 |
| 11.3 | 262 | 13.12 | 369 |
| 11.4 | 281 | 13.13 | 183 |
| 11.4-5 | 53 | 13.14 | 183, 368, 369 |
| 11.5 | 75 | 13.22 | 373 |
| 11.5-10 | 81 | 14.1-12 | 328 |
| 11.7 | 501 | 14.1-15 | 261 |
| 11.11-13 | 231 | 14.1.22,23 | 157 |
| 11.11-32 | 81 | 14.4-8 | 328 |
| 11.13 | 107, 130 | 14.5 | 282 |
| 11.13-14 | 84, 116 | 14.7-12 | 210 |
| 11.13-32 | 52 | 14.7-9 | 200 |
| 11.13-36 | 82, 84 | 14.9 | 55, 195, 328, 329 |
| 11.14.26 | 230 | 14.10 | 226 |
| 11.15 | 216 | 14.10-12 | 223 |
| 11.16 | 293 | 14.11 | 96, 279 |
| 11.17 | 370 | 14.17 | 147, 237, 374, 398, |
| 11.21-24 | 53 | | 437, 438 |
| 11.24 | 82 | 15 | 47 |
| 11.25 | 81, 486 | 15.1 | 261 |
| 11.25-27 | 115 | 15.7 | 325 |
| 11.26 | 80 | 15.8 | 325 |
| 11.28 | 52 | 15.9 | 79, 325 |
| 11.29 | 52, 260 | 15.9-12 | 79, 279 |
| 11.30 | 75 | 15.13 | 331 |
| 11.33 | 530 | 15.15 | 108 |
| 11.34 | 315, 540 | 15.16 | 108, 141, 292 |
| 12 | 183, 534 | 15.18 | 362 |
| 12.1 | 108, 291, 293, 301, | 15.18-19 | 149 |

| | | | |
|---|---|---|---|
| 15.19 | 141 | 1.24 | 47 |
| 15.20-22 | 96 | 1.26ss | 301 |
| 15.24 | 96 | 1.29 | 373 |
| 15.27 | 135 | 1.30 | 292, 408, 438, 541 |
| 15.30 | 370 | 1.31 | 373, 528 |
| 15.31 | 332 | 2.1 | 143 |
| 16.2 | 373 | 2.1 | 159 |
| 16.2,15 | 293 | 2.1-5 | 149, 350 |
| 16.7 | 121 | 2.2 | 59, 350 |
| 16.8 | 373 | 2.4 | 139, 140, 254 |
| 16.8,11-12 | | 2.5 | 153 |
| 16.18 | 328 | 2.6 | 49, 70, 71, 152, 231, 310, 509, 514, 530 |
| 16.21 | 499 | | |
| 16.25 | 75, 139, 140, 486, 507, 514 | 2.6-13 | 152 |
| | | 2.6-16 | 275, 310, 529, 536, 551 |
| 16.25-26 | 116 | | |
| 16.25-27 | 530 | 2.6-8 | 302 |
| 16.26 | 280, 284 | 2.6ss | 530 |
| | | 2.7 | 486, 507, 530 |
| **1 Coríntios** | | 2.7-16 | 241 |
| 1.4-9 | 148, 266 | 2.8 | 530 |
| 1.5 | 177 | 2.9 | 230, 234 |
| 1.6 | 143 | 2.9-13 | 241 |
| 1.7 | 254 | 2.10 | 300, 335 |
| 1.7s | 189 | 2.11 | 241, 317 |
| 1.8 | 266 | 2.12 | 275, 308 |
| 1.9 | 251, 334, 340 | 2.12s | 310 |
| 1.12-16 | 159 | 2.13 | 507 |
| 1.13.15 | 342 | 2.15 | 510 |
| 1.14 | 103 | 2.16 | 315, 540 |
| 1.17 | 23, 129, 140, 158, 305 | 3.1-4 | 261 |
| | | 3.5 | 153 |
| 1.18 | 59, 142, 230, 305 | 3.6-17 | 312 |
| | | 3.9 | 517 |
| 1.18-21 | 416 | 3.10 | 108 |
| 1.19s | 279 | 3.10-17 | 291 |
| 1.20-21 | 303 | 3.12-15 | 225 |
| 1.20s | 73 | 3.13 | 223 |
| 1.21 | 45, 48, 139, 140, 151, 153, 253, 300, 303 | 3.13ss | 305 |
| | | 3.16 | 306 |
| 1.21-22 | 48 | 3.16-17 | 289, 291 |
| 1.22 | 47 | 3.17 | 46, 293 |
| 1.22-24 | 540 | 3.19 | 232 |
| 1.23 | 47, 140, 372 | 3.1s | 268, 309 |
| 1.23ss | 21 | 4.1 | 505 |

| | | | |
|---|---|---|---|
| 4.3-5 | 408 | 7.28 | 177 |
| 4.4 | 408, 412, 434 | 7.28-31 | 178 |
| 4.8 | 189, 349, 533 | 7.29 | 75, 180 |
| 4.9 | 122 | 7.31 | 180, 232 |
| 4.10 | 370 | 7.34 | 193, 293, 318, 330 |
| 4.15 | 122 | 7.39 | 73 |
| 4.16 | 326 | 8.1-3 | 261 |
| 4.17 | 373 | 8.1-3 | 304 |
| 4.19-21 | 149 | 8.4-6 | 305 |
| 5.11 | 460 | 8.5 | 49, 50 |
| 5.3 | 318 | 8.5-6 | 229 |
| 5.4 | 133, 370 | 8.6 | 70 |
| 5.4s | 149 | 9.1 | 99, 492 |
| 5.5 | 225, 230, 461 | 9.1.19 | 466 |
| 5.9 | 294 | 9.1-2 | 373 |
| 5.9 | 298 | 9.2 | 140 |
| 6.1-2 | 293 | 9.13-14 | 108 |
| 6.3 | 222 | 9.14 | 64, 141, 159 |
| 6.9.10 | 235 | 9.1-6 | 120 |
| 6.9-10 | 235, 476 | 9.5 | 120 |
| 6.9-11 | 476 | 9.6 | 122 |
| 6.11 | 313, 343, 408, 433, 438, 459, 472 | 9.9 | 295 |
| | | 9.16 | 90 |
| 6.13 | 231 | 9.16-17 | 90 |
| 6.14 | 198, 295 | 9.17-18 | 90 |
| 6.14-16a | 295 | 9.18 | 141 |
| 6.15 | 290 | 9.20-23 | 32 |
| 6.15-17 | 308 | 9.21 | 469 |
| 6.15-20 | 291, 331 | 9.24-27 | 224 |
| 6.16 | 284, 346 | 9.27 | 140 |
| 6.16-17 | 346 | 10.11 | 75, 218, 278 |
| 6.16-20 | 48 | 10.1-13 | 75, 279, 282, 346 |
| 6.17 | 198, 311 | 10.1-4 | 346 |
| 6.19 | 198, 293 | 10.1-6 | 158 |
| 6.19 | 306 | 10.16 | 77, 251, 340 |
| 6.19-20 | 290, 294, 307, 332, 359 | 10.16-22 | 345, 347 |
| | | 10.17 | 198, 346 |
| 7.10 | 64 | 10.18 | 273, 461 |
| 7.12 | 64 | 10.2 | 342 |
| 7.14 | 293 | 10.20 | 48, 345 |
| 7.21-22 | 326 | 10.21 | 345, 347 |
| 7.22 | 467 | 10.22 | 345 |
| 7.23 | 290, 295 | 10.31 | 46 |
| 7.25 | 64 | 10.32 | 47 |
| 7.26 | 179 | 10.7-8 | 48 |

| | | | |
|---|---|---|---|
| 11.25 | 531 | 13.8-13 | 270 |
| 11.1 | 326 | 14 | 258, 259, 309 |
| 11.17-34 | 346 | 14.1 | 260 |
| 11.23 | 26, 135, 65 | 14.10-11 | 256 |
| 11.23-26 | 25, 65 | 14.11 | 256 |
| 11.24-25 | 65, 158 | 14.12 | 317 |
| 11.26 | 159, 198 | 14.14 | 320 |
| 11.2-6 | 259 | 14.14,15 | 256 |
| 11.26 | 65, 346 | 14.14.15.19 | 307 |
| 11.29 | 346 | 14.14-16 | 309 |
| 11.30-32 | 347 | 14.14-19 | 315 |
| 12 | 309, 534 | 14.14s | 318 |
| 12.1 | 260 | 14.15 | 256, 257 |
| 12.10 | 256, 317 | 14.16 | 256, 317 |
| 12.11 | 258, 309 | 14.18 | 257 |
| 12.12-13 | 517 | 14.19 | 257 |
| 12.1-3 | 262 | 14.2 | 256, 486 |
| 12.13 | 47, 158, 308, 313, 343 | 14.20 | 268, 269, 510 |
| | | 14.2-27.39 | 256 |
| 12.2 | 50, 70, 262 | 14.24 | 258 |
| 12.26 | 348, 349 | 14.25 | 309 |
| 12.28 | 258, 499 | 14.26 | 258 |
| 12.28-29 | 265 | 14.30 | 259 |
| 12.3 | 262, 309, 362 | 14.32 | 263, 317 |
| 12.31-13.13 | 267 | 14.36 | 142, 263 |
| 12.4 | 258, 309 | 14.37 | 261, 265 |
| 12.4-11 | 258 | 14.4 | 258 |
| 12.4-6 | 264, 362, 518 | 14.6 | 258 |
| 12.7 | 309 | 14.9 | 256 |
| 12.8 | 308 | 15 | 19, 127, 170, 172, 185, 187, 188, 191, 193, 305, 487 |
| 12.8-9 | 309 | | |
| 12.9 | 157 | | |
| 13 | 31, 267 | 15.1 | 134, 141, 154 |
| 13.10,11 | 267 | 15.10 | 108, 504 |
| 13.11 | 269, 310 | 15.11 | 134, 140, 154 |
| 13.12 | 241, 258, 282 | 15.12 | 140 |
| 13.12-13 | 270 | 15.14 | 26, 139, 140 |
| 13.13 | 522 | 15.14.17 | 153 |
| 13.1-7 | 475 | 15.14s | 56 |
| 13.2 | 157, 258, 486 | 15.15 | 143 |
| 13.4s | 476 | 15.18 | 217 |
| 13.6 | 475 | 15.18-26 | 305 |
| 13.7 | 475 | 15.2 | 134, 230 |
| 13.8 | 267 | 15.2.11 | 153 |
| 13.8-10 | 231 | 15.20 | 55, 217, 356 |

| | | | |
|---|---|---|---|
| 15.20-25 | 214 | 15.46-48 | 426 |
| 15.20-28 | 172, 199, 213, 215, 216 | 15.47-48 | 283 |
| | | 15.48 | 191 |
| 15.21 | 219, 356 | 15.4-8 | 66 |
| 15.21-22 | 195, 217, 219, 283 | 15.49 | 21, 193 |
| 15.21-26 | 219 | 15.49 | 357 |
| 15.22.26.54 | 195 | 15.50 | 191, 213, 235 |
| 15.22.36 | 197 | 15.51 | 201, 486 |
| 15.22-24 | 185 | 15.51-52 | 172 |
| 15.23 | 55, 218 | 15.51-53 | 187 |
| 15.23-24 | 214, 217 | 15.52 | 192 |
| 15.23-27 | 169 | 15.53-54 | 192, 320 |
| 15.24 | 63, 71, 195, 217, 231, 329, 514 | 15.53-55 | 206 |
| | | 15.53-57 | 219 |
| 15.24-27 | 218 | 15.53s | 172 |
| 15.24-28 | 218, 228 | 15.54-55 | 174 |
| 15.24-28,54-55 | 174 | 15.54s | 279 |
| 15.25 | 169, 214 | 15.5-7 | 125 |
| 15.25-27 | 279, 513 | 15.57 | 370 |
| 15.26 | 219, 231 | 15.58 | 371 |
| 15.27 | 228 | 15.5-8 | 57 |
| 15.28 | 240 | 15.6 | 501 |
| 15.29 | 189 | 15.6-8 | 125 |
| 15.3 | 59, 65 | 15.7 | 119, 501 |
| 15.30-32 | 201 | 15.7s | 218 |
| 15.32 | 200 | 15.8 | 99, 134 |
| 15.3-4 | 57 | 15.9 | 500 |
| 15.35 | 172, 189 | 15.9-10 | 503 |
| 15.35-49 | 190 | 16.10 | 371 |
| 15.3-7 | 150 | 16.13 | 153 |
| 15.37 | 206 | 16.18 | 317 |
| 15.37-38 | 192 | 16.19 | 373 |
| 15.3-8 | 134 | 16.22 | 27 |
| 15.38-39 | 193 | 16.7 | 73 |
| 15.39-40 | 193 | | |
| 15.42-44 | 190 | **2 Coríntios** | |
| 15.42-49 | 191 | 1.1 | 293 |
| 15.43 | 196, 307, 487 | 1.2 | 251 |
| 15.44 | 260 | 1.2-3 | 333 |
| 15.44.51.55 | 205 | 1.5 | 370 |
| 15.44-49 | 312 | 1.7 | 340 |
| 15.44-49 | 357 | 1.11 | 260 |
| 15.45 | 195, 197, 311, 316, 319, 357, 361, 426 | 1.12 | 73 |
| | | 1.19 | 140 |
| 15.45-49 | 196 | 1.21 | 287 |

| | | | |
|---|---|---|---|
| 1.21-22 | 287 | 4.10-12 | 355 |
| 1.21s | 266 | 4.11 | 201, 350 |
| 1.22 | 287, 306, 315 | 4.14 | 59, 178, 198, 201 |
| 1.23 | 531 | 4.16 | 202, 203, 307, 316, |
| 1.24 | 153, 158 | | 320, 356, 357, 358 |
| 1.3-11 | 351 | 4.16-5.10 | 200 |
| 1.5-7 | 177 | 4.17 | 238, 239, 487 |
| 1.6 | 147, 231 | 4.17-5.1 | 203, 204 |
| 1.6-7 | 147 | 4.18 | 180, 199, 203, 209, |
| 1.8-11 | 200, 201 | | 240, 356 |
| 2.13 | 317 | 5.1 | 204, 206, 238, 239 |
| 2.15 | 230 | 5.1-10 | 200 |
| 2.16 | 355 | 5.2 | 206 |
| 2.17 | 142 | 5.2-5 | 204, 205 |
| 3.1-4.6 | 378 | 5.3 | 206, 229 |
| 3.1-18 | 276 | 5.4 | 194, 206, 232 |
| 3.2-3 | 315 | 5.5 | 198, 266, 287 |
| 3.3 | 272 | 5.6 | 202 |
| 3.3-18 | 279 | 5.6-10 | 206 |
| 3.4 | 370 | 5.6-8 | 207 |
| 3.4-18 | 270 | 5.7 | 153 |
| 3.4-18 | 281 | 5.7.9-10 | 209 |
| 3.6 | 197 | 5.7-10 | 210 |
| 3.6-9 | 281 | 5.9-10 | 208 |
| 3.6s | 281 | 5.10 | 216, 223, 226 |
| 3.8-9 | 276 | 5.13 | 289 |
| 3.8-9 | 402 | 5.14 | 371 |
| 3.9 | 401 | 5.15 | 354 |
| 3.11 | 231, 270 | 5.15-17 | 464 |
| 3.12 | 276 | 5.16 | 464 |
| 3.15-18 | 278 | 5.17 | 77, 312, 356 |
| 3.16 | 272, 277 | 5.18 | 370 |
| 3.17 | 362, 464, 468, 470 | 5.18-19 | 325 |
| 3.18 | 232, 238, 312, 320, | 5.19 | 142, 370 |
| | 379 | 5.19-6.10 | 109 |
| 4.2 | 142 | 5.20-6.2 | 184 |
| 4.4 | 356 | 5.21 | 398 |
| 4.5 | 372 | 6.1 | 154 |
| 4.6 | 90, 96, 271, 315, 379 | 6.1-2 | 95, 231 |
| 4.7-1.5 | 201 | 6.1-3 | 75 |
| 4.7-10 | 350 | 6.2 | 75, 231 |
| 4.7-12 | 350 | 6.7 | 142, 400 |
| 4.7-5.10 | 198, 199, 201, 209, | 6.9 | 354 |
| | 239 | 6.11-13 | 294 |
| 4.10-12 | 177 | 6.14 | 183, 340 |

| | | | |
|---|---|---|---|
| 6.14-16b | 299 | 13.13 | 251, 340, 362 |
| 6.14-7.1 | 249 | 13.3-10 | 350 |
| 6.14-7.1 | 279, 294 | 13.4 | 350, 354, 370 |
| 6.16 | 306 | 13.5 | 153 |
| 6.18 | 337 | 13.9 | 350 |
| 7.1 | 292, 318 | | |
| 7.2 | 193, 294 | **Gálatas** | |
| 7.3 | 349, 349 | 1.4 | 60 |
| 7.13 | 317 | 1.6 | 88, 134 |
| 8 | 279 | 1.6-24 | 88 |
| 8.7 | 157 | 1.6-9 | 88 |
| 8.9 | 325 | 1.9 | 154 |
| 8.23 | 122 | 1.16 | 94 |
| 9 | 279 | 1.10 | 331 |
| 9.9 | 398 | 1.11 | 141 |
| 9.10 | 400, 473 | 1.12 | 134, 141 |
| 9.12 | 331 | 1.13 | 108 |
| 10.1-6 | 149 | 1.13-14 | 372 |
| 10.17 | 373 | 1.13-17 | 89 |
| 10.1s | 149 | 1.14 | 127 |
| 11.14 | 69 | 1.15 | 94, 112 |
| 10.15 | 153 | 1.15-16 | 107, 503 |
| 11.15 | 401 | 1.15-16 | 89 |
| 11.2 | 330, 513, 534 | 1.16 | 99, 108, 334, 377 |
| 11.2-3 | 533 | 1.16-17 | 126 |
| 11.3 | 70, 283, 330 | 1.17 | 119, 130 |
| 11.4 | 140, 154, 308, 317, 372 | 1.18 | 130 |
| | | 1.18-19 | 127 |
| 11.5-13 | 120 | 1.19 | 130 |
| 11.7 | 141, 356 | 1.23 | 152 |
| 12 | 234 | 2.2 | 135, 141 |
| 12.10 | 177 | 2.4 | 467 |
| 12.11 | 120 | 2.6-10 | 130 |
| 12.11-12 | 120 | 2.7 | 107 |
| 12.12 | 151 | 2.8 | 107, 131, 140 |
| 12.1-4 | 380 | 2.9 | 108, 130, 340 |
| 12.17 | 122, 129, 140 | 2.10 | 110 |
| 12.18 | 129 | 2.10-21 | 390 |
| 12.2 | 203 | 2.1-10 | 385, 389 |
| 12.2-3 | 234 | 2.11-21 | 391 |
| 12.2-4 | 234 | 2.12 | 391 |
| 12.4 | 230, 493 | 2.14 | 372 |
| 12.9 | 108 | 2.15 | 47, 52, 435 |
| 13.10 | 350 | 2.16 | 394 |
| 13.12 | 293 | 2.16 | 153, 154, 391, 394, |

| | | | |
|---|---|---|---|
| | 395, 406, 411, 451 | | 407 |
| 2.16-17 | 411 | 4.1 | 73 |
| 2.17 | 395, 406, 411, 434 | 4.3.9 | 69 |
| 2.19-20 | 354 | 4.3-5.8-11 | 469 |
| 2.19-21 | 393 | 4.3-6 | 337 |
| 2.20 | 203, 328, 349, 373, 376, 522 | 4.4 | 73, 531 |
| | | 4.4-5 | 445 |
| 3.1 | 59, 159, 344 | 4.4-7 | 288 |
| 3.2 | 155, 344, 503, 531 | 4.4s | 74 |
| 3.2.14 | 308 | 4.5 | 78 |
| 3.3 | 254, 261, 461, 503 | 4.6 | 288, 306, 315, 335 |
| 3.3-5 | 309 | 4.6-7 | 311 |
| 3.4 | 254 | 4.7 | 235 |
| 3.5 | 254, 308, 344, 402 | 4.7.30 | 461 |
| 3.6 | 156, 399, 402 | 4.8 | 49 |
| 3.6-17 | 279 | 4.8-11 | 421, 461 |
| 3.6-7 | 503 | 4.9-11 | 446 |
| 3.8 | 392, 394, 405, 407 | 4.21 | 443 |
| 3.8-18 | 394 | 4.21-28 | 286 |
| 3.8-9 | 503 | 4.21-31 | 283, 288, 461 |
| 3.10 | 402 | 4.21-5.1 | 394 |
| 3.11 | 355, 395, 399, 400, 407, 411, 413 | 4.23 | 288 |
| | | 4.23-29 | 281 |
| 3.12 | 402 | 4.24 | 283 |
| 3.13 | 445 | 4.26-31 | 468 |
| 3.14 | 285, 311, 407 | 4.28 | 285 |
| 3.1-5 | 148, 394 | 4.29 | 286, 288 |
| 3.15-29 | 285 | 4.29-30 | 272 |
| 3.16-17 | 279 | 5.4 | 395, 412 |
| 3.17 | 285 | 5.4-5 | 407 |
| 3.18 | 285, 444 | 5.5 | 398, 400 |
| 3.19 | 445 | 5.5-6 | 476 |
| 3.19-20 | 445, 446 | 5.6 | 22, 157 |
| 3.21 | 197 | 5.10 | 373 |
| 3.21 | 444, 452 | 5.11 | 114, 140 |
| 3.21-4.11 | 445 | 5.13 | 470, 474 |
| 3.22 | 151, 445 | 5.16 | 474 |
| 3.22-25 | 444 | 5.16-25 | 458 |
| 3.2-3 | 153 | 5.17 | 318, 454, 459, 474 |
| 3.24 | 285 | 5.19-22 | 460 |
| 3.24-270 | 407 | 5.19-24 | 473 |
| 3.26 | 285, 336, 337 | 5.21 | 235, 476 |
| 3.27 | 358, 368 | 5.22 | 147, 310, 458, 473, 475 |
| 3.27-28 | 320 | | |
| 3.28 | 47, 326, 343, 358, | 5.22-23 | 310 |

| | | | |
|---|---|---|---|
| 5.22s | 470 | | 487, 500, 520, 546 |
| 5.23-24 | 474 | 1.18-19 | 512 |
| 5.25 | 355, 360 | 1.19.1-3 | 514 |
| 6.1 | 261, 510 | 1.20-21 | 514 |
| 6.2 | 469 | 1.20-22 | 279, 513 |
| 6.7 | 224 | 1.20-23 | 213, 547 |
| 6.7-8 | 472 | 1.21 | 72, 232 |
| 6.8 | 232, 318, 460, 473 | 1.22-23 | 532 |
| 6.9-10 | 184 | 2.1 | 548 |
| 6.10 | 75 | 2.1.10 | 548 |
| 6.15 | 312, 356 | 2.2 | 232, 548 |
| 6.16 | 462 | 2.3 | 474, 548 |
| 6.18 | 318 | 2.4 | 521 |
| | | 2.4-5 | 522 |
| **Efésios** | | 2.4-7 | 548 |
| 1.1 | 498 | 2.5 | 197, 230, 349 |
| 1.1,4,15 | 293 | 2.5-7 | 533 |
| 1.3.20 | 518 | 2.5-8 | 230 |
| 1.3-14 | 339, 511, 531, 545 | 2.6 | 349, 518 |
| 1.3-6 | 339, 545 | 2.7 | 232 |
| 1.4-5 | 521 | 2.8-10 | 548 |
| 1.5 | 370 | 2.10 | 548 |
| 1.5-14; 3.6 | 22 | 2.10.15 | 312 |
| 1.7-8 | 545 | 2.11 | 474, 475 |
| 1.8-9 | 519 | 2.1-10 | 501, 532 |
| 1.9 | 486 | 2.11-12 | 47, 501 |
| 1.9-10 | 545 | 2.11-18 | 109 |
| 1.10 | 75, 531 | 2.11-22 | 548 |
| 1.11 | 339 | 2.12 | 49, 286, 462, 487, 549 |
| 1.11-14 | 222, 501, 546 | | |
| 1.13 | 142, 155, 285, 286, 531 | 2.13-17 | 279 |
| | | 2.15 | 514 |
| 1.13-14 | 311 | 2.16-18 | 549 |
| 1.13s | 287, 531 | 2.18 | 462 |
| 1.14 | 198, 235 | 2.19-20 | 499 |
| 1.15 | 157, 521, 546 | 2.19-22 | 291, 513, 549 |
| 1.15-21 | 512 | 2.20 | 136, 265, 501 |
| 1.15-23 | 531 | 2.20-22 | 506, 516 |
| 1.15-3.19 | 546 | 2.21 | 517 |
| 1.17 | 308, 310, 317, 512, 520 | 2.22 | 349 |
| | | 3.1 | 371 |
| 1.17-18 | 524, 547 | 3.1-6 | 112 |
| 1.17-19 | 508 | 3.1-13 | 505 |
| 1.17-23 | 519 | 3.1-19 | 351, 512, 547 |
| 1.18 | 179, 238, 313, 315, | 3.2 | 503 |

| | | | |
|---|---|---|---|
| 3.2.7.8 | 108 | 4.17 | 307 |
| 3.20-21 | 549 | 4.18 | 49, 355 |
| 3.21 | 532 | 4.20 | 372 |
| 3.2-13 | 503 | 4.22-24 | 357 |
| 3.2-18 | 547 | 4.23 | 318, 320 |
| 3.3 | 65, 486, 547 | 4.24 | 312, 320, 401 |
| 3.3.4.9 | 486 | 4.25-26 | 279 |
| 3.4 | 504, 548 | 5.1 | 326, 337 |
| 3.5 | 265, 486, 498, 500 | 5.2 | 521 |
| 3.5,10 | 75, 488 | 5.2.25 | 522 |
| 3.5-11 | 71 | 5.3-5 | 476 |
| 3.5-2.20 | 499 | 5.5 | 63, 329, 476 |
| 3.6 | 286, 349, 531, 547 | 5.6 | 487 |
| 3.7.29 | 75 | 5.7 | 349 |
| 3.8 | 500, 504, 547 | 5.7-20 | 183, 184, 509 |
| 3.8-9 | 109 | 5.8 | 75, 488, 509 |
| 3.9 | 503, 508, 514, 530, 547 | 5.9 | 473, 475 |
| | | 5.10s | 328 |
| 3.10 | 530 | 5.11 | 184, 473 |
| 3.10-11 | 514 | 5.14 | 259, 509, 515 |
| 3.13 | 352 | 5.16 | 75, 184, 487 |
| 3.14-19 | 519 | 5.17 | 328 |
| 3.15 | 333 | 5.18 | 260, 308 |
| 3.16 | 307, 316, 320 | 5.18s | 309 |
| 3.17 | 157, 306, 360, 517 | 5.19 | 259, 306, 315, 512 |
| 3.17-18 | 522 | 5.20 | 260 |
| 3.17-19 | 531 | 5.21-6.9 | 183 |
| 3.18 | 488, 521 | 5.22-33 | 513 |
| 3.19 | 267, 371, 522 | 5.25-27 | 330 |
| 4.1 | 373, 545 | 5.26 | 298 |
| 4.1-16 | 517, 534 | 5.31-32 | 284 |
| 4.3 | 517 | 6.2-3 | 279 |
| 4.4 | 487 | 6.5-9 | 327 |
| 4.7-16 | 515 | 6.8 | 224, 226, 326 |
| 4.8 | 509 | 6.10 | 372 |
| 4.10 | 513 | 6.10-17 | 78, 487 |
| 4.11 | 140, 259, 265, 499, 500 | 6.10-20 | 75, 175, 183, 213, 509 |
| 4.12-13 | 510 | 6.11s | 175 |
| 4.13 | 510, 518 | 6.12 | 183 |
| 4.14 | 268 | 6.13 | 213 |
| 4.15 | 521 | 6.13-17 | 515 |
| 4.15-16 | 518, 522 | 6.13s | 279 |
| 4.15-16 | 534 | 6.14 | 399 |
| 4.16 | 521 | 6.14-17 | 279 |

| | | | |
|---|---|---|---|
| 6.16 | 183 | 2.24 | 373 |
| 6.17 | 142 | 2.25 | 122 |
| 6.19 | 141, 486, 489, 520, 531 | 2.29 | 373 |
| | | 2.30 | 371 |
| 6.21 | 373 | 3.3 | 108, 292, 373 |
| | | 3.4-5 | 52 |
| **Filipenses** | | 3.4-6 | 502 |
| 1.1 | 331 | 3.6 | 395, 408 |
| 1.5 | 108 | 3.6-10 | 403 |
| 1.6.10 | 169, 172 | 3.7 | 87, 370 |
| 1.9 | 519, 521 | 3.8 | 86, 272 |
| 1.9-11 | 400 | 3.9 | 394, 395, 398, 400 |
| 1.11 | 173, 370 | 3.9-10 | 508 |
| 1.14 | 142 | 3.10 | 95, 173, 251, 340, 349 |
| 1.14-15 | 122 | | |
| 1.15 | 140 | 3.10-11 | 349 |
| 1.15-17 | 372 | 3.12 | 91 |
| 1.17-18 | 159 | 3.12-14 | 91, 506, 511 |
| 1.19.28 | 231 | 3.12-15 | 224 |
| 1.19-26 | 199, 200 | 3.14 | 91, 172 |
| 1.19-26 | 208 | 3.15 | 265, 268, 511 |
| 1.20 | 202 | 3.20 | 172, 330 |
| 1.21 | 203, 328 | 3.20-21 | 173, 335 |
| 1.21-22 | 354 | 3.21 | 59, 192, 196, 274, 349 |
| 1.25 | 208 | | |
| 1.25,27 | 521 | 4.1 | 238 |
| 1.27 | 153, 173, 316 | 4.3 | 232 |
| 1.28 | 109 | 4.5 | 172 |
| 1.28-30 | 176 | 4.7 | 172, 315, 522 |
| 2.1 | 251 | 4.8 | 511 |
| 2.1-2 | 521 | 4.9 | 154 |
| 2.6-11 | 259 | 4.12 | 504, 523 |
| 2.5 | 369 | 4.15 | 172 |
| 2.5-11 | 515 | 4.18 | 109, 332 |
| 2.5-8 | 325 | 5.5 | 179 |
| 2.6-11 | 518 | | |
| 2.9 | 240 | **Colossenses** | |
| 2.9-11 | 57, 329 | 1.1 | 498 |
| 2.10 | 72 | 1.2,4 | 293 |
| 2.11 | 240 | 1.4 | 521 |
| 2.12 | 226, 231 | 1.5 | 155, 179, 487, 487 |
| 2.15 | 332, 337 | 1.5-6 | 519 |
| 2.16 | 96, 169, 172, 352 | 1.6 | 155 |
| 2.17 | 108, 153, 292, 332, 521 | 1.9 | 520 |
| | | 1.10 | 328, 519 |

| | | | |
|---|---|---|---|
| 1.12 | 182, 235, 296, 500 | 3.1 | 349 |
| 1.12-20 | 339 | 3.1-2 | 47 |
| 1.13 | 63, 237, 329 | 3.3-4 | 487 |
| 1.13s | 22 | 3.5-8 | 476 |
| 1.15 | 356 | 3.9-11 | 357 |
| 1.15-20 | 259 | 3.9s | 283 |
| 1.15-23 | 515 | 3.10 | 203, 312, 320, 321 |
| 1.16 | 70 | 3.10s | 320 |
| 1.16-20 | 70, 71 | 3.11 | 47, 326 |
| 1.17 | 356 | 3.14 | 511, 521, 522 |
| 1.18 | 55 | 3.15-16 | 315 |
| 1.18-20 | 356 | 3.16 | 142, 259, 306, 512 |
| 1.22 | 514 | 3.22-4.1 | 327 |
| 1.23 | 140, 155, 521, 531 | 3.23 | 316 |
| 1.24 | 177 | 3.23-24 | 327 |
| 1.24-27 | 351 | 3.24 | 235, 327 |
| 1.24-29 | 351 | 3.24-25 | 224 |
| 1.25 | 142, 516 | 4.12 | 268, 282, 510 |
| 1.26 | 71, 488, 498, 500, 514 | 4.3 | 486, 530 |
| | | 4.5 | 75, 184 |
| 1.26-27 | 486 | 4.7.17 | 373 |
| 1.27 | 179, 352, 487, 500 | 4.12 | 331 |
| 1.28 | 159, 268, 510 | | |
| 2.2 | 486, 489, 508, 521, 522 | **1 Tessalonicenses** | |
| | | 1.1 | 171 |
| 2.22 | 545 | 1.2-10 | 148 |
| 2.23 | 544 | 1.3 | 179 |
| 2.3 | 530 | 1.4 | |
| 2.3.8-9 | 493 | 1.4 | 538 |
| 2.5 | 318 | 1.4-6 | 222 |
| 2.5.7 | 521 | 1.5-6 | 148 |
| 2.6 | 154, 372 | 1.6 | 142, 147, 154, 177, 326, 348, 539 |
| 2.7 | 513, 516, 517 | | |
| 2.8 | 544 | 1.6-7 | 176 |
| 2.8.20 | 69 | 1.8 | 142 |
| 2.11-12 | 343 | 1.9 | 49, 150, 300, 305 |
| 2.11-13 | 494 | 1.9-10 | 167, 538 |
| 2.11s | 544 | 1.10 | 89, 171, 225, 430 |
| 2.12 | 22, 349 | 2.1-5 | 176 |
| 2.13 | 349 | 2.1-6 | 107 |
| 2.14 | 445, 514 | 2.2 | 141 |
| 2.15 | 71, 493, 514, 544 | 2.4 | 50 |
| 2.16-17 | 544 | 2.9 | 140, 141, 538 |
| 2.18 | 72, 491, 492 | 2.10 | 154 |
| 2.19 | 518 | 2.10 | 389, 413 |

| | | | |
|---|---|---|---|
| 2.12 | 169, 237, 476, 487 | 5.19.20 | 253 |
| 2.13 | 142, 148, 154 | 5.23 | 193, 316, 319 |
| 2.13-14 | 180 | 5.23-24 | 182 |
| 2.13-18 | 146 | 5.27 | 293 |
| 2.14-15 | 176 | | |
| 2.14-16 | 146 | **2 Tessalonicenses** | |
| 2.15 | 262, 348 | 1.4-5 | 348 |
| 2.16 | 230 | 1.5 | 109, 176, 348, 476 |
| 2.19 | 179 | 1.6 | 227, 418 |
| 2.19-20 | 238 | 1.6-12 | 169, 171 |
| 3.2-3 | 348 | 1.8 | 155 |
| 3.4 | 146 | 1.8-12 | 279 |
| 3.5 | 538 | 1.9 | 227 |
| 3.8 | 353, 372 | 1.10 | 153, 181, 188, 334, 500 |
| 3.9 | 370 | | |
| 3.13 | 181, 182, 292, 315, 500 | 1.11 | 182 |
| | | 2 | 487 |
| 4.1 | 370, 539 | 2.2 | 254, 317 |
| 4.1-6 | 293 | 2.2-12 | 169 |
| 4.2 | 370 | 2.2-4 | 173 |
| 4.3,4,7 | 292 | 2.3.6.8 | 99 |
| 4.4s | 539 | 2.3-4 | 329 |
| 4.5 | 49 | 2.3-7 | 178 |
| 4.6 | 224 | 2.4 | 78 |
| 4.7 | 182 | 2.4-6 | 279 |
| 4.7-8 | 293, 539 | 2.6-8 | 103 |
| 4.8 | 290, 291, 308, 309 | 2.7 | 175, 486 |
| 4.13-18 | 169, 210 | 2.8 | 213 |
| 4.14 | 56, 171, 187, 211 | 2.9 | 175 |
| 4.16 | 187, 217 | 2-9-10 | 487 |
| 4.16-17 | 170] | 2.10 | 154 |
| 4.17 | 178, 213, 334 | 2.12 | 154 |
| 5 | 170 | 2.13 | 153, 231, 292 |
| 5.1 | 73 | 2.13s | 344 |
| 5.1-11 | 183 | 2.14 | 188 |
| 5.2 | 169 | 2.16 | 239 |
| 5.4-10 | 182 | 3.1 | 142 |
| 5.4-11 | 170 | 3.4 | 373 |
| 5.5 | 539 | 3.5 | 371 |
| 5.8 | 179, 183, 279 | 3.6 | 154 |
| 5.8-9 | 231 | | |
| 5.10 | 354 | **1 Timóteo** | |
| 5.12 | 373 | 1.8-11 | 476 |
| 5.12.18 | 171 | 1.16 | 232 |
| 5.19 | 317, 538 | 1.17 | 233 |

| | | | |
|---|---|---|---|
| 2.15 | 226 | **Filemon** | |
| 3.9 | 505 | 15-16 | 327 |
| 3.16 | 72, 140, 259, 408, 435, 439, 515 | **Hebreus** | |
| 4.1 | 70 | 1 | 340 |
| 4.7-8 | 436 | 1.6 | 55 |
| 4.14 | 260 | 2.4 | 399, 400, 413 |
| 5.14 | 226 | 2.7 | 233 |
| 6.2 | 436 | 2.8 | 105 |
| 6.4-5 | 476 | 2.14-15 | 71 |
| 6.12 | 232 | 3.6,14 | 75 |
| 8.14s | 436 | 3.6,14 | 75 |
| | | 6.4 | 509 |
| **2 Timóteo** | | 7.45,75 | 105 |
| 1.1 | 232 | 8.10-10.16 | 307 |
| 1.6 | 260 | 10,32 | 509 |
| 1.9 | 73 | 11.4 | 272 |
| 2.11 | 349 | 11.33-38 | 147 |
| 2.12 | 349 | 12,24 | 272 |
| 3.2-5 | 476 | 12.23 | 55 |
| 4.5 | 140 | 12.28 | 332 |
| 4.6 | 506 | | |
| 4.6-8 | 210 | **1 Pedro** | |
| 4.8 | 210 | 2.10 | 79 |
| 4.12 | 129 | 2.21 | 325 |
| 4.17-18 | 210 | 4.10 | 260 |
| 4.18 | 200, 210 | 4.3 | 476 |
| | | **1 João** | |
| **Tito** | | 3 | 340 |
| 1.2 | 73, 232 | 3.1 | 521 |
| 1.12 | 262 | | |
| 1.14 | 372 | **Apocalípses** | |
| 3.4-7 | 408 | 1.5 | 55 |
| 3.5 | 312 | 2.2 | 123 |
| 3.5-7 | 398 | 13.1-18 | 303 |
| 3.7 | 232, 235 | 21.14 | 501 |
| 3.7 | 235 | 22.27 | 27 |

## 3. OUTRAS CITAÇÕES

**1 Macabeus**
| | |
|---|---|
| 2.52 | 156 |
| 2.52 | 399 |
| 2.61 | 156 |
| 7.35 | 289 |
| 9.27 | 176 |
| 10.41 | 289 |
| 14.21 | 233 |

**2 Macabeus**
| | |
|---|---|
| 2.30 | 492 |
| 3.24-27 | 90 |
| 4.44 | 397 |
| 5.16 | 233 |
| 6.16 | 171 |
| 6.26 | 171 |
| 7 | 179 |
| 7.9 | 232 |
| 7.11.23 | 186 |
| 7.14 | 232 |
| 7.36 | 232 |
| 15.3 | 232 |
| 12.41 | 397 |
| 12.44 | 186 |

**4 Macabeus**
| | |
|---|---|
| 10.5 | 147 |
| 15.3 | 232 |
| 17.12 | 232 |

**4 Esdras**
| | |
|---|---|
| 4 Esd 12.31-34 | 173 |
| 4 Esd 13.25-49 | 173 |
| 4 Esd 5.41s | 170 |
| 4 Esdr 7.78s | 193 |

**Baruque**
| | |
|---|---|
| 5.2 | 399 |

**Sabedoria**
| | |
|---|---|
| 1,15 | 399 |
| 2.18 | 336 |
| 2.22 | 136 |
| 5.15 | 399 |
| 5.18 | 399 |
| 9.15 | 204 |
| 12.4 | 509 |
| 13,1ss | 43 |
| 13.5 | 44 |
| 13.7 | 424 |
| 14.6 | 45 |
| 14.12-14 | 44 |
| 14.15.23 | 509 |
| 14.16 | 492 |
| 15.1-3 | 425 |
| 15.1-6 | 46 |
| 18.14-16 | 505 |
| 18.15 | 147 |

# ÍNDICE DAS PALAVRAS GREGAS

| | | | |
|---|---|---|---|
| ἄγγελος | 129 | δοῦλος | 176, 145, 348, 145 |
| ἅγιος | 513 | δύναμις | 191, 253, 417 |
| αἰῶνες | 513, 515, 544 | | |
| ἀκοή | 154, 155 | ἔθνη | 40, 547 |
| ἀκούω | 154 | εἷς Θεός | 150, 229 |
| ἀκροβυστία | 46, 47 | ἐκκλησία | 119 |
| ἄνθρωπος | 316, 391 | ἐλευθεπία | 456 |
| ἀποκαλύπτω | 89 | ἐμβατεύω | 492, 493 |
| ἀποστέλλω | 122, 129, 140 | ἐπίγνωσις | 507, 508, 522 |
| ἀπόστολος | 117 | ἐπουράνιος | 518 |
| ἀφθαρσία | 191, 232 | ἔρνα | 474 |
| ἀφορίζω | 89 | ἑτεροζυγέω | 295 |
| | | εὐαγγελίζομαι | 140, 141 |
| Βελίαρ | 295 | εὐαγγέλιον | 140, 141 |
| | | εὐαγγελιστής | 140 |
| γινώσκω | 507 | | |
| γνῶσις | 507, 282, 488 | ζωή | 232 |
| γράμμα–πνεῦμα | 159 | ζωὴ αἰώνιος | 232 |
| | | | |
| δέχομαι | 154 | Θαυμάζω | 88 |
| διδαχή | 134 | Θλῖψις | 145 |
| δίκαιος | 412 | | |
| δικαιοσύνη | 363, 406, 295, 394, 396, 397, 399, 410, 421 | καιρός | 75, 184 |
| | | καρδία | 307, 314 |
| | | καρπός | 473 |
| | | καταλαμβάνω | 91 |
| δικαιοσύνη Θεοῦ | 397 | καταργέω | 267 |
| δικαιόω | 385, 395, 397, 403, 404, 408, 409, 410, 411, 433, 434, 435 | κήρυγμα | 139 |
| | | κηρύσσω | 140 |
| | | κῆρυξ | 139, 140 |
| | | κλῆσις | 93 |
| δικαίωμα | 397, 414, 415 | κλητός | 110 |
| δικαίως | 397, 413, 433 | κοινωνία | 251, 340 |
| δικαίωσις | 397 | κόσμος | 73 |
| διωγμός | 145 | | |
| δόξα | 190, 191, 233, 419 | λόγος | 142 |

| | | | |
|---|---|---|---|
| μαρτυρέω | 142 | σοφία | 253 |
| μαρτυρία | 142 | σοφισταί | 147 |
| μάρτυς | 142 | στοιχεῖα | 69 |
| μετασχηματίζω | 192 | συμμύσται | 505 |
| μυστήριον | 241, 486 | σύν | 349 |
| | | συνείδησις | 316 |
| νόημα | 307 | σώζω | 230 |
| νοῦς | 307 | σωτηρία | 230, 231 |
| | | | |
| παθήματα | 177 | τέλειος | 509, 510, 511 |
| παράδοσις | 134, 154 | τέλος | 217, 231 |
| παραλαμβάνω | 154 | | |
| πειρασμός | 145 | υἱοθεσία | 335, 336 |
| πιορτεύω | 152, 153 | ὑπακούω | 153, 155 |
| πίστις | 152, 153 | ὑπομονή | 179 |
| πληροφορέω | 282 | | |
| πνεῦμα | 191, 192, 281, 317, 319 | φωτίζω | 508 |
| πνευματικός | 192, 260 | χάρις | 108, 231 |
| πρέσβυς | 129 | χάρισμα | 231, 232 |
| προακούω | 133 | χρόνος | 73 |